RALF GEBEL

„HEIM INS REICH!"
KONRAD HENLEIN
UND DER REICHSGAU SUDETENLAND
(1938 – 1945)

Veröffentlichungen des Collegium Carolinum

Band 83

Herausgegeben vom Vorstand des
Collegium Carolinum
Forschungsstelle für die böhmischen Länder

R. OLDENBOURG VERLAG MÜNCHEN 1999

„Heim ins Reich!"
Konrad Henlein
und der Reichsgau Sudetenland
(1938 – 1945)

von
Ralf Gebel

R. OLDENBOURG VERLAG MÜNCHEN 1999

CIP-Kurztitelaufnahme der Deutschen Bibliothek

Gebel, Ralf:
„Heim ins Reich!" : Konrad Henlein und der Reichsgau Sudetenland
(1938 - 1945) / von Ralf Gebel. — München : Oldenbourg, 1999
   (Veröffentlichungen des Collegium Carolinum ; Bd. 83)
   Zugl.: Bonn, Univ., Diss., 1997
   ISBN 3-486-56391-2

Gedruckt mit Unterstützung des Deutsch-Tschechischen Zukunftsfonds

© 1999 Collegium Carolinum, München

Das Werk einschließlich aller Abbildungen ist urheberrechtlich geschützt. Jede Verwertung außerhalb der Grenzen des Urheberrechtsgesetzes ist ohne Zustimmung des Collegium Carolinum unzulässig und strafbar. Das gilt insbesondere für Vervielfältigungen, Übersetzungen, Mikroverfilmungen und die Einspeicherung und Bearbeitung in elektronischen Systemen.

Für Form und Inhalt trägt der Verfasser die Verantwortung.

Redaktion und Umschlaggestaltung: Dr. Michaela Marek
(Für den Umschlag wurde eine Ansichtskarte von 1938 verwendet.)

Satz und Layout: Collegium Carolinum, München

Druck und Einband: Verlagsdruckerei Schmidt GmbH, 91413 Neustadt an der Aisch

ISBN 3-486-56391-2

INHALT

Geleitwort *von Hans Lemberg* IX

Vorwort *von Václav Kural* XI

Danksagungen XV

I. Einleitung 1
   1. Forschungsstand und Fragestellung 1
   2. Quellenlage 21

II. Rückblick: Konrad Henlein, die Sudetendeutsche Partei und der Weg zum Münchener Abkommen 25
   1. Die Geschichte der Sudetendeutschen Partei (SdP) bis 1935 25
   2. Konrad Henlein – ein Porträt 43
   3. Das Einschwenken auf Anschlußkurs: Die Entwicklung der SdP von 1935 bis 1938 51

III. Anschluß und Gleichschaltung (1938–1939/40) 61
   1. Militärische Besetzung, Festlegung der Grenzen und ‚Anschlußerlebnis' 61
   Einmarsch der Wehrmacht und Grenzziehung 61 — Das ‚Anschlußerlebnis': „unbeschreiblicher Jubel" 64 — Die Kehrseite des Jubels: Verfolgung und Terror 69
   2. Der Entschluß zur Bildung des Sudetengaus 81
   Probleme des Raumes 81 — Pläne Henleins und der SdP vor dem Münchener Abkommen? 83 — Das Interesse Henleins und seiner Mitarbeiter an der Bildung des Sudetengaus 92 — Die Pläne des Reichsinnenministeriums 95
   3. Der ‚Mustergau': Die Struktur der Verwaltung und Henleins Stellung als Reichsstatthalter und Gauleiter 100
   4. Die nationalsozialistische Durchdringung der Gesellschaft 118
   Die Tätigkeit des ‚Stillhaltekommissars für Organisationen' (STIKO) 119 — Die Überführung der SdP in die NSDAP 128 — Die ‚Ergänzungswahlen zum Großdeutschen Reichstag' 136

IV. Probleme der Politik zwischen Gau- und Reichsinteressen
(1938–1945) 145

1. Fortleben alter Gegensätze – Fortsetzung der Gleichschaltung: Henlein und die Auseinandersetzung um das Maß der Eigenständigkeit des Sudetengaus innerhalb des Dritten Reiches 145

Der Ablauf der Auseinandersetzung bis zum Frühjahr 1939 146 — Mißgunst oder unterschiedliche politische Konzepte? Der Inhalt des Konflikts 154 — Der ‚Kampf gegen Henlein mit neuen starken Mitteln' 164 — Die Einordnung der Vorfälle um Henlein und ihrer Folgen 176 — Die ‚Affäre Donnevert' und Henleins Rückkehr zu größerer Aktivität in der Gauleitung 187

2. Die Auseinandersetzung mit der Berliner Ministerialbürokratie in der Personalpolitik und das Verhältnis zwischen Sudetendeutschen und ‚Altreichsdeutschen'. 204

Die besondere Bedeutung der Personalpolitik im Sudetengau 204 — Die Personalpolitik der Berliner Ministerialbürokratie im Konflikt mit sudetendeutschen Interessen 209 — Die abgeordneten Beamten, das Verhältnis zwischen Sudetendeutschen und ‚Altreichsdeutschen' und Henleins Schlichtungsversuche 222

3. Probleme der Wirtschafts- und Sozialpolitik im Sudetengau 236

Erste wirtschafts- und sozialpolitische Maßnahmen und ihre Folgen 239 — Interessenkonflikt zwischen Sudetengau und Altreich: Wirtschafts- und Sozialpolitik im Zeichen des Weltkrieges 244 — Anspruch und Wirklichkeit – die Stimmung in der Bevölkerung und ihre Rückwirkung auf Henlein 263

4. ‚Germanisierungspolitik' im Spannungsfeld zwischen Sudetengau, Altreich und deutscher Protektoratsherrschaft 275

Die tschechische Minderheit im Sudetengau 275 — ‚Germanisierungspolitik' im Reichsgau Sudetenland 284 — Henleins Politik gegenüber dem Protektorat Böhmen und Mähren 327

V. Epilog: Das Ende Henleins und das Ende des Reichsgaus Sudetenland 353

VI. Zusammenfassung. 363

Quellen- und Literaturverzeichnis 375

1. Ungedruckte Quellen 375
2. Periodika. 379
3. Quelleneditionen, Dokumentationen, Memoiren und zeitgenössisches Schrifttum 380
4. Literatur 388

Inhalt VII

Personenregister. 411

Ortsregister mit Ortsnamenkonkordanz 417

Abkürzungsverzeichnis. 423

Karte der sudetendeutschen Gebiete im Jahre 1939. 425

GELEITWORT

Das Collegium Carolinum, Forschungsstelle für die böhmischen Länder in München, hat vor nahezu drei Jahrzehnten eine Dissertation herausgegeben, die damals eine Pioniertat in Hinsicht auf die Zeitgeschichte der böhmischen Länder im Zweiten Weltkrieg war und inzwischen fast zum Klassiker geworden ist: Detlef Brandes' Geschichte des Reichsprotektorats Böhmen und Mähren.[1] Es mag verwundern, daß der Teil der Ersten Tschechoslowakischen Republik, dessen Abtrennung durch das Münchener Abkommen den Anfang ihres vorläufigen Untergangs bedeutete, also der von 1938 bis 1945 an das Großdeutsche Reich angeschlossene „Reichsgau Sudetenland", bislang keine ähnlich zusammenfassende Darstellung gefunden hat – bis zur Herausgabe dieser jetzt vorgelegten Bonner Dissertation von Ralf Gebel. Das Collegium Carolinum ist stolz, daß es mit der Publikation dieses Textes in der Reihe seiner Veröffentlichungen abermals einen Durchbruch auf ein schon seit vielen Jahren als notwendig erkanntes Forschungsfeld erzielen konnte.

Man kann nur Mutmaßungen darüber anstellen, warum ein halbes Jahrhundert lang der kurzlebige, und doch eine geradezu schicksalhafte Epoche für seine Bewohner markierende Reichsgau nicht zum Gegenstand einer wissenschaftlichen Gesamtdarstellung geworden ist, die über eine kurze Skizze hinausgegangen wäre:

Wer selbst in der Führungsetage des Reichsgaues tätig war, hat entweder nach 1945 geschwiegen – oder Rückblicke geschrieben, die der Selbstrechtfertigung dienten; in nahezu keinem Fall waren dabei Fachhistoriker beteiligt. Ein Aufgreifen des Themas in breiterem Rahmen schien als inopportun, da interessierte Autoren vermeiden wollten, der Begründung der Vertreibung durch die tschechoslowakische Publizistik „Munition zu liefern". Die Nachkriegsgeneration von deutschen Historikern, die sich mit der Geschichte der böhmischen Länder beschäftigte, wandte sich im Hinblick auf die Zeitgeschichte eher gesamttschechoslowakischen Themen oder solchen der tschechischen und deutschen Politik der Zwischenkriegszeit zu, um aus der traditionellen Deutschtumsbezogenheit herauszutreten. Der wichtigste Grund für die Nichtbehandlung des Reichsgaues Sudetenland war freilich, daß die Archivverwaltung der ČSSR Ausländern aus dem Westen den Quellenzugang zu diesem Thema bis 1990 völlig verwehrte. Aber auch diejenigen nicht gerade seltenen Zeithistoriker, die sich der Erforschung der NS-Zeit verschrieben haben, nahmen

---

[1] *Brandes*, Detlef: Die Tschechen unter deutschem Protektorat. Teil 1. München 1969. Teil 2 erschien nach mehrjährigem Abstand ebenda (München 1975).

lange Zeit nahezu ausschließlich die Reichsebene wahr – die Regionen wurden erst sehr spät als wissenschaftliches Thema „entdeckt". Die vorliegende Abhandlung versteht sich als ein Stück dieser jüngeren Forschungsrichtung.

Ralf Gebel hat sich eine doppelte Aufgabe gestellt: Die Sonderentwicklungen im Sudetenland, das für die künftige Reform des NS-Staates als „Mustergau" (d. h. ohne historisch-territoriale Vorprägungen) gelten sollte, und die Interessengegensätze, die dort auftraten, herauszupräparieren; dann aber – und das vor allem – die Rolle Konrad Henleins für „seinen Gau" darzustellen. So ist dieses Buch gleichzeitig eine in ihrem wissenschaftlichen Anspruch bisher erstmalige Biographie seines „Gauleiters und Reichsstatthalters" Konrad Henlein in den sechseinhalb Jahren, die dieses Amt ausfüllte und die gleichzeitig seine letzten sein sollten (Henlein starb durch eigene Hand 1945 bald nach Kriegsende).

Zum ersten Mal wurden für diese Untersuchung auch in so extensivem Maße die zentralen und die regionalen Archive der Tschechischen Republik und das Bundesarchiv sowie das Politische Archiv des Auswärtigen Amtes der Bundesrepublik Deutschland ausgewertet sowie – neben anderen Archiv- und Bibliotheksbeständen – das neu zugängliche Moskauer Archiv mit erbeuteten deutschen Akten.

Die hier vorgestellte, sowohl organisationsgeschichtlich wie biographisch vorgehende Untersuchung kann, so ist zu hoffen, nur den Anfang einer von vielen geforderten, bisher aber noch nicht geleisteten intensiveren Bearbeitung dieser in mancher Hinsicht und für viele Zeitgenossen heiklen Epoche bilden. Tatsächlich ist inzwischen bereits eine weitere Dissertation zu diesem Themenbereich fertiggestellt worden; ein glückliches und sicher nicht ganz zufälliges Zusammentreffen.[2] Die Zeit ist endlich reif, die kurze Epoche von kaum sechseinhalb Jahren aus dem Halbdunkel von Mystifikationen und Verdrängungen zu befreien.

Für den Vorstand des Collegium Carolinum
München, im Herbst 1998   Hans Lemberg

---

[2] *Zimmermann*, Volker: Die Sudetendeutschen im NS-Staat. Politik und Stimmung der Bevölkerung im Reichsgau Sudetenland (1938–1945). Ms. Phil. Diss. Düsseldorf 1998.

VORWORT

Mit Freude begrüße ich die Gelegenheit, das vorliegende Buch mit einem kurzen Vorwort zu versehen. Ralf Gebels Arbeit bildet eine wichtige Etappe auf dem Weg zur genaueren Kenntnis der Existenz der Sudetendeutschen in Hitlers Großdeutschem Reich – aber auch der Tschechen, die mit der Okkupation böhmischer Gebiete in der Folge des Münchener Abkommens hineingeraten sind.

Bereits auf einer der ersten Tagungen der Deutsch-Tschechoslowakischen Historikerkommission, die im Oktober 1992 auf Schloß Stiřín bei Prag stattfand, wurde konstatiert, daß zwar eine ganze Reihe kleinerer Studien zu dieser Problematik vorlag, „aber keine befriedigende Gesamtdarstellung".[1] Eine eingehende Prüfung des Forschungsstandes bestätigte diesen Befund nicht nur, sondern brachte an den Tag, wie schwerwiegend die Defizite tatsächlich waren. In ihrer gemeinsam entworfenen Skizze der Geschichte der tschechisch-deutschen Beziehungen[2] konnte die Historikerkommission der sudetendeutschen Problematik deshalb nur einen kurzen und eher oberflächlichen Abschnitt widmen. Es zeigte sich, daß wir es hier mit einem der ‚weißen Flecken' in unserer gemeinsamen Geschichte zu tun hatten.

Ganz neu war diese Erkenntnis allerdings nicht. Bereits im unmittelbaren Vorfeld des ‚Prager Frühlings' war nämlich der „Tschechoslowakische Ausschuß für die Geschichte des antifaschistischen Widerstandes" zu derselben Einsicht gelangt. Der Ausschuß veranstaltete damals eine Tagung über die sudetendeutsch-tschechische Problematik, aus der ein Sammelband hervorgegangen ist, mit dem eine systematischere Bearbeitung des Themas eingeleitet werden sollte.[3]

Es kam jedoch anders. Der Grund dafür war die Niederlage des Bemühens um einen demokratischen Sozialismus, die der Tschechoslowakei durch die Intervention der Truppen des Warschauer Paktes zugefügt wurde. In der darauffolgenden zwanzigjährigen Ära der sog. ‚Normali-

---

[1] *Brandes*, Detlef/*Kural*, Václav: Der Weg in die Katastrophe 1938-1947. Forschungsstand und -probleme. In: Der Weg in die Katastrophe. Deutsch-tschechoslowakische Beziehungen 1938–1947. Für die deutsch-tschechische und deutsch-slowakische Historikerkommission hrsg. von *dens*. Essen 1994 (Veröffentlichungen des Instituts für Kultur und Geschichte der Deutschen im östlichen Europa 3), 11-26, hier 16f.

[2] Konfliktgemeinschaft, Katastrophe, Entspannung. Skizze einer Darstellung der deutsch-tschechischen Geschichte seit dem 19. Jahrhundert. Hrsg. von der Gemeinsamen deutsch-tschechischen Historikerkommission. München 1996, 54-57.

[3] Odboj a revoluce – zprávy [Widerstand und Revolution – Berichte] 6/1 (1968).

sierung' wurden die meisten Mitglieder des Ausschusses gezwungen, ihre Berufe aufzugeben und manueller Arbeit nachzugehen. Überdies wurden sie mit Publikationsverbot belegt, und der Zugang zu den Archiven wie auch zu den sog. *libri prohibiti* wurde ihnen verwehrt.

Dies, aber auch die strenge Zensur, der die Arbeiten jener ‚offiziellen' Historiker, die den politischen Umbruch ohne Schaden überdauert hatten, unterlagen, bedeutete eine spürbare Einschränkung der ernsthaften Erforschung der sudetendeutschen Problematik. Dabei ist es interessant zu beobachten, daß die parallele Forschung in der Bundesrepublik (zu einer Zeit, als in der DDR ähnliche Beschränkungen der wissenschaftlichen Freiheit herrschten wie in der Tschechoslowakei) ebenfalls ausgeprägte Qualitätsschwankungen aufwies. Das Collegium Carolinum räumte nach vielversprechenden Anfängen gleichsam das Feld zugunsten eines Kreises um die Sudetendeutsche Landsmannschaft. Die seriöse Bohemistik in Deutschland fiel einem Niedergang anheim, dessen Ursachen im wesentlichen die gleichen waren wie im Falle der tschechoslowakischen Forschung: die Unzugänglichkeit der Archive und die Unmöglichkeit wissenschaftlicher Kontakte in den Bedingungen der ‚Normalisierung'. Daran müssen insbesondere die deutschen Leser wohl eigens erinnert werden, zumal ihre Kenntnis der Verhältnisse in der Ära der ‚Normalisierung' eher unvollständig oder zumindest seither verblaßt sein dürfte.

Nach 1989 haben sich die Verhältnisse in der Tschechoslowakei verändert; das Interesse an Themen der deutschen Geschichte ist – nicht zuletzt unter dem Einfluß der Deutsch-Tschechoslowakischen Historikerkommission – gewachsen, und die Forschungsmöglichkeiten auf diesem Gebiet haben sich entscheidend verbessert. Dies galt auch für die sudetendeutsche Problematik – oder genauer: für einen ihrer Aspekte, die Aussiedlung und Vertreibung der Sudetendeutschen. Der Reichsgau Sudetenland, seine Geschichte und die seiner deutschen – aber auch tschechischen – Bevölkerung blieb jedoch weiterhin unbearbeitet. Deshalb legte die Historikerkommission auf die Förderung von Forschungen auf diesem Gebiet besonderen Nachdruck. Vor allem haben sich dieser Thematik junge Historiker angenommen, so Volker Zimmermann an der Universität Düsseldorf, Freya Anders-Baudisch an der Universität Bielefeld, der Autor des vorliegendes Buches und noch einige weitere. Auf tschechischer Seite ist es gelungen, eine dreijährige staatliche Projektförderung zu erhalten, die es ermöglichen wird, eine Reihe größerer und kleinerer Einzelstudien in einem in Ústí nad Labem (Aussig) verlegten Sammelband herauszugeben; außerdem wird dadurch die Drucklegung eines Buches von Dieter Schallner von der Universität Olmütz über den Reichsgau Sudetenland sichergestellt.

In absehbarer Zeit werden also aus der Feder von Gebel, Zimmermann und Schallner drei synthetische Arbeiten zum Thema vorliegen. Zusammen mit einer Anzahl von Teilstudien werden diese dann auch Vergleiche unter verschiedenen Gesichtspunkten ermöglichen. Man kann also mit Fug und Recht erwarten, daß die klaffende Lücke in der Erforschung der tschechisch-deutschen Beziehungsgeschichte, besonders in bezug auf die Ära der nationalsozialistischen Okkupation der Tschechoslowakei und des Zweiten Weltkrieges in Kürze geschlossen sein wird. Gebels vorliegendes Buch ist – nicht zuletzt dank seiner breiten Quellenbasis und der gründlichen Bearbeitung – ein richtiger Schritt auf einem langen Weg.

Praha, im Herbst 1998 *Václav Kural*

DANKSAGUNGEN

Das vorliegende Buch ist die leicht überarbeitete Fassung einer 1997 an der Philosophischen Fakultät der Rheinischen Friedrich-Wilhelms-Universität Bonn eingereichten Dissertation. An der Entstehung einer solchen Arbeit sind viele Personen und Institutionen beteiligt, denen es zu danken gilt.
　Prof. Dr. Klaus Hildebrand (Bonn), der diese Arbeit begutachtet und angenommen hat, bin ich besonders zu Dank verpflichtet. Herrn Prof. Dr. Reinhard Schiffers (Bonn) danke ich für seine freundliche Bereitschaft, das Zweitgutachten zu übernehmen.
　Prof. Dr. Manfred Alexander (Köln) hat mich 1994 auf die richtige Fährte gesetzt. Die erste Anregung, sich mit dem Sudetengau und der Geschichte der Sudetendeutschen zwischen 1938 und 1945 zu beschäftigen, kam von ihm. Für diesen Anstoß bin ich ihm dankbar. Wichtige Anregungen habe ich auch von Dr. habil. Christoph Boyer (Dresden), Dr. Stanislav Biman (Prag) und Dr. Jaroslav Macek (Litoměřice/Leitmeritz) erhalten. Dafür danke ich ihnen ebenso wie Dr. Eva Hahn (München/Augustfehn), Edgar Pscheidt, M. A. (München), Prof. Dr. Manfred Heinemann (Hannover) und Dr. Martin Schumacher von der Kommission für Geschichte des Parlamentarismus und der politischen Parteien in Bonn, der ich mich eng verbunden fühle. Sie alle haben mich in unterschiedlicher Art und Weise unterstützt.
　Ganz besonders danke ich meinen Freunden und Kollegen Dr. Achim Dünnwald, Dr. Matthias Jaroch und vor allem Wolfgang Dierker für die kritische Lektüre der ersten Fassung und für zahlreiche Anregungen. Clemens Schütte und Dana Veverková sei für ihre wiederholt von mir in Anspruch genommene Gastfreundschaft in Prag gedankt.
　Von den Damen und Herren in den Archiven, die ich benutzt habe, bin ich durchweg gut beraten und betreut worden. Ob in Prag, Leitmeritz, Berlin, Koblenz oder Moskau, um nur die wichtigsten Archive zu nennen: überall habe ich freundliche Unterstützung gefunden, für die ich dankbar bin. Ganz besonders möchte ich die große Hilfsbereitschaft des Teams vom Archiv des Innenministeriums in Prag (Archiv ministerstva vnitra) und von Vlasta Měšťánková (Státní ústřední archiv/Staatliches Zentralarchiv, Prag) hervorheben.
　Zwei Institutionen haben mich gefördert, wofür ich mich herzlich bedanke. Die Konrad-Adenauer-Stiftung, deren Stipendiat ich schon während des Studiums war, hat mein Forschungsvorhaben mit einem Promotions-Stipendium unterstützt. Besonders dankbar bin ich der Stiftung dafür, daß sie mir den in vielerlei Hinsicht sehr ertragreichen Archivauf-

enthalt in Moskau ermöglicht hat. Das Collegium Carolinum (München) hat mir zwei kleine Reisestipendien gewährt. Im Rahmen der Bad Wiesseer Tagungen habe ich zudem schon früh die Gelegenheit bekommen, mich mit anderen Wissenschaftlern – Deutschen und Tschechen – auszutauschen. Die Nachwuchsförderung des von Herrn Prof. Dr. PhDr. h. c. Ferdinand Seibt geleiteten Instituts ist vorzüglich. Besonders danke ich natürlich Professor Seibt und dem Collegium Carolinum für die Aufnahme meiner Dissertation in die Schriftenreihe des Instituts und für die umsichtige Betreuung des Manuskripts. Über die zusätzliche Förderung der Veröffentlichung durch den Deutsch-Tschechischen Zukunftsfonds habe ich mich sehr gefreut. Ich sehe darin eine Anerkennung meines Bemühens, einen wissenschaftlichen Beitrag zur Aussöhnung zwischen Tschechen und Deutschen zu leisten.

Abschließend möchte ich meinen Eltern, vor allem aber meiner Freundin Sabine Lata für ihre Unterstützung danken. Sie hatte wie niemand sonst an den Geburtswehen dieser Arbeit mitzuleiden.

Bonn, im Sommer 1998 *Ralf Gebel*

I. EINLEITUNG

1. Forschungsstand und Fragestellung

„Wir wollen heim ins Reich!" Dieser wohl berühmteste Ausruf Konrad Henleins leitete am 15. September 1938 die letzte Phase der ‚Sudetenkrise' ein, in deren Verlauf die Welt dem Ausbruch eines großen Krieges gefährlich nahe kam.[1] Kaum mehr schien der militärische Konflikt abwendbar zu sein, als es schließlich doch noch zu einer den Weltkrieg – allerdings nur um ein knappes Jahr – aufschiebenden vertraglichen Regelung kam: Unter dem Druck der europäischen Großmächte trat die Tschechoslowakische Republik im Münchener Abkommen am 29. September 1938, ohne selbst an den Verhandlungen beteiligt gewesen zu sein, die überwiegend von Deutschen besiedelten Gebiete des Landes an das Deutsche Reich ab.

Hatten diese sudetendeutschen Gebiete zuvor Monate im Zentrum der Weltpolitik gestanden, so rückten sie nun an den südöstlichen Rand des Deutschen Reiches und in die Sphäre deutscher Innenpolitik. Aus einer Region, mit deren Schicksal nicht nur nach Ansicht des britischen Premierministers Chamberlain der „Frieden für unsere Zeit"[2] verbunden gewesen zu sein schien, wurde eine deutsche Provinz, die in den folgenden bewegten Zeiten nur noch wenig Aufmerksamkeit erweckte.

Dieser Umstand drückt sich auch im Interesse der historischen Forschung aus. Die Jahre zwischen 1938 und 1945 waren zwar eine Schlüsselepoche in den deutsch-tschechoslowakischen Beziehungen und wurden dementsprechend Gegenstand kaum mehr zählbarer Untersuchungen. Dabei standen aber das Münchener Abkommen und seine Vorgeschichte, die Geschichte des sogenannten ‚Protektorats Böhmen und Mähren' und die Vertreibung der sudetendeutschen Bevölkerung aus ihrer Heimat nach Kriegsende im Mittelpunkt der Betrachtungen. Die sudetendeutschen Gebiete, aus deren größtem Teil der Reichsgau Sudetenland gebildet wurde, glitten dagegen in eine Art Grauzone ab.

Obwohl von tschechischer Seite der Anspruch auf die ‚abgetrennten Grenzgebiete', so der allgemein übliche Terminus[3], nie aufgegeben wur-

---

[1] Die „Proklamation Konrad Henleins an das Sudetendeutschtum und die ganze Welt" ist abgedruckt in: Akten zur deutschen auswärtigen Politik (ADAP) 1918–1945. Serie D (1937–1945). Bd. 2: Deutschland und die Tschechoslowakei (1938–1939). Baden-Baden 1950, 639f.

[2] Chamberlain wird zitiert nach *Hoensch,* Jörg K.: Geschichte der Tschechoslowakei. 3. Aufl. Stuttgart–Berlin–Köln 1992, 88.

[3] Bereits im Mai 1945 hatte der tschechoslowakische Innenminister verfügt, daß nicht mehr vom Sudetenland, sondern vom Grenzgebiet gesprochen werden sollte. Siehe

de, fielen diese bei der Darstellung der tschechischen Geschichte von 1938 bis 1945 meist aus dem Rahmen der Betrachtung. In der handbuchartigen tschechischen Darstellung der „Geschichte der Länder der böhmischen Krone" von 1993 wird zum Beispiel das Sudetenland nach dem Münchener Abkommen nicht mehr erwähnt.[4] Wenngleich hier auch nach 1938 mehrere hunderttausend Tschechen lebten, wurde die Entwicklung dort offenbar nicht mehr als Bestandteil der tschechischen Nationalgeschichte im engeren Sinn gesehen.

Die wenigen tschechischen Aufsätze zum Thema erschienen großenteils schon in den sechziger Jahren und beschränkten sich meist auf kleine Teilaspekte. Dabei erfolgte die Betrachtung oft „allein aus der Perspektive und in bezug" auf die tschechische Minderheit im Sudetengau.[5] Teilweise leidet die ältere tschechische Literatur zudem am tendenziösen Vorgehen der Autoren. Es wird deutlich, daß die tschechoslowakische Geschichtswissenschaft mitunter vom kommunistischen Regime instrumentalisiert wurde. Sie sollte die Behauptung der Kollektivschuld der Sudetendeutschen an den Ereignissen in Böhmen und Mähren zwischen 1938 und 1945, an den schrecklichen Verbrechen, die unter der deutschen Besatzungsherrschaft verübt wurden, untermauern. Mit dieser Schuldzuweisung konnte dann die Vertreibung der Sudetendeutschen 1945/46 gerechtfertigt werden. Im Urteil des Historikers Václav Král liest sich das beispielsweise so: „Die Sudetendeutschen, die in ihrer überwiegenden Mehrheit der nationalsozialistischen Ideologie unterlagen und zu einem willigen Werkzeug der Aggression geworden waren, blieben [...] dem

Meldung des ‚New Yorský deník' [New Yorker Tageszeitung] vom 25. Mai 1945, SÚA Prag, ZTA, Kart. 584, Nr. 480. — Zitate aus tschechischen Texten wurden vom Verfasser selbständig ins Deutsche übertragen.

[4] Dějiny zemí koruny české [Geschichte der Länder der böhmischen Krone]. Bd. 2: Od nástupu osvícenství po naši dobu [Vom Beginn der Aufklärung bis zu unserer Zeit]. 2. Aufl. Praha 1993. — Dies gilt auch für andere, nicht-tschechische Darstellungen zur Geschichte der Tschechoslowakei. Eine Ausnahme ist das Handbuch der Geschichte der böhmischen Länder, das ein – wenn auch kurzes – Kapitel über den „Reichsgau Sudetenland" enthält. *Slapnicka,* Helmut: Die böhmischen Länder und die Slowakei 1919–1945. In: Handbuch der Geschichte der böhmischen Länder. Bd. 4: Der tschechoslowakische Staat im Zeitalter der modernen Massendemokratie und Diktatur. Hrsg. von Karl *Bosl.* Stuttgart 1970, 1-150, hier 100-105. — Vgl. auch *Lemberg,* Hans: „München 1938" und die langfristigen Folgen für das Verhältnis zwischen Tschechen und Deutschen. In: Das Scheitern der Verständigung. Tschechen, Deutsche und Slowaken in der Ersten Republik (1918–1938). Für die deutsch-tschechische und -slowakische Historikerkommission hrsg. von Jörg K. *Hoensch* und Dušan *Kováč.* Essen 1994 (Veröffentlichungen des Instituts für Geschichte der Deutschen im östlichen Europa 2), 147-162, hier 155.

[5] Dies vermerkte kritisch *Antoš,* Zdeněk: Poznámky k některým rysům nacistického režimu v odtrženém pohraničí [Anmerkungen zu einigen Zügen des nazistischen Regimes im abgetrennten Grenzgebiet]. Odboj a revoluce – Zprávy 4/2 (1966) 19-34, hier 34. — Eine erwähnenswerte Ausnahme ist der Aufsatz von *Faltys,* Antonín: Postavení českého pohraničí v rámci Velkoněmecké říše v letech 1938–1945 [Die Stellung des böhmischen Grenzgebietes im Rahmen des Großdeutschen Reiches 1938–1945]. Historie a vojenství 17 (1968) 386-420.

Nazismus bis in die letzten Stunden der Existenz des Hitler-Reiches treu." Daraus resultiert für ihn, daß die „Aussiedlung der Sudetendeutschen [...] nicht nur im nationalen und staatlichen Interesse der Tschechoslowakei [war], sondern gleichzeitig auch im Interesse der Sicherheit und des Friedens in der ganzen Welt."[6]

Derart zweifelhafte und einseitige Urteile, wie man sie bei Král – schon mehr ein Propagandist der KPČ als ein Historiker – findet, sind in der tschechischen Historiographie selbst vor 1989 nicht die Norm gewesen. Aber auch Josef Bartoš, der die einzige tschechische Monographie, ein schmales Werk von knapp 200 Seiten, zur Geschichte des Sudetengaus verfaßt hat, stand noch 1978 in dieser Tradition, als er behauptete, daß die Mehrheit der Sudetendeutschen trotz „Warnungen ihr Schicksal mit dem des Nazismus verband – und damit auch mit den Folgen von dessen Niederlage im Jahr 1945."[7] Im Jahre 1986 formulierte Bartoš noch deutlicher, was er meinte: „Der Abschub der Deutschen nach dem Jahr 1945 war historisch völlig berechtigt."[8]

Gleichzeitig wird der Ansatz der allerdings materialreichen und informativen Studie Bartošs durch folgendes Zitat gekennzeichnet: „Die Problematik der Deutschen in der Tschechoslowakei und besonders die Problematik des Zweiten Weltkrieges und der Okkupation war und ist noch immer unteilbarer Bestandteil der heutigen Tagespolitik in vielerlei Hinsicht; erinnern wir uns nur an die Frage der Nichtigkeit des Münchener Abkommens, der revanchistischen Bewegung in Westdeutschland und der neonazistischen Bewegung in ganz Europa. [...] Um so aktueller ist auch eine wirklich solide Bearbeitung dieser Problematik, gegründet auf den Prinzipien der marxistischen Historiographie."[9] Es erübrigt sich, an dieser Stelle auf die Folgen einer solchen Annäherung an das Thema aus-

---

[6] *Král,* Václav: Vorwort in: Die Vergangenheit warnt. Dokumente über die Germanisierungs- und Austilgungspolitik der Naziokkupanten in der Tschechoslowakei. Zusammengestellt, mit Vorwort und Anmerkungen versehen von *dems.* Prag 1960, 5-23, hier 21.

[7] *Bartoš,* Josef: Okupované pohraničí a české obyvatelstvo 1938-1945 [Das besetzte Grenzgebiet und die tschechische Bevölkerung 1938-1945]. Praha 1978 (Acta Universitatis Palackianae Olomucensis. Facultas philosophica. Historica 19), 129. — Der Begriff ‚Sudetengau' wird im folgenden synonym für den Begriff ‚Reichsgau Sudetenland' benutzt.

[8] *Bartoš,* Josef: Odboj proti nacistickým okupantům na severozápadní Moravě [Der Widerstand gegen die nazistischen Okkupanten in Nordwestmähren]. Šumperk 1986, 54. — Vgl. auch die Aussage Jaroslav Maceks, wonach „die Mehrheit der deutschen Bevölkerung im Grenzgebiet voll in den Diensten des Nazismus [stand] und der Abschub im Jahr 1945 kein Akt irgendeiner Rache, sondern der Vollzug der historischen Gerechtigkeit und für den Aufbau unserer neuen Gesellschaft schlichtweg unerläßlich war". *Macek,* Jaroslav: Zpracování dějin tzv. Sudet v severočeském kraji [Die Bearbeitung der Geschichte der sog. Sudeten in der nordböhmischen Region]. In: Sudetští Němci a Mnichov. Materiály z konference historiků Severomoravského kraje [Die Sudetendeutschen und München. Materialien von einer Tagung der Historiker aus dem Bezirk Nordmähren]. Hrsg. von Andělín *Grobelný.* Ostrava 1964, 153-161, hier 161.

[9] *Bartoš:* Okupované pohraničí 9f.

führlicher einzugehen; es sollte selbstverständlich sein, „daß Geschichtswissenschaft nicht aus politisch opportunen Reflexionen besteht."[10]

Was an manchen älteren tschechischen Arbeiten zu kritisieren ist, muß ebenfalls für drei in den späten sechziger Jahren in der DDR angefertigte, nicht gedruckte Dissertationen, die sich mit dem Sudetengau beschäftigen, festgestellt werden.[11] Auch diese Arbeiten, die immerhin auf Recherchen in tschechischen Archiven basieren und darum wertvolle Fakten enthalten, sind gekennzeichnet durch ihren marxistischen und ‚antisudetendeutschen' Ansatz.

Gilt schon für die tschechische Seite, daß die Literaturlage „ziemlich unbefriedigend"[12] ist, so hat dieses Urteil in gleichem, wenn nicht gar in höherem Maße Gültigkeit für die Erträge der deutschen Geschichtswissenschaft, einschließlich der genannten Studien von Autoren aus der DDR. Nur erste Einblicke in das Thema gewähren die beiden Studien Johann Wolfgang Brügels über „Tschechen und Deutsche".[13] Monographien, die dem Sudetengau gewidmet sind, wurden sonst nur von Wolfgang Braumandl und Leopold Grünwald verfaßt.[14] Diese Arbeiten behandeln je-

---

[10] *Seibt*, Ferdinand: Deutschland und die Tschechen. Geschichte einer Nachbarschaft in der Mitte Europas. München–Zürich 1993, 27. — Es ist für den mit den Verhältnissen in kommunistischen Diktaturen nicht vertrauten Forscher nicht immer leicht zu ermessen, inwieweit die oft scharfen Formulierungen der Kollegen jenseits des ‚Eisernen Vorhangs' nur Floskeln waren, die als Zugeständnis an das Regime geschrieben werden mußten, oder ob sie auch die tatsächliche Ansicht des Autors wiedergaben. Die Diskussion um die deutsch-tschechische „Aussöhnungserklärung" 1996/97 hat aber gezeigt, daß sogar noch heute die Kollektivschuldthese in der tschechischen Gesellschaft weit verbreitet ist, nicht zuletzt deshalb, weil unter der kommunistischen Herrschaft das Thema Vertreibung tabuisiert worden war. Eine kritische Prüfung der bisherigen Forschungsergebnisse erschien jedenfalls angebracht.

[11] *Arndt*, Veronika: „Blut und Boden" – Politik im „Sudetengau". Zur Agrar- und Nationalitätenpolitik der deutschen Faschisten im okkupierten Grenzland der ČSR. Diss. Leipzig 1970. — *Dau*, Rudolf: Der Anteil deutscher Antifaschisten am nationalen Befreiungskampf des tschechischen und slowakischen Volkes (1938–1945). Diss. Potsdam 1965. — *Svatosch*, Franz: Das Grenzgebiet unter dem Hakenkreuz. Die sozialökonomischen Veränderungen Nord- und Nordwestböhmens während der ersten Phasen der hitlerfaschistischen Okkupation (Oktober 1938 bis Mitte 1942). Diss. Potsdam 1969.

[12] *Macek*, Jaroslav: Zur Problematik der Geschichte der abgetrennten Grenzgebiete, besonders des sogenannten Sudetenlandes in den Jahren 1938–1945. In: Der Weg in die Katastrophe. Deutsch-tschechoslowakische Beziehungen 1938–1947. Für die deutsch-tschechische und deutsch-slowakische Historikerkommission hrsg. von Detlef *Brandes* und Václav *Kural*. Essen 1994 (Veröffentlichungen des Instituts für Kultur und Geschichte der Deutschen im östlichen Europa 3), 39-56, hier 57.

[13] *Brügel*, Johann Wolfgang: Tschechen und Deutsche 1918–1938. München 1967. — *Ders.*: Tschechen und Deutsche 1939–1946. München 1974.

[14] *Braumandl*, Wolfgang: Die Auswirkungen der Wirtschafts- und Sozialpolitik des Deutschen Reiches auf die Wirtschaft im Sudetenland 1938–1945. Nürnberg 1985 (Veröffentlichung des Sudetendeutschen Archivs in München 20). — *Grünwald*, Leopold: Sudetendeutscher Widerstand gegen Hitler. Bd. 1: Der Kampf gegen das

Forschungsstand und Fragestellung 5

doch nur kleine Ausschnitte und sind zudem mit Mängeln behaftet. So besteht Braumandls Studie im wesentlichen aus einer Aneinanderreihung wirtschaftshistorischer Fakten, die kaum in einen übergeordneten Zusammenhang gestellt werden. Grünwalds nicht eigentlich wissenschaftlich zu nennende Arbeiten beschränken sich auf den Bereich ‚Widerstand' und weisen zudem methodische Schwächen auf.[15]

Aufsätze zum Thema im engeren Sinn sind praktisch überhaupt nicht vorhanden. Auch die intensive Erforschung des Dritten Reiches brachte insgesamt wenig über den Reichsgau Sudetenland hervor. Freilich lag dies auch an dem für deutsche bzw. westliche Historiker bis 1989 schwierigen, wenn nicht unmöglichen Zugang zu den tschechischen Archiven.

Auffallend ist die überaus dürftige Behandlung, welche die Jahre 1938 bis 1945 und besonders die Geschichte des Sudetengaus in den Veröffentlichungen sudetendeutscher Autoren finden. Dies trifft sowohl auf ‚volkstümliche' Arbeiten wie die Emil Franzels[16] zu als auch auf solche, die den Anspruch einer wissenschaftlichen Untersuchung erheben. Jaroslav Macek weist darauf hin, daß Franzel in der sechsten Auflage seiner sudetendeutschen Geschichte insgesamt den Jahren 1938 bis 1945 nur drei von 455 Seiten widmet, was angesichts ihrer Bedeutung in der Tat erstaunlich ist.[17] Möglicherweise ist in der „Furcht, durch den Aufweis von Verstrickungen mancher Sudetendeutscher mit der NS-Herrschaft im Sudetengau nachträglich Begründungen für die Vertreibung zu liefern"[18], einer der Gründe zu sehen, warum besonders „Historiker, die der Sudetendeutschen Landsmannschaft nahestehen, [...] einen großen Bogen um dieses Thema" geschlagen haben und sich statt dessen „auf jene Fragen

---

nationalsozialistische Regime in den sudetendeutschen Gebieten 1938–1945. München 1978. — Bd. 2: Im Kampf für Frieden und Freiheit. München 1979 (Veröffentlichung des Sudetendeutschen Archivs in München).

[15] Grünwald schreibt explizit *gegen* die These der „Kollektivschuld" der Sudetendeutschen an, die zur „Begründung der Aussiedlung [...] von den Befürwortern und Exekutoren der Vertreibung angeführt" worden sei. *Grünwald:* Sudetendeutscher Widerstand, Bd. 1, 7. Dagegen ist an sich nichts einzuwenden. Problematisch ist jedoch der damit zusammenhängende offensichtliche Versuch, den Widerstand der Sudetendeutschen gegen das NS-Regime als besonders groß herauszustellen. Dabei vergleicht der Autor nicht nur Unvergleichbares, er unterscheidet auch nicht zwischen ‚Verfolgung' und ‚Widerstand', wenn er darauf hinweist, „daß der Umfang der Verfolgungen im Sudetengebiet (rund 20 000 Inhaftierte) schon zu Beginn der Einbeziehung in das nationalsozialistische Deutschland stärker war als jener im Altreich, wo Ende Juli 1933 26 789 Häftlinge gezählt wurden. Berücksichtigt man dabei das Verhältnis der Einwohnerzahl des Sudetengebietes und des Altreiches, kommt man zu dem Ergebnis, daß die Opfer des sudetendeutschen Widerstandes von Anfang an relativ ein Vielfaches jener des Altreichs betragen". *Ebenda* 53. — Problematisch ist auch, daß der Begriff Widerstand hier nicht definiert wird und dadurch die unterschiedlichsten Phänomene unter diesem Begriff zusammengefaßt werden.
[16] *Franzel, Emil:* Sudetendeutsche Geschichte. Eine volkstümliche Darstellung. Augsburg 1958.
[17] *Macek:* Zur Problematik der Geschichte 57.
[18] *Lemberg:* „München 1938" 155.

konzentriert [haben], bei denen sie der tschechischen Seite eine Schuld vorwerfen können."[19] So handelt auch Fritz Peter Habel in seinem Buch über „Die Sudetendeutschen" den Sudetengau auf knapp einer Seite ab und „möchte meinen, daß kaum Spezifisches zu berichten" sei.[20] Ein Zug zur Apologetik, die Tendenz, zu verdecken, daß auch Sudetendeutsche Anteil am nationalsozialistischen Regime im Sudetengau und damit auch an der Unterdrückung der tschechischen Minderheit hatten, findet sich bei Emil Franzel. Die Ansicht, die Sudetendeutschen seien nach der Eingliederung in das Deutsche Reich „reines Objekt der nationalsozialistischen Politik"[21] geworden, ist irreführend und ignoriert den tatsächlichen Anteil der Sudetendeutschen an Politik und Verwaltung in ‚ihrem' Gau. Wie groß dieser Anteil war, wurde bisher noch nie systematisch untersucht. Gerade ein politisch aktiver Zeitgenosse wie Franzel mußte aber wissen, daß es eine ganze Reihe Sudetendeutscher gab, die bis 1945 hohe Ämter in der NSDAP bzw. in den Behörden des Sudetengaus einnahmen.

Insgesamt galt also, daß der Reichsgau Sudetenland auch kurz vor dem 60. Jahrestag des Münchener Abkommens und der Eingliederung der sudetendeutschen Gebiete in das Deutsche Reich „weitgehend terra incognita"[22] der historischen Forschung war. „Seine Geschichte", stellte Hans Lemberg noch 1994 fest, „ist noch nicht geschrieben."[23]

---

[19] *Brandes*, Detlef/*Kural*, Václav: Der Weg in die Katastrophe 1938-1947. Forschungsstand und -probleme. In: Der Weg in die Katastrophe. Deutsch-tschechoslowakische Beziehungen 1938–1947. Für die deutsch-tschechische und deutsch-slowakische Historikerkommission hrsg. von *dens*. Essen 1994 (Veröffentlichungen des Instituts für Kultur und Geschichte der Deutschen im östlichen Europa 3), 11-26, hier 17. — Insgesamt gilt, daß der berechtigten Forderung Eva Hahns nach einer „Geschichtsforschung, die endlich Abstand von der national bezogenen Begrifflichkeit nimmt" sowohl auf (sudeten-)deutscher als auch auf tschechischer Seite nur unzureichend nachgekommen wurde. *Hahn*, Eva: Verdrängung und Verharmlosung: Das Ende der jüdischen Bevölkerungsgruppe in den böhmischen Ländern nach ausgewählten tschechischen und sudetendeutschen Publikationen. Ebenda 135-150, hier 150.

[20] *Habel*, Fritz Peter: Die Sudetendeutschen. Mit Beiträgen von Sigrid *Canz*, Richard W. *Eichler*, Widmar *Hader*, Horst *Kühnel*, Friedrich *Prinz*, Walli *Richter*. München 1992, 76. — Damit liegt Habel auf einer Linie mit Horst Löffler, der meint, daß von „1938 bis 1945 das Schicksal der Sudetendeutschen identisch mit dem aller anderen Staatsangehörigen des Großdeutschen Reiches" gewesen sei. *Löffler*, Horst: Am Scheideweg. 1918 – 1938 – 1988. Die Sudetendeutschen. Gestern, heute – und morgen? Wien 1988 (Eckhart-Schriften 105), 42. — Vgl. dazu auch *Lemberg:* „München 1938" 155.

[21] *Franzel*, Emil: Die Politik der Sudetendeutschen in der Tschechoslowakei 1918–1938. In: Die Deutschen in Böhmen und Mähren. Ein historischer Rückblick. Hrsg. von Helmut *Preidel*. 2. Aufl. Gräfelfing bei München 1952, 333-372, hier 372.

[22] *Boyer*, Christoph/*Kučera*, Jaroslav: Die Deutschen in Böhmen, die Sudetendeutsche Partei und der Nationalsozialismus. In: Nationalsozialismus in der Region. Beiträge zur regionalen und lokalen Forschung und zum internationalen Vergleich. Hrsg. von Horst *Möller*, Andreas *Wirsching* und Walter *Ziegler*. München 1996 (Schriftenreihe der Vierteljahrshefte für Zeitgeschichte, Sondernr.), 273-285, hier 285.

[23] *Lemberg:* „München 1938" 155.

Seit dem gesellschaftlichen Umbruch in der Tschechoslowakei 1989 und der damit verbundenen Befreiung auch der Geschichtswissenschaft vom ideologischen Ballast der kommunistischen Diktatur wird dieser Region aber allmählich größeres und vor allem unvoreingenommenes Interesse entgegengebracht. Diese Entwicklung wurde nicht zuletzt durch die Tätigkeit der fruchtbar zusammenarbeitenden Kommission tschechischer, slowakischer und deutscher Historiker befördert. Es wurde deutlich, daß die bisherige Forschung zu sehr auf das Protektorat konzentriert war. Erste Ergebnisse dieses neu erwachten Interesses liegen bereits vor, ohne daß damit aber die bestehende Forschungslücke auch nur annähernd geschlossen worden wäre.[24] Noch 1995 stellte Jan Křen daher fest, daß der Stand der Forschung zum Sudetengau „ein trauriges Zeugnis für die historische Forschung beider Seiten" sei.[25] Auch die deutsch-tschechische Historikerkommission selbst wies im Frühjahr 1996 darauf hin, daß der Reichsgau Sudetenland größere Aufmerksamkeit verdiene.[26] Die Erforschung seiner Geschichte ist auch ein Beitrag zum allgemeinen Verständnis der deutsch-tschechischen Beziehungen in diesem Jahrhundert.

Schließlich ist der hier zu behandelnde Teil der unmittelbaren Vorgeschichte zur Vertreibung der Sudetendeutschen, die bis heute das Verhältnis zwischen Deutschen und Tschechen belastet. Mit dieser Feststellung soll der Geschichte nicht ihre Offenheit genommen werden. „Vergangenheit ist mehr als Vorgeschichte" – so hat dies Thomas Nipperdey mit Blick auf die These von der angeblichen Kontinuität der deutschen Geschichte, die gleichsam automatisch zu Hitler geführt habe, formuliert. Jede Epoche ist auch „noch ganz anderes", nämlich „sie selbst".[27] So lassen sich auch die Ereignisse in der Nachkriegs-Tschechoslowakei nicht als folgerichtige Entwicklung des zeitlich unmittelbar Vorangegangenen beschreiben. Die Vertreibung der Deutschen war keine zwingende Konsequenz daraus. Jüngere Forschungen haben z. B. gezeigt, daß gerade der tschechoslowakische Staatspräsident Edvard Beneš, für viele Sudetendeutsche bis heute das personifizierte Böse und der Hauptschuldige an ihrem Leid, lange an einer relativ gemäßigten „Kompromißlösung" der

---

[24] In Václav Kurals Studie über den deutsch-tschechischen Konflikt 1938–1945 findet sich ein immerhin dreizehn Seiten umfassendes Kapitel über den Sudetengau. *Kural*, Václav: Místo společenství konflikt! Češi a Němci ve Velkoněmecké říši a cesta k odsunu (1938–1945) [Statt Gemeinschaft Konflikt! Tschechen und Deutsche im Großdeutschen Reich und der Weg zum Abschub (1938–1945)]. Praha 1994, 36-49. — *Macek*: Zur Problematik der Geschichte, passim.

[25] *Křen*, Jan: „Unsere Geschichte". In: Češi a Němci – historická tabu. Tschechen und Deutsche – historische Tabus. Hrsg. von der Stiftung Bolzano und der Ackermann-Gemeinde München. Prag 1995, 41-46, hier 43.

[26] Konfliktgemeinschaft, Katastrophe, Entspannung. Skizze einer Darstellung der deutsch-tschechischen Geschichte seit dem 19. Jahrhundert. Hrsg. von der Gemeinsamen deutsch-tschechischen Historikerkommission. München 1996, 11.

[27] *Nipperdey*, Thomas: 1933 und die Kontinuität der deutschen Geschichte. In: *Ders.*: Nachdenken über die deutsche Geschichte. 2. Aufl. München 1991, 225-248, hier 248.

„sudetendeutschen Frage" festgehalten hatte.[28] Daß er sich letztlich nicht durchsetzen konnte und dann sogar an die Spitze der Politik der ‚ethnischen Säuberung' setzte, hatte ein ganzes Bündel von Gründen. Jedenfalls war die Entwicklung lange Zeit offen. Nipperdey wies darauf hin, daß es nicht eine, sondern viele Kontinuitäten gebe.[29] Und in diesem Sinne – eine im Grunde triviale Erkenntnis – stehen die Ereignisse in Böhmen und Mähren 1945/46 natürlich doch in einem engen Zusammenhang mit der Entwicklung dort ab 1938. Diese Arbeit handelt nicht von der Vertreibung. Aber wer sich mit dieser beschäftigt, wird sich auch mit den unmittelbar vorangegangenen Ereignissen – und eben nicht nur jenen im Protektorat – auseinandersetzen müssen.

Wie der Sudetengau als Ganzes, so erfuhr auch sein oberster Repräsentant, der Gauleiter und Reichsstatthalter Konrad Henlein, dessen Geburtstag sich 1998 zum 100. Mal jährt, wenig Aufmerksamkeit. Mit Henleins Namen sind wie mit keinem anderen die Begriffe ‚Sudetenland', ‚sudetendeutsch' und ‚Sudetengau' verbunden. Was für diese Region gilt, läßt sich aber auch über ihn sagen: Das Interesse der Historiker verlor sich für die Zeit nach dem Anschluß weitgehend, und was der ehemalige tschechoslowakische Ministerpräsident Milan Hodža zu Henlein kurz vor dem Münchener Abkommen gesagt haben soll, erlangte für die historische Forschung allemal Realität: „Bleiben Sie bei uns, Herr Henlein, dann behalten Sie Namen und Geltung. Gehen Sie heim ins Reich, werden Sie am Rande Böhmens und Mährens eine Nebenfigur ohne Glanz und Gloria."[30] Von einem Akteur der ‚großen' europäischen Politik wurde Henlein zu einem ‚Gaufürsten' des Dritten Reiches.

Über die politische Tätigkeit und den Werdegang Henleins bis zum Münchener Abkommen unterrichten eine ganze Reihe von Detailstudien und umfassenden Darstellungen. Eine wissenschaftliche Gesamtbiographie liegt freilich bis heute nicht vor. Besonders wenig ist über Henleins Leben und Wirken zwischen Oktober 1938 und seinem Tod im Mai 1945 bekannt. Von vereinzelten, in der Literatur weit verstreuten Hinweisen abgesehen, informiert darüber eigentlich nur das im Reportage-Stil geschriebene, populärwissenschaftliche Buch „Karriere eines Turnlehrers" von Stanislav Biman und Jaroslav Malíř.[31] Dieses Buch ist zwar aus den Quellen gearbeitet, bietet jedoch keinen Anmerkungsapparat.[32] Nicht nur

---

[28] *Brandes*, Detlef: Eine verspätete tschechische Alternative zum Münchener ‚Diktat'. Edvard Beneš und die sudetendeutsche Frage 1938–1945. Vierteljahrshefte für Zeitgeschichte 42 (1994) 221-241, hier 241.
[29] *Nipperdey*: 1933 und die Kontinuität 237.
[30] Zitiert nach *Becher*, Walter: Zeitzeuge. Ein Lebensbericht. München 1990, 96.
[31] *Biman*, Stanislav/*Malíř*, Jaroslav: Kariéra učitele tělocviku [Die Karriere eines Turnlehrers]. Ústí nad Labem 1983.
[32] Die Verfasser zählen im Anhang ohne weitere Angaben die Bestände die Archive auf, die sie benutzt haben. *Ebenda* 373f. Die Zitierweise ist, wie im Rahmen der Recherchen für diese Dissertation festgestellt wurde, zuverlässig; eine Stilisierung von Quellenfunden hat es wohl nicht gegeben. Die Lektüre dieses Buches führt aber nicht zu den Originalquellen. Daher wird im folgenden nur darauf verwiesen,

Forschungsstand und Fragestellung 9

darin, sondern auch in seinem oft polemischen Stil ist wohl auch der Grund dafür zu sehen, warum es, obwohl es im Hinblick auf die Fakten durchaus solide gearbeitet ist, von der bisherigen Forschung praktisch nicht rezipiert wurde.[33] Ohne das Verdienst der beiden Autoren schmälern zu wollen, muß man doch feststellen, daß eine kritisch-wissenschaftliche Biographie des wohl bekanntesten sudetendeutschen Politikers nach wie vor aussteht.[34]

Einige nicht auf eingehenden Untersuchungen basierende, einander widersprechende Urteile in der bisher erschienenen Literatur verdeutlichen den Klärungsbedarf. Biman und Malíř etwa nennen Henlein einen „Nazi bis in den Tod"[35], während Hermann Graml dem Reichsstatthalter und Gauleiter der NSDAP bescheinigt, niemals „völlig zum Nationalsozialisten im genauen Sinn des Wortes" geworden zu sein.[36] Peter Hubert meint, Henlein sei „als Reichsstatthalter und Gauleiter die dominierende Figur" im Sudetengau gewesen[37], wohingegen Graml die Ansicht vertritt, Henlein sei nach 1938 „politisch nicht mehr hervorgetreten".[38] Damit urteilt Graml im Sinne „einiger enger Mitarbeiter Henleins, die diesen in ihren Erinnerungen als nach 1938 weitgehend machtlos dargestellt hatten. Fritz Köllner, zeitweise Henleins Stellvertreter als Gauleiter, bezeichnete Henlein nach dem Krieg als unbedeutenden „kleine[n] Gaufürst[en]"[39], Hans Neuwirth nannte ihn gar „politisch völlig einflußlos"[40], und auch Walter Brand war der Ansicht, Henlein habe nur noch „die politisch völlig belanglos gewordene Rolle eines sudetendeutschen Gau-

---

wenn es einen Bezug auf Interpretationen Bimans und Malířs oder auf Vorgänge, die anderweitig nicht belegt werden konnten, gibt.

[33] Weder *Bartoš:* Okupované pohraničí, noch *Kural,* Václav: Konflikt místo společenství? Češi a Němci v československém státě (1918–1938) [Konflikt statt Gemeinschaft? Tschechen und Deutsche im Tschechoslowakischen Staat (1918–1938)]. Praha 1993, bzw. *ders.:* Místo společenství konflikt, oder *Seibt:* Deutschland und die Tschechen, führen den Titel in den Bibliographien ihrer Arbeiten. Auch im Forschungsüberblick von *Brandes/Kural:* Der Weg in die Katastrophe, bleibt er unberücksichtigt. Eine Ausnahme ist *Luh,* Andreas: Der Deutsche Turnverband in der Ersten Tschechoslowakischen Republik. Vom völkischen Vereinsbetrieb zur volkspolitischen Bewegung. München 1988 (Veröffentlichungen des Collegium Carolinum 62).

[34] So auch der tschechische Historiker Jan Křen in einer Rede anläßlich einer Tagung der Bernhard-Bolzano-Stiftung. Siehe: Češi a Němci – nová naděje? Tschechen und Deutsche – neue Hoffnung? Prag 1992, 227.

[35] *Biman/Malíř:* Kariéra 352.

[36] *Graml,* Hermann: Konrad Henlein. In: Neue Deutsche Biographie. Bd. 8. Berlin 1969, 532-534, hier 533.

[37] *Hubert,* Peter: Uniformierter Reichstag. Die Geschichte der Pseudo-Volksvertretung 1933-1945. Düsseldorf 1992 (Beiträge zur Geschichte des Parlamentarismus und der politischen Parteien 97), 156.

[38] *Graml:* Konrad Henlein 534.

[39] Sudetendeutsches Archiv, München, Interview Walter Bechers mit Fritz Köllner vom 15. März 1983, Tonbandaufzeichnung.

[40] Niederschrift Dr. Hans Neuwirths vom 22. 7. 1945, AMV Prag, 2M: 11789, Bl. 93.

leiters spielen" dürfen.[41] Walter Becher, ein anderer Zeitgenosse, meinte, Henlein sei „von einer weltweit bekannten Persönlichkeit zu einem von 56 [!] Gauleitern" degradiert worden.[42] Aus einer betont sudetendeutschen Perspektive mochte dies tatsächlich so wirken; ob es den Sachverhalt angemessen umschreibt, mag vorerst dahingestellt bleiben. Die genannten Behauptungen fanden vielfach Eingang in die sudetendeutsche Publizistik.[43] Ihnen wissenschaftlich nachzugehen, gehört zu den Anliegen dieser Arbeit.

Henlein steht im Mittelpunkt der Darstellung, obwohl er nicht als ein die Entwicklung in seinem Sinne vorantreibender ‚Vollblutpolitiker' gilt. Für seine politische Laufbahn bis zum Münchener Abkommen ist dieses Urteil recht gut belegt. Für die Zeit danach ließ es sich nur aufgrund der oben genannten Aussagen von Zeitzeugen vermuten. Abgesehen von dem Interesse, das „der bekannteste Mann im Sudetendeutschtum"[44] ohnehin für sich beanspruchen kann, liegen folgende Überlegungen der Entscheidung, sich dennoch gerade auf Henlein zu konzentrieren, zugrunde:

Der amerikanische Historiker Ronald M. Smelser gelangt in seiner grundlegenden Studie über die Geschichte der Sudetendeutschen Partei bis zum Münchener Abkommen[45] zu dem Schluß, daß Henlein alles andere „als ein machthungriger Autokrat" war, „der geeignet wäre, Menschen und Ereignisse zu manipulieren". Im Grunde sei Henlein ein Mann gewesen, „der unbewußt in eine Position schlitterte, deren Anforderungen seine Fähigkeiten weit überstiegen."[46] Smelser zeichnet in seinem Porträt einen führungs- und entscheidungsschwachen Henlein, dessen „Wankelmut" ihn schließlich „zu einer Schachfigur" gemacht habe.[47] Dennoch ist Smelser der Ansicht, daß sich die genauere Beschäftigung mit Henlein nicht nur lohnt, sondern daß man an seiner Person und Biographie als Historiker bei der Untersuchung des sudetendeutschen Problems nicht vor-

---

[41] *Brand*, Walter: Die sudetendeutsche Tragödie. Lauf bei Nürnberg 1949 (Ackermann-Schriften für Kultur, Wirtschaft und Politik 1), 54.

[42] So Becher in dem Interview mit Fritz Köllner vom 15. März 1983. Sudetendeutsches Archiv, München, Tonbandaufzeichnung.

[43] Henlein sei „vom [sic] Anfang an isoliert" gewesen und habe nur als „Aushängeschild" gedient. „Die eigentliche Macht übten die aus dem Reich eingeschleusten NSDAP-Funktionäre, die höheren Beamten und vor allem die Gestapo und der Sicherheitsdienst aus." *Maier*, Erich: 40 Jahre Sudetendeutscher Rechtskampf. Die Arbeit des Sudetendeutschen Rates seit 1947. München 1987, 22. — Vgl. auch *Herget*, Toni: Zu unrecht vergessen: Konrad Henlein. Sudetendeutsche Zeitung vom 7. 1. 1983, 3, sowie *ders.*: Konrad Henlein wäre 90 Jahre alt geworden. Der Egerländer 9 (1988) 23. Herder-Institut Marburg, Pressearchiv, T 0301, Ordner Konrad Henlein.

[44] *Hagen*, Walter (= Wilhelm Höttl): Die geheime Front. Organisation, Personen und Aktionen des deutschen Geheimdienstes. Wien–Linz 1950, 124.

[45] *Smelser*, Ronald M.: Das Sudetenproblem und das Dritte Reich 1933–1938. Von der Volkstumspolitik zur nationalsozialistischen Außenpolitik. München–Wien 1980 (Veröffentlichungen des Collegium Carolinum 36).

[46] *Ebenda* 64.

[47] *Ebenda*.

beikommt. Für den von ihm behandelten Zeitabschnitt konstatiert Smelser: „Der Schlüssel zur Zukunft der Volkstumspolitik im Sudetenland lag [...] weitgehend in der Frage, welcher Art das Führertum Konrad Henleins sein würde."[48] „Die Tragik des Sudetendeutschtums", so resümierte Walter Brand, „liegt jedoch darin beschlossen, daß Konrad Henlein nicht jene überragende politische Führerpersönlichkeit war", die mit den anstehenden Problemen „fertig geworden wäre."[49] Brands Urteil ist in zweierlei Hinsicht bemerkenswert: zum einen, was die angebliche Führungsschwäche Henleins angeht, zum anderen, was dessen dennoch herausragende Rolle in der sudetendeutschen Politik betrifft: Die Entwicklung blieb danach von Henlein *trotz* seiner Schwäche abhängig.

Das lag zunächst an der zentralen Rolle, die Henlein, wenn man im Bild bleiben will, in dem Schachspiel einnahm. Er glich dem König in diesem Spiel: seine Bewegungsmöglichkeiten waren möglicherweise eingeschränkt, besonders im Vergleich mit anderen Figuren. Selten griff er aktiv in das Spielgeschehen ein – und dennoch drehte sich alles um ihn.

Zum zweiten, damit zusammenhängend, ist Henleins enorme Beliebtheit unter den Sudetendeutschen zu nennen. Diese Volkstümlichkeit war nicht nur einer der wichtigsten Gründe dafür, warum sich der „weithin nur als ‚der Konrad'"[50] bezeichnete Henlein überhaupt so lange an der Spitze der sudetendeutschen Politik hielt. „Den Eingeweihten", so ein diesen Sachverhalt umschreibender Bericht an den Sicherheitsdienst der SS (SD) vom Januar 1937, „wird es immer klarer, daß ihm alle Führereigenschaften fehlen. Sein Name aber ist den Anhängern heute ein Begriff, und es wäre ein schwerer Fehler, seine Autorität erschüttern zu wollen, weil damit der Gedanke der Volksgemeinschaft vor die Hunde gehen würde."[51]

„Der Durchschnittssudetendeutsche", resümiert Smelser, „sah in Henlein nicht, wie viele Reichsdeutsche in Hitler, die Verkörperung des Willens der Nation. Was er in Henlein sah, war im wesentlichen ein Spiegelbild seines eigenen Zustandes. [...] Es war diese Fähigkeit, in einer Zeit großer nationaler Anspannung als Jedermann zu fungieren, die die Menschen zu Henleins Bewegung hinzog."[52] Henlein erfüllt mithin in hohem

---

[48] *Ebenda.*
[49] *Brand:* Die Sudetendeutsche Tragödie 53.
[50] *Becher:* Zeitzeuge 91.
[51] „Lagebericht aus der ČSR – Stand Ende Januar 1937". ZfdAhdS Moskau, 500-1-891, Nr. 2255, Bl. 246.
[52] *Smelser:* Das Sudetenproblem 66. — Auch Walter Brand sah in Henlein den „Prototyp[en] des Sudetendeutschen", der „allerdings auch mit den Schwächen des Sudetendeutschen behaftet" gewesen sei, „der vielfach über eine provinzielle Art nicht hinaus kam". *Brand, Walter:* Auf verlorenem Posten. Ein sudetendeutscher Politiker zwischen Autonomie und Anschluß. München 1985 (Veröffentlichung des Sudetendeutschen Archivs in München 21), 90. — Henleins offizieller Biograph Deubner schrieb 1938 in einer Skizze Henleins: „Jedermann in der nach Tausenden zählenden Menge spürt: der da vorn ist ein Mann wie sie selbst. [...] Er steht da, erhaben über Eitelkeit, der schlichte Kamerad, das Kind des Volkes [...]." *Deubner,*

Maße – und dies gilt, ebenso wie für die ‚Königsposition', auch für die Jahre nach 1938 – die Funktion eines Spiegels, in dem sich die Ereignisse reflektieren. Ohne daß etwa die Geschichte des Sudetengaus 1938–1945 in der Biographie Henleins aufginge, ist es doch berechtigt, diesen „Mr. Sudetenland"[53], diese „Schicksalsfigur des Sudetendeutschtums"[54] in den Mittelpunkt der Darstellung zu rücken.

Schließlich ist zu berücksichtigen, daß Henlein als Reichsstatthalter und Gauleiter in einer Person die höchsten Ämter der öffentlichen Verwaltung und der NSDAP in seinem Herrschaftsbereich verband. Er war also gleich zweifach der oberste Repräsentant des nationalsozialistischen Deutschland im Sudetengau und stand somit „am Schnittpunkt zwischen totalitärer Zentralgewalt und regionaler Partikularität".[55] Die sich daraus ergebenden Spannungen mußten um so deutlicher ausfallen, als Henlein auch der 1935 mit überwältigender Mehrheit gewählte ‚Führer' der Sudetendeutschen war, der in ganz *besonderem* Maße ihre Interessen zu vertreten und sich für die Erfüllung ihrer umfangreichen Erwartungen einzusetzen hatte.

Damit ist, neben der Feststellung, daß allgemein wenig über den Untersuchungsgegenstand bekannt ist, bereits der zweite Impuls für diese Arbeit angesprochen, der ihre Fragestellung maßgeblich geprägt hat. Der Anstoß ging von der erst kürzlich hervorgehobenen Tatsache aus, daß allgemein die Regionen, besonders auch die Gaue der NSDAP, als territoriale Einheiten des Dritten Reiches von der Forschung bisher nicht ausreichend berücksichtigt worden sind. Die Lücke besteht dabei weniger in der Beschreibung einzelner Orte, Länder oder Regionen in der Zeit der nationalsozialistischen Diktatur – wobei eben im Falle des Sudetenlandes auch dies noch weitgehend zu leisten war – als in der Erforschung des Verhältnisses „von Zentralismus und Regionalismus im Dritten Reich."[56] Auch über die Gauleiter, die doch zu den höchsten Funktionären des Regimes und zu den Schlüsselfiguren der jeweiligen Regionalgeschichten gehörten, ist – trotz der wichtigen Studie Peter Hüttenbergers[57] – insge-

---

Karl-August: Mit Henlein in die Zukunft. Der Sudetendeutsche (10) 1938, 230f., hier 231. — Mit Smelser ist der Verfasser der Ansicht, daß es als Erklärung für Henleins Beliebtheit nicht ausreicht, anzunehmen, man habe eigentlich nicht ihm zugejubelt, sondern zunächst der Idee der Einheit und später dem angeblich hinter Henlein stehenden Hitler. Vgl. dazu *Smelser*: Das Sudetenproblem 65f.

[53] *Becher*: Zeitzeuge 91. — Vgl. auch *Brand*: Auf verlorenem Posten 90.
[54] *Hagen*: Die geheime Front 123.
[55] *Wirsching*, Andreas: Nationalsozialismus in der Region. Tendenzen der Forschung und methodische Probleme. In: Nationalsozialismus in der Region. Beiträge zur regionalen und lokalen Forschung und zum internationalen Vergleich. Hrsg. von Horst *Möller*, dems. und Walter *Ziegler*. München 1996 (Schriftenreihe der Vierteljahrshefte für Zeitgeschichte, Sondernr.), 25-46, hier 31. — Diese Formulierung bezieht sich allgemein auf die Gauleiter des Dritten Reiches.
[56] Vorwort in: Nationalsozialismus in der Region 7.
[57] *Hüttenberger*, Peter: Die Gauleiter. Studie zum Wandel des Machtgefüges in der NSDAP. Stuttgart 1969.

samt wenig bekannt.[58] Es wurde die Frage aufgeworfen, „inwiefern die Gaue mit ihren Führern eine Art regionales oder vielleicht sogar föderales Pendant zum zentralistischen Einheitsstaat des Dritten Reiches darstellten."[59] Mit Blick auf Bayern fragte Walter Ziegler, ob die Gauleiter dort „Gauleiter in Bayern oder Bayerische Gauleiter" waren und kennzeichnete damit die Nahtstelle zwischen Regional- und Reichsinteressen, an der sich diese NSDAP-Funktionäre befanden.[60]

Vieles deutet darauf hin, daß die vom Programm her straff zentralistisch angelegte nationalsozialistische Herrschaft in Deutschland in der Realität nicht unbeträchtliche partikularistische Züge trug und daß dies nicht zuletzt an den „Gaufürsten" lag, die sich, wie der Reichsfinanzminister Schwerin-Krosigk einmal bemerkte, als „viel hartnäckigere Föderalisten als vor ihnen die Länderpräsidenten" herausstellten.[61] Besonders die ab 1938 zum Reich hinzugekommenen Reichsgaue einschließlich des Sudetenlandes hätten sich, so wird in der Forschung angenommen, aufgrund ihrer besonderen Verwaltungsstruktur „zu teilautonomen Herrschaftsbezirken" entwickelt, „deren Chefs den ‚verwaltungsmäßige[n] Ausnahmezustand' zum beispiellosen Ausbau ihrer persönlichen Machtstellung" genutzt hätten.[62]

Diese Ansätze, Fragen und bisherigen Ergebnisse einer neuen NS-Regionalgeschichtsschreibung galt es mit der vertiefenden Erforschung der Geschichte des Sudetengaus und der Biographie Konrad Henleins in den Jahren zwischen Anschluß und Kriegsende zu verbinden. Die Fragen, die hier beantwortet werden sollen, ergaben sich aus den Besonderheiten der Region. Die ganz spezifischen historischen Voraussetzungen und Kennzeichen des Sudetenlandes, aber auch das bisher Bekannte über Henlein gaben Anlaß zu der Vermutung, daß gerade hier regionale Eigenarten auch über Anschluß und Gleichschaltung hinaus von Bedeutung blieben. Das Münchener Abkommen hatte tausend Jahre alte Grenzen gesprengt und damit die sudetendeutschen Gebiete aus ihren historisch gewachsenen politischen, wirtschaftlichen und kulturellen Bindungen herausge-

---

[58] Ziegler, Walter: Gaue und Gauleiter im Dritten Reich. In: Nationalsozialismus in der Region. Beiträge zur regionalen und lokalen Forschung und zum internationalen Vergleich. Hrsg. von Horst Möller, Andreas Wirsching und dems. München 1996 (Schriftenreihe der Vierteljahrshefte für Zeitgeschichte, Sondernr.), 139-159, hier 139f.

[59] Ebenda 141.

[60] Ders.: Die nationalsozialistischen Gauleiter in Bayern. Ein Beitrag zur Geschichte Bayerns im Dritten Reich. Zeitschrift für bayerische Landesgeschichte 58 (1995), 427-460, hier 446.

[61] Zitiert nach: Broszat, Martin: Der Staat Hitlers. Grundlegung und Entwicklung seiner inneren Verfassung. 13. Aufl. München 1992, 154. — Vgl. auch Ziegler: Die nationalsozialistischen Gauleiter 428.

[62] Ruck, Michael: Zentralismus und Regionalgewalten im Herrschaftsgefüge des NS-Staates. In: Nationalsozialismus in der Region. Beiträge zur regionalen und lokalen Forschung und zum internationalen Vergleich. Hrsg. von Horst Möller, Andreas Wirsching und Walter Ziegler. München 1996 (Schriftenreihe der Vierteljahrshefte für Zeitgeschichte, Sondernr.), 99-122, hier 116.

löst und in ein ganz anderes, im Grunde fremdes Umfeld übertragen. Eine Verwaltungseinheit Sudetenland hatte es in der Geschichte nie zuvor gegeben. Selbst der Begriff ‚sudetendeutsch' – „ein bei den Geographen entlehnter Verlegenheitsbegriff"[63], der aber nicht nur die Bewohner des Sudeten-Gebirgszuges bezeichnete, sondern sich allmählich als generelle Bezeichnung für die in den böhmischen Ländern lebenden Deutschen durchsetzte – war erst Anfang des 20. Jahrhunderts geprägt worden.[64] Gerade Konrad Henlein war es dann, der ihn 1933 mit der Gründung der „Sudetendeutschen Heimatfront" (SHF, seit 1935 SdP – Sudetendeutsche Partei), zum politischen Programm erhob. Dieser sudetendeutsche Einigungsprozeß, der sich zunächst unter dem Banner der Forderung nach Autonomie innerhalb der ČSR vollzog, schließlich aber in den Ruf nach dem Anschluß an das Reich mündete, traf nun auf den zentralistischen und totalitären Anspruch des Dritten Reiches, nach dem Sonderentwicklungen nicht geduldet wurden.

Es ist kaum zu bezweifeln, daß mit Ausnahme der Sozialdemokraten und Kommunisten im Herbst 1938 die überwältigende Mehrheit der Sudetendeutschen den Anschluß wollte und begrüßte. Was man sich im einzelnen darunter vorstellte, konnte jedoch durchaus unterschiedlich sein, und so gilt es zu fragen, ob und inwieweit die jahrelang besonders auch von Henlein erhobene Forderung nach sudetendeutscher Autonomie auch nach dem Anschluß relevant blieb bzw. den Prozeß der Eingliederung beeinflußte. Wie wirkte es sich aus, daß mit Henlein und einigen seiner Mitarbeiter zunächst Politiker an die Spitze von Verwaltung und NSDAP im Sudetengau gelangten, die lange für eine Regelung der sudetendeutschen Frage innerhalb der ČSR und nicht für den Anschluß an das Reich eingetreten waren?

Wie sahen Henleins Planungen für die Eingliederung in das Reich aus? Gab es Unterschiede zu den Vorstellungen Berlins, und wie wurde dieser Konflikt ausgetragen? Wurde auf eventuell vorhandene spezifisch sudetendeutsche Interessen seitens des Reiches Rücksicht genommen? Warum kam es überhaupt zur Bildung des Sudetengaus, eines Gebildes, das nicht einmal eine geographische Einheit war und große verwaltungstechnische Probleme aufwarf? Man hätte das gesamte Gebiet auch auf angrenzende Gebiete des Reiches aufteilen können; Pläne in dieser Hinsicht hat es gegeben.

Welche Stellung hatte Henlein innerhalb der Verfassung des Reichsgaus, und wie war es für ihn um die Möglichkeit bestellt, sudetendeutsche Politik zu betreiben? „Jetzt ist's aus mit der Politik", soll er kurz nach dem Anschluß „halb resigniert, halb humorvoll" zu Offizieren der Wehrmacht gesagt haben, „jetzt dürfen wir nur noch verwalten."[65] Ein

---

[63] *Seibt:* Deutschland und die Tschechen 12.

[64] Der Begriff geht auf den Publizisten und Politiker Franz Jesser zurück, der ihn 1902 zuerst verwandte. Vgl. dazu *Brügel:* Tschechen und Deutsche 1918–1938, 116 f.

[65] „Konrad Henleins Beziehungen zum Reich vor 1938". Niederschrift von Fritz Bürger mit Anmerkungen von Fritz Köllner. BA Bayreuth, Ost-Dok. 20/75, Bl. 26.

anderer SdP-Politiker, Gustav Peters, deutete dasselbe an, als er, ebenfalls kurz nach der Eingliederung, schrieb: „Am 30. September 1938 schließt das Münchener Abkommen die sudetendeutsche Politik für immer ab."[66] Entsprachen diese früh geäußerten Einschätzungen der folgenden Entwicklung? Wenn ja, warum war dies so?

Damit zusammenhängend stellt sich die Frage, wie der Prozeß der Gleichschaltung im Sudetenland ablief. Hierbei gilt das besondere Augenmerk der Sudetendeutschen Partei, die in die NSDAP eingegliedert wurde. Die SdP war eine in sich äußerst heterogene Vereinigung, mehr eine Sammlungsbewegung als eine Partei. Ihre Geschichte war von Flügelkämpfen geprägt, und sie oszillierte zwischen den nicht zu vereinbarenden Forderungen nach Anschluß an das Reich und Autonomie innerhalb der ČSR. Überdeckte die Überführung in die NSDAP die Gräben zwischen den einstigen Gegnern, oder setzte sich der Konflikt unter dem Dach der NSDAP fort?

Eine weitere Besonderheit des Sudetengaus hing mit dem Zeitpunkt der Eingliederung dieses Gebietes in das Deutsche Reich zusammen. Hitlers Regime stand 1938 auf dem Höhepunkt seiner Macht und war bei der deutschen Bevölkerung populärer denn je. Von den vermeintlichen Erfolgen der Diktatur, zum Beispiel auf wirtschafts- und sozialpolitischem Gebiet, wurden die Sudetendeutschen in ihrer eigenen düsteren Situation geradezu geblendet. Die Tschechoslowakei hatte 1938 noch immer nicht aus den Folgen der Weltwirtschaftskrise, die zudem die sudetendeutschen Gebiete besonders schwer getroffen hatte, herausgefunden. Davon hoben sich die Verhältnisse im Reich positiv ab. Vollbeschäftigung, Reisen auf KdF-Dampfern und ‚Volksgemeinschaft' überstrahlten aus sudetendeutscher Perspektive die dunklen Seiten der braunen Diktatur, zumal man sich von den Tschechen benachteiligt und unterdrückt fühlte. Die materiellen Erwartungen der Sudetendeutschen von der Eingliederung in das Reich, die von dort auch gezielt geweckt wurden, waren ganz besonders groß. Doch Hitler hatte die Sudetendeutschen nicht um ihrer selbst willen ‚befreit': Das Münchener Abkommen war nur ein Tagesordnungspunkt im Expansionsprogramm des Diktators.

Das Deutsche Reich stand 1938 schon ganz im Zeichen der Kriegsvorbereitung, und aus deren Erfordernissen mußten sich Spannungen mit den Erwartungen der Sudetendeutschen ergeben. Inwieweit wurde in der Wirtschafts- und Sozialpolitik auf sudetendeutsche Interessen Rücksicht genommen? Konnten die hochfliegenden Hoffnungen erfüllt werden? Bisherige Erkenntnisse deuteten darauf hin, daß sich nach der Euphorie über den Anschluß schnell Enttäuschung sowohl in der sudetendeutschen Führung als auch in der Bevölkerung breitmachte.[67] Welche

---

[66] Niederschrift „Die drei Etappen sudetendeutscher Politik", zwischen Oktober 1938 und März 1939 verfaßt. SÚA Prag, SdP, Kart. 71.

[67] Vgl. dazu z. B. Joza, Jaroslav: K některým otázkám vývoje politického smýšlení německého obyvatelstva v severočeském pohraničí v letech 1938–1941 [Zu einigen

Konsequenzen hatte diese Ernüchterung, wie reagierte die Gauleitung darauf?

Ein Spezifikum des Sudetengaus war die Nachbarschaft zum tschechischen Volk. Die im Münchener Abkommen gezogene Grenze war nicht geeignet, Deutsche und Tschechen vollständig voneinander zu trennen. Nach wie vor lebten Angehörige beider Völker beiderseits der Demarkationslinie. Wie noch im einzelnen zu zeigen sein wird, machten die Tschechen etwa 13 Prozent der Bevölkerung im Reichsgau Sudetenland aus. Dieses Spezifikum verbindet die Geschichte des hier behandelten Zeitraums mit den vorangegangenen Jahren: der Oktober 1938 markiert zwar einen tiefen Einschnitt in der Geschichte der „Konfliktgemeinschaft"[68] zwischen Deutschen und Tschechen, die in dieser Phase ganz im Zeichen des Volkstumskampfes stand, aber er bedeutete nicht ihr Ende. Der Volkstumskampf war *das* zentrale Element der politischen Auseinandersetzung in der Tschechoslowakischen Republik von 1918 bis 1938 gewesen. Er sollte auch für die Politik im Sudetengau von entscheidender Bedeutung sein: „Das Sudetenland ist frei – der Volkstumskampf geht weiter", verkündete Anfang November 1938 der sudetendeutsche Nationalsozialist Rudolf Jung.[69]

Das Schicksal der Tschechen im Sudetengau dürfte der bisher noch am ausführlichsten untersuchte Aspekt der Geschichte dieser Region in den Jahren 1938–1945 sein. Einige der wichtigen einschlägigen Dokumente liegen gedruckt vor. Dabei hat man sich jedoch scheinbar an diese Dokumente derart ‚gewöhnt', daß ihre Lektüre nicht mehr immer kritisch und genau erfolgt. Die „Grundplanung O.A.", von der noch detailliert zu berichten sein wird, wurde von ihren Editoren als „Aktionsprogramm der Sudetendeutschen Partei aus dem Jahre 1938" bezeichnet.[70] Diese Bezeichnung wurde von der Forschung immer wieder übernommen, obwohl weder bekannt ist, wer diese Denkschrift verfaßt hat, noch wann sie entstand und welchen Stellenwert sie tatsächlich in der Politik der SdP hatte. Jaroslav Macek schrieb erst kürzlich, die in den sudetendeutschen Gebieten lebenden Tschechen hätten gemäß „Grundplanung O. A." von dort entfernt werden sollen.[71] In dem Dokument heißt es jedoch, die „im sudetendeutschen Gebiet befindlichen Tschechen werden

---

Fragen der Entwicklung des politischen Denkens der deutschen Bevölkerung im nordböhmischen Grenzgebiet in den Jahren 1938–1941]. Praha 1968 (Sborník pedagogické fakulty v Ústí nad Labem. Řada dějepisná [Almanach der Pädagogischen Fakultät in Aussig, Historische Reihe]), 99-132, hier 102-112.

[68] Der Begriff ‚Konfliktgemeinschaft' wurde von dem tschechischen Historiker Jan Křen geprägt: Konfliktgemeinschaft. Tschechen und Deutsche 1780–1918. München 1996 (Veröffentlichungen des Collegium Carolinum 71) [Erstveröffentlichung u. d. T.: Konfliktní společenství. Toronto 1989].

[69] Meldung in der ‚Zeit' (Reichenberg), vom 5. 11. 1938, in: BA Berlin, 25.01, Nr. 3342.
— Zum Begriff des Volkstumskampfes vgl. unten.

[70] Die Vergangenheit warnt 27.

[71] *Macek*: Zur Problematik der Geschichte 63.

an Ort und Stelle belassen, soweit sie nicht in öffentlichen Funktionen standen oder nur solche untergeordneter Art ausübten".[72] Eine kritische Neulektüre auch weithin bekannter und oft in der Literatur zitierter ‚Schlüsseldokumente' war also angebracht.
Neben einigen Quelleneditionen gibt es mehrere Aufsätze und Monographien zu diesem Themenbereich. Hier ist vor allem die bereits genannte Studie von Josef Bartoš zu erwähnen.[73] Veronika Arndt untersuchte die „Blut und Boden"-Politik im Sudetengau[74], und zuletzt beschäftigte sich Fritz Peter Habel mit der Frage, ob es 1938 zu Massenvertreibungen von Tschechen aus dem Sudetengebiet gekommen sei.[75] Auch auf die allgemeinen Lebensbedingungen der dort nach dem Oktober 1938 verbliebenen Tschechen geht der Autor kurz ein.[76] Auf dieses Buch, das von der Kulturstiftung der deutschen Vertriebenen in Bonn und der Sudetendeutschen Stiftung in München gefördert wurde, wird noch ausführlich einzugehen sein. An dieser Stelle soll aber schon darauf hingewiesen werden, daß Habels Arbeit methodisch problematisch und auf mangelhafter Quellenbasis angelegt ist.[77] Sie zeichnet sich zudem durch eine eindeutig ‚pro-sudetendeutsche' Perspektive aus, die das Schicksal der Tschechen im Sudetengau nach dem Anschluß in grober Weise verharmlost. „Nach den Erfahrungen der ČSR-Zeit von 1919 bis 1938", so ist hier zu lesen, „war zwar eine gewisse wirtschaftliche und soziale ‚Umkehrdiskriminierung' der Tschechen befürchtet worden"; eine solche sei „jedoch nur in Ansätzen zu belegen".[78] Daß diese Beschreibung den Tatsachen in keiner Weise entspricht, wird im Kapitel über die „Germanisierungspolitik" belegt werden. Im einzelnen wird auch dort noch auf Habels Thesen eingegangen.
Veronika Arndts Dissertation ist dagegen stark durch die Grundsätze der marxistischen Historiographie geprägt. Auch läßt sich das Ziel der Verfasserin, die Landsmannschaft der Sudetendeutschen in der Bundes-

---

[72] „Grundplanung O.A.", abgedruckt in: Die Vergangenheit warnt 27 ff., Zitat: 34.
[73] *Bartoš:* Okupované pohraničí.
[74] *Arndt:* „Blut und Boden"-Politik.
[75] *Habel,* Fritz Peter: Eine politische Legende. Die Massenvertreibung von Tschechen aus dem Sudetengebiet 1938/39. München 1996.
[76] *Ebenda* 110ff.
[77] Habel versucht, Ereignisse, die vor nunmehr knapp 60 Jahren stattfanden, fast ausschließlich aus für das Buch angefertigten Erinnerungsberichten sogenannter – fast ausschließlich sudetendeutscher – „Wissensträger" zu rekonstruieren. Es handelt sich also um eine – im übrigen kaum reflektierte – *oral history*-Methode. Deren Mängel durch umfassendes Aktenstudium auszugleichen, hat der Verfasser nicht versucht: die einschlägigen Bestände aus tschechischen Archiven wurden nicht herangezogen. Erstaunlich ist auch, daß nicht wenigstens die umfangreiche Sammlung von Erinnerungsberichten Sudetendeutscher, Teil der sogenannten Ost-Dokumentation des Bundesarchivs, verwendet wurde. Diese Dokumente hätten gegenüber den von Habel gesammelten Berichten den Vorteil gehabt, daß sie immerhin ‚nur' etwa 20 Jahre nach dem behandelten Geschehen verfaßt wurden.
[78] *Ebenda* 110.

republik als „revanchistische Organisation" darzustellen, nicht verkennen – was mit dem im Titel genannten Untersuchungsgegenstand wenig zu tun hat. Es lassen sich jedoch aus dieser Arbeit zahlreiche interessante Details zur hier behandelten Thematik herausfiltern.

Die bisher beste Darstellung ist das Buch von Josef Bartoš, in dem zahlreiche Aspekte der Volkstumspolitik im Sudetengau und des Lebens der tschechischen Minderheit dort untersucht werden. Diese Arbeit nähert sich dem Thema aus der tschechischen Perspektive; auf den problematischen Ansatz wurde weiter oben schon hingewiesen. So ist es nicht erstaunlich, daß in Bartošs Arbeit die „Aussagen über die Haltung der Sudetendeutschen [...] allzu schematisch" ausfallen.[79] Wiederholt wird verallgemeinernd von „den Sudetendeutschen" gesprochen, wenn ganz genau gefragt werden sollte, von wem eigentlich die Rede ist.[80] Wie zu zeigen sein wird, hat es gerade in der ‚Tschechenfrage' die unterschiedlichsten Ansichten und Projekte gegeben.

Ziel aller sudetendeutschen ‚Volkstumskämpfer' aber war es, den Sudetengau zu einer rein deutschen Region zu machen. In der Darstellung von Volkstumskampf und „Germanisierungspolitik"[81] geht es vor allem darum, die Methoden, die zu diesem Ziel führen sollten, die Spannungen, die sich dabei mit den Interessen der Reichsführung und deren Vertreter in Prag, dem Reichsprotektor, ergaben, sowie Henleins Absichten und seinen Anteil an der ‚Germanisierungspolitik' zu untersuchen. Was waren die Ziele, welches die Methoden seiner ‚Tschechenpolitik'? Inwieweit wurde diese Politik überhaupt von lokalen Politikern gemacht? Wie hing in diesem Bereich die Entwicklung im Sudetengau mit jener im Protektorat zusammen? Bisher wurden die bestehenden Zusammenhänge, aber auch die Unterschiede, nicht ausreichend beachtet.[82] Damit ist schon angedeutet, daß zur Untersuchung der Volkstumspolitik im

---

[79] So das vom Verfasser geteilte Urteil von Brandes und Kural über die Monographie Bartošs. *Brandes/Kural:* Der Weg in die Katastrophe 17.

[80] So heißt es z. B.: „Die Sudetendeutschen wollten mit den Tschechen im Grenzgebiet sofort und entschieden ‚abrechnen'." (‚vyřídit' [si] s Čechy). *Bartoš:* Okupované pohraničí 92.

[81] Die Begriffe ‚Germanisierungspolitik', ‚Volkstumspolitik', ‚Volkspolitik' und ‚Tschechenpolitik' werden im folgenden synonym gebraucht zur Beschreibung der Maßnahmen von Dienststellen von Staat und Partei zur Erreichung „ethnischer Einheit und Reinheit". ‚Volkstumskampf' geht darüber noch in dem Sinne hinaus, daß hier auch Maßnahmen im vorstaatlichen, bzw. vorparteilichen Bereich zur Erlangung dieses Ziels gemeint sind, also etwa von der Bevölkerung ausgehende Maßnahmen. Vgl. dazu auch *Jaworski*, Rudolf: Vorposten oder Minderheit? Der sudetendeutsche Volkstumskampf in den Beziehungen zwischen der Weimarer Republik und der ČSR. Stuttgart 1977, 10.

[82] So meint z. B. Bartoš, sudetendeutsche und reichsdeutsche Stellen seien gemeinsam der Auffassung gewesen, die Tschechen im Sudetengau seien eine unbedeutende Größe gewesen, die keine besondere Aufmerksamkeit erfordere. Als Beleg wird aber lediglich ein Memorandum des Reichsprotektors von Neurath vom August 1940 über die Zukunft des Protektorats angeführt. *Bartoš:* Okupované pohraničí 83 f. — Gerade Henlein aber unterschied sehr wohl zwischen den Tschechen im Gau und jenen im Protektorat. Hierauf ist noch näher einzugehen.

Sudetengau und von Henleins Anteil daran das Territorium des Reichsgaus verlassen werden muß: Ohne dem Protektorat gebührende Beachtung zu schenken, läßt sich die Entwicklung im Sudetengau nicht beschreiben.

Aus der Fülle der genannten Probleme lassen sich folgende Leitfragen für die Geschichte des Sudetengaus und Konrad Henleins herausfiltern:

1. Inwieweit gab es unter dem ‚Mantel der großdeutschen Einheit' Sonderentwicklungen, die durch die spezifischen Verhältnisse im Sudetengau, durch dessen Vorgeschichte geprägt waren?[83]
2. Gab es Interessengegensätze zwischen der Gauleitung bzw. Reichsstatthalterei in Reichenberg und den Zentralstellen von Staat und Partei in Berlin und München? Wie wurden diese Gegensätze ausgetragen, inwieweit wurde dabei auf sudetendeutsche Interessen Rücksicht genommen?
3. Welche Rolle kam Konrad Henlein dabei zu, inwieweit gelang es ihm, die Politik im Sudetengau zu beeinflussen?

* * *

Die vorliegende Arbeit ist in drei Hauptabschnitte gegliedert. Zunächst erfolgt ein recht ausführlicher Rückblick (II.) auf den „Weg zum Münchener Abkommen". Dabei kann es jedoch nicht darum gehen, die Problematik der deutsch-tschechoslowakischen Beziehungen mit all ihren innen- und außenpolitischen Bezügen darzustellen. Basierend auf dem aktuellen Forschungsstand und weitgehend auf veröffentlichten Quellen sollen vielmehr einige Grundzüge der Geschichte der Sudetendeutschen Partei und der Biographie Konrad Henleins herausgearbeitet werden, die wichtig sind für das Verständnis der späteren Entwicklung im Sudetengau bzw. des Verhältnisses zwischen diesem und dem Altreich.[84] Die Darstellung orientiert sich zwar weitgehend an den bisherigen Forschungsergebnissen. Es sollen aber einige bis heute strittige Fragen problematisiert und durch neue Dokumentenfunde zu ihrer weiteren Klärung beigetragen werden. Abschnitt III handelt von „Anschluß und Gleichschaltung" (1938–1939/40).

Der IV. Abschnitt ist mit „Probleme der Politik im Spannungsfeld zwischen Gau- und Reichsinteressen" überschrieben. Das erste Kapitel, von zentraler Bedeutung, stellt den Konflikt um Einfluß auf die Gestaltung des Sudetengaus, der sich hinter der Fassade der Gleichschaltung abspielte, dar. Während sich nämlich die ‚äußere' Gleichschaltung, wie sie im zweiten Abschnitt behandelt wird, schnell vollzog und in Grundzügen schon nach wenigen Wochen abgeschlossen war, zog sich die ‚in-

---

[83] Diese Frage warfen schon auf: *Boyer/Kučera*: Die Deutschen in Böhmen 285.
[84] Mit dem Begriff Altreich wird das Territorium des Deutschen Reiches vor dem Anschluß Österreichs bezeichnet.

terne' Gleichschaltung der sudetendeutschen Politik mit der des Reiches sehr viel länger hin. In diesem Kapitel wird deutlich, wie es um Henleins Position im Sudetengau, jenseits dessen, was das ‚Sudetengaugesetz' festgelegt hatte, tatsächlich bestellt war. Die folgenden drei Kapitel behandeln Politikfelder, die zum einen dadurch gekennzeichnet sind, daß sie für die Sudetendeutschen aufgrund ihrer Erfahrungen in der ČSR von besonders großem Interesse waren, zum anderen dadurch, daß es hier zu Konflikten zwischen Reichenberg und Berlin kam.

2. Quellenlage

Die Quellenlage für die vorliegende Arbeit erwies sich als überaus problematisch. Eine ganze Anzahl ursprünglich formulierter Fragen konnte aus dem zur Verfügung stehenden Quellenmaterial schlechterdings nicht beantwortet werden. So kann der Verfasser nur Josef Bartošs Urteil über die Quellengrundlage teilen, der sie mit dem Wort „zertrümmert" kennzeichnet.[85] Es gibt keinen einzelnen derart ergiebigen Quellenbestand, daß man ihn als das ‚Rückgrat' der Quellenbasis bezeichnen könnte. Ein ‚Nachlaß Henlein' etwa, der diesen Namen verdiente, existiert nicht. Schon deshalb erschien es unmöglich, eine im eigentlichen Sinne biographische Arbeit über die Jahre Henleins als Gauleiter und Reichsstatthalter zu schreiben. Persönliche Dokumente, Briefe und Aufzeichnungen Henleins sind praktisch nicht erhalten.

Es galt aus zahlreichen, teilweise sehr umfangreichen, aber archivalisch nur unzulänglich erfaßten Beständen mitunter einzelne Dokumente ‚herauszufischen', was der sprichwörtlichen Suche nach einer Nadel im Heuhaufen glich.[86]

Die Ursache für den bruchstückhaften Charakter der Aktenüberlieferung ist wohl vor allem in den sogenannten „ARLZ-Maßnahmen" („Auflockerung, Räumung, Lähmung, Zerstörung") zu sehen, in deren Rahmen von den deutschen Behörden gegen Kriegsende große Mengen von Aktenmaterial vernichtet wurden.[87] Konrad Henlein selbst soll die Verbrennung kompromittierender Schriftstücke beaufsichtigt haben.[88]

So haben bestimmte Archivbestände die in sie ursprünglich gesetzten Erwartungen nicht erfüllt. Dies gilt z. B. für den Bestand „Reichsstatthalterei" im Staatlichen Gebietsarchiv (Státní oblastní archiv) von Leitmeritz, Außenstelle Brüx, aus dem offensichtlich fast alle politisch relevanten

---

[85] *Bartoš:* Okupované pohraničí 8.
[86] Eine allgemeine Einführung in die derzeitige Situation des tschechischen Archivwesens bietet *Pešek,* Jiří: Tschechische Republik. Der Zugang zu den modernen Archivbeständen. Der Archivar 49 (1996) 291-297.
[87] Zu den Einzelheiten der ARLZ-Aktion, die im Sudetengau offensichtlich gründlicher durchgeführt wurden als etwa im Protektorat vgl. *Sládek,* Oldřich: Vliv ALRZ na dochovanost archiválií v odtržených českých oblastech [Der Einfluß von ARLZ auf die Überlieferung der Archivalien in den abgetrennten böhmischen Gebieten]. Sborník archivních prací 30 (1980) 18-58. — *Ders.:* Plán ARLZ a jeho vliv na dochovanost archiválií z období nacistické okupace Československa [Der ARLZ-Plan und sein Einfluß auf die Überlieferung der Archivalien aus der Zeit der nazistischen Besatzung der Tschechoslowakei]. Sborník archivních prací 28 (1978) 356-405.
[88] *Sládek:* Vliv ARLZ 58.

Akten entfernt und vernichtet wurden[89], aber auch für die Aktenüberlieferung der Regierungspräsidenten in Aussig, Karlsbad und Troppau.[90] Dagegen erwies sich das in Leitmeritz aufbewahrte Aktenmaterial der NSDAP-Gauleitung Sudetenland als in vielerlei Hinsicht ergiebig. Als sehr ertragreich zeigte sich auch die Durchsicht der Bestände der deutschen Protektoratsbehörden im Zentralen Staatsarchiv (Státní ústřední archiv) in Prag. Hier sind zahlreiche Dokumente über die Entwicklung im Sudetengau und die Verflechtung zwischen diesem und dem Protektorat vorhanden. Im Archiv des Innenministeriums (Archiv ministerstva vnitra) in Prag konnte neben weiteren Akten der Protektoratsbehörden vor allem wichtiges Material aus der Nachkriegszeit eingesehen werden, darunter der etwa 800 Seiten umfassende „Lebenslauf und Tätigkeitsbericht" Hermann Neuburgs[91], der ab 1943 Stellvertreter Henleins in dessen Funktion als Gauleiter war. Es handelt sich um die Aussage Neuburgs vor tschechischen Untersuchungsbehörden in Haft nach Kriegsende. Sie enthält, ergänzt durch Neuburgs „Charakteristik der Kreisleiter" – Kurzbiographien der NSDAP-Kreisleiter im Parteigau Sudetenland[92] – eine Fülle wichtiger Informationen aus ganz unterschiedlichen Bereichen der Geschichte des Sudetengaus. Allerdings halten die Umstände ihrer Entstehung aus naheliegenden Gründen zu besonders sorgfältiger Quellenkritik an.

Aus deutschen Archiven wurden vor allem die Bestände des Bundesarchivs in Berlin herangezogen. Im Entstehungszeitraum dieser Arbeit wurden die Bestände des Bundesarchivs in Potsdam, Berlin-Zehlendorf (ehemals Berlin Document Center) und Koblenz (Akten aus der Zeit bis 1945) zusammengelegt. Das Bild wurde ergänzt durch das Quellenstudium im Politischen Archiv des Auswärtigen Amtes in Bonn. Aus der Aktenüberlieferung der Reichsministerien ließ sich vor allem der administrative Prozeß der Eingliederung des Sudetenlandes in das Deutsche Reich vergleichsweise gut rekonstruieren. Für die Zeit danach sprudeln diese Quellen nur noch verhalten.

Ein Bestand ganz eigener Art ist die sogenannte „Ost-Dokumentation"[93], die 1957 mit einem Vertrag zwischen dem Bundesarchiv in Koblenz und dem Sudetendeutschen Archiv in München begründet wurde.[94] Sie enthält vor allem zahlreiche Erinnerungsberichte sowohl ‚einfacher' Sudetendeutscher als auch im Sudetengau eingesetzter Verwaltungsbeamter sowie Stellungnahmen aktiv am politischen Geschehen Beteiligter wie Fritz Köllner, Friedrich Bürger, Walter Brand u. a.

---

[89] Vgl. das Findbuch, S. 19, sowie *Sládek:* Vliv ARLZ 58, und *Bartoš:* Okupované pohraničí 13.

[90] Auch hier wurden laut Findbüchern zu den Beständen wichtige Akten vernichtet.

[91] AMV Prag, 301-139/1-4.

[92] Diese wird im Staatlichen Zentralarchiv (SÚA Prag) unter der Signatur 123-761-3 aufbewahrt.

[93] BA Bayreuth, Ost-Dok. 20 und Ost-Dok. 21.

[94] Zu den Einzelheiten vgl. das Findbuch der Ost-Dokumentation 20.

Quellenlage

Der große ‚Schatz', den viele Historiker nicht ohne Berechtigung in Moskau zu heben hoffen, konnte für diese Arbeit dort nicht entdeckt werden. Einige wichtige Ergänzungen fanden sich aber im „Zentrum für die Aufbewahrung historisch dokumentarischer Sammlungen", dem ehemaligen „Sonderarchiv", in der Hauptstadt der Russischen Föderation. Einschlägig waren hier vor allem die von der Roten Armee 1945 erbeuteten Akten aus dem Reichssicherheitshauptamt sowie aus dem „Büro des Reichsprotektors in Böhmen und Mähren".

An veröffentlichten Quellen seien vor allem die von Josef Orlík herausgegebenen Lageberichte des Regierungspräsidenten in Troppau[95], drei sorgfältige Editionen zur deutschen Protektoratspolitik[96] sowie die nicht unumstrittenen Editionen Václav Králs erwähnt.[97] Král wurde nicht nur einseitige Auswahl der Dokumente bzw. ihre seinen politischen Absichten entgegenkommende Kürzung durch Auslassungen vorgeworfen, sondern von einigen sudetendeutschen Politikern auch die Veröffentlichung gefälschter Dokumente.[98] Der Vorwurf der Fälschung konnte im Rahmen dieser Arbeit nicht erhärtet werden, wohl aber jener der einseitigen Auswahl bzw. der teilweise entstellenden Kürzung von Dokumenten. Ein Beispiel soll dies illustrieren. Aus der bekannten Denkschrift K. H. Franks über die „Behandlung des Tschechen-Problems und die zukünftige Gestaltung des böhmisch-mährischen Raumes" vom 28. August 1940 wurde auf Seite 417 vor dem letzten Absatz folgende Textstelle ausgelassen, die geeignet ist, die weit verbreitete Kollaboration der Tschechen mit den deutschen Behörden im Protektorat zu illustrieren:

[95] Opavsko a severní Morava za okupace. Z tajných zpráv okupačních úřadů z let 1940–1943 [Das Troppauer Gebiet und Nordmähren während der Besatzung. Aus den geheimen Berichten der Besatzungsbehörden der Jahre 1940–1943]. Bearb. von Josef *Orlík*. Ostrava 1961.
[96] Anatomie okupační politiky hitlerovského Německa v „Protektorátu Čechy a Morava". Dokumenty z období říšského protektora Konstantina von Neuratha [Anatomie der Besatzungspolitik Hitler-Deutschlands im „Protektorat Böhmen und Mähren". Dokumente aus der Periode des Reichsprotektors Konstantin von Neurath]. Hrsg. von Jaroslava *Milotová* und Miroslav *Kárný*. Praha 1987 (Sborník k problematice dějin imperialismu [Sammelband zur Geschichte des Imperialismus] 21). — Heydrichova okupační politika v dokumentech [Heydrichs Besatzungspolitik in Dokumenten]. Hrsg. von Lenka *Linhartová*, Vlasta *Měšťánková* und Jaroslava *Milotová*. Praha 1987. — *Milotová*, Jaroslava / *Kárný*, Miroslav: Od Neuratha k Heydrichovi (Na rozhraní okupační politiky hitlerovského Německa v „Protektorátu Čechy a Morava") [Von Neurath zu Heydrich (Am Scheideweg der Besatzungspolitik Hitlerdeutschlands im „Protektorat Böhmen und Mähren")]. Sborník archivních prací 39 (1989) 281–394.
[97] Die Deutschen in der Tschechoslowakei 1933–1947. Dokumentensammlung. Zusammengestellt, mit Vorwort und Anmerkungen versehen von Václav *Král*. Praha 1964 (Acta Occupationis Bohemiae et Moraviae). — Die Vergangenheit warnt. — Vgl. dazu *Brandes/Kural*: Der Weg in die Katastrophe 13.
[98] Solche Vorwürfe haben z. B. Walter Brand, Friedrich Bürger und Fritz Köllner erhoben (Ost-Dok. 20/72, 20/73, 20/74). — Vgl. auch die Diskussion um die Authentizität der „Grundplanung O.A." weiter unten.

Unter der Führung des Reichsprotektors haben die Tschechen, teils in der Überzeugung, nur dadurch ihre Autonomie zu erhalten und den völkischen Bestand zu sichern, teils aus Furcht vor Strafe im großen und ganzen ihren Beitrag zu den Arbeitsaufgaben des Reiches ohne größere Sabotageakte geleistet. Die vom Reichsprotektor kontrollierte und gesteuerte tschechische Verwaltung hat funktioniert und arbeitet auch in Krisenzeiten durch entsprechenden deutschen Druck ohne Schwierigkeiten.[99]

Eine Untersuchung der Tätigkeit Králs, der kurz nach der ‚Sanften Revolution' 1989 verstarb[100], steht aber noch aus.

---

[99] Teilweise abgedruckt in: Die Deutschen in der Tschechoslowakei 417-421. Das Original befindet sich im SÚA Prag, 109-4/85. — Der Verfasser hat sich bemüht, möglichst viele der bei Král abgedruckten Dokumente im Original zu studieren.
[100] Diesen Hinweis verdankt der Verfasser Herrn Dr. Jaroslav Macek, Archivar, Litoměřice.

II. RÜCKBLICK:
KONRAD HENLEIN, DIE SUDETENDEUTSCHE PARTEI UND DER WEG ZUM MÜNCHENER ABKOMMEN

1. Die Geschichte der Sudetendeutschen Partei (SdP) bis 1935

Die Geschichte der 1933 ursprünglich unter dem Namen Sudetendeutsche Heimatfront gegründeten Sudetendeutschen Partei gehört ebenso wie die Biographie ihres Vorsitzenden Konrad Henlein nach wie vor zu den umstrittensten Kapiteln der jüngeren tschechoslowakischen Geschichte.[1]

Die entscheidenden, hiermit zusammenhängenden und kontrovers diskutierten Fragen lauten, ab wann Henlein und seine Partei nationalsozialistisch und auf den Anschluß der sudetendeutschen Gebiete an das Reich ausgerichtet und damit willfährige Werkzeuge der Expansionspolitik Hitlers waren, die von diesem gezielt zur Vernichtung der Tschechoslowakei eingesetzt wurden. *Daß* sie dies spätestens ab November 1937 waren, ist unumstritten. In einer berühmt gewordenen Denkschrift hatte sich Henlein damals Hitler unterstellt und bekannt, daß die SdP nichts mehr ersehne als die „Einverleibung des sudetendeutschen Gebietes, ja des ganzen böhmisch-mährisch-schlesischen Raumes in das Reich".[2] Anläßlich des Karlsbader Parteitags der Sudetendeutschen Partei am 24. April 1938 wurde das Bekenntnis zum Nationalsozialismus schließlich auch öffentlich abgelegt. In den letzten Monaten und Wochen vor dem Münchener Abkommen wurde die SdP zu einer „verkleinerten Kopie der NSDAP"[3] im Sudetenland.

Umstritten ist hingegen, ob die SHF/SdP nicht auch schon früher die ‚Fünfte Kolonne' des deutschen Diktators in der ČSR war. Vor allem tschechische Forscher haben diese Meinung immer wieder vertreten. Erst kürzlich wurde wieder behauptet, Henlein und seine Partei seien „beinahe sofort" zu einem „willigen Instrument von Hitlers Drang nach Osten" geworden.[4] Es wurde gefragt, ob nicht die besonders in den ersten Jah-

---

[1] *Hahnová,* Eva: Sudetoněmecký problém: obtížné loučení s minulostí [Das Sudetendeutsche Problem: schwerer Abschied von der Vergangenheit]. Praha 1996, 51.
[2] „Bericht für den Führer und Reichskanzler über aktuelle Fragen der deutschen Politik in der Tschechoslowakischen Republik", abgesandt mit Begleitschreiben am 19. 11. 1937. ADAP. Serie D. Bd. 2, 41 ff., Zitat: 47. — „Das Sudetendeutschtum" sei, so heißt es dort ebenfalls, „in einer umfassenden einheitlichen, führungsmäßig aufgebauten, nationalsozialistischen Partei organisiert". Ebenda 46.
[3] *Boyer/Kučera*: Die Deutschen in Böhmen 274.
[4] *Čelovský,* Boris: So oder so. Řešení české otázky podle německých dokumentů 1933– 1945 [So oder so. Die Lösung der tschechischen Frage nach deutschen Dokumenten 1933–1945]. Ostrava 1995, 479.

ren ihrer Existenz vorgebrachten Loyalitätsbekundungen der SHF/SdP gegenüber der ČSR nur taktische Winkelzüge waren, die dazu dienten, ihr wahres Ziel, den Anschluß an das Dritte Reich, zu verschleiern. Diese Interpretation wurde gestützt durch Aussagen Henleins, der u. a. 1941 in einer vielbeachteten Rede in Wien eben dies selbst behauptete. Er habe nach 1933 vor der Alternative gestanden, so führte Henlein damals aus, die nationalsozialistische Partei in der Tschechoslowakei illegal weiterzuführen oder mit der „Bewegung getarnt und nach außen hin in voller Legalität den Kampf um die Selbstbehauptung des Sudetendeutschtums und die Vorbereitung für die Heimholung ins Großdeutsche Reich" zu führen. Er hätte sich für den zweiten Weg entschieden, der ja schließlich auch zum Erfolg geführt habe.[5] Daß es sich bei dieser Aussage um eine politische Selbststilisierung handelte, die sich aus der damaligen Position Henleins erklärt, wurde dabei oft zu wenig beachtet.[6] Diese einseitige und verzerrende Darstellung der SdP als von Anfang an auf den Anschluß ausgerichtete Nachfolgeorganisation der Deutschen Nationalsozialistischen Arbeiterpartei (DNSAP) in der ČSR, die sich kurz vor ihrem behördlichen Verbot 1933 selbst aufgelöst hatte, entspricht aber, wie die Forschung inzwischen überzeugend nachgewiesen hat, keineswegs der sehr viel komplizierteren Realität.[7]

Vor allem zwei politische Strömungen bestimmten die Entwicklung der SHF/SdP. Obgleich deren Wasser von ähnlich ‚brauner' Farbe waren, sollten sie sich in der kurzen Geschichte der Sudetendeutschen Heimatfront bzw. Partei, ja sogar darüber hinaus, nämlich in der NSDAP des Sudetengaus, niemals richtig vermischen. Zum einen wurde die SHF/SdP die neue politische Heimat früherer Aktivisten der DNSAP, zum anderen

---

[5] *Henlein,* Konrad: Das Sudetenland. In: Das größere Reich. Eine Vortragsreihe, veranstaltet von der Verwaltungsakademie Wien. Berlin 1943, 44.

[6] Brügel erkennt zwar die Umstände der Rede Henleins, die im Verlauf der Untersuchung noch deutlich werden, an, beharrt aber dennoch fälschlicherweise darauf, daß dieser im Grunde die Wahrheit gesagt habe. *Brügel:* Tschechen und Deutsche 1918–1938, 257. — Zu den Umständen der Rede vgl. unten.

[7] Vor allem den Arbeiten Smelsers und Luhs ist es zu verdanken, daß heute mehr über die komplizierte, von Widersprüchen gekennzeichnete Entwicklung der SdP bekannt ist. *Smelser:* Das Sudetenproblem. — *Luh:* Der Deutsche Turnverband. — Der britische Historiker Keith Robbins schreibt in unbefangener Manier, was Henlein seiner Meinung nach 1941 nicht sagen konnte, weil es die Umstände verboten, aber hätte sagen können: „To start with, I decided to keep all options open and see how the situation developed. I played up to the Nazis, not because I wanted a takeover from the Reich, but because only the threat of German power would coerce the Czechs into making concessions. There were so many imponderables in the situation that I wanted to preserve my own authority in the first place and adjust my behaviour according to the popular mood and the realities of the international scene." Eine solche Erklärung hätte Henleins Verhalten, zumindest in den ersten Jahren, genauso sinnvoll erläutern können. *Robbins,* Keith G.: Konrad Henlein, the Sudeten Question and British Foreign Policy. The Historical Journal 12 (1969) 674–679, hier 697.

versuchten in ihr die Mitglieder des Kameradschaftsbundes (KB) ihre politischen Ziele durchzusetzen. Neben den unterschiedlichen politischen Zielen und ideologischen Grundlagen von KB und DNSAP, die es im folgenden noch näher zu erläutern gilt, darf man nie aus den Augen verlieren, daß es sich bei der Auseinandersetzung zwischen den beiden Strömungen zu einem großen Teil schlicht um Kämpfe um Posten und Macht handelte. Die Gewichtung beider Faktoren ist derart schwierig, daß selbst die unmittelbar Beteiligten den Überblick darüber verlieren konnten. So schrieb Walter Brand, einer der führenden Vertreter des Kameradschaftsbundes, rückblickend, „daß die seinerzeitigen jüngeren NSDAP-Leute es nicht verschmerzen konnten, daß sie nicht schon frühzeitig in entscheidende Positionen bei der SdP gelangten", und daß „demgegenüber [...] die ‚ideologischen' und sonstigen Gegensätze anscheinend eine relativ geringere Rolle spielten." Im selben Schreiben meinte Brand aber auch, er sei „gegen einen Einbau dieser Leute an politisch entscheidender Stelle" gewesen, weil er erkannt habe, „daß es hier doch um letzten Endes entscheidende ideologische Gegensätze und politisch verschiedene Auffassungen" gegangen sei.[8]

Schon zeitgenössische Beobachter aus den Reihen der Kritiker der SdP urteilten, daß der „Gegensatz zwischen jenen Ideen, die dem Kameradschaftsbund und damit der SdP zugrundeliegen, auf der einen, den Gedankengängen des echten linientreuen Nationalsozialismus auf der anderen Seite [...] ideologischer Natur" gewesen sei, diese „programmatische Zerfahrenheit [...] freilich nicht in alle Streitigkeiten innerhalb der Partei hineingedeutet werden" dürfe.[9] Der spätere Prager Chef des SD, Jacobi, urteilte, beide Elemente gebührend berücksichtigend, folgendermaßen: „Ideologische und weltanschauliche Gegensätzlichkeit [...] sowie auch mancherlei persönliche Verbitterungen, Intrigen und Menschlichkeiten auf beiden Seiten" hätten zu den „starken Spannungen im Sudetendeutschtum" geführt.[10] Ideologie und Machtstreben sind in diesem Konflikt kaum säuberlich voneinander zu scheiden.

Die DNSAP hatte ihren Ursprung 1903/1904 in dem Zusammenschluß verschiedener deutschböhmischer Arbeitervereinigungen zur Deutschen Arbeiterpartei in Österreich (DAP).[11] Die Programme der DAP, die sich seit 1918 Deutsche Nationalsozialistische Arbeiterpartei nannte, trugen

---

[8] Schreiben Brands an Dr. Heinrich Kuhn vom Sudetendeutschen Archiv vom 17. 1. 1965, BA Bayreuth, Ost-Dok. 20/101.

[9] *Fischer*, Josef/*Patzak*, Václav/*Perth*, Vincenc: Ihr Kampf. Die wahren Ziele der Sudetendeutschen Partei. Prag 1937, 30 und 42.

[10] Aussage Jacobis vor tschechoslowakischen Behörden vom 26. 10. 1946, AMV Prag, 52-51-5, Bl. 14.

[11] Zur Frühzeit vgl. *Whiteside*, Andrew Gladding: Austrian National Socialism before 1918. The Hague 1962. — *Ciller*, Alois: Deutscher Sozialismus in den Sudetenländern und der Ostmark. Hamburg 1939 (Schriften zur Geschichte der nationalsozialistischen Bewegung 1).

„antikapitalistische, antikommunistische, sozialstaatliche, nationalvölkische und antisemitische Züge".[12] Rudolf Jung, der ideologische Vordenker der Partei, veröffentlichte 1919 eine programmatische Schrift unter dem Titel „Der nationale Sozialismus. Seine Grundlagen, sein Werdegang und seine Ziele".[13] Sie wurde von Hitler nicht nur gelesen und zur Lektüre weiterempfohlen[14], sondern hatte möglicherweise einen starken Einfluß auf das Parteiprogramm der NSDAP und auf Hitlers „Mein Kampf".[15] Aus dieser Vorgänger- und Vordenkerschaft der DNSAP zogen die Mitglieder und vor allem ihre Führer wie z. B. Rudolf Jung und Hans Krebs[16] Selbstvertrauen und einen gewissen Führungsanspruch – auch gegenüber der reichsdeutschen NSDAP. Jung wagte es sogar, „Hitler als ersten Ideologen der Bewegung in Frage zu stellen".[17]

---

[12] *Luh*, Andreas: Die Deutsche Nationalsozialistische Arbeiterpartei im Sudetenland: Völkische Arbeiterpartei und faschistische Bewegung. Bohemia 32 (1991) 23-38, hier 24.

[13] 3. Aufl. München 1922.

[14] Siehe das von Hitler persönlich unterzeichnete Partei-Rundschreiben vom 15. 4. 1922: „Wir weisen auf dieses Werk besonders hin und ersuchen alle Ortsgruppen, für weiteste Verbreitung des Buches Sorge zu tragen." Hitler. Sämtliche Aufzeichnungen 1905–1924. Hrsg. von Eberhard *Jäckel* zusammen mit Axel *Kuhn*. Stuttgart 1980, 625 f.

[15] Eine genaue vergleichende Analyse von Jungs Schrift und Hitlers „Mein Kampf" steht ebenso noch aus wie eine detaillierte Untersuchung von Leben und Wirken Rudolf Jungs, der als einer der ideologischen Wegbereiter Hitlers bis heute nicht die ihm gebührende Beachtung in der Forschung gefunden hat. Schon in der zeitgenössischen Literatur finden sich wiederholt Hinweise auf Jungs bedeutenden Einfluß. In der 1924 in Berlin erschienenen Schrift „Der Nationalsozialismus und seine Gönner" von Paul *Kampffmeyer* heißt es (S. 3), daß dieser „deutsch-böhmische Agitator [...] wohl als der eigentliche theoretische Kopf des Nationalsozialismus angesprochen werden" dürfe. Das Programm der NSDAP sei „durchaus nicht in dem Jupiterhaupte Adolf Hitlers entstanden", sondern lasse sich „auf die Schrift Rudolf Jungs [...] zurückführen". – Vgl. auch *Heiden*, Konrad: Geschichte des Nationalsozialismus. Berlin 1932, 35 f. – In der neuesten wissenschaftlichen Literatur haben z. B. Hermann Graml und Manfred Funke auf Jung hingewiesen, ohne freilich näher auf ihn einzugehen: Jungs Schrift lese sich „wie ein präziser Entwurf zu ‚Mein Kampf'", lasse dieses „nur noch als Paraphrase erscheinen", so *Graml*, Hermann: Wer bestimmte die Außenpolitik des Dritten Reiches? In: Demokratie und Diktatur. Geist und Gestalt politischer Herrschaft in Deutschland und Europa. Hrsg. von Manfred *Funke*, Hans-Adolf *Jacobsen*, Hans H. *Knütter* und Hans P. *Schwarz*. Bonn 1987, 223-236, hier 228. – Vgl. auch *Funke*, Manfred: Starker oder schwacher Diktator? Hitlers Herrschaft und die Deutschen. Ein Essay. Düsseldorf 1989, 149.

[16] Der dritte herausragende Parteiführer war Hans Knirsch, der aber schon am 8. Dezember 1933 verstarb.

[17] *Smelser:* Das Sudetenproblem, 48. — *Ders.:* Hitler and the DNSAP. Between Democracy and Gleichschaltung. Bohemia 20 (1979) 137-155, hier 153. — Möglicherweise trug dies dazu bei, daß Jung nach seiner Flucht ins Reich 1933 zwar mit Titeln bedacht (u. a. Mitglied des Reichstags, Professor an der Deutschen Hochschule für Politik in Berlin, Gauleiter ehrenhalber, SS-Oberführer bzw. Gruppen-

Obwohl die DNSAP schon seit Anfang der zwanziger Jahre enge Kontakte zur Partei Hitlers unterhielt, blieb sie „vorerst eine eigenständige politische Kraft, die keine Weisungen von der NSDAP empfing".[18] Bei allen ideologischen Gemeinsamkeiten gab es nämlich auch Unterschiede zwischen den beiden Parteien. Hier ist beispielsweise das ‚Führerprinzip' zu nennen, das in der DNSAP nicht befolgt wurde. Die Partei hielt sich nicht nur im wesentlichen an die parlamentarischen Spielregeln der Tschechoslowakischen Republik, in deren Abgeordnetenhaus und Senat sie seit 1920 vertreten war, sie war auch innerparteilich demokratisch verfaßt und wurde von einem gewählten Gremium geleitet: Sie hatte „lange Zeit den Charakter einer demokratischen Partei".[19]

Ihr Verhältnis zum tschechoslowakischen Staat war jedoch zwiespältig. Am Anfang stand die Forderung der Partei nach „Vereinigung des gesamten deutschen Siedlungsgebietes in Europa zu einem demokratischen, sozialen Alldeutschland".[20] Die DNSAP zählte also zu den sogenannten negativistischen, den tschechoslowakischen Staat ablehnenden Parteien.[21] Dennoch mußte sie sich auf die realen Gegebenheiten einstellen. Sie konnte es kaum wagen, offen für den Anschluß einzutreten oder gar darauf hinzuarbeiten. Das Damokles-Schwert der Auflösung hing stän-

führer), politisch aber weitgehend kaltgestellt wurde, auch wenn er angeblich schon 1931 seinen „Streit mit Hitler" beendet hatte, indem er Hitlers Führung anerkannte. César, Jaroslav/Černý, Bohumil: Německá iredenta a henleinovci v ČSR v letech 1930-1938 [Die deutsche Irredenta und die Henlein-Leute in der ČSR in den Jahren 1930-1938]. Československý časopis historický 10 (1962) 1-17, hier 6. — Jungs SS-Offiziersakte zeugt von seinem weitgehend vergeblichen Kampf um Beförderung und Einfluß – auch nach dem Anschluß des Sudetenlandes. BA Berlin, BDC, SSO-Akte Jung.

[18] *Luh:* Die Deutsche Nationalsozialistische Arbeiterpartei 25. — Vgl. auch *Boyer/Kučera:* Die Deutschen in Böhmen 276.

[19] *Luh:* Die Deutsche Nationalsozialistische Arbeiterpartei 25.

[20] Zitiert nach *Smelser:* Das Sudetenproblem 51. — Vgl. auch *ders.:* Nazis without Hitler: The DNSAP and the First Czechoslovak Republic. East Central Europe 4 (1977) 1-19, hier 8.

[21] Den ‚negativistischen' Parteien standen die ‚aktivistischen' gegenüber, die versuchten, durch Anerkennung des Staates und Mitarbeit darin die Lebensverhältnisse der Deutschen in der ČSR zu verbessern. Siehe dazu *Lemberg, Hans:* Der deutsche Aktivismus in der Ersten Tschechoslowakischen Republik und sein letzter Versuch einer deutsch-tschechischen Verständigung. 50 Jahre seit 1937. In: Mit unbestechlichem Blick. Studien von Hans Lemberg zur Geschichte der böhmischen Länder und der Tschechoslowakei. Festgabe zu seinem 65. Geburtstag. Hrsg. von Ferdinand *Seibt,* Jörg K. *Hoensch,* Horst *Förster,* Franz *Machilek* und Michaela *Marek.* München 1998 (Veröffentlichungen des Collegium Carolinum 90), 311-324 (Erstveröffentlichung in: Letzter Versuch zum deutsch-tschechischen Ausgleich. München 1987 [Schriftenreihe der Seliger-Gemeinde]). — Die Erste Tschechoslowakische Republik als multinationaler Parteienstaat. Hrsg. von Karl *Bosl.* München-Wien 1979 (Bad Wiesseer Tagungen des Collegium Carolinum [9]). — Vgl. auch *Hilf,* Rudolf: Deutsche und Tschechen. Symbiose – Katastrophe – Neue Wege. Opladen 1995, 84.

dig drohend über ihr. Daher konnte sie öffentlich sudetendeutsche Selbstverwaltung und Autonomie fordern, nicht aber die Vereinigung mit dem Deutschen Reich.[22] Insofern unterschied sich ihre Taktik nur unwesentlich von dem späteren Vorgehen der SdP, nur daß an der ‚großdeutschen' Ausrichtung der DNSAP nie ernsthaft gezweifelt werden konnte.

Im Gefolge der Weltwirtschaftskrise, unter der die sudetendeutschen Gebiete in der ČSR besonders stark litten, kam es zu einer politischen Radikalisierung vieler Sudetendeutscher, die einerseits der DNSAP zahlreiche Mitglieder zu-, andererseits die Partei als Ganzes näher an die reichsdeutsche NSDAP heranführte.[23] Es vertieften sich nicht nur die Kontakte über die Grenze zwischen den beiden Schwesterparteien: Ab 1931 wurde die DNSAP im NSDAP-Jahrbuch mit allen Gliederungen als Teil der Gesamtpartei aufgeführt. Auch im politischen Stil wurde Hitlers Partei immer mehr Vorbild für die sudetendeutschen Nationalsozialisten.[24] Mit dem sogenannten ‚Volkssport' verfügten sie seit 1929 über eine der SA nachempfundene, mit braunen Hemden uniformierte Parteitruppe, deren Mitgliederzahl bis 1932 auf 40 000 anstieg.[25] In diesem Jahr wurde in einem großen Prozeß der ‚Volkssport', kurz darauf auch der Jugend- und der Studentenverband der DNSAP von den tschechoslowakischen Behörden als staatsfeindlich eingeschätzt und verboten. Es kam zu Festnahmen und Verurteilungen auf Grundlage des ‚Republikschutzgesetzes'. Der Ruf nach dem Anschluß an das Deutsche Reich war nämlich in den Reihen der DNSAP inzwischen immer lauter geworden. Mit dem „Volkssportprozeß"[26] wurde das Vorgehen des tschechoslowakischen Staates gegen die DNSAP eingeleitet. Einem bevorstehenden Verbot der Partei kam deren Führung jedoch am 3. Oktober 1933 um einen Tag durch Selbstauflösung zuvor.[27] Rudolf Jung und Hans Krebs flohen nach Deutschland.

An diesem Punkt begann die Geschichte der Sudetendeutschen Heimatfront. Sie wurde unmittelbar vor der Selbstauflösung der DNSAP gegründet. Allein schon durch diesen Zeitpunkt stand sie von Anfang an in dem Ruf, deren bloße ‚Nachfolgeorganisation' mitsamt ihren Verbindungen ins Reich zu sein.[28] Tatsache ist, daß „personelle und organisatorische Fäden"[29] aus der DNSAP in die SHF/SdP hinüberführten. Tatsache ist auch, daß Henlein, der stets behauptete, mit seinem „Aufruf an alle Su-

---

[22] *Smelser:* Das Sudetenproblem 51.
[23] *Boyer/Kučera:* Die Deutschen in Böhmen 276. — Die Mitgliederzahl hatte sich zwischen 1930 (30 000) und 1932 (61 000) mehr als verdoppelt. *Krebs, Hans:* Kampf in Böhmen. Berlin 1936, 197.
[24] *Luh:* Die Deutsche Nationalsozialistische Arbeiterpartei 28 ff.
[25] *Ebenda* 31.
[26] *Ebenda* 34 ff. — *Olivová, Věra:* Československé dějiny 1914–1939 [Tschechoslowakische Geschichte 1914–1939]. 2 Bde. Praha 1991, Bd. 2, 206 f.
[27] *Krebs:* Kampf in Böhmen 213.
[28] Henleins Gründungsaufruf erschien am 1. Oktober 1933.
[29] *Boyer/Kučera:* Die Deutschen in Böhmen 276.

detendeutschen"[30] aus eigenem Antrieb gehandelt zu haben, vor der Gründung der SHF Kontakte mit Vertretern der DNSAP, die ihn zum Eintritt in die Politik bewegen wollten, gehabt hatte. Unbestritten ist aber auch, daß die Mitgliederschaft der neuen ‚Bewegung' aus zahlreichen Quellen gespeist wurde und daß sich ihre Führung zunächst überwiegend aus Mitgliedern des Kameradschaftsbundes[31] zusammensetzte. Dieser aber stand bis zu einem gewissen Grad in einem ideologischen Gegensatz zum Nationalsozialismus.

Der Kameradschaftsbund war ein Zusammenschluß von sudetendeutschen Schülern und Anhängern des Philosophen, Soziologen und Nationalökonomen Othmar Spann, der von 1919 bis 1938 an der Universität Wien lehrte. Spann war Vertreter einer Ständestaatslehre, die auf der Philosophie Platos und Fichtes fußte, aber auch vom italienischen Faschismus beeinflußt war.[32] Spann orientierte sich am katholischen Universalreich des Mittelalters; in einer Art des „vorindustriellen Ständestaates als Mittel zur Beendigung des Klassenkampfes"[33] sah er eine Alternative zu Liberalismus und Marxismus, die er entschieden ablehnte. Der Staat seiner Vorstellung sollte von einer im Sinne seiner Philosophie geschulten Elite, einer Art Aristokratie des Geistes, aufgebaut werden. Mit elitärem Überlegenheitsgefühl blickten deshalb jene, die sich dieser zugehörig fühlten, auf den ihrer Ansicht nach plebejischen und antiintellektuellen Nationalsozialismus herab, in dem sie politisches Abenteurertum ohne Bildung und Prinzipien sahen.[34] Ein gravierender Unterschied zwischen der Lehre Spanns und dem Nationalsozialismus bestand auch darin, daß Spann Rassismus, Antisemitismus und die sozialdarwinistische These vom Kampf aller gegen alle ablehnte. Er stellte sich „gegen die Idee eines zentralistischen, totalitären, in alle Bereiche des gesellschaftlichen Daseins eingreifenden Staates".[35]

Ronald Smelser hat, um Nähe und Ferne der Lehre Spanns zum Nationalsozialismus auszudrücken, auf das Österreich unter Kanzler Doll-

---

[30] Text des Aufrufs bei *Rönnefarth,* Helmuth K. G.: Die Sudetenkrise in der internationalen Politik. Entstehung, Verlauf, Auswirkung. 2 Bde. Wiesbaden 1961, Bd. 2, 69.

[31] Zum Kameradschaftsbund allgemein vgl. vor allem *Haag,* John: „Knights of the Spirit": The Kameradschaftsbund. Journal of Contemporary History 8/3 (1973) 133-154. — *Olivová,* Věra: Kameradschaftsbund. In: Z českých dějin. Sborník prací in memoriam Prof. Dr. Václava Husy [Aus der tschechischen Geschichte. Sammelband in memoriam Prof. Dr. Václav Husa]. Praha 1966, 237-268. — *Luh:* Der Deutsche Turnverband, passim. — *Becher,* Walter: Der Kameradschaftsbund. Eine Mittlergruppe zwischen Jugendbewegung und verantwortlicher Politik. In: Deutsche Jugend in Böhmen 1918-1938. Hrsg. von Peter *Becher.* München 1993, 134-140.

[32] So unternahm Spann ab 1923 mit seinen Schülern Exkursionen nach Italien, um die dortigen Verhältnisse zu studieren. *Olivová:* Kameradschaftsbund 240.

[33] *Smelser:* Das Sudetenproblem 59.

[34] *Olivová:* Kameradschaftsbund 243. — Vgl. auch *Fischer/Patzak/Perth:* Ihr Kampf 43.

[35] *Luh:* Der Deutsche Turnverband 238. Luh bietet eine gute Einführung in Spanns politische Philosophie (232 ff.).

fuß hingewiesen, in dem sich „viele Ideen" Spanns widergespiegelt hätten.[36] Ein führender Vertreter der SdP und des Kameradschaftsbundes, Dr. Josef Suchy, brachte es auf die Formel, „daß die Sudetendeutsche Partei an dem Schnittpunkt des reichsdeutschen Nationalsozialismus und des Austro-Faschismus stehe".[37]

Spanns Lehrstuhl lockte in der Zwischenkriegszeit zahlreiche junge Intellektuelle aus dem Sudetenland nach Wien.[38] Der aus Böhmisch Leipa stammende Dr. Walter Heinrich, Assistent und „Petrus unter den Aposteln des Meisters Spann"[39], gründete 1925 im nordböhmischen Reichenberg den ‚Arbeitskreis für Gesellschaftswissenschaften'. Aus diesem ging 1930 der etwa 200–300 Mitglieder zählende ‚Kameradschaftsbund für gesellschaftswissenschaftliche Bildung' hervor, ein Verein, der die Lehren des Wiener ‚Meisters' im Sudetenland in die Praxis umzusetzen versuchte. Unter den Mitgliedern befanden sich u. a. Walter Brand, Heinrich Rutha, Ernst Kundt, Fritz Zippelius, Wilhelm Sebekowsky, Fritz Köllner, Hans Neuwirth und Konrad Henlein.[40] Gerade diese Männer waren es, die die SHF in ihrer Frühzeit maßgeblich prägten und die wichtigsten Funktionen in ihr einnahmen. Einige von ihnen sollten nach dem Münchener Abkommen auch hochrangige Posten im Verwaltungs- und Parteiapparat des Sudetengaus erhalten. Es hatte zur Taktik des Kameradschaftsbundes gehört, verschiedene sudetendeutsche politisch-kulturelle Organisationen mit seinen Mitgliedern zu durchsetzen, um so zu einem geeigneten Zeitpunkt die politische Führung der Sudetendeutschen zu übernehmen. Diese personelle Durchdringung war beim ‚Deutschen Kulturverband', beim ‚Bund der Deutschen', vor allem aber beim ‚Deutschen Turnverband' (DTV) gelungen. Mit Henlein, Rutha, Brand – sie trugen die SHF-Mitgliedsnummern 1 bis 3[41] – und anderen kam zunächst ein Großteil der Führungsriege der neuen ‚Bewegung' aus dem Kame-

---

[36] *Smelser:* Das Sudetenproblem 59. — Auf die gedankliche und persönliche Nähe Spanns auch zu Dollfuß' Nachfolger Schuschnigg wies Ernst v. Salomon hin: „[...] das Konzept des Austro-Faschismus Schuschniggs war das Konzept Othmar Spanns, der christliche Ständestaat. Was wir damals, die Studenten im Seminar, [...] mit heißen Köpfen diskutierten [...], unter Schuschnigg wurde es politische Wirklichkeit. Es scheiterte allein an der Existenz des Nationalsozialismus." *Salomon,* Ernst von: Der Fragebogen. Hamburg 1951, 218.

[37] ČSR-Lagebericht des SD-Oberabschnitts Elbe, März 1937, ZfdAhdS Moskau, 500-1-891, Nr. 2255, Bl. 324. — *Foustka,* Dr. Radim N.: Konrád Henlein. Neoficielní historie jeho strany [Konrad Henlein. Die inoffizielle Geschichte seiner Partei]. Praha 1937, 116.

[38] *Becher:* Zeitzeuge 63 f. — *Brand:* Auf verlorenem Posten 36 ff. — Schon die Zeitgenossen bemerkten: „Nirgends in der Welt hat Othmar Spann [...] so begeisterte Jünger gefunden wie unter den jungen Sudetendeutschen." *Fischer/Patzak/Perth:* Ihr Kampf 9.

[39] *Salomon:* Der Fragebogen 210.

[40] *Luh:* Der Deutsche Turnverband 259 f. — Über die Zugehörigkeit Karl Hermann Franks zum KB besteht nach wie vor Unklarheit. Luh führt ihn nicht auf, nach Olivová gehörte er jedoch zu diesem Kreis. *Olivová:* Kameradschaftsbund 241.

[41] *Brand:* Auf verlorenem Posten 74.

Die Geschichte der Sudetendeutschen Partei 33

radschaftsbund bzw. aus der Leitung des Turnverbands.⁴² Dieser stellte vorerst aus dem Reservoir der etwa 160 000 Turner⁴³ auch einen großen Teil der SHF-Mitglieder.

Ob sich aus den geschilderten Unterschieden zwischen der Lehre Spanns und dem Nationalsozialismus jedoch tatsächlich ergibt, daß der Kameradschaftsbund „einer der stärksten Gegner des Nationalsozialismus war"⁴⁴, ist jüngst wiederholt bestritten worden.⁴⁵ Im Wissen um die Differenzen und Rivalitäten zwischen Nationalsozialisten und Spann-Anhängern innerhalb der SdP, auf die noch einzugehen sein wird, und auch angesichts der Verfolgung zahlreicher Mitglieder des Kameradschaftsbundes nach dem Anschluß, wurde darauf hingewiesen, daß es sich doch im Grunde nur um einen „Bruderzwist, durchaus im großdeutschen Hause und bei grundsätzlicher Verehrung Hitlers" gehandelt habe.⁴⁶ Die bisherige wissenschaftliche Literatur habe teilweise zu sehr das Urteil der Kameradschaftsbündler selbst übernommen, das diese nach dem Krieg „geflissentlich verbreiteten" und mit dem sie „sich nicht selten [...] auch politische Unbedenklichkeitszeugnisse erkauften": Schon aus der Tatsache ihrer Verfolgung habe sich, so die Legende, ihre demokratische Legitimierung ergeben.⁴⁷

Soviel ist an dieser Kritik sicher richtig: Henlein und die anderen Vertreter des Kameradschaftsbundes waren keine überzeugten Demokraten, ihre Bekenntnisse zur Demokratie in der Tschechoslowakischen Republik alles andere als Ausdruck ihrer politischen Überzeugung. Dennoch muß man darauf hinweisen, daß der Kameradschaftsbund die SdP zunächst in

---

⁴² *Smelser*: Das Sudetenproblem 60. — *Luh*: Der Deutsche Turnverband 257f.

⁴³ Im Jahr 1932 hatte der DTV 172 410 Mitglieder, 1937 waren es 209 845. *Horak, Willi*: Die deutschen Turnverbände und das Jugendturnen in den Sudetenländern. In: Deutsche Jugendbewegung in Europa. Versuch einer Bilanz. Hrsg. von Peter *Nasarski*. Köln 1967, 147-160, hier 148.

⁴⁴ *Smelser*: Das Sudetenproblem 57.

⁴⁵ Zuletzt bei *Boyer/Kučera*: Die Deutschen in Böhmen 274.

⁴⁶ *Seibt, Ferdinand*: Unterwegs nach München. Zur Formierung nationalsozialistischer Perspektiven unter den Deutschen in der Tschechoslowakei 1930-1938. In: Der Nationalsozialismus. Studien zur Ideologie und Herrschaft. Hrsg. von Wolfgang *Benz*, Hans *Buchheim* und Hans *Mommsen*. Frankfurt/M. 1993, 133-152, hier 140. Seibt gründet sein Urteil hauptsächlich auf der Auswertung der Monatsschrift ‚Die junge Front', die als ein Organ des Kameradschaftsbundes gilt.

⁴⁷ *Ebenda*. — Vgl. auch *Seibt*: Deutschland und die Tschechen 340. — In der Tat stellte Brand sich und den Kameradschaftsbund in einen Kontext mit dem aktiven Widerstand gegen Hitler: „Aber wie die Männer des 20. Juli für die Rettung des guten Namens des deutschen Volkes von unschätzbarem Wert sind, so sind auch wir, die damals Jahre hindurch an entscheidenden Posten standen, stolz darauf, daß breite Schichten des Sudetendeutschtums keine ‚wildgewordenen Nazis' waren." *Brand*: Auf verlorenem Posten 79. — Ohne das Leid, das gerade Brand in mehrjähriger KZ-Haft erlitt, schmälern zu wollen, muß doch darauf hingewiesen werden, daß Verfolgung und Widerstand nicht gleichzusetzende Begriffe sind. Vgl. auch *Boyer/Kučera*: Die Deutschen in Böhmen 274.

eine Richtung brachte, die vom Deutschen Reich wegführte oder zumindest nicht auf einen Anschluß an dieses abzielte: Von Anfang an kam es vor allem *deshalb* zu einer heftigen Auseinandersetzung zwischen dem Kameradschaftsbund und den Anhängern der ehemaligen DNSAP innerhalb der SHF/SdP. Diese orientierten sich nach Berlin, wo auch ihre ‚Führer' Jung und Krebs saßen und Verbindungen zu Reichsstellen knüpften, die von entscheidender Bedeutung für den Fortgang der Dinge sein sollten.

Um die beiden Lager innerhalb der Sudetendeutschen Partei sowie ihre Entsprechungen in der Volkstumspolitik des Deutschen Reiches zu kennzeichnen, prägte Ronald M. Smelser die Begriffe ‚Traditionalisten' und ‚Radikale'. Sie haben vielfältigen Eingang in die Forschung gefunden und sollen auch hier im folgenden benutzt werden. Als ‚Traditionalisten' bezeichnet Smelser „eine Mischung orthodoxer Konservativer und rechtsgerichteter, nichtnationalsozialistischer ‚konservativer Revolutionäre'".[48] Ihre „ideologisch-politischen Leitvorstellungen", so führt Andreas Luh in Anlehnung an Smelser zusammenfassend aus, „lassen sich mit den Begriffen Volk, Volkstum, Volksgruppe und Volksdeutscher kennzeichnen. Die Zielsetzung ihrer Politik galt der Sicherstellung der unbehinderten, autonomen Entwicklung der deutschen Volksgruppen im Ausland". Im Reich sind als Vertreter dieser Richtung vor allem der VDA (ursprünglich ‚Verein', später ‚Volksbund für das Deutschtum im Ausland') um Hans Steinacher sowie der ‚Volksdeutsche Rat' unter Karl Haushofer zu nennen, aber auch Admiral Wilhelm Canaris, der Leiter der Militärischen Abwehr, dessen enger Mitarbeiter Major Helmuth Groscurth noch häufiger Erwähnung finden wird, sowie teilweise die Diplomaten des Auswärtigen Amtes. Ihnen entsprach auf sudetendeutscher Seite der Kameradschaftsbund.

Die politische Stoßrichtung der ‚Radikalen' war dagegen das „zum großdeutschen Machtstaat auszubauende Dritte Reich. Ihr Denken war etatistisch, und ihr Bestreben richtete sich auf den Anschluß des Sudetenlandes". Als Exponenten sind für das Deutsche Reich Alfred Rosenbergs Außenpolitisches Amt, die Auslandsorganisation der NSDAP, die von der SS kontrollierte ‚Volksdeutsche Mittelstelle' und der ‚Sudetendeutsche Heimatbund' zu nennen. Letzterer war eine von aus der ČSR geflohenen sudetendeutschen Nationalsozialisten (u. a. von Hans Krebs) geführte Organisation im Deutschen Reich. Im Sudetendeutschtum entsprachen dem die in die SdP übergetretenen Mitglieder der DNSAP, die sich in der Gruppe ‚Aufbruch', benannt nach einer gleichnamigen Zeitschrift, sammelten.[49]

Den Kern der Auseinandersetzung zwischen Traditionalisten und Radikalen faßte der deutsche Gesandte in Prag, Koch, wie folgt zusammen:

Von Nationalsozialisten mit dem Blick auf ein Groß-Deutschland wird den Kameradschaftsbündlern vorgeworfen, daß sie den ‚sudetendeutschen Menschen' analog dem

---

[48] *Smelser*: Das Sudetenproblem 19.
[49] *Luh*: Der Deutsche Turnverband 372 f.

‚österreichischen Menschen' schaffen wollen, daß sie also nicht zum Reich streben, sondern vom Reiche fort. Damit wäre der Weg zu einer Art Verschweizerung offen.[50]

Im Zentrum des Konflikts der verfeindeten Fraktionen innerhalb der SdP, der die Partei mehrfach an den Rand einer Spaltung führte, stand also ihr Verhältnis zum tschechoslowakischen Staat und, damit untrennbar verbunden, zum Deutschen Reich. Der Konflikt läßt sich illustrieren an der Debatte um den Begriff vom ‚Sudetendeutschen Stamm'.

Die ‚Sudetendeutschen' stellten als eigenständige Volksgruppe zunächst ein ähnliches Konstrukt dar wie die „Tschechoslowaken", ein „als Einheit gedachte[s] Sprachvolk"[51], dessen fiktionären Charakter nicht erst die Trennung im Jahre 1993 offenbarte. Einen einheitlichen sudetendeutschen Dialekt hat es beispielsweise nie gegeben. Je nach dem Gebiet, an das die von Deutschen bewohnten Regionen Böhmens, Mährens und Mährisch-Schlesiens grenzten, sprach man etwa bayerisch, sächsisch oder schlesisch.[52] Auch eine gemeinsame Bezeichnung, Kennzeichen für ein Zusammengehörigkeitsgefühl der in den böhmischen Ländern lebenden Deutschen, gab es zunächst nicht. Entweder sprach man von Deutsch-Böhmen bzw. Deutsch-Mährern oder einfach von Österreichern. Erst Anfang des 20. Jahrhunderts wurde der Begriff ‚sudetendeutsch' geprägt.

Populär wurde dieses Wort erst allmählich nach dem Untergang des Habsburgerreiches und der Gründung der Tschechoslowakischen Republik 1918. Die Nachkriegswochen markieren den Übergang: zwei der überwiegend von Deutschen bewohnten Provinzen, die sich an Deutsch-Österreich und mit diesem zusammen an das Deutsche Reich anschließen wollten, nannten sich ‚Deutschböhmen' und ‚Sudetenland'.[53] In den folgenden Jahren setzte sich ‚Sudetenland', ursprünglich „eine eher akademische Formel"[54], immer mehr durch.

Mit der Gründung der Tschechoslowakischen Republik wurden die Lebensbedingungen der Deutschen auf den Kopf gestellt, ihre bis dahin nor-

---

[50] Walter Koch an das Auswärtige Amt (AA) am 8. 11. 1933. Deutsche Gesandtschaftsberichte aus Prag. Innenpolitik und Minderheitenprobleme in der Ersten Tschechoslowakischen Republik. Teil IV: Vom Vorabend der Machtergreifung in Deutschland bis zum Rücktritt von Präsident Masaryk 1933–1935. Ausgewählt, eingeleitet und kommentiert von Heidrun und Stephan *Dolezel*. München 1991 (Veröffentlichungen des Collegium Carolinum 49/4), 87.

[51] *Bosl*, Karl: Sprachnation – Nationalstaat – Nationalitätenpolitik. Volkstum und Kultur. Ein Vorwort. In: Handbuch der Geschichte der böhmischen Länder. Hrsg. von *dems.* Bd. 4: Der tschechoslowakische Staat im Zeitalter der modernen Massendemokratie und Diktatur. Stuttgart 1970, VII-XIII, hier VIII. Dort auch der Begriff der Fiktion. — Zum ‚Tschechoslowakismus' und zur tschechoslowakischen Staatsidee allgemein *Prinz*, Friedrich: Das kulturelle Leben (1867–1939) vom österreichisch-ungarischen Ausgleich bis zum Ende der Ersten Tschechoslowakischen Republik. *Ebenda* 152-299, hier 237 ff.

[52] Vgl. dazu *Seibt*: Deutschland und die Tschechen 12.

[53] *Ebenda*.

[54] *Prinz*, Friedrich: Geschichte Böhmens 1848–1948. Gütersloh 1988, 376.

male und gesicherte Stellung innerhalb der Donaumonarchie ging verloren. Sie waren nun mit einem Bevölkerungsanteil von etwa 23 Prozent eine Minderheit in dem neuen Staat, den sie mehrheitlich nicht gewollt hatten. Durch die Zertrennung der „traditionellen Fäden nach Wien"[55], durch die völlig andere Situation in dem neuen Staat war auch stärker „das Bedürfnis gegeben, diese Deutschen mit einem gemeinsamen Namen zu bezeichnen".[56] Ein „vielstämmiges deutsches Konglomerat" gewann gleichsam „in Frontstellung zu Prag zunehmend an nationaler Identität".[57]

Aber erst die Sudetendeutsche Heimatfront Konrad Henleins nahm den jungen Begriff in ihren Namen auf und erhob ihn zum politischen Programm. In seiner vielbeachteten Rede vor der Presse in Prag am 8. Oktober 1933, also unmittelbar nach Gründung der SHF, sprach Henlein insgesamt sechsmal vom „sudetendeutschen Stamm".[58] Dieser Ausdruck, der zunächst zum festen Repertoire Henleins und seiner engsten Mitarbeiter gehörte, löste alsbald eine heftige Diskussion aus. Der Vorwurf der Gegner des Stammesbegriffs lautete, daß es sich dabei um einen Beleg für Separatismus handele. Mit der Schaffung eines sudetendeutschen Stammes werde nämlich die Entfremdung vom deutschen ‚Muttervolk' betrieben. In einer Denkschrift an das Reichsministerium des Innern vom 1. November 1938[59] und in einem Rundschreiben vom 14. Juli 1939[60] faßte Ru-

---

[55] *Alexander,* Manfred: Phasen der Identitätsfindung der Deutschen in der Tschechoslowakei, 1918–1945. In: Nation. Nationalismus. Postnation. Hrsg. von Harm *Klueting.* Köln–Weimar–Wien 1992, 123-132, hier 125. — Vgl. auch *Jaworski:* Vorposten oder Minderheit 29.

[56] Wir Sudetendeutschen. Hrsg. von Wilhelm *Pleyer.* Salzburg 1949, 202.

[57] *Prinz:* Geschichte Böhmens 376. — Zum Begriff der sudetendeutschen Identität mit seinen zahlreichen Implikationen für die aktuelle politische Diskussion über das deutsch-tschechische Verhältnis siehe *Hahnová:* Sudetoněmecký problém 40ff.

[58] Ein Exemplar der „Rede vor den Vertretern der Presse am 8. Oktober 1933 im Hotel ‚Blauer Stern' zu Prag" befindet sich in der Státní vědecká knihovna Liberec [Staatliche wissenschaftliche Bibliothek Reichenberg], Sammlung Henlein. — Vgl. auch das Memorandum über „Sudetendeutsche Politik – Lage und Folgerungen" [1933], das mutmaßlich aus Henleins Feder stammt. Dort heißt es: „Das Sudetendeutschtum hat sich weder in Österreich noch zu Beginn des tschechoslowakischen Staates als geschlossene Einheit empfunden. [...] erst aus der gemeinsamen Not entstand innerhalb des Sudetendeutschtums das Gefühl einer schicksalsmässigen Zusammengehörigkeit, seiner unauflöslichen Verbundenheit. So erwuchs allmählich jene Einheit des sudetendeutschen Stammes, die nicht biologisch gegeben ist, sondern eine *politische Einheit* darstellt, die die Gemeinsamkeit unseres Schicksals ausdrückt." SÚA Prag, SdP, Kart. 3 [Hervorhebung im Original]. — Der Text der Prager Rede ist ebenfalls abgedruckt in: Konrad Henlein spricht. Reden zur politischen Volksbewegung der Sudetendeutschen. Hrsg. von Rudolf *Jahn.* 2. Aufl. Karlsbad–Leipzig 1937, 11-17. Bemerkenswerterweise wurde hier der Begriff ‚sudetendeutscher Stamm', da er zu diesem Zeitpunkt nicht mehr opportun war, durch ‚Sudetendeutsche', ‚sudetendeutsche Volksgruppe' oder ‚Sudetendeutschtum' ersetzt.

[59] BA Berlin, R 18/5420.

[60] SOA Litoměřice, Nachlaß Lodgman von Auen, Kart. 9.

Die Geschichte der Sudetendeutschen Partei 37

dolf Lódgman v. Auen, jener Politiker, der 1918 den Anschluß der sudetendeutschen Gebiete an Deutsch-Österreich und den Anschluß Österreichs an das Deutsche Reich betrieben hatte[61], seine Kritik zusammen: Er habe die von Henlein am 8. Oktober 1933 „verkündete Umwandlung der sudetendeutschen Bevölkerung in einen sudetendeutschen ‚Stamm', ‚dessen Wohl unlösbar verbunden ist mit dem Wohle des Gesamtstaates' [gemeint war von Henlein die Tschechoslowakische Republik – R. G.] als schlimmsten ‚Separatismus'" betrachtet, die ihm die Zusammenarbeit mit Henlein unmöglich gemacht habe.[62]

Die für Henlein weitaus gefährlicheren Gegner als Lodgman befanden sich jedoch in den eigenen Reihen: die radikalen Nationalsozialisten um den Aufbruch, die die SHF/SdP aus der Erbmasse der DNSAP übernommen hatte. In der Ausgabe des Aufbruch vom 19. Mai 1938 heißt es – bemerkenswerterweise schon im Imperfekt – über den Konflikt: „Kompromißlos und unerbittlich kämpften wir vor allem gegen alle separatistischen Tendenzen, die innerhalb und außerhalb der sudetendeutschen Einheit am Werke waren. Wir haben die Versuche, mit Hilfe einer sudetendeutschen Stammesideologie unsere Volksgruppe von Vaterland und Muttervolk abzuspalten, erfolgreich bekämpft."[63]

Dabei hatte Henlein selbst schon in der bereits erwähnten Rede 1933 und auch danach immer wieder die Verbundenheit mit „der gesamten deutschen Kulturgemeinschaft" und die „geistig-seelische Verbundenheit" der Sudetendeutschen mit dem deutschen Volk „über Staatsgrenzen" hinaus betont.[64] Im ‚Deutschen Haus' in Prag hielt er am 23. Februar 1936 eine vielbeachtete Rede zum Thema „Sudetendeutschtum und gesamtdeutsche Kultur", in der er es ablehnte, „eine sudetendeutsche Sonderkultur zu züchten".[65] Es liegt daher die Schlußfolgerung nahe, daß es sich bei der Diskussion um den Stammesbegriff um ein Mißverständnis oder um eine ‚akademische' Auseinandersetzung gehandelt habe, zumal auch schon Hans Knirsch 1919 von den Deutschen in der ČSR als „Stamm"

---

[61] Dr. Rudolf Vinzenz Lodgman von Auen (1877–1962) war von 1911 bis 1918 Abgeordneter des österreichischen Reichsrates gewesen und wurde 1918 von den deutschen Parteien zum Landeshauptmann von Böhmen gewählt. Er war Mitglied der deutsch-österreichischen Delegation bei den Pariser Friedensverhandlungen. Später wurde er Abgeordneter der dem tschechoslowakischen Staat ablehnend gegenüberstehenden Deutschen Nationalpartei in der Tschechoslowakischen Nationalversammlung, nach dem 2. Weltkrieg erster Vorsitzender der Sudetendeutschen Landsmannschaft in der Bundesrepublik.
[62] SOA Litoměřice, Nachlaß Lodgman von Auen, Kart. 9.
[63] ‚Aufbruch' vom 19. 5. 1938. OA Opava, Nachlaß Eugen Weese, Kart. 4.
[64] Rede Henleins vom 8. Oktober 1933 in Prag, 13. Státní vědecká knihovna Liberec, Sammlung Henlein.
[65] *Henlein, Konrad:* Sudetendeutschtum und gesamtdeutsche Kultur. Berlin [1936], 2. — Die Rede wurde ebenfalls veröffentlicht unter dem Titel „Die deutschen Kulturaufgaben in der Tschechoslowakei". Karlsbad–Leipzig 1936 (Bücherei der Sudetendeutschen 1/7), Zitat: 11.

und Rudolf Jung sogar von der „sudetendeutsche[n] Nation" gesprochen hatte.[66]

Auch Henlein und die Kameradschaftsbündler wußten, daß die Sudetendeutschen keine „biologisch[e]" Einheit waren. Sie waren aber der Ansicht, sie seien dies in politischer Hinsicht. Das Ziel müsse sein, so wurde 1933 formuliert: „Selbstdisziplinierung und Selbsterziehung des Sudetendeutschtums, einheitliche Durchorganisierung unseres Stammes in politischer, religiöser, kultureller und wirtschaftlicher Hinsicht".[67] Das hätte die Schaffung eines sudetendeutschen ‚Stammes' bedeutet. Gerade dies lehnten aber die ‚Großdeutschen' und Radikalen ab.

Daß es sich nicht um eine Begriffsdebatte ohne politische Bedeutung oder um ein Mißverständnis zwischen rivalisierenden Gruppen handelte, wird vor allem dann deutlich, wenn man die Politik Henleins und der Sudetendeutschen Partei in den ersten Jahren ihrer Existenz betrachtet. Solange der Kameradschaftsbund innerhalb der SdP das Übergewicht hatte, wurde eine Autonomie-Politik verfolgt, die auf eine Regelung der sudetendeutschen Frage innerhalb des tschechoslowakischen Staatsverbandes abzielte – zu einem Zeitpunkt, als die ‚Alt-Nationalsozialisten' für den Anschluß an das Reich kämpften.

Henleins wiederholt vorgetragenes Bekenntnis zur ČSR und zur Zusammenarbeit mit ihrer Regierung ist zwar noch kein Beweis für eine wirklich staatstreue Gesinnung. Es muß stets auch im Zusammenhang mit dem drohenden Verbot seiner ‚Bewegung' durch die Prager Regierung gesehen werden. Aber umgekehrt sagt auch die Tatsache, daß schon ab 1934 Gelder aus dem Deutschen Reich in die Kassen der SdP flossen, „über die Datierung des Beginns seiner [Henleins – R. G.] unbedingten Gefolgschaft gegenüber Hitler [...] wenig aus".[68] *Trotz* ihrer frühen Verbindungen ins Reich war die SHF/SdP zunächst eine durchaus eigenständige Partei.

So wird man auch Henleins bedeutende Rede in Böhmisch Leipa am 21. Oktober 1934 nicht einfach als „Bluff"[69] abtun können. Er hatte bei dieser Gelegenheit für die „Staatstreue" der Sudetendeutschen gegenüber

---

[66] Knirsch hatte am 16. 11. 1919 gesagt: „Wir fordern als untrennbarer Stamm der deutschen Nation [...] das volle Selbstbestimmungsrecht [...]", Jung formulierte 1927: „Alle Staatsbürger [der ČSR – R. G.] deutscher Volkszugehörigkeit bilden die sudetendeutsche Nation." Zitiert nach *Jung*, Rudolf: Das deutsch-tschechische Problem und die gegenwärtigen Forderungen der sudetendeutschen Volksgruppe. Monatshefte für Auswärtige Politik (1938) Nr. 5, 801-812, hier 807f.

[67] Denkschrift [1933] über „Sudetendeutsche Politik – Lage und Folgerungen", möglicherweise von Henlein selbst. SÚA Prag, SdP, Kart. 3. — Vgl. auch „Bemerkungen Dr. W. Brands zum Protokoll der Einvernahme K. H. Franks und der Schrift Lodgmans: Meine Antwort an die ČSSR" im BA Bayreuth, Ost-Dok. 20/85, Bl. 4.

[68] *Lemberg*, Hans: Die Deutschen in der Tschechoslowakei 1918-1946: Eine „Konfliktgemeinschaft" und ihr Ende. In: Deutsche in den böhmischen Ländern. Hrsg. von Hans *Rothe*. Köln-Weimar-Wien 1993 (Studien zum Deutschtum im Osten 25/II), 87-112, hier 95.

[69] *Brügel*: Tschechen und Deutsche 1918-1938, 254.

der ČSR plädiert und „ein eindeutiges Bekenntnis der SHF zu der demokratisch-republikanischen Staatsform der Tschechoslowakei" abgelegt. „Pangermanismus" und „Panslawismus" lehnte er als „für die Neuordnung Mitteleuropas ungeeignet" ab.[70] Darüber hinaus übte Henlein deutliche Kritik am Nationalsozialismus:

Trotz der Verwerfung des Liberalismus werden wir nie und nimmer auf die Liberalität verzichten, das ist auf die vorbehaltlose Achtung der Persönlichkeitsrechte als einer grundsätzlichen Haltung bei der Bestimmung der Beziehungen der Menschen im allgemeinen und der Beziehungen zwischen den Staatsbürgern und Behörden im besonderen. Am wenigsten aber sind wir bereit, das selbstbewußte und verantwortlich handelnde Individuum als konkreten Träger jeder aufwärtsführenden gesellschaftlichen Entwicklung zu verneinen. Aus diesen Feststellungen ergeben sich die fundamentalen Unterschiede, die uns vom Nationalsozialismus unterscheiden.[71]

Abgesehen von der Frage, wie aufrichtig diese Kritik Henleins am Nationalsozialismus und sein Bekenntnis zur Demokratie und zum tschechoslowakischen Staat gemeint waren, muß man sich vor Augen führen, daß das Deutsche Reich und sein Diktator 1934 noch gar kein Interesse an der sudetendeutschen Frage zeigten. Ein Eingreifen Berlins war nicht in Sicht, so daß schon deshalb – nicht aus Begeisterung für das Zusammenleben – pragmatische Zusammenarbeit mit den Tschechen nötig war.[72] Henlein war damals der durchaus realistischen Ansicht, „daß sich das Sudetendeutschtum", wie er später einmal sagte, „von selbst auf die Beine stellen müsse".[73]

---

[70] So die Zusammenfassung des deutschen Gesandten in Prag. Walter Koch an das AA am 22. 10. 1934. Deutsche Gesandtschaftsberichte. Teil IV, 158 bzw. 156.

[71] Zitiert nach: Ebenda 157. — Um diese Rede Henleins hatte es parteiintern eine heftige Auseinandersetzung gegeben. Letztlich geht sie vor allem auf Walter Brand und Wilhelm Sebekowsky zurück. Deshalb wird die Ansprache auch als „Programm des Kameradschaftsbundes" bezeichnet. *César*, Jaroslav / *Černý*, Bohumil: Politika německých buržoazních stran v Československu v letech 1918–1939 [Die Politik der deutschen bürgerlichen Parteien in der Tschechoslowakei in den Jahren 1918–1939]. 2 Bde. Praha 1962, Bd. 2, 242f., Zitat 243. — Vgl. auch *Smelser*: Das Sudetenproblem 97.

[72] Wenn man dies in Betracht zieht, kann man Henleins Worten durchaus die Bedeutung einer politischen Absichtserklärung beimessen, ohne „allen Ernstes diese Rede als Ausfluß von Henleins wahrer Gesinnung" zu sehen, wie Brügel es in der ihm eigenen polemischen Art formuliert. *Brügel*: Tschechen und Deutsche 1918–1938, 254. — „Henleins widersprüchliche Äußerungen aus den dreißiger Jahren", faßt Lemberg überzeugend als Brügel zusammen, sind „nicht nur als opportunistische Mimikry zu erklären, vielmehr sind sie auch ein Zeichen für die zwischen den beiden Flügeln in seiner Partei schwankende Unentschiedenheit Henleins." *Lemberg*: Die Deutschen in der Tschechoslowakei 95. — Vgl. auch *Smelser*: Das Sudetenproblem 108. „Letzten Endes", so Smelser, „trauten ihm weder die Tschechen noch die Radikalen!" *Ebenda*.

[73] Gedächtnisniederschrift über eine Besprechung Henleins mit Hans Krebs, Anton Kreißl und anderen am 20. 2. 1943, SOA Litoměřice, pobočka Most, GS, Kart. 1, 4/3/2.

Zum Zeitpunkt der Rede von Böhmisch Leipa wurde die SHF jedenfalls eindeutig vom Kameradschaftsbund beherrscht.[74] Und nicht nur die scharfe Kritik durch die nationalsozialistisch orientierten Mitglieder der Partei[75] läßt darauf schließen, daß die staatsbejahenden Äußerungen Henleins einen realen Gehalt hatten, der die weiter oben erläuterten weltanschaulichen Differenzen ergänzte und den Graben zwischen den Flügeln in der Partei vertiefte. Das Protokoll der SHF-Hauptleitungssitzung vom 24. September 1934 vermerkt als Planung für die Zeit nach Henleins Rede:

> Anschließend an die programmatische Erklärung hat sofort die Schulungsarbeit und kleine Versammlungstätigkeit einzusetzen. Vor allem Schulung der Amtswalter. Tenor: endgültiger Bruch mit der großdeutschen Idee, Aufräumen mit dem Gedanken, daß das sudetendeutsche Gebiet von Hitler von Deutschland aus erobert werden könnte.[76]

Bis auf die unteren Ebenen hinab sollte also die SHF auf den autonomistischen Kurs eingeschworen werden.

Der Kameradschaftsbund setzte bei der Regelung der sudetendeutschen Frage nicht auf Berlin – auf diesen Nenner könnte man den wichtigsten politisch-ideologischen Unterschied zu den ‚Großdeutschen' und Nationalsozialisten in der frühen Phase der Parteigeschichte bringen.[77] Das „Konzept des sudetendeutschen Stammeskörpers", mit dem die Verhältnisse zwischen Deutschen und Tschechen bzw. Slowaken in der ČSR durch Föderalisierung des Staates gelöst werden sollten, war eine echte „sudetendeutsche Alternative zum ‚Konzept des Anschlusses an das Reich'".[78]

Dieses Projekt der Föderalisierung als das anzuerkennen, was der von Henlein repräsentierte Flügel der SdP wollte, heißt freilich nicht, ihm

---

[74] *Olivová:* Kameradschaftsbund 249.
[75] Bericht des Deutschen Konsulats in Reichenberg an das AA vom 29. 10. 1934, abgedruckt in: Deutsche Gesandtschaftsberichte. Teil IV, 165. — Aufruf der ‚Gruppe der Aufrechten in der SHF' vom 4. 10. 1934. SÚA Prag, SdP, Kart. 4. — Wegen der „separatistischen Tendenzen einiger Führerpersönlichkeiten" erklärten sogar einzelne Parteimitglieder ihren Austritt. — „Auf eine solche Volksgemeinschaft, deren Führung bestrebt ist, einen sudetendeutschen ‚Stamm' zu züchten, braucht wirklich kein Sudetendeutscher stolz zu sein." Schreiben eines Parteimitglieds aus Rumburg vom 7. 11. 1935. SÚA Prag, SdP, Kart. 14. — Vgl. auch die Denkschrift Lodgman v. Auens an Hitler vom April 1938, abgedruckt in: Die Deutschen in der Tschechoslowakei 189 ff.
[76] SÚA Prag, SdP, Kart. 6.
[77] *Smelser:* Das Sudetenproblem 57. — „Die Henleinfront", so resümierte ein SD-Bericht, „wird immer stärker ‚aktivistisch'". „Stimmungs- und Lagebericht für die Grenznachrichtenstelle beim SD-Oberabschnitt Mitte (Tschechoslowakei)" vom 15. 10.–20. 12. 1934. ZfdAhdS Moskau, 500-1-959, Bl. 27. — Selbst Henleins großer Antagonist Beneš meinte zu dieser Zeit, wiewohl er die SdP insgesamt als „Hakenkreuzlerei" ablehnte: „Gegen Henlein und seine Umgebung ist nichts einzuwenden." Beneš habe dies dem Abgeordneten Rosche gesagt. Protokoll der SdP-Hauptleitungssitzung vom 18. 3. 1935. SÚA Prag, SdP, Kart. 6.
[78] *Luh:* Der Deutsche Turnverband 262. — Vgl. auch *ebenda* 271.

‚großdeutsches' Denken abzusprechen, wie es übrigens bei Spann ebenfalls vorhanden war. Auch Spanns Theorie lief auf eine Hegemonialstellung des deutschen Volkes in Mitteleuropa hinaus. Von einer Verständigung der Völker auf gleichberechtigter Basis konnte kaum die Rede sein.[79] Darauf hat Václav Kural hingewiesen und so eine Brücke geschlagen zwischen denjenigen, die auch im Kameradschaftsbund nur eine nationalsozialistische Filiale sehen, und jenen, die seine Bereitschaft zur Zusammenarbeit mit den Tschechen allzu sehr verklären.[80] Kural prägte den Ausdruck „maßvolle Form der Hegemonie über Böhmen" für das, was „die Sudetendeutsche Partei in ihrer Spann-Ära angestrebt hatte."[81] Walter Brand erklärte einmal, es gehe „nicht um die Lostrennung der sudetendeutschen Gebiete", sondern „um die Erhaltung des ganzen Raumes, aber nicht im Wege einer gewaltsamen Okkupation, sondern durch politische und wirtschaftliche Einflußnahme, denn was sollen wir sonst mit den Tschechen machen?" Diese müßten „mehr oder weniger mit in den deutschen Einflußbereich einbezogen werden."[82] Brand war ein Musterschüler Spanns, der von der Notwendigkeit einer deutschen Hegemonie in Mitteleuropa ausging: „Eine neue Ottonen-, eine neue Stauferzeit sehe ich kommen ... Wir verstehen heute klar, warum Polen, Böhmen, Ungarn, Südslawien (selbst Griechenland) einstens deutsche Lehen waren. So muß es wieder kommen."[83]

In dieser Konzeption der deutschen Hegemonie war aber Österreich und den deutschen Minderheiten in Mittel- und Ostmitteleuropa neben dem Deutschen Reich eine besondere Rolle zugedacht. Es war danach zweitrangig, ob die Tschechoslowakei als Staat existierte oder nicht, solange nur die deutsche ‚Lehnsherrschaft' gesichert war. Dies stand jedoch nicht im Einklang mit dem totalen Führungsanspruch des Dritten Reiches und trug dazu bei, dessen Mißtrauen gegenüber Spann und dem Kameradschaftsbund hervorzurufen.[84]

---

[79] Walter Brand konnte darin, daß in dem so geplanten Umbau der Tschechoslowakei dieser Staat „in den Einflußbereich eines starken deutschen Reiches" gekommen wäre, „auf Grund der vielhundertjährigen Geschichte des Landes nichts Wesenswidriges" sehen. *Brand:* Die sudetendeutsche Tragödie 33.

[80] *Kural:* Konflikt místo společenství 121 ff. Dieses Bestreben sieht Kural z. B. bei Walter Brand. *Ebenda* 123.

[81] *Kural,* Václav: Zum tschechisch-deutschen Verhältnis in der tschechischen Politik 1938–1945. In: Der Weg in die Katastrophe. Deutsch-tschechoslowakische Beziehungen 1938–1947. Für die deutsch-tschechische und deutsch-slowakische Historikerkommission hrsg. von Detlef *Brandes* und Václav *Kural.* Essen 1994 (Veröffentlichungen des Instituts für Kultur und Geschichte der Deutschen im östlichen Europa 3), 93-118, hier 94.

[82] *Brand:* Auf verlorenem Posten 55. — Vgl. auch *Kural:* Konflikt místo společenství, 123 f.

[83] Spann wird zitiert nach *Luh:* Der Deutsche Turnverband 236.

[84] Vgl. dazu *Kural,* Václav: Von Masaryks „Neuem Europa" zu den Großraumplänen Hitler-Deutschlands. In: Mitteleuropa-Konzeptionen in der ersten Hälfte des 20. Jahrhunderts. Hrsg. von Richard Georg *Plaschka,* Horst *Haselsteiner,* Arnold *Sup-*

Das spannungsreiche, von tatsächlichen Gegensätzen, aber auch von Mißverständnissen geprägte Verhältnis zwischen Othmar Spann, dem von ihm geprägten Kameradschaftsbund und dem Nationalsozialismus manifestiert sich in fast grotesker Art und Weise in einer von Ernst von Salomon überlieferten Episode. Spann habe am Tage des deutschen Einmarsches in Österreich im Kreise seiner Familie mit der Bemerkung, dieses sei der schönste Tag seines Lebens, eine Flasche Sekt geöffnet. Zwei Stunden später sei er von den neuen Machthabern verhaftet worden.[85]

Nach den Parlamentswahlen im Mai 1935, bei der die SdP einen überwältigenden Erfolg errang, fast zwei Drittel der deutschen Stimmen auf sich vereinigte und zur stimmenstärksten Partei überhaupt im Staat wurde, versuchte der deutsche Gesandte in Prag, Koch, die Haltung der Partei zur ČSR und damit auch zum Deutschen Reich zusammenzufassen. Er machte dabei deutlich, daß eine solche, als einheitlich zu bezeichnende Haltung eben nicht existierte. Eine derart heterogene Partei wie die SdP dürfte es kaum jemals gegeben haben. Vor allem äußerer Druck, die Konfrontation mit dem tschechoslowakischen Staat hielt sie zusammen. Angetreten war die SdP ja ohnehin nicht als politische Partei, sondern als sudetendeutsche Sammlungsbewegung, als ‚Heimatfront', in der die verschiedensten politischen Kräfte zusammenflossen. Diese Vielschichtigkeit ist es auch, die die Beurteilung und historische Einordnung der SdP und ihrer Politik so schwer macht. „Hinsichtlich der Einstellung zum tschechoslowakischen Staat", berichtete nun der Gesandte Koch, „sind wohl alle Färbungen in der Partei vertreten, von der unbedingten Loyalität bis zur absoluten Verneinung". Es werde „einer sehr festen Hand bedürfen, um dieses Gemisch zusammenzuhalten". Fraglich erschien dem deutschen Diplomaten, ob Henlein über eine solche feste Hand verfügte.[86]

---

pan, Anna M. *Drabek* und Brigitta *Zaar*. Wien 1995, 351-357, hier 356. — Ders.: Konflikt místo společenství 122.

[85] *Salomon:* Der Fragebogen 218.

[86] Lagebericht an das AA vom 22. 5. 1935. Deutsche Gesandtschaftsberichte. Teil IV, 248.

2. Konrad Henlein – ein Porträt

Konrad Henlein wurde am 6. Mai 1898 im nordböhmischen Maffersdorf bei Reichenberg geboren. Sein Vater Konrad, der ihn schon früh an das Turnen heranführte, war zunächst Buchhalter, später selbständiger Kaufmann. Die Mutter, Hedwig Anna Augusta, geborene Dvořáček, war die Tochter einer Deutschen und eines Tschechen, stammte also aus einer sogenannten ‚gemischtvölkischen Ehe'. Diese Ehen wurden von Henlein selbst nach 1938 im Zuge seiner Politik der ‚Germanisierung' des Sudetengaus entschieden abgelehnt. Am 18. April 1941 wurde der Mädchenname der Mutter des Reichsstatthalters und Gauleiters in Dworaschek geändert, ‚germanisiert'; die neue Schreibweise verdeckte freilich kaum die slawische Herkunft.[87]

Konrad besuchte zunächst die Handelsakademie in Gablonz, bevor er im Frühjahr 1916 in die österreichische Armee einrückte. Nach Kämpfen an der italienischen Front geriet er im November 1917 als Fähnrich in Kriegsgefangenschaft und wurde auf der Insel Asinara interniert. Dort beschäftigte er sich intensiv mit der Geschichte des Jahnschen Turnvereins und mit der deutschen Nationalbewegung. Nach seiner Rückkehr in die Heimat 1919, die nunmehr Bestandteil der Tschechoslowakischen Republik war, wurde er zunächst Angestellter einer Bank in Gablonz, bevor er 1925 die Turnlehrerstelle beim Ascher Turnverein übernahm. Schon sechs Jahre später war Henlein Verbandsturnwart und nahm damit die höchste Position im Deutschen Turnverband in der ČSR ein, den er mit großem Eifer organisierte und reformierte. Nach und nach rückte er so in politisch bedeutsame Sphären auf.

Einen entscheidenden Schritt in diese Richtung stellte das Saazer Turnfest von 1933 dar. Hier wurde der von Henlein geleitete Turnverband als Modell der nun allenthalben geforderten „Einheitsfront" präsentiert, „d.h. als eine zwar disziplinierte und mit einer gemilderten Form des Führerprinzips ausgerüstete, also autoritäre, aber – von der nationalistischen Grundstimmung abgesehen – ideologisch weitgehend indifferente und in erster Linie auf ein konkretes Ziel, die Selbstverwaltung, gerichtete Organisation".[88] Fast schlagartig galt Henlein als der kommende Mann in der durch Zersplitterung in zahlreiche Parteien und Interessengruppen

---

[87] Zu den biographischen Grunddaten vgl. *Biman/Malíř*: Kariéra 13ff., sowie *Graml*: Konrad Henlein 532ff. — Eine Kopie der Geburtsurkunde Henleins, in der die Namensänderung der Mutter eingetragen ist, findet sich im SOA Litoměřice, GL NSDAP, Kart. 108.

[88] *Graml*: Konrad Henlein 533.

gekennzeichneten sudetendeutschen Politik. Ohne das erfolgreiche Saazer Turnfest, so resümierte Walter Brand, wäre es wohl kaum zur Gründung der SHF und zum Eintritt Henleins in die Politik gekommen.[89]

Kritiker aus dem Lager der sudetendeutschen Sozialdemokratie haben ein Henlein-Bild gezeichnet, das einer Karikatur gleicht, aber, wie jede gute Karikatur, in manchem den Kern der Dinge trifft.[90] Über Henleins Äußeres und sein Auftreten heißt es dort:

Wer in der Schule einen stramm nationalen Turnlehrer kennen lernte – ein wenig beschränkt, nicht übermäßig gebildet, von den Kollegen Philologen im Professorenkörper gewissermaßen nur geduldet, außerhalb des Turnsaales ein wenig verlegen, dafür aber dort hervorragend und fleißig – der kennt auch Konrad Henlein. [...] In Wahrheit ist nichts an Henlein, was Aufmerksamkeit zu erwecken hätte. [...] Dieser Durchschnittsbürger mit dem Durchschnittsgesicht hat jedoch eine Eigentümlichkeit. Sein Gesicht [...] ist in der Entwicklung stehen geblieben; es hat etwas Knabenhaftes und etwas ungemein Ehrliches und Vertrauenerweckendes.

Es sei nicht erstaunlich, „daß Leute, die mit ihm sprachen, sagten: ‚Dieser Mann kann nicht lügen!'"[91] Damit ist ein wichtiges Charakteristikum Henleins angesprochen: seine offensichtlich nicht unangenehme menschliche Ausstrahlung, seine von so unterschiedlichen Zeitgenossen wie Tomáš G. Masaryk, dem ersten tschechoslowakischen Staatspräsidenten, und Hermann Neuburg bezeugte Bescheidenheit[92], sein vertrauenerweckendes Äußeres.[93]

---

[89] *Brand:* Auf verlorenem Posten 61.

[90] *Fischer/Patzak/Perth:* Ihr Kampf 49 ff.

[91] *Ebenda* 51 f. — Ernst von Salomon beschreibt den ersten Eindruck, den Henlein auf ihn machte: „‚Wie ein Turnlehrer', dachte ich und wußte derzeit noch gar nicht, daß er wirklich Turnlehrer war." *Salomon:* Der Fragebogen 208.

[92] Der erste tschechoslowakische Staatspräsident hatte einmal gesagt, Henlein sei ein „bescheidener junger Mann". *Procházka,* Jiří: Henleinovské fašistické hnutí a spannovský klerofašismus [Die faschistische Henleinbewegung und der Spannsche Klerofaschismus]. In: Sudetští Němci a Mnichov. Materiály z konference historiků Severomoravského kraje [Die Sudetendeutschen und München. Materialien von einer Tagung der Historiker aus dem Bezirk Nordmähren]. Hrsg. von Andělín *Grobelný.* Ostrava 1964, 85-92, hier 91. — Zu Neuburgs Einschätzung siehe AMV Prag, 301-139-3, Bl. 34 f.

[93] Selbst der britische Journalist Gedye, der ihm äußerst kritisch gegenüberstand und in ihm früh einen Stellvertreter Hitlers sah, konnte sich seinem Charme nicht ganz entziehen. Er beschreibt den Henlein des Jahres 1936 als „mild-mannered, quiet, serious and gifted with a curious persuasiveness which while one talks with him makes one feel that it would be an undeserved personal insult to cast doubt on his statements which ordinary horse-sense tells one to be untrue". *Gedye,* G. E. R.: Fallen Bastions. The Central European Tragedy. London 1939, 393. — Gedyes Kollegin Wiskemann, ebenfalls früh eine scharfe Henlein-Gegnerin, schrieb, ihn von führenden Männern des Dritten Reiches in der Erscheinung absetzend, Henlein mache den Eindruck eines „simple, straightforward man, without the loud swaggering of a Göring, or the slightly absurd appearance of a Himmler, or the villainous face of a Heydrich". *Wiskemann,* Elizabeth: Czechs and Germans. 2. Aufl. London 1967, IX.

Auch in anderer Hinsicht unterschied er sich von diesen, hatte nichts von deren oft hetzerischem Auftreten, wirkte bei Ansprachen eher „trokken und unselbständig"[94] und war alles in allem in den Worten Goebbels' „kein Redner vor dem Herrn".[95] Henlein hatte somit „überhaupt nichts von jenem faszinierenden Demagogentyp, der im zwanzigsten Jahrhundert groß geworden ist".[96] Um so erstaunlicher erscheint daher die zunächst steil verlaufende Karriere Henleins als Vorsitzender einer politischen Massenbewegung.

Wie die Sudetendeutsche Partei, so birgt also auch die Persönlichkeit ihres Vorsitzenden Konrad Henlein Rätsel, die bis heute kaum als gelöst gelten können. Schon Zeitgenossen bezeichneten Henlein als die „tschechoslowakische Sphinx".[97] Die Rätselhaftigkeit begann mit seinem Eintritt in die Politik. Während Henlein selbst immer bemüht war, diesen als eigenständigen Schritt darzustellen, verstummten doch nie die Stimmen jener, die in ihm nur eine Kreatur sahen. Entweder wurden die sudetendeutschen Nationalsozialisten um Hans Krebs als ‚Drahtzieher' im Hintergrund angesehen. Tatsächlich hatte Krebs Gespräche mit Henlein über die Schaffung einer sudetendeutschen Sammlungsbewegung geführt.[98] Oder man sah Henlein als vom Kameradschaftsbund geleitet, hier vor allem von Heinz Rutha, einem der führenden Mitglieder des Bundes. Rutha, 1897 geboren, also nur ein Jahr älter als Henlein, „ein Menschenfischer und Jugenderzieher von hohen Gaben"[99] aus dem Umfeld der sudetendeutschen Jugendbewegung und des KB, war Henlein seit 1923 eng und freundschaftlich verbunden und hatte ganz offensichtlich starken Einfluß auf ihn.[100]

[94] *Franzel:* Die Politik der Sudetendeutschen 364.
[95] Die Tagebücher von Joseph Goebbels. Sämtliche Fragmente. Hrsg. von Elke *Fröhlich* im Auftrag des Instituts für Zeitgeschichte und in Verbindung mit dem Bundesarchiv. Teil I: Aufzeichnungen 1924–1941. 4 Bde. München 1991. Bd. 3, 496. Eintrag vom 30. 7. 1938.
[96] *Franzel:* Die Politik der Sudetendeutschen 364. — Vgl. auch *Gedye:* Fallen Bastions 406, der die öffentlichen Auftritte Henleins mit denen Mussolinis und Hitlers verglich und große Unterschiede in der Pose vermerkte. — Hans Neuwirth beschrieb Henlein als „von Natur aus gütig und anständig, aber unwahrscheinlich weich und schwach". Diese Charakterzüge habe er „unter der Maske des schweigsamen Mannes" zu verbergen versucht. Niederschrift Dr. Hans Neuwirths vom 22. 7. 1945, AMV Prag, 2M: 11789, Bl. 93. — Auch Goebbels schilderte Henlein an verschiedenen Stellen seines Tagebuchs als „ein wenig milde", „ein wenig gutmütig" und „etwas weich", man müsse daher „wohl ständig auf ihn aufpassen". Die Tagebücher von Joseph Goebbels. Teil I, Bd. 2, 699; Teil I, Bd. 3, 496 und 498.
[97] *Fischer/Patzak/Perth:* Ihr Kampf 18.
[98] *Rönnefarth:* Die Sudetenkrise. Bd. 1, 114. — Vgl. auch das Protokoll der Aussage Krebs' vor tschechoslowakischen Behörden zwischen dem 3. 9. und dem 18. 10. 1946. AMV Prag, 301-4-5, Bl. 90ff.
[99] *Brand:* Auf verlorenem Posten 32.
[100] *Ebenda* 49f. und 65f. — *Luh:* Der Deutsche Turnverband 166. — *Biman/Malíř:* Kariéra 30.

Kaum ein anderer Politiker in derart herausragender Funktion wurde fast einhellig von zeitgenössischen Beobachtern ganz unterschiedlicher politischer Couleur und von Historikern als Marionette, Schach- oder Galionsfigur bezeichnet. In einem Bericht des ‚Neuen Wiener Tagblatts' vom 13. Oktober 1937 heißt es beispielsweise: „Ihm wurde wenigstens nach außen die Führerrolle übertragen. Bei allen öffentlichen Kundgebungen wurde er in den Vordergrund geschoben, während die Kameradschaftsbündler, die eigentlichen Drahtzieher der neuen Partei, geflissentlich im Hintergrund blieben." Im gleichen Sinne urteilte auch das ‚České slovo' am 11. Januar 1938:

> Herr Henlein ist gar kein Führer. Er führt niemanden, sondern er wird selbst geführt. [...] Er ist nur als ein von der Hand der Mitglieder des Kameradschaftsbundes geführter Mann möglich. Diese schreiben ihm die Reden auf, sie diktieren ihm, was er auf Enqueten zu antworten, was er Deputationen zu sagen und wie er auf den Parteiversammlungen zu sprechen hat. Dort, wo Herr Henlein auf sich selbst angewiesen ist, ist er unsicher. Deshalb wurde er nicht ins Parlament geschickt [...].[101]

Immer wieder heißt es, Henlein diene nur zur Repräsentation und nicht zur Führung.[102]

In der Tat war Henlein etwa bei seinen Verlautbarungen in besonders hohem Maße von seinen Beratern abhängig. Weder der Text des als „Aufruf Konrad Henleins" bekannt gewordenen Dokuments, mit dem die Gründung der SHF verkündet wurde, noch die Erklärung vor der Presse im Oktober 1933, noch die bedeutende Rede von Böhmisch Leipa ein Jahr später tragen seine Handschrift. Sie wurden von seinen Mitarbeitern verfaßt.[103] Nach einer Aussage Henleins vor einem Gericht über den Gründungs-Aufruf der SHF konnte daher die Presse spöttisch berichten: „Henlein hat den Henlein-Aufruf nicht verfaßt."[104] Jeder Politiker ist zwar in gewissem Maße auf Hilfe beim Verfassen seiner Reden angewiesen. Doch ist ganz offensichtlich Henleins Anteil sogar an den wichtigsten Verlautbarungen von ihm selbst bzw. der SdP erstaunlich gering gewesen. Wenn er sie eigenhändig ausgearbeitet hatte, wurden sie zumindest von der Hauptleitung der Partei redaktionell überarbeitet.[105]

Aber nicht nur bei der Formulierung wichtiger Proklamationen zeigte sich Henleins Unselbständigkeit und Beeinflußbarkeit. Die ganze Ent-

---

[101] Beide Ausschnitte finden sich in BA Berlin, 50.01, Nr. 1122. — Henlein war nach dem großen Wahlerfolg 1935 nicht Abgeordneter bzw. Fraktionsführer der SdP im tschechoslowakischen Abgeordnetenhaus geworden.

[102] Z. B. *Fischer/Patzak/Perth:* Ihr Kampf 50. — *Foustka:* Konrád Henlein 21.

[103] Dazu *Brand:* Auf verlorenem Posten 71f., 82, 93. — Über Henleins Rede bei der Pressekonferenz in Prag am 8. 10. 1933 heißt es bei Brand lapidar: „Ernst Kundt hatte kurz skizziert, was Henlein inhaltlich vortragen sollte." *Ebenda* 82. — Vgl. auch *Luh:* Der Deutsche Turnverband 450, der vor allem Brand, Neuwirth und Sebekowsky als Autoren der Verlautbarungen Henleins angibt.

[104] Zeitungsausschnitt vom 24. 11. 1937 ohne genauere Herkunftsangabe. BA Berlin, R 50.01, Nr. 1122.

[105] *Boyer/Kučera:* Die Deutschen in Böhmen 276.

Konrad Henlein 47

wicklung der SdP ist ein Beleg dafür. Die von den Radikalen in der Partei gegen den angeblichen Separatismus vom großdeutschen Gedanken gerichteten Angriffe waren nicht in erster Linie gegen Henlein gerichtet, sondern gegen Walter Brand und Heinz Rutha. Dies als Hinweis darauf zu werten, daß Henlein im Grunde nicht auf der Seite seiner engsten Mitarbeiter, mit denen ihn ein freundschaftliches Verhältnis verband, gestanden habe, ist nicht angebracht. Vielmehr war es offenbar so, daß zum einen auch die Kritiker Henlein wegen seiner enormen Popularität als unersetzlich ansahen, zum anderen aber in Brand und Rutha, nicht in Henlein, die eigentlichen ideologischen und politischen Gegner erkannten.[106] Wie berechtigt diese Einschätzung war, zeigte sich, als Brand 1936 und Rutha 1937 aus der engeren Umgebung Henleins entfernt worden waren. Erst jetzt, ohne seine Berater völlig hilflos, vollzog Henlein eine Wende und begab sich auf Anschluß-Kurs.[107] Henlein hatte sich als „das schwache Glied in der Kette der Traditionalisten" erwiesen.[108] Smelser kennzeichnet Henleins Rolle innerhalb der Partei als die eines „Schiedsrichter[s] zwischen verschiedenen Fraktionen". Ein starker Führer sei er

[106] Ein Beispiel dafür ist die Krise der SdP 1936, als parteiinterne Kritiker davon sprachen, Henlein werde von den Kameradschaftsbündlern abgeschirmt und beeinflußt. *Robbins:* Konrad Henlein 685. — Daß Henlein selbst zum Kameradschaftsbund gehört hatte, scheint für die Kritiker kaum von Bedeutung gewesen zu sein. Sie sahen in ihm in erster Linie das Produkt seines Umfeldes. Auch in der berühmten SD-Denkschrift aus dem Jahr 1936 (vgl. dazu unten) über die Gefahren, die angeblich vom ‚Spann-Kreis' und dem Kameradschaftsbund ausgingen, wird nicht Henlein persönlich kritisiert. Darauf hat *Brügel:* Tschechen und Deutsche 1918–1938, 258, hingewiesen. — In seinen Bemühungen, Henlein und die SdP als durch und durch nationalsozialistisch darzustellen, geht Brügel jedoch zu weit. Sein Versuch, dieses Dokument, das angeblich von „Henlein-Apologeten so gerne zitiert" wurde, mehr oder weniger in einen prinzipiellen Vertrauensbeweis für Henlein und die SdP umzuinterpretieren (*ebenda*), geht fehl. Das Memorandum ist als Beleg für die angebliche Einstellung Henleins und der SdP zum Nationalsozialismus wenig aussagekräftig. Vor allem macht es doch die Sichtweise des SD klar: Dieser sah im Kameradschaftsbund einen Gegner des Nationalsozialismus, verwies aber gleichzeitig darauf, daß die „Henleinbewegung" als solche von Hitler „ausdrücklich" anerkannt worden sei (zitiert nach: *ebenda*). — Außerdem ist die Denkschrift, und dies ist hier vor allem von Belang, ein Beleg dafür, daß die Verfasser in Henlein nicht den ideologischen Führer des Kameradschaftsbundes und der SdP sahen. *Deswegen* stand er nicht im Mittelpunkt der Kritik. Diese Beispiele mögen deutlich machen, warum Henlein letztlich sogar von seinen Gegnern oft nicht richtig ernst genommen wurde und sich Kritik an der von ihm zu verantwortenden Politik oft weniger gegen ihn selbst als gegen seine jeweilige Umgebung richtete. Er sei ein „wirklich lieber Mann", befand z. B. die tschechische Zeitung ‚České slovo' [Das tschechische Wort] noch im Januar 1938 – in einem Artikel, der gleichzeitig deutlich die Meinung zum Ausdruck brachte, die SdP sei nur eine Filiale der NSDAP. ‚Prager Presse' vom 11. 1. 1938. BA Berlin, 50.01, Nr. 1122. Dieses Phänomen ist auch für Henleins Jahre als Gauleiter und Reichsstatthalter zu beobachten.
[107] *Luh:* Der Deutsche Turnverband 383 ff. und 398. — *Smelser:* Das Sudetenproblem 182.
[108] *Ebenda* 109.

nie gewesen: dazu hätten ihm „die Dynamik und die entscheidenden Überzeugungen" gefehlt.[109] Damit ist ein weiteres Problem bei der Einschätzung Henleins angesprochen.

In der bereits zitierten ‚Karikatur' wird sein Mangel an klaren politischen Zielen herausgehoben: „Dieser Mann konnte nichts Konkretes über sein politisches Programm sagen, weil er in Wirklichkeit keines hatte." Hier liege der Unterschied zu anderen politischen Führern im Europa nach dem Ersten Weltkrieg: diese „brachten doch etwas Eigenes, Charakteristisches, mit dem sie der Bewegung, die sie aufbauten, das ganz bezeichnende Gepräge gaben [...]. Sie brachten wenigstens etwas mit, was sie als – wenn auch unzulängliche – Weltanschauung darbieten konnten [...]." Nichts von alledem sei dagegen bei Henlein zu finden:

> Der Führer der Sudetendeutschen sehnt sich weder danach, Führer zu werden, noch ist er von Haß oder brennender Sehnsucht nach der Macht erfüllt. [...]. Zum politischen Abenteurertum führte ihn weder Mißerfolg im bürgerlichen Beruf, noch die elementare Sehnsucht eines Mannes, der in kleinen Verhältnissen erstickt und will, daß die Welt von ihm hört.[110]

Entsprechend fallen auch die Urteile über Henleins politische Ziele und Anschauungen ganz unterschiedlich aus. Ein klares Programm hat Henlein, so wie die Bewegung bzw. Partei, der er vorstand, tatsächlich nie formuliert oder formulieren lassen. Gerade darin bestand ja auch zu einem großen Teil der Erfolg der SHF/SdP. Auch in dieser Hinsicht verkörperte er sie perfekt: „If, therefore, Henlein set out to be all things to all men, it is not surprising that all men believed what they wanted about the Sudeten Home Front"[111] – und eben über Henlein selbst, sollte man ergänzen. Die schon zeitgenössische Vielfalt im Urteil setzt sich, wie bereits gezeigt, in der historischen Forschung fort.

Während man andere sudetendeutsche Protagonisten wie etwa Jung und Krebs einerseits, Rutha und Brand andererseits, bezüglich ihrer politischen Einstellungen und Ziele besser einschätzen kann, bleibt Henleins Profil gerade auch in dieser Hinsicht erstaunlich blaß.

Henlein war geprägt von der Turn- und Jugendbewegung, vom Kriegserlebnis und vom Volkstumskampf gegen die Tschechen, in deren ungeliebten Staat er sich hineingezwungen sah.[112] All dies floß zusammen in

---

[109] *Ebenda* 66. — Vgl. auch *Neuwirth,* Hans: Der Weg der Sudetendeutschen von der Entstehung des tschechoslowakischen Staats bis zum Vertrag von München. In: Die Sudetenfrage in europäischer Sicht. Bericht über die Vorträge und Aussprachen der wissenschaftlichen Fachtagung des Collegium Carolinum in München-Grünwald am 1.–3. Juni 1959. München 1962 (Veröffentlichungen des Collegium Carolinum 12), 122-179, hier 159, sowie Jesser, der eine Aussage Walter Brands anführt, wonach Henlein immer zugunsten desjenigen entschieden habe, „der gerade zuletzt bei ihm" gewesen sei. *Jesser,* Wilhelm: „Bereitschaft", „Kameradschaft" und „Aufbruch" in den Sudetenländern. In: Deutsche Jugendbewegung in Europa. Versuch einer Bilanz. Hrsg. von Peter *Nasarski.* Köln 1967, 359-372, hier 372.
[110] *Fischer/Patzak/Perth:* Ihr Kampf 51.
[111] *Robbins:* Konrad Henlein 679.
[112] Von einem Haß auf die Tschechen wird man bei ihm indes nicht sprechen können. Voller Begeisterung berichtete er z. B. 1926 von dem Fest des tschechischen Turn-

seinem obersten Ziel, der Einigung des ‚sudetendeutschen Stammes'. Mit diesem Streben nach Einheit und ‚Volksgemeinschaft' gingen autoritäre Vorstellungen von Herrschaft sowie die Ablehnung von Liberalismus, Marxismus und politischen Parteien einher. Die Parallelen zum Nationalsozialismus sind offensichtlich. Die anvisierte ständische Gesellschaftsordnung unterschied Henleins Denken aber von diesem ebenso wie die vergleichsweise geringe Bedeutung von Rassismus und Antisemitismus. So hatte zwar der Deutsche Turnverband in der ČSR, in dem Henlein groß wurde, aus der österreichisch-schönererianischen Tradition heraus den Arierparagraphen übernommen. Der Antisemitismus nahm in Henleins Denken aber keinen sehr breiten Raum ein. Damit stand er in einer Linie mit Spann, der den Rassismus ablehnte und über den KB wiederum in den Deutschen Turnverband hineinwirkte. Als z. B. der Kameradschaftsbündler Ernst Tscherne Schriftleiter der Verbandszeitung des DTV wurde, „verschwand die rassistisch-antisemitische Ausrichtung der Turnzeitung von 1934 bis Mitte 1937 nahezu vollständig".[113] In den Reden Henleins finden sich bis 1937/38 praktisch keine antisemitischen Äußerungen.[114]

Henlein war insgesamt sicher kein im Sinne der Hitlerschen Weltanschauung oder des ohnehin diffusen ‚Programms' der NSDAP überzeugter Nationalsozialist. Er war aber auch nicht einer der in einem tieferen Sinn von Othmar Spann geprägten Vertreter der Lehre des Wiener Professors wie etwa Walter Brand. Dafür fehlten ihm wohl auch die intellektuellen Voraussetzungen. Seine ideologische Blässe scheint jenen Beobachtern Recht zu geben, die in Zweifel zogen, daß Henlein überhaupt ein Politiker gewesen sei. Dies behauptete z. B. Karl Hermann Frank.[115] Auch Gustav Peters wollte die Frage, ob Henlein ein Politiker gewesen sei, „weder mit einem unbedingten ‚Ja' noch ‚Nein' beantworten".[116] Eine bemerkenswerte Unentschlossenheit im Urteil über den ‚Führer' einer politischen Massenbewegung! Aber auch Henlein selbst hat sich nicht als Politiker betrachtet. Auf Dauer wollte er jedenfalls nicht als solcher tätig sein.[117]

All dies korrespondiert mit der Einschätzung vieler Beobachter, denen Henlein als wenig politisch begabt galt.[118] Smelser bezeichnet ihn

---

verbandes ‚Sokol' in Prag: „Allgemeiner Eindruck: großartig, gewaltig. [...] Es war mustergültig, und ich betone nochmals, daß ich etwas Gleichwertiges noch niemals gesehen habe. ... Wir können lernen!" Zitiert nach *Luh:* Der Deutsche Turnverband 167.

[113] *Ebenda* 14 und 236f., Zitat 237.
[114] *Henlein, Konrad:* Heim ins Reich. Reden aus den Jahren 1937 und 1938. Hrsg. von Ernst *Tscherne.* Reichenberg–Karlsbad 1939, 111ff. — Siehe dazu auch *Procházka:* Henleinovské fašistické hnutí 89.
[115] SOA Prag, MLS Praha, LS 1527/46, Protokoll K. H. Frank, Band 1, S. 16.
[116] Niederschrift Gustav Peters, undatiert. BA Bayreuth, Ost-Dok. 20/88-89, S. 254.
[117] Aussage Neuburg, AMV Prag, 301-139-3, Bl. 41. — Vgl. dazu unten.
[118] So z. B. *Franzel:* Die Politik der Sudetendeutschen 364. — Auch der Politische Referent der tschechoslowakischen Präsidialkanzlei, Dr. Josef Schieszl, vermerkte

gar, zusammen mit anderen Führern der sudetendeutschen Einigungsbewegung, als Amateurpolitiker, der „eine mächtige Bewegung ins Rollen" gebracht habe, „ohne hart und nüchtern genug denken zu können, um vorauszusehen und zu bestimmen, wohin diese Bewegung führen sollte".[119]

In erster Linie war es das, was man als seine ‚sudetendeutsche Mission' bezeichnen könnte, der Kampf gegen die als ungerecht empfundenen Lebensumstände der Deutschen in der ČSR, was Henlein dazu bewog, in die Politik zu gehen – nicht eine durchdachte politische Weltanschauung. Auch er selbst sah sich als „Einiger des Sudetendeutschtums", den das „Schicksal", so seine Worte, „dazu ausersehen [hatte], die Volksgruppe in ihrem Endkampf zu führen".[120]

Beobachter meinten allerdings, daß Henlein mit seiner Prager Rede 1936 über „Sudetendeutschtum und gesamtdeutsche Kultur" deutlich gemacht habe, daß er *nicht* den „Prozeß der nationalen, kulturellen und politischen Einigung des deutschen Bürgertums" in der ČSR repräsentiere.[121] In der Tat bedeutet Henleins Formulierung, daß die SdP es ablehne, „eine sudetendeutsche Sonderkultur zu züchten"[122], eine zumindest äußerliche Wende und im Sprachgebrauch eine Abkehr vom Stammesbegriff.[123] Dennoch ist nicht daran zu zweifeln, daß Henlein auch danach, auch nach seiner Unterstellung unter Hitler 1937 und sogar über den Anschluß hinaus stark vom ‚Stammesdenken' geprägt war und dementsprechend handelte.

nach einer Unterredung mit Henlein im April 1934, diesem fehle „tiefere politische Bildung". *Biman/Malíř:* Kariéra 93.
[119] *Smelser:* Das Sudetenproblem 107 f.
[120] *Henlein:* Das Sudetenland 43.
[121] *Fischer/Patzak/Perth:* Ihr Kampf 63.
[122] *Henlein:* Sudetendeutschtum 2.
[123] Vgl. dazu *Luh:* Der Deutsche Turnverband 380.

3. Das Einschwenken auf Anschlußkurs: Die Entwicklung der SdP von 1935 bis 1938

Noch in den Wahlaufrufen von 1935 distanzierte sich Henlein vom Nationalsozialismus.[124] Das war zu diesem Zeitpunkt nicht nur Taktik, sondern auch die tatsächliche Position der Parteiführung. Es ist zugleich ein überzeugender Beweis dafür, daß die These von der ‚faschistischen Bekenntniswahl' der sudetendeutschen Bevölkerung in das Reich der Legende zu verweisen ist. Selbst wenn es sich bei den Wahlparolen nur um Taktik gehandelt hätte und die Politik der SdP insgeheim schon damals auf den Anschluß an Deutschland ausgerichtet gewesen wäre: Das Wahlverhalten der Sudetendeutschen 1935 sollte nach dem, was die Wähler wissen konnten, also nach den öffentlichen Verlautbarungen der Partei, beurteilt werden und nicht nach dem, was sich für sie verborgen und hinter den Kulissen abspielte.[125] Die Mehrheit der SdP-Wähler stimmte bei den Parlamentswahlen für eine Partei, die die Sudetendeutschen einigen und ihre Stellung innerhalb der ČSR verbessern wollte.

Auf den Wahlsieg im Mai 1935 folgte nicht sofort eine deutliche Wende in der Politik der SdP. Dennoch ist dieser Termin ein tiefer Einschnitt. Jetzt erst wurde die Sudetendeutsche Partei „zu einem wirkungsvollen Faktor in Hitlers außenpolitischem Kalkül".[126] Damit aber war das Ende ihrer Eigenständigkeit vorprogrammiert. Im Frühjahr 1935 wurden folglich auch die in der gleichgeschalteten reichsdeutschen Presse bis dahin durchaus üblichen Angriffe gegen Henlein eingestellt.[127]

Schon vor der Wahl 1935 hatte die SdP finanzielle Unterstützung aus dem Deutschen Reich erhalten. Der Wahlkampf war nicht zuletzt mit Geldern des VDA finanziert worden. Den VDA kann man jedoch nicht

---

[124] *Dolezel*, Stephan: Grundzüge der reichsdeutschen Tschechoslowakei-Politik 1933–1939 – unter besonderer Berücksichtigung der Sudetendeutschen. In: Das Scheitern der Verständigung. Tschechen, Deutsche und Slowaken in der Ersten Republik (1918–1938). Für die deutsch-tschechische und -slowakische Historikerkommission hrsg. von Jörg K. *Hoensch* und Dušan *Kováč*. Essen 1994 (Veröffentlichungen des Instituts für Geschichte der Deutschen im östlichen Europa 2), 71-80, hier 77.

[125] *Schmutzer*, Reinhard: Der Wahlsieg der Sudetendeutschen Partei: Die Legende von der faschistischen Bekenntniswahl. Zeitschrift für Ostforschung 41 (1992) 345-385, hier bes. 348 und 352f.

[126] *Hoensch*, Jörg K.: Zum sudetendeutsch-tschechischen Verhältnis in der Ersten Republik. In: Das deutsch-tschechische Verhältnis seit 1918. Hrsg. von Eugen *Lemberg* und Gotthold *Rhode*. Stuttgart–Berlin–Köln–Mainz 1969, 21-48, hier 33, sowie *ders.*: Geschichte der Tschechoslowakei 70.

[127] *Ebenda*.

als Instrument der nationalsozialistischen Außenpolitik bezeichnen.[128] Nach dem Wahlsieg stiegen die Zuwendungen an die SdP stark an, auch ihre Herkunft änderte sich: neben Mitteln aus dem Auswärtigen Amt flossen seit 1936/37 auch Gelder der Deutschen Arbeitsfront und von Görings Vierjahresplanbüro auf die Konten der SdP, die sich so immer mehr in das Dritte Reich verstrickte.[129]

Der Einfluß von dort nahm aber auch auf anderem Wege zu. Dem Erstarken der radikalen Nationalsozialisten um den Aufbruch-Kreis innerhalb der SdP korrespondierte die zunehmende Geltung der in das Deutsche Reich geflohenen Nationalsozialisten Rudolf Jung und Hans Krebs. Krebs war inzwischen Pressechef des Reichsinnenministeriums geworden, mit dessen Minister, Wilhelm Frick, er schon vorher gut bekannt gewesen war.[130] Krebs entwickelte sich immer mehr zum entschiedensten und gefährlichsten sudetendeutschen Widersacher der von Henlein vertretenen Linie innerhalb des Deutschen Reiches. Während die wichtigste Stütze der Traditionalisten im Reich, der VDA, zunehmend an Einfluß verlor[131], erhielten die Radikalen durch ihre Verbindung zu SS und Sicherheitsdienst immer mehr Schubkraft. Im Juni 1936 wurde Rudolf Jung mit dem Dienstgrad eines Sturmbannführers in die SS aufgenommen. Aus „Tarnungsgründen" wurde er offiziell beim Stab des Reichsführers-SS geführt, in Wirklichkeit aber dem Sicherheitsdienst zugeordnet.[132]

Im vorausgegangenen Monat war im Sicherheitshauptamt der SS eine berühmt gewordene SD-Denkschrift unter dem Titel „Der Spannkreis, Gefahren und Auswirkungen" verfaßt worden. Sie richtete sich gegen den Kameradschaftsbund und besonders gegen Walter Brand und Walter Heinrich. Darin heißt es unter anderem:

Das Sudetendeutschtum war von jeher ein geistiges Schlachtfeld zwischen deutschem und römischem Denken. Bis zum Weltkrieg stand es fast völlig unter dem Einfluß der von Wien kommenden romanisch-katholischen Strömungen. Nach dem Kriege hat sich das Sudetendeutschtum hiervon immer stärker losgelöst auf Grund des Wirkens der DNSAP und Anschluß an die geistigen Strömungen in Deutschland gefunden. Durch die erfolgreiche Tätigkeit des Spannkreises wurde diese im Interesse des Gesamtdeutschtums erfreuliche Entwicklung unterbrochen, das Sudetendeutschtum im Sinne eines römischen Universalismus beeinflußt und dem nationalsozialistischen Deutschland entfremdet.[133]

---

[128] Vgl. dazu *Luh:* Der Deutsche Turnverband 372.
[129] *Ebenda* 374.
[130] *Smelser:* Das Sudetenproblem 82.
[131] *Ebenda* 110ff.
[132] Schreiben des Stabsführers des Sicherheitshauptamtes an die Personal-Kanzlei des Reichsführers-SS vom 17. 6. 1936, BA Berlin, BDC, SSO-Akte Jung.
[133] Zitiert nach *Smelser:* Das Sudetenproblem 155f. — Nach Aussage des Prager SD-Chefs Walter Jacobi vom 26. 10. 1946 hatte der SD bereits seit 1935 systematisch Spann und seine Anhänger bzw. Mitarbeiter beobachtet. AMV Prag, 52-51-5. — Smelsers Aussage, SS und SD seien erst gegen Ende 1936 in die Volkstumspolitik eingedrungen, ist somit nicht korrekt. *Smelser:* Das Sudetenproblem 149.

Ein weiteres Memorandum macht ebenfalls deutlich, warum der Sicherheitsdienst die Lehre Spanns als gefährlich ansah. In diesem „Arbeitsplan" betreffend die „Bearbeitung des Separatismus in der Wissenschaftlichen Forschungsstelle des SD des RFSS"[134] ist zu lesen, daß der „Separatismus als latente Gefahr" zu betrachten sei, daß er „die Bindung des deutschen Menschen an sein Volk" löse, „indem sie ihn anriefen, anderen Zielen – auch gegen die Gemeinschaft des eigenen Blutes – zu dienen". Dies wurde als „Volksverrat" begriffen, als ein Beispiel dafür der „Universalismus Othmar Spanns" angeführt. Der Wiener Gelehrte habe „im Süden der Einigung des deutschen Gesamtvolkes und der politischen Aufgabe eines starken völkischen Reiches der europäischen Mitte entgegengearbeitet, indem er auf eine universale, föderalistisch ausbalancierte Ordnung aller – ohne Rücksicht auf rassische Zugehörigkeit – durch Geschichte, Sprache, Kultur und Religion zusammengefügten Teile der Menschheit" abziele.

Reinhard Heydrich selbst zeigte großes Interesse an der Auseinandersetzung im sudetendeutschen Lager und intrigierte immer wieder gegen Henlein und den Kameradschaftsbund.[135] Die Verbindungen zwischen Heydrichs SD und dem Aufbruch waren schon 1936 so fest, daß man „sagen könnte, daß der Aufbruch-Kreis nicht viel mehr als eine Verlängerung von Heydrichs Arm darstellte".[136] Aus dieser Zeit rührt auch der tiefe Gegensatz zwischen Heydrich und Henlein, der sich bei Henlein später zu echtem Haß auf den SD-Chef steigerte und der für die Entwicklung im Reichsgau Sudetenland nicht unbedeutend war.

Ein versuchter Aufstand des Aufbruch 1936, der sich gegen die Parteiführung durch den Kameradschaftsbund und im besonderen gegen Walter Brand richtete, ließ die als Einheitsbewegung angetretene SdP fast auseinanderbrechen. Henlein und die gemäßigten Kräfte wehrten sich gegen die Revolte, aber an ihrem Ende stand die Abschiebung Walter Brands auf einen Posten im Ausland.[137] An Brands Stelle trat im Oktober 1936 der schwer einzuordnende Karl Hermann Frank als Stellvertreter Henleins. Das war eine weitere Wendemarke in der Entwicklung der SdP zum Werkzeug des Dritten Reiches. Frank, mit einem feinen Gespür für

---

[134] Vom 2. 9. 1936. BA Berlin, R 58 F, Film-Nr. 6943.
[135] *Smelser:* Das Sudetenproblem 156. — Vgl. auch *Jacobsen,* Hans-Adolf: Nationalsozialistische Außenpolitik 1933–1938. Frankfurt/M.–Berlin 1968, 231. — Eine Aufstellung von Personen-, Verbände- und Sachakten der Abteilungen III.1 und III.2 des SD vom 13. 8. 1938 macht das Ausmaß der Überwachung der Sudetendeutschen Partei durch den Sicherheitsdienst deutlich. Die in dem Verzeichnis mit kurzer Inhaltsangabe und Bearbeitungsvermerken beschriebenen Akten sind jedoch anscheinend verlorengegangen. ZfdAhdS Moskau, 500-1-906, Bl. 101 ff.
[136] *Smelser:* Das Sudetenproblem 157.
[137] Ausführlich dazu *ebenda* 138 ff. — *Luh:* Der Deutsche Turnverband 382 ff. — *Novák,* Otto: K vývoji Sudetendeutsche Partei v roce 1936 [Zur Entwicklung der Sudetendeutschen Partei im Jahr 1936]. Acta Universitatis Carolinae Philosophica et Historica 1 (1985) 25-75.

Macht ausgestattet, hatte inzwischen die Seiten gewechselt: Hatte er früher ebenfalls dem Kameradschaftsbund angehört oder ihm nahegestanden und Anfang 1936 noch zu jenen gezählt, die für ein besonders scharfes Vorgehen gegen den Aufbruch plädiert hatten, wechselte er bald darauf in das radikale Lager. Nicht zuletzt deswegen stieg er in der Parteihierarchie auf: Man sah in ihm einen Vermittler zwischen den beiden verfeindeten Fraktionen.[138] Es besteht jedoch kein Zweifel daran, daß Frank „zwischen Mitte 1936 und Anfang 1937" feststellte, daß die Zukunft bei der von SS und SD protegierten Seite lag, und daß er Anfang 1937 bereits ganz ein Vertreter der radikalen Richtung war.[139]

Die Details der Auseinandersetzung in der SdP und den zunehmenden Einfluß des Dritten Reiches auf sie nachzuzeichnen, erübrigt sich an dieser Stelle. Ronald M. Smelser hat dies ausführlich getan. Zusammenfassend soll lediglich festgehalten werden, daß die Vertreter des Kameradschaftsbundes immer weiter in die Defensive gerieten. Endgültig brachen die Bastionen des autonomistischen Flügels in der SdP im Herbst 1937 zusammen, als Henlein eine Kehrtwendung vollzog und Hitler in der bereits erwähnten Denkschrift um Intervention in der Tschechoslowakei bat.

Drei Ereignisse waren es, die Henlein hatten umschwenken lassen. Am 19. Oktober 1937 wurde Hans Steinacher als Leiter des VDA abgesetzt – „ein harter Schlag für Henlein". Er verlor dadurch seinen letzten Verbündeten im Reich, der einen auf Autonomie abzielenden Kurs in der sudetendeutschen Frage steuerte.[140]

Gut zwei Wochen zuvor, am 4. Oktober, war Heinz Rutha von tschechischen Behörden unter dem Vorwurf der Homosexualität festgenommen worden. Am 5. November wurde der ‚Außenminister' der SdP tot in seiner Gefängniszelle aufgefunden. Rutha hatte Selbstmord begangen – vermutlich, um seiner Partei weitere unangenehme Untersuchungen zu ersparen. Der Schock für Henlein war groß, auch wenn er über Ruthas Homosexualität, die als unbestritten gilt, kaum im Zweifel gewesen sein dürfte. Er ahnte damals nicht, was im Gefolge der ‚Affäre Rutha' noch alles auf ihn zukommen sollte. Rutha nicht mehr am Leben, Brand im fernen London – Henlein hatte seine wichtigsten Berater, die für den autonomistischen Kurs der SdP eingestanden waren, verloren.[141]

Das dritte hier zu erwähnende Ereignis ist der sogenannte Vorfall von Teplitz-Schönau. Dort kam es am 17. Oktober 1937 im Rahmen einer Versammlung zu einer Schlägerei zwischen tschechischer Polizei und meh-

---

[138] *Becher:* Zeitzeuge 101. — Vgl. auch den an den SD ergangenen „Lagebericht aus der ČSR – Stand Ende Januar 1937": „Frank steht zwischen den streitenden Parteien, wäre also zur Mittlerrolle bestens geeignet." ZfdAhdS Moskau, 500-1-891, Nr. 2255, Bl. 247.

[139] *Smelser:* Das Sudetenproblem 178f., Zitat 179.

[140] *Ebenda* 180f., Zitat 181.

[141] *Ebenda* 180ff.

Das Einschwenken auf Anschlußkurs 55

reren Abgeordneten der SdP, unter denen sich Karl Hermann Frank besonders hervortat. Er wurde vorübergehend in Haft genommen.[142] Der Vorgang wurde von der reichsdeutschen Presse und dem Rundfunk begierig aufgegriffen und als weiterer Beleg für die angebliche Unterdrückungspolitik der Tschechen, für ihren Mangel an Ausgleichsbereitschaft gewertet. Bewußt wurden die Tatsachen verzerrt dargestellt.[143] In dieser für ihn „unhaltbaren Situation"[144] entschied sich Henlein, Hitler direkt darum zu bitten, die weitere Entwicklung in die Hand zu nehmen.

Ein bislang unbekanntes, äußerst aufschlußreiches Dokument faßt das bisher Dargestellte treffend zusammen. Es handelt sich um das Gedächtnisprotokoll einer Besprechung führender sudetendeutscher Politiker vom 20. Februar 1943[145], in der Henlein rückblickend seine Politik gegenüber seinen anwesenden Kritikern rechtfertigte. Bei dieser Gelegenheit war es auch, daß Henlein sagte, er „habe zu Beginn der SHF keine Fühlung mit dem Führer genommen, da er der Meinung war, daß sich das Sudetendeutschtum selbst auf die Beine helfen müsse".

Besonders bemerkenswert sind die ergänzenden Bemerkungen Hans Krebs' zu den Ausführungen Henleins:

Der Führer habe Krebs [nach dessen Flucht ins Reich 1933 – R. G.] den Auftrag erteilt, jedwede offizielle Verbindung mit den Sudetendeutschen zu unterlassen, und der Führer habe Krebs gesagt, daß er unter keinen Umständen außenpolitisch mit den anderen Staaten wegen der volksdeutschen Frage in Konflikt kommen solle, daß er dieses Problem auf eine andere Weise lösen würde. Inzwischen habe aber der Führer seinen Stellvertreter Heß beauftragt, notwendige Entscheidungen bezgl. der Volksdeutschen unmittelbar zu treffen, damit der Führer außer jedem Obligo bleibe. Heß habe nun den Fehler gemacht, die Verantwortung nicht selbst zu tragen, sondern habe damit den Prof. Steinacher vom VDA betraut. Steinacher betrieb nun eine eigene Politik, indem er das Wort Dr. Goebbels' ‚Der Nationalsozialismus ist keine Exportware' dahingehend auslegte, daß der Bereich des Nationalsozialismus sich mit den Staatsgrenzen decke und daß sich die Volksdeutschen im Ausland nicht nur mit den Gedanken des Nationalsozialismus nicht befassen dürfen, daß im Gegenteil für die deutsche Volksgruppe im Ausland der Nationalsozialismus direkt schädlich sei und zur Zerstörung der Volksgruppen [...] führen müsse. Diese gänzlich falsche Auslegung der nationalsozialistischen Grundsätze trieb aber Steinacher noch weiter, in dem er in den deutschen Volksgruppen der einzelnen Länder, wie im Sudetenland [...] usw. gerade diejenigen Gruppen geistig und mit finanziellen Mitteln stärkte, die bereit waren, gegen den Nationalsozialismus in den deutschen Volksgruppen anzukämpfen. Im Sudetengau war das eben der KB [...].

Der 19. November 1937 ist aber das späteste Datum, mit dem eindeutig festgestellt werden kann, daß die Sudetendeutsche Partei zur ‚Fünften Kolonne' Hitlers in der Tschechoslowakei geworden war – und Henlein ihr Anführer.[146] Was nun folgte, ist aus sudetendeutscher Sicht be-

---

[142] *Ebenda* 183. — Vgl. dazu auch *Brügel:* Tschechen und Deutsche 1918–1938, 327f.
[143] *Schwarzenbeck,* Engelbert: Nationalsozialistische Pressepolitik und die Sudetenkrise 1938. München 1979, 239ff.
[144] *Smelser:* Das Sudetenproblem 183.
[145] SOA Litoměřice, pobočka Most, GS, Kart. 1, 4/3/2.
[146] In der umfangreichen Denkschrift heißt es u. a.: „Das Sudetendeutschtum ist sich der besonderen politischen Aufgabe gegenüber dem antideutschen Auftrag und

reits ein Epilog zur Geschichte des ‚Weges nach München'. Der weitere Verlauf der ‚Sudetenkrise' lag ganz in den Händen Hitlers und seiner Gegenspieler auf internationalem Parkett.[147] Die Niederschrift über eine ‚Audienz' beim Diktator am 28. März 1938 verdeutlicht Henleins neue Rolle als Handlanger: „Henlein hat dem Führer gegenüber seine Auffassung folgendermaßen zusammengefaßt: Wir müssen also immer so viel fordern [von der tschechoslowakischen Regierung – R. G.], daß wir nicht zufrieden gestellt werden können. Diese Auffassung bejahte der Führer."[148]

Immerhin hatte Henleins Aufgabe einer auch nur ansatzweise eigenständigen Politik für ihn persönlich den Effekt, daß sich seine Stellung festigte. Hitler erklärte ihm, daß er um Henleins Beliebtheit wisse. „Auf den Einwand Henleins, daß er, Henlein, nur ein Ersatz sein könne, erwiderte Hitler: ich stehe zu Ihnen, Sie sind auch morgen mein Statthalter. Ich dulde nicht, daß Ihnen innerhalb des Reiches vor [sic] irgendeiner Stelle Schwierigkeiten gemacht werden."[149] Diese Zusage sollte weitreichende Folgen haben, und der ebenfalls anwesende Karl Hermann Frank wird aufmerksam zugehört haben, als Hitler dem Vorsitzenden der SdP derart eindeutig das Vertrauen aussprach.

Als Henlein sich auf dem Parteitag der SdP in Karlsbad knapp einen Monat später auch öffentlich zum Nationalsozialismus bekannte und in seine acht Forderungen an die Regierung in Prag die volle „Freiheit des Bekenntnisses zum deutschen Volkstum und zur deutschen Weltanschauung"[150] einreihte, war – zumindest äußerlich – die Gleichschaltung der

der vom Westen und vom bolschewistischen Osten her bestimmten Politik der Tschechoslowakei bewußt und will Faktor der nationalsozialistischen Reichspolitik sein. [...] Die Zwiespältigkeit im äußeren Bild der SdP wird vertieft durch den Umstand, daß sie innerlich nichts mehr ersehnt als die Einverleibung des sudetendeutschen Gebietes, ja des ganzen böhmisch-mährischen Raumes in das Reich, daß sie aber nach außen hin für die Erhaltung der Tschechoslowakei und die Integrität seiner [sic] Grenzen eintreten [...] muß." ADAP. Serie D, Bd. 2, 46f. — Die Möglichkeit eines Zusammenhangs zwischen der Hoßbach-Niederschrift vom 5. November 1937, in der Hitler in kleinem Zirkel seine Angriffsabsichten gegenüber der ČSR offenlegte, und dem Schreiben Henleins vom 19. November (*Dolezel*: Grundzüge 79f.) hat Hoensch schon früher als unmöglich widerlegt. Aus Henleins Schreiben lasse sich leicht entnehmen, daß Henlein nicht über den Inhalt der erwähnten Ansprache Hitlers unterrichtet war. *Hoensch*, Jörg K.: Die Politik des nationalsozialistischen Deutschen Reiches gegenüber der Tschechoslowakischen Republik 1933-1938. In: München 1938. Das Ende des alten Europa. Hrsg. von Peter *Glotz*, Karl-Heinz *Pollok*, Karl *Schwarzenberg* und John *van Nes Ziegler*. Essen 1990, 199-228, hier 220. — Siehe auch *ders*.: Revision und Expansion. Überlegungen zur Zielsetzung, Methode und Planung der Tschechoslowakei-Politik Hitlers. Bohemia-Jahrbuch 9 (1968) 208-228, hier 221.

[147] Smelser kennzeichnet diesen Einschnitt überaus treffend mit der Kapitelüberschrift: „Von der Volkstumspolitik zur Außenpolitik". *Smelser*: Das Sudetenproblem 188.
[148] ADAP. Serie D, Bd. 2, 158.
[149] *Ebenda*.
[150] *Ebenda* 192. — Die gesamte Karlsbader Rede ist abgedruckt in: *Henlein*: Heim ins Reich 68ff.

Sudetendeutschen Partei mit der NSDAP weitgehend vollzogen – fast ein halbes Jahr vor dem Anschluß.

Ungeachtet aller parteiinternen Differenzen, die die SdP seit ihrer Gründung belastet und die ihr Verhältnis zum Dritten Reich zweideutig gestaltet hatten, kann festgehalten werden, daß sich nun eine verkleinerte Ausgabe der NSDAP in der Tschechoslowakischen Republik herausbildete und daß die SdP „die Sudetengesellschaft noch im Vorfeld von ‚München' einer ‚Vervolksgemeinschaftung' unterwerfen konnte, die der Machtergreifung im Reich in vielem ähnelte."[151]

Unmittelbar nach dem deutschen Einmarsch in Österreich waren die sudetendeutschen bürgerlich-aktivistischen Parteien, der Bund der Landwirte, die Deutsche Gewerbepartei und die Christlich-Soziale Volkspartei aus der Regierung der ČSR ausgetreten und hatten sich aufgelöst bzw. der SdP angeschlossen.[152] Die vorerst äußerliche Gleichschaltung der SdP mit der NSDAP wurde somit durch die Selbstgleichschaltung von Teilen der politischen Konkurrenz ergänzt. Nur Sozialdemokraten und Kommunisten blieben in Opposition zur Sammlung der Sudetendeutschen unter den Fahnen Henleins.

In einer nun schon „von offenem Terror geprägten Atmosphäre des Ausnahmezustandes" wurden „teilweise auch mit Drohungen gegen Leib und Leben" neue Parteimitglieder „geworben". Mit dem im Mai 1938 gebildeten ‚Freiwilligen Schutzdienst' (FS) verfügte die SdP zudem über eine Saalschlacht-Truppe, die der Propaganda mit dem Knüppel Nachdruck verlieh.[153] Unternehmer, die nicht mit Henlein oder seiner Bewegung konform gingen, sahen sich dem Boykott und der gesellschaftlichen Isolierung ausgesetzt.[154]

In dieser Atmosphäre fanden am 22. und 29. Mai sowie am 12. Juni 1938 die Gemeindewahlen in der Tschechoslowakei statt. Die Sozialdemokraten hatten schon vor der Wahl betont, daß nicht nach kommunalpolitischen Gesichtspunkten abgestimmt würde. Die Wahlen würden „ein Plebiszit zwischen den bisherigen verfehlten Methoden der tschechischen Nationalstaatspolitik auf der einen Seite und den nationalsozialistischen Parolen Henleins, sowie den außenpolitischen Expansionszielen des Dritten Reiches auf der anderen Seite sein."[155] Im Gegensatz zu den Parlamentswahlen 1935 kann man nun davon sprechen, daß es auch im Bewußtsein mindestens eines Großteils der Bevölkerung um den An-

---

[151] *Boyer/Kučera:* Die Deutschen in Böhmen 274.
[152] *Hoensch:* Geschichte der Tschechoslowakei 74.
[153] Vgl. auch *César/Černý:* Politika německých buržoazních stran 480. — Nach *Luh:* Der Deutsche Turnverband 417, wurde der FS auf Anordnung Henleins bereits ab Ende März 1938 aufgebaut.
[154] Einige tschechische Pressestimmen zu den ‚Anwerbungen' der SdP finden sich im ‚Sudetendeutschen Pressedienst' vom 15. 4. 1938. SÚA Prag, SdP, Kart. 50.
[155] Schreiben der DSAP an den tschechoslowakischen Ministerpräsidenten Hodža (Abschrift) vom 5. 5. 1938. ZfdAhdS Moskau, 500-4-145, Bl. 16. — Hier auch weiteres Material zu den undemokratischen Wahlkampfmethoden der SdP.

schluß an das Reich ging. Der SdP-Abgeordnete Knöchel sagte dies den Wählern seines Wahlkreises explizit[156], und der SD ging davon aus, daß der Wahlsieg der SdP „als das eindeutige Bekenntnis des Sudetendeutschtums für das nationalsozialistische Reich zu werten" sei.[157]

Die SdP schreckte im Wahlkampf auch nicht mehr vor der „Einschüchterung gegnerischer Wahlhelfer und Kandidaten sowie unmittelbare[r] Wahlbeeinflussung" zurück.[158] Auch dies gilt es bei der Einordnung des Wahlergebnisses zu bedenken: Etwa 75 Prozent der sudetendeutschen Wähler stimmten für Henleins Partei.[159]

Zusammenfassend ist festzuhalten, daß die SdP und Henlein spätestens ab Ende 1937, keineswegs jedoch von Anfang an auf den Anschluß an das Reich hinarbeiteten. Der 19. November 1937 gilt als Markstein dieser Entwicklung. Vieles deutet darauf hin, daß sich die Machtverhältnisse innerhalb der Partei schon vorher zugunsten der Befürworter eines Anschlusses geändert hatten. Den genauen Zeitpunkt zu bestimmen, an dem diese Kräfte die Oberhand gewannen, dürfte aber kaum möglich sein: Zu fließend verlief diese Entwicklung. Noch im Sommer 1938 gab es Kräfte innerhalb der SdP, die ernsthaft auf eine Autonomielösung hinarbeiteten.[160] Und auch nach dem Karlsbader Parteitag im April 1938 gab es Kritiker aus dem radikalen Lager, die in der SdP alles andere als eine nationalsozialistische Partei sahen.[161] Der „Geist" des Kameradschafts-

---

[156] Bericht der DSAP-Abgeordneten Irene Kirpal, o. D. [Sommer 1938], nach den Gemeindewahlen verfaßt, „Die sozialistischen Frauen in der tschechoslowakischen Republik im Kampfe gegen den Hitleragenten Henlein". ZfdAhdS Moskau, 500-1-825, S. 6.

[157] Lagebericht ČSR Nr. 1, vor dem 30. 6. 1938 verfaßt. ZfdAhdS Moskau, 500-1-959, Bl. 3.

[158] *Boyer/Kučera:* Die Deutschen in Böhmen 283. — Vgl. auch *Brügel:* Tschechen und Deutsche 1918–1938, 427 ff. — *Hasenöhrl,* Adolf: Kampf, Widerstand, Verfolgung der sudetendeutschen Sozialdemokraten. Stuttgart 1983, 208 f. — Vgl. auch das im Mai 1938 verfaßte „Memorandum über die derzeitigen Verhältnisse im Grenzgebiete/Wahlkreis Böhm. Leipa", offensichtlich aus DSAP-Kreisen stammend. Zfd AhdS Moskau, 500-1-987, Bl. 26-31.

[159] *Hahnová:* Sudetoněmecký problém 51. — Die noch heute in der Literatur zu findende Behauptung, die SdP hätte 90 Prozent der Stimmen erhalten, wurde von der tschechischen Forschung bereits Ende der sechziger Jahre widerlegt. Eine vollständige statistische Auswertung der Wahlen habe nie stattgefunden, der angebliche 90prozentige Stimmenanteil sei eine von der Literatur übernommene Behauptung der SdP. *Ebenda* 84.

[160] „Gefährlich", so der SD-Lagebericht ČSR Nr. 4 vom 20. 7. 1938, sei die Propaganda der Kameradschaftsbündler, „mit der sie öffentlich für den Gedanken werben, daß sich das Sudetendeutschtum mit der Autonomie zufriedengeben solle". Zfd AhdS Moskau, 500-1-959, Bl. 153. — Vgl. auch den SD-Lagebericht vom 23. 6. 1938. *Ebenda,* 500-1-967 II, Bl. 216.

[161] Vgl. den SD-„Lagebericht aus ČSR" vom 18. 7. 1938: Nach dem „Anschluß Österreichs" hätten „politische Chamäleons mit widerlichen Jahrmarktsmanieren die nationalsozialistische Weltanschauung" angeboten und sie „meistbietend" vergeben: „Die ‚Rundschau' (Herausgeber Konrad Henlein) bringt beginnend mit dem

Das Einschwenken auf Anschlußkurs 59

bundes habe, so urteilte auch Lodgman von Auen, „niemals im Dienste der alldeutschen Idee gestanden; daß er schließlich, von der Dynamik des Nationalsozialismus überrannt, im Alldeutschland und dem Nationalsozialismus landete, war seine Tragik oder sein Glück, ist aber keinesfalls sein Verdienst".[162]

Die Darstellung der sich seit dem Frühjahr schnell zuspitzenden internationalen Sudetenkrise – von Henlein nicht nur mit seinem Aufruf „Wir wollen heim ins Reich"[163] mit vorangetrieben – die schließlich in das Münchener Abkommen mündete, erübrigt sich an dieser Stelle.[164] Henlein und die Sudetendeutsche Partei hatten auf den ‚Weg nach München' und auf die Ergebnisse der dortigen Konferenz der Großmächte kaum noch Einfluß. Das Deutsche Reich, England, Frankreich und Italien entschieden am 29. und 30. September 1938, daß die Tschechoslowakische Republik zwischen dem 1. und 10. Oktober die sudetendeutschen Gebiete, deren Umfang erst noch genau zu bestimmen war, an Deutschland abzutreten habe.[165]

Damit fand eine politische Forderung ihre Erfüllung, die sich neunzig Jahre, bis in das europäische Revolutionsjahr 1848 zurückverfolgen läßt: die Forderung nach dem Anschluß dieser Gebiete an das Deutsche Reich. Es ist eine bemerkenswerte Tatsache, daß 1848 das Egerland die „‚Wiedervereinigung mit Deutschland' durch Rückgängigmachung seiner Verpfändung durch das Reich an Böhmen" forderte: „Der Beginn eigenständiger sudetendeutscher Politik", so kommentiert dies Karl Bosl, „war somit großdeutsch konzipiert".[166] Siebzig Jahre später, 1918, hatte der An-

---

4. Juni 1938 an leitender Stelle [...] Aufsätze, die sich mit dem Nationalsozialismus beschäftigen. Die Balkenüberschrift ‚*Unsere* nationalsozialistische Weltanschauung' ist an sich schon vielsagend. Hier turnt ein KB-Schreiberling allwöchentlich einmal um den Wesenskern der nationalsozialistischen Idee herum und rührt einen Gemeinschaftsbrei, der es den roten, schwarzen oder reaktionären Mitgliedern der SdP ermöglichen soll, den Nationalsozialismus auszulegen." [Hervorhebung im Original]. Bezeichnend dafür, so der Verfasser, sei die Reaktion des sudetendeutschen politischen Katholizismus. Der Prälat Hilgenreiner, früher Abgeordneter der Christlich-Sozialen Volkspartei im Prager Parlament, habe in Henleins „Karlsbader Bekenntnis" eine „deutsche Weltanschauung" und nicht Nationalsozialismus im Sinne Rosenbergs gesehen und erklärt: „Der Politiker, der in einer großen Bewegung die Worte oft vorfindet und sie nicht ohne weiteres ändern kann, muß zusehen, was darunter in der jeweiligen Lage verstanden wird. Aus dieser Betrachtung heraus haben wir Katholiken nichts eingewendet, als sich Henlein für seine Bewegung zur ‚Nationalsozialistischen Weltanschauung' bekannte: So wie er sie öffentlich erklärt hat, ist sie einwandfrei." ZfdAhdS Moskau, 500-1-967 I, Bl. 31.

[162] Denkschrift an das RMinI vom 1. 11. 1938, BA Berlin, R 18/5420.
[163] *Henlein:* Heim ins Reich 129. — Ebenfalls abgedruckt in ADAP. Serie D, Bd. 2, 639f.
[164] Vgl. dazu z. B. München 1938. Das Ende des alten Europa. — *Celovsky,* Boris: Das Münchener Abkommen 1938. Stuttgart 1958 (Quellen und Darstellungen zur Zeitgeschichte 3). — *Rönnefarth:* Die Sudetenkrise.
[165] Text des Abkommens *ebenda* 812f.
[166] *Bosl,* Karl: Das Geschichtsbild der Sudetendeutschen als Integrationsproblem. Bohemia 21 (1980) 155-170, hier 158.

schluß erneut auf der politischen Agenda der Deutschen in Böhmen und Mähren gestanden. Die Forderung konnte jedoch nicht durchgesetzt werden, die Friedenskonferenz von Versailles entschied, daß die sudetendeutschen Gebiete Bestandteil der Tschechoslowakischen Republik seien. Erst zwanzig Jahre später hatte sich das Blatt gewendet.

Mit dieser Feststellung soll jedoch nicht rückblickend eine nahtlose Kontinuität behauptet werden, die es nicht gegeben hat, sondern lediglich eine gewisse Virulenz des Problems über einen langen Zeitraum hinweg konstatiert werden. Weder stand der Anschluß seit der Mitte des 19. Jahrhunderts durchgängig auf der politischen Tagesordnung, noch hat es an realistischen Alternativen dazu gemangelt. Dies gilt auch für die Zeit der Ersten Tschechoslowakischen Republik 1918–1938.

Der ‚Aktivismus', also die Bereitschaft zur politischen Zusammenarbeit mit Tschechen und Slowaken in einem Staat, der auch die Übernahme von Regierungsverantwortung einschloß, war ein Weg, der in den zwanziger Jahren von mehreren deutschen Parteien beschritten wurde. Die aktivistischen Parteien konnten in dieser Zeit die Mehrheit der deutschen Wähler in der ČSR auf sich vereinigen. Im Jahr 1926 traten deutsche Minister in die Regierung ein. Erst die Weltwirtschaftskrise, der Aufstieg Hitlers und des Nationalsozialismus im übermächtigen Nachbarstaat Deutschland schufen zusammen mit Fehlern der tschechoslowakischen Regierung in ihrer Minderheitenpolitik einen Sog, von dem schließlich alle innerstaatlichen Ausgleichsbemühungen zwischen Deutschen und Tschechen verschlungen wurden. Die Frage, wie sich die ČSR in einem ruhigen internationalen Umfeld im Zeichen des Aktivismus weiterentwickelt hätte, bleibt ein reizvolles Gedankenspiel. Das Münchener Abkommen bedeutete jedenfalls auch den vollständigen Sieg der negativistischen Strömung in der sudetendeutschen Politik.

III. ANSCHLUSS UND GLEICHSCHALTUNG (1938–1939/40)

1. Militärische Besetzung, Festlegung der Grenzen und ‚Anschlußerlebnis'

Einmarsch der Wehrmacht und Grenzziehung

Die ersten deutschen Truppen unter Generaloberst Ritter von Leeb überschritten gemäß dem Münchener Abkommen am 1. Oktober 1938 die Grenze der Tschechoslowakischen Republik. Bis zum 10. Oktober wurde das von der ČSR abgetretene Gebiet, in vier Abschnitte unterteilt, sukzessive von fünf Heeresgruppen besetzt.[1] Die vollziehende Gewalt lag zunächst in der Hand der Wehrmacht, der sogenannte Chefs der Zivilverwaltung (CdZ) beigeordnet waren.[2] Zwischen den einrückenden deutschen und den abziehenden tschechoslowakischen Truppen lag eine jeweils etwa zwei Kilometer breite Zone, so daß es zu keinen militärischen Zwischenfällen kam.[3] Eine fünfte Zone, über deren Staatszugehörigkeit ursprünglich durch eine Volksabstimmung entschieden werden sollte, wurde ebenfalls besetzt und nicht mehr geräumt. Der Internationale Ausschuß, der zur Regelung der Details bei der Grenzfestlegung eingesetzt worden war und in dessen Unterkomitee C um die genaue Grenzführung gerungen wurde, hatte die Demarkationslinie als endgültige Grenze anerkannt und am 13. Oktober auf die Durchführung der Volksabstimmung verzichtet.[4] Die tschechische Seite, von den Westmächten nur halbherzig unterstützt, stand bei den Verhandlungen von Anfang an in der Defensive. Besonders zwischen sudetendeutschen und tschechischen Vertretern kam es in den Sitzungen zu heftigen Wortgefechten. Nach der Entscheidung vom 13. Oktober war die tschechische Regierung ganz auf sich allein gestellt; die endgültige Grenzfestlegung erfolgte in bilateralen Gesprächen mit Deutschland.[5]

---

[1] Vgl. „Amtliche deutsche Mitteilungen des Oberkommandos der Wehrmacht über die Besetzung der sudetendeutschen Gebiete durch deutsche Truppen vom 1. bis 10. Oktober 1938". In: Dokumente der Deutschen Politik. Hrsg. von Paul *Meier-Benneckenstein*. Bd. 6: Großdeutschland 1938. Teil 1. Bearb. von Hans *Volz*. Berlin 1939, 366-371.
[2] Vgl. zu dieser Phase speziell: *Umbreit*, Hans: Deutsche Militärverwaltungen 1938/39. Die militärische Besetzung der Tschechoslowakei und Polens. Stuttgart 1977, 30ff.
[3] Dokumente der Deutschen Politik. Bd. 6, 367.
[4] *Slapnicka*: Die böhmischen Länder 101. — Zur Tätigkeit der Internationalen Kommission ausführlich *Procházka*, Theodor, Sr.: The Second Republic: The Disintegration of Post-Munich Czechoslovakia (October 1938 – March 1939). New York 1981, 15ff. — Siehe auch *Bartoš*: Okupované pohraničí 17ff.
[5] *Procházka*: The Second Republic 17ff.

Die Ansprüche der sudetendeutschen Repräsentanten wurden nicht zuletzt durch die Bevölkerung immer weiter angestachelt. Deren Forderungen „nach Erweiterung der Grenzen", berichtete der Abwehroffizier Major Groscurth nach Berlin, nahmen „zum Teil groteske Formen an".[6] In mehreren Fällen versuchte die örtliche deutsche Bevölkerung, den Anschluß an das Reich, wenn er gemäß den Verhandlungsergebnissen nicht vorgesehen war, weil die Deutschen nur eine kleine Minderheit bildeten, durch die Verbreitung von ‚Greuelmeldungen' zu erreichen. Wie schon in der Krise vor dem Münchener Abkommen wurden gezielt Desinformationen verbreitet.

Am 15. Oktober telegraphierten der Deutsche Turnverband und die „Amtswalter der jetzt illegalen Sudetendeutschen Partei" der Stadt Mährisch-Ostrau, deren Besetzung nicht vorgesehen war, an das Auswärtige Amt und an den Reichsführer SS. Die deutsche Bevölkerung der Stadt sei „in größter Not", ja sie werde „ausgerottet" und erbitte daher den „sofortigen Einmarsch der deutschen Wehrmacht". Die Überprüfung dieser Aussagen, von der deutschen Gesandtschaft im Auftrage des Auswärtigen Amtes durchgeführt, kam jedoch zu dem Ergebnis, daß die Schilderung der Lage nicht den Tatsachen entsprach.[7] Auch die „Trebnitzer Deutschen" und die dortigen Vertreter der SdP unterstrichen ihre Bitte um „schleunigste Befreiung" mit Meldungen über Ausschreitungen der Tschechen gegen die Sudetendeutschen. Nach Einschätzung der Wilhelmstraße aufgrund von „Erfahrungen an anderen Plätzen" wurden diese jedoch als „wenig wahrscheinlich" eingestuft.[8]

Es sind mehrere Fälle belegt, in denen sich sudetendeutsche Unternehmer für Grenzverschiebungen stark machten, weil z. B. Teile ihrer Betriebe auf der tschechischen Seite der Demarkationslinie lagen. Auf den Willen der mehrheitlich tschechischen Bevölkerung wurde dabei keinerlei Rücksicht genommen.[9]

---

[6] *Groscurth,* Helmuth: Tagebücher eines Abwehroffiziers 1938–1940. Mit weiteren Dokumenten zur Militäropposition gegen Hitler. Hrsg. von Helmut *Krausnick* und Harold C. *Deutsch* unter Mitarb. von Hildegard von *Kotze.* Stuttgart 1970 (Quellen und Darstellungen zur Zeitgeschichte 19), 342. — Vgl. auch Bartoš: Okupované pohraničí 19.

[7] PA AA Bonn, Pol. IV 406, Tschechoslowakei, R 103673.

[8] PA AA Bonn, Büro Staatssekretär, R 29770, Film-Nr. 75918-75950. — Vgl. auch das Schreiben des deutschen Konsuls in Brünn an das AA vom 28. 10. 1938 über die Gerüchte, die von Ausschreitungen gegen die deutsche Bevölkerung von Olmütz sprachen, um die „Besetzung durch deutsche Truppen herbeizuführen", obwohl dort „vollständige Ruhe" herrschte. PA AA Bonn, Gesandtschaft Prag, A.III.2. allg. Sdbd., Bd. 2. — Weiteres Material zu den Anschlußwünschen verschiedener Ortschaften befindet sich in: SÚA Prag, SdP, Kart. 7.

[9] Vgl. z. B. die Niederschrift des tschechoslowakischen Innenministeriums vom 17. 10. 1938, abgedruckt in: *Malá,* Irena/*Lesjuk,* Petr: Okupace československého pohraničí hitlerovským Německem po Mnichovu [Die Besetzung des tschechoslowakischen Grenzgebietes durch Hitler-Deutschland nach München]. Sborník archivních prací 9 (1959) 3-56, hier 25ff. — Vgl. auch die Einleitung *ebenda* 6.

Militärische Besetzung, Festlegung der Grenzen und ‚Anschlußerlebnis' 63

Die Initiative zu solchen Grenzkorrekturen, die allen ethnographischen Prinzipien Hohn sprachen[10], ging aber auch von sudetendeutschen Politikern aus. Der von Henlein eingesetzte Vertreter der SdP bei den Verhandlungen in Berlin, Dr. Guido Klieber[11], intervenierte etwa beim Auswärtigen Amt, um die „Einverleibung" von Markt Türnau, einem kleinen Ort südlich von Mährisch Trübau, zu erlangen, obwohl dieses „angesichts der einwandfreien dort vorhandenen tschechischen Mehrheit auf Grund der ergangenen Weisungen von der Liste der deutschen Forderungen gestrichen worden" war. Nach der Statistik von 1930 lebten dort 773 Tschechen und 179 Deutsche. Zur Begründung der Forderung führte Klieber an, in Markt Türnau lebe der „Bauernführer Dr. Hodina, [...] einer der treuesten Vorkämpfer der Partei", der „auf die Nachricht, daß Markt Türnau außerhalb der deutschen Grenze bleiben soll, einen schweren Nervenzusammenbruch erlitten habe".[12]

Am 20. November wurde in Berlin das Protokoll über die endgültige Grenzziehung unterzeichnet.[13] Unmittelbar im Anschluß daran wurde das „Gesetz über die Wiedervereinigung der sudetendeutschen Gebiete mit dem Deutschen Reich" erlassen.[14] Aber erst mit dem „Gesetz über die Gliederung der sudetendeutschen Gebiete" vom 25. März 1939[15] wurde endgültig klargestellt, aus welchen Gebieten der Reichsgau Sudetenland gebildet werden und welche der von der Tschechoslowakei abgetrennten Gebiete an umliegende Gaue des Reiches angegliedert werden sollten.[16]

Insgesamt fielen 28 942,66 km² an das Deutsche Reich. Den Sudetengau bildeten davon schließlich 22 608,23 km², also ungefähr 78 Prozent des von der Tschechoslowakei abgetretenen Territoriums. Der neue Reichsgau war damit etwa so groß wie damals Albanien, das Land Württemberg oder die Provinz Westfalen.

---

[10] Vgl. auch den Schnellbrief des Leiters der „Reichsstelle für Raumordnung" an das AA vom 24. 10. 1938, der belegt, wie stark wirtschaftliche, militärische und verkehrstechnische Erwägungen bei der Grenzziehung eine Rolle spielten. Abgedruckt in: Die Deutschen in der Tschechoslowakei 354f.

[11] Klieber war von Henlein beauftragt worden, „an den Sitzungen des [...] Ausschusses teilzunehmen und dort die Forderungen der SdP zu vertreten und durchzusetzen". Schreiben W. Branczíks an A. Vogt vom 14. 10. 1938, abgedruckt in: Die Deutschen in der Tschechoslowakei 340f. — Leiter der „Kanzlei [der SdP] für Angelegenheiten der Grenzziehung" war K. H. Frank. SÚA Prag, SdP, Kart. 7.

[12] Aufzeichnung vom 17. 11. 1938. PA AA Bonn, Büro Unterstaatssekretär, Bd. 7, Film-Nr. 209156. — Vgl. auch *Luža*, Radomír: The Transfer of the Sudeten Germans. A Study of Czech-German Relations 1933–1962. New York 1964, 160f.

[13] *Procházka*: The Second Republic 25.

[14] Am 21. 11. 1938. RGBl 1938, I, 1641. — Auch danach kursierten weiter Gerüchte über Verschiebungen der Grenze zugunsten des Reiches, z. B. in Pilsen und Budweis, wo man mit der Angliederung an das Reich rechnete. SD-Lagebericht ČSR 2/39 vom 16. 2. 1939. ZfdAhdS Moskau, 500-3-203, Bl. 8.

[15] RGBl 1939, I, 745f.

[16] *Ebenda*, §1.

Nach der Volkszählung von 1939 hatte sich durch die sudetendeutschen Gebiete die Einwohnerzahl des Deutschen Reiches um 3 405 168 vergrößert. Davon lebten 2 943 187, also ungefähr 86 Prozent, im Reichsgau Sudetenland, dessen Bevölkerungsdichte damit bei 130,2 Einwohnern pro Quadratkilometer lag. Das entsprach in etwa dem Reichsdurchschnitt (136 Einwohner je Quadratkilometer). Am dichtesten besiedelt war der stark industriell geprägte Regierungsbezirk Aussig mit durchschnittlich 182,2 Einwohnern je Quadratkilometer. 1 328 575 Menschen lebten hier, im Regierungsbezirk Eger 803 509, im Regierungsbezirk Troppau 811 103.

Die meisten Bewohner des Sudetengaus wohnten in Kleinstädten und Dörfern. Großstädte mit mehr als 100 000 Einwohnern gab es nicht; die größte Stadt war Reichenberg mit 69 195 Einwohnern. Prag zählte schon damals fast eine Million Menschen. Es folgten Aussig mit 67 063 und Karlsbad mit 53 311 Einwohnern. Hinzu kamen nur zehn weitere Städte mit einer Einwohnerzahl zwischen 20 000 und 50 000. Während im späteren Protektorat Böhmen und Mähren 22,3 Prozent der Bevölkerung in Städten mit mehr als 50 000 Einwohnern lebten, betrug im Sudetengau der entsprechende Anteil nur 6,5 Prozent. Fast 16 Prozent der Gaubevölkerung lebte in Dorfgemeinden mit 100 bis 500 Einwohnern.[17]

Das ‚Anschlußerlebnis': „unbeschreiblicher Jubel"

Juden, Tschechen und deutsche Gegner von Nationalsozialismus und Anschluß – vor allem Sozialdemokraten und Kommunisten – ausgenommen, befand sich die Bevölkerung des Sudetenlandes in einem fast kollektiven Freudentaumel. Auch ein nüchterner Beobachter wie der deutsche Abwehroffizier Groscurth stellte fest, daß die „Begeisterung der Bevölkerung [...] ungeheuer" war. Im Gegensatz zu Österreich habe man im Sudetenland „eine wirkliche Befreiung und ein Aufatmen der Leute nach schwerem Druck" bemerken können.[18]

In der Tat hat die überwältigende Mehrheit der Bevölkerung den Einmarsch der deutschen Truppen bejubelt und war von der Richtigkeit des Anschlusses überzeugt. Die ersten Tage ‚daheim im Reich' sind den meisten Sudetendeutschen auch über die Erfahrung von Krieg und Vertreibung hinaus ungetrübt als freudiges Ereignis in Erinnerung geblieben. Die Erlebnisberichte in der Ost-Dokumentation des Bundesarchivs legen davon vielfach Zeugnis ab. Anders als in Österreich[19] wurde die Begei-

---

[17] *Bohmann*, Alfred: Das Sudetendeutschtum in Zahlen. Handbuch über den Bestand und die Entwicklung der sudetendeutschen Volksgruppe in den Jahren 1910 bis 1950. Die kulturellen, soziologischen und wirtschaftlichen Verhältnisse im Spiegel der Statistik. München 1959, 125 ff. — *Winkler*, Erwin: Der Gau im Zahlenspiegel. In: Sudetenland im Reich. Hrsg. von Karl *Viererbl*. Reichenberg 1943, 18-25.
[18] *Groscurth*: Tagebücher 131.
[19] *Hagspiel*, Hermann: Die „Ostmark". Österreich im Großdeutschen Reich 1938-1945. Wien 1995, 340.

Militärische Besetzung, Festlegung der Grenzen und ‚Anschlußerlebnis' 65

sterung über den Anschluß bei den Sudetendeutschen auch nach dem Zweiten Weltkrieg nie verdrängt oder tabuisiert.

In fast allen Berichten ist übereinstimmend vom großen Jubel über den Einmarsch die Rede. Tränen flossen: „Selbst harte Männer weinten – und schämten sich nicht ihrer Freudentränen."[20] Das Gefühl der ‚Befreiung' herrschte vor: „Ein Freudentaumel hatte uns erfaßt. Wir waren frei, frei von der verhaßten Tschechenherrschaft."[21] Das Pathos der Propaganda blieb über Jahrzehnte erhalten: „[...] es wurde gehofft, daß von nun an die Sonne über eine befreite Menschheit aufgehen würde, daß die Unterdrückung beendet sei und sich die Sehnsucht so vieler anständiger Deutscher erfüllt habe, daß die Deutschen vereint seien."[22]

Nach dem Abzug der tschechischen Truppen hatten sich viele Ortschaften auf die Ankunft der Wehrmacht vorbereitet – Transparente und Hakenkreuzfahnen wurden aufgehängt.[23] Die Fahne des Dritten Reiches, so wird mehrfach berichtet, habe man schon früher selbst hergestellt[24], besonders „nach dem Einmarsch der deutschen Truppen in Österreich, da die Befreiung des Sudetenlandes in der Luft lag".[25]

Antitschechische Affekte lebten sich, wie noch zu sehen sein wird, nicht immer so relativ harmlos aus wie beispielsweise in Sedlnitz im Kreis Neutitschein, wo schon in „der Nacht vor dem Festtage [...] alle zweisprachigen Orts-, Amts- u. Firmentafeln [...] entfernt" wurden, damit der Ort „am Morgen wieder sein schön deutsches Gesicht zeigte".[26]

Nicht nur die „Befreiung vom tschechischen Joch", wie eine stereotype Formulierung lautete[27], sondern auch die ‚Verbrüderung' mit den Deut-

---

[20] Bericht von Dr. H. P. über Reichenberg vom 18. 5. 1960. BA Bayreuth, Ost-Dok. 20/13.
[21] Bericht aus Gastorf (Name des Autors unleserlich) bei Leitmeritz, 1959. BA Bayreuth, Ost-Dok. 20/5.
[22] Bericht von J. R. über Meronitz/Kreis Bilin vom 6. 2. 1961. BA Bayreuth, Ost-Dok. 20/1.
[23] Bericht von J. P. über Kostenblatt (ohne Datum). BA Bayreuth, Ost-Dok. 20/1.
[24] Bericht von K. F. über Gablonz (ohne Datum). BA Bayreuth, Ost-Dok. 20/9.
[25] Bericht von A. K. über Hermannseifen/Kreis Hohenelbe, ohne Datum. BA Bayreuth, Ost-Dok. 20/10. — In einem anderen Bericht heißt es, daß der Großteil des „Propaganda-Materials" aus dem „Altreich" gekommen sei, „es wurde jedoch nicht aufgedrängt – sondern von der Bevölkerung begierig verlangt". Bericht von Dr. H. P. über Reichenberg vom 18. 5. 1960. BA Bayreuth, Ost-Dok. 20/13. — Vgl. auch Bericht der deutschen Gesandtschaft in Prag an das AA vom 31. 3. 1938. ADAP. Serie D. Bd. 2, 167f.
[26] Bericht von F. L. über Sedlnitz (ohne Datum). BA Bayreuth, Ost-Dok. 20/47.
[27] Selbst in Gemeinden, in denen es in den vorangegangen Jahren zu keinen direkten persönlichen Konflikten zwischen Tschechen und Deutschen gekommen war und in denen die Deutschen nach ihrer eigenen Ansicht nicht unter „Tschechisierungsmaßnahmen" der Regierung zu leiden gehabt hatten, wurde der Anschluß ans Reich schließlich herbeigesehnt und bejubelt. Vgl. die Berichte von R. P. und L. K. aus dem Kreis Landskron im BA Bayreuth, Ost-Dok. 20/44, sowie den Bericht von F. K. über Trpist/Kreis Mies vom 30. 6. 1960, BA Bayreuth, Ost-Dok. 20/30.

schen aus dem Altreich gehörte zu dem Erleben dieser Tage. Die Wehrmacht wurde mit Blumen überhäuft, Soldaten mußten Autogramme geben[28] und waren in diesen ersten Tagen gern gesehene Gäste; „jeder Bewohner wollte Einquartierung".[29] In vielen Ortschaften gab es ‚Befreiungsfeste' der Bevölkerung mit den Wehrmachtssoldaten. Szenen, die die Goebbelssche Propaganda nicht hätte besser inszenieren können, spielten sich spontan ab. „Acht Tage", erinnert sich der Bürgermeister von Sedlnitz, „blieben die Gäste [damit ist die Wehrmacht gemeint – R. G.] bei uns. Während dieser Zeit war an eine geregelte Arbeit kaum zu denken. Kundgebungen, Abendumzüge mit Fackeln und Lampions, Tanzveranstaltungen und Sitzungen aller Art lösten einander ab."[30]

Konrad Henlein war der ‚Held' der Stunde. Hatte seine Popularität in den Tagen vor dem Münchener Abkommen stark gelitten, weil die Bevölkerung seine Flucht ins Reich als feige empfunden hatte[31], so zog er nun an der Seite Hitlers triumphierend in seine Heimat ein und verkündete seinen Landsleuten: „Am 1. Okt.[ober] 1933 habe ich Euch in schicksalsschweren Tagen zur Einheit aufgerufen. 5 Jahre hindurch haben wir um die Freiheit gekämpft. Durch die Tat des Führers wurde unser Kampf siegreich beendet. Aus übervollem Herzen danken wir dem Führer."[32] Am 3. Oktober folgte ein Redeauftritt an der Seite Hitlers in Eger.[33] Der ‚Führer' hatte an diesem Tag das erste Mal in Wildenau bei Hof die ehemalige Reichsgrenze überschritten und sich über Asch, den Wohnort Henleins, nach Eger begeben, wo beide „unter unbeschreiblichem Jubel" begrüßt wurden.[34]

Es gab sicherlich politische Gründe für diese dem Nachgeborenen unverständliche Begeisterung der Bevölkerung über den Anschluß an einen Staat, der eines der furchtbarsten Terror-Regimes der Geschichte war. Die Erfüllung ‚großdeutscher' Hoffnungen oder die Erwartung wirtschaftlich besserer Zeiten ist hier etwa zu nennen. Man darf aber bei dem

---

[28] Bericht von E. Sch. über Leitmeritz, 1959. BA Bayreuth, Ost-Dok. 20/12.
[29] Bericht von K. H. über Priesen (ohne Datum). BA Bayreuth, Ost-Dok. 20/11.
[30] Bericht von F. L. (ohne Datum). BA Bayreuth, Ost-Dok. 20/47.
[31] „Sie machen sich keine Vorstellung", berichtete die deutsche Gesandtschaft in Prag am 20. 9. 1938 an das AA, „wie groß die Vertrauenskrise ist, die hier tatsächlich gegen die sudetendeutsche Führung herrscht." Kein „einziger Mensch" glaube den Rundfunkberichten, „die Henlein als Harun Al Raschid im sudetendeutschen Gebiet" darstellten. Abgedruckt in: Die Deutschen in der Tschechoslowakei 323.
[32] Aufruf Henleins vom 5. 10. 1938, zitiert nach Schulthess' europäischer Geschichtskalender. Hrsg. von Heinrich *Schulthess* u. a. Nördlingen/München 1860–1941. 79 (1938), 169.
[33] Die Reden sind abgedruckt in: Monatshefte für Auswärtige Politik (1938), 1083f. — Henlein war zusammen mit General von Reichenau und dem Gauleiter der bayerischen Ostmark, Wächtler, in Hof zu Hitler gestoßen und hatte mit diesem zusammen dann die Reise in das Sudetenland angetreten. *Sündermann*, Helmut: Die Grenzen fallen. Von der Ostmark zum Sudetenland. 3. Aufl. München 1939, 241.
[34] Schulthess' europäischer Geschichtskalender 79 (1938) 169.

Militärische Besetzung, Festlegung der Grenzen und ‚Anschlußerlebnis' 67

Versuch, den Jubel zu erklären, Folgendes nicht außer acht lassen: Die Freude rührte auch daher, daß die Gefahr eines Krieges gebannt schien. Spätestens seit dem Frühjahr 1938, als die Sudetenkrise in ihr Endstadium getreten war, hatten die Menschen im Sudetenland in einem permanenten Ausnahmezustand und unter der ständigen Furcht vor Krieg, zuletzt teilweise unter Standrecht gelebt. Daß die Sudetendeutsche Partei für die Eskalation der Spannung in höchstem Maße mitverantwortlich war, soll damit nicht in Abrede gestellt werden.

Bei vielen Menschen hatte sich jedenfalls eine „Angstpsychose"[35] herausgebildet. Besonders „nach der Unsicherheit der letzten Tage"[36], „nach der sehr bedrückenden und nach unvermeidlichem Krieg aussehenden Zeit der politischen Zuspitzungen wurden die deutschen Truppen mit erlösender Freude [...] begrüßt".[37] Das Münchener Abkommen wurde als „Himmelsbotschaft"[38], als „Rettung in letzter Minute" angesehen, „da man [...] befürchtete, ein friedliches Übereinkommen wäre in späterer Zeit kaum mehr möglich. [...] Es ist verständlich, wenn die vom Kriegsdruck befreite Bevölkerung die Truppen freundlich aufnahm".[39] Auf die Frage abziehender tschechischer Offiziere, ob sie froh sei, „daß sie jetzt bei Hitler sind", antwortete eine deutsche Wirtin: „Ja, wir sind froh, daß kein Krieg kommt."[40]

Darüber hinaus haben auch die Überlegungen, mit denen Hermann Hagspiel die Begeisterung der Österreicher für ‚ihren' Anschluß zu erklären versuchte, für das Sudetenland Gültigkeit. Die Informationen über Terror und Unterdrückung im Dritten Reich, die von der freien Presse der Tschechoslowakischen Republik und von den zahlreichen hier lebenden Emigranten aus dem Reich anschaulich vermittelt wurden, wurden demnach „in der Wahrnehmung ausgefiltert"[41], wenn man sie nicht gar als Greuelmeldungen abtat und verdrängte.[42] Die Unzuverlässigkeit und maßlose Übertreibung der Propaganda der SdP und des reichsdeutschen

---

[35] Bericht des deutschen Geschäftsträgers in Prag an das AA vom 17. 9. 1938. In: ADAP. Serie D. Bd. 2, 658.

[36] Bericht von J. L. über Mühlbach/Kreis Eger (ohne Datum). BA Bayreuth, Ost-Dok. 20/22.

[37] Bericht von A. B. über Köstelwald/Kreis Preßnitz. BA Bayreuth, Ost-Dok. 20/26.

[38] Bericht von W. H. über insges. 9 Gemeinden im Friesetal/Kreis Hohenstadt. BA Bayreuth, Ost-Dok. 20/42.

[39] Bericht von Dr. K. B. über Grulich vom 3. 10. 1958. BA Bayreuth, Ost-Dok. 20/40-1.

[40] Bericht von J. R., Januar 1961. BA Bayreuth, Ost-Dok. 20/41.

[41] *Hagspiel:* Die „Ostmark" 321.

[42] Vgl. z. B. *Ripka,* Hubert: Munich: Before and After. London 1969, 267. — Ripka, 1941–1945 Außenhandelsminister der tschechoslowakischen Exilregierung in London und einer der entschiedenen Befürworter der Vertreibung der Sudetendeutschen, schrieb: „Before they were ‚liberated' most of them [gemeint sind: „Henlein's supporters" – R.G.] had thought that the descriptions of anti-Semitic atrocities committed by the Nazis in the Reich were merely *Greuelpropaganda* invented by the Czechs and Marxists." *Ebenda.*

Rundfunks, was die Verhältnisse der Deutschen in der ČSR anging, war auch den Sudetendeutschen nicht verborgen geblieben.[43] Möglicherweise trug diese Erfahrung dazu bei, daß man auch der tschechischen Berichterstattung über das Reich keinen Glauben schenkte.

Die weit verbreitete Ablehnung der ‚Tschechen-Herrschaft' und die Lockungen des vom Anschluß erwarteten Wirtschaftsaufschwungs überdeckten jedenfalls die negativen Seiten des Nationalsozialismus, zumal sich der Großteil der Bevölkerung auf der ‚richtigen Seite' wähnte und sich nur eine Minderheit zu der potentiell verfolgten Personengruppe zählte.[44]

Nur wenige Sudetendeutsche, die an sich vom Anschluß begeistert waren, berichteten von Erlebnissen, die den ‚Freudenrausch' dämpften und schon in diesen allerersten Tagen zum Nachdenken über eventuelle Nachteile, die nun in Kauf genommen werden müßten, anregten. Ein Bürger aus Gastorf bei Leitmeritz berichtet, sein „Spruchband ‚Wir danken Gott und dem Führer'" habe „ablehnende Beurteilung" gefunden: „Wegen der Rangordnung! Zuerst sollte ich Hitler nennen: Gott hätte ich ruhig weglassen können. Von der Seite kannten wir eben die Bewegung nicht."[45] Aus einer anderen Gemeinde wird folgende Anekdote überliefert:

Als einem Häuflein junger Mädchen vor lauter Sieg Heil, Sieg Heil, ihr Mund nicht schließen konnte, drehte sich ein Landser am Absatz herum und schrie in die jauchzende Menge: Wir möchten gerne heraus aus der Knechtschaft und ihr wollt hinein? Das war eine starke Pille, die mußte verdaut werden [...], doch bald hob das Heil-Hitler-Ratschen wieder an. Ja, man war wie hypnotisiert.[46]

[43] Bericht des deutschen Geschäftsträgers in Prag an das AA in: ADAP. Serie D. Bd. 2, 658f. — Vgl. auch den „Reisebericht [...] über eine Erkundungsreise in die ČSR vom 18. bis 20. September 1938" von F. Brehm. Die „Propaganda des Reichsrundfunks in bezug auf die sudetendeutsche Bevölkerung" sei, so heißt es da, „falsch". Solle etwas erreicht werden, so müßten die Nachrichten „den höchsten Grad von Wahrscheinlichkeit und Glaubwürdigkeit besitzen". Gegen diesen „Grundsatz" sei aber immer wieder verstoßen worden, „als man Nachrichten durchgegeben hat, deren Unrichtigkeit an Ort und Stelle sofort überprüfbar und beweisbar war". Zfd AhdS Moskau, 500-1-967 II, Bl. 64.
[44] So *Hagspiel*: Die „Ostmark" 321, über Österreich.
[45] Bericht aus dem Jahr 1959, Name unleserlich. BA Bayreuth, Ost-Dok. 20/5. — Aus vielen Berichten über die ersten Erfahrungen mit dem neuen Regime spricht eine überzeugend wirkende Naivität und echte Überraschung in bezug auf viele seiner Maßnahmen. Andererseits darf nicht verkannt werden, daß es bis zum Anschluß in der Tschechoslowakischen Republik eine freie, demokratische Presse gab, die ausführlich über Hitlers Herrschaft informierte. Nicht zuletzt die sudetendeutsche Sozialdemokratie und die Emigranten aus dem Reich hatten über die Verhältnisse im Dritten Reich ausführlich berichtet. Die überaus interessante Frage, was genau die Sudetendeutschen über die Verhältnisse im Dritten Reich zum Zeitpunkt des Anschlusses wußten bzw. nicht wußten, bedarf noch der Klärung.
[46] Bericht von J. R. vom 2. 12. 1958. BA Bayreuth, Ost-Dok. 20/18. — Von Äußerungen einzelner Wehrmachtsangehöriger über das nationalsozialistische Regime in Deutschland, die von den Sudetendeutschen nicht verstanden worden seien, berichtet auch A. W. (Milkendorf/Kreis Freudenthal). BA Bayreuth, Ost-Dok. 20/39.

Militärische Besetzung, Festlegung der Grenzen und ‚Anschlußerlebnis' 69

Die Kehrseite des Jubels: Verfolgung und Terror

Über den Jubel der Mehrheit der sudetendeutschen Bevölkerung darf man nicht das bittere Schicksal der keinesfalls als *quantité négligeable* zu bezeichnenden Minderheit der deutschen NS- und Anschlußgegner sowie der Juden und Tschechen vergessen, für die der Anschluß oft eine lebensbedrohende Katastrophe darstellte.[47] Widerstand und Verfolgung im Sudetengau wurden, wie bereits erwähnt, für die vorliegende Arbeit nicht systematisch bearbeitet[48]; dennoch sollen an dieser Stelle, ausgehend von der Situation im Oktober 1938, einige Besonderheiten der Lage der deutschen Regimegegner sowie der Juden im Sudetengau aufgezeigt werden.

Genaue Angaben über die Anzahl der sudetendeutschen Anschlußgegner, vor allem Sozialdemokraten und Kommunisten, lassen sich kaum ermitteln. Der diplomatische Korrespondent des ‚Daily Telegraph' bezifferte aufgrund „‚verlässliche[r] Informationen' [...] die Zahl der antinationalsozialistischen Deutschen, die nicht den Wunsch haben, ihre Heime und ihre Arbeitsstätten in den sudetendeutschen Bezirken zu verlassen, auf 400 000".[49] Elizabeth Wiskemann sprach sogar von 500 000 Sudetendeutschen „opposed to totalitarianism up to the last".[50]

Ein politischer Beobachter der Sozialdemokratischen Partei Deutschlands (Sopade) berichtete gegen Ende des Jahres 1938, „daß sich auch bei freien Wahlen nach einmal vollzogener Besetzung mehr als 90 % der Bevölkerung für den Anschluß des Sudetengebiets an Deutschland ausgesprochen hätten".[51] Dies ist ein Hinweis darauf, daß es kurz vorher wohl sogar noch mehr als 10 Prozent waren. Allein die Deutsche Sozialdemokratische Arbeiterpartei (DSAP) in der ČSR – auch diese Zahl ist ein Anhaltspunkt für die Zahl der Anschlußgegner – hatte zum Zeitpunkt des Münchener Abkommens noch etwa 80 000 Mitglieder.[52]

Für die Gegner von Anschluß und Nationalsozialismus begann nun eine furchtbare Zeit. Viele flohen – teilweise schon vor dem 1. Oktober 1938 – in innertschechisches Gebiet. Ihre genaue Anzahl ist ebenfalls schwer zu bestimmen. Der damalige Vorsitzende der sudetendeutschen Sozialdemokraten, Wenzel Jaksch, bezifferte später die Zahl der „politi-

---

[47] Auf das Schicksal der Tschechen in den angeschlossenen Gebieten in der Zeit unmittelbar nach der Besetzung wird in Kapitel IV gesondert eingegangen.
[48] Vgl. dazu v. a. *Grünwald:* Sudetendeutscher Widerstand. — *Dau:* Der Anteil deutscher Antifaschisten. — *Macek:* Zur Problematik der Geschichte 64-73.
[49] *Jaksch,* Wenzel/*Kolarz,* Walter: Der Weg der letzten freien Deutschen. Dokumente und Berichte. London 1940, 19.
[50] *Wiskemann,* Elizabeth: Czechs and Germans after Munich. Foreign Affairs 17 (1939) 290-304, hier 299.
[51] Deutschland-Berichte der Sozialdemokratischen Partei Deutschlands (Sopade) 1934-1940. 4. Aufl. Frankfurt/M. 1980. Sechster Jahrgang (1939), 16.
[52] *Grünwald:* Sudetendeutscher Widerstand 23.

sche[n] Flüchtlinge" aus dem Sudetenland auf 30 000[53], der wohl beste Kenner der Materie spricht von „ursprünglich maximal 35 000".[54]

Ein Großteil dieser Flüchtlinge aus den abgetrennten Gebieten wurde von den tschechischen Behörden ohne Rücksicht auf ihre unmittelbare Gefährdung zurückgeschickt.[55] Viele von ihnen ereilte wie ihre verbliebenen Gesinnungsgenossen ein hartes Schicksal. Henlein selbst forderte die „Verhaftung der aus der ČSR zurückkehrenden Marxisten. Diese Leute müßten hart angefaßt werden, denn sie seien bereit gewesen, mit der Waffe in der Hand der deutschen Wehrmacht entgegenzutreten".[56]

Racheakte der SdP-Anhänger an politischen Gegnern waren an der Tagesordnung, besonders in der Zeit zwischen dem Abzug der tschechischen und dem Einrücken der deutschen Truppen.[57] Das Sudetendeutsche Freikorps habe, so berichtete Major Groscurth voller Abscheu, „auf Antrag Franks vom Führer 3 Tage Jagdfreiheit auf alle mißliebigen Elemente erhalten".[58] In manchen Städten kam es zu pogromartigen Ausschreitungen gegen die Anschlußgegner, denen unter anderem vorgeworfen wurde, für die Tschechen „Spitzel- und Handlangerdienste" bei der angeblich vorangegangenen „Verfolgung der Deutschen" geleistet zu haben.[59] In Reichenberg trieb man „Genossen" durch die Straßen, denen

---

[53] *Jaksch*, Wenzel: Europas Weg nach Potsdam. Schuld und Schicksal im Donauraum. Köln 1967, 346.

[54] *Heumos*, Peter: Die Emigration aus der Tschechoslowakei nach Westeuropa und dem Nahen Osten 1938–1945. München 1989 (Veröffentlichungen des Collegium Carolinum 63), 23 f.

[55] Nach Heumos befanden sich am 1. Dezember 1938 10 000 registrierte, in Lagern untergebrachte sudetendeutsche Flüchtlinge auf dem Gebiet der ‚Zweiten Republik'; 20-25 000 Flüchtlinge seien zur Rückkehr gezwungen worden. *Ebenda* 23 f. — Vgl. auch Deutschland-Berichte. 1938, 1068 ff. — In verschiedenen Orten kam es zu Ausschreitungen gegen Rückkehrer. Lagebericht des Regierungspräsidenten in Karlsbad/Eger vom 1. 12. 1938. BA Berlin, R 18/6080.

[56] *Groscurth*: Tagebücher 328.

[57] „Wo das Militär hinkam, wurde die FS genötigt, ihre Racheaktionen einzustellen." Deutschland-Berichte. 1938, 1041. — Vgl. auch die ‚Chicago Daily Tribune' vom 9. 10. 1938: „The worst atrocities have been committed in the twenty-four hour interval between the evacuation of the Czech troops [...] and the arrival of the first units of the German army. Each time there has been such a gap [...] the Henlein followers took over the law and distributed justice according to their own ideas, taking any revenge they pleased on political enemies." SÚA Prag, ZTA, Kart. 486, Nr. 490.

[58] *Groscurth*: Tagebücher 127. — Das ‚Sudetendeutsche Freikorps' war am 17. 9. 1938 „von Hitler im Einvernehmen mit Henlein" aufgestellt worden, um in der ihrem Höhepunkt entgegeneilenden Sudetenkrise „einen Unruhefaktor" zu schaffen, der „von außen" in die Tschechoslowakei hineinwirken sollte. Das Freikorps bestand aus ins Reich geflüchteten Sudetendeutschen, die oftmals der Wehrpflicht in der tschechoslowakischen Armee nicht hatten Folge leisten wollen. Zum Freikorps vgl. *Broszat*, Martin: Das Sudetendeutsche Freikorps. Vierteljahrshefte für Zeitgeschichte 9 (1961) 30-49, Zitat 35.

[59] Bericht von A. E. über Goldenstein (ohne Datum). BA Bayreuth, Ost-Dok. 20/45.

man zur Verunglimpfung Tafeln mit der Aufschrift „‚Ich bin ein Volksverräter'" umgehängt hatte.[60] In Jägerndorf und Troppau wurden an den Häusern „Tafeln mit der Aufschrift angebracht, daß hier Staatsfeinde und Bolschewisten wohnen".[61] In Goldenstein, Kreis Mährisch Schönberg, wurden Sozialdemokraten vom ‚Ordnungsdienst' der SdP verprügelt[62], und in einer Ortschaft bei Komotau wurde „die Vorsitzende der sozialdemokratischen Frauensektion unter dem Spott und Gelächter der Nazis [gezwungen], einen Tag lang die Straße zu kehren".[63] Ähnlich erschütternde Berichte liegen auch aus Görkau vor, wo man „Kommunisten und Sozialdemokraten sowie deren Frauen geohrfeigt" hatte „und unter Droh- und Schmähworten zu öffentlichen Reinigungsarbeiten (Brunnenwaschen, Strassenfegen)" zwang, „damit die Stadt beim Empfang [der Wehrmacht – R. G.] in ‚Glanz' dastehe".[64] In Liebau wurde von der Wehrmacht verlangt, daß die „von den fanatischen SdP-Leuten an die Häuser von Sozialdemokraten und Christlichsozialen angeklebten Zettel mit der Aufschrift ‚Hier wohnt ein Volksverräter'" wieder entfernt würden.[65] Die Sopade resümierte später, daß „das Verhalten der Truppen einwandfrei [war], während sich zwischen Henleinleuten und früheren Gegnern schreckliche Szenen abgespielt haben".[66]

Parallel zu diesen Ausschreitungen griffen die im Gefolge der Wehrmacht einziehenden ‚Spezialkommandos der Sicherheitspolizei', die gezielt nach ‚Staatsfeinden' fahndeten, zu.[67] Allein der „Tätigkeitsbericht

[60] Deutschland-Berichte. 1938, 1041.
[61] *Ebenda* 1064.
[62] Bericht von A. E. über Goldenstein (ohne Datum). BA Bayreuth, Ost-Dok. 20/45.
[63] Deutschland-Berichte. 1938, 1067. — Eine gewisse Vorsicht hinsichtlich der Authentizität einzelner Berichte ist grundsätzlich angebracht, weil das Sudetenland in diesen ersten Tagen nach dem Anschluß voll von Gerüchten war und selbst die Gestapo nicht mehr klar sah. In einem Fernschreiben des Gestapa Berlin an die Stapoleitstelle Reichenberg vom 31. 10. 1938 wurde angefragt, ob es zutreffe, daß „in Friedland Arbeiter, die als ehemalige Kommunisten gelten, von der SdP gezwungen werden, Armbinden mit der Aufschrift ‚Volksverräter' zu tragen und daß die Betriebe gezwungen werden, solche Arbeiter zu entlassen". Der Stapoaußendienststelle in Friedland, so die postwendende Antwort, sei darüber „nichts bekannt", „eingehende Nachforschungen" wurden veranlaßt. BA Berlin, R 58/2077. — Daß es zu schweren Ausschreitungen gegen SdP-Gegner gekommen ist, soll damit nicht in Frage gestellt werden.
[64] Bericht von E. S. über Görkau/Kreis Komotau vom 16. 1. 1961. BA Bayreuth, Ost-Dok. 20/11.
[65] Bericht von J. H. vom 6. 12. 1960 über Liebau/Kreis Bärn. BA Bayreuth, Ost-Dok. 20/37.
[66] Deutschland-Berichte 1938, 1064. — Vgl. auch *ebenda* 1173: „Die Militärbehörden haben sich nach allgemeinem Urteil sehr korrekt verhalten und sind auch ohne Rücksicht gegen Übergriffe der SdP-Ordner vorgegangen."
[67] *Broszat*, Martin: Nationalsozialistische Konzentrationslager 1933–1945. In: *Ders./Buchheim*, Hans/*Jacobsen*, Hans-Adolf/*Krausnick*, Helmut: Anatomie des SS-Staates. 2 Bde. 5. Aufl. München 1989. Bd. 2, 11–133, hier 79. — *Umbreit:* Deutsche Militärverwaltungen 43. — „10 000 Mann Ordnungspolizei, Sicherheitspolizei und SS-To-

der Staatspolizeileitstelle Karlsbad"[68] weist für die drei Tage vom 3. bis 5. November 1938 119 Festnahmen aus, für die Zeit seit dem 3. Oktober insgesamt 1 157. Das ‚Detachement Eger' hatte bis zum 13. Oktober bereits 971 Personen festgenommen, das ‚Einsatzkommando Karlsbad' in den vier Wochen zwischen dem 3. und dem 31. Oktober 989 Personen.[69] Die Gesamtzahl aller Festnahmen ist nicht zu ermitteln, doch machen die genannten Ziffern die Dimension der Verhaftungswelle ungefähr deutlich.[70] Bis Dezember 1938 wurden allein in das Konzentrationslager Dachau 2 500 Sudetendeutsche eingeliefert.[71] Viele der Inhaftierten wurden bald wieder freigelassen, andere aber für lange Zeit in Gefängnissen und Konzentrationslagern festgehalten.

Neben dem Terror der ‚Sicherheitsorgane' kam es weiter zu willkürlichen Festnahmen besonders durch den ‚Freiwilligen Schutzdienst'. Henlein selbst hatte die Atmosphäre mit seiner Äußerung, man wolle „die politischen Gegner einsperren, bis sie schwarz werden"[72], weiter angeheizt. Die Verhaftungen nahmen schließlich ein derartiges Ausmaß an, daß sich Frank genötigt sah, am 12. November 1938 in den Weisungsblättern der NSDAP-Gauleitung darauf hinzuweisen, daß „ausschließlich" die „Behörden der Geheimen Staatspolizei [...] für Festnahmen aus politisch-polizeilichen Gründen" und „für Beschlagnahmen von Grundstücken, Wohn- und Geschäftsräumen, Mobiliar, Einrichtungsgegenständen usw. aus politisch-polizeilichen Gründen" zuständig sei. „Andere Behörden sowie die Dienststellen der NSDAP und ihre Gliederungen" seien dazu „nicht befugt", sie könnten „diese Maßnahmen nur bei den Behörden der Geheimen Staatspolizei anregen". Für unbefugte „Beschlagnahmen und Festnahmen" wurde strafrechtliche Verfolgung angedroht.[73]

---

tenkopfverbände wurden [...] eingesetzt." *Rühle,* Gerd: Das Dritte Reich. Dokumentarische Darstellung des Aufbaues der Nation. Das sechste Jahr 1938. Berlin 1939, 272.

[68] SOA Plzeň, pobočka Žlutice, RPK, Kart. 1.

[69] Aktenvermerk bzw. „Tätigkeitsbericht" vom 31. 10. 1938. Ebenda. — Vgl. auch *Sládek,* Oldřich: Zločinná role Gestapa [Die verbrecherische Rolle der Gestapo]. Praha 1986, 41.

[70] Die Zahlenangaben schwanken erheblich. Bei *Grünwald:* Sudetendeutscher Widerstand 18 und 22, ist von etwa 20 000 verhafteten Sozialdemokraten die Rede, *Macek:* Zur Problematik der Geschichte 68f., spricht von 7 000 verhafteten Sozialdemokraten und 1 400 Kommunisten, *Brügel:* Tschechen und Deutsche 1939–1946, 122, dagegen von etwa 5 000 sudetendeutschen Sozialdemokraten, die KZ-Haft zu erleiden hatten. Keine der Angaben wird jedoch näher belegt. — Ebenfalls ohne kenntlich zu machen, worauf seine Angaben sich stützen, spricht *Bartoš:* Okupované pohraničí 65, davon, daß es im abgetretenen Gebiet etwa 13 000 KP-Mitglieder gegeben habe, von denen drei Viertel unmittelbar nach dem Anschluß verhaftet worden seien.

[71] *Grünwald:* Sudetendeutscher Widerstand 22.

[72] Zitiert nach *ebenda.* — Das Zitat ist auch überliefert bei *Jaksch/Kolarz:* Der Weg 24.

[73] Weisungsblätter der Gauleitung Sudetenland der NSDAP, Folge 6 vom 15. 11. 1938, in: SOA Litoměřice, GL NSDAP, Karton 27. — Vgl. auch: Die Deutschen in der Tschechoslowakei 363. — Die Sopade berichtete: „Alle SdP-Ordner, die sich Rohheitsakte haben zuschulden kommen lassen, sind zwangsweise nach dem Rheinland zum Be-

Militärische Besetzung, Festlegung der Grenzen und ‚Anschlußerlebnis' 73

Es blieb also nicht bei den von der Gestapo und der Geheimen Feldpolizei aufgrund sogenannter ‚schwarzer Listen' und von der Abwehr vorbereiteter ‚roter Hefte' durchgeführten Verhaftungen. Hinzu kamen, zumindest in den ersten Wochen, ‚wilde' Festnahmen sowie Verhaftungen aufgrund von Denunziationen aus SdP-Kreisen, die sich allerdings oft als „reichlich unzuverlässig" erwiesen.[74]

Selbst der Chef der Sicherheitspolizei und des SD, Heydrich, kritisierte in einem Runderlaß vom 24. Dezember 1938 die Festnahmepraxis im Sudetenland:

Aus den hier vorliegenden Festnahmemeldungen geht hervor, daß eine Reihe der im sudetendeutschen Gebiet z. Zt. festgenommenen Häftlinge nur deswegen festgenommen sind, weil ihnen vorgeworfen wird, einer marxistischen Partei mit oder ohne Funktion angehört bzw. sich früher deutschfeindlich betätigt zu haben. In einzelnen Meldungen war der Grund noch unzulänglicher, [...] in verschiedenen Fällen auch überhaupt nicht angegeben. [...] Sofern die Ermittlungen ergeben haben, daß es sich bei den Häftlingen nicht um Funktionäre von einiger Bedeutung oder um besonders rührige und gehässige Gegner des Sudetendeutschtums handelt, sind diese Häftlinge unter strenger Verwarnung ggf. unter Auferlegung einer Meldepflicht möglichst bis 30. 12. zu entlassen.[75]

Damit ist auch die Ausgangssituation für die Herausbildung einer in der sudetendeutschen Bevölkerung wurzelnden Widerstandsbewegung gegen das NS-Regime gekennzeichnet: Sie war geradezu katastrophal.[76] Die politisch aktiven Gegner des Anschlusses waren entweder in das Landesinnere und von dort weiter ins Exil gegangen oder in Haft genommen worden. Selbst wenn man einen Großteil von ihnen bald wieder freiließ, so waren diese Menschen doch eingeschüchtert und standen unter dauernder Beobachtung. Die Staatspolizeileitstelle Karlsbad berichtete am 13. Dezember 1938, „das kommunistische und sozialdemokratische Element der deutschen Bevölkerung" sei „auf unbedeutende Reste zusammengeschmolzen".[77] Im Lagebericht für das erste Vierteljahr 1939 heißt es, daß durch das „rasche Zugreifen" der Gestapo „die DSAP und ihre Nebenorganisationen restlos [...] zerschlagen" worden seien.[78]

Die sozialdemokratische Partei hatte schon am 1. Oktober 1938 offiziell ihre Tätigkeit eingestellt.[79] Ihre führenden Köpfe, sofern sie nicht dem NS-Terror zum Opfer fielen, befanden sich im Exil, von wo die Möglichkeit der politischen Einflußnahme auf die Heimat nicht sonderlich

---

festigungsbau beordert worden." Deutschland-Berichte. 1938, 1042. — In Reichenberg und Gablonz seien rund 200 „Henleinleute" verhaftet worden, „die beim Plündern und Stehlen mit der Waffe in der Hand vorgegangen sind". *Ebenda* 1043.
[74] *Umbreit:* Deutsche Militärverwaltungen 44.
[75] BA Berlin, R 58/5, teilweise abgedruckt bei *Buchheim,* Hans: Die SS – das Herrschaftsinstrument. In: *Broszat,* Martin/*Ders./Jacobsen,* Hans-Adolf/*Krausnick,* Helmut: Anatomie des SS-Staates. 2 Bde. 5. Aufl. München 1989. Bd. 1, 14-212, hier 79.
[76] Vgl. auch *Bartoš:* Okupované pohraničí 65.
[77] BA Berlin, R 58/3845.
[78] Lagebericht der Staatspolizeileitstelle Karlsbad für das erste Vierteljahr 1939. ZfdAhdS Moskau, 500-4-145, Bl. 30.
[79] *Brügel:* Tschechen und Deutsche 1918–1938, 511.

groß war. Das Hauptaugenmerk ihrer Politik galt künftig der Auseinandersetzung mit der tschechoslowakischen Exilregierung unter Edvard Beneš und den sich allmählich herauskristallisierenden tschechischen Plänen, die deutsche Bevölkerung nach Kriegsende aus dem Land zu entfernen.

Im Sudetengau selbst „beschränkten sich die deutschen Sozialdemokraten auf Hilfe für die Angehörigen von Inhaftierten, das Abhören ausländischer Rundfunksendungen und einige Flugblattaktionen".[80] Auch bei den im Sudetengau verbliebenen Kommunisten stand die „soziale Komponente", die sogenannte ‚Rote Hilfe', im Zentrum ihrer Aktivitäten.[81] Freilich waren auch diese Unternehmungen lebensgefährlich, weil sie vom Regime als staatsfeindliches Verhalten gewertet wurden. Viele Menschen haben dafür mit Haft oder sogar mit dem Leben bezahlt.[82]

Detaillierte Untersuchungen über Ausmaß und Art des Widerstandes im Sudetengau stehen noch aus.[83] Dennoch zeichnet sich schon nach dem jetzigen Kenntnisstand eines deutlich ab: Eine substantielle Gefährdung der nationalsozialistischen Herrschaft dort ging weder von Sozialdemokraten noch von Kommunisten oder anderen sudetendeutschen Regimegegnern zu irgendeinem Zeitpunkt bis 1945 aus. Angesichts der Bedingungen ist dies auch nicht verwunderlich. Konrad Henlein mußte sich als Reichsstatthalter und Gauleiter immer wieder mit sehr weit verbreiteter Enttäuschung und Unzufriedenheit der Bevölkerung auseinandersetzen. Offenen Widerstand seitens der deutschen Bevölkerung hatte er nicht zu fürchten, seitens der Tschechen erst gegen Ende des Krieges.[84]

Am 24. Dezember 1940 berichtete die Staatspolizeileitstelle Karlsbad an das Reichssicherheitshauptamt:

Eine rege illegale Betätigung der ehemaligen kommunistischen und marxistischen Kreise konnte im hiesigen Dienstbereich nicht festgestellt werden. Dies dürfte insbesondere darauf zurückzuführen sein, daß bei der Besetzung des Sudetengebietes im Oktober 1938 sämtliche kommunistischen und marxistischen Funktionäre, soweit sie nicht geflüchtet waren, festgenommen wurden. Ein großer Teil dieser Funktionäre befindet sich heute noch in Schutzhaft. Außerdem befindet sich ein großer Teil der ehemaligen Mitglieder der marxistischen Parteien bei der Wehrmacht und im Altreich in Arbeit.

Weiter heißt es:

Vor dem Anschluß des Sudetengebietes war der größte Teil der Bewohner deutsch eingestellt. Dieser deutsch eingestellte Teil der Bevölkerung stand dem kommunistischen und marxistischen Teil feindlich gegenüber. Aus diesem Grunde verhält sich die Bevölkerung auch heute noch gegenüber kommunistischen und marxistischen

---

[80] *Macek:* Zur Problematik der Geschichte 69.
[81] *Ebenda* 70. — Vgl. auch *Bartoš:* Okupované pohraničí 65.
[82] Eine Reihe von Einzelschicksalen erwähnt *Brügel:* Tschechen und Deutsche 1939–1946, 124ff.
[83] Zu Grünwalds Arbeiten siehe oben. — *Macek:* Zur Problematik der Geschichte 71.
[84] Siehe dazu unten.

Militärische Besetzung, Festlegung der Grenzen und ‚Anschlußerlebnis' 75

Zersetzungsversuchen ablehnend. Jeder Ansatz zur illegalen Tätigkeit wird daher hier sofort zur Anzeige gebracht.[85] Entsprechend nimmt in den Lageberichten der NSDAP-Kreisleitungen und der Regierungspräsidenten die Berichterstattung über deutsche sozialdemokratische und kommunistische Aktivitäten einen geringen Umfang ein.

Neben den sudetendeutschen Anschlußgegnern und der tschechischen Bevölkerung litten besonders – und unmittelbar – die Juden in den abgetretenen Gebieten unter dem neuen Regime.

Ihr Schicksal ist ein besonders düsteres, bisher kaum geschriebenes Kapitel.[86] Während es über die ‚Endlösung der Judenfrage im Protektorat' inzwischen eingehende Untersuchungen gibt[87], ist über die ‚Judenpolitik' im Sudetengau und die Lage der Juden dort nur wenig bekannt. Diese Lücke kann hier nicht geschlossen werden, doch sollen zumindest Grundlinien aufgezeigt werden.

Schon vor dem Münchener Abkommen, spätestens seit dem Sommer 1938, hatte es in den sudetendeutschen Gebieten regelmäßig antijüdische Aktionen gegeben.[88] Im September steigerten sie sich zu „Massenausschreitungen".[89] Eine „einheitliche Leitung", so berichtete der SD-Konfident Friedrich Brehm damals, habe es dabei aber nicht gegeben.[90] In vielen Städten wurden dann sofort nach dem Anschluß jüdische Geschäfte mit Plakaten stigmatisiert[91], Fensterscheiben eingeschlagen, Juden verprügelt und „z. T. auch niedergeschossen".[92]

---

[85] BA Berlin, R 58/3845.
[86] Sowohl auf sudetendeutscher als auch tschechischer Seite wurde dieses Thema lange Zeit fast völlig verdrängt. Vgl. dazu *Hahnová*: Sudetoněmecký problém 134 ff. — *Dies.*: Verdrängung und Verharmlosung 135 ff. — *Schmidt-Hartmann, Eva*: Die deutschsprachige jüdische Emigration aus der Tschechoslowakei nach Großbritannien. In: Die Juden in den böhmischen Ländern. Hrsg. von Ferdinand *Seibt*. München–Wien 1983 (Bad Wiesseer Tagungen des Collegium Carolinum [11]), 297-311.
[87] Z. B. *Kárný, Miroslav*: „Konečné řešení". Genocida českých židů v německé protektorátní politice [„Endlösung". Der Genozid an den böhmischen Juden in der deutschen Protektoratspolitik]. Praha 1991. — Osud židů v protektorátu 1939-1945 [Das Schicksal der Juden im Protektorat 1939-1945]. Hrsg. von Milena *Janišová*. Praha 1991.
[88] Ein SD-Bericht über die Lage in Westböhmen vermerkte schon am 29. 6. 1938, daß die „Stimmung unter den Juden äußerst gedrückt" sei, da sie „überall" und „von allen Seiten" boykottiert würden. ZfdAhdS Moskau, 500-1-967 II, Bl. 223.
[89] *Schmidt-Hartmann*: Die deutschsprachige jüdische Emigration 300.
[90] Brehms Aussage bezieht sich auf Nordböhmen. „Reisebericht [...] über eine Erkundungsreise in die ČSR vom 18. bis 20. September 1938" von F. Brehm. ZfdAhdS Moskau, 500-1-967 II, Bl. 58.
[91] Das berichteten z. B. das ‚New York World Telegram' vom 4. 10. 1938 über Franzensbad und die ‚New York Times' vom 13. 10. 1938 über Karlsbad und andere Städte. SÚA Prag, ZTA, Kart. 586, Nr. 492.
[92] Deutschland-Berichte. 1938, 1034.

Unter diesen Umständen ist es nicht verwunderlich, daß die Mehrzahl der in den sudetendeutschen Gebieten lebenden Juden diese schon vor dem Münchener Abkommen verließen, viele weitere unmittelbar danach. Die Zahl der dort lebenden Juden war daher nach dem Oktober 1938 sehr gering. Während nach der Volkszählung von 1930 dort noch 27 073 Menschen jüdischer Konfession gelebt hatten, waren es nach dem Anschluß nur noch zwischen 1 500 und 2 500.[93] Der weitaus größte Teil der jüdischen Bevölkerung war also in das Landesinnere geflohen[94], von dort oftmals weiter ins Ausland.

Häufig wurden jedoch die Juden auch in der sogenannten ‚Zweiten Republik' nicht gerne gesehen. Zu dieser Zeit fand auch in der tschechischen Gesellschaft der Antisemitismus zunehmend Verbreitung.[95] Dieser scheine in der Tschecho-Slowakei, so vermerkte ein SD-Lagebericht vom Februar 1939, „Fortschritte zu machen".[96] Besonders erschütternd ist das Schicksal jener jüdischen Flüchtlinge, die von tschechoslowakischen Behörden aufgefordert wurden,

binnen 24 Stunden in ihre deutsche ‚Heimat' zurückzukehren. Aufgegriffene Flüchtlinge beförderte man zwangsweise ins Grenzgebiet zurück. Die Deutschen ihrerseits trieben Scharen von jüdischen Einwohnern aus dem besetzten Gebiet in das ‚Niemandsland', eine schmale Zone zwischen deutschem und tschechischem Gebiet. Dort irrten die Unglücklichen ohne Obdach und Nahrung wochenlang auf den Feldern

---

[93] *Schmidt-Hartmann:* Die deutschsprachige jüdische Emigration 299. Danach schwanken die Zahlen zwischen 1 534 nach tschechischen Quellen und 2 064 nach dem Ergebnis der deutschen Volkszählung vom 17. 5. 1939. — Wlaschek nennt die Zahlen 2 649 bzw. 2 363 für das Sudetenland. *Wlaschek,* Rudolf M.: Juden in Böhmen. Beiträge zur Geschichte des europäischen Judentums im 19. und 20. Jahrhundert. München 1990 (Veröffentlichungen des Collegium Carolinum 66), 92. — In den Akten des Regierungspräsidenten in Aussig ist zum selben Stichtag die Zahl der Juden und „jüdischen Mischlinge" für den Sudetengau, das hier vorrangig interessierende Gebiet, mit 2 544 angegeben. Davon entfielen 1 501 auf den Regierungsbezirk Aussig, 565 auf den Regierungsbezirk Karlsbad und 478 auf den Regierungsbezirk Troppau. SOA Litoměřice, RPA, Kart. 87-R. — Nach einer Schätzung des Vorsitzenden der Jüdischen Gemeinde von Aussig anläßlich einer Sitzung am 27. 2. 1939 in Prag befanden sich in den abgetrennten Gebieten nur noch etwa 10 Prozent der einstigen jüdischen Bevölkerung. SÚA Prag, MV-Pres. 1936-1940, XH 21, Kart. 1043.

[94] Vgl. dazu auch *Rothkirchen,* Livia: The Jews of Bohemia and Moravia: 1938-1945. In: The Jews of Czechoslovakia. Historical Studies and Surveys. Hrsg. von Avigdor *Dagan.* 3 Bde. Philadelphia-New York 1968-1984, Bd. 3, 3-74.

[95] *Heumos:* Die Emigration 17. — *Wlaschek:* Juden in Böhmen 94. — Neben eindeutig antisemitischen Tendenzen spielte bei der Gleichgültigkeit gegenüber den Flüchtlingen aus dem Sudetengebiet auch klassischer ‚Wir-zuerst-Nationalismus' eine Rolle: „Ein freier Platz, der von einem deutschen oder einem jüdischen Flüchtling besetzt wird, ist für ein Mitglied unseres Volkes verloren", schrieb der bekannte tschechische Publizist Ferdinand Peroutka im Herbst 1938. Zitiert nach *Bodensieck,* Heinrich: Das Dritte Reich und die Lage der Juden in der Tschechoslowakei nach München. Vierteljahrshefte für Zeitgeschichte 9 (1961) 249-261, hier 251.

[96] SD-Lagebericht ČSR 2/39 vom 16. 2. 1939. ZfdAhdS Moskau, 500-3-203, Bl. 8.

umher, unter ihnen Greise, schwangere Frauen und Kinder, bis es ihnen gelang, wenigstens vorübergehend Einlaß in die Tschechoslowakei zu finden.[97] Wer dort blieb und nicht weiter floh, fiel später der deutschen ‚Judenpolitik' im Protektorat ebenso zum Opfer, wie die im Sudetengau verbliebenen jüdischen Menschen dem Rassenwahn der Nationalsozialisten ausgesetzt waren. Ihr Leidensweg scheint dem der reichsdeutschen Juden weitgehend entsprochen zu haben.

Am 9. November 1938 brannten auch im Sudetenland die Synagogen. Wie in den meisten anderen Teilen des Reiches kam es aber auch hier kaum zu ‚spontanen' Ausschreitungen, sondern vor allem zu gesteuerten Aktionen. „Die Judenhetze", so berichtete ‚Die Neue Weltbühne' aus Paris, „fand bei den Volksmassen keinen Widerhall. In vielen Orten des Sudetengebietes stießen die nationalsozialistischen Pogrominitiatoren auf offene Ablehnung. [...] Trotz intensivster Agitation waren keine spontanen Kundgebungen zustande gekommen".[98] Dennoch war das Ergebnis des Pogroms für die Juden eine Katastrophe.[99] Die meisten jüdischen Gotteshäuser wurden zerstört. In mehreren Städten wurden die wenigen verbliebenen Juden – vorwiegend wohl ältere und kranke Menschen, die nicht geflohen waren, weil sie dazu nicht mehr in der Lage gewesen sein dürften – zum Tanzen um ihre brennenden Tempel gezwungen. Zahlreiche Menschen begingen Selbstmord.[100]

Die menschenverachtenden Gesetze des Dritten Reiches wurden zügig auf die sudetendeutschen Gebiete übertragen. Die nach der ‚Reichskristallnacht' erlassene „Verordnung zur Ausschaltung der Juden aus dem deutschen Wirtschaftsleben"[101], die es Juden untersagte, kaufmännische

---

[97] Deutschland-Berichte. 1938, 1180. — Vgl. auch das Telegramm der Deutschen Gesandtschaft Prag (Abschrift) an das AA in Berlin vom 21. 10. 1938, worin ein ähnlicher Fall geschildert wird – mit dem Unterschied, daß es sich hier um jüdische Menschen handelte, die nicht geflohen, sondern von deutschen Behörden abgeschoben worden waren. PA AA Bonn, Gesandtschaft Prag, A.III.2. allg. Sdbd., Bd. 1. — Der Beauftragte des Reichskommissars für die sudetendeutschen Gebiete hatte am 2. November die Gestapo angewiesen, „die schärfsten Maßnahmen" gegen die Rückkehr von Juden in das Sudetengebiet zu ergreifen. Schreiben Turners an die Gestapo Karlsbad vom 2. 11. 1938. BA Berlin, R 18/6079.

[98] Ausgabe vom 23. 2. 1939. SÚA Prag, ZTA, Kart. 586, Nr. 492. — Die Sopade meinte zwar ebenfalls, „daß die Zahl derjenigen, die sich selbst aktiv am Pogrom beteiligten, nicht groß gewesen" sei, daß „der größte Teil der Arbeiterschaft" jedoch „eine andere Haltung ein[nehme] als im alten Reichsgebiet [...]. Die herrschende Auffassung dieser Arbeiter ist, Juden und Tschechen sollten fortgejagt, ihres Besitzes enteignet, aber persönlich unangetastet gelassen werden". Deutschland-Berichte, 1939, 17.

[99] Vgl. dazu Wlaschek, Rudolf M.: Zur Geschichte der Juden in Nordostböhmen. Unter besonderer Berücksichtigung des südlichen Riesengebirgsvorlandes. Marburg/Lahn 1987, 45ff. — Zum Pogrom im Sudetengau siehe auch Deutschland-Berichte. 1938, 1195f. sowie 1939, 23.

[100] ‚Die neue Weltbühne' (Paris) vom 23. 2. 1939. SÚA Prag, ZTA, Kart. 586, Nr. 492. — Siehe auch Deutschland-Berichte. 1938, 1180.

[101] Vom 12. 11. 1938. RGBl 1938, I, 1580.

Unternehmen zu betreiben oder ein Handwerk auszuüben, und nach der leitende Angestellte jüdischer Herkunft ohne Abfindung und ohne weitere Versorgung zu entlassen waren[102], sowie die dazugehörige Durchführungsverordnung[103] wurden im Sudetenland schon parallel zum übrigen Reich eingeführt. Am 2. Dezember 1938 erging gesondert die „Verordnung über die Anmeldung des Vermögens von Juden in den sudetendeutschen Gebieten"[104], und am 27. Dezember wurden dort die „Nürnberger Gesetze" eingeführt.[105] Mit ihnen waren im Altreich die Juden schon 1935 weitgehend entrechtet und zu Menschen ‚zweiter Klasse' degradiert worden.

Die Enteignung der Juden, ‚Arisierung' im damaligen Sprachgebrauch, schritt ebenfalls rasch voran.[106] Auch Henlein bezog eine ‚arisierte' Villa in der Gauhauptstadt Reichenberg – nachdem er „anfangs selbst scharfen Einspruch dagegen erhoben" hatte.[107] Die Enteignungen wurden dadurch beschleunigt, daß die meisten Juden überstürzt geflohen waren und ihr Eigentum zurückgelassen hatten.[108] In Karlsbad etwa wurden 71 Kurhäuser und Hotels sowie 93 Geschäftshäuser von der Stadt in Besitz genommen.[109] In Aussig, wo es zuvor 178 Geschäfte mit jüdischen Besitzern gegeben hatte, gab es Anfang 1939 kein einziges mehr. Viele Städte meldeten, daß sie „judenrein" seien.[110] Komotau und Warnsdorf hatten sich damit sogar schon vor dem Anschluß, im September 1938, gebrüstet.[111]

Ende Januar 1939 berichtete der Regierungspräsident in Aussig, daß von „einer politischen Judenfrage [...] nach der Abtretung des Sudetenlandes an das Deutsche Reich und der damit verbunden gewesenen Flucht des weitaus größten Teiles der vorher hier ansässig gewesenen Juden keine Rede mehr sein" könne. „In wirtschaftlicher Hinsicht" finde „die Judenfrage ihre Erledigung mit der Arisierung".[112] Knapp ein Jahr nach dem Anschluß, am 26. September 1939, fand beim Reichsstatthalter die

---

[102] *Graml*, Hermann: Reichskristallnacht. Antisemitismus und Judenverfolgung im Dritten Reich. München 1988, 179.
[103] Vom 14. 12. 1938. RGBl 1938, I, 1902.
[104] RGBl 1938, I, 1703.
[105] Verordnungsblatt für die sudetendeutschen Gebiete 1939, 145. — RGBl 1938, I, 1997.
[106] Siehe dazu *Braumandl*: Die Auswirkungen 302 ff.
[107] *Groscurth*: Tagebücher 333.
[108] Deutschland-Berichte. 1939, 135. — „Die Beschlagnahme des jüdischen Besitzes ist", so kommentierte die Sopade, „im Sudetengau viel einfacher vor sich gegangen als im Altreich." *Ebenda*.
[109] Deutschland-Berichte. 1939, 135 f. — Zur Enteignung jüdischer Kurhaus- und Hotelbesitzer vgl. auch den Bericht d. Regierungspräsidenten in Karlsbad an das RMinI vom 24. 1. 1939, abgedruckt in: Die faschistische Okkupationspolitik in Österreich und der Tschechoslowakei (1938–1945). Hrsg. von Helma *Kaden*. Köln 1988, 100 f.
[110] ‚Die neue Weltbühne' (Paris) vom 23. 2. 1939. SÚA Prag, ZTA, Kart. 586, Nr. 492.
[111] *Heumos*: Die Emigration 16.
[112] Lagebericht vom 31. 1. 1939. SOA Litoměřice, RPA, Kart. 30.

Militärische Besetzung, Festlegung der Grenzen und ‚Anschlußerlebnis' 79

letzte der „üblichen Arisierungsbesprechungen unter Beteiligung aller hierfür maßgeblichen Stellen" statt. Die „Überleitung der jüdischen Gewerbebetriebe in arischen Besitz", wie dieser Raub euphemistisch bezeichnet wurde, trat damit „in ein abschließendes Stadium".[113]

Das Schicksal der wenigen im Sudetengau verbliebenen Juden während des Krieges liegt weitgehend im dunkeln. Wie im gesamten Deutschen Reich wurden ihre Lebensbedingungen immer unerträglicher, bis hin zur 1941 eingeführten Kennzeichnungspflicht mit dem gelben ‚Judenstern'.

In den Lageberichten der Regierungspräsidenten oder der NSDAP-Kreisleiter heißt es immer wieder, die Juden träten wegen ihrer geringen Anzahl „nicht in Erscheinung".[114] In verschiedenen Landkreisen wurde die jüdische Bevölkerung vor der Deportation zunächst in „Judenhäusern" konzentriert.[115] Mehrfach ist belegt, daß Behörden die Zusammenlegung mit der großen Wohnungsnot im Sudetengau begründeten.[116]

Wie viele Juden letztlich der Deportation entgingen, ist nicht bekannt. Schon im August 1942 meldete der Regierungspräsident in Aussig, daß Ende des Jahres sein Bezirk „judenfrei" sein werde.[117] Aber noch im Februar 1943 hieß es, daß die „Abschiebungen der wenigen im Regierungsbezirk noch ansässigen Juden in das Auffanglager Theresienstadt [...] ihren Fortgang" nähmen, also noch nicht abgeschlossen waren.[118] Allein aus dem Regierungsbezirk Troppau waren im November 1942 57 Juden nach Theresienstadt gebracht worden.[119] Insgesamt wurden aus dem Su-

---

[113] Lagebericht des Regierungspräsidenten in Aussig vom 9. 1. 1940. SOA Litoměřice, RPA, Kart. 30.
[114] Z. B. Lagebericht der NSDAP-Kreisleitung Gablonz vom 5. 3. 1941. SOA Litoměřice, GL NSDAP, Kart. 5. — Lageberichte des Regierungspräsidenten in Aussig vom 7. 2. 1940, 8. 1. 1941 und 1. 5. 1942. SOA Litoměřice, RPA, Kart. 30.
[115] So z. B. in den Landkreisen Leitmeritz, Böhmisch Leipa, Dauba und Deutsch-Gabel. Lagebericht des Regierungspräsidenten in Aussig vom 1. 5. 1942. SOA Litoměřice, RPA, Kart. 30.
[116] So z. B. in Brüx und Leitmeritz. Lagebericht des Regierungspräsidenten in Aussig vom 5. 11. 1941. SOA Litoměřice, RPA, Kart. 30. — Vgl. auch den Lagebericht der NSDAP-Kreisleitung Troppau-Neutitschein für April/Mai 1942 sowie den Lagebericht der NSDAP-Kreisleitung Brüx für November/Dezember 1941. SOA Litoměřice, GL NSDAP, Kart. 10.
[117] Lagebericht vom 31. 8. 1942. SOA Litoměřice, RPA, Kart. 30. — Vgl. auch den Lagebericht vom 3. 10. 1942. *Ebenda.*
[118] Lagebericht des Regierungspräsidenten in Aussig vom 4. 2. 1943. SOA Litoměřice, RPA, Kart. 30.
[119] Lagebericht des Regierungspräsidenten in Troppau vom 4. 12. 1942. SOA Litoměřice, GL NSDAP, Kart. 22. — Es handelte sich dabei überwiegend um ältere Personen, die älteste von ihnen war 90 Jahre alt. „Liste der für die Wohnsitzverlegung nach Theresienstadt in Frage kommenden Juden", ohne Datum, sowie Schreiben der Gestapo Troppau an den Oberfinanzpräsidenten in Troppau vom 7. 12. 1942. ZA Opava, OFPT, Kart. 2077. — Zum Lager Theresienstadt vgl. *Adler, Hans Guenter:* Theresienstadt 1941–1945. Das Antlitz einer Zwangsgemeinschaft. Geschichte, Soziologie, Psychologie. Tübingen 1955.

detengau etwa 600 Juden[120] in das zwei Kilometer vor Leitmeritz, am anderen Ufer der Elbe auf dem Gebiet des Protektorats gelegene Konzentrationslager gebracht. Dort hatten in Friedenszeiten etwa 7 000 Menschen gelebt. Am 31. Dezember 1942 befanden sich hier, unter menschenunwürdigen Bedingungen, 49 379 Personen.[121] Von dort führte der Weg meist in die Vernichtungslager. In manchen Fällen erfolgte der Transport auch nicht auf dem Umweg über Theresienstadt, sondern direkt „nach dem Osten".[122]

---

[120] *Wlaschek:* Zur Geschichte der Juden 50, nennt unter genauer Auflistung von Transporten die Zahl 596. — *Adler:* Theresienstadt 40f., spricht von 611 Personen.
[121] Diese Zahlen nach *Wlaschek:* Zur Geschichte der Juden 50 und 52.
[122] Eine „Liste der Juden, die am 27. II. 1943 nach den vom Reichssicherheitshauptamt ergangenen Richtlinien nach dem Osten evakuiert wurden" nennt 41 Namen. ZA Opava, VFP Troppau, Kart. 2077.

2. Der Entschluß zur Bildung des Sudetengaus

Im Herbst 1938 stellte sich für die neuen Machthaber zunächst einmal die Frage, wie die im Münchener Abkommen von der Tschechoslowakischen Republik an das Deutsche Reich abgetretenen Gebiete gegliedert, wie sie verwaltungstechnisch in das Reich eingefügt werden sollten. Daß es zur Bildung eines Sudetengaus kommen würde, stand dabei keineswegs von Anfang an fest.

Probleme des Raumes

Ein Blick auf die Karte verdeutlicht die Problematik der damals anstehenden Entscheidung über die Gliederung der sudetendeutschen Gebiete. Das abgetretene Territorium stellte kein geschlossenes Ganzes dar. Wie eine an einigen Stellen unterbrochene Kette legte es sich um Innerböhmen und -mähren; im Süden und Südwesten ein schmaler Streifen, der an Österreich und Bayern grenzte, im Nordwesten ein zusammenhängender, relativ breiter Block, im Westen an Bayern, im Norden an Sachsen grenzend, von diesem Block wiederum losgelöst, ohne direkte Verbindung, das Ostsudetenland, in unmittelbarer Nachbarschaft zu Schlesien liegend. Ein schmaler Gebietsstreifen, der zunächst zur Zweiten Tschechoslowakischen Republik[123] und später zum Protektorat Böhmen und Mähren gehörte, zerschnitt später auch den Sudetengau, der von West nach Ost insgesamt 435 Kilometer in der Länge maß, im Durchschnitt aber nur 51 Kilometer breit war.[124]

In Kenntnis dieser geographischen Zersplitterung und der Tatsache, daß diese Gebiete nie auch nur annähernd eine historische oder verwaltungstechnische Einheit dargestellt hatten, ist es nicht verwunderlich, daß sie nicht über ein gemeinsames Zentrum, eine gleichsam historische Hauptstadt, verfügten.

Im alten Österreich hatte man sich von Böhmen und Mähren aus nach Wien orientiert, in der Tschechoslowakischen Republik, eher mißmutig und mehr oder weniger gezwungen, nach Prag. Aber Prag war trotz der deutschen Minderheit, die politisch, wirtschaftlich und kulturell eine bedeutende Rolle spielte, eine tschechisch geprägte Stadt. Als ‚Hauptstadt der Sudetendeutschen' kam es nie ernsthaft in Frage. Die Prager Deutschen spielten eine Sonderrolle, fühlten sich nicht als Sudetendeutsche,

---

[123] Oktober 1938 bis März 1939.
[124] Angaben nach *Bartoš*: Okupované pohraničí 24.

und kaum jemand wäre auf die Idee gekommen, sie als solche zu bezeichnen.[125] Es gab aber auch keine andere Stadt, die man mit Recht als Mittelpunkt hätte bezeichnen können. Reichenberg, später von Hitler zur „Gauhauptstadt" bestimmt[126], war nicht mehr als eine Verlegenheitslösung. Für sie sprach, daß Reichenberg die größte Stadt des Sudetenlandes war. Auch lag es geographisch von allen bedeutenderen Städten am günstigsten. Eine echte Tradition als Regierungs- oder Verwaltungssitz konnte es dagegen nicht aufweisen. Der „alten Reichsstadt Eger"[127] und auch Troppau konnte man eine solche Tradition zwar nicht ganz absprechen, doch lagen beide Städte zu sehr am Rande des langgestreckten Territoriums. „In Deutschland", so formulierte die ‚Neue Weltbühne' Anfang Dezember 1938 die Ausgangslage aus ihrer Sicht – und eine durchaus vorstellbare Möglichkeit umschreibend –, „sind ‚böhmische Dörfer' das Symbol des Unbekannten und des Uninteressanten. Diese böhmischen Dörfer, ohne natürlichen Mittelpunkt und ohne eine Großstadt, um die sie sich gruppieren, können auf die Dauer als selbständige Einheit nicht mehr bestehen und werden von Sachsen, Bayern und Schlesien aufgesogen werden. Pech der Henleinpartei."[128]

Grundsätzlich gab es drei Möglichkeiten, mit den durch das Münchener Abkommen erworbenen Gebieten zu verfahren. Man konnte sie entweder, wie von der ‚Neuen Weltbühne' vorausgesagt, aufteilen und den angrenzenden Gebieten des Reiches angliedern, oder man konnte sie trotz ihrer Streulage zu einer Verwaltungseinheit, zu einem Gau, zusammenfassen. Schließlich konnte man einen Mittelweg aus diesen beiden Möglichkeiten wählen.[129]

[125] *Lemberg*, Hans: Tschechen, Slowaken und Deutsche in der Tschechoslowakischen Republik 1918–1938. In: Tschechen, Slowaken und Deutsche. Nachbarn in Europa. Bonn 1995, 30-49, hier 40.
[126] RGBl 1938, I, 1348. — Vgl. auch Zpověď K. H. Franka [Die Beichte K. H. Franks]. Vorwort von Karel Vykusý. Prag 1946, 47. — Henlein hatte sich ursprünglich Aussig als Amtssitz gewünscht. Bericht des Legationssekretärs v. Kessel an den Staatssekretär im AA vom 29. 9. 1938. PA AA Bonn, Büro Staatssekretär, R 29769. Der Öffentlichkeit teilte Henlein jedoch mit, „der Führer habe seinen Vorschlag gebilligt, daß der Sitz dieses Gaues Reichenberg sein solle". ‚Kölnische Zeitung' vom 10. 10. 1938. BA Berlin, 49.02/8738.
[127] *Sturm*, Heribert: Eger. Geschichte einer Reichsstadt. Augsburg 1951, 382. — Die Enttäuschung in Eger darüber, „bei der Zuteilung der Behörden nicht berücksichtigt worden" zu sein, war besonders groß, da auch das Regierungspräsidium Eger aus Platzgründen seinen Sitz in Karlsbad nahm. Vgl. auch Lagebericht des Chefs der Zivilverwaltung vom 24. 11. 1938 im BA Berlin, R 18/6080, S. 1. — Auch später gab es immer wieder Kritik aus dem Egerland an der Wahl Reichenbergs zum Regierungssitz. Vgl. auch die Charakteristik der Kreisleiter von Hermann Neuburg. SÚA Prag, 123-761-3, S. 318.
[128] ‚Die neue Weltbühne' (Paris) vom 1. 12. 1938, S. 1526. AdsD Bonn, PV-Emigration Sopade, beigefügte Zeitungen/Zeitschriften.
[129] *Hugelmann*, Karl Gottfried: Die Eingliederung des Sudetenlandes. In: Idee und Ordnung des Reiches. Hrsg. von Ernst Rudolf *Huber*. Bd. 1. Hamburg 1943, 5-37, hier 10f.

Verschiedene Interessen stießen bei der anstehenden Entscheidung aufeinander. Die sudetendeutschen Politiker mit Henlein an der Spitze sahen nun ihre Stunde gekommen. Sie hofften, jetzt das tun zu können, was ihnen die Tschechen nach ihrem Empfinden zwanzig Jahre lang verwehrt hatten: die eigene Heimat regieren. Ein Gau Sudetenland sollte gebildet werden. Gleichwohl gab es auch im Sudetendeutschtum eine politische Strömung, die jenem Plan zustimmte, nach dem die ‚angeschlossenen' Gebiete auf die umliegenden Gaue aufzuteilen waren. Dies hätte dem Interesse der Berliner Zentralbehörden, „die heimgekehrten Gebiete aufs engste mit dem Reiche zu verschmelzen"[130], am besten entsprechen können, denn „irgendwelche separatistischen Tendenzen konnte[n] sie nicht gebrauchen".[131] Aber im Rahmen der seit langem diskutierten ‚Reichsreform' sprach auch einiges dafür, aus dem Sudetenland einen ‚Testfall' für eben diese Reform zu machen und aus ihm einen eigenständigen, vorbildhaften ‚Reichsgau' zu bilden. Schließlich wurde aus dem Großteil der sudetendeutschen Gebiete der ‚Reichsgau Sudetenland' gebildet. Wie kam es zu dieser nicht selbstverständlichen Entscheidung, wessen Interessen manifestierten sich in ihr?

Pläne Henleins und der SdP vor dem Münchener Abkommen?

Obwohl seit dem Anschluß Österreichs an das Deutsche Reich die Angliederung des Sudetenlandes ‚in der Luft' lag und immer wieder Gerüchte und Spekulationen darüber kursierten[132], konnten keine Hinweise auf konkrete Planungen der SdP-Führung bzw. Henleins für einen solchen Fall gefunden werden. Es liegen keine Dokumente aus der Zeit vor September 1938 vor, die Planungen für die Zeit nach dem Anschluß enthalten. Dieser Befund deckt sich mit der Aussage Karl Hermann Franks, der bei seiner Vernehmung nach dem Krieg zu Protokoll gab, daß bis zur Rede Hitlers auf dem Nürnberger Parteitag am 12. September 1938[133] „nie-

---

[130] Vortrag des RMinI Frick vor der Verwaltungsakademie Hamburg über „Entwicklung und Aufbau der öffentlichen Verwaltung in der Ostmark und in den sudetendeutschen Gebieten". RVBl 60 (1939), 466.

[131] *Faltys:* Postavení 416.

[132] Telegramm der Gesandtschaft Prag an das AA vom 31. 3. 1938. ADAP. Serie D. Bd. 2, 167f. — Vertrauliche Mitteilung des Präsidiums des Landesamtes Prag über die Feiern zum 1. Mai in Nordböhmen, abgedruckt in: Protifašistický a národně osvobozenecký boj českého a slovenského lidu 1938–1945. Edice dokumentů [Der antifaschistische und nationale Befreiungskampf des tschechischen und slowakischen Volkes 1938–1945. Dokumentenedition]. 9 Bde. Hrsg. von Růžena *Hlušičková,* Ludmila *Kubátová,* Irena *Malá* und Jaroslav *Vrbata.* Praha 1979-1988, I. Teil, Bd. 1, H. 2. Praha 1979, 51f.

[133] Hitler hatte damals die Verhältnisse in der Tschechoslowakei, in der „ein großer Teil unseres Volkes scheinbar wehrlos unverschämten Mißhandlungen ausgeliefert" sei, als „unerträglich" bezeichnet. Das „Elend der Sudetendeutschen" sei ein „namenloses", und er versicherte, „daß uns dies nicht gleichgültig ist und daß,

mand in der Parteiführung eine andere Lösung der sudetendeutschen Frage als die autonomistische für möglich gehalten und *ernstlich* etwas anderes (z. B. Anschluß) geplant, vorbereitet oder ins Auge gefaßt"[134] habe. Das heißt nicht, daß nicht ein großer, ja der überwiegende Teil der SdP und ihrer Anhängerschaft schon früher den Anschluß wünschte.[135] Aber es sei erst nach der genannten Rede des ‚Führers' mit dem Anschluß in dem Sinne gerechnet worden, daß konkrete Planungen für seine Durchführung in Gang kamen.

Nach Ansicht Stanislav Bimans und Jaroslav Malíŕs sei sich Henlein sogar erst nach Annahme des englisch-französischen Ultimatums durch die tschechoslowakische Regierung am 21. September sicher gewesen, daß es zum Anschluß der sudetendeutschen Gebiete an das Reich kommen würde.[136] Erst am 22. September seien konkrete Planungen unternommen worden; Henlein habe an diesem Tag seine Vertrauten Wolfgang Richter und Rudolf Schicketanz mit der Anfertigung von Plänen für die finanziell-wirtschaftliche bzw. die staatsrechtliche und verwaltungstechnische Eingliederung in das Reich beauftragt. Er selbst habe Vorschläge zur Besetzung der höchsten Staats- und Parteiämter ausgearbeitet.[137] In der Tat konnten frühere *konkrete* Planungen für die Zukunft der

wenn diese gequälten Kreaturen kein Recht und keine Hilfe selbst finden können, sie beides von uns bekommen werden". Zitiert nach Keesings Archiv der Gegenwart. 1938, 3718f.

[134] Die Deutschen in der Tschechoslowakei 51. — Diese Aussage wurde auch von Friedrich Bürger bestätigt. Bemerkungen Friedrich Bürgers zum Protokoll über die gerichtliche Einvernahme Franks, undatiert. BA Bayreuth, Ost-Dok. 20/84, Bl. 4. — Henlein gab gegenüber seiner Frau noch im August oder September 1938 an, sich über die Absichten Hitlers nicht im klaren zu sein: „Das weiß ich selbst nicht, ob uns Hitler hilft [...] die Autonomie zu erlangen, oder ob er sich dazu entschließt, das Grenzgebiet mit Militär gewaltsam zu besetzen." Dies habe er laut Aussage Emma Henleins in einem Verhör tschechoslowakischer Behörden am 14. 8. 1945 auf ihre Frage, was nun passiere, geantwortet. AMV Prag, 301-6-1, Bl. 71. — Franks Aussage scheint also für die Führungsspitze der SdP zuzutreffen – allerdings nicht für ihn selbst. Wie aus den Akten des Auswärtigen Amtes zu erfahren ist, hatte er schon im August 1938 gesagt, daß er über Informationen verfüge, die besagten, daß es zu einer gewaltsamen Lösung des sudetendeutschen Problems kommen werde. Aufzeichnung aus dem AA vom 13. 8. 1938. ADAP. Serie D. Bd. 2, 444. Vgl. dazu unten.

[135] *Frank, Ernst*: Karl Hermann Frank. Staatsminister im Protektorat. 2. Aufl. Heusenstamm 1971, 47. — Auf die umstrittene Frage, ab wann das so war, soll hier nicht näher eingegangen werden. Spätestens nach dem Anschluß Österreichs hat es aber in der sudetendeutschen Bevölkerung eine wahre Anschluß-Begeisterung gegeben. Vgl. z. B. ADAP. Serie D. Bd. 2, 167f.

[136] *Biman/Malíř*: Kariéra 208. — Die Annahme der britisch-französischen Vorschläge zur Abtretung der Gebiete mit mehr als 50 Prozent deutscher Bevölkerung durch Beneš in der Nacht vom 20. auf den 21. September kam einer Vorwegnahme der Münchener Beschlüsse gleich. *Hoensch*: Geschichte der Tschechoslowakei 83 f.

[137] *Biman/Malíř*: Kariéra 208. — Über den Inhalt der Planungen werden keine näheren Angaben gemacht. Am 23. 9. vermerkte Unterstaatssekretär Woermann vom Auswärtigen Amt, daß Dr. Schicketanz von Henlein beauftragt worden sei, mit

sudetendeutschen Gebiete nicht festgestellt werden. Allerdings rechnete die SdP-Führung – hier ist Biman und Malíř zu widersprechen – schon ab etwa Mitte September mit der Abtrennung dieser Gebiete von der ČSR. Aus der Denkschrift „Zur Lösung der tschechischen Frage" aus dem „Stab Konrad Henlein" geht dies deutlich hervor.[138] Das Dokument ist zwar nicht datiert, doch läßt sich aus den Akten des Auswärtigen Amtes rekonstruieren, daß es schon vor dem 19. September, wahrscheinlich kurze Zeit vorher, entstanden sein muß.[139] Konkrete Planungen für den Aufbau der Verwaltung wurden aber erst Ende September angestellt. Dafür spricht nicht nur, daß Dokumente, die anderes belegen, fehlen, sondern auch die Tatsache, daß Henlein später bei der Übernahme der Verwaltung von der Wehrmacht um Aufschub bitten mußte. Den anvisierten Termin am 15. Oktober 1938 konnte er wegen mangelnder Vorbereitung nicht einhalten. Erst am 21. Oktober übernahm er die Regierungsgeschäfte.[140] Die Situation vor dem Münchener Abkommen war zu offen, zu sehr waren die Akteure in den Kampf um den Anschluß verwickelt, als daß sie genaue Überlegungen hätten anstellen können, wie es danach weitergehen sollte. Erst einmal ‚heim ins Reich', dann würde man schon weitersehen – das scheint die Devise gewesen zu sein.

Das einzige Dokument, das möglicherweise frühere, wenn auch vage Planungen für die Gestaltung des Sudetenlandes nach dem Anschluß enthält, ist die sogenannte ‚Grundplanung O.A.'.[141] Dieses Schriftstück wirft auch die Frage auf, ob Henlein bzw. die Sudetendeutsche Partei bereits 1938 die Eroberung ganz Böhmens und Mährens durch Deutschland anstrebten, wie sie dann im März 1939 mit der Errichtung des Protektorats realisiert wurde.

Es handelt sich um ein Dokument, das hinsichtlich seiner Herkunft und Entstehung so viele Rätsel aufgibt, daß es fraglich erscheint, ob man ihm eine derart große Bedeutung bei der Beurteilung der Politik der SdP

---

dem Reichsinnenministerium Kontakt aufzunehmen zwecks „Bearbeitung aller staats- und verwaltungsrechtlichen Fragen, die mit [...] Eingliederung verbunden sind". PA AA Bonn, Pol. IV 403 Tschechoslowakei, R 103670.

[138] Abgedruckt in: Die Vergangenheit warnt 40ff.

[139] Aufzeichnung des Unterstaatssekretärs Woermann über die „Abstimmung in der Tschechoslowakei", ADAP. Serie D. Bd. 2, 673ff., bes. 675.

[140] *Groscurth*: Tagebücher 140. — *Umbreit*: Deutsche Militärverwaltungen 45.

[141] Abgedruckt in: Die Vergangenheit warnt 27ff. — Das Originaldokument konnte bisher nicht gefunden werden. Zuletzt wurde es in der Literatur benutzt von *Tvarůžek*, Břetislav: Okupace Čech a Moravy a vojenská správa (15. březen – 15. duben 1939) [Die Besetzung Böhmens und Mährens und die Militärverwaltung (15. März – 15. April 1939)]. Historie a vojenství 41 (1992) 30-65, hier 56. Unter den von ihm angegebenen Signaturen (305-883-3 af. und 325-65-1) befindet sich jedoch im Archiv des Innenministeriums lediglich eine tschechische Übersetzung des Dokuments bzw. die Urteilsschrift im Prozeß gegen K. H. Frank, in der ausführlich der Inhalt der ‚Grundplanung' referiert wird. Auf Anfrage beim Archiv des Innenministeriums konnte nur eine zeitgenössische Fotokopie des deutschen Texts zutage gefördert werden. AMV Prag, 305-364-1.

beimessen sollte, wie dies in der Literatur bisher oft der Fall war. Die Herausgeber haben es kurzerhand zum „Aktionsprogramm der SdP" erklärt[142], eine Bezeichnung, die in der Literatur häufig unkritisch übernommen wurde.[143] Josef Bartoš sieht in dem Dokument den Beweis dafür, daß es den „faschistischen Vertretern der Deutschen in der Tschechoslowakei" eben nicht nur um „irgendein ‚Recht auf Selbstbestimmung'" gegangen sei: „Von Anfang an zielten sie auf das Erreichen der Oberherrschaft über den ganzen böhmischen Raum ab und verlangten die Liquidierung der ganzen tschechischen Nation."[144] Bis heute gibt es praktisch keine Arbeit über die deutsch-tschechischen Beziehungen der jüngeren Geschichte, in der dieses Dokument nicht einen wichtigen Platz einnehmen würde.

Auf die ‚Grundplanung O.A.' wird noch an anderer Stelle einzugehen sein.[145] Hier ist erst einmal festzuhalten, daß sie weder datiert noch unterzeichnet ist, angeblich nach dem Krieg in Henleins Kanzlei in Asch gefunden wurde und nach Ansicht der tschechischen Editoren zwischen Mai und August 1938 entstand.[146]

In dem Memorandum wird davon ausgegangen, daß es in der folgenden Zeit „nicht bloß um das sudetendeutsche Problem", sondern vielmehr um „die Gesamtfrage der heutigen Tschechoslowakei"[147] gehe. Das erklärt auch, warum es keine präziseren Planungen für die Gestaltung des Sudetenlandes enthält. Während die Slowakei „selbständig bleiben"

[142] So das Regest des Dokuments in: Die Vergangenheit warnt 27.
[143] Zuletzt *Němec,* Petr: Das tschechische Volk und die nationalsozialistische Germanisierung des Raumes. Bohemia 32 (1991) 424-425, hier 431 und 438.
[144] *Bartoš:* Okupované pohraničí 78. — Vgl. auch *Král:* Vorwort zu: Die Vergangenheit warnt 11f.
[145] Siehe dazu unten.
[146] Die Vergangenheit warnt 27. — Nicht einmal Vermutungen gibt es über die Bedeutung des Kürzels ‚O.A.'. Die Authentizität des Dokuments wurde von sudetendeutscher Seite, u. a. von Fritz Köllner und Wilhelm Sebekowsky, angezweifelt. Ein wissenschaftlicher Nachweis der Behauptung, es handle sich um eine Fälschung, wurde aber bisher nicht erbracht. Vgl. dazu *Dolezel,* Stephan: Deutschland und die Rest-Tschechoslowakei (1938-1939). Besatzungspolitische Vorstellungen vor dem deutschen Einmarsch. In: Gleichgewicht - Revision - Restauration. Die Außenpolitik der Ersten Tschechoslowakischen Republik im Europasystem der Pariser Vororteverträge. Hrsg. von Karl *Bosl.* München-Wien 1976 (Bad Wiesseer Tagungen des Collegium Carolinum [8]), 253-264, hier 255, Anm. 14. — Brügel entkräftet den Vorwurf, es handele sich um eine Fälschung durch die kommunistische Nachkriegspropaganda schlagkräftig vor allem mit dem Hinweis auf die Tatsache, daß es schon unmittelbar nach dem Krieg in den Prozessen gegen Frank und Krebs verwendet wurde. Zudem hat der Ankläger im Prozeß gegen Frank, Dr. Jaroslav Drábek, der später in den USA lebte, Brügel in einem Schreiben aus dem Jahre 1965 die Echtheit des Schriftstücks bestätigt. *Brügel:* Tschechen und Deutsche 1918-1938, 435 und 617. — Siehe auch die Anklageschrift gegen K. H. Frank vom 23. 5. 1946. AMV Prag, 325-65-1, S. 51 ff. — Es bleibt die Frage, welcher Stellenwert diesem Dokument beizumessen ist.
[147] Die Vergangenheit warnt 27.

Der Entschluß zur Bildung des Sudetengaus 87

sollte, wobei ihre „enge Anlehnung an das Deutsche Reich und ein freundschaftliches Verhältnis zu Ungarn" als „selbstverständlich" erachtet wurden[148], sollten die „Länder der böhmischen Krone" geschlossen in das Reich inkorporiert werden.[149] Das Dokument beschreibt ausführlich die Maßnahmen einer militärischen Besetzung des Territoriums[150] und geht dann auch kurz auf dessen weitere Verwaltung ein:

> Sobald Prag in deutscher Hand ist und es die außenpolitische Situation nicht absolut verbietet, wäre die Wiedervereinigung der böhmischen Länder in das Deutsche Reich zu proklamieren. [...] Der Führer der Sudetendeutschen, der nach interner Geltung schon seit 1935 Gauleiter der Sudetendeutschen ist, wird nun auch zum ‚Reichsstatthalter für die böhmischen Länder' bestellt. Im tschechischen Volksgebiet übt nach wie vor die Wehrmacht unter militärischem Standrecht die Regierungs- und Verwaltungsgewalt aus. Der Reichsstatthalter hat bezüglich dieses Gebietes beim Kommandierenden General beratende Funktion. Für die sudetendeutschen Gebiete [...] hat er in seiner Eigenschaft als Reichsstatthalter und Gauleiter die Aufgabe, baldigst die innenpolitische Neuordnung nach den Grundsätzen der NSDAP und der Verwaltungsordnung des Deutschen Reiches durchzuführen.[151]

Nach Aufhebung der Militärverwaltung in den innertschechischen Gebieten, die etwa nach fünf Jahren erfolgen sollte, war der Übergang der „Regierungs- und Verwaltungsführung auf den Führer der Sudetendeutschen Partei als Reichsstatthalter" mit Sitz in Prag geplant.[152] Es wurde also eine zweistufige Eroberung projektiert. Während im deutschen Siedlungsgebiet möglichst schnell die Gleichschaltung durchgeführt werden sollte, war für das tschechische Gebiet zunächst eine Militärverwaltung vorgesehen, bevor auch dieses vollständig eingegliedert werden würde.

Die ‚Grundplanung O.A.' konzentriert sich sonst im wesentlichen auf „volkspolitische Gesichtspunkte".[153] Für die in diesem Abschnitt behandelte Problematik ist zu konstatieren, daß es keine detaillierten separaten Planungen für einen ‚Sudetengau' gab, da von dem oder den Verfassern mit der militärischen Besetzung ganz Böhmens und Mährens in einem Zuge gerechnet wurde.

Es ist äußerst schwierig, die ‚Grundplanung O.A.' in den Zusammenhang der SdP-Politik einzuordnen. Hinweise bzw. Bezüge auf sie sind in anderen Quellen nicht zu finden.[154] Im Gegensatz zu anderen Memoranden sudetendeutscher Provenienz über die Zukunft Böhmens und Mäh-

---

[148] *Ebenda* 28.
[149] *Ebenda* 27. Wegen dieser Formulierung wurde das Dokument immer wieder als Beleg dafür herangezogen, Henlein und die SdP hätten nicht nur auf den Anschluß der sudetendeutschen Gebiete, sondern ganz Böhmens und Mährens hingearbeitet.
[150] *Ebenda* 30ff.
[151] *Ebenda* 32f.
[152] *Ebenda* 35.
[153] *Ebenda* 27.
[154] Dazu auch *Mastny, Vojtech:* The Czechs under Nazi Rule. The Failure of National Resistance, 1939–1942. New York–London 1971, 15.

rens, die Einfluß auf die Reichsaußenpolitik hatten und im Auswärtigen Amt in Berlin archiviert wurden[155], fand die ‚Grundplanung O.A.' auch dort keinen Niederschlag.

In den Nachkriegsprozessen gaben sowohl Hans Krebs als auch Karl Hermann Frank an, von der Existenz des Schriftstücks nichts gewußt zu haben.[156] Dies muß nicht der Wahrheit entsprechen. Die Angeklagten hätten sich mit dem bloßen Eingeständnis der Kenntnis dieses Plans zur Vernichtung des tschechischen Volkes in den Augen ihrer Ankläger zusätzlich belastet. Da aber auch sonst in den Akten nirgends Bezug auf die ‚Grundplanung O.A.' genommen wird, kann man den vorsichtigen Schluß ziehen, daß es sich möglicherweise um eine Denkschrift handelt, die in ihrer Bedeutung bisher überschätzt wurde. Womöglich war sie das Gedankenspiel eines besonders radikalen Vertreters der SdP, wobei sich später herausstellte, daß vieles von dem hier Niedergelegten im Krieg in die Realität umgesetzt werden sollte. Ob die ‚Grundplanung' aber wirklich *das* „Aktionsprogramm der Sudetendeutschen Partei"[157] darstellte, muß ebenso angezweifelt werden, wie die Zuweisung der Autorschaft an die „Spann-Leute", die Václav Kural ohne Begründung vornimmt.[158]

Was die Frage der Autorschaft angeht, so bleiben nur Mutmaßungen. Einiges spricht dafür, daß entgegen seiner eigenen Aussage Frank der Verfasser war. Nach Ansicht Mastnys spreche dafür die Diktion des Dokuments.[159] Ein stärkeres Indiz zur Stützung dieser These ist eine Aussage Franks aus dem Sommer 1938. In einer Aufzeichnung aus dem Auswärtigen Amt vom 13. August 1938[160] heißt es über Besprechungen innerhalb der SdP-Führung bezüglich der damals anstehenden Verhandlungen mit der tschechoslowakischen Regierung, Frank nehme

einen völlig ablehnenden Standpunkt ein. Er habe Bemerkungen fallen lassen, wie: ‚Es ist doch alles gleichgültig, was verhandelt würde. Es würde doch alles anders kommen.' Dazu habe er wiederholt seiner Auffassung Ausdruck gegeben, daß eine gewaltsame Lösung des sudetendeutschen Problems seiner Auffassung nach und ‚nach gewissen besonderen Informationen', über die er verfüge, allein in Frage komme.

Gerade von einer solchen gewaltsamen Lösung, bis hin zu militärischen Details, ist aber in der ‚Grundplanung O.A.' die Rede. Václav Král wies zudem darauf hin, daß die ‚Grundplanung' inhaltlich große Ähnlichkeiten mit einer Denkschrift Franks zur Lösung der ‚Tschechenfrage' aus dem Jahr 1940 aufweise.[161]

---

[155] *Dolezel:* Deutschland und die Rest-Tschechoslowakei 261.
[156] Vgl. SOA Prag, Prozeß gegen Krebs und Konsorten, Bd. 5, S. 102. — Český Národ soudí K. H. Franka [Das tschechische Volk richtet K. H. Frank]. Praha (Ministerstvo informací) 1947, 36.
[157] Die Vergangenheit warnt 27.
[158] *Kural:* Místo společenství konflikt 40.
[159] *Mastny:* The Czechs under Nazi Rule 15.
[160] ADAP. Serie D. Bd. 2, 444.
[161] Einleitung zu: Die Vergangenheit warnt 14.

Der Entschluß zur Bildung des Sudetengaus 89

Daß die Denkschrift dagegen nicht aus Henleins Feder hervorgegangen und daß er in vielen Einzelheiten mit ihr kaum einverstanden gewesen sein dürfte, legen sowohl die Diktion als auch der Inhalt des Dokuments nahe.[162] Es enthält mehrere Absichtserklärungen, die in direktem Widerspruch zur von Henlein nach dem Anschluß verfolgten Politik stehen: so etwa die Forderungen, die im Sudetenland ansässigen Tschechen überwiegend dort zu belassen (S. 34), und die Absicht, das Troppauer Schlesien „in den gesamtschlesischen Verband zurückzuführen" (S. 35). Stephan Dolezels Einschätzung, wonach sich „Henleins persönliche Hoffnungen" an verschiedenen Stellen des Dokuments widerspiegeln, kann deshalb nicht geteilt werden. Dolezel führt als Beispiel den Passus an, in dem es heißt, daß der SdP-Chef, „nach interner Geltung schon seit 1935 Gauleiter der Sudetendeutschen", zum „Reichsstatthalter für die böhmischen Länder" bestellt werden solle.[163] Wie später herausgearbeitet wird, lag auch dies gerade nicht in Henleins Interesse.[164] Außerdem ist bekannt, daß Henlein Gegner einer kriegerischen Lösung der ‚Sudetenfrage' war, wie sie die ‚Grundplanung O.A.' vorsah, weil davon vor allem das Sudetenland selbst in Mitleidenschaft gezogen worden wäre. In diesem Sinne soll er auch versucht haben, auf Hitler einzuwirken und diesen vom kriegerischen Einsatz der Wehrmacht abzubringen.[165] Mit Ausnahme des Schreibens Henleins an Hitler vom November 1937[166] gibt es im übrigen keinen weiteren Hinweis darauf, daß Henlein mit der Besetzung ganz Böhmens und Mährens schon vor dem Münchener Abkommen rechnete bzw. diese gar anstrebte.

Die durch andere Dokumente belegte Politik der SdP-Führung im Herbst 1938 sah nicht die vollständige Eingliederung Böhmens und Mährens in das Deutsche Reich vor. Denn Henleins Schreiben an Hitler vom

---

[162] Der Verfasser ist sich der Neigung zahlreicher Darstellungen zur ‚Sudetenfrage' und zu den deutsch-tschechoslowakischen Beziehungen, Frank als ‚Tschechenhasser' zu dämonisieren und Henlein dagegen als relativ ‚harmlos' erscheinen zu lassen, bewußt. Dies kann die hier dargelegte Interpretation jedoch nicht beeinflussen.
[163] *Dolezel:* Deutschland und die Rest-Tschechoslowakei 256.
[164] Nach einer Aussage Friedrich Bürgers habe Henlein ihm im Oktober 1938 berichtet, Hitler sei „mit der durch München getroffenen Übereinkunft nicht sehr einverstanden, wohl weil er nicht das Ganze habe mit einem Male vereinnahmen können". Henlein habe diese „Maßlosigkeit" Hitlers bedauert. Stellungnahme Bürgers zum Buch von *Rönnefahrt:* Die Sudetenkrise, undatiert. BA Bayreuth, Ost-Dok. 20/90, Teil II, Bl. 18. — Zur Frage, ob Henlein im März 1939 auf Dauer ein hohes Amt im Protektorat übernehmen wollte, siehe unten.
[165] *Groscurth:* Tagebücher 104 und 112. — Vgl. auch Friedrich Bürgers Besprechung der „Tagebücher eines Abwehroffiziers 1938–1940", in der er von wiederholten Versuchen Henleins berichtet, „Hitler zu überzeugen, daß es keiner kriegerischen Lösung bedürfe". Hitler habe jedoch gesagt, er brauche „eine Bewährung für meine junge Wehrmacht". Sudetendeutscher Erzieherbrief 6, Dez. 1972, 194. Herder-Institut Marburg, Pressearchiv, T 0301, Ordner K. Henlein.
[166] ADAP. Serie D. Bd. 2, 41ff. — Siehe oben.

November 1937 und die rätselhafte ‚Grundplanung O.A.' wiegen wenig gegen jene Denkschrift „Zur Lösung der tschechischen Frage" aus dem „Stab Konrad Henlein Abteilung VA"[167], deren Authentizität durch Gegenüberlieferung in den Akten des Auswärtigen Amtes bezeugt ist.[168] Die Denkschrift muß demnach kurz vor dem 19. September verfaßt worden sein.

Der Unterstaatssekretär im Auswärtigen Amt, Woermann, betrachtete den hier niedergelegten „Vorschlag", den „die Sudetendeutsche Partei dem Führer bereits vorgelegt" habe, zwar als sehr weitgehend. Verglichen mit dem Inhalt der ‚Grundplanung O.A.' muß man ihn jedoch als gemäßigt bezeichnen.[169] Die Denkschrift nannte vier Möglichkeiten, mit dem nicht annektierten tschechischen Gebiet zu verfahren:

1. Bildung eines tschechischen Reststaates ohne Beschränkung seiner Hoheitsrechte. 2. Schaffung eines ‚neutralisierten' tschechischen Reststaates. 3. Bildung eines tschechischen Staates in besonderer Bindung an das Deutsche Reich. 4. Einbeziehung des tschechischen Gebietes in das deutsche Reichsgebiet.[170]

Die ersten beiden Möglichkeiten wurden explizit verworfen. Brügel behauptet, die SdP habe die vierte Lösung empfohlen.[171] Doch ist der Text des Dokuments längst nicht so eindeutig wie von ihm dargestellt; es wurden mehrere Gründe für *und* wider den vierten Vorschlag angeführt. Aus der Niederschrift Woermanns geht freilich hervor – und das hätte auch Brügel bekannt sein können –, daß die SdP schließlich für den dritten Weg votierte: ihrer Meinung nach bestand „die Lösung in einer selbständigen Tschechei mit besonderer Bindung an das Deutsche Reich [...]. Dabei ist daran gedacht, daß die Rest-Tschechei durch eine Wirtschafts- und Zollunion mit dem Deutschen Reich verbunden und deutscher Militärhoheit unterstellt wird."[172] Dies entsprach ungefähr der Lösung, wie sie später mit der Errichtung des Protektorats verwirklicht wurde.[173] Daß ein solches Gebilde, nicht aber die völlige „Einbeziehung des tschechischen Gebietes" beabsichtigt war, darauf deutet im übrigen auch die der Niederschrift beigefügte „Skizze eines Vertrages zwischen dem Deutschen Reich und dem tschechischen Reststaat" hin.[174]

Zwei weitere Dokumente aus der Feder führender SdP-Politiker weisen ebenfalls in diese Richtung. Es handelt sich dabei zunächst um Hans Neuwirths „Bemerkungen zur tschecho-slowakischen Frage" vom 15. Ok-

---

[167] Abgedruckt in: Die Vergangenheit warnt 40 ff. — Zeitgenössische Fotokopie im AMV Prag, 305-364-1.
[168] Aufzeichnung des Unterstaatssekretärs Woermann über die „Abstimmung in der Tschechoslowakei". ADAP. Serie D. Bd. 2, 672 ff., bes. 675.
[169] In diesem Sinne auch *Dolezel:* Deutschland und die Rest-Tschechoslowakei 261.
[170] Die Vergangenheit warnt 40.
[171] *Brügel:* Tschechen und Deutsche 1918–1938, 490.
[172] ADAP. Serie D. Bd. 2, 675.
[173] Vgl. dazu auch *Bartoš:* Okupované pohraničí 79.
[174] Abgedruckt in: Die Vergangenheit warnt 42 f.

tober 1938.[175] In dieser Denkschrift wurde eine klare Trennung zwischen deutschem und tschechischem Siedlungsgebiet anvisiert – bis hin zu der Forderung nach Bevölkerungstransfers in beide Richtungen über die Grenze zum tschechischen Reststaat, um so gleichsam klare Verhältnisse zu schaffen. Dies entsprach, wie zu zeigen sein wird, der ‚Tschechenpolitik' Henleins im Sudetengau. In diesem Sinne forderte Neuwirth auch den Umzug der deutschen Technischen Hochschule von Brünn nach Troppau und der übrigen deutschen Hochschulen von Prag nach Reichenberg.[176]

Dies wurde zwar in dem Memorandum Ernst Kundts, eines weiteren führenden SdP-Politikers, der sich als Vertreter der in der ‚Rest-Tschechoslowakei' verbliebenen Deutschen betrachtete, verworfen.[177] Aber auch Kundt forderte nicht die vollständige Eingliederung des ganzen böhmisch-mährischen Gebietes, sondern einen eigenen tschechischen Staat, wenn auch nur „mit formeller Souveränität", die „praktisch nichts anderes als eine Verwaltungsautonomie der tschechischen Nation" darstellen sollte.[178] Da nach dem Münchener Abkommen der „Vormarsch der reichsdeutschen Armee bis Prag und die Einsetzung eines Reichsstatthalters in Prag [...] mindestens vorläufig unmöglich" sei, müsse „der Weg der politischen Eroberung des böhmisch-mährischen Raumes beschritten werden". Die Tschechen müsse man dazu bringen, auf die Grenzgarantie der Westmächte zu verzichten, indem „das Deutsche Reich dem tschechischen Volke glaubhaft die völkliche [sic] Existenz und die materielle Entwicklungsmöglichkeit sichert".[179]

Zweierlei sei zusammenfassend klargestellt: Alle diese Pläne sudetendeutscher Provenienz für die Zukunft des tschechischen Staates aus der Zeit um das Münchener Abkommen herum gingen davon aus, daß das gesamte tschechische Gebiet „in die außenpolitische und militärische Oberhoheit des großdeutschen Reiches", wie es in Kundts Denkschrift heißt, gelangen sollte. Die hier erhobenen Forderungen sprachen dem, was dieselben Politiker noch kurze Zeit vorher von der tschechischen Regierung gefordert hatten, Hohn. Die einst für die angeblich unterdrückte sudetendeutsche Minderheit geforderten Rechte sollten nun den Tschechen – und eben nicht nur jenen, die im Sudetengau lebten –, verweigert werden. Aber auch das muß festgehalten werden: in allen hier genann-

---

[175] Abgedruckt in: Die Deutschen in der Tschechoslowakei 349 ff.
[176] *Ebenda* 353. — Tatsächlich wurden dann nach dem Anschluß des Sudetenlandes Überlegungen angestellt, die Deutsche Universität von Prag nach Reichenberg zu verlegen. Vgl. ČSR-Lagebericht des SD Nr. 47 vom 12. 10. 1938. ZfdAhdS Moskau, 500-1-968, Bl. 6. — *Franzel*, Emil: Die Vertreibung. Sudetenland 1945/1946. Bad Nauheim 1967, 182.
[177] „Vordringliche Aufgaben, Möglichkeiten und Fragen mit und in der Resttschechoslowakei". Oktober 1938. Abgedruckt in: Die Deutschen in der Tschechoslowakei 357 ff.
[178] *Ebenda* 358.
[179] *Ebenda* 357.

ten Dokumenten, die zweifelhafte ‚Grundplanung O.A.' ausgenommen, wird nicht die Vereinigung der im Münchener Abkommen abgetretenen sudetendeutschen Gebiete mit dem innertschechischen, allerdings unter deutsche Oberhoheit zu stellenden Gebiet, geplant oder gefordert.[180] Zwischen den sudetendeutschen Gebieten und den fast ausschließlich von Tschechen besiedelten Gebieten Böhmens und Mährens wurde hier ein klarer Trennungsstrich gezogen. Erst später wurden weitergehende Überlegungen zur „Neugliederung des böhmisch-mährischen Raumes" angestellt.[181]

Das Interesse Henleins und seiner Mitarbeiter an der Bildung des Sudetengaus

Am Tage vor der Münchener Konferenz, am 28. September 1938, versammelte Henlein in Berlin seine wichtigsten Mitarbeiter um sich, um die künftige Gestalt des Sudetenlandes zu erörtern. Dabei entschieden sich die SdP-Politiker, unter ihnen Frank, Sebekowsky, Künzel und Köllner, sich für die Bildung eines eigenständigen Sudetengaus einzusetzen.[182] Bemerkenswerterweise handelte es sich bei den genannten Männern ausschließlich um ehemalige Mitglieder des Kameradschaftsbundes, Franks Sonderstellung einmal außer acht gelassen.

Der ebenfalls anwesende Legationsrat im Auswärtigen Amt, Freiherr von der Heyden-Rynsch, berichtete von Henleins Bereitschaft, die kleineren, an Österreich und Bayern angrenzenden sudetendeutschen Gebiete an die Nachbargaue abzutreten, und von dem Wunsch, „aus dem Egerland und den anderen sudetendeutschen Gebieten bis zur polnischen Grenze hin" einen „eigene[n] Gau" zu bilden.[183]

Was steckte hinter dieser Absicht? Sicherlich ging es zum einen um Karrierewünsche der Beteiligten: Wäre das Sudetenland auf die angrenzenden Gebiete des Reiches aufgeteilt worden, hätte es nur wenige attraktive und prestigeträchtige Posten zu verteilen gegeben. Daß das nicht im Sinne vieler sudetendeutscher Politiker sein konnte, liegt auf der Hand. Eher schon – die Problematik der Zersplitterung der sudetendeutschen Gebiete blieb auch ihnen nicht verborgen – kam die Bildung mehrerer Gaue unter ihrer Führung in Frage. So hat es Versuche des ehrgeizigen Frank gegeben, einen eigenständigen ‚Egerlandgau' zu gründen, dem er selbst als Gauleiter vorstehen wollte.[184] Auch die alten Rivalen Henleins, Rudolf Jung und Hans Krebs, hofften, nun für ihre ‚Verdienste' im Volks-

---

[180] Darauf hat schon *Mastny*: The Czechs under Nazi Rule 26, aufmerksam gemacht.
[181] Siehe dazu unten.
[182] *Becher*: Zeitzeuge 93.
[183] Bericht des Legationssekretärs v. Kessel an den Staatssekretär im AA vom 29. 9. 1938. PA AA Bonn, Büro Staatssekretär, R 29769.
[184] Ernst Kundt berichtete in seinem Verhör durch tschechoslowakische Behörden am 11. September 1945 über Franks diesbezügliche Bemühungen bei der Partei-Kanzlei in München. SOA Prag, Prozeß gegen Krebs und Konsorten, Bd. 2, LXX, S. 12.

tumskampf nicht nur mit dem Titel ‚Gauleiter', der ihnen ‚ehrenhalber' schon im Reich vor dem Anschluß verliehen worden war, sondern auch mit einer entsprechenden Funktion belohnt zu werden. Sie plädierten für die Errichtung von drei Gauen, damit sie Henlein als Gauleiter nicht nur dem Titel nach gleichgestellt würden.[185] Es deutet allerdings nichts darauf hin, daß bei den maßgeblichen Stellen jemals ernsthaft erwogen worden wäre, den Wünschen Jungs und Krebs' nachzukommen.

Hinter Henleins Absicht, einen Sudetengau zu gründen, standen aber nicht nur persönliche Machtinteressen, auch wenn Henlein es offensichtlich genoß, sich schon am 29. September „völlig als Statthalter oder Gauleiter" fühlen zu können.[186] Es offenbart sich hier vielmehr in gewisser Weise, den neuen Umständen angepaßt, eine Fortführung jener autonomistischen Linie, die von den einstigen Mitgliedern des Kameradschaftsbundes in der SdP lange vertreten worden war. Nicht zu Unrecht interpretiert Walter Becher das Eintreten der SdP-Spitze um Henlein für die „Errichtung eines eigenständigen Gaues und Verwaltungsgebietes" als Erfolg des „Gedanken[s] des [...] so oft verlästerten politischen ‚Stammeskörpers'".[187] Wie im einzelnen noch zu zeigen sein wird, war es Henleins Bestreben, den Sudetendeutschen ein möglichst hohes Maß an Selbständigkeit innerhalb des Deutschen Reiches zu verschaffen, um so für sudetendeutsche Interessen, wie er sie verstand, effektiv eintreten zu können. Die Schaffung eines eigenen Gaus aus der Masse der sudetendeutschen Gebiete war dafür die erste und wichtigste Voraussetzung.

In einem im Dezember 1938 von Henlein dem Reichsminister des Innern vorgelegten Memorandum[188] über die künftige Gestaltung des Sudetenlandes wird diese Konzeption deutlich. Henlein betonte zwar, gleichsam zur Beruhigung Berlins und um dem möglichen Vorwurf des Partikularismus zu begegnen, daß das „Sudetendeutschtum [...] kein eigener, einheitlich gebildeter Stamm" sei. Er verwies aber auch darauf, daß der „Volkstumskampf der Vorkriegszeit und der beiden Nachkriegsjahrzehnte [...] es für immer zu einer Schicksalsgemeinschaft zusammen-

---

[185] Protokoll Hans Neuwirth. AMV Prag, 301-4-2, Bl. 92. — Vgl. auch: Anklageschrift gegen die Abgeordneten und Senatoren der Sudetendeutschen Partei. München 1962 (Dokumente und Quellen aus Böhmen und Mähren 1), 42. — Die Bildung mehrerer Gaue hätte für Krebs und Jung nicht nur eine Befriedigung ihrer persönlichen Ambitionen bedeuten können, sondern wäre zugleich ein Schlag gegen die Konzeption der sudetendeutschen Stammeseinheit gewesen.

[186] *Groscurth:* Tagebücher, 128. — Am 21. 9. spricht der Abwehr-Offizier dem „nervös" erscheinenden Henlein sogar „Diktatorallüren" zu. *Ebenda* 122.

[187] *Becher:* Zeitzeuge 93.

[188] „Vorschläge für den Aufbau des Reichsgaues Sudetenland als Selbstverwaltungskörperschaft", am 23. 12. 1938 dem RMinI vorgelegt. SOA Litoměřice, RS, HbI, Kart. 22. — Vgl. auch das in Protifašistický a národně osvobozenecký boj, Bd. I.3.3, 4ff., abgedruckte, nach Angabe der Editoren „unleserlich" unterzeichnete Dokument „Aufbau und Durchführung der Verwaltung im Sudetengau".

geschlossen" habe.[189] „Die Selbstverwaltung", so heißt es weiter, „war für die sudetendeutschen Gebiete die Lebensform für den Volkstumskampf. [...] Sie erscheint deshalb als die gegebene Form, um die Sudetendeutschen mit der öffentlichen Verwaltung im Reich innerlich zu verbinden." Genauso wie eine „straffe staatspolitische Leitung der Verwaltung von der Zentrale aus" entspreche es „dem Wesen des Führerstaates, das eigene Leben der einzelnen Reichsteile durch eine lebensstarke Selbstverwaltung zu entfalten und so die bodenverbundenen Kräfte der einzelnen Gaue kulturell, wirtschaftlich und politisch für die Volksgesamtheit wirken und wachsen zu lassen".[190] Gegen die damals und auch später immer wieder besprochene Angliederung des östlichen Sudetenlandes, des späteren Regierungsbezirks Troppau, an das „stammverwandte[n] Schlesien" wandte sich Henlein mit dem Argument, daß Schlesiens „Gesicht gegen Osten gewandet [sic]" sei, die „politische Aufgabe des Sudetengaues als Grenzland gegenüber der Tschechoslowakei" aber auch „den Troppauer Teil" einschließe.[191] Mit dem Hinweis auf seine ‚volkspolitischen Aufgaben' haben sudetendeutsche Politiker in der folgenden Zeit immer wieder versucht, die Besonderheit und Wichtigkeit des ‚Grenzlandgaus' Sudetenland im ‚Großdeutschen Reich' zu unterstreichen.[192]

Henleins offenkundiges Streben nach möglichst viel Eigenständigkeit für die zu schaffende Verwaltungseinheit Sudetenland wurde im Reich nicht überall gern gesehen. Und auch Henleins sudetendeutsche Widersacher sahen hierin die Fortsetzung einer ihren eigenen Vorstellungen widersprechenden Politik.

„Logischer", so wurde festgestellt, wäre jedenfalls die Aufteilung aller besetzten Territorien auf umliegende Verwaltungseinheiten des Reiches gewesen. Verwaltungstechnisch hätte sich eine solche Lösung wohl einfacher gestaltet, als „ein wirtschaftlich derart uneinheitliches, geographisch und sozialpolitisch bisher noch niemals in der Geschichte existierendes Gebilde zu schaffen".[193] Pläne, die sudetendeutschen Gebiete auf-

---

[189] „Vorschläge für den Aufbau des Reichsgaues Sudetenland als Selbstverwaltungskörperschaft", am 23. 12. 1938 dem RMinI vorgelegt. SOA Litoměřice, RS, HbI, Kart. 22, 2.
[190] *Ebenda* 4.
[191] *Ebenda* 2. — Zu den späteren Versuchen, den Bezirk Troppau abzutrennen, siehe z. B. den aus offensichtlich gegebenem Anlaß veröffentlichten Hinweis in den „Informationen für Gauhauptamtsleiter, Gauamtsleiter und Kreisleiter" der Gauleitung Sudetenland vom 8. 7. 1941 darauf, daß der Leiter der Partei-Kanzlei, Bormann, in einem Schreiben an den Gauleiter von Oberschlesien erklärt habe, „daß eine Beeinträchtigung der Souveränität des Gaues Sudetenland im Regierungsbezirk Troppau in keiner Form" in Frage komme. Es sei „ganz unmöglich", heißt es in der vertraulichen Information, „daß irgendwelche Maßnahmen in diesem oder für dieses Gebiet mit dem Satz begründet werden, der Regierungsbezirk Troppau würde vielleicht doch einmal vom Gau Sudetenland getrennt". SÚA Prag, ARP, Kart. 1208.
[192] Siehe dazu *Arndt:* „Blut und Boden"-Politik 58f.
[193] *Ebenda* 54.

Der Entschluß zur Bildung des Sudetengaus 95

zuteilen, hat es durchaus gegeben. In einer Aktennotiz aus der Partei-Kanzlei der NSDAP vom 28. September 1938 hieß es, daß „nicht neue Gaue gebildet werden, sondern [...] lediglich die Grenzen der an das Sudeten-Deutschland heranreichenden Gaue vorgeschoben werden [sollen]. Ein eigener Gau ist lediglich für Rest-Westböhmen vorgesehen".[194]

Schließlich wurde ein Mittelweg beschritten, indem Teile der sudetendeutschen Gebiete angrenzenden Regionen des Reiches angegliedert wurden. Henlein wurde also nicht Reichsstatthalter und Gauleiter aller Sudetendeutschen. Sein Einverständnis damit hatte er aber schon in der Besprechung vom 28. September geäußert; eine andere Lösung wäre kaum praktikabel gewesen.[195] Die Pläne, den Großteil des von der ČSR annektierten Territoriums auf die umliegenden Gaue aufzuteilen oder zumindest den späteren Troppauer Regierungsbezirk an Schlesien anzugliedern, waren immerhin erfolgreich abgewehrt worden. Letztlich dürfte aber für die Entscheidung, einen ‚Reichsgau Sudetenland' zu bilden, die Politik des Innenministeriums in Berlin ausschlaggebend gewesen sein.

Die Pläne des Reichsinnenministeriums

Bei der Durchsetzung seines Ziels, der Bildung eines Sudetengaus, bekam Henlein Unterstützung von jenen politischen Kräften im Reich, die er in seinem bereits erwähnten Memorandum über „den Aufbau des Sudetenlandes als Selbstverwaltungskörperschaft" mit folgenden Worten angesprochen hatte: „Es bietet sich hier [...] [im Sudetenland – R. G.] eine einzigartige Gelegenheit, die Verwaltung im Sinne der geplanten Gesamtreform des Reiches zu gestalten."[196]

---

[194] Akten der Parteikanzlei der NSDAP. Rekonstruktion eines verlorengegangenen Bestandes. Sammlung der in anderen Provenienzen überlieferten Korrespondenzen, Niederschriften von Besprechungen usw. mit dem Stellvertreter des Führers und seinem Stab bez. d. Partei-Kanzlei, ihren Ämtern, Referaten und Unterabteilungen sowie mit Heß und Bormann persönlich. Hrsg. vom Institut für Zeitgeschichte. Bearb. von Helmut *Heiber*. Teil I, 3 Bde: Regesten und Register. — Teil II, 2 Bde: Microfiches. Wien–München 1983–1985, Mikro-Fiche Nr. 117 05765.

[195] Zunächst war Henlein auch für die später an andere Gaue abgetretenen Gebiete zuständig. Allerdings scheint hier niemals eine umfangreiche Verwaltungstätigkeit des Reichskommissars entfaltet worden zu sein. Diese konzentrierte sich von vornherein auf die Gebiete, aus denen der Sudetengau gebildet wurde. *Vrbata*, Jaroslav: Přehled vývoje veřejné správy v odtržených českých oblastech v letech 1938–1945 [Überblick über die Entwicklung der öffentlichen Verwaltung in den abgetrennten böhmischen Gebieten in den Jahren 1938–1945]. Sborník archivních prací 12 (1962) 45-67, hier 50f. — Botz berichtet, daß schon am 16. 10. 1938 die Verwaltung dieser Gebiete durch die jeweiligen Landeshauptmänner der Gaue Oberdonau und Niederdonau übernommen worden sei. *Botz*, Gerhard: Die Eingliederung Österreichs in das Deutsche Reich. Planung und Verwirklichung des politisch-administrativen Anschlusses (1938–1940). 3. Aufl. Wien 1988, 104.

[196] SOA Litoměřice, RS, HB I, Kart. 22, S. 5.

Das Bedürfnis des Reiches nach Neugliederung wird deutlich, wenn man sich den Zustand nach seiner Gleichschaltung vor Augen führt, den Dieter Rebentisch folgendermaßen beschreibt:

> Durch die verschiedenen Gesetze zum ‚Neuaufbau des Reiches' war, abgesehen von der zentral gesteuerten Propaganda, der gelenkten Justiz und der straff geführten Polizeiexekutive, kein starker ‚nationaler Einheitsstaat' entstanden. Die nationalsozialistische Verfassungsdoktrin, die auf ein ‚einheitliches Reich mit einheitlicher Verwaltung' zielte, hatte zwar die Länder als Träger staatlicher Hoheit beseitigt, sie aber als Verwaltungsbezirke im wesentlichen bestehen lassen. [...] daneben besaßen fast alle Fachverwaltungen ebenso wie die Verbände der gewerblichen Wirtschaft ihre eigenen Gebietseinteilungen. All das wurde überlagert von der politisch ausschlaggebenden Gaustruktur der Partei [...].[197]

Ziel der Reichsreformer nach 1933 war es einerseits, die Mittelstufe der Verwaltung zu erneuern, um die regionale Führung aller Fachverwaltungen zu vereinheitlichen, andererseits die notorischen Kompetenzstreitigkeiten zwischen Staat und Partei zu mindern. Dies sollte durch die Bildung sogenannter ‚Reichsgaue'[198] erreicht werden. Diese Reichsgaue waren als reichsunmittelbare Verwaltungsbezirke – insofern den Ländern nicht unähnlich – mit einer Führungsspitze geplant, die in Personalunion das Amt des Gauleiters (Partei) und des Reichsstatthalters (Verwaltung) in sich vereinigte.[199]

Vor allem an Hitlers Abneigung war die Durchführung einer umfassenden Reichsreform zunächst gescheitert, doch wurde besonders im Innenministerium an ihrer Notwendigkeit festgehalten und die Bildung von Reichsgauen weiterhin angestrebt.[200] Die Taktik der Reformer bestand nach Hitlers Ablehnung 1935 bzw. der Verschiebung weitgreifender Maßnahmen in eine unbestimmte Zukunft in einer „Politik der kleinen Schritte".[201] Die Uneinheitlichkeit des Reiches sollte durch Regelung einzelner anstehender Fälle behoben und dort in Angriff genommen werden, wo „besonderer Anlaß für die Vornahme gebietlicher oder grund-

---

[197] *Rebentisch*, Dieter: Führerstaat und Verwaltung im Zweiten Weltkrieg. Verfassungsentwicklung und Verwaltungspolitik 1939–1945. Stuttgart 1989, 189. — In einem Schreiben vom 5. 12. 1938 an Lammers zählte Frick, um die Uneinheitlichkeit des Reiches zu verdeutlichen, 18 „Länder", 28 Oberfinanzpräsidien, 29 Reichsbahndirektionen, 46 Reichspostdirektionen, 14 Landesarbeitsämter, 12 Hauptversorgungsämter, 16 Treuhänderbezirke, 15 Wehrkreise, 14 Luftamtsbezirke und 38 Reichspropagandaämter auf. *Neliba*, Günter: Wilhelm Frick. Der Legalist des Unrechtsstaates. Eine politische Biographie. Paderborn 1992, 296.
[198] *Longerich*, Peter: Hitlers Stellvertreter. Führung der Partei und Kontrolle des Staatsapparates durch den Stab Heß und die Partei-Kanzlei Bormann. München 1992, 133.
[199] *Ehrensberger* [Otto]: Der Aufbau der Verwaltung nach dem Ostmarkgesetz und dem Sudetengaugesetz. RVBl 60 (1939) 341–345, hier 342.
[200] *Rebentisch*: Führerstaat 190f. — Besonders Reichsinnenminister Frick und sein Staatssekretär Stuckart werden als Vertreter der Reichsreform genannt. *Ebenda.* — Siehe dort auch zu den Gründen der ablehnenden Haltung Hitlers.
[201] *Ebenda* 192.

Der Entschluß zur Bildung des Sudetengaus 97

legender organisatorischer Maßnahmen" bestand.[202] Einen solchen Anlaß stellte die Eingliederung des Sudetenlandes ebenso dar wie kurz zuvor der Anschluß Österreichs. Frick zeigte sich entsprechend zufrieden mit dem „starken Auftrieb", den der „Gedanke[n] der Reichseinheit und des verwaltungsmäßigen Neuaufbaus des Reiches" dadurch erhalten habe.[203]

Wie später im „Erlaß des Führers über die Verwaltung der sudetendeutschen Gebiete"[204], war auch nach dem deutschen Einmarsch in Österreich das Reichsministerium des Innern zur „Zentralstelle zur Durchführung der Wiedervereinigung [...] mit dem Deutschen Reich" bestimmt worden.[205] Somit wurde für den administrativen Anschluß dieser Gebiete genau jenes Ministerium zuständig, das sich für die Reichsreform und die Bildung von Reichsgauen einsetzte. Die Parallelen sind so offensichtlich, daß man von einer Vorbildfunktion der Eingliederung der später sogenannten ‚Ostmark' für die verwaltungstechnische Eingliederung des Sudetenlandes sprechen kann.[206]

Österreich wurde in sieben Reichsgaue zerlegt, die jeweils direkt dem Reich unterstanden und keine gemeinsame Verwaltungseinheit mehr bildeten. An ihrer Spitze standen – jeweils in Personalunion – Reichsstatthalter und Gauleiter. Ein Unterschied zwischen dem Verwaltungsaufbau der ‚ostmärkischen' Gaue und dem Sudetengau bestand nur darin, daß in letzterem wegen der geographischen Lage zwischen dem Reichsstatthalter und den Landräten eine Mittelinstanz, die der Regierungspräsidenten, eingezogen wurde.

---

[202] Rundschreiben Fricks vom 5. 12. 1938 an die Reichsminister anläßlich der Vorlage des Saarpfalzgesetzes. BA Berlin, R 43 II/1366, zitiert nach *Rebentisch:* Führerstaat 192. — Neben der Eingliederung des Saarlandes 1935 bot auch die Neugliederung Hamburgs 1937/38 eine solche Gelegenheit. Vgl. *Longerich:* Hitlers Stellvertreter 135.
[203] Vortrag vor der Verwaltungsakademie Hamburg am 12. 1. 1939. Frick [Wilhelm]: Über grundsätzliche Verwaltungsfragen. Deutsche Verwaltung 16 (1939) 33-40, hier 34. — Wenige Monate später nannte er, ebenfalls vor der Hamburger Verwaltungsakademie, das Ostmarkgesetz und das Sudetengaugesetz „hervorragende Marksteine in der staatsrechtlichen Aufbauarbeit des Dritten Reiches", die „weit über den Bereich der Ostmark und des Sudetenlandes hinausgehende Bedeutung haben". Sie seien „wichtige Bausteine zum künftigen endgültigen Neuaufbau des Reiches". Frick [Wilhelm]: Entwicklung und Aufbau der öffentlichen Verwaltung in der Ostmark und in den Sudetendeutschen Gebieten. Vortrag des Reichsministers Dr. Frick vor der Verwaltungsakademie Hamburg. RVBl 60 (1939) 465-473, hier 466.
[204] RGBl 1938, I, 1331 f.
[205] RGBl 1938, I, 249. — Auch der Erlaß Hitlers vom 1. 10. 1938, der bereits darauf hinwies, daß ein Gau gebildet werden würde, wurde vermutlich von Stuckart verfaßt. *Umbreit:* Deutsche Militärverwaltungen 34.
[206] Für den administrativen Anschluß Österreichs wiederum war derjenige des Saarlandes (1935) Vorbild gewesen. Vgl. den Schnellbrief Fricks u. a. an den Chef der Reichskanzlei vom 12. 12. 1938, in dem es heißt, der Entwurf des Sudetengaugesetzes lehne sich „engstens, meist wörtlich an das Ostmarkgesetz und das Saarpfalzgesetz an". BA Berlin R 18/5420.

Die Neugliederung Österreichs nach dem Anschluß an das Reich wurde aber nicht nur deshalb Vorläufer für den Sudetengau, weil sie den Wünschen der Reichsreformer im Innenministerium nahekam, sondern wahrscheinlich auch, weil es die Hektik der Ereignisse um ‚München' gebot, sich an dem zu orientieren, was erst kurz vorher geübt worden war. Für die zuständigen Reichsstellen gilt nämlich dasselbe wie für die SdP-Spitze: bis in den September hinein scheint es keine konkreten Vorbereitungen für eine Eingliederung des Sudetenlandes gegeben zu haben. Der Referent für Verwaltungsorganisation im Innenministerium, Ministerialrat Otto Ehrensberger, bestätigte diese Einschätzung.[207] Hinzu kam, daß Hitler ja eigentlich die gesamte Tschechoslowakei hatte zerschlagen und nicht nur die überwiegend von den Deutschen bewohnten Gebiete besetzen wollen. ‚München' sah der Diktator als alles andere denn einen Erfolg an; Chamberlain, so sagte er, habe ihm „den Einzug in Prag verdorben".[208] Hitlers tatsächliche, viel weitergehende Absichten machen deutlich, daß mit dem, was schließlich in München vereinbart wurde, gar nicht gerechnet worden war. Ad hoc mußte also darüber entschieden werden, was mit den von der ČSR abgetrennten Gebieten zu geschehen hatte. Schon deshalb schien es sinnvoll, sich am österreichischen Exempel zu orientieren.

Zusammenfassend kann an dieser Stelle festgehalten werden, daß sich die Pläne der von Konrad Henlein vertretenen Linie der sudetendeutschen Politik, einen Sudetengau zu bilden, mit denen der Reichsreformer im Reichsinnenministerium trafen. Dabei ist nicht zu verkennen, daß die Motive beider Seiten ganz unterschiedlich waren: Henleins Bestreben, dem Sudetenland möglichst viel Unabhängigkeit innerhalb des Reiches zu bewahren, das in der Tradition seiner ursprünglich verfolgten Autonomie-Pläne gesehen werden muß[209], entsprach nicht der Absicht des fe-

---

[207] Aussage Ehrensberger. BA Berlin, Nürnberger Prozesse, Fall XI, Bd. 152, S. 193.
— Ehrensbergers Aussage ist insofern nicht ganz korrekt, als schon am 23. 9. 1938, also fünf Tage vor ‚München', die „Gruppe S (Sudetenland)" im RMinI gebildet worden war. Rundschreiben des RMinI vom 23. 9. 1938. BA Berlin, R58/ 5414. — Vom selben Tag datiert auch ein Schreiben des Unterstaatssekretärs im AA, Woermann, der von einer Besprechung mit Stuckart über die Eingliederung des Sudetenlandes berichtete (PA AA Bonn, Pol. IV 403 Tschechoslowakei, R 103670), sowie ein Schreiben Stuckarts an Woermann, in dem der Staatssekretär des Innern die „Skizze einer vorläufigen Verwaltung in den sudetendeutschen Gebieten übermittelt". PA AA Bonn, Büro Unterstaatssekretär, R 29929. — Vgl. auch BA Berlin, R2/413, Vermerk vom 24. 9. 1938 über eine Besprechung am Vortag, bei der die Ressorts ersucht wurden, „die wirtschaftlichen und finanziellen Vorbereitungen" zu treffen, die die Eingliederung des Sudetenlandes erforderte.
— Eine frühere konkrete Beschäftigung der Berliner Ministerialbürokratie mit der bevorstehenden Besetzung des Sudetenlandes läßt sich aber tatsächlich nicht nachweisen. Der berühmte ‚Fall Grün' war eine ausschließlich militärische Planung zur Besetzung der Tschechoslowakei, administrative Fragen wurden hier nicht behandelt.
[208] Rönnefarth: Die Sudetenkrise Bd. 1, 678 f., Zitat Hitlers: 679.
[209] Vgl. auch Biman, Stanislav/Cílek, Roman: Der Fall Grün und das Münchener Abkommen. Dokumentarbericht. Berlin 1983, 231.

Der Entschluß zur Bildung des Sudetengaus 99

derführenden Innenministers Frick. Der „Legalist des Unrechtsstaates"[210] wollte zwar das Reich reformieren und zu diesem Zweck Reichsgaue bilden. Damit war jedoch seine Absicht verbunden, traditionelle, regionale Bindungen zu lösen und ein zentralistisches Einheits-Reich zu schaffen.[211]

Aus Henleins Sicht war jedenfalls die Bildung des Reichsgaus Sudetenland als Erfolg zu bewerten. Die Voraussetzung, um im großdeutschen Einheitsstaat sudetendeutsche Interessen vertreten zu können, vielleicht sogar eine gewisse Eigenständigkeit zu bewahren, war damit gegeben. Die weitere Entwicklung indessen hing von vielen anderen Faktoren ab. Einer dieser Faktoren war die Verwaltungsstruktur des Sudetengaus und Henleins Stellung in ihrem Gefüge.

---

[210] So der Untertitel von *Neliba:* Wilhelm Frick.
[211] Charakteristisch ist dafür Fricks Aussage von 1935, daß er „keinen preußischen, bayerischen oder sonst partikulardeutschen Staat' mehr kenne, sondern nur noch das ‚einige und einzige Deutsche Reich'". *Ebenda* 291.

3. Der ‚Mustergau': Die Struktur der Verwaltung und Henleins Stellung als Reichsstatthalter und Gauleiter

In der nationalsozialistischen Propaganda, aber auch in der zeitgenössischen verfassungs- und verwaltungswissenschaftlichen Literatur wurde der Sudetengau immer wieder als ‚Mustergau' bezeichnet. An der Spitze dieser Neuschöpfung nationalsozialistischer Verfassungs- und Verwaltungspolitik stand bis zu ihrem Ende im Mai 1945 Konrad Henlein. Schon am 20. Oktober 1938 hatte dieser selbstbewußt und durch Hitlers Erlaß vom 1. Oktober ermuntert verkündet, was zu diesem Zeitpunkt im einzelnen noch gar nicht feststand: „die gesamte Verwaltung in den sudetendeutschen Gebieten [geht] auf mich über".[212] Welche Stellung innerhalb des Herrschaftssystems kam ihm als Reichskommissar bzw. Reichsstatthalter und Gauleiter zu, und wie stand es um die Voraussetzungen, gegebenenfalls spezifisch sudetendeutsche Interessen vertreten zu können? Diesen Fragen soll im folgenden nachgegangen werden.[213]

Zunächst übernahm die einrückende Wehrmacht die Verwaltung der im Münchener Abkommen abgetretenen Gebiete. An ihrer Spitze stand der Oberbefehlshaber des Heeres[214], die einzelnen Heeresgruppen wur-

---

[212] *Rühle:* Das Dritte Reich 269.
[213] Dagegen geht es in diesem Kapitel nicht darum, die Gliederung der Verwaltung im Sudetengau in allen Details darzustellen. Dafür sei auf die zu diesem Bereich recht umfangreiche Literatur verwiesen: *Bechyně,* Josef: Úřad vládního prezidenta v Ústí nad Labem 1938-1945 [Die Behörde des Regierungspräsidenten in Aussig 1938-1945]. Historický sborník Ústecka 1971, 118-163. — *Brzbohatý,* Jan: Okupační finanční správa v odtržených českých oblastech v letech 1938-1945 [Die Okkupations-Finanzverwaltung in den abgetrennten böhmischen Gebieten in den Jahren 1938-1945]. Sborník archivních prací 12 (1962) 68-86. — *Letocha,* Josef: Okupační veřejná správa 1938-1945 ve východočeském kraji [Die öffentliche Okkupations-Verwaltung 1938-1945 im ostböhmischen Gebiet]. Východní Čechy 1964, 20-45. — *Ders.:* Okupační správa Krkonoš a Podkrkonoší 1938-1945 [Die Okkupationsverwaltung des Riesengebirges und des Riesengebirgsvorlandes 1938-1945]. In: Krkonoše a Podkrkonoší. Vlastivědný sborník, muzeum Trutnov 3 (1967) 191-212. — *Litsch,* Karel: K postavení říšského místodržitele v okupovaném pohraničí [Zur Stellung des Reichsstatthalters im besetzten Grenzgebiet]. Acta Universitatis Carolinae Juridica 12/1 (1965) 87-96. — *Macek,* Jaroslav: Okupační justice v českém pohraničí a její vývoj (1938-1945) [Die Okkupationsjustiz im böhmischen Grenzgebiet und ihre Entwicklung (1938-1945)]. Sborník archivních prací 13 (1963) 63-118. — *Ders.:* Nacistická justice v pohraničí 1938-1945 [Die nazistische Justiz im Grenzgebiet 1938-1945]. Historický sborník Ústecka 1966, 141-172. — *Vrbata:* Přehled vývoje. — *Ders.:* Některé rysy vývoje politické správy v tzv. župě sudetské v letech 1938-1945 [Einige Züge der Entwicklung der politischen Verwaltung im sog. Sudetengau in den Jahren 1938-1945]. Archivní časopis 10 (1960) 70-76.
[214] „Erlaß des Führers und Reichskanzlers über die Verwaltung der sudetendeutschen Gebiete" vom 1. 10. 1938. RGBl 1938, I, 1331.

den von Zivilbeamten, sogenannten Chefs der Zivilverwaltung (CdZ), begleitet. Diese waren zunächst im wesentlichen für die administrative Tätigkeit vor Ort zuständig.[215] Diese erste Phase der Verwaltung dauerte bis zum 21. Oktober 1938. An diesem Tag übernahm Henlein seine Dienstgeschäfte als Reichskommissar gemäß § 2, Abs. 2 des „Führererlasses" vom 1. Oktober, der maßgebend für die weitere Entwicklung war.[216] Danach unterstand der Reichskommissar Hitler unmittelbar und war „für den politischen Aufbau sowie nach den besonderen Weisungen der Reichsminister für den staatlichen, wirtschaftlichen und kulturellen Aufbau der sudetendeutschen Gebiete" verantwortlich (§ 3).

Als seine Beauftragten in der Mittelinstanz fungierten in Karlsbad, Aussig und Troppau zunächst weiterhin die Chefs der Zivilverwaltung[217], bis aus diesen Beauftragten des Reichskommissars schließlich am 4. November 1938[218] die Regierungspräsidenten mit Sitz an denselben Orten wurden. Am 18. November wurden dann auch die Landratsämter, die unterste der drei Stufen der staatlichen Verwaltung im Sudetengau, errichtet. Dabei stützte man sich auf die ehemals tschechoslowakischen Bezirkshauptmannschaften, die nun einfach umbenannt und mit deutschem Personal besetzt wurden.[219] Vor allem die räumlichen Gegebenheiten des Gebietes, aus dem der Sudetengau gebildet wurde, machten die Einrichtung von Regierungspräsidien als Mittelinstanz zwischen Reichskommissariat bzw. später Reichsstatthalterei und Landratsämtern notwendig.[220] Diese Dreistufigkeit unterschied den Sudetengau von den weitaus kleineren ‚ostmärkischen' Gauen. Damit entsprach er auch stärker den Vorstellungen des Reichsinnenministeriums.[221]

Am 30. Oktober hatte Hitler die Bildung des Parteigaus Sudetenland verfügt und Henlein zusätzlich zu seiner Funktion als Reichskommissar auch zum Gauleiter ernannt.[222] Damit standen die Grundzüge des Verwaltungsaufbaus bereits fest, lange bevor im „Sudetengaugesetz" vom

---

[215] *Umbreit*: Deutsche Militärverwaltungen 35.
[216] RGBl 1938, I, 1331.
[217] *Umbreit*: Deutsche Militärverwaltungen 45.
[218] *Bechyně*: Úřad vládního prezidenta 127. — An der Errichtung der Regierungspräsidien wird das Unsystematische des Aufbaus der Verwaltung deutlich. Schon am 4. 11. 1938 eingesetzt, wurde ihre Bildung im „Gesetz über die Gliederung der sudetendeutschen Gebiete" vom 25. 3. 1939 (RGBl 1939, I, 245) verfügt, ihre Stellung innerhalb der Gaue und gegenüber dem Reichsstatthalter aber erst im „Sudetengaugesetz" vom 14. 4. 1939 (RGBl 1939, I, 780ff.) erläutert.
[219] *Kreißl*, Anton: Verwaltungsaufbau im Reichsgau Sudetenland. Reichenberg 1940 (Schriftenreihe der Verwaltungsakademie Reichenberg 1). — Neben den 53 Landkreisen gab es im Sudetengau fünf eigenständige Stadtkreise, an deren Spitze Oberbürgermeister standen.
[220] Schnellbrief des RMinI vom 18. 10. 1938. SOA Litoměřice, SD-Reichenberg, Kart. 1.
[221] *Rebentisch*: Führerstaat 244.
[222] Verfügung Hitlers vom 30. 10. 1938, abgedruckt in: Die Deutschen in der Tschechoslowakei 356.

14. April 1939 der schon herrschende Zustand bestätigt wurde.²²³ Dieses Gesetz – abgesehen von der Präzisierung in folgenden Verordnungen²²⁴ – regelte die Struktur der Verwaltung im Sudetengau abschließend und stellte gleichsam das „Grundgesetz für den Verwaltungsaufbau"²²⁵ dar.

Der „Reichsgau Sudetenland" wurde darin als „staatlicher Verwaltungsbezirk und gleichzeitig als eine Selbstverwaltungskörperschaft" konstituiert.²²⁶ An seine Spitze trat der Reichsstatthalter mit Sitz in Reichenberg. Neben der dreistufigen Instanzenleiter – Reichsstatthalter, Regierungspräsident, Landrat bzw. Oberbürgermeister –, den weitreichenden Kompetenzen des Reichsstatthalters und der Teilung der Verwaltung in einen staatlichen Bereich und in die sogenannte Gauselbstverwaltung, ist vor allem in der Vereinigung des Reichsstatthalteramtes mit dem Amt des NSDAP-Gauleiters die entscheidende Neuerung zu sehen. Diese „Personalunion zwischen dem Gauleiter als politischem Exponenten und dem Reichsstatthalter als Verwaltungsspitze"²²⁷ machte das Musterhafte des Sudetengaus aus: „Das, was hier geschaffen ist, muß als die bisher stärkste Verkörperung der Begriffe der Einheit des Reichs, der Einheit von Partei und Staat und der Einheit der Verwaltung gewertet werden."²²⁸ Die notorischen, für das Dritte Reich typischen Kompetenzstreitigkeiten zwischen Staat und Partei sollten im ‚Mustergau' dadurch aufgehoben werden, daß die Führung beider Bereiche in dieselben Hände gelegt wurde und daß sich der staatliche Verwaltungsbezirk mit dem Parteigau deckte.²²⁹ In der „Dienstanweisung für die nach dem Ostmarkgesetz und

---

²²³ RGBl 1939, I, 780 ff.
²²⁴ „1. Verordnung zur Durchführung des Sudetengaugesetzes" vom 10. 6. 1939 (RGBl 1939, I, 997 f.), 2. VO vom 17. 7. 1939 (RGBl 1939, I, 1271) und 3. VO vom 21. 2. 1940 (RGBl 1940, I, 411).
²²⁵ *Thiel, Fritz:* Der Reichsgau Sudetenland. RVBl 61 (1940) 701-704, hier 703.
²²⁶ „Sudetengaugesetz". RGBl 1939, I, 780.
²²⁷ *Ehrensberger:* Der Aufbau der Verwaltung 342.
²²⁸ *Ebenda* 345.
²²⁹ Vgl. *Mäurer, Wilhelm:* Das Sudetengaugesetz und die Gliederungs- und Organisationsbestimmungen für den Reichsgau Sudetenland. Berlin 1943 (Kommunale Schriften 95). — Letzterer Grundsatz wurde freilich mit der Errichtung des Protektorats im März 1939 insofern beiseite geschoben, als der Parteigau Sudetenland auf das Territorium des Protektorats ausgedehnt wurde. — In der Tat scheint es gelungen zu sein, die Spannungen zwischen staatlicher Verwaltung und Partei im Sudetengau relativ gering zu halten. Zwar hat es auch hier Klagen über unklare Kompetenzverteilung zwischen Partei und Verwaltung gegeben (Vermerk über die Landrätekonferenz vom 17. 10. 1940. ZA Opava, RPT, Nr. 570). — Schreiben des Landrates von Mährisch Schönberg an den Regierungspräsidenten in Troppau vom 30. 11. 1940. *Ebenda,* Nr. 544.) — Nach Aussage Hermann Neuburgs traten jedoch die im Altreich üblichen Spannungen im Sudetengau in geringerem Maße auf. Nicht zuletzt Henlein selbst habe als ausgleichender Faktor gewirkt und, obgleich er selbst ja die Verbindung beider Herrschaftssphären darstellte, für eine „scharfe Trennung der Aufgaben der Partei von denjenigen des Staates" gesorgt (Aussage Neuburg. AMV Prag, 301-139-3, Bl. 101 f.). — Vrbatas Aussage, wonach sich die Verbindung von Partei- und Regierungsfunktion auch

dem Sudetengaugesetz berufenen Reichsstatthalter" heißt es kategorisch, wenn auch wohl mehr eine Absicht als die Realität umschreibend: „Einen Gegensatz zwischen Partei und Staat gibt es nicht mehr."[230] Im folgenden läßt sich daher auch bei Henlein zwischen beiden Funktionen, zwischen Staats- und Parteiamt, nicht immer säuberlich unterscheiden.[231] Daß das Sudetengaugesetz erst im April 1939 erlassen wurde, lag daran, daß in Berlin zwischen verschiedenen Ministerien zäh um die Kompetenzen des Reichsstatthalters und Gauleiters neuen Typs gerungen worden war.[232]

Dessen nominell starke Position, wie sie schließlich geschaffen wurde, ging – wie schon die Entscheidung zur Bildung des Reichsgaus Sudetenland an sich – zum Großteil auf das Reichsinnenministerium zurück. Wieder waren es die ‚Reichsreformer' gewesen, die – wenn auch aus anderen Motiven – die gleiche politische Linie wie Henlein vertraten und gegen zum Teil erheblichen Widerstand anderer Reichsministerien durchsetzten.

Henlein schaltete sich zwar in die Ausarbeitung des Sudetengaugesetzes insofern ein, als er den ihm weitreichende Kompetenzen sichernden Entwurf des Innenministeriums unterstützte und dessen möglichst rasche Verabschiedung forderte.[233] An den entscheidenden Verhandlungen waren er und seine Vertreter aber kaum beteiligt. Bei der Besprechung der Staatssekretäre im Innenministerium über den Aufbau der Verwaltung der sudetendeutschen Gebiete am 8. Oktober 1938 in Berlin war nicht einmal ein sudetendeutscher Vertreter anwesend.[234] Dies war kein Einzelfall. Der Reichsminister des Innern mußte schließlich in einem Rundschreiben an die Obersten Reichsbehörden diese eigens dazu auffordern, den Verwaltungsaufbau im Sudetenland besser mit dem Reichskommissar abzustimmen und dafür Sorge zu tragen, daß dessen Beamte auch Gelegenheit hätten, an den wichtigsten Besprechungen in Berlin teilzunehmen.[235] Von sudetendeutscher Seite war kritisiert wor-

---

auf niederer Ebene fortgesetzt habe (*Vrbata:* Některé rysy 72), ist nicht zutreffend. Es gab neben Henlein nur wenige Fälle, in denen ein Amtswalter der Partei gleichzeitig die entsprechende Verwaltungsstelle innehatte. Ein solcher Fall war Karl Eichholz, der Leiter der Schulabteilung beim Reichsstatthalter und gleichzeitig Leiter des ‚Gauamtes für Erzieher' sowie Gauobmann des ‚NS-Lehrerbundes' war. Aussage Neuburg. AMV Prag, 301-139-3, Bl. 497.

[230] BA Berlin, R 18/5422.
[231] So erklärt sich auch, warum in Quellen und Literatur meist kurz und bündig vom „Gauleiter Henlein" die Rede ist, auch wenn der korrekte Titel ‚Gauleiter und Reichsstatthalter' lauten müßte.
[232] Mit dem deutschen Einmarsch in Prag und der Errichtung des Protektorats im März 1939 hatte dies, wie man vielleicht vermuten könnte, nichts zu tun.
[233] Schnellbrief Fricks vom 12. 12. 1938. BA Berlin R 18/5420, sowie Henleins Bitte vom 13. Februar 1939 an den Chef der Reichskanzlei, sich für eine möglichst rasche Verabschiedung des Gesetzes einzusetzen. BA Berlin, R 43 II/1368a.
[234] BA Berlin R 18/5414.
[235] Abschrift des Rundschreibens vom 4. 2. 1939. PA AA Bonn, Büro Unterstaatssekretär, Bd. 8, Film-Nr. 213574.

den, daß „die Vertretung des Reichskommissars bei interministeriellen Konferenzen und bei Zentralbehörden, die der Natur der Sache nach Sudetendeutschen zubestimmt sein müßte, [...] fast ausschließlich von Altreichsdeutschen wahrgenommen" werde.[236]

In einer Konferenz der Staatssekretäre verschiedener Reichsministerien am 20. September 1938, also noch vor dem Anschluß des Sudetenlandes, im Rahmen der Diskussionen um das für das „Sudetengaugesetz" dann vorbildliche „Ostmarkgesetz", hatte Stuckart deutlich gemacht, worum es ihm und dem ihm vorgesetzten Reichsinnenminister Frick ging:

Das Sinken des Einflusses [der Reichsstatthalter im Altreich – R. G.] im staatlichen Bereich hat dazu geführt, daß sich in den letzten Jahren das Schwergewicht der Reichsstatthalter auch für die staatliche Aufgabenerfüllung in den Sektor der Partei verlagert hat. Es ist aber ein ungesunder Zustand, wenn ein Reichsstatthalter als Gauleiter mit Mitteln der Partei durchsetzen muß, was er auf dem normalen staatlichen Weg nicht erreichen kann. Im Verfolg dieser bedauerlichen Entwicklung sind immer mehr Schwierigkeiten zwischen den Behördenleitern der Sonderverwaltungen und des Reichsstatthalters entstanden. Dies ist auch der letzte Grund für alle Spannungen zwischen dem Staatsapparat und den Parteidienststellen.[237]

Daher müsse die Stellung des Reichsstatthalters gestärkt werden, was vor allem durch die Erteilung des Weisungsrechts gegenüber allen Behörden und Dienststellen in seinem Bereich zu geschehen habe.

Gegen diesen Vorschlag wurde jedoch von zahlreichen anderen Ministerien Einspruch erhoben.[238] Die Kritiker der Pläne des Innenministeriums sahen nämlich die Gefahr, daß bei einer zu starken Position der Reichsstatthalter die Einheit des ‚Dritten Reiches' gefährdet sein könnte: „Wenn wir dem Reichsstatthalter das Recht geben, den Sonderbehörden Anweisungen [...] zu erteilen", so urteilte beispielsweise der Staatssekretär im Reichsfinanzministerium, Reinhardt, „dann bedeutet das ein Abgehen vom Grundsatz des Einheitsstaates. Wir kommen zu einem aus 42 Staaten bestehenden Bundesstaat."[239] Dies war es freilich nicht, was Frick und Stuckart beabsichtigten. Für sie sollte im Gegenteil der Reichsstatthalter und gleichzeitige Gauleiter Hitlers politischer General[240] und Vertrauensmann ‚vor Ort' sein, der die Politik des ‚Führers' ohne Wenn und Aber verfolgte und gegen die Partikularinteressen der verschiedenen

---

[236] Niederschrift vom 9. 3. 1939, nicht unterzeichnet. SOA Litoměřice, pobočka Most, GS, Kart. 4, 0/00.

[237] Bericht über die Besprechung der Staatssekretäre im RMinI vom 20. 9. 1938. BA Berlin, R 43 II/1353a. — Vgl. auch *Rebentisch:* Führerstaat 204f. und bes. 244f.

[238] Zu der Auseinandersetzung siehe BA Berlin R 43 II/1368, sowie *Longerich:* Hitlers Stellvertreter 135ff., und *Rebentisch:* Führerstaat und Verwaltung 245.

[239] Reinhardt äußerte diese Kritik bei der erwähnten Staatssekretärsbesprechung. BA Berlin R 43 II/1353a. — In die gleiche Richtung zielte die Kritik aus dem Reichsjustizministerium. Schnellbrief des RMin der Justiz an den RMinI vom 22. 10. 1938. BA Berlin, R 43 II/1353a. — Siehe dazu auch *Luža,* Radomír: Österreich und die großdeutsche Idee in der NS-Zeit. Wien–Köln–Graz 1977, 152.

[240] *Höffkes,* Karl: Hitlers politische Generale. Die Gauleiter des Dritten Reiches. Tübingen 1986.

Ressorts verteidigte. Der Ausbau seiner Stellung sollte „der ‚Einheit der politischen Führung' und der ‚Stärkung der zentralen Gewalt des Reiches'" dienen.[241]

Der Streit wurde schließlich im April 1939 im Sinne des Innenministeriums entschieden – in einer für das Dritte Reich charakteristischen Art und Weise: nach langem Ringen der streitenden Parteien entschied der ‚Führer'. In einem Rundschreiben vom 14. April 1939 konnte der Chef der Reichskanzlei den Reichsministern kurz und bündig mitteilen, daß Hitler sich nicht den Bedenken gegen die Entwürfe des Innenministers angeschlossen, sondern diese gebilligt habe. Damit waren „Ostmarkgesetz" und „Sudetengaugesetz" verabschiedet.[242]

Der Erfolg des Reichsinnenministeriums bewirkte also, daß der unmittelbar der Reichsregierung unterstehende Reichsstatthalter im Sudetengau mit erheblichen Kompetenzen ausgestattet wurde. Schon in der zeitgenössischen Literatur wurde darauf aufmerksam gemacht, daß im Vergleich zu den Reichsstatthaltern im Reich oder den ihnen ähnlichen Oberpräsidenten in Preußen dem Reichsstatthalter im Sudetengau sehr viel weitergehende Vollmachten erteilt wurden; seine „Stellung [...] in der neuen Gauordnung" sei von einer „außerordentlich beachtlichen Bedeutung"[243] gewesen, er habe „eine starke monokratische Spitze der Verwaltung"[244] dargestellt.

Dies lag vor allem an zwei Regelungen. Zum einen verfügte der Reichsstatthalter über die Befugnis, mit Zustimmung der jeweils zuständigen Reichsminister und des Reichsinnenministers in seinem Zuständigkeitsbereich auf dem Verordnungsweg Recht zu setzen, sofern dem übergeordnetes Reichsrecht nicht entgegenstand.[245]

Zum anderen ist das vom Reichsinnenministerium durchgesetzte umfangreiche Weisungsrecht des Reichsstatthalters gegenüber den Sonderverwaltungen zu nennen. Während den Reichsstatthaltern im Altreich neben dem immer gültigen „Unterrichtungs- und Hinweisrecht" nur bei „Gefahr im Verzug" ein „Weisungsrecht" gegenüber den Sonderverwaltungen zustand, hatte der Reichsstatthalter im Sudetengau gegenüber allen Sonderverwaltungen, die ihm unmittelbar angegliedert wurden, ein direktes und allgemein gültiges Weisungsrecht. Auch in bezug auf die ihm nicht unmittelbar angegliederten Sonderverwaltungen, wie Justiz und Reichspost, hatte Henlein „über den Fall der ‚Gefahr im Verzug' hinaus ein nicht

---

[241] *Neliba:* Wilhelm Frick 301. — *Rebentisch:* Führerstaat 244.
[242] BA Berlin, R 43 II/1368a.
[243] *Kreißl:* Verwaltungsaufbau 25. — Vgl. auch *Frick:* Entwicklung und Aufbau 468.
[244] *Hugelmann:* Die Eingliederung 14.
[245] Sudetengaugesetz, §4 (1), RGBl 1939, I, 781. — Vgl. auch *Frick:* Entwicklung und Aufbau 468, sowie *Vogeler,* Friedrich: Der Aufbau der staatlichen Verwaltung. In: Sudetenland im Reich. Hrsg. von Karl *Viererbl.* Reichenberg 1943, 41-43, hier 42.

auf andere Beamte übertragbares allgemeines Weisungsrecht im Rahmen der Gesetze und Weisungen der Obersten Reichsbehörden".[246]

Die Reichssonderverwaltungen wurden dem Reichsstatthalter also entweder direkt angegliedert[247] oder zumindest durch ein Weisungsrecht gemäß § 2, Abs. 2 Sudetengaugesetz in seinen unmittelbaren Einflußbereich gebracht.[248] Auch auf die Organisationen der gewerblichen Wirtschaft, die Wirtschaftskammer in Reichenberg sowie die Industrie-, Handels- und Handwerkskammern des Sudetengaus, wurde „das Unterrichtungs-, Hinweisungs- und Anweisungsrecht" des Reichsstatthalters ausgedehnt.[249] Im Interesse der „Einheit der Verwaltung" standen somit „alle öffentlichen Angelegenheiten in der Stufe des Reichsgaues in eine[r] Bindung zum Reichsstatthalter", was für diesen eine „gewaltige Einflußmöglichkeit" bedeutete.[250]

Die Behörde des Reichsstatthalters gliederte sich in zwei selbständige Zweige: zum einen in die staatliche Verwaltung, in deren Leitung der Reichsstatthalter von einem Beamten im Range eines Regierungspräsidenten vertreten wurde, zum anderen in die „Gauselbstverwaltung". Sie wurde geführt vom dem Reichsstatthalter ebenfalls nachgeordneten „Gauhauptmann"[251] und war vor allem für die „Kultur- und Gemeinschaftspflege" zuständig.[252] Hinzu kamen als Tätigkeitsbereiche die Verwaltung des gaueigenen Vermögens sowie Aufgaben in der Gesundheits- und Jugendpflege.[253]

Den Versuchen sudetendeutscher Politiker, der Gauselbstverwaltung möglichst viel Unabhängigkeit gegenüber der staatlichen Verwaltung zu sichern, war wenig Erfolg beschieden.[254] Die Rolle der „Gauselbstverwaltung" im Sudetengau wird als insgesamt wenig bedeutsam eingeschätzt.[255] Für die österreichischen Reichsgaue und die annektierten Ostgebiete resümiert Dieter Rebentisch, daß dort von den „wohlklingenden Grundsätzen" über die Gauselbstverwaltung nichts umgesetzt worden sei. Das Innenministerium sei vielmehr für eine „Zusammenfassung der Kompetenzen beim Reichsstatthalter und der damit implizierten ‚politi-

---

[246] Rede Fricks zur Einführung Henleins in das Amt des Reichsstatthalters am 6. 5. 1939 in Reichenberg. BA Berlin, R 1501/7221. — Vgl. auch *Kreißl*: Verwaltungsaufbau 25.
[247] Z. B. das Landesarbeitsamt, der Reichstreuhänder der Arbeit, das Reichspropagandaamt und die Landesbauernschaft. *Mäurer*: Das Sudetengaugesetz, nach 77.
[248] Ebenda bzw. ebenda 6f.
[249] Ebenda 8.
[250] *Kreißl*: Verwaltungsaufbau 25f.
[251] RGBl 1939, I, 781, Art. I, §6. — Vgl. auch die „Erste Verordnung über Aufgaben der Reichsgaue als Selbstverwaltungskörperschaften" vom 17. 7. 1939. RGBl 1939, I, 1269f., sowie zur Gliederung der Gauselbstverwaltung die „Zweite Verordnung zur Durchführung des Sudetengaugesetzes" vom 17. 7. 1939. RGBl 1939, I, 1271.
[252] *Kreißl*: Verwaltungsaufbau 30.
[253] *Vrbata*: Přehled vývoje 62.
[254] *Ders.*: Některé rysy 72.
[255] *Litsch*: K postavení říšského místodržitele 94.

schen Verwaltungsführung'" eingetreten.[256] Wahrscheinlich läßt sich dieses Ergebnis auch auf den Sudetengau übertragen.

Angesichts der Erfordernisse der Kriegführung – vier Monate nach Inkrafttreten des Sudetengaugesetzes und damit der Bestimmungen über die Gauselbstverwaltung brach der Krieg aus – ist dies nicht weiter erstaunlich. Im ‚totalen Krieg' mußten Aufgaben wie „Kultur- und Gemeinschaftspflege" bald in den Hintergrund treten. „Die im früheren österreichischen und auch noch halbwegs im nachfolgenden tschechosl.[owakischen] Staate bestandene Selbstverwaltung" friste, so befand schon im Februar 1940 der NSDAP-Kreisleiter von Rumburg, „ein lächerlich kümmerliches Dasein". Dazu bestünde bei den Landräten die Tendenz, „diesen letzten Rest einer ehemaligen Selbstverwaltung gänzlich zum Absterben zu bringen".[257]

Angesichts der Fülle der Kompetenzen des Reichsstatthalters ist es nicht verwunderlich, daß dieser nicht die Tagesgeschäfte der Verwaltung übernehmen konnte; dafür war seine Stellung von vornherein auch gar nicht konzipiert; vielmehr waren für diese Aufgaben vor allem der ihn in der Reichsstatthalterei vertretende Regierungspräsident, der Gauhauptmann und die nachgeordneten Regierungspräsidenten vorgesehen. Dem Reichsstatthalter selbst oblag im wesentlichen das, was man heute als Richtlinienkompetenz bezeichnen würde: „In seiner Hand liegt die große, allgemeine Steuerung."[258]

Es dürfen aber auch einige von Anfang an gegebene Einschränkungen der Machtstellung des Reichsstatthalters im Sudetengau nicht unerwähnt bleiben. Eine solche Einschränkung, die gleichzeitig eine Verletzung sudetendeutscher Interessen war, bestand darin, daß zahlreiche Verwaltungszweige nicht einen eigenen Sitz im Gau nahmen, sondern diesen von außen mitverwalteten. Damit waren sie jedoch Henleins Einflußnahme entzogen, denn im Sudetengaugesetz hieß es ausdrücklich, daß lediglich jene Behörden der Reichssonderverwaltung, „die im Reichsgau ihren Sitz haben", dem Reichsstatthalter „angegliedert" seien.[259]

Anfangs waren aber vier Reichsbahndirektionen, eine Reichspostdirektion, drei Landeswirtschaftsämter, drei Rüstungskommissionen, drei Rüstungsinspektionen, drei Beauftragte für den Nahverkehr, drei Wehrkreiskommandos und drei Höhere SS- und Polizeiführer von außen für das Gebiet des Sudetengaus zuständig. Dieser Zustand wurde von der sudetendeutschen Führung als „absolut unbefriedigend"[260] erachtet. Henleins Wunsch, daß sich die Bereiche möglichst aller Sonderverwaltungen mit denen der inneren Verwaltung des Sudetengaus decken sollten, wur-

---

[256] *Rebentisch:* Führerstaat 273f.
[257] Lagebericht für Februar 1940. SOA Litoměřice, GL NSDAP, Kart. 12. — Vgl. auch Aussage Neuburg. AMV Prag, 301-139-3, Bl. 25f.
[258] *Kreißl:* Verwaltungsaufbau 27.
[259] §3 des Sudetengaugesetzes. RGBl 1939, I, 781.
[260] Aussage Neuburg. AMV Prag, 301-139-3, Bl. 30.

den aber kaum berücksichtigt.²⁶¹ Damit wurde nicht nur theoretisch ein Stück sudetendeutscher Selbstverwaltung verweigert, es wurden dadurch auch konkrete materielle Nachteile verursacht.

Ein Beispiel aus der alltäglichen Praxis mag dies verdeutlichen: „Wenn [...] der ‚Beauftragte für den Nahverkehr' Reifen oder Lastkraftwagen zu verteilen hatte, so wurden leider immer zuerst jene Gaue beliefert, in denen er seinen Sitz hatte. Ähnlich verhielt es sich bei der Verteilung von Gütern aller Art [...]." Diese Regelung habe, so Neuburg, dazu beigetragen, „das Vertrauen der Sudetendeutschen in den guten Willen der Reichsinstanzen zu untergraben".²⁶² Darüber hinaus hätte es mehr Stellen in der Verwaltung für Sudetendeutsche gegeben, wenn die Reichssonderverwaltungen sämtlich im Sudetengau eigene Außenstellen erhalten hätten. Nur teilweise wurde später dieses ‚Hineinverwalten' von außen nach mitunter hartnäckigen Interventionen Henleins geändert.²⁶³

Ein besonders sensibler Bereich der Machtausübung war ebenfalls von Anfang an weitgehend dem Einfluß des Reichsstatthalters und Gauleiters entzogen: der Polizeiapparat. Wenn in der zeitgenössischen verwaltungswissenschaftlichen Literatur die starke Position des Reichsstatthalters neuen Typs, wie er im Sudetengau geschaffen worden war, hervorgehoben wurde, so ist dies relativ zu den damals im ‚Altreich' herrschenden Zuständen zu sehen, wo die entsprechenden Behörden mit weniger Kompetenzen ausgestattet waren. Eines wurde dabei hingegen kaum berücksichtigt, da man sich offensichtlich schon mehr oder weniger damit abgefunden hatte: Es blieb auch im Sudetengau bei der Herauslösung der Polizeigewalt aus der staatlichen Verwaltung.

Schon seit 1936 konnte sich Heinrich Himmler ‚Reichsführer SS und Chef der deutschen Polizei im Reichsministerium des Innern' nennen. Darin manifestierte sich, daß die Polizei „aus dem Staatsapparat ausgegliedert und zu einer führerunmittelbaren, außernormativen Sonderexekutive zusammengefaßt" worden war.²⁶⁴ Die traditionellen Verhältnisse verkehrten sich im Dritten Reich in ihr Gegenteil: War sonst die Polizei Teil der Verwaltung, so wurde nun die „politische Polizei [...] zum Angelpunkt der Verwaltung. [...] Nur die Routinearbeit sollte der traditionellen Verwaltung überlassen bleiben, die eigentlichen politischen Angelegenheiten behielt sich die SS vor."²⁶⁵ Als das Sudetenland in das Reich

---

[261] Ebenda 25. — Vgl. auch die entsprechenden Klagen des Bezirkswirtschaftsamtes für den Wehrbezirk IVb beim Reichsstatthalter im Sudetengau. Lagebericht vom 12. 12. 1942. SOA Litoměřice, GL NSDAP, Kart. 25.

[262] Aussage Neuburg. AMV Prag, 301-139-3, Bl. 30f.

[263] So wurden z. B. später ein ‚gaueigenes' Landeswirtschaftsamt, eine Rüstungskommission und -inspektion sowie ein eigener „Beauftragter für den Nahverkehr" mit Sitz in Reichenberg geschaffen. Siehe dazu Aussage Neuburg. AMV Prag, 301-139-3, Bl. 25ff. — *Vrbata:* Přehled vývoje 49.

[264] *Thamer,* Hans-Ulrich: Verführung und Gewalt. Deutschland 1933–1945. Berlin 1986, 371.

[265] Ebenda 372.

Der ‚Mustergau' 109

eingegliedert wurde, war die Polizei bereits weitgehend entstaatlicht. Die Verbindung der Reichsstatthalterei zur Polizei, vor allem zur politischen Polizei, wurden entsprechend nur sehr locker gestaltet.

Wenn Henlein 1940 schrieb, der ‚Inspekteur der Ordnungspolizei', der ‚Inspekteur der Sicherheitspolizei' sowie der ‚politische Referent' – der Leiter der Staatspolizeileitstelle in Reichenberg – seien ihm „unterstellt", so traf das nicht den tatsächlichen Sachverhalt.[266] In der „Zweiten Verordnung zur Durchführung des Sudetengaugesetzes" hieß es wörtlich und sehr viel unbestimmter: „Hinzu [zur Behörde des Reichsstatthalters – R. G.] treten ein Inspekteur der Ordnungspolizei und ein Inspekteur der Sicherheitspolizei."[267]

Die Inspekteure unterstanden aber in Wirklichkeit nicht dem Reichsstatthalter, sondern dem jeweils zuständigen Höheren SS- und Polizeiführer (HSSPF), deren es für den Sudetengau allerdings bis 1944 drei gab.[268] Es handelte sich um die HSSPF in Nürnberg, Dresden und Breslau. Das Verhältnis zwischen den HSSPF und den regionalen Vertretern der inneren Verwaltung bzw. den Gauleitern wurde aber niemals abschließend geregelt. Formell waren die HSSPF ab Ende August 1939 den Chefs der inneren Verwaltung unterstellt. Gleichzeitig unterstanden sie aber auch Himmler persönlich und unmittelbar. Dies wog gerade im Konfliktfall schwerer. Durch diese „Konstruktion" wurde letzten Endes die „tatsächliche Einbindung der HSSPF in die innere Verwaltung gerade verhindert".[269] Wie allgemein beim Verhältnis von Gauleitern bzw. Reichsstatthaltern zu den SS- und Polizeidienststellen, kam es hier zu

[266] Henlein, Konrad: Die Angliederung des Sudetenlandes. Berlin 1940 (Die Verwaltungsakademie. Handbuch für den Beamten im nationalsozialistischen Staat. 2. Aufl. Bd. 1, Gr. 2, Lfg. 20).

[267] §1 (2) der „Zweiten Verordnung zur Durchführung des Sudetengaugesetzes" vom 17. 7. 1939. RGBl 1939, I, 1271. — Vorläufer der Inspekteure waren Befehlshaber der Ordnungs- bzw. der Sicherheitspolizei gewesen. Zumindest der BdO wurde schon am 20. 12. 1938 in einen IdO umgewandelt. Tessin, Georg: Die Stäbe und Truppeneinheiten der Ordnungspolizei. In: Neufeldt, Hans-Joachim/Huck, Jürgen/Ders.: Zur Geschichte der Ordnungspolizei 1936–1945. Bd. 3. Koblenz 1957, 20. — Vermutlich geschah dies zeitgleich auch im Bereich der Sicherheitspolizei. Auch Krausnick nennt für die Umwandlung des Befehlshabers der Sicherheitspolizei in einen Inspekteur keinen genauen Termin. Krausnick, Helmut: Hitlers Einsatzgruppen. Die Truppen des Weltanschauungskrieges 1938–1942. Frankfurt/M. 1985, 19.

[268] Best, Werner: Die deutsche Polizei. Darmstadt 1940, 73 und 68. — Diese Aufsplitterung bewirkte, daß „in polizeilicher Hinsicht keine einheitlichen Maßnahmen getroffen werden konnten". Darum wurde 1942 „ein eigener ‚Polizeibeauftragter für den Sudetengau' geschaffen", der koordinierende Aufgaben hatte. Der Posten wurde mit dem aus Österreich stammenden SS-Oberführer Robert Knapp besetzt, der im September 1942 seine Dienstgeschäfte in Reichenberg aufnahm. Aussage Neuburg. AMV Prag, 135-91-2, Bl. 105; 301-139-3, Bl. 30. — Schreiben Henleins an Himmler vom 20. 8. 1943. Akten der Parteikanzlei, Fiche-Nr. 306 00684f. — Zu Knapp siehe auch BA Berlin, BDC, SSO-Akte Donnevert.

[269] Birn, Ruth Bettina: Die Höheren SS- und Polizeiführer. Himmlers Vertreter im Reich und in den besetzten Gebieten. Düsseldorf 1986, 13. — Buchheim: Die SS 116.

einem großen Teil auf die persönlichen Verbindungen zum Reichsführer SS und Chef der Deutschen Polizei bzw. zu dessen nachgeordneten Stellen an.[270]

War der dem Reichsstatthalter beigegebene Inspekteur der *Ordnungspolizei* zwar auch dem – bzw. im Falle des Sudetengaus *den* – HSSPF unterstellt, so war er doch gleichzeitig *auch* der Verwaltungsbehörde nachgeordnet und fest in die Verwaltungshierarchie eingefügt.[271]

Unklar umschrieben war hingegen das Verhältnis des Inspekteurs der Sicherheitspolizei und des SD zur staatlichen Verwaltung. Zu ihrer Zusammenarbeit heißt es bei Best, die Inspekteure hätten

> für ein enges und verständnisvolles Zusammenarbeiten [...] mit den Zentralstellen der Allgemeinen und Inneren Verwaltung, [...] mit den Gauleitern [...] zu sorgen. Sie haben insbesondere mit den [...] Reichsstatthaltern ihres Gebietes dauernd Fühlung zu halten, sie über alle wichtigen Vorgänge und alle wesentlichen Feststellungen und Beobachtungen [...] zu unterrichten und gfls. Anregungen für die Behörden der Allgemeinen und Inneren Verwaltung zu geben. Sie haben den Weisungen der [...] Reichsstatthalter zu entsprechen, soweit diese nicht den allgemeinen und besonderen Anordnungen des Chefs der Sicherheitspolizei und des SD zuwiderlaufen; wenn eine Einigung nicht erzielt wird, ist die Entscheidung des Chefs der Sicherheitspolizei und des SD einzuholen.[272]

Diese Regelung macht deutlich, daß der Einfluß des Reichsstatthalters auf den Inspekteur der Sipo und des SD letzlich sehr gering war und daß Heydrich die maßgebliche Instanz blieb.[273]

Auch der sogenannte ‚politische Referent' beim Reichsstatthalter, der Leiter der Staatspolizeileitstelle in Reichenberg, war vor allem Berlin gegenüber verantwortlich. Ihm oblag es, die Verwaltungsbehörden „über alle wichtigen politisch-polizeilichen Angelegenheiten zu unterrichten", aber sowohl die Staatspolizeileitstelle als auch die Staatspolizeistellen in Karlsbad und Troppau unterstanden unmittelbar dem Chef der Sicherheitspolizei bzw. dem Geheimen Staatspolizeiamt in Berlin.[274] Der Einfluß des Reichsstatthalters auf den Polizeiapparat seines Verwaltungsbezirks war also sehr gering bemessen.

Trotz der genannten Einschränkungen kann man konstatieren, daß der verfassungs- bzw. verwaltungspolitische Rahmen, der Henlein gesteckt wurde, recht großzügig war und zumindest theoretisch vielfältige Möglichkeiten eröffnete, gaueigene Interessen zu verfolgen.[275] Denn ne-

---

[270] *Hüttenberger:* Die Gauleiter 173 ff.
[271] *Birn:* Die Höheren SS- und Polizeiführer 81. — *Best:* Die deutsche Polizei 68.
[272] Ebenda 73.
[273] Vgl. dazu auch *Birn:* Die Höheren SS- und Polizeiführer 81 f.
[274] Runderlaß Himmlers über die „Organisation der Geheimen Staatspolizei in den sudetendeutschen Gebieten" vom 16. 10. 1938, auszugsweise abgedruckt in: Die Polizeiverwaltungsordnung für den Reichsgau Sudetenland mit einschlägigen Gesetzen, Verordnungen und Erlassen. Hrsg. von Wilhelm *Mäurer.* Berlin 1940 (Kommunale Schriften 83), 99 f.
[275] Hier ist Litsch zu widersprechen, der einerseits auf die weitgesteckten Kompetenzen des Reichsstatthalters hinweist, andererseits aber behauptet, dadurch sei die Möglichkeit, irgendwelche regionalen Interessen zu vertreten, verhindert worden.

Der ‚Mustergau‘ 111

ben die insgesamt doch umfangreichen Kompetenzen als Reichsstatthalter traten noch jene als Gauleiter der NSDAP. Entsprechend selbstbewußt heißt es in einer Niederschrift über „Aufbau und Durchführung der Verwaltung im Sudetengau":

Durch diese Stellung [als Reichsstatthalter – R. G.] und insbesondere noch durch die Personalunion als Gauleiter der NSDAP – und nicht zuletzt durch seine [d. i. Henleins – R. G.] bisherige Führung im Freiheitskampf – wird er somit der Repräsentant des Führers, Vertreter von Volk und Staat im Reichsgau und Träger der politischen Verantwortung für diesen Gau.[276]

Die Gauleiter gehörten zu den in der Rangordnung höchsten Repräsentanten der Partei im Staat Hitlers. In ihrem Gau war ihnen die gesamte Hierarchie der NSDAP über die Kreis-, Ortsgruppen- und Zellenleiter bis hinab zu den Blockleitern nachgeordnet. Über dem Gauleiter befand sich nur noch die Reichsleitung der Partei – und natürlich Hitler selbst, dem er direkt und persönlich unterstellt war.[277] Ein Gauleiter war „nicht nur der weltanschauliche Repräsentant der Partei und damit Adolf Hitlers, sondern auch der politische Arm der Reichsregierung und der NSDAP draußen im Lande" – so beschrieb Hartmann Lauterbacher, ein ehemaliger Inhaber dieses Amtes, seine Funktion.[278]

Nach dem Organisationshandbuch der NSDAP von 1938 hatte die Gauleitung „einen bestimmten Teil des Reichs politisch zu führen und gestaltend in ihm zu wirken. Innerhalb ihres Hoheitsbereiches ist der Gauleiter für die gesamte politische, kulturelle und wirtschaftliche Gestaltung aller Lebensäußerungen nach nationalsozialistischen Grundsätzen verantwortlich".[279] Bis heute ist jedoch die tatsächliche Rolle der Gauleiter im Dritten Reich nicht ausreichend erforscht.[280] Sie scheint je nach Region und Persönlichkeit durchaus unterschiedlich gewesen zu sein. Von besonderer Bedeutung war jedenfalls, daß die Gauleiter – viele von ihnen waren ‚alte Kämpfer‘ der Partei – Hitler persönlich und unmittelbar unterstanden. Während des Krieges gewannen sie durch ihre Ernennung zu Reichsverteidigungskommissaren zusätzlich an Kompetenzen.[281]

Dabei berücksichtigt Litsch nicht genug, daß das Gegenteil der Fall sein konnte, solange ein Sudetendeutscher, der sich besonders mit den Interessen seiner Region identifizierte, wie dies bei Henlein der Fall war, an der Spitze dieses Verwaltungsapparates stand. Litsch: K postavení říšského místodržitele 93 und 95.

[276] Niederschrift aus dem Aktenbestand der Gauselbstverwaltung vom 2. 12. 1938 (Unterschrift unleserlich), abgedruckt in: Protifašistický a národně osvobozenecký boj, Bd. I.3.3., 4ff.

[277] Höffkes: Hitlers politische Generale 17.

[278] Lauterbacher, Hartmann: Erlebt und mitgestaltet. Kronzeuge einer Epoche 1923–45. Zu neuen Ufern nach Kriegsende. Preußisch Oldendorf 1987, 169.

[279] Organisationshandbuch der NSDAP. 5. Aufl. München 1938, 136. Zitiert nach: Ziegler: Gaue und Gauleiter 143. — Zur Stellung der „Gauleiter im Gefüge der Parteiorganisation" vgl. das gleichnamige Kapitel bei Hüttenberger: Die Gauleiter 117ff.

[280] Vgl. dazu Ziegler: Gaue und Gauleiter 139ff.

[281] Ebenda 144. — Vgl. auch Benz, Wolfgang: Partei und Staat. Mechanismen nationalsozialistischer Herrschaft. In: Herrschaft und Gesellschaft im nationalsozialistischen Staat. Studien zur Struktur und Mentalitätsgeschichte. Hrsg. von dems. Frankfurt/M. 1990, 29-46, hier 34f. — Henlein wurde am 16. 11. 1942 Reichsver-

Die Gauleiter in den nach 1938 zum Reich gekommenen Gebieten, die gleichzeitig Reichsstatthalter waren, hatten eine besonders breite Machtbasis. Die Entwicklung in anderen, dem Sudetengau vergleichbaren Reichsgauen des Ostens zeigte, daß hier „ein geschickter Reichsstatthalter in der Verwaltungspraxis gegenüber den Zentralinstanzen das stärkere Gewicht erlangen" konnte. „Seine Befugnis, in seinem Reichsgau durch Verordnungen regionales Recht zu setzen, und seine Möglichkeit, als Gauleiter der NSDAP jederzeit bei Hitler zu interpellieren, eröffneten ihm jede Möglichkeit."[282] In den Reichsgauen Danzig-Westpreußen und Wartheland gelang es z. B. den Gauleitern bzw. Reichsstatthaltern Forster und Greiser, „eine so eigenwillige Territorialpolitik" zu betreiben, „daß sie von den zentralen Berliner Ministerien kaum noch zu beeinflussen waren".[283] Auch in den österreichischen Gauen herrschten die Gauleiter, die ebenfalls gleichzeitig Reichsstatthalter waren, „wie Landesfürsten".[284]

Nach Hubert galt dies auch für Henlein, der „als Reichsstatthalter und Gauleiter die dominierende Figur" im Sudetengau gewesen sei und den Einfluß des Reichsinnenministers erheblich eingegrenzt habe.[285] Insgesamt wurden der Sudetengau und sein höchster Funktionär aber auch in dieser Hinsicht wenig untersucht. Man zog vor allem Rückschlüsse aus dem, was man über vergleichbare Reichsgaue feststellen konnte. In einer Abhandlung über den Konflikt zwischen Zentralimus und Regionalgewalten im Dritten Reich heißt es etwa, der Reichsgau Sudetenland, die Gaue der ‚Ostmark', Danzig-Westpreußen und das Wartheland, hätten sich „unaufhaltsam zu teilautonomen Herrschaftsbezirken" entwickelt, „deren Chefs" – also auch Henlein – „den ‚verwaltungsmäßige[n] Ausnahmezustand' zum beispiellosen Ausbau ihrer persönlichen Machtstellung nutzten".[286] Rebentisch urteilte dagegen zurückhaltender. Er stellte anhand der Aktenüberlieferung fest, daß es im Vergleich etwa zu Greiser und Forster zwischen Henlein und den Zentralbehörden zu weniger

---

teidigungskommissar für den Reichsgau Sudetenland. *Höffkes:* Hitlers politische Generale 20 ff. und 133.

[282] *Rebentisch:* Führerstaat 243 f.
[283] Ebenda 248.
[284] *Luža:* Österreich und die großdeutsche Idee 155. — Auch andere Gauleiter, die nicht in Personalunion Reichsstatthalter waren, hatten schon recht weitgehende Möglichkeiten eigenständiger Politik. Andreas *Wirsching:* Nationalsozialismus in der Region 30, stellt, den Forschungsstand zusammenfassend, fest, daß sich „im Konfliktfall, zumal in Fragen von grundsätzlicher Bedeutung", die Zentralbehörden gegen die „Territorialherrschaft" der Gauleiter in der Regel zwar durchsetzen konnten. Dennoch habe sich besonders gegen Ende des Weltkrieges der Handlungsspielraum der Gauleiter schließlich so weit vergrößert, „daß sich auch in der Verfassungsrealität z. T. Zustände entwickelten, die dem Bewußtsein mancher Gauleiter von ihrer ‚gauterritorialen Quasisouveränität'" entsprochen hätten. So wurde z. B. der Gauleiter Koch von Ostpreußen zu einem „kolonialen Selbstherrscher, [...] gegen dessen Machtwort keine Reichsstelle ankam". *Ziegler:* Die NS-Gauleiter in Bayern 436.
[285] *Hubert:* Uniformierter Reichstag 156.
[286] *Ruck:* Zentralismus und Regionalgewalten 116.

Konflikten gekommen sei und daß Henlein sich offensichtlich stärker untergeordnet habe. Woran dies im einzelnen lag, konnte Rebentisch nicht wissen, da über den Sudetengau kaum etwas bekannt war. Sein Hinweis auf das „Naturell" bzw. die „Persönlichkeit" der Gauleiter und Reichsstatthalter, die eine wichtige Rolle gespielt habe, weist aber den richtigen Weg.[287]

Insgesamt betrachtet stehen die Urteile der Forschung in einem auffälligen Gegensatz zu den Äußerungen einiger Mitarbeiter bzw. Zeitgenossen Henleins, auf die schon in der Einleitung verwiesen wurde. Hier wurde Henlein als weitgehend machtlos dargestellt.

Der Widerspruch läßt sich jedoch auflösen, wenn man annimmt, daß sich die Aussagen der Zeitzeugen nicht primär auf das bezogen, was Henlein nach der Reichsgauverfassung theoretisch war, sondern auf das, was er in der Praxis daraus machte bzw. machen konnte. Mit ihnen sollte ausgedrückt werden, was der Historiker Hermann Graml meinte, als er schrieb, Henlein sei nach 1938 „politisch nicht mehr hervorgetreten".[288]

„Ein Amt", so schrieb Stefan Zweig mit Blick auf Joseph Fouché, „ist immer nur das, was ein Mann aus ihm macht."[289] Das galt auch, ja besonders, in Hitlers Deutschland, wo die „jeweilige Position [...] weniger durch das Amt bestimmt [wurde] als durch persönliche und systemimmanente Qualitäten und Verdienste wie Unterordnung und Führerbindung, Härte, Durchsetzungskraft gegen Konkurrenten, Verdienste aus der Zeit vor 1933".[290] Noch einmal seien die Gauleiter und Reichsstatthalter Greiser und Forster erwähnt. Greiser, bis 1939 Präsident des Danziger Senats und ohne ‚Parteihausmacht' hinter sich, stützte sich vor allem auf Himmler und Bormann, während Forster sich den Konflikt mit Himmler und der SS leisten konnte, weil er „über alte Direktbeziehungen zu Hitler" verfügte.[291]

Das Dritte Reich wird in der historischen Forschung auch als ein „auf Hitlers Willkürherrschaft zentrierter atavistischer Personenverband" bezeichnet.[292] Die Nähe zum Diktator, der Zugang und das Verhältnis zu ihm, waren von entscheidender Bedeutung für die tatsächliche Machtbefugnis seiner Satrapen, zu denen auch die Gauleiter und Reichsstatthalter gehörten. Diese Führerbindung aber, also das Vertrauensverhältnis und die Möglichkeit des Zugangs zu Hitler, hing wiederum von verschiedenen Faktoren ab. Einer davon war die Beziehung zu Martin Bor-

---

[287] *Rebentisch:* Führerstaat 246 und 248.
[288] *Graml:* Konrad Henlein 534.
[289] *Zweig,* Stefan: Joseph Fouché. Bildnis eines politischen Menschen. Frankfurt/M. 1995, 117.
[290] *Benz,* Wolfgang: Expansion und Konkurrenz. Zum Verhältnis von Regierungsapparat und NSDAP. In: Herrschaft und Gesellschaft im nationalsozialistischen Staat. Studien zur Struktur- und Mentalitätsgeschichte. Hrsg. von *dems.* Frankfurt/M. 1990, 47-62, hier 50.
[291] *Broszat:* Der Staat Hitlers 171.
[292] *Rebentisch:* Führerstaat 553.

mann, der durch sein besonderes Verhältnis zu Hitler immer einflußreicher wurde. Ab April 1943 trug Bormann die Bezeichnung „Sekretär des Führers" und war damit endgültig zu einem der mächtigsten Männer im nationalsozialistischen Staat geworden.[293] Auf das spannungsreiche Verhältnis zwischen Gauleitern und Bormann allgemein hat schon Peter Hüttenberger hingewiesen.[294]

Von besonderer Bedeutung für die reale Machtposition eines Gauleiters und Reichsstatthalters im Dritten Reich war auch ihr Verhältnis zu anderen Machtzentren des Dritten Reiches, besonders zum SS- und Polizeiapparat. Kompetenzstreitigkeiten zwischen den regionalen Parteifürsten und Himmler bzw. den dem ‚Reichsführer SS' nachgeordneten Dienststellen der ‚Schutzstaffel' waren allgemein nicht außergewöhnlich.[295] Wie bereits gesehen, war die Verbindung des Reichsstatthalters und Gauleiters im Sudetengau zu dieser besonders wichtigen Säule im Machtgefüge des Dritten Reiches eher vage und locker gestaltet worden. Vieles hing vom persönlichen Verhältnis zwischen Henlein und den ihm beigegebenen SS- und Polizeiführern sowie der SS-Spitze in Berlin ab.

Dieses war aber von Anfang an denkbar schlecht. Es war ja gerade der Sicherheitsdienst der SS gewesen, der in den vorangegangenen Jahren gegen Henlein und seine Mitarbeiter aus dem Umfeld des Kameradschaftsbundes vorgegangen war, da man in ihnen Separatisten und Gegner des Nationalsozialismus sah, die das Sudetendeutschtum vom ‚Muttervolk' lösen wollten. Die gegen den Kameradschaftsbund gerichtete Opposition innerhalb der Sudetendeutschen Partei war aufs engste mit dem SD verbunden gewesen. In Heydrich und Himmler mußte daher Henlein seine größten Widersacher innerhalb des nationalsozialistischen Apparates sehen. Zum Befehlshaber der Sicherheitspolizei beim Reichskommissar wurde zudem zunächst ausgerechnet der SS-Oberführer Heinz Jost ernannt[296], der vor dem Anschluß beim SD als Chef des Auslandsnachrichtendienstes der Fachmann für die Beobachtung Henleins und seines Mitarbeiterstabes gewesen war.[297] Diese Personalentscheidung war ein deutliches Zeichen weiterbestehenden Mißtrauens der SS bzw. des SD gegenüber Henlein. Natürlich verstärkte sich gleichzeitig dessen ablehnende Haltung gegenüber diesen Organisationen.

Das schlechte Verhältnis Henleins zu SS und SD änderte sich auch dadurch nicht, daß Henlein selbst schon am 9. Oktober 1938 den hohen

---

[293] *Hehl, Ulrich von:* Nationalsozialistische Herrschaft. München 1996 (Enzyklopädie deutscher Geschichte 39), 15f. — Vgl. auch *Broszat:* Der Staat Hitlers 391ff.
[294] *Hüttenberger:* Die Gauleiter 195ff. — Zu einer groben Einteilung der Gauleiter in „Figuren verschiedenen Ranges" je nach „Kraft der Machtausübung" oder „Nähe zu Hitler" vgl. *Ziegler:* Die NS-Gauleiter in Bayern 436.
[295] Dazu *Hüttenberger:* Die Gauleiter 172ff.
[296] Schreiben Bests an Jost vom 22. 10. 1938. ZfdAhdS Moskau, 500-3-47.
[297] Das geht aus einem Schreiben Bests an Jost vom 27. 10. 1938 hervor. ZfdAhdS Moskau, 500-1-962, Bl. 162. — Zu Jost siehe auch *Krausnick:* Hitlers Einsatzgruppen 125, 175 und 579.

Rang eines SS-Obergruppenführers erhielt.[298] Für eine enge Bindung Henleins an die SS ist das kein Beweis. Es spricht vielmehr einiges für die Mutmaßung seines Vertrauten Rudolf Jahn, wonach Henlein den SS-Rang nur bei einem Rückzug in das Privatleben hätte ablehnen können.[299] Groscurth vermerkte in seinem Dienstbericht, Henlein habe die Stellung „aus Zweckmäßigkeitsgründen eingenommen". Er habe gehofft, „dadurch mancherlei Querschüssen aus dem Wege gehen zu können".[300] Die Motivation Himmlers, von Henlein einen so hohen Rang seiner Schutzstaffel bekleiden zu lassen, war ähnlich pragmatisch: Wie schon in ähnlichen Fällen zuvor habe der Reichsführer-SS, so Neuburg, auf diese Weise versucht, sich Henlein „gefügig zu machen".[301] Daß das Verhältnis von vornherein durch die Vorgeschichte belastet war, dürfte klar geworden sein. Es blieb auch nach Henleins Aufnahme in die SS schlecht.[302] Dessen „Einstellung zur SS" sei, so später der HSSPF von Dresden, von Woyrsch, im Zusammenhang einer Personalangelegenheit,

trotzdem er Obergruppenführer ist, derartig negativ, daß es mir nicht notwendig erscheint, ihn über interne SS-Angelegenheiten zu unterrichten, selbst dann nicht, wenn es sich um einen Abschnittsführer in seinem Gebiet handelt. Genau so wenig, wie der Gauleiter Henlein sich um die Belange der SS kümmert, noch diese vertritt, bin ich der Auffassung, daß derartige Mitteilungen an ihn nicht unbedingt erforderlich sind.[303]

Mit von Woyrsch „bestand ein offenes Kampfverhältnis", zum HSSPF in Nürnberg, Martin, „waren überhaupt keine Bindungen vorhanden", nur zum dritten für den Sudetengau zuständigen HSSPF in Breslau, Schmauser, „bestand ein einigermaßen tragbares und normales Verhältnis".[304] Insgesamt war das „Verhältnis zwischen der Gauleitung und den Polizeidienststellen" nach Aussage Neuburgs „nicht gut", was „vor allem an der von vornherein vorhandenen ablehnenden Einstellung Heydrichs gegen Henlein und das Führerkorps der SdP" gelegen habe. Von „einer ei-

---

[298] Höhne vermerkt dazu: „Die SS-Uniform verdeckte manches Wunderliche: Der sudetendeutsche Parteiführer Konrad Henlein wurde SS-Gruppenführer, weil dem SD der Sturz Henleins mißglückt war." Höhne, Heinz: Der Orden unter dem Totenkopf. Die Geschichte der SS. Gütersloh 1967, 129. Vgl. auch *ebenda* 259.
[299] Niederschrift von Gesprächen Fritz Bürgers mit Franz Künzel und Rudolf Jahn, Mai 1966. BA Bayreuth, Ost-Dok. 20/90, Bl. 2.
[300] *Groscurth:* Tagebücher 328. — Vgl. auch Groscurths Bericht vom 11. 11. 1938 an Oberstleutnant Oster, in dem er von Henleins erstem Auftritt in SS-Uniform berichtet. Henlein habe sich darin nach Ansicht Groscurths „nicht sonderlich wohl" gefühlt. *Ebenda* 355.
[301] Aussage Neuburg. AMV Prag, 301-139-3, Bl. 19. — Zu anderen Versuchen Himmlers, Gauleiter durch Verleihung von SS-Ehrenrängen an sich zu binden, siehe *Hüttenberger:* Die Gauleiter 175.
[302] Zahlreiche Hinweise dazu in der Aussage Neuburgs, z. B. AMV Prag, 301-139-3, Bl. 44; AMV Prag, 301-139-4, Bl. 94f.
[303] Schreiben an den Chef des SS-Personalhauptamtes SS-Gruppenführer v. Herff vom 16. 7. 1943. BA Berlin, BDC, SSO-Akte Henlein.
[304] Aussage Neuburg. AMV Prag, 301-139-4, Bl. 95.

gentlichen Zusammenarbeit" zwischen der Gauleitung und den Polizeidienststellen konnte deswegen „überhaupt nicht gesprochen werden".[305]
Erst nachdem 1944 die Zuständigkeiten neu geregelt und der Sudetengau dem Höheren SS- und Polizeiführer in Böhmen und Mähren, Frank, unterstellt worden war, sei es zu einer Entspannung und engeren Zusammenarbeit der Gauleitung mit den Polizeidienststellen gekommen.[306] Im einzelnen sind diese recht pauschalen Aussagen des Stellvertretenden Gauleiters aufgrund der mangelhaften Quellenlage schwer zu belegen.[307] Im weiteren Verlauf der Untersuchung wird aber deutlich werden, daß sie zumindest ungefähr die Verhältnisse korrekt umschreiben. Henleins zerrüttetes Verhältnis zur SS, dem „Herrschaftsinstrument"[308] im NS-Staat, muß man jedenfalls als eine schwere Hypothek ansehen, die seinen Handlungsspielraum als Gauleiter und Reichsstatthalter von Anfang an einengte.

Um die Frage beantworten zu können, welche Stellung Henlein letztlich als Gauleiter und Reichsstatthalter im Sudetengau innehatte, wieviel Macht und damit auch Möglichkeiten, gaueigene Interessen zu vertreten, ihm zukamen, genügt es also nicht, die Voraussetzungen zu untersuchen, die ihm das Sudetengaugesetz bot. Es muß dazu vielmehr im einzelnen in Betracht gezogen werden, wie Henlein mit dem ihm theoretisch zugestandenen Instrumentarium in der Praxis zurechtkam, ob und wie es ihm gelang, sich im Dickicht des chaotischen nationalsozialistischen Herrschaftsapparates durchzusetzen.

---

[305] *Ebenda*, Bl. 94. — Dort und in AMV Prag, 301-139-3, Bl. 44f., weitere Einzelheiten zu Henleins schwierigen Kontakten mit den verschiedenen Polizeidienststellen. Auch auf der Ebene der Kreisleiter manifestierte sich dieser Konflikt: Der NSDAP-Kreisleiter von Saaz befand noch 1941, daß beim SD seines Kreisgebietes „ausnahmslos Leute tätig sind, die während der Kampfzeit in schärfster Opposition zu unserem heutigen Gauleiter und zur SdP überhaupt standen. Diese Elemente scheinen von irgendeiner Seite in ihrem Glauben, den Kampf gegen die treuen Anhänger Konrad Henleins verschärft weiterführen zu müssen, bestärkt zu werden". Der SD erblicke sein Tätigkeitsgebiet hauptsächlich „in der Bespitzelung der Pol.[itischen] Leiter der Kreisleitung". Lagebericht der NSDAP-Kreisleitung Saaz für Februar/März 1941. SOA Litoměřice, GL NSDAP, Kart. 15.

[306] Wie weit diese Normalisierung ging, ist nicht klar. Neuburg spricht an einer Stelle von einer „absolute[n] Normalisierung der Verhältnisse" (AMV Prag, 301-139-3, Bl. 45). Andernorts heißt es: „Von einer herzlichen Gestaltung des Verhältnisses konnte aber auch dann nicht gesprochen werden." AMV Prag, 301-139-4, Bl. 95. — Mit der Forderung, der HSSPF habe ihm zu unterstehen, sei Henlein bei Frank nicht durchgedrungen. *Ebenda*, Bl. 96.

[307] Vgl. aber auch die Neuburgs Behauptung stützende Aussage des Polizeipräsidenten in Reichenberg, Paul Leffler, vor tschechischen Behörden vom 1. 6. 1946. AMV Prag, 2M: 12411, Bl. 101, sowie Lefflers Erfahrungsbericht „Meine Stellung, Tätigkeit und Erfahrung als Polizeipräsident in Reichenberg in der Zeit von November 1939 bis Juni 1944". BA Dahlwitz-Hoppegarten, ZR 944, Akte 11, Bl. 10.

[308] So der Titel der bereits zitierten Studie von Hans *Buchheim*: Die SS – das Herrschaftsinstrument.

Um sich die Schwierigkeiten, die ihm dabei bevorstanden, vor Augen zu führen, darf ein weiterer Umstand, der seine Stellung als Reichsstatthalter und Gauleiter maßgeblich beeinflußte, nicht unerwähnt bleiben. Henlein stand mit seinen beiden Ämtern gleichsam an der Schnittstelle zwischen Regional- und Zentral-, zwischen Gau- und Reichsinteressen. Beide hatte er gebührend zu berücksichtigen. Der Reichsstatthalter war nach dem Reichsstatthaltergesetz vom 30. Januar 1935 „in seinem Amtsbezirk der ständige Vertreter der Reichsregierung" mit der „Aufgabe, für die Beachtung der vom Führer und Reichskanzler aufgestellten Richtlinien der Politik zu sorgen"[309], und die Gauleiter waren gleichzeitig „die Repräsentanten des Führers im Land und als ‚Frontgeneräle' die Vertreter ihres Landes bei der Führung".[310] Aus dieser ambivalenten Stellung konnten freilich Probleme erwachsen, wenn ein Gauleiter und Reichsstatthalter seiner Scharnierfunktion nicht oder nur mit Schwierigkeiten nachzukommen in der Lage war, weil Regional- und Reichsinteressen in einem Gegensatz zueinander standen.

Diese Konfliktsituation zwischen den Interessen der in vielerlei Hinsicht besonderen Region Sudetengau und jenen des Reiches waren nun aber geradezu vorprogrammiert. In Konrad Henlein mußte sie sich widerspiegeln und zuspitzen: Durch seine Ämter war er verpflichtet, Garant der Reichspolitik zu sein und den Machtanspruch Hitlers, der NSDAP und der Zentralverwaltung in seinem Herrschaftsbereich durchzusetzen.

Gleichzeitig war er der anerkannte und zunächst überaus populäre ‚Führer der Sudetendeutschen', von dem erwartet wurde, daß er sich besonders für die Belange seiner Heimat einsetzte. Die Erwartungen der Bevölkerung waren hoch. Lange Zeit hatte man sehnsüchtig als vermeintlich unterdrückte Minderheit über die Grenze in das mächtige Dritte Reich geblickt. Die Verhältnisse dort waren im Gegensatz zu jenen in der ČSR in rosigen Farben gemalt worden. Hitlers Deutschland aber stand ganz im Zeichen der Vorbereitung auf den Krieg, der weniger als ein Jahr nach dem Anschluß ausbrechen sollte. Dieser Krieg, bzw. zunächst seine Vorbereitung, und nicht die Hoffnungen der Sudetendeutschen auf bessere Verhältnisse bestimmten die Reichspolitik.

---

[309] *Ehrensberger*: Der Aufbau der Verwaltung 342. — Vgl. auch die „Dienstanweisung für die nach dem Ostmarkgesetz und dem Sudetengaugesetz berufenen Reichsstatthalter", in der es heißt: „Der Reichsstatthalter ist der politische Vertrauensmann des Führers. Als solcher muß er die Möglichkeit haben, Einfluß auf die gesamte öffentliche Verwaltung seines Reichsgaues zu nehmen [...]. Da er gleichzeitig Gauleiter der NSDAP ist, ist er in der Lage, den politischen Gestaltungswillen der NSDAP auf die gesamte öffentliche Verwaltung in seinem Gau einwirken zu lassen." BA Berlin R18/5422.
[310] *Ziegler*: Gaue und Gauleiter 139.

4. Die nationalsozialistische Durchdringung der Gesellschaft

Ging es im vorangegangenen Kapitel vorrangig um die Gleichschaltung der staatlichen Verwaltung, so wird im folgenden die Gleichschaltung der sudetendeutschen Gesellschaft – des Rechtssystems, der Parteien, des Vereinswesens – mit dem nationalsozialistischen Regime, wie es im Deutschen Reich bestand, behandelt. Vorläufiger – äußerlicher – Schlußpunkt dieses Vorgangs war die ‚Ergänzungswahl zum Großdeutschen Reichstag' am 4. Dezember 1938. Es handelte sich dabei um ein Plebiszit, mit dem das Regime mit großem Propaganda-Aufwand die Zustimmung der Sudetendeutschen zu ihrer Eingliederung in das Dritte Reich einholte.

Nach dem Erlaß Hitlers vom 1. Oktober 1938 blieb zwar in den eingegliederten Gebieten das bis dahin geltende Recht vorerst in Kraft.[311] Alle nach dem 10. Oktober 1938 verkündeten Reichsgesetze kamen in den sudetendeutschen Gebieten jedoch sofort zur Anwendung, sofern nicht in Ausnahmefällen ausdrücklich anderes bestimmt wurde.[312] Schon in den ersten Tagen nach dem Münchener Abkommen wurden jene Gesetze im Sudetenland eingeführt, die „die wichtigsten Fragen der Gleichschaltung regelten".[313] So wurden am 19. Oktober 1938 das Reichskulturkammergesetz und das Schriftleitergesetz eingeführt.[314] Mit Verordnung vom 10. und Wirkung vom 20. November wurde die ‚Deutsche Gemeindeordnung', „ein Grundgesetz des nationalsozialistischen Staates"[315], in den sudetendeutschen Gebieten eingeführt. Das ‚Führerprinzip', ein entscheidendes Merkmal der nationalsozialistischen Weltanschauung, wurde damit auch auf die Gemeinden im Sudetenland übertragen.[316] Zahlreiche

---

[311] RGBl 1938, I, 1331, §5 (1).
[312] RGBl 1938, I, 1345. — Vgl. auch *Umbreit:* Deutsche Militärverwaltungen 44f.
[313] Die faschistische Okkupationspolitik 41.
[314] RGBl 1938, I, 1447. — Zur Gleichschaltung der sudetendeutschen Presse vgl. auch *Schwarzenbeck:* Nationalsozialistische Pressepolitik 201ff.: „Parallel zum Einmarsch [...] vollzog sich der große Kahlschlag im sudetendeutschen Blätterwald", der von den zuständigen Stellen der NSDAP zusammen mit dem Presseamt der SdP organisiert wurde. Schon im November 1938 meldete der NS-Pressebrief: „Nationalsozialistische Presse im Sudetengau steht!" *Ebenda* 201 und 203. — Die Aufgabe der gleichgeschalteten Presse sei es, „den geistigen Anschluß des Sudetenlandes an das Reich durchzuführen und mitzuhelfen, daß aus den haltungsmäßigen, wissensmäßige Nationalsozialisten werden". *Sandner,* Rudolf: Geistiger Anschluß durch die Presse. In: Sudetenland im Reich. Hrsg. von Karl *Viererbl.* Reichenberg 1943, 86f., hier 87.
[315] *Kreißl:* Verwaltungsaufbau 13.
[316] RGBl 1938, I, 1614ff. — Siehe dazu auch *Vrbata:* Přehled vývoje 53.

weitere Gesetze[317] kamen in der Folgezeit derart schnell hinzu, daß der Reichsinnenminister nach Kriegsbeginn aus Gründen der Zweckmäßigkeit das Tempo bremsen mußte. Wegen der schnellen Rechtsangleichung, so heißt es in einem Runderlaß vom 2. September 1939, seien Behörden und Öffentlichkeit stark belastet worden. In den folgenden zwei Monaten sollten daher nur solche Rechtsvorschriften übertragen werden, die unbedingt vor dem 1. November 1939 eingeführt werden mußten.[318] Auch im wirtschaftlichen Bereich erfolgte eine zügige Gleichschaltung des Sudetengaus mit dem Altreich.

Ein eigenes Instrument zur Gleichschaltung des Organisations- und Vereinswesens wurde mit dem ‚Stillhaltekommissar für Organisationen' geschaffen.

Die Tätigkeit des ‚Stillhaltekommissars für Organisationen' (STIKO)

Schon nach dem Anschluß Österreichs hatte das nationalsozialistische Regime die Institution eines ‚Stillhaltekommissars für Organisationen' erprobt.[319] Am 14. Oktober 1938 wurde nach diesem Vorbild auch für die sudetendeutschen Gebiete ein STIKO eingesetzt.[320] Die gesetzliche Grundlage, die seine Tätigkeit genau festlegte, bildete die „Verordnung über die Auflösung, Überleitung und Eingliederung von Organisationen in den sudetendeutschen Gebieten" vom 22. Oktober. Die Aufgabe des STIKO wurde hier klar definiert: „Der Stillhaltekommissar hat dafür zu sorgen, daß sämtliche Organisationen nationalsozialistisch ausgerichtet und geführt werden."[321] Die konkrete Aufgabe bestand darin, die sudetendeutschen und tschechischen[322] Vereine und Verbände, Konsumgenossenschaften, Gewerkschaften usw. entweder aufzulösen oder sie den entsprechenden nationalsozialistischen Verbänden und Gliederungen einzufügen bzw. anzupassen.

Der Stillhaltekommissar war berechtigt, „hinsichtlich einer Organisation *jedwede* Verfügung zu treffen", was im einzelnen bedeutete, daß er befugt war, „einen Verein aufzulösen, ihn in eine andere Organisation einzuweisen oder anzugliedern, seine Satzungen aufzuheben, sie zu än-

---

[317] Eine Übersicht über die wichtigsten aus dem Reich übernommenen Rechtsnormen bietet *Hugelmann*: Die Eingliederung 27 ff.
[318] Abgedruckt in: Die faschistische Okkupationspolitik 129. — Vgl. auch *ebenda* 41.
[319] Siehe dazu *Hagspiel*: Die „Ostmark" 33 f., sowie *Longerich*: Hitlers Stellvertreter 121.
[320] Text der Anordnung bei *Rühle*: Das Dritte Reich 275.
[321] Verordnungsblatt für die sudetendeutschen Gebiete, 1939, 35. Ebenfalls in: Amtliches Nachrichtenblatt des STIKO, Nr. 1 vom 22. 10. 1938, S. 1, §1. ZfdAhdS Moskau, 1488-1-24g. — Vgl. auch die Anordnung Nr. 135/38 des StdF vom 20. 10. 1938. BA Berlin, NS 6/231. Danach war die „Durchführung organisatorischer Angleichungen, Gleichschaltungen, Einflußnahmen usw. [...] nur im Einvernehmen" mit dem STIKO „zulässig". Damit sollte, eine weitere Aufgabe des STIKO, das vorschnelle Vordringen reichsdeutscher Verbandsführungen eingedämmt werden.
[322] Zur Behandlung des tschechischen Vereinswesens siehe unten.

dern oder zu ergänzen, Verfügungen jeder Art über das Vermögen zu treffen und Maßnahmen personeller Art durchzuführen".[323] Seine Verfügungen ergingen „ohne Begründung" und waren „unanfechtbar".[324] Dieses Gesetz, so urteilte Neuburg, „war in seiner prägnanten Kürze, in der scharfen Formulierung und in der Totalität der erteilten Vollmacht neuartig und einmalig".[325] Für die Nationalsozialisten ergab sich dabei die Möglichkeit, im Sudetenland nachzuholen und gründlicher durchzuführen, was sie ihrer Meinung nach im Reich nach der Machtübernahme 1933 versäumt hatten. Neuburg etwa vertrat die Ansicht, im Reich sei die Gleichschaltung nicht intensiv genug gewesen. Es sei nur eine personelle Gleichschaltung erfolgt, zu oft seien nur die Spitzen der Vereine bzw. Verbände ausgewechselt worden, „während sonst alles, vor allem bezüglich der grundsätzlichen Aufgabenstellung beim Alten geblieben" sei. Wie zuvor schon in Österreich, habe sich dagegen nun im Sudetenland „die Möglichkeit [ergeben], das gesamte Organisationswesen wirklich unter die Führung der NSDAP zu stellen und damit den Anspruch der Partei auf die totale Menschenführung zu verwirklichen. Damit konnte auf diesem Gebiet ein Zustand geschaffen werden, der den des Altreichs bei weitem übertraf".[326]

Dem Stillhaltekommissar standen verschiedene Abwicklungsverfahren zur Verfügung. Eine Vielzahl von Organisationen wurde völlig aufgelöst (so die Konsumgenossenschaften)[327], ihre Vermögen entweder auf die Mitglieder aufgeteilt oder eingezogen. In anderen Fällen wurden Organisationen mitsamt ihrer Mitgliederschaft und dem vorhandenen Vermögen in das reichsdeutsche Pendant ‚eingewiesen', wie die landwirtschaftlichen Organisationen in den Reichsnährstand oder die Lehrervereine in den Nationalsozialistischen Lehrerbund (NSLB). Dabei wurde den jeweiligen Organisationen auferlegt, das übernommene Vermögen nur im Sudetengau zu verwenden. Offensichtlich wurde diese Regelung jedoch nicht immer befolgt.[328] Auch das Vermögen ganz aufgelöster Organisationen, wie der Konsumgenossenschaften, die vom Stillhaltekommissar erfaßt und einer ‚Aufbaufonds-Vermögensverwaltung G.m.b.H.' zur Abwicklung zugeführt wurden, sollte zumindest teilweise im Sude-

---

[323] So die treffende Zusammenfassung Neuburgs: Aussage Neuburg. AMV Prag, 301-139-1, Bl. 223 [Hervorhebung im Original].

[324] §3 Abs. 1 der „Verordnung über die Auflösung, Überleitung und Eingliederung von Organisationen in den sudetendeutschen Gebieten" vom 22. 10. 1938. Verordnungsblatt für die sudetendeutschen Gebiete 1939, 35.

[325] Aussage Neuburg. AMV Prag, 301-139-1, Bl. 223.

[326] *Ebenda*, Bl. 222. — Zu dieser Einschätzung gelangte auch *Svatosch*: Das Grenzgebiet 303.

[327] Zu den Konsumgenossenschaften siehe *Reich*, Andreas: Die deutschen Konsumgenossenschaften in der Ersten Tschechoslowakischen Republik 1918–1938. Von den Anfängen in den böhmischen Ländern bis zur Abwicklung durch die Nationalsozialisten. Diss. Marburg 1995 (im Druck).

[328] Aussage Neuburg. AMV Prag, 301-139-1, Bl. 230 und 235.

tenland verwendet werden und nach dem „Willen des Gauleiters [...] dem Wiederaufbau der sudetendeutschen Wirtschaft" dienen, „unter Beachtung der Gesichtspunkte einer aktiven Grenzlandpolitik".[329]

Neben Auflösung und Einweisung gab es als drittes Verfahren die ‚Angliederung'. Dabei blieb die betreffende Organisation bestehen und wurde als Ortsgruppe einem entsprechenden Reichsverband angegliedert. Schließlich gab es auch organisatorische Neuschöpfungen und Freistellungen. Im letzteren Fall wurde vor allem bei kleineren örtlichen Vereinen mehr oder weniger alles beim alten belassen, der NSDAP aber ein Bestätigungsrecht bei der Ernennung der Vereinsvorsitzenden eingeräumt.[330]

Die Möglichkeit der NSDAP zur Einflußnahme auf das gesamte Organisationswesen wurde in einer Verordnung des STIKO vom 14. Oktober 1939 in allen Einzelheiten festgelegt. Nach § 1 wurden alle Organisationen „mit sofortiger Wirkung der allgemeinen Aufsicht des zuständigen Hoheitsträgers der Nationalsozialistischen Deutschen Arbeiterpartei unterstellt". Im einzelnen bedeutete dies nach § 2 der Verordnung: „a) allgemeine politische Überwachung und Lenkung, b) personelle Überwachung, c) bindende Regelung aller sachlichen Abgrenzungen zwischen einzelnen Organisationen". Gemäß § 3 war der „Hoheitsträger" der Partei „berechtigt, die Leiter von Organisationen zum Bericht aufzufordern, Einsicht in den Geschäftsbetrieb zu nehmen, bindende Weisungen für den politischen Einsatz zu geben und alle hierzu erforderlichen Maßnahmen zu treffen". Schließlich waren alle Organisationen dazu verpflichtet, „Versammlungen jeder Art vorher dem Hoheitsträger anzumelden und von diesem genehmigen zu lassen" (§ 4).[331]

„Es gab als Endzustand", so urteilte Neuburg, „im Sudetenland [...] keinen Verein mehr, auf den der zuständige Hoheitsträger der Partei [...] nicht einen entsprechenden Einfluß hatte."[332] Auch Neugründungen von Vereinigungen waren ab dem 15. Januar 1940 von der Zustimmung des Stillhaltekommissars abhängig.[333]

Es gab jedoch auch Organisationen, die der Stillhaltekommissar der Geheimen Staatspolizei zur ‚Bearbeitung', wie es im zeitgenössischen Jargon hieß, überlassen mußte: Dazu zählten laut Runderlaß des Stillhaltekommissars vom 18. Januar 1939 z. B. Sekten, Freimaurerlogen sowie

---

[329] Weisung des Gaugrenzlandamtes K-27/41 vom 8. 7. 1941. SOA Litoměřice, GL NSDAP, Kart. 31. — Vgl. dazu unten.

[330] Aussage Neuburg. AMV Prag, 301-139-1, Bl. 231, sowie die ‚Weisungsblätter der Gauleitung Sudetenland der NSDAP', Folge 9 vom 1. 3. 1939. SOA Litoměřice, GL NSDAP, Kart. 27.

[331] Amtliches Nachrichtenblatt des Stillhaltekommissars vom 14. 10. 1938. ZfdAhdS Moskau, 1488-1-24f.

[332] Aussage Neuburg. AMV Prag, 301-139-1, Bl. 232.

[333] Verfügung, Amtliches Nachrichtenblatt des Stillhaltekommissars vom 13. 1. 1940. ZfdAhdS Moskau, 1488-1-24f.

„marxistische Turn- und Sportverbände". All dies waren Organisationen, die der NS-Staat als gegnerisch ansah.[334]

Neuburgs Aussage, wonach auch die tschechischen und jüdischen Organisationen in die Zuständigkeit der Gestapo gefallen seien[335], entspricht nicht ganz den Tatsachen. In dem genannten Runderlaß vom 18. Januar 1939 wurde festgelegt, daß die tschechischen Organisationen vom STIKO „erfaßt" werden und „im Einvernehmen mit der Geheimen Staatspolizei" abgewickelt werden sollten. Gleiches galt für die jüdischen Organisationen. Nur der jüdische Privatbesitz war „ausschließlich eine Angelegenheit der Geheimen Staatspolizei bzw. der von ihr beauftragten Stellen".[336] Es war zwar zuvor in dieser Frage zu einem Kompetenzstreit zwischen Gestapo und Stillhaltekommissar gekommen.[337] Die endgültige Regelung dürfte Neuburg bei seiner Funktion jedoch kaum entgangen sein. Seine Aussage ist daher im Kontext ihrer Entstehung als eine Schutzbehauptung zu sehen, um dem Vorwurf der tschechischen Vernehmungs- und Untersuchungsbehörden zu entgehen, er habe sich an der Bekämpfung der tschechischen Minderheit und an der Diskriminierung der Juden beteiligt.[338]

Mit der Aufgabe des Stillhaltekommissars wurde Reichsamtsleiter Albert Hoffmann aus dem Stab des ‚Stellvertreters des Führers' beauftragt. Er hatte zuvor schon dieselbe Tätigkeit in Österreich ausgeübt. Hoffmann fungierte gleichzeitig als der Beauftragte des ‚Stellvertreters des Führers' für den Parteiaufbau im Sudetenland.[339] Ein Teil seines Mitarbeiterstabes kam, wie auch Neuburg, aus dem Altreich. Aber auch Sudetendeutsche arbeiteten eng mit dieser Dienststelle zusammen. So waren die Generalbeauftragten des Stillhaltekommissars für die einzelnen Vereinssparten ausschließlich mit den Gegebenheiten vertraute Sudetendeutsche.[340]

---

[334] BA Berlin, R 58/5.
[335] Aussage Neuburg. AMV Prag, 301-139-1, Bl. 231.
[336] BA Berlin, R 58/5.
[337] *Ebenda.*
[338] Die Zuständigkeit des STIKO für die Abwicklung auch der tschechischen Vereine geht zudem aus zahlreichen anderen Akten hervor. Vgl. z. B. den Bericht des Regierungspräsidenten in Aussig über die „tschechische Volksgruppe" vom 31. 7. 1939 (SOA Litoměřice, RPA, Kart. 30) oder den Lagebericht des Regierungspräsidenten in Troppau vom 5. 12. 1941 bzw. dessen Bericht über die tschechische Minderheit vom 29. 4. 1942 in: Opavsko a severní Morava 78f. und 117f.
[339] *Longerich:* Hitlers Stellvertreter 121. — Siehe auch Heß' Verfügung Nr. 148/38 vom 11. 10. 1938. BA Berlin, NS 6/231.
[340] So war z. B. H. Birke der Generalbeauftragte für die Gewerkschaften, W. Richter für die wirtschaftlichen Organisationen der Industrie, M. Peschka für die Organisationen des Handwerks, Mayer-Exner für die Konsumvereine, H. Raschka für die landwirtschaftlichen Organisationen und F. Künzel für die sogenannten ‚Schutzverbände' der Sudetendeutschen. Aussage Neuburg. AMV Prag, 301-139-1, Bl. 239-270. Vgl. auch ‚Die Zeit' (Reichenberg) vom 27. 10. 1938. BA Berlin, 25.01, Nr. 3341, Bl. 203.

Die nationalsozialistische Durchdringung der Gesellschaft 123

Auch Henlein, der den Interventionen aus dem Reich in ‚seinem' Gau in verschiedenen Bereichen kritisch gegenüberstand, widersetzte sich nicht der von Heß betriebenen Einsetzung des Stillhaltekommissars. Zum einen ist wohl in der Aussicht, das Vermögen der gleichgeschalteten Organisationen für den Aufbau des Sudetengaus verwenden zu können, ein Grund für Henleins bereitwillige Zusammenarbeit mit dem STIKO zu sehen. Zum anderen sah auch er eine Straffung des sudetendeutschen Vereins- und Organisationswesens als notwendig an.[341] Sie entsprach durchaus seiner Politik der ‚Einigung' des Sudetendeutschtums. In einem Schreiben an den Chef der Reichskanzlei betonte Henlein, daß „mehr als im Reich" im Sudetenland „das Vereinswesen besonders verbreitet gewesen" sei. Der STIKO habe jene Vereine aufzulösen gehabt, so sein vorläufiges Resümee im Mai 1940, die „mit dem Geiste, den Grundsätzen oder den [...] Maßnahmen des nationalsozialistischen Aufbaues nicht mehr im Einklang" stünden.[342] Alle Schlußverfügungen von bedeutenderen Organisationen, die in dem wöchentlich erscheinenden ‚Amtlichen Nachrichtenblatt' des Stillhaltekommissars bekanntgegeben wurden, trugen neben Hoffmanns Unterschrift auch diejenige Henleins sowie den Vermerk: „im Einverständnis mit dem Reichskommissar für die sudetendeutschen Gebiete Gauleiter Konrad Henlein".[343] Dies war eine psychologisch geschickte Verfahrensweise, wurde doch so den oft über die Verfügungen enttäuschten Sudetendeutschen der Eindruck vermittelt, daß es sich nicht um eine Maßnahme handelte, die nur vom Altreich her verfügt wurde, sondern im Einklang mit dem ‚Führer der Sudetendeutschen' durchgesetzt wurde.

Als der Stillhaltekommisar am 15. September 1940 seine Tätigkeit beendete[344], war das Vereins- und Organisationswesen im Sudetenland nicht mehr wiederzuerkennen. Die ‚Zeit', das Organ der NSDAP im Sudetengau, berichtete am 2. September 1940, von ursprünglich 81 000 Organisationen seien am Ende der Tätigkeit des STIKO nur 15 000 übriggeblieben.[345] Eine Aufstellung über die „Neuordnung des Vereinswesens" mit Stichtag 20. Februar 1940[346] gibt genaueren Aufschluß über die Relation der angewandten Abwicklungsverfahren. Danach waren von den bis

---

[341] Aussage Neuburg. AMV Prag, 301-139-1, Bl. 223.

[342] Schreiben (Abschrift) Henleins an Lammers vom 3. 5. 1940. SOA Litoměřice, RS, Hb I, Kart. 6, Hb 102/00.

[343] Aussage Neuburg. AMV Prag, 301-139-1, Bl. 238. — ‚Amtliches Nachrichtenblatt' des STIKO Nr. 2 vom 16. 1. 1939. BA Berlin, Sammlung Schumacher, Nr. 313.

[344] Über das Ende der Tätigkeit informierte die Weisung OG-27/40 des Gauorganisationsamtes vom 5. 10. 1940. SOA Litoměřice, GL NSDAP, Kart. 28. — Das Gauorganisationsamt übernahm kurz darauf die ‚Abteilung IV R – Satzungsgenehmigung' des Stillhaltekommissars und setzte so in gewisser Weise seine Tätigkeit fort. Der ‚Abteilung IV R' oblag „die Überwachung des gesamten Vereinswesens im Gau Sudetenland". Weisung OG-29/40 vom 29. 10. 1940. *Ebenda*.

[345] BA Berlin, 25.01, Nr. 3346, Bl. 148.

[346] SOA Litoměřice, STIKO, Kart. 124.

zu diesem Zeitpunkt abgewickelten 66 408 Organisationen mit 4 612 337 Mitgliedern[347] 10 960 „aufgelöst", 41 244 „gelöscht" und 14 204 „freigestellt" worden. Der hier verwendete Begriff ‚gelöscht' entspricht dem von Neuburg beschriebenen Verfahren der ‚Einweisung' in im Altreich bestehende Organisationen.[348] Dieses Verfahren wurde also am häufigsten angewandt. Nur etwa 21 Prozent der Organisationen bzw. Vereine hatte man bis dahin in ihrer alten Form bestehen lassen – abgesehen von der Unterstellung unter die Aufsicht der NSDAP.

Zur Illustration der eigenen ‚Erfolge' führte die zitierte Aufstellung beispielsweise an, daß sämtliche 81 deutschen Beamtenorganisationen mit insgesamt 487 Ortsgruppen nunmehr im ‚Reichsbund der Deutschen Beamten' zusammengefaßt seien und daß es in Reichenberg anstelle der bisherigen 645 Einzelstiftungen „mit meist geringfügigem Vermögen" nach der Gleichschaltung nur noch 15 gab.

Von dem „abgewickelten Reinvermögen" der gleichgeschalteten Organisationen wurden nur etwas mehr als 33 Millionen Reichsmark „freigegeben", über 90 Millionen Reichsmark wurden „eingewiesen", fast 18 Millionen „eingezogen". Insgesamt wurde also allein bis Februar 1940 über ein Vermögen von über 141 Millionen Reichsmark verfügt, davon fielen rund 108 Millionen Reichsmark (77 Prozent) an nationalsozialistische Organisationen bzw. an den Staat.[349]

Der Stillhaltekommisar nahm auf sudetendeutsche Traditionen wenig Rücksicht. Es wurden „nicht nur die Einrichtungen der weltanschaulichen Gegner" aufgelöst, „sondern auch jene der völkischen Seite".[350] Für viele Sudetendeutsche bedeutete diese rigorose Gleichschaltungspraxis eine herbe Enttäuschung. In zahlreichen Erinnerungsberichten der ‚Ost-Dokumentation', die sich im Bundesarchiv befindet, wird dies deutlich. Konnte man sich noch damit abfinden, daß die deutschen ‚Schutzverbän-

---

[347] Zahl der Mitglieder nach *Svatosch*: Das Grenzgebiet 293.
[348] „In all diesen Fällen", so Neuburg über die Einweisungen, „wurde die Rechtspersönlichkeit des betreffenden Vereins, Verbandes oder der einzelnen Ortsgruppen gelöscht und das gesamte Vermögen in die betreffende Reichsorganisation eingewiesen." Aussage Neuburg. AMV Prag, 301-139-1, Bl. 230. — Für einzelne Sparten liegen detaillierte Zahlen für den Stichtag 20. 2. 1940 vor. Im Bereich der Wirtschaftsorganisationen z. B. kam es zu 16 420 Abwicklungsverfahren; 2 153 Organisationen wurden freigestellt, 13 771 gelöscht (eingewiesen) und 496 aufgelöst. Für den Bereich der kulturellen Organisationen lauten die entsprechenden Zahlen 24 469 (Abwicklungsverfahren insgesamt), 5 978 (Freistellungen), 10 723 (Löschungen), 7 768 (Auflösungen); für das Stiftungswesen: 15 587 (Abwicklungsverfahren insgesamt), 14 204 (Freistellungen), 9 403 (Löschungen). SOA Litoměřice, STIKO, Kart. 124.
[349] Die genauen Zahlen lauten für freigegebene Vermögen 33 399 091 RM, für eingewiesene Vermögen 90 282 822,74 RM und für eingezogene Vermögen 17 920 607,78 RM, insgesamt 141 602 521,71 RM. *Ebenda*.
[350] *Becher*: Zeitzeuge 95. — Als Vereinigungen der „völkischen Seite" nennt Becher z. B. den ‚Bund der Deutschen' und den ‚Deutschen Kulturverband'.

Die nationalsozialistische Durchdringung der Gesellschaft 125

de' nun nicht mehr vonnöten waren und aufgelöst wurden, so fand die Totalität der Maßnahmen oft kein Verständnis.[351] Auch der Deutsche Turnverband (DTV), der im politischen Leben der Sudetendeutschen eine so herausragende Rolle gespielt hatte, wurde entgegen allen Hoffnungen auf besondere Behandlung „aufgrund seiner volkspolitischen Verdienste" gleichgeschaltet – zur Überraschung und Verbitterung vieler seiner Funktionäre und Mitglieder.[352] „Wenn man nach dem Anschluß unseren Turnverein so gelassen hätte, wie er war", erinnerte sich ein ehemaliger Turner,

> hätte wohl alles unsere Zustimmung gefunden. So aber wurden wir bitter enttäuscht, ja ich möchte sagen entsetzt, wie man unsere Dorfgemeinschaft planmäßig zerschlug. Obwohl alles, was da auf uns zukam, fremd war, haben wir dieses um des ‚Deutschsein-Bleibens' freudigen Herzens in Kauf genommen, mußten aber schon nach kurzer Zeit zusehen, wie alles ganz anders verlief, als von uns gewünscht und erhofft.[353]

Es wurde zwar mit der NS-Turngemeinde eine Sonderform der nationalsozialistischen Leibeserziehung im Sudetengau geschaffen. Der Versuch, durch ihre Gründung „ein gewisses Maß an ‚turnerischer Tradition'" oder etwas wie eine „sudetendeutsche Leibeserziehung" im Organisationsgefüge des NS-Sports zu erhalten, scheiterte jedoch „vollständig".[354]

In Einzelfällen hat es Versuche gegeben, gegen eine Entscheidung des Stillhaltekommissars vorzugehen, obwohl dessen Entscheidungen an sich unanfechtbar waren. Die Tuchmachergenossenschaft in Reichenberg wandte sich dennoch direkt an Hitler mit der Bitte um Genehmigung ihres Fortbestehens.[355] In diesem überlieferten Einzelfall war es dann ausgerechnet Henlein, der sich gegen eine Ausnahmeregelung zugunsten der Genossenschaft wandte. Grundsätzlich nämlich trat Henlein für eine Straffung des sudetendeutschen Organisationswesens ein. Schon im Mai 1938 war der ‚Sudetendeutsche Verband' gegründet worden, um die Tä-

---

[351] Der frühere Kreisbauernführer von Neutitschein-Wagstadt z. B. berichtete nach dem Krieg, die „Auflösung von Vereinen und Verbänden, die durch 20 Jahre während der Tschechenzeit hervorragend gearbeitet hatten", und die Beschlagnahme ihrer „schwer erworbene[n] Vermögen" hätten „das Mißfallen der Bevölkerung" erregt. Bericht von K. J., o. D. BA Bayreuth, Ost-Dok. 21/7. — Vgl. auch den Bericht von F. L., o. D. *Ebenda* 29/47.
[352] *Luh:* Der Deutsche Turnverband 429f., Zitat 429.
[353] Büschel, Fritz: 50 Jahre Deutscher Turnverein Tichlowitz 1922–1972. Tichlowitzer Heimatbrief (Sonderdr. 1972), 3. Zitiert nach *Luh:* Der Deutsche Turnverband 446.
[354] *Ebenda* 439 und 445. — Vgl. auch Sudetendeutsches Turnertum. Hrsg. von Rudolf Jahn. 2 Bde. Frankfurt/M. 1957-1958, Bd. 1, 260f.
[355] „Die Reichenberger Tuchmachergenossenschaft", heißt es in dem Schreiben ihres letzten Vorstehers an Hitler vom 21. 2. 1940, „verfiel der Auflösung durch den Stillhaltekommissar [...] nach einem Bestande von 360 Jahren [...]. Die Auflösung ist ein bitterer Tropfen in unserer so grossen Anschlußfreude." Sie sei aber „auch verletzend", weil mit der Genossenschaft vor ihrer Auflösung nicht verhandelt worden sei und sie „gleich einer Logenbrüderschaft oder einer sonstigen asozialen Vereinigung [...] verschwinden" solle. BA Berlin, R 43 II/1369a.

tigkeit verschiedener sudeten- und karpatendeutscher Verbände zu vereinheitlichen. Im selben Monat hatte Henlein Franz Künzel zum Leiter des neuen ‚Amtes für Volksorganisation' in der SdP-Hauptleitung ernannt, um die Einigungsbewegung der sudetendeutschen Organisationen voranzutreiben.[356] Diese Ansätze setzten sich in der Kooperation Henleins mit dem STIKO fort.

Sämtliche Vorschläge des STIKO seien ihm vorgetragen worden, heißt es in seinem Schreiben an den Chef der Reichskanzlei, der in dieser Angelegenheit für die Tuchmachergenossenschaft nachgehakt hatte, so daß „die beanstandete Auflösung [...] formell als von mir und nicht vom Stillhaltekommissar [...] getroffen anzusehen ist". Niemand sei „mehr darauf bedacht, die reichen Überlieferungen im Sudetengau zu achten und zu pflegen" als er selbst, schrieb Henlein. Gegen die Tuchmachergenossenschaft sei an sich auch nichts einzuwenden. Wegen der Masse der Vereinigungen sei aber an eine vorherige Absprache mit diesen nicht zu denken. Die Auflösung sei zu Recht erfolgt; „schon allein um Berufungsfälle zu vermeiden", sollte ihre Rücknahme nicht weiter betrieben werden.[357] Wie oft es zu derartigen Versuchen, Entscheidungen des STIKO zu korrigieren, gekommen ist, konnte nicht festgestellt werden.

Auch konfessionelle Organisationen und Wohltätigkeitsvereine wurden vom STIKO erfaßt, entweder „freigestellt" (508), „gelöscht" (7 347) oder „aufgelöst" (2 077).[358] Damit war der STIKO auch ein Instrument des Kirchenkampfes, der Auseinandersetzung zwischen dem nationalsozialistischen Regime und den christlichen Kirchen. Wie nach der Machtübernahme Hitlers im Altreich 1933, so kam es dazu nach dem Anschluß auch im Sudetenland. Betroffen von den Maßnahmen der neuen Machthaber war dort vor allem die katholische Kirche. Denn nach der Volkszählung vom 17. Mai 1939 gehörten ihr 88,5 Prozent der Bevölkerung im Reichsgau Sudetenland an. Diesen standen nur 5,4 Prozent Protestanten gegenüber.[359]

---

[356] *Luh:* Der Deutsche Turnverband 312 ff.

[357] Schreiben Henleins (Abschrift) vom 3. 5. 1940. SOA Litoměřice, RS, Hb I, Kart. 6, Hb 102/00. — Ausgerechnet in der Reichskanzlei machte man sich in diesem Fall mehr Sorgen als in Reichenberg. Man könne „sich des Eindrucks nicht erwehren", heißt es in einem Aktenvermerk vom 2. 5. 1940, „daß der Stillhaltekommissar in Fällen wie dem vorliegenden zu summarisch vorgegangen" sei. In einem Schreiben vom 3. 5. 1940 bat Lammers Henlein, die Angelegenheit noch einmal zu überprüfen – so viele so alte Vereinigungen wie die Tuchmachergenossenschaft gebe es ja wohl nicht im Sudetengau. BA Berlin, R 43 II/1390d. — Laut *Braumandl:* Die Auswirkungen 387, gelang es der Genossenschaft schließlich, „eine neue Schlußverfügung durchzusetzen".

[358] Aufstellung „Neuordnung des Vereinswesens". SOA Litoměřice, STIKO, Kart. 124.

[359] *Bohmann:* Das Sudetendeutschtum 131. — Hinzu kamen zu diesem Zeitpunkt 1,3 Prozent „Gottgläubige" und 4,8 Prozent Angehörige sonstiger Konfessionen, vor allem Altkatholiken, Juden und Mitglieder der Tschechoslowakischen Kirche. *Ebenda* 130 f. — Eine genaue Untersuchung des Kirchenkampfes im Sudetenland

Die nationalsozialistische Durchdringung der Gesellschaft 127

Hatten ursprünglich zahlreiche Geistliche den Anschluß an das Deutsche Reich „aus nationalen Gründen begrüßt" und waren in den ersten Tagen nach dem Einrücken der Wehrmacht noch Kirchtürme mit Hakenkreuzfahnen „geschmückt"[360], so mußten Geistliche und Gläubige bald feststellen, daß die Kirche trotzdem als weltanschaulicher Konkurrent des Regimes begriffen wurde, den es aus dessen Sicht zu bekämpfen galt. In fast sämtlichen Lageberichten der Repräsentanten von Staat und Partei wird dies deutlich; die Berichterstattung über die Tätigkeit der Kirche und über die Auseinandersetzung mit ihr nimmt hier einen breiten Raum ein.

Wie an anderen Orten im Reich kam es auch im Sudetengau zu Konflikten um Prozessionen und andere Äußerungen konfessionellen Lebens.[361] Im September 1941 erging eine Anordnung Henleins, die Kruzifixe aus den Schulklassen zu entfernen. Dies rief bei weiten Teilen der Bevölkerung Entrüstung hervor. „Die Erbitterung" darüber, so heißt es in einem Stimmungsbericht, sei „ungeheuer".[362] Der Propaganda für den Kirchenaustritt waren nur geringe Erfolge beschieden.[363] „Die konfessionelle Gebundenheit", berichtete der Kreisleiter von Neutitschein im März 1941, sei „stärker, als anfangs angenommen wurde".[364] Sein Amtskollege in Troppau meldete im Frühjahr 1942, selbst unter den „Politischen Leiter[n]" sei die Zahl der Kirchenangehörigen noch immer „geradezu erschreckend".[365]

Dem Regime gelang es wie im übrigen Reich nicht, die katholische Kirche gleichzuschalten; sie blieb „in ihrem organisatorischen Gefüge als einzige gesellschaftliche Großgruppe[n]" erhalten.[366]

Das einst vielfältige sudetendeutsche Parteienwesen hingegen war schon zum Zeitpunkt des Einmarsches der Wehrmacht praktisch nicht mehr existent und fiel deswegen nicht in den Bereich des Stillhaltekommissars.

kann nicht Gegenstand dieser Arbeit sein, die Verfolgung, Resistenz und Widerstand gesellschaftlicher Gruppen oder einzelner Personen nicht systematisch untersucht. Zudem steht die Veröffentlichung einer umfangreichen Arbeit zu diesem Thema durch Jaroslav Macek, Archivar und Historiker beim Bischof von Litoměřice, bevor. Erste Ergebnisse seiner Arbeit in: *Macek*: Zur Problematik der Geschichte 71. — Vgl. auch *Hürten*, Heinz: Deutsche Katholiken 1918–1945. Paderborn 1992, 420 ff.
[360] *Macek*: Zur Problematik der Geschichte 72. — Vgl. auch *Groscurth*: Tagebücher 139 und 145, sowie *Hürten*: Deutsche Katholiken 421 ff.
[361] Ebenda 423.
[362] Auszug aus dem Bericht der Wehrkreisverwaltung XIII vom 10. 12. 1941 in einem Bericht der NSDAP-Gauleitung Sudetenland an die Partei-Kanzlei in München vom 8. 1. 1942. SOA Litoměřice, GL NSDAP, Kart. 1.
[363] *Hürten*: Deutsche Katholiken 424.
[364] Lagebericht. SOA Litoměřice, GL NSDAP, Kart. 10.
[365] Lagebericht für Februar/März 1942. SOA Litoměřice, GL NSDAP, Kart. 11. — Der Kreisleiter von Marienbad stellte gleiches für die Angehörigen der SS fest: ihre Bindung an die Kirche sei „besorgniserregend". Lagebericht vom 13. 5. 1941. Ebenda, Kart. 8.
[366] *v. Hehl*: Nationalsozialistische Herrschaft 37. — Vgl. auch *Hürten*: Deutsche Katholiken 424.

Nach dem Anschluß Österreichs hatten sich die bürgerlichen sudetendeutschen Parteien aufgelöst und der SdP angeschlossen.[367] Allein die Sozialdemokratie (DSAP) blieb auch danach im ‚aktivistischen' Lager und zur Zusammenarbeit mit der tschechoslowakischen Regierung bereit. Am 1. Oktober 1938 stellte die DSAP schließlich von sich aus „ihre Tätigkeit in den abzutrennenden Gebieten ein"[368] und kam damit dem drohenden Verbot zuvor. Die Kommunistische Partei verschwand in den sudetendeutschen Gebieten – es gab dort noch etwa 13 000 organisierte Kommunisten – sofort in der Illegalität.[369] Sie wurde am 20. Oktober 1938 auch in der ‚Rest-Tschechoslowakei' verboten.[370]

Daß es keine pluralistische Parteienlandschaft im Sudetenland mehr geben würde, war offenbar so selbstverständlich, daß erst am 10. Januar 1939 die „Verordnung zur Einführung der Vorschriften über die Sicherung der Einheit von Partei und Staat in den sudetendeutschen Gebieten" erlassen wurde. Mit dieser Verordnung wurden das „Gesetz gegen die Neubildung von Parteien" und das „Gesetz zur Sicherung der Einheit von Partei und Staat", beide aus dem Jahr 1933, eingeführt.[371] Wenige Wochen zuvor war die Eingliederung der Sudetendeutschen Partei in die NSDAP abgeschlossen worden.

Die Überführung der SdP in die NSDAP

Mit der Überführung der SdP in die NSDAP fand ein Prozeß seinen Abschluß, der schon geraume Zeit vor dem Anschluß begonnen hatte: die Gleichschaltung der sudetendeutschen Parteienlandschaft. Wie bereits gesehen, hatte sich die SdP vor allem in ihrem äußeren Erscheinungsbild der NSDAP schon vor dem Münchener Abkommen weitgehend angeglichen, hatten sich die sudetendeutschen bürgerlichen Parteien wiederum der SdP angeschlossen. Diese Umstände begünstigten nun die rasche Eingliederung der SdP in die NSDAP. Am 16. Oktober 1938 fand in Aussig der letzte Parteitag der Sudetendeutschen Partei statt, der noch vor dem Anschluß beschlossen worden war.[372]

---

[367] Der Bund der Landwirte trat am 22. 3. 1938 der SdP bei, die Deutsche Gewerbepartei folgte am 23. 3., die Deutsche Christlichsoziale Volkspartei am 24. 3. 1938. Lexikon zur Geschichte der Parteien in Europa. Hrsg. von Frank *Wende*. Stuttgart 1981, 678 und 680f.

[368] Verlautbarung der DSAP vom 1. 10. 1938, zitiert nach *Brügel*: Tschechen und Deutsche 1918–1938, 511f.

[369] *Macek*: Zur Problematik der Geschichte 69.

[370] Dějiny komunistické strany Československa v datech [Geschichte der Kommunistischen Partei der Tschechoslowakei in Daten]. Praha 1984, 336.

[371] Verordnungsblatt für die sudetendeutschen Gebiete 1939, 178.

[372] DNB Nr. 286 vom 16. 10. 1938. BA Berlin, 25.01/3341, Bl. 24ff. — *Rühle*: Das Dritte Reich 274. — Material über diesen Parteitag, wie etwa Sitzungsprotokolle u. ä., konnte nicht gefunden werden.

Die nationalsozialistische Durchdringung der Gesellschaft 129

Zwei Wochen später, am 30. Oktober 1938, verfügte Hitler die Bildung des Parteigaus Sudetenland der NSDAP mit Sitz in Reichenberg. Konrad Henlein wurde neben seiner Funktion als Reichskommissar nun auch die Funktion des Parteiführers im Sudetengau übertragen. Die ihm und seinem Stellvertreter Frank von Hitler gestellte Aufgabe war es, die Sudetendeutsche Partei in die NSDAP einzugliedern und diese, ihre Gliederungen und die angeschlossenen Verbände im neuen Gau aufzubauen.[373] Aufgrund der Verfügung Hitlers wurde von seinem Stellvertreter Heß eine Anordnung erlassen, worin der 5. November als Tag der Übernahme der SdP in die NSDAP festgelegt wurde.[374]

Mit seiner Verfügung hatte Hitler alle sudetendeutschen Gedankenspiele, die Sudetendeutsche Partei oder einige ihr angegliederte oder nahestehende Organisationen wie das ‚Sudetendeutsche Freikorps' oder den ‚Freiwilligen Schutzdienst' zu erhalten, hinfällig gemacht. Auf diese Bestrebungen wird noch genauer eingegangen. Am 5. November, nur einen Monat nach dem Anschluß, endete jedenfalls die kurze Geschichte der Sudetendeutschen Partei.

Die feierlichen Veranstaltungen zu ihrer Auflösung – Hitlers Stellvertreter Heß war eigens dazu nach Reichenberg gekommen – können nicht darüber hinwegtäuschen, daß unter den neuen Verhältnissen kein Interesse daran bestand, die Erinnerung an die SdP, aber auch an die DNSAP, wachzuhalten. Die Parteifahnen von SdP und DNSAP waren „in die Obhut der zuständigen Kreisleitungen der NSDAP" zu geben, das Tragen von Abzeichen der beiden Parteien wurde untersagt. Sämtliche Insignien, Akten und weiteres Material aus der Vergangenheit vor dem Anschluß waren an das NSDAP-Parteiarchiv abzugeben. „Zusammenkünfte sogenannter Alter Kämpfer" wurden auf Befehl Hitlers „grundsätzlich verboten".[375]

Immerhin erfolgte der Aufbau der NSDAP auf dem „vorhandenen organisatorischen Gerippe" der SdP, die ähnlich organisiert gewesen war wie die NSDAP. Insgesamt 40 Partei-Kreise mit 1 824 Ortsgruppen wurden im Sudetengau gebildet.[376] Später kamen noch einmal fünf dem Sudetengau zugeordnete Parteikreise im Protektorat Böhmen und Mähren hinzu.[377]

Im wesentlichen hielt man sich bei dem Aufbau der Partei an das im Reich gebräuchliche Muster, so daß es nicht notwendig erscheint, an dieser Stelle näher darauf einzugehen. Zwei Neuerungen, die später auch

---

[373] Verfügung Hitlers vom 30. 10. 1938, abgedruckt in: Die Deutschen in der Tschechoslowakei 356.

[374] *Rühle:* Das Dritte Reich 276.

[375] Gauweisungsblätter, Folge 13, Weisung des Gaustabsamtes OG-19/39 vom 5. 4. 1939. SOA Litoměřice, GL NSDAP, Kart. 27.

[376] *Lammel,* Richard: Der Aufbau der NSDAP. In: Sudetenland im Reich. Hrsg. von Karl *Viererbl.* Reichenberg 1943, 39 f.

[377] Auf die besondere Rolle Henleins und der Partei im Verhältnis zwischen Sudetengau und Protektorat wird unten genauer eingegangen.

auf andere Gaue übertragen wurden, führte man jedoch ein: zum einen das ‚Gaustabsamt', das für die „allgemeine Dienstaufsicht über den laufenden Geschäftsbetrieb der Gauleitung"[378] zuständig war, zum anderen das für ‚Volkstumsfragen' zuständige ‚Gaugrenzlandamt', dessen Tätigkeit an anderer Stelle darzustellen sein wird.[379]

Henlein, mit zahlreichen Verwaltungs- und Repräsentationsaufgaben gerade in diesen ersten Wochen völlig überlastet, hatte den Aufbau der NSDAP im wesentlichen seinem Stellvertreter Frank überlassen.[380] ‚Aufbauhilfe' aus dem Reich erhielt er in Form der Entsendung von „Politischen Leitern und Gliederungsführern", die ihm beratend zur Seite stehen sollten.[381] Auf Anordnung des ‚Stellvertreters des Führers' hatten alle Parteigaue des Altreichs jeweils einen Kreisleiter oder Gauamtsleiter, der zuvor Kreisleiter gewesen war, in den Sudetengau abzuordnen.[382] Durch eine Verfügung Heß' vom 11. Oktober 1938 wurde Albert Hoffmann, der kurz darauf auch ‚STIKO' wurde, zum Beauftragten des ‚Stellvertreters des Führers' für den Parteiaufbau im Sudetenland ernannt. Nach dieser Verfügung bedurften sämtliche Anordnungen von Parteidienststellen des Reiches der Gegenzeichnung Henleins und Hoffmanns.[383] Hoffmanns Bedeutung in dieser Funktion ist aus den Quellen nicht deutlich zu rekonstruieren. Sein möglicher Einfluß läßt sich nur vermuten, nicht aber im einzelnen nachweisen.[384]

Die Partei, so resümierte Hermann Neuburg, habe es vermieden, „bei der Abkommandierung von Politischen Leitern und Gliederungsführern [...] den Fehler der staatlichen Stellen zu wiederholen".[385] Die Berliner Ministerialbürokratie hatte, wie noch gezeigt wird, Zweifel an der Fähigkeit der Sudetendeutschen, die Verwaltung nach reichsdeutschem Mu-

---

[378] Weisung OG-5/39, Weisungsblätter der Gauleitung, Folge 10 vom 15. 3. 1939. SOA Litoměřice, GL NSDAP, Kart. 27.
[379] Aussage Neuburg. AMV Prag, 301-139-3, Bl. 33. bzw. Bl. 147. Vgl. dazu unten.
[380] Aussage Neuburg. AMV Prag, 316-137-6, Bl. 105.
[381] Aussage Neuburg. AMV Prag, 301-339-3, Bl. 9. — Siehe dazu auch BA Berlin, NS 22/734.
[382] Charakteristik der Kreisleiter von Hermann Neuburg. SÚA Prag, 123-761-3, S. 1.
[383] BA Berlin, NS 6/231. — Vgl. *Longerich:* Hitlers Stellvertreter 121.
[384] *Svatosch:* Das Grenzgebiet 133, sieht in Hoffmann „die graue Eminenz des faschistischen Parteiapparates", ohne freilich genauere Angaben darüber zu machen, worin sich dies geäußert habe. — Auch aus Hoffmanns Erinnerungen geht nichts Näheres hervor. Immerhin berichtet er von einem Vortrag bei Hitler gemeinsam mit K. H. Frank Ende Oktober 1938, bei dem der „Führer" ihm „Richtlinien über die von Henlein und mir im sudetendeutschen Raum einzuhaltende Politik" gegeben habe. „Erinnerungen an die Geschichte des 3. Reiches". Typoskript, 1950. BA Koblenz, Nachlaß Albert Hoffmann, Bd. 1. — Sicher ist, daß Hoffmann in seiner Doppelfunktion eine nicht unbedeutende Rolle bei der Gleichschaltung des Sudetenlandes spielte. Der Parteiaufbau an sich scheint jedoch wenig Probleme und somit Anlaß zum Einschreiten einer ‚grauen Eminenz' gegeben zu haben. In den späteren ‚Säuberungen' der Partei tritt Hoffmann nicht besonders hervor.
[385] Aussage Neuburg. AMV Prag, 301-139-3, Bl. 9.

Die nationalsozialistische Durchdringung der Gesellschaft 131

ster aufzubauen. Sie entsandte deswegen zahlreiche Beamte in den Sudetengau, die teilweise auf Dauer dort blieben. Für die NSDAP im Sudetengau gilt dagegen, daß von Anfang an ihre wichtigsten Ämter mit Einheimischen besetzt wurden. Die ‚altreichsdeutschen' Berater wurden nämlich bald wieder abgezogen und fast ausschließlich Sudetendeutsche mit den herausragenden Parteifunktionen betraut. Das galt auch für sämtliche 23 Ämter der Gauleitung.[386]

Obwohl es 1939/1940 zu bedeutenden Umwälzungen in der Partei mit weitreichenden Folgen für Henlein und den ganzen Sudetengau kam, änderte sich nichts daran, daß die NSDAP weitgehend von einheimischen Funktionären geprägt blieb. Mit Richard Donnevert und dessen Nachfolger Hermann Neuburg war zwar der Posten des Stellvertretenden Gauleiters ab 1940 stets mit einem ‚Altreichsdeutschen' besetzt. Auch einige bedeutende Gauämter wurden von abgeordneten Parteifunktionären geleitet. Der Großteil der Gauleitung blieb jedoch mit Sudetendeutschen besetzt, die Kreisleitungen und die Ortsgruppen lagen fast ausschließlich in deren Händen. Aus der „Charakteristik der Kreisleiter", einer Anlage zu Neuburgs Aussage vor tschechoslowakischen Behörden nach 1945, geht hervor, daß von den 81 von ihm genannten Personen, die zu irgendeinem Zeitpunkt zwischen 1938 und 1945 Kreisleiter im Sudetenland waren, 67 von dort stammten und nur acht aus dem Altreich in den Sudetengau abkommandiert worden waren. Bei sechs erwähnten Kreisleitern bleibt die Herkunft unklar.[387] Nach Angabe des Stellvertretenden Gauleiters Donnevert waren im Oktober 1942 unter 45 Kreisleitern nur drei „Altreichsdeutsche" und ein „Steiermärker"; unter „2 000 Hoheitsträgern bis einschließlich Ortsgruppenleiter" befanden sich „50 Altreichsdeutsche".[388] Wenn man die Parteikreise mit den Landkreisen und die Kreisleiter mit den Landräten vergleicht, von denen, wie noch zu sehen sein wird, etwa die Hälfte aus dem Altreich stammte, wird der Unterschied in der Personalpolitik zwischen staatlicher Verwaltung und Parteiapparat deutlich.

Hinsichtlich der Übernahme der SdP-Mitgliederschaft bemühte sich Henlein, die über 1,3 Millionen Mitglieder[389] der SdP geschlossen in die NSDAP zu überführen. Tatsächlich meldete die ‚Frankfurter Zeitung' am 6. Oktober, daß dies geschehen werde; „eine eventuell notwendige Sie-

---

[386] „Besetzung der Gauämter". Anordnung Henleins Nr. 9/39 vom 8. 2. 1939. Gauweisungsblätter. SOA Litoměřice, GL NSDAP, Kart. 27.
[387] SÚA Prag, 123-761-3. — Vgl. auch das Verzeichnis der Kreisleiter in: SOA Litoměřice, GL NSDAP, Kart. 59.
[388] Schreiben Donneverts an Bormann vom 29. 10. 1942. BA Berlin, BDC, SSO-Akte Donnevert.
[389] Zur Zahl der Mitglieder siehe *Smelser*, Ronald M.: At the Limits of a Mass Movement: The Case of the Sudeten German Party 1933–1938. Bohemia 17 (1976) 240-276, hier 250. Danach betrug die Zahl der SdP-Mitglieder im Juni 1938 1 347 903. Im Januar desselben Jahres waren es erst 541 681 gewesen.

bung" werde die SdP selbst durchführen.[390] Henleins Pläne scheiterten jedoch am Widerstand Heß', Hitlers[391] und Heydrichs. „Keinesfalls", schrieb Heydrich am 18. Oktober 1938 an Bormann, „darf die Aufnahme der Sudetendeutschen in die Partei der SdP übertragen werden. Sie darf auch nicht ausschließlich von der Beurteilung der Antragsteller durch die SdP abhängig gemacht werden".[392]

Die Begründung Hitlers, warum weder die alte DNSAP noch die SdP als Vorläuferorganisationen der NSDAP anerkannt wurden, ist eine bemerkenswerte Interpretation der Geschichte dieser Partei von ‚berufener' Seite: Während die NSDAP im Reich vor 1933 weltanschaulichkämpferisch tätig gewesen sei, hätten DNSAP und SdP innerhalb der Tschechoslowakei in erster Linie nationale Kämpfe zu bestreiten gehabt.

Auch wenn die DNSAP in der ČSR sich mit der reichsdeutschen NSDAP eng verbunden gefühlt und die SdP im Mai 1938 in Karlsbad ein offenes Bekenntnis zum Nationalsozialismus abgelegt habe, so sei ihr weltanschauliches Wollen doch keineswegs so klar ausgerichtet gewesen wie das der NSDAP. Sicherlich, so meinte der Führer, hätten sich viele Sudetendeutsche nur deswegen zu diesen Parteien hingezogen gefühlt, weil sie in ihnen die besten Vertreter des Deutschtums gesehen hätten.

Hitler habe die beiden Parteien mit der DNVP und dem ‚Stahlhelm', deren Mitglieder „gute, nationale Deutsche" gewesen seien, verglichen; „daraus zu folgern, sie seien weltanschaulich überzeugte Nationalsozialisten gewesen, sei aber falsch".[393]

Henlein unternahm später mehrere Versuche, Hitler in dieser Angelegenheit umzustimmen, blieb jedoch ohne Erfolg. Nicht einmal bei ihm selbst wurde eine Ausnahme gemacht. Henlein erhielt die NSDAP-Mitgliedsnummer 6 600 001.[394]

Besonders die alten Anhänger der DNSAP waren von der Entscheidung Hitlers enttäuscht. Sofern sie nicht, wie ihre Spitzen Krebs und Jung, nach dem Verbot der Partei in der ČSR 1933 ins Reich geflohen waren und dort niedrige Mitgliedsnummern, die auf ihre großen „Verdienste" hinwiesen, erhalten hatten, wurde auf ihre nationalsozialistische Vergangenheit in der Tschechoslowakei keine Rücksicht genommen.[395] Mehrere Versuche Krebs' und Jungs, eine Gleichstellung der ehemaligen DNSAP mit der NSDAP zu erlangen, scheiterten.[396]

[390] BA Berlin, Sammlung Schumacher, Nr. 313. — Vgl. auch Henleins Gespräch mit dem ‚Hauptschriftleiter' der ‚Nationalsozialistischen Parteikorrespondenz', veröffentlicht am 15. 10. 1938. BA Berlin, DAF/AW, Nr. 2009.
[391] Aussage Neuburg. AMV Prag, 301-139-3, Bl. 31.
[392] Akten der Parteikanzlei, Fiche-Nr. 101 20031.
[393] Aussage Neuburg. AMV Prag, 301-139-3, Bl. 9f.
[394] BA Berlin, BDC, PK-Akte Henlein.
[395] Aussage Neuburg. AMV Prag, 301-139-3, Bl. 10. — Rudolf Jung z. B. war 1935 „mit Wirkung vom 1. 4. 1925 unter Nummer 85 in den Bestand des Gaues Groß-Berlin aufgenommen" worden. Schreiben der Gauleitung Groß-Berlin an die Reichsleitung der NSDAP vom 4. 12. 1935. BA Berlin, BDC, PK-Akte Jung.
[396] Schon im November 1938 hatte Krebs versucht, für die ehemaligen DNSAP-Mitglieder durchzusetzen, daß sie neben dem Mitgliedsbuch der NSDAP eine beson-

Die böhmischen Alt-Nationalsozialisten, die sich und ihre Partei als die Vorreiter der Hitler-Bewegung für das gesamte Reich sahen, fühlten sich um ihre Verdienste betrogen. Sie schauten besonders verächtlich auf jene ‚Konjunktur-Nazis' herab, die vor dem Anschluß nur Mitglied in der SdP gewesen waren. Wohl auch um dieser Enttäuschung gegenzusteuern, wurde auf Grund von Erlassen des Reichsinnenministers und des Reichsministers der Finanzen vom Gaupersonalamt die Aktion zur „Förderung verdienter Nationalsozialisten" durchgeführt.[397] Diese bezog sich allerdings, was von Krebs mit Enttäuschung registriert wurde, nur auf die staatliche Verwaltung, nicht auf den Parteiapparat.[398]

Was die Vorbehalte gegen die ‚weltanschauliche Festigkeit' der Masse der SdP-Mitglieder anbetrifft, so zeigen sich diese deutlich in den Bestimmungen zu ihrer Übernahme in die NSDAP. Eine „pauschale Übernahme der Mitglieder" komme nicht in Betracht, heißt es in einer Weisung des Gaustabsamtes, die eigentlich nicht die Absichten der Gauleitung, sondern der Partei-Kanzlei wiedergab.[399] Die Aufnahmeanträge seien vielmehr „einzeln zu behandeln" und dem parteiüblichen „Aufnahmeverfahren zu unterziehen". Denn: „Die innen- und außenpolitische Entwicklung, die im Frühjahre 1938 einsetzte, hat dazu geführt, daß die SdP. entgegen der ursprünglich strengen Auslese [...] zur politischen Sammelstelle des um seine Befreiung kämpfenden Sudetendeutschtums schlechthin wurde."[400] Nunmehr müsse aber „bei der Überführung der SdP-Mitgliedschaft in die NSDAP. den angeführten Umständen Rechnung

dere Bestätigung ihrer früheren DNSAP-Zugehörigkeit erhielten, um sie so von jenen ‚Parteigenossen' abzuheben, die nur in der SdP gewesen waren. Schreiben Hoffmanns an den Reichsschatzmeister der NSDAP vom 21. 11. 1938. BA Berlin, BDC, PK-Akte Krebs. — Im März 1942 schrieb Krebs an einen politischen Freund: „Ich habe schon eine Unzahl Aktionen in dieser Sache eingeleitet, die letzte beim Reichsschatzmeister F. X. Schwarz. Leider haben alle diese Bestrebungen bisher zu keinem Erfolg geführt." Abschrift. SOA Litoměřice, RPA, Kart. 1536. — Vgl. auch Krebs' Denkschrift vom 24. 10. 1940. BA Berlin, BDC, PK-Akte Krebs, sowie die undatierte, wahrscheinlich aus dem Jahr 1941 stammende Denkschrift Rudolf Jungs im BA Berlin, BDC, SSO-Akte Jung.

[397] Schreiben des Gaupersonalamtsleiters an den Regierungspräsidenten in Troppau vom 24. 11. 1939. SOA Litoměřice, GL NSDAP, Kart. 59, BA 1582.

[398] Denkschrift Krebs', betreffend „Dienstauszeichnung der NSDAP und Anerkennung der früheren Tätigkeit in der DNSAP (Sudetendeutsche Nationalsozialisten)" vom 24. 10. 1940. BA Berlin, BDC, PK-Akte Krebs.

[399] Weisung des Gaustabsamtes K-14/39 vom 15. 2. 1939. SOA Litoměřice, GL NSDAP, Kart. 29.

[400] Vgl. dazu auch den SD-„Lagebericht ČSR" Nr. 1, o. D. [Sommer 1938]: „Außer den radikal gegnerischen Gruppen (Kommunisten, Sozialdemokraten und Strasser) suchen sich alle Lager eine rechtzeitige Legitimation völkischer Einsatzbereitschaft. [...] Von der SdP wird dabei bis auf wenige im Kampf gegen den Kameradschaftsbund exponierte alte Nationalsozialisten, ohne Rücksicht auf bisherige Belastung politischer und persönlicher Natur, jeder sich Meldende in die Partei aufgenommen." ZfdAhdS Moskau, 500-1-959, Bl. 4.

getragen werden": Der Antrag jedes Beitrittswilligen sollte durch den zuständigen „Hoheitsträger" der Partei eingehend geprüft werden.[401]

Eine Woche später erschienen in den ‚Gauweisungsblättern' die genauen Modalitäten der „Aufnahme der sudetendeutschen Volksgenossen in die NSDAP".[402] Danach wurden „die zur Aufnahme [...] vorgeschlagenen Volksgenossen in drei Gruppen eingeteilt". Die erste umfaßte „a) Amtswalter und Amtswalterinnen der SdP, b) Amtswalter des deutschen Turnverbandes, c) Führer des freiwilligen Schutzdienstes (FS), d) Führer der Formationen des sudetendeutschen Freikorps". In die zweite Gruppe wurden „a) Mitglieder der SdP, die bis zum 15. März 1938 dieser angehört oder bis zum gleichen Tag beigetreten sind, b) Mitglieder der DNSAP, ohne Rücksicht auf Zugehörigkeit zur SdP, c) Mitglieder der SdP, die aktive Angehörige des FS oder des sudetendeutschen Freikorps waren, ohne Rücksicht auf den Zeitpunkt des Eintritts in die SdP". In der dritten Gruppe fanden sich schließlich jene „Mitglieder der SdP, die in der Zeit vom 16. März bis 10. April 1938 beigetreten" waren. Für die ersten beiden Gruppen wurde als Aufnahmetag der 1. November, für die dritte Gruppe der 1. Dezember 1938 festgelegt.[403]

Die Unterteilung macht deutlich, daß die NSDAP hauptsächlich an der Übernahme von SdP-Mitgliedern interessiert war, die sich nach Möglichkeit durch Tätigkeit in den in der ersten Gruppe genannten Organisationen aktiv am Volkstumskampf beteiligt bzw. den Anschluß vorangetrieben hatten. In der zweiten Gruppe fanden sich jene Mitglieder der DNSAP, die nach dem Verbot ihrer Partei 1933 nicht in der SdP aktiv wurden sowie jene Personen, die schon vor der großen Beitrittswelle nach dem Anschluß Österreichs Mitglieder der SdP gewesen waren. Die dritte Gruppe schließlich umfaßte jene ‚Mitschwimmer', die sich von der Woge der Begeisterung nach Hitlers Einmarsch in Wien hatten mittragen lassen.

Es wurden also nicht, wie eine noch heute weit verbreitete Meinung lautet, alle SdP-Mitglieder automatisch in die NSDAP übernommen. Dies hätte auch, von den geschilderten Vorbehalten im konkreten Fall der Sudetendeutschen abgesehen, nicht dem Selbstverständnis der Partei als ‚Elite' des Volkes entsprochen. Jedes einzelne SdP-Mitglied hatte vielmehr ein Beitrittsgesuch beim zuständigen Ortsgruppenleiter einzurei-

---

[401] Weisung des Gaustabsamtes K-14/39 vom 15. 2. 1939. SOA Litoměřice, GL NSDAP, Kart. 29.

[402] Weisung des Gaugerichts OG-1/39 vom 22. 2. 1939. SOA Litoměřice, GL NSDAP, Kart. 27. — Vgl. auch Dokumente zur Sudetendeutschen Frage 1916–1967. Überarb. und erg. Neuaufl. der „Dokumente zur Sudetendeutschen Frage 1918–1959". Hrsg. im Auftrag der Ackermann-Gemeinde von Ernst *Nittner*. München 1967, 253. — *Buchheim,* Hans: Mitgliedschaft bei der NSDAP. In: Gutachten des Instituts für Zeitgeschichte. München 1958, 313-322, hier 318.

[403] Weisung des Gaugerichts OG-1/39 vom 22. 2. 1939. SOA Litoměřice, GL NSDAP, Kart. 27.

chen, der die erste Vorauswahl traf. Sowohl die Kreisleitungen als auch die Gauleitung hatten aber jeden Antrag noch einmal zu prüfen.[404] Für Henlein glich diese Regelung einer Niederlage. Es hätte eine nicht unerhebliche Stärkung seiner Position bedeutet, wenn ‚seine' Partei bzw. deren Mitgliederschaft als Ganzes für ‚NSDAP-tauglich' befunden worden und er Gauleiter eines Gaues mit einer Million oder mehr Parteimitgliedern geworden wäre. Das wäre dem Fortbestehen der SdP nahegekommen. Noch nach der Veröffentlichung der Aufnahme-Richtlinien am 22. Februar teilte Henlein einem Vertreter des Reichsschatzmeisters der NSDAP mit, Heß habe erklärt, alle Mitglieder der SdP nach dem Stand vom 10. April 1938 sollten ohne Einschränkung in die NSDAP aufgenommen werden.[405] Aber auch dieser Versuch Henleins, sein ursprüngliches Ziel durch die ‚Hintertür' zu erreichen, scheiterte.

Die Sorgen der SdP-Führer, die getroffenen Regelungen in bezug auf die Parteimitgliedschaft könnten abschreckend wirken und nicht genug SdP-Mitglieder die Aufnahme in die NSDAP beantragen – zumal die Mitgliedsbeiträge gegenüber denen der SdP deutlich höher waren –, erwiesen sich jedoch als unberechtigt. Rund 520 000 Sudetendeutsche wurden schließlich ‚Parteigenossen'. Im Verhältnis zur Bevölkerung stand der neue Gau damit an der Spitze des Reiches[406]: Gegen Ende des Krieges hatte die NSDAP insgesamt etwa 8,5 Millionen Mitglieder.[407]

Auch in anderer Hinsicht erwiesen sich Befürchtungen, die nicht zuletzt Konrad Henlein beunruhigt haben mögen, als unbegründet. Nach § 3 der Satzung der NSDAP war eine ‚arische' Abkunft Voraussetzung für die Mitgliedschaft in der Partei. Viele Sudetendeutsche – auch Henlein selbst – hatten jedoch tschechische Vorfahren. Dies erforderte besondere Regelungen im Aufnahmeverfahren.

Ein Rundschreiben des Gaugerichts[408] erklärte, entscheidend sei die Feststellung, wann Bewerber „als Angehörige des Deutschen Volkes angesehen werden können". Auf Grund „einer vom Gaugericht eingereich-

---

[404] Ebenda.
[405] Schreiben an den Reichsschatzmeister Schwarz vom 3. 3. 1939. BA Berlin, Sammlung Schumacher, Nr. 313.
[406] Aussage Neuburg. AMV Prag, 301-139-3, Bl. 32. — Bis Anfang Juli 1939 waren im Gau Sudetenland 425 323, in den an andere Gaue gefallenen sudetendeutschen Gebieten 32 734 Aufnahmeanträge an die Partei gestellt worden, hatte die Gauleitung in Reichenberg ca. 435 000 Mitgliedskarten verschickt. Schreiben des Beauftragten des Reichsschatzmeisters vom 7. 7. 1939. BA Berlin, Sammlung Schumacher, Nr. 313. — Die Mitgliederzahl der NSDAP wuchs aber noch weiter an, da weitere Personen, die zunächst in sogenannten ‚Opferringen' der NSDAP zusammengefaßt worden waren, später die volle Mitgliedschaft beantragten und erhielten. Außerdem kamen noch einmal ca. 25 000 neue Mitglieder aus den dem Gau Sudetenland zugeteilten Parteikreisen des Protektorats hinzu. *Ebenda*.
[407] Das große Lexikon des Dritten Reiches. Hrsg. von Christian *Zentner* und Friedemann *Bedürftig*. München 1985, 409.
[408] Nr. 15 vom 19. 12. 1939. SOA Litoměřice, GL NSDAP, Kart. 34.

ten Denkschrift" habe aber, so wurde geradezu erleichtert verkündet, der „Oberste Richter der NSDAP nach vorherigem Einvernehmen mit dem Leiter des rassenpolitischen Amtes der NSDAP" schließlich entschieden, „daß grundsätzlich derjenige Angehörige des deutschen Volkes sein oder werden kann, der rassisch keine dem Gefüge des deutschen Volkes fremden Elemente in sich birgt und persönlich durch Sprache, Erziehung, Bekenntnis, Haltung usw. die innere und äußere Angliederung in unser Volk unter Beweis zu stellen vermag". Daraus folgerte das Gaugericht, daß „der Angehörige eines durch den Führer ins Großdeutsche Reich geholten Nachbarvolkes sowie auch volkliche [sic] Mischlinge Aufnahme in die NSDAP. finden können, wenn sie sich als Deutsche fühlen und dies auch schon bewiesen haben". Es könnte daher auch „der Abkomme polnischer oder tschechischer Eltern sowie von Mischehen Parteigenosse werden, wenn er wirklich für das Deutschtum gekämpft und sich Verdienste darum erworben" habe. Allerdings müßten „diese Fälle als ganz wesentliche Ausnahmen angesehen und der strengsten Prüfung unterworfen werden".

Mit der Überführung der SdP in die NSDAP stand den sogenannten ‚Ergänzungswahlen zum Großdeutschen Reichstag' in den sudetendeutschen Gebieten nichts mehr im Weg. Nicht zuletzt die Erwägung, daß im Reichstag neben der NSDAP keine weitere Partei in Erscheinung treten dürfe, hatte dazu geführt, den ursprünglich früher angesetzten Termin dafür auf den 4. Dezember 1938, hinter die Eingliederung der SdP, zu verlegen.[409]

Die ‚Ergänzungswahlen zum Großdeutschen Reichstag'

Für Hitler war die ‚Ergänzungswahl' im Sudetenland – „das letzte Pseudo-Plebiszit im nationalsozialistischen Staat"[410] – wie zuvor jene in Österreich „keineswegs eine entbehrliche Formalität".[411] Durch diese Abstimmung in einer einen klaren Sieg versprechenden Angelegenheit sollte vielmehr die Einheit von ‚Führer' und Volk demonstriert werden. „Ich weiß", verkündete Hitler am 2. Dezember 1938 in Reichenberg, „wie dieses Bekenntnis ausfällt. Es wäre sachlich nicht notwendig. Es ist aber

---

[409] Aktenvermerk vom 17. 10. 1938. BA Berlin, R 43 II/1368. — Huberts Interpretation, wonach die Wahlen im Zusammenhang mit Fricks angeblichem Bemühen standen, „möglichst bald die Verwaltungskompetenz über das Sudetenland zu gewinnen, bevor [...] Henlein, gestützt auf seine außerordentlichen Vollmachten, dort die Verwaltungsstruktur in seinem Sinne änderte und sich eine zu starke Position aufbaute", kann nicht geteilt werden. Wie gesehen, war es ja gerade Frick, der den neuen Reichsstatthalter zwar eng an das nationalsozialistische Einheitsreich binden, ihm aber gleichzeitig eine Fülle von Machtkompetenzen einräumen wollte. *Hubert:* Uniformierter Reichstag 150. — Vgl. auch oben.
[410] *Hubert:* Uniformierter Reichstag 149.
[411] So die auch für das Sudetenland gültige Formulierung Hagspiels über die Volksabstimmung in Österreich vom 10. 4. 1938. *Hagspiel:* Die „Ostmark" 35.

notwendig als Abschluß der Geburtsurkunde des Großdeutschen Reiches."[412] Der Diktator in Berlin war sich derart gewiß, daß die überwältigende Mehrheit der Sudetendeutschen ihm seine ‚Befreiungstat' danken würde, daß er selbst eine Änderung des Entwurfes der Wahlzettel anordnete: Man sollte nicht nur mit ‚Ja', sondern auch mit ‚Nein' stimmen können.[413] Zu einer freien Wahl wurde das mit für den Nationalsozialismus üblichem Aufwand an Propaganda, Werbung und Einschüchterung vorbereitete Plebiszit dadurch jedoch nicht.[414]

Während in der Zeit der Sudetenkrise die nationalsozialistische Propaganda vor allem negativen, anti-tschechischen Charakter gehabt und angebliche, oftmals frei erfundene Greueltaten der Tschechen herausgestellt hatte[415], wurden im minutiös geplanten ‚Wahlkampf' nun besonders die ‚Erfolge' des Dritten Reichs auf wirtschafts- und sozialpolitischem Gebiet betont. Die ohnehin großen Erwartungen der sudetendeutschen Bevölkerung in dieser Hinsicht wurden also noch weiter hochgeschraubt. Im „Wahlruf" etwa, einer Propagandaschrift der NSDAP zur ‚Ergänzungswahl'[416], standen diese ‚Erfolge' ganz im Vordergrund. Fotos zeigen einen „Kumpel aus dem Rheinland", der „unter den Palmen des Südens [...] wandelt", KdF-Dampfer oder saubere Einfamilienhäuser mit davor spielenden Kindern: „Im Dritten Reich", so heißt es, „wird endlich mit der alten Überlieferung gebrochen, den Arbeiter in Hinterhöfen und Mietskasernen zusammenzupferchen." Diese Bilder waren gezielt auf die katastrophale Wohnungslage im Sudetenland abgestimmt.[417] „Leben in Licht und Sonne herrscht in den Siedlungen des Arbeiters. Baracken und Wohnhöhlen gehören der Vergangenheit an. Des Führers Sorge gilt immer dem deutschen Arbeiter." Besserung der Verhältnisse wurde den Sudetendeutschen versprochen: „Auch bei uns wird es wieder anders! Deshalb ‚Ja!'".

---

[412] *Rühle:* Das Dritte Reich 282.
[413] Schreiben des Chefs der Reichskanzlei an den Staatssekretär im RMinI vom 1. 11. 1938. BA Berlin, R 43 II/1368. — Der Text des Wahlzettels lautete schließlich: „Bekennst Du Dich zu unserem Führer Adolf Hitler, dem Befreier des Sudetenlandes, und gibst Du Deine Stimme dem Wahlvorschlag der Nationalsozialistischen Deutschen Arbeiterpartei?" Als ‚Spitze' dieses Wahlvorschlags wurden auf dem Stimmzettel Hitler, Henlein und Frank genannt. Abgedruckt in: RGBl 1938, I, 1636. — Vgl. dazu auch *Hubert:* Uniformierter Reichstag 153 f.
[414] Vgl. den Bericht „Sudetendeutsche Wahlen einst und jetzt" im ‚Westdeutschen Beobachter' (Köln) vom 30. 11. 1938. SÚA Prag, SdP, Kart. 50: „Diesmal wird es keinen Wahlkampf im alten Sinne geben, denn es gibt nach der Befreiung keine Parteien mehr, keine um die letzten Positionen ringenden Internationalen, keine Juden, kurz niemand, der eine andere Gesinnung im Herzen tragen würde als das erhebende Bewußtsein, Deutscher zu sein."
[415] Vgl. dazu *Schwarzenbeck:* Nationalsozialistische Pressepolitik 422.
[416] Einige – nicht datierte – Exemplare finden sich im SOA Litoměřice, GL NSDAP, Kart. 37.
[417] Siehe dazu oben.

Die als „streng vertraulich" eingestuften „Richtlinien für die Durchführung der Wahlpropaganda"[418] sahen für den 1. Dezember den „schlagartig[en]" Beginn der Propaganda vor. In diesem Zusammenhang ist auch der erste „Spatenstich durch Rudolf Heß für die Autobahn im Sudetenland"[419] an diesem Tag zu sehen. Auch dies war schon fast eine standardisierte Maßnahme der Nationalsozialisten zur Mobilisierung und Begeisterung der Massen. Höhepunkte der Propaganda waren schließlich Reden von Goebbels in Aussig und Hitler in Reichenberg.[420] In den Wahlparolen wurde für das „Ja", den „letzten Hammerschlag am großen Werk", der „Unterschrift zur Tat des Führers" geworben und die Notwendigkeit zum Dank an Hitler suggeriert.[421]

Inzwischen war jedoch trotz – oder vielleicht sogar gerade wegen – dieser Propagandaschlacht die Bevölkerung mißtrauisch geworden. Die Euphorie der Anschlußfeiern war bereits verflogen. Die ‚Invasion' von Bürgern aus dem Altreich, die Geschäfte und Restaurants im Sudetenland leerkauften, redeten eine andere Sprache als die Wahlparole „Im Reich fehlt's an nichts."[422] Dem hielt Rudolf Heß in einer Rede zwar entgegen: „Wir Nationalsozialisten machen Euch keine leeren Versprechungen."[423] Alles in allem geschah aber genau das. Geradezu ‚berühmt' in dieser Hinsicht wurde der Reichserziehungsminister Rust, „der fast jedem Dorf und jeder Stadt, die er besuchte, mit einer großen Rede den Bau einer neuen Schule versprach".[424]

Konrad Henlein scheint es bei all diesen Ankündigungen nicht ganz wohl gewesen zu sein. Vielleicht ahnend, daß sich die Stimmung auch und gerade gegen ihn kehren würde, wenn die zahlreichen Versprechen nicht wenigstens teilweise eingelöst würden, versuchte er in einem „Appell des Gauleiters" zur Wahl, die ins schier Unermeßliche gestiegenen Erwartungen zu dämpfen: Das „ganze Sudetendeutschtum" begreife sehr wohl, „daß es der Arbeit und des Einsatzes von Jahren bedürfen wird, um das in Jahrzehnten angerichtete Unheil gutzumachen und unsere verarmte Heimat wieder zu Arbeit und Wohlstand zu führen".[425] Bei einer Kundgebung in Gablonz sagte er: „Selbst wenn es uns jetzt nach der Heimkehr ins Reich schlechter gehen sollte als im Tschechenstaat: wir sind

---

[418] SOA Litoměřice, GL NSDAP, Kart. 37.
[419] ‚Völkischer Beobachter' (München) vom 2. 12. 1938, S. 1. — Schon am 3. 11. 1938 war im ‚Völkischer Beobachter' ein „Großzügiges Wohnbauprogramm im Sudetenland" verkündet worden (S. 7).
[420] Lagebericht des Regierungspräsidenten in Aussig vom 8. 12. 1938. SOA Litoměřice, RPA, Kart. 29.
[421] Parolen zur „Wahl" im SOA Litoměřice, GL NSDAP, Kart. 37.
[422] „Wahlruf". SOA Litoměřice, GL NSDAP, Kart. 37.
[423] Undatierte Kopie einer Rede Heß' zur Wahl. Ebenda.
[424] Aussage Neuburg. AMV Prag, 301-139-3, Bl. 8. — „Nur ganz wenige dieser [...] Versprechungen", ergänzte Neuburg, „wurden später erfüllt." Ebenda.
[425] Undatiert, vor der Wahl. SOA Litoměřice, GL NSDAP, Kart. 37.

Die nationalsozialistische Durchdringung der Gesellschaft 139

dazu bereit, soviel ist es uns wert, mit unseren Volksgenossen vereint zu sein!"[426]
Neben der Verabreichung von ‚Zuckerbrot' in Form von KdF-Reisen und der ganzen Palette nationalsozialistischer Propaganda wurde aber auch die ‚Peitsche' geschwungen: Im Raum Reichenberg etwa sollen um die 3 000 Personen, deren negatives Votum man erwartete, verhaftet worden sein, um ihre Teilnahme an der Abstimmung zu verhindern.[427] Darüber hinaus befand sich eine große Anzahl der unmittelbar nach dem Münchener Abkommen verhafteten Anschluß-Gegner ohnehin noch in Haft. Diese konnten an der Abstimmung ebenfalls nicht teilnehmen.

Zur Stimmabgabe war auch jener Teil der tschechischen Bevölkerung berechtigt, der nach dem Optionsabkommen zwischen dem Deutschen Reich und der Tschechoslowakischen Republik vom 20. November 1938 die Reichsbürgerschaft bzw. die Option darauf besaß – im Gegensatz zu den wenigen nicht geflohenen Juden. Die Entscheidung, den Tschechen das Stimmrecht zu geben, war aber „nicht das Ergebnis einer gewissen Toleranz oder gar Sympathie für die Tschechen, sondern ausschließlich praktisch bestimmt".[428] Der früh angesetzte ‚Wahl'-Termin machte es nämlich unmöglich, die Frage der Volkszugehörigkeit bis zur ‚Wahl' auch nur annähernd befriedigend zu klären.

An die tschechische Bevölkerung ergingen gesonderte Aufrufe. „Auch ihr, tschechische Mitbürger", hieß es darin, „müßt dem Führer am 4. Dezember Euer ‚ja' geben. [...] Wenn Ihr [...] für unseren Führer stimmt, werdet Ihr wie jeder andere Bürger behandelt, der seine Pflicht erfüllt hat, und gleichzeitig werdet Ihr vollen Anteil an den wirtschaftlichen Vorteilen haben, die Euch das Großdeutsche Reich bieten kann."[429] Daß diese Versprechungen in keiner Weise eingehalten wurden, wird das Kapitel über die ‚Germanisierungspolitik' im Sudetengau belegen. Die abstimmungsberechtigten Tschechen erhielten andersfarbige Wahlzettel mit einem anderen Text, die in separate Urnen gegeben wurden. Nach Möglichkeit wurde auch in getrennten Räumen gewählt.[430]

---

[426] Zit. nach *Zasche, Richard*: Konrad Henlein. Ein Lebensbild. Ein Beitrag zur Geschichte der Sudetendeutschen. Neugablonz 1983, 19.
[427] K. H. Frank gab zwar in seinem Verhör an, von dieser Aktion nichts gewußt zu haben, schloß sie aber nicht aus, sondern ordnete sie der Sicherheitspolizei zu. Zpověď K. H. Franka 48. — Zur Einschüchterung der Bevölkerung siehe auch: Wie das „Zeugnis" zustande kam. Sudeten-Jahrbuch 1955, 54 f.
[428] *Hubert:* Uniformierter Reichstag 152.
[429] Wahlaufruf der NSDAP-Kreisleitung Hohenelbe, abgedruckt in: Protifašistický a národně osvobozenecký boj, Bd. I.3.3., 12. — Siehe auch *Bartoš:* Odboj 24.
[430] Erlaß des RMinI Ib 3011/38-2319 vom 26. 11. 1938. OA Opava, LRT, Kart. 64, Nr. 151. — Die für die Tschechen bestimmten grünen Wahlzettel trugen den Wortlaut: „Willst auch Du ein loyaler Staatsbürger des neuen Staates sein und Deine Pflichten gewissenhaft erfüllen, und gibst Du deshalb dem Wahlvorschlag des Führers und Reichskanzlers Deine Stimme?" *Ebenda.*

Die ablehnende Haltung des überwiegenden Teils der Tschechen blieb den neuen Machthabern nicht verborgen, bereitete ihnen aber zu diesem Zeitpunkt keine großen Sorgen. Die Tschechen im Sudetenland seien „unentwegt frech", notierte Goebbels in sein Tagebuch: „Sie wollen mit Nein stimmen, um eine neue Grenzziehung zu erzwingen. Harmlose Irre!"[431] Henlein warnte sie:

Uns kann es gleichgültig sein, wie die Tschechen ihre Gesinnung dem deutschen Staate gegenüber erklären. Sie müssen sich aber darüber klar sein, daß sich nach ihrem Verhalten unsere Stellungnahme ihnen gegenüber bestimmen wird. Wer uns hier nicht versteht und gegen uns handelt, hat uns zum Feind. Wir drohen nicht, aber wir warnen. Und dies in aller Eindeutigkeit.[432]

Trotz der zu diesem Zeitpunkt schon vorherrschenden Enttäuschung bei der deutschen Bevölkerung über die noch immer unbefriedigende wirtschaftliche Lage und andere Mißstände im Sudetenland ging Hitlers Rechnung auf. Offiziell stimmten 98,9 Prozent der Stimmberechtigten mit ‚Ja'.[433]

Der Großteil der wenigen Nein-Stimmen wurde in den Gebieten abgegegeben, in denen die tschechische Bevölkerung besonders stark vertreten war. In dem nur wenig von Tschechen besiedelten Regierungsbezirk Karlsbad wurden nach amtlichen Angaben bei 629 392 Ja-Stimmen nur 487 Nein-Stimmen abgegeben, davon 189 auf den gesondert gezählten grünen Wahlzetteln der Tschechen (38,81 Prozent aller Nein-Stimmen). Im Bezirk Aussig waren 1 339 der insgesamt 2 170 Nein-Stimmen von Tschechen abgegeben worden (61,71 Prozent aller Nein-Stimmen), im Bezirk Troppau, wo die tschechische Minderheit im Sudetengau am stärksten war, waren gar 21 244 von 21 789 Nein-Stimmen, 97,5 Prozent, von Tschechen abgegeben worden. In diesem Regierungsbezirk war auch insgesamt der Anteil der Ja-Stimmen am geringsten. ‚Nur' 95,68 Prozent der gültigen Stimmen lauteten ‚Ja'. Auch bei den ungültigen Stimmzetteln lag der tschechische Anteil in allen drei Bezirken auffällig hoch. Dennoch stimmte ein Großteil der tschechischen Bevölkerung mit ‚Ja'. Im Bezirk Troppau etwa waren es 73,39 Prozent der Wahlberechtigten.[434] Die Tschechen hätten sich bei der Wahl „in den gemischten Gebieten loyal verhalten", so resümierte der Sicherheitsdienst, „in einzelnen rein tschechischen Dörfern wurde jedoch ein nicht unbeträchtlicher Prozentsatz von Nein-Stimmen gezählt."[435]

Die Forschung hat aber zu Recht darauf hingewiesen, daß die Ergebnisse, besonders in Gebieten mit einem hohen Anteil tschechischer Be-

---

[431] Die Tagebücher von Joseph Goebbels, Eintrag vom 20. 11. 1938. Teil I, Bd. 3, 538.
[432] ‚Die Zeit' (Reichenberg) vom 20. 11. 1938. Zitiert nach *Brügel:* Tschechen und Deutsche 1939–1946, 212.
[433] Das offizielle Wahlergebnis findet sich im Verordnungsblatt für die sudetendeutschen Gebiete, 1939, S. 206. — Detaillierte Ergebnisse für alle Wahlkreise im BA Berlin, R 43 II/1368.
[434] *Ebenda.*
[435] Meldungen aus dem Reich. Jahreslagebericht 1938. Bd. 2, 103f.

Die nationalsozialistische Durchdringung der Gesellschaft 141

völkerung, wahrscheinlich gefälscht worden waren.[436] In einer Meldung tschechischer Behörden in Mährisch-Ostrau an das Außenministerium in Prag vom 9. Dezember wird beispielsweise berichtet, daß es bei der Auszählung der Stimmen in Schönstein, einer überwiegend von Tschechen bewohnten Gemeinde im „abgetrennten Gebiet", bei der besonders viele Nein-Stimmen festgestellt wurden, kurzerhand die Stimmzettel eingezogen und nach Troppau abtransportiert wurden. Auch in weiteren Ortschaften wurde so verfahren.[437] In der Ortschaft Rakschitz demonstrierten ungefähr 400 Tschechen gegen den Wahlmodus. Vor der Wahl seien die Tschechen gefragt worden, ob sie mit ‚ja' oder ‚nein' stimmen würden. Wer mit ‚nein' antwortete, dessen Stimmzettel sei zerrissen worden.[438]

Die Interpretation der Wahlergebnisse wird überdies durch Unklarheiten in der Frage der Volkszugehörigkeit erschwert. Ein Einzelfall dokumentiert dies: In einer Ortschaft in der Nähe von Troppau wurden 114 weiße Wahlzettel abgegeben, obwohl in derselben Gemeinde bei der Volkszählung 1930 nur sieben deutsche Bewohner gezählt worden waren. Ein Großteil der tschechischen Bevölkerung hatte also mit für Deutsche bestimmten Wahlzetteln gewählt.[439] Das jahrhundertelange Zusammenleben der beiden Völker ließ sich nicht verleugnen. Tschechen und Deutsche waren nicht säuberlich auseinanderzudividieren.

Der endgültige Befund darüber, welches Ausmaß die Fälschungen hatten, bleibt einstweilen noch ausstehenden, detaillierten Einzelforschungen vorbehalten, sofern die Quellenlage solche überhaupt zuläßt.

Zu den möglicherweise vorgenommenen Fälschungen kam die Einschüchterung der tschechischen Bevölkerung. Das tschechische Kreisamt von Litovel (Littau), im nicht besetzten Gebiet gelegen, berichtete an das Landesamt in Brünn, im abgetretenen Gebiet seien sogar Tschechen verhaftet und bei ihrer Festnahme auch Frauen und Kinder geschlagen worden, weil sie dafür geworben hatten, mit ‚Nein' zu stimmen.[440] Die Einschüchterung der tschechischen Bevölkerung durch starke Polizeikräfte belegt auch ein Schreiben Henleins an den Chef der Ordnungspolizei, Daluege. Darin bedankte sich Henlein für den Einsatz der „Orpo" als „politische Kampftruppe", ohne den „vor allem in den gemischtsprachigen Gebieten der erzielte Wahlerfolg kaum möglich gewesen" wäre.[441] Die Kreisbehörde von Wallachisch Meseritsch hatte schon vor den Wahlen berichtet, daß die tschechische Bevölkerung sich an den Wahlen be-

---

[436] *Macek:* Zur Problematik der Geschichte 58f.
[437] Abgedruckt in: Protifašistický a národně osvobozenecký boj, Bd. I.3.3., 20.
[438] Bericht des Kreisamtes (Okresní úřad) Brünn an das Landesamt (Zemský úřad) Brünn vom 7. 12. 1938. SÚA Prag, MV-Pres. 1936-1940, XH 21, Kart. 1043.
[439] Niederschrift über die Verhandlung der Bezirkswahlbehörde Troppau vom 6. 12. 1938. OA Opava, LRT, Kart. 64, Nr. 151.
[440] Lagebericht vom 11. 12. 1938. SÚA Prag, MV-Pres. 1936-1940, XH 21, Kart. 1043.
[441] Schreiben (Abschrift) vom 6. 12. 1938. Yivo Institute for Jewish Research, New York, Berlin Collection (Record Group 2159), G-96.

teiligen und mit ‚Ja' stimmen werde – „aber aus Angst vor Schikanen und Gewalt".[442] Diese Prognose beschrieb treffend das später Eingetretene. Ein Großteil der im Gau verbliebenen tschechischen Bevölkerung gab jedenfalls dem Druck nach und stimmte ebenfalls mit ‚Ja'; eine politische Überzeugung stand wohl bei den wenigsten dahinter. Daß die tschechische Minderheit im Sudetenland fast geschlossen das neue Regime innerlich ablehnte, geht aus sämtlichen Lageberichten sowohl staatlicher als auch parteilicher Provenienz hervor.

Einschüchterung, möglicherweise auch Fälschung sowie die Tatsache, daß ein großer Teil der Anschlußgegner geflohen war oder sich in Haft befand – all dies ist auch bei der Beurteilung des Wahlverhaltens der deutschen Bevölkerung zu berücksichtigen. Tatsache ist aber auch, daß der weitaus größte Teil der Sudetendeutschen Anfang Dezember 1938 den Anschluß guthieß. Franks Behauptung, die Wahlen seien nicht gefälscht worden, ist, wie deutlich geworden ist, mit Vorsicht zu betrachten. Gleichwohl lag Frank, auch wenn man die erwähnten äußeren Begleitumstände berücksichtigt, mit seiner Einschätzung, es habe sich „um einen spontanen Ausdruck der Wähler und ihres Willens"[443] gehandelt, nicht ganz falsch. Die Sopade betonte zwar, daß „die Wahlen [schon] bei einem großen Teil der Bevölkerung unter dem Eindruck statt[fanden], daß sie keine freie Willensentscheidung mehr waren". Sie stellte aber nüchtern fest, daß sich zweifelsohne „auch bei freien Wahlen nach einmal vollzogener Besetzung 90 % der Bevölkerung für den Anschluß des Sudetengebietes an Deutschland ausgesprochen hätten." Die Einstellung der Bevölkerung sei gewesen: „Mag jetzt kommen was will. Wir sind die Tschechen losgeworden ohne Krieg und in das großdeutsche Getriebe hineingewurstelt worden. Jetzt müssen wir mit den Wölfen heulen."[444]

Mit der Reichstagswahl hatten sich die Sudetendeutschen, so urteilt Ferdinand Seibt, „ausdrücklich für die Loslösung ihrer Heimat von Böhmen und Mähren entschieden. Die tausendjährigen Grenzen waren damit auch im Namen des Selbstbestimmungsrechtes gesprengt".[445] Damit ist auch gesagt, worum es bei diesen „Ergänzungswahlen" für die Wähler in erster Linie ging: Sie stimmten gegen das Zusammenleben mit den Tschechen in einem Staat.

Um ein Bekenntnis zur nationalsozialistischen ‚Weltanschauung' hingegen dürfte es sich bei der Mehrheit der deutschen Wähler nicht gehandelt haben. Der Anteil der Abstimmenden, die mehr als nur die ‚Heimkehr ins Reich' und die Aussicht auf wirtschaftliche Besserstellung wählte, ist jedoch kaum zu bestimmen. Hagspiel beziffert den Anteil der überzeugten Nationalsozialisten bei der Abstimmung in Österreich, bei der

---

[442] Situationsbericht an das Landesamt Brünn vom 1. 12. 1938. SÚA Prag, MV-Pres 1936-1940, XH 21, Kart. 1043.
[443] Zpověď K. H. Franka 48.
[444] Deutschland-Berichte. 1939, 15f.
[445] *Seibt:* Deutschland und die Tschechen 21.

Die nationalsozialistische Durchdringung der Gesellschaft 143

99,73 Prozent für den Anschluß stimmten, auf „kaum mehr als ein Drittel der Wahlbevölkerung".[446] Um mehr als eine vage Schätzung, die in etwa auch auf das Sudetenland zutreffen könnte, handelt es sich bei dieser Angabe jedoch nicht. Die Mehrheit der sudetendeutschen Bevölkerung nahm jedenfalls die Diktatur für die ‚Befreiung von der Tschechenherrschaft' und das erhoffte Ende der Wirtschaftsmisere bereitwillig und bewußt in Kauf. Diese Entscheidung fiel um so leichter, als man ja meinte, auf der ‚richtigen' Seite zu stehen und für sich persönlich keine negativen Folgen befürchten zu müssen.

Insgesamt 41 sudetendeutsche Abgeordnete zogen schließlich in den Reichstag, den „höchstbezahlte[n] Männergesangsverein der Welt"[447] ein, unter ihnen auch Henlein, der sich zuvor geweigert hatte, ein Mandat in der Tschechoslowakischen Nationalversammlung anzunehmen.

Mit der Überführung der SdP in die NSDAP und den „Ergänzungswahlen" zum Reichstag vom 4. Dezember 1938 fand die erste Phase der Gleichschaltung im Sudetenland zumindest einen äußerlichen Abschluß. Die Tätigkeit des ‚Stillhaltekommissars für Organisationen' war zu diesem Zeitpunkt freilich noch nicht abgeschlossen, und die endgültige ‚interne' Gleichschaltung, die ‚Säuberung' der NSDAP im Sudetengau, stand noch bevor.

---

[446] *Hagspiel:* Die „Ostmark" 47.
[447] *Hubert:* Uniformierter Reichstag 16.

IV. PROBLEME DER POLITIK
ZWISCHEN GAU- UND REICHSINTERESSEN (1938–1945)

1. Fortleben alter Gegensätze – Fortsetzung der Gleichschaltung:
Henlein und die Auseinandersetzung um das Maß
der Eigenständigkeit des Sudetengaus innerhalb des Dritten Reiches

Während noch um die künftige Gestalt des Sudetengaus und um die Kompetenzen seines Reichsstatthalters und Gauleiters gerungen wurde, entbrannte im Sudetenland ein „infamer Machtkampf"[1], in dessen Zentrum Konrad Henlein stand. Der Konflikt zwischen dem Teil der Sudetendeutschen Partei, der dem Kameradschaftsbund nahegestanden bzw. ihm angehört hatte, und jenem, der dem Aufbruch, der von Anfang an klar großdeutsch-nationalsozialistischen Fraktion, zuzurechnen war, setzte sich nun fort. Er wurde sogar, wie ein SD-Bericht Ende Oktober 1938 vermerkte, „immer schärfer".[2]

Beide Seiten erhielten auch weiterhin Unterstützung von denjenigen Institutionen im Reich, zu denen sie auch schon zuvor gute Kontakte unterhalten hatten. Henlein und seine Mitarbeiter fanden Beistand bei der Militärischen Abwehr. Der Vizeadmiral Canaris, der für sich in Anspruch nahm, Henlein 1935 ‚entdeckt' und ihn seither gestützt zu haben, schickte seinen Vertrauten, Major Helmuth Groscurth, mit dem Auftrag ins Sudetenland, „Henlein den Rücken [zu] stärken".[3] Der Aufbruch und die Interessen der sudetendeutschen Alt-Nationalsozialisten wurden vor allem von der SS, besonders von Heydrichs SD, protegiert.

Anders als die Gleichschaltung von Verwaltung und Organisationswesen im Sudetenland vollzog sich die ‚interne' Gleichschaltung hinter den Kulissen, den Augen der Öffentlichkeit weitgehend verborgen, und

---

[1] *Groscurth:* Tagebücher 133.
[2] SD-Bericht über die Lage im sudetendeutschen Gebiet vom 25. 10. 1938. ZfdAhdS, Moskau, 500-1-967 II, Bl. 168.
[3] *Groscurth:* Tagebücher 135 bzw. 137. — Groscurth war bereits am 1. Oktober zusammen mit Canaris ins Sudetenland gefahren. Am 11. Oktober wurde er zum Verbindungsoffizier des OKW bei Henlein ernannt. In dieser Funktion stand er gerade in den ersten Tagen in engem Kontakt mit Henlein; seine Aufzeichnungen darüber sind eine wichtige Quelle für diese Zeit. Groscurth unterstützte Henlein vor allem in dem Bemühen, seine Personalplanungen zu verwirklichen. Über Henleins Unterstützung durch die Abwehr auch in der Zeit vor dem Anschluß ist relativ wenig bekannt. *Smelser:* Das Sudetenproblem 165f., berichtet davon, ohne daß das Wirken dieser Organisation im Gegensatz zu dem des SD deutlich wird. — Einigen Aufschluß dazu bietet auch *Höhne,* Heinz: Canaris. Patriot im Zwielicht. München 1976, 278ff. — Weitere Hinweise bei *Groscurth:* Tagebücher 105, Anm. 31.

dauerte wesentlich länger als die nur scheinbar reibungslose Auflösung der Sudetendeutschen Partei. Unter dem Deckmantel der Einheit setzten sich die alten Konflikte fort.

Der Ablauf der Auseinandersetzung bis zum Frühjahr 1939

Auf allen Ebenen von Staat und Partei wurde zwischen den rivalisierenden Gruppen um Stellen und Posten gekämpft.[4] Allein Henlein war zunächst weitgehend unumstritten. Es hatte zwar, wie gesehen, Vorschläge seiner Konkurrenten gegeben, aus den an das Reich gefallenen sudetendeutschen Gebieten mehrere Gaue zu bilden, damit auch sie als Gauleiter zum Zuge kämen. Doch wurden diese Pläne offenbar nicht weiter verfolgt. Krebs und Jung buhlten aber weiter um die Macht. Der eine zeichnete provokativ mit „Gauleiter zur Disposition"[5], der andere hatte schon vor dem Anschluß immer wieder auf seine ‚Verdienste' im ‚Kampf des Sudetendeutschtums' hingewiesen. Im September 1938 hatte Jung an den Chef der ‚Kanzlei des Führers' geschrieben, daß er sich „auch für die größte Aufgabe befähigt" halte.[6] Doch die Erwartungen dieser beiden ehrgeizigen Männer erfüllten sich nicht. Auch Frank, der gehofft hatte, Gauleiter eines eigenständigen ‚Egerlandgaus' zu werden, mußte sich einstweilen mit der Position des Stellvertretenden Gauleiters zufriedengeben.[7]

Der Mann der Stunde war der als bescheiden geltende Konrad Henlein. Er war vor allem wegen seiner enormen Popularität[8] und seines in-

---

[4] Im folgenden muß eine Beschränkung auf die oberen Ebenen von Verwaltung und Partei erfolgen. Es wurde jedoch die gesamte Hierarchie, bis herab zur Ebene der Bürgermeister, erfaßt. — Bei der Besetzung des Bürgermeisteramtes von Gablonz etwa kam es nach dem Anschluß zu einer Unterschriftensammlung der Bevölkerung, die die Einsetzung Walter Richters verlangte. Richter war zunächst DNSAP-Mitglied gewesen und hatte später in der SdP laut SD-Bericht „energisch und kompromißlos die Bestrebungen des KB." bekämpft. Der neue NSDAP-Kreisleiter von Gablonz, Oberlik, war jedoch Mitglied des KB gewesen und unterband die Unterschriftensammlung. Schreiben des Gauamtsleiters für Kommunalpolitik an den Stellv. Gauleiter vom 21. 8. 1941. SÚA Prag, 123-512-3, Bl. 82f.
[5] Bericht der ‚Prager Presse' vom 2. 11. 1938. SÚA Prag, ZTA, Kart. 584, Nr. 480.
[6] Schreiben Jungs an Bouhler vom 19. 9. 1938. BA Berlin, Sammlung Schumacher, Ordner 313.
[7] Frank war von Frick persönlich zunächst auch zum Stellvertretenden Reichskommissar ernannt worden. Die Ernennung wurde jedoch nie offiziell vollzogen und deswegen auch nicht aktenkundig. Personalakte Franks. ZfdAhdS Moskau, 720-5-2226. — Daß Frank anstelle Henleins die Funktion des „ersten Mannes im neuen Gau" erlangen wollte, wie Biman und Malíř behaupten, konnte nicht belegt werden. *Biman/Malíř:* Kariéra 215. — Vgl. dagegen die Darstellung Fritz Bürgers, der die angeblichen Gegensätze zwischen Frank und Henlein stark relativiert. Stellungnahme Bürgers zum Buch *Rönnefarth:* Die Sudetenkrise in der internationalen Politik. O. D. BA Bayreuth, Ost-Dok. 20/90, Bl. 6.
[8] „Das Volk liebt ihn sehr", so eine Notiz Goebbels' über Henlein am 1. 8. 1938. Die Tagebücher von Joseph Goebbels. Teil I. Bd. 2, 498.

Fortleben alter Gegensätze — Fortsetzung der Gleichschaltung 147

ternationalen Rufs als ‚Führer der Sudetendeutschen' für die Funktion des Reichskommissars bzw. Reichsstatthalters geradezu prädestiniert. Daß aber Henlein, der sich noch wenige Jahre vorher vom Nationalsozialismus öffentlich und zudem nicht nur aus taktischen Gründen distanziert hatte, auch Gauleiter der NSDAP wurde, konnte auf den ersten Blick tatsächlich überraschen. Die ‚Prager Presse' fand dies besonders bemerkenswert. Vielfach sei erwartet worden, berichtete sie, daß Henlein nur Reichsstatthalter, Krebs hingegen Gauleiter werden würde.[9] Doch, wie gesehen, verlangte die Verfassung des vom Reichsinnenministerium geplanten und durchgesetzten ‚Mustergaus' die Verbindung des höchsten Verwaltungsamtes mit dem obersten Parteiamt in einer Person.

Vor allem zählte jetzt aber, daß Henlein sich in der entscheidenden Phase der Sudetenkrise Hitler vollständig untergeordnet und sich dessen Vertrauen erworben hatte. Schon im März 1938 hatte Hitler dem Chef der SdP deutlich gemacht, daß er ihn auch künftig als ‚seinen Mann' betrachtete.[10] Auch die SS mußte sich damit abfinden, daß Henlein hoch in der Gunst des ‚Führers' stand. Sie nahm ihn, wie schon gesehen, mit hohem Rang und der Absicht, ihn so zu vereinnahmen, in die eigenen Reihen auf. Um praktisch jede andere wichtige Position, ob in Verwaltung oder Partei, entbrannte jedoch ein Kampf zwischen den verfeindeten Fraktionen.

Besonders stark wirkten sich die Gegensätze zwischen den ehemaligen Anhängern der DNSAP und der SdP in der NSDAP des Sudetenlandes aus. Bis auf die Ebene der Parteikreise, ja der Ortsgruppen hinab, blieben sie hier noch über Jahre zu spüren.[11] Immer wieder kam es zu Auseinandersetzungen vor allem darum, welche Partei — SdP oder DNSAP — sich größere Verdienste um den Anschluß an das Reich erworben habe und welcher Partei Mitglieder daher nun bevorzugt zu behandeln seien. Die ‚Alt-Nationalsozialisten' betrachteten die SdP-Funktionäre, soweit sie nicht vor der Gründung der Henlein-Partei auch in der DNSAP aktiv gewesen waren, vielfach als ‚Konjunktur-Nazis'. Nur um ihrer Karriere willen träten diese nun in die NSDAP ein, ohne von deren Ideologie überzeugt zu sein.[12] Auch wurde der SdP oder zumindest ihrem von Henlein

---

[9] Bericht der ‚Prager Presse' vom 2. 11. 1938. SÚA Prag, ZTA, Kart. 584, Nr. 480.
[10] ADAP. Serie D. Bd. 2, 158. — Vgl. dazu auch oben.
[11] Lagebericht des Chefs der Zivilverwaltung vom 24. 11. 1938. BA Berlin, R 18/6080. — Aussage Neuburg. AMV Prag, 301-139-3, Bl. 22. — Vgl. auch die Lageberichte des NSDAP-Kreisleiters von Marienbad vom 29. 7. und 29. 9. 1940. SOA Litoměřice, GL NSDAP, Kart. 8.
[12] Vgl. z. B. die Meldung des Kreisleiters von Tetschen vom Februar 1940, der im Zusammenhang mit der Verurteilung Brands 1940 in Anspielung auf die von diesem repräsentierte politische Strömung schreibt: „Die Kriegszeit [...] wird auch jene reinliche Scheidung herbeiführen, die zu Gunsten des Nationalsozialismus notwendig ist. Es werden jene Pgn., die heute das Mitgliedsbuch in der Tasche führen, sehr bald erkannt werden, die nur um Vorteile willen der Partei angehören wollen." Sie seien noch nicht frei von „bürgerlichen Auffassungen und Schlacken".

repräsentierten Flügel das lange Festhalten an der Autonomiepolitik vorgeworfen.[13] Die aus der SdP kommenden Funktionäre behaupteten dagegen, nach der Auflösung der DNSAP 1933 in der „eigentliche[n] ‚Kampfzeit'" die Führung der Sudetendeutschen innegehabt zu haben.[14]

Gegen diese Spaltung der Partei in seinem Gau mußte Henlein vorgehen. Im Parteikreis Komotau setzte er, sonst darauf bedacht, möglichst nur Sudetendeutsche zu verwenden, sogar einen aus dem Altreich stammenden Kreisleiter, Karl-Richard Adam, ein. Henlein ging davon aus, daß dieser als Unbeteiligter besser zwischen den hier besonders verfeindeten Parteiflügeln vermitteln konnte.[15]

Henlein war daran interessiert, seine sudetendeutschen Kritiker zu besänftigen: „Eine große Zeit", so zitiert ihn Groscurth in seinem Bericht an Canaris vom 12. Oktober 1938, „müsse große Menschen finden. Der frühere Zwiespalt müsse ausgemerzt werden."[16] Genau einen Monat später forderte er alle „Kameraden" der DNSAP, die nie Mitglied der SdP geworden waren, auf, sich nun bei den zuständigen Ortsgruppen der NSDAP anzumelden. „Aus taktischen Gründen", so heißt es in dem Aufruf, die Wahrheit verzerrend, sei es „nicht immer möglich [gewesen], allen Sudetendeutschen zu sagen, wohin der Marsch geht." Nun sei aber „das große Ziel" erreicht.[17] Auf die Absicht, seine früheren Kritiker einzubinden, ist wohl auch Henleins Zustimmung zur Einsetzung seines Erzrivalen Hans Krebs als Regierungspräsident in Aussig zurückzuführen. Unter der Voraussetzung, daß Krebs nicht von seinem Titel als „Gauleiter ehrenhalber" Gebrauch machte und ihn, Henlein, „als Gauleiter restlos anerkenne", war Henlein bereit, den „Wunsch" des Innenministers Frick, zu erfüllen und Krebs' Berufung zuzustimmen.[18] Da Krebs die Unterstützung Fricks hatte, wäre Henlein aber ohnehin kaum um die Ernennung des ehemaligen Führers der DNSAP umhingekommen.[19]

SOA Litoměřice, GL NSDAP, Kart. 3. — Vgl. auch Charakteristik der Kreisleiter von H. Neuburg. SÚA Prag, 123-761-3, S. 2.

[13] Vgl. die undatierte Denkschrift Rudolf Jungs (vermutlich aus dem Jahr 1941), in der es heißt, daß die „Nationalsozialisten der Sudetenländer" für „Großdeutschland unter Führung Adolf Hitlers" und nicht etwa für die nationale Autonomie im Tschechenstaate" gekämpft hätten. Zwischen den sudetendeutschen Nationalsozialisten „und jeder anderen sudetendeutschen Partei" könne deshalb „überhaupt kein Vergleich gezogen werden. Auch nicht mit der Sudetendeutschen Partei Konrad Henleins, die erst am 24. April 1938 sich für die nat.soz. Weltanschauung aussprach!" BA Berlin, BDC, SSO-Akte Jung.

[14] Charakteristik der Gauleiter von H. Neuburg. SÚA Prag, 123-761-3, S. 2.

[15] *Ebenda.*

[16] *Groscurth:* Tagebücher 328.

[17] Gauweisungsblätter, Folge 6 vom 15. 11. 1938. SOA Litoměřice, GL NSDAP, Kart. 27. — Zur Einordnung dieser Aussage vgl. oben.

[18] Aussage Neuburg. AMV Prag, 301-139-3, Bl. 92. — Vgl. auch *Groscurth:* Tagebücher 328.

[19] Nach einer anderen Quelle hatte es Krebs ausschließlich Frick zu verdanken, Regierungspräsident in Aussig geworden zu sein. Nicht unterzeichnetes Schreiben an

Ansonsten aber blieb Henlein in vielen Fällen hartnäckig und setzte, nicht ohne Geschick, seine Mitarbeiter und Vertrauten durch. Er wehrte sich, ungeachtet seiner ‚versöhnlichen' Worte, gegen zu starken Einfluß jener, die ihm vor dem Anschluß das Leben schwer gemacht hatten und die auch jetzt noch Stimmung gegen ihn machten.[20] So verhinderte Henlein beispielsweise, daß Rudolf Jung mit einem der drei Regierungspräsidien betraut wurde.[21] Er hielt Jung zunächst hin und vertröstete ihn immer wieder, bis dieser schließlich leer ausging.[22] Neben Krebs wurden statt dessen mit Wilhelm Sebekowsky und Fritz Zippelius Weggefährten Henleins aus der SdP, beide ehemalige Mitglieder des Kameradschaftsbundes, mit den Regierungspräsidien in Karlsbad und Troppau betraut.

Nicht nur an der Spitze der neu errichteten Verwaltung, sondern auch in der Partei konnte sich zunächst der Flügel der SdP, der sich ursprünglich für eine Autonomie-Lösung der ‚Sudetenfrage' eingesetzt hatte, personell durchsetzen. Henlein erreichte es, daß die wichtigsten Stellen in der NSDAP-Gauleitung, Karl Hermann Frank ausgenommen, mit ‚seinen' Leuten besetzt wurden. Nach Franks Abgang nach Prag im März 1939 gelang es Henlein sogar zunächst, den Kameradschaftsbündler Fritz Köllner, der in Berlin dafür bekannt war, in der Personalpolitik vor allem sudetendeutsche Belange zu vertreten, auf diesen wichtigen Posten zu befördern.[23] Köllner berichtete später, Henlein habe ihn im Frühjahr

---

den Reichsführer-SS, vermutlich von v. Woyrsch vom 22. 5. 1943. BA Berlin, BDC, SSO-Akte Donnevert.

[20] *Groscurth:* Tagebücher 132f.
[21] *Ebenda* 354.
[22] Jung hatte sich am 24. 10. 1938 beim Reichsinnenminister um den Posten des Regierungspräsidenten in Troppau beworben. (Jung war in der Tschechoslowakischen Republik Abgeordneter des Wahlkreises Troppau gewesen). Am 9. 11. 1938 wurde eine Besprechung Jungs mit Henlein für den 21. 11. 1938 vereinbart, zu der dieser aber nur seinen Adjutanten Wenzel schickte. Dieser machte Jung darauf aufmerksam, daß „der Reichskommissar [...] bereits mit dem Führer die Besetzung der Regierungspräsidentenstellen besprochen" und für Sebekowsky und Zippelius „die Zustimmung des Führers erhalten" habe. Wenzel bot dem verdutzten Jung als Ersatz den Posten des Präsidenten des Landesarbeitsamtes im Sudetenland an. Jung war bei einem am 9. 12. 1938 doch noch stattfindenden Gespräch mit Henlein bereit anzunehmen, vorausgesetzt, daß seine „Stellung nicht unter jener eines Regierungspräsidenten stehen würde". Nach „dreißig Kampfjahre[n]" müsse er durch „eine verhältnismäßig hohe Stellung" eine „Wiedergutmachung" erfahren. Henlein sagte Jung die Erfüllung seiner Forderungen zu, unternahm aber in der Folgezeit offensichtlich nicht die nötigen Schritte. Am 20. 1. 1939 erfuhr der beleidigte Jung dann vom Reichsarbeitsminister, „daß bisher von einem Präsidenten des Landesarbeitsamts im Gau Sudetenland noch überhaupt keine Rede war", da das Sudetenland ohnehin zu klein sei, um dort eine solche Behörde zu errichten. Niederschrift Jungs vom 23. 1. 1939. BA Berlin, BDC, SSO-Akte Jung.
[23] Vgl. den Randvermerk Stuckarts über Köllner zum Schreiben des Ministerialrats Dellbrügge vom 11. 11. 1938. BA Berlin, 15.01, Bd. 787, Bl. 4. — Walter Brand attestiert Köllner in seinen Memoiren, „einen erbitterten Kampf gegen die Überfremdung des Sudetendeutschtums vom Reich her" geführt zu haben. *Brand:* Auf verlorenem Posten 77.

1939 gebeten, Franks Nachfolger zu werden, weil Henlein „die Besetzung dieses Postens mit einem Deutschen aus dem Reich" habe verhindern wollen.[24] Die Ernennung Köllners war um so bemerkenswerter, als Heydrich gerade Ende März 1939 ein Parteigerichtsverfahren gegen ihn anstrebte.[25]

Die von Henlein unterzeichnete Besetzung der Gauämter vom 8. Februar 1939 macht deutlich, daß er sich gegenüber seinen sudetendeutschen Kontrahenten weitgehend durchgesetzt hatte. Die Liste zeigt in den wichtigsten Funktionen enge Mitarbeiter Henleins aus der Zeit vor dem Anschluß und ehemalige Mitglieder des Kameradschaftsbundes: Richard Lammel wurde Stabsamtsleiter, Fritz Bürger Organisationsleiter. Die Posten des Personalamtsleiters und des Propagandaleiters besetzten Gustav Oberlik und Franz Höller.[26] Die Gegner Henleins mußten sich dagegen mit wenigen und untergeordneten Positionen zufriedengeben. Anton Kreißl, ihr prominentester Vertreter, wurde immerhin Leiter des Gauamts für Kommunalpolitik und hatte gleichzeitig die nicht unwichtige Position des Gauhauptmanns in der Reichsstatthalterei inne.[27]

Wie stark die Position Henleins in den ersten Wochen nach dem Anschluß war, zeigt, daß er auch gegen den Widerstand Himmlers und Heydrichs seine personalpolitischen Vorstellungen durchsetzen konnte. Denn wie bereits in den vorangegangenen Jahren kämpfte vor allem der Sicherheitsdienst der SS gegen Henlein und seine dem Kameradschaftsbund entstammenden Mitarbeiter.

Heydrich hatte schon am 16. Oktober an Bormann geschrieben, „daß die gesamte Verwaltung der sudetendeutschen Gebiete nunmehr in den Händen des Führungskreises der SdP" liege, der „sehr stark mit Männern des ehemaligen Kameradschaftsbundes besetzt" sei. Daher müsse man befürchten, daß „die gesamte neue Verwaltung zu einem Werkzeug der Unterdrückung und Benachteiligung der alten sudetendeutschen Nationalsozialisten gemacht" werde. Gegenmaßnahmen seien zu ergreifen.[28]

---

[24] Aussage Köllners vom 28. 3. 1947. AMV Prag, 301-9-3, Bl. 101ff., Zitat Bl. 102. — Vgl. auch Köllners autobiographische „Skizze eines Lebensabschnittes von 1938 bis heute [1979]". Herder-Institut Marburg, Pressearchiv, T 15610.

[25] Köllner soll gesagt haben, die Gestapo habe im Sudetenland schlimmer gehaust als das tschechische Militär. Schreiben Heydrichs an das Oberste Parteigericht vom 27. 3. 1939. BA Berlin, BDC, OPG-Akte Köllner. — Diese Denunziation war offensichtlich nur ein Vorwand, um den KB-Mann Köllner aus seinem Amt zu entfernen. Henlein wandte sich am 27. 6. 1939 in einem Schreiben an das Oberste Parteigericht (*ebenda*) und entlastete Köllner, woraufhin das Gericht in einem Schreiben vom 7. 7. 1939 erklärte, daß das Verfahren nicht eröffnet werde. *Ebenda*. — Auch hieran wird deutlich, welches Gewicht Henleins Wort zu diesem Zeitpunkt noch besaß.

[26] Anordnung der Gauleitung Nr. 9/39. Weisungsblätter, Folge 6. SOA Litoměřice, GL NSDAP, Kart. 27.

[27] Zu einer ähnlichen Einschätzung dieser Ämterbesetzung gelangen *Biman/Malíř:* Kariéra 239.

[28] Schreiben Heydrichs an Bormann (Abschrift) vom 18. 10. 1938. Akten der Parteikanzlei, Fiche Nr. 101 20030f.

Fortleben alter Gegensätze – Fortsetzung der Gleichschaltung   151

Für eine Besprechung mit Himmler und Henlein Ende Oktober 1938 ließ sich Heydrich Material „über das Verhalten Henleins und seiner Mitarbeiter" und über „die weltanschauliche Haltung und die frühere Tätigkeit des Kameradschaftsbundes" zusammenstellen.[29]

In der zweiten Oktoberhälfte war zunächst der von Henlein eingesetzte HJ-Führer Franz Krautzberger Ziel der Angriffe Heydrichs. Krautzberger war Jugendführer des Deutschen Turnverbands in der ČSR[30] und noch im September 1938 Vertreter einer autonomistischen Lösung der ‚Sudetenfrage' gewesen.[31] Er hatte zudem als Verbindungsmann der Militärischen Abwehr im Sudetenland fungiert.[32] Mit der Begründung, Krautzberger sei Spann-Schüler, forderte Heydrich nun seine Ablösung. Henlein konnte sich jedoch vorerst durchsetzen und sich mit dem Chef der HJ, Baldur von Schirach, auf Krautzbergers Verbleiben einigen.[33] Im Reichskommissariat wuchs dennoch, so meldete Groscurth am 29. Oktober, „die Wut über das Hereinreden der staatlichen und Parteistellen und über die starke Betätigung der Aufbruch-Leute".[34] Henlein war vor allem über Himmler und Heydrich verärgert. Während er Himmler „noch ein gewisses Gefühl für Anständigkeit" zusprach, bezeichnete er Heydrich rundheraus als „Verbrecher".[35]

Besonders gegen den designierten Regierungspräsidenten in Karlsbad, Sebekowsky, hatte Himmler große Vorbehalte. Henlein konnte sie zwar nicht vollständig ausräumen, sich aber vorerst über sie hinwegsetzen. Am 4. November berichtete Groscurth an Oberstleutnant Oster von einer Besprechung Henleins mit dem Reichsführer SS am 31. Oktober. Dabei sei Henlein „sehr energisch aufgetreten" und habe „in deutlichster Form erklärt, er verbitte sich nunmehr endgültig alle Angriffe der Gestapa [sic] gegen seine Umgebung". Andernfalls sähe „er sich gezwungen, dem Führer alles das zu unterbreiten, was ihm von seiten der Gestapa in den letzten drei Jahren angetan" worden sei. Henlein sei sicher gewesen, „daß der Führer sich dann rückhaltlos auf seine Seite stellen würde". Daraufhin sei Himmler „nach Angabe Henleins [...] sehr klein geworden" und habe „alle Forderungen Henleins erfüllt".[36]

Diese Episode ist nicht nur bemerkenswert, weil es Henlein im direkten Gespräch mit dem „Reichsführer SS" gelang, seine Vorstellungen

---

[29] Schreiben des 2. Adjutanten des Chefs der Sipo Grässler an SS-Oberführer Best (Abschrift) vom 26. 10. 1938 bzw. Notiz Bests vom 27. 10. 1938. ZfdAhdS Moskau, 500-1-962, Bl. 162 f.
[30] Auch in diese Funktion war Krautzberger von Henlein eingesetzt worden. *Horak:* Die deutschen Turnverbände 160.
[31] *Luh:* Der Deutsche Turnverband 414.
[32] *Ebenda* 430.
[33] *Groscurth:* Tagebücher 153. — Vgl. auch *Luh:* Der Deutsche Turnverband 423 f.
[34] *Groscurth:* Tagebücher 354.
[35] *Ebenda* 356.
[36] *Ebenda.*

durchzusetzen. Sie zeigt auch, wie Groscurth hinter den Kulissen die Fäden zog und wie stark Henlein bis in einzelne Formulierungen hinein von seinen Mitarbeitern beeinflußt werden konnte – eine Eigenschaft, auf die schon hingewiesen wurde. Groscurth berichtete nämlich, Henlein habe, als er ihn über die Unterredung mit Himmler informierte, „mehrfach dieselben Redewendungen" gebraucht, die der Major zuvor gegenüber Mitarbeitern Henleins verwendet hatte, um die Begegnung mit dem Chef der SS vorzubereiten. Über die Mitarbeiter waren die Formulierungen zu Henlein gelangt, der sie getreu wiederholte. Groscurth durfte zu Recht das Gefühl haben, auf Henlein Einfluß ausgeübt zu haben.[37]

Zu Henleins Anfangserfolgen zählte auch, daß er seine Konkurrenten bei der Vorbereitung der ‚Ergänzungswahl' zum Reichstag in den Hintergrund drängen konnte. So wurde Rudolf Kasper, ein besonders scharfer Widersacher Henleins aus der Gruppe der ‚Radikalen', der 1936 sogar wegen eines innerparteilichen Putsches aus der SdP ausgeschlossen worden war, entgegen dem Vorschlag Himmlers nicht als Kandidat für die Reichstagswahl aufgestellt.[38]

Die Liste der ‚Wahlkandidaten' war Henlein von der Parteikanzlei und dem Reichstagspräsidium vorgelegt, von ihm dann mit seinen Gauamtsleitern überarbeitet, schließlich aber von Reichsstellen noch einmal überprüft und auch geändert worden.[39] Dabei wurden einige Henlein mißliebige Namen eingefügt. Er zeigte sich „erbost darüber, daß Frick ihm Krebs und Jung ohne sein Wissen auf die Wahlliste gesetzt hat".[40] Umgehend telegrafierte Henlein an die Reichskanzlei in Berlin und beschwerte sich. Seine Zustimmung zu diesem Vorschlag liege nicht vor, „da aus wahlpolitischen Gründen ein derartiger Wahlvorschlag unmöglich" sei. Er bat darum, daß der Wahlvorschlag nur seinen und Hitlers Namen trage, die „Angelegenheit" sei ihm „außerordentlich dringlich".[41] Hitler bestimmte, „daß Wahlzettel und Wahlliste nur im engsten Einvernehmen und im vollen Einverständnis mit [dem] Reichskommissar aufgestellt" werden sollten, hielt aber daran fest, daß mehr als nur sein und Henleins Name auf dem Wahlzettel erscheinen sollten.[42] Schließlich wurde neben dem ‚Führer' und Henlein noch Frank genannt, die Konkurrenten aus den Reihen der alten DNSAP, Krebs und Jung, jedoch nicht.[43]

Allein seinen neben Heinz Rutha lange Zeit engsten Mitarbeiter, Walter Brand, mußte Henlein bald aufgeben. Brand hatte als ehemals füh-

---

[37] *Ebenda.*
[38] *Ebenda.*
[39] Zpoveď K. H. Franka 48.
[40] Die Tagebücher von Joseph Goebbels. Teil I, Bd. 3, 539, Eintrag vom 20. 11. 1938. Goebbels nahm für sich in Anspruch, daß die Liste durch sein Eingreifen zugunsten Henleins geändert worden sei. Eintrag vom 20. 11. 1938. *Ebenda.*
[41] Fernschreiben Henleins an den Chef der Reichskanzlei Lammers vom 19. 11. 1938. BA Berlin, R 43 II/1368.
[42] Telegramm Lammers' an den RMinI vom [20]. 11. 1938. *Ebenda.*
[43] Siehe hierzu auch *Hubert:* Uniformierter Reichstag 155.

render Kopf des Kameradschaftsbundes bei SS und SD die schlechtesten Karten. Er wurde zwar Ende November 1938 von Hermann Göring zum ‚General-Beauftragten für den Vierjahresplan im Sudetenland' ernannt, trat diese Stelle aber gar nicht an: Bereits am 15. Dezember teilte Henlein ihm mit, daß der Reichsmarschall die Beauftragung widerrufen habe. Heydrich hatte bei Göring interveniert und unter Hinweis auf Brands angebliche homosexuelle Neigungen sowie seine Verbindungen zu Spann und zum Kameradschaftsbund den Widerruf durchgesetzt. Henlein, so Brand später, habe nichts zu seiner Verteidigung unternommen.[44] Die politische Karriere des Spann-Schülers im Dritten Reich war damit zu Ende.

Insgesamt jedoch hatte sich der SdP-Flügel um Henlein gegenüber seinen von der SS gestützten sudetendeutschen Konkurrenten und gegenüber allzu starkem Einfluß aus dem Altreich personalpolitisch zunächst behaupten können – sowohl in der Partei, als auch in den höchsten Ämtern der staatlichen Verwaltung. Der Sicherheitsdienst der SS beklagte entsprechend in seinem „Jahreslagebericht 1938", daß, während „in Österreich die Partei durch die Person des Reichskommissions[sic]-Gauleiters Bürckel auf die Verwaltung erheblichen Einfluß gewinnen konnte", ihr im Sudetenland „dieser Einfluß von der SdP mit Erfolg streitig gemacht" worden sei.[45] In „den Reihen der alten Nationalsozialisten der sudetendeutschen Gebiete", so vermerkte der SD, „herrscht eine ungeheure Entrüstung darüber, daß sich der Stab der SdP bemüht, die alten Nationalsozialisten auszuschalten".[46] Rudolf Kasper, der auch zu diesem Kreis zählte, schrieb an einen Vertrauten am 2. Januar 1939 voller Resignation, daß er den Sudetengau verlasse und nach Berlin gehe: „In der Heimat ist auf Grund der gegebenen Verhältnisse und des 100 %igen Sieges des KB. kein Platz für mich. Ich werde daher mein Glück im Altreich versuchen. [...] Was bedeuten wir, die wir stets für die Sache gekämpft haben? Nichts!"[47]

Das letzte Wort in den Personalangelegenheiten war jedoch noch lange nicht gefallen. In dem schon erwähnten Bericht vom 4. November traf

---

[44] *Brand:* Auf verlorenem Posten 153 ff. — 1943 äußerte Henlein seine Sicht der Dinge, die deutlich macht, warum er sich nicht mehr für Brand einsetzte: Henlein „habe Brand gefragt, ob er sein Ehrenwort dafür abgebe, daß er auch nicht im geringsten in den bisher nachgesagten Beziehungen, ähnlich wie Rutha, anrüchig sei. Bevor er ihm aber das Ehrenwort gibt, soll Brand das noch einmal gründlich überlegen, denn K. H. würde, wenn später eine Sache auffliege, nicht nur Brand persönlich, sondern seine ganze Familie mit allem, was Brand heißt, ausrotten. Wochen später sei Brand verhaftet worden." Gedächtnisniederschrift über eine Besprechung zwischen Henlein, Krebs, Kreißl u. a. vom 20. 2. 1943. SOA Litoměřice, pobočka Most, GS, Kart. 1, 4/3/2.
[45] Jahreslagebericht 1938: Meldungen aus dem Reich. Bd. 2, 128.
[46] SD-Bericht über die Lage in den sudetendeutschen Gebieten vom 25. 10. 1938. Zfd AhdS Moskau, 500-1-967 II, Bl. 175 f.
[47] Schreiben Kaspers an J. Palatzky, NSDAP-Ortsgruppenleiter von Nesselsdorf. SÚA Prag, SdP-Erg., Kart. 29.

Groscurth eine sich schon bald als zutreffend herausstellende Prognose: „Es muß damit gerechnet werden, daß die Gestapa [sic] nunmehr ihren Kampf gegen Henlein mit neuen starken Mitteln aufnimmt."[48] Groscurth erkannte bereits jetzt, was später ganz offensichtlich wurde: die Bemühungen der SS, einige Mitarbeiter Henleins nicht in bestimmte Positionen kommen zu lassen oder sogar wieder daraus zu entfernen, richteten sich gegen den Reichenberger Gauleiter selbst.

Mißgunst oder unterschiedliche politische Konzepte? Der Inhalt des Konflikts

„Selbstverständlich war gleich nach dem Anschluß ein Kampf um die Besetzung der Posten und Stellen, die jetzt in Aussicht standen, [...] entbrannt. Ging der Kampf früher um die politische Gesinnung, so ging es jetzt um die materielle Seite und die gesellschaftliche Stellung." So lautete das retrospektive Urteil Rudolf Lodgmans von Auen, der damit den Konflikt zwischen den sudetendeutschen Politikern und ihren jeweiligen Verbündeten in Berlin auf einen Kampf um Posten, Pfründen und Prestige reduzierte.[49] Zweifelsohne spielten diese Faktoren eine wichtige Rolle. Im Sudetengau gab es zahlreiche lukrative Stellen in Partei und Verwaltung zu besetzen, und es lag für die Bewerber nahe, sich auf ihre ‚historischen Verdienste' im Volkstums- und Anschlußkampf zu berufen.

Es bleibt jedoch zu fragen, ob nicht hinter diesen ‚Eifersüchteleien' um Posten und Macht oder Abrechnungen mit der Vergangenheit, die als solche kaum mehr als eine Fußnote wert wären, nicht doch mehr stand: nämlich unterschiedliche Vorstellungen über die Zukunft der an das Reich angeschlossenen Gebiete. Anders formuliert: Entsprachen nicht den viel besprochenen fortlebenden *alten Gegensätzen* aus der Vergangenheit auch die *alten Inhalte*, die, stark vereinfacht, auf die Chiffre *Autonomie oder Anschluß* gebracht werden können?

Vorab gilt es festzuhalten, daß auch jene SdP-Politiker, die Mitglieder des Kameradschaftsbundes gewesen waren und lange Zeit an einer Politik festgehalten hatten, welche die sudetendeutsche Autonomie innerhalb der ČSR zum Ziel hatte, jetzt die Eingliederung in das Deutsche Reich bejahten. Sie stellten sich ausnahmslos dem neuen Regime zur Verfügung. Dies gilt nicht nur für Sebekowsky, Köllner, Bürger und Brand, sondern natürlich auch für Henlein.

Dennoch wurde schon im Kapitel über den Entschluß zur Bildung des Sudetengaus deutlich, daß man in der Politik Henleins und seiner Mitarbeiter, in dem Bestreben, einen eigenständigen Gau zu bekommen, die

---

[48] *Groscurth:* Tagebücher 356.
[49] Niederschrift „Meine Antwort an die ČSSR", o.D. BA Bayreuth, Ost-Dok. 20/71, S. 33. — Die Deutsche Nationalpartei (DNP) war eine von Lodgman selbst geführte bürgerlich-nationalistische und den tschechoslowakischen Staat ablehnende Partei, die 1933 zusammen mit der DNSAP durch Selbstauflösung dem Verbot durch die Behörden zuvorkam.

Fortführung der Stammeskonzeption und der ‚autonomistischen' Linie im Rahmen des im ‚Großdeutschen Reich' Möglichen sehen muß. Daß dies nicht zu Konflikten mit der Zentrale führte, lag daran, daß sich die Interessen Henleins mit jenen des bei der Eingliederung federführenden Reichsinnenministeriums deckten.

Auch Henleins sudetendeutsche Kritiker bestätigen die Einschätzung, wonach das Bestreben der SdP-Spitze, einen eigenständigen Sudetengau zu bekommen, die Fortführung ihrer früheren Autonomie-Politik war. In dem Bericht eines SD-Informanten aus dem Sudetenland, der dem Aufbruch zuzurechnen war, hieß es, die Aufteilung der sudetendeutschen Gebiete auf das Reich sei falsch gewesen, weil die „Zusammenlegung in einem einzigen Gaugebiete [...] die Gefahren, die sich aus der charakterlichen Veranlagung gewisser Mitarbeiter Henlein[s] ergeben", erhöhten. Mit der ‚charakterlichen Veranlagung' war hier die politische Einstellung gemeint: „Der Gauleiter Henlein beruft sich heute darauf, daß er nur zur Tarnung [...] am Anfange seiner politischen Tätigkeit sich auf Spann [...] berief." Henlein und seine Mitarbeiter hätten sich jedoch „viel zu intensiv mit den Theorien Spanns beschäftigt, als daß angenommen werden könnte, sie hätten [...] nur zum Scheine als sie zur politischen Führung berufen wurden, diese Lehre verwirklichen wollen." Henleins Erklärung, „er hätte mit Spann nichts zu tun", sei nicht glaubwürdig, denn er habe daraus „keine Folgerungen gezogen". Er behielt die Mitarbeiter bei und sucht sie auch jetzt noch in konsequenter Weise in seinem Gaue in die einflußreichsten Stellungen zu bringen".[50] Henlein wird hier explizit vorgeworfen, nach wie vor die Ziele des Kameradschaftsbundes zu verfolgen. Die Bildung des Sudetengaus und die Personalpolitik Henleins werden als Ergebnis dieser Politik angesehen.

In eine ähnliche Richtung zielte die Kritik Lodgmans von Auen, der 1918/19 für die Eingliederung ‚Deutschböhmens' in ‚Deutschösterreich' und mit diesem gemeinsam in das Deutsche Reich eingetreten war. Lodgmans Kritik ist auch insofern interessant, als sie seine eigene rückschauende Behauptung, es sei in der Auseinandersetzung nach dem Anschluß nur noch um Macht und Posten, nicht mehr um Inhalte gegangen, in gewisser Weise *ad absurdum* führt.

In einer Denkschrift an das Reichsinnenministerium vom 1. November 1938[51] und in einem Rundschreiben vom 14. Juli 1939[52] begründete er gegenüber verschiedenen „Gesinnungsfreund[en]", warum sein „Name seit Erfüllung unserer Wünsche" – dem Anschluß – „von der öffentlichen Bildfläche verschwunden" war und er weder ein Amt angenommen habe

---

[50] „Situationsbericht über die Lage im Sudetengau", verfaßt von Rechtsanwalt Dr. Schaurek, am 22. 2. 1939 an den SS-Oberführer Jost gesandt. ZfdAhdS Moskau, 500-3-47, Bl. 55ff.
[51] BA Berlin, R 18/5420.
[52] SOA Litoměřice, Nachlaß Lodgman von Auen, Kart. 9. — Teilweise abgedruckt in: Die Deutschen in der Tschechoslowakei 391.

noch in den Reichstag entsandt worden sei. Lodgman legte zunächst noch einmal dar, daß er bis zum Frühjahr 1938 der SdP nicht beigetreten sei, weil er die Politik Henleins und der SdP als „Separatismus" und „nationalen Verrat" habe ablehnen müssen. In der folgenden Argumentation wird deutlich, daß auch Lodgman in der Bildung des Sudetengaus die Fortsetzung der autonomistischen und seiner Meinung nach von Henlein mindestens bis zum Karlsbader Programm vom April 1938 offen verfolgten „separatistischen" Linie sah:

> Ich bin ein Gegner des sudetendeutschen Gaues überhaupt und zutiefst überzeugt, daß mit der Errichtung der sudetendeutschen Bevölkerung eine schwere Enttäuschung bereitet worden ist [...]. Ich halte diesen Gau [...] für verwaltungstechnisch und, was wichtiger ist, für psychologisch-politisch verfehlt. [...] ich behaupte geradezu: die sudetendeutsche Bevölkerung hat absolut nicht den Ehrgeiz, ein eigenes ‚Land' im Reiche zu bilden, sondern hat, mit dem alldeutschen Gedanken seit Jahrzehnten aufs innigste vertraut, den Wahlspruch ‚Heim ins Reich' im wahrsten Sinne des Wortes aufgefasst und so ausgelegt, daß sie mit den Brüdern im Reiche aufs innigste verbunden und verschmolzen werden sollte.[53]

Für seine Ablehnung eines Sudetengaus führte Lodgman historische Gründe an: Das „an die böhmische Krone verpfändete Egerland, das seit je auf seine Zugehörigkeit zum Reiche stolz war", hätte „sicherlich seine Vereinigung mit dem Reiche erwartet". Der ehemals österreichische Teil Schlesiens um Troppau hätte „bestimmt seine Wiedervereinigung" mit dem Rest Schlesiens „begrüßt", und die nordböhmischen Gebiete hätten ohnehin „seit je Dresden als ihre natürliche Hauptstadt betrachtet".[54]

Lodgman schätzte freilich die Wünsche der meisten Sudetendeutschen falsch ein. Sie waren mit der Bildung des Sudetengaus durchaus zufrieden. Dies verwundert nicht, wenn man bedenkt, daß die Parolen ‚Autonomie' und ‚Selbstbestimmung' – was immer im einzelnen darunter verstanden wurde – jahrelang auf ihrem Banner gestanden hatten.[55]

---

[53] SOA Litoměřice, Nachlaß Lodgman von Auen, Kart. 9. — Vgl. auch *Simon, Albert Karl*: Rudolf Lodgman von Auen und das deutsch-tschechische Verhältnis. In: Beiträge zum deutsch-tschechischen Verhältnis im 19. und 20. Jahrhundert. Vorträge der wissenschaftlichen Tagungen des Collegium Carolinum in Nürnberg vom 14.–15. Mai 1964 und in Salzburg vom 6.–8. November 1964. München 1967 (Veröffentlichungen des Collegium Carolinum 19), 47-77, hier 74.

[54] SOA Litoměřice, Nachlaß Lodgman von Auen, Kart. 9.

[55] Die wohl tatsächlich vorherrschende Meinung brachte der SS-Mann von Wangenheim in seinem Bericht über eine Reise durch das Sudetenland vom 27. 10. 1938 zum Ausdruck: „Die Entscheidung [zur Bildung eines Gaus] wurde mit großer Erleichterung begrüßt, da man z. B. besonders gefürchtet hatte, daß das Egerland oder die Elblandschaft an Sachsen fallen würde." SOA Litoměřice, RPA, Kart. 1537. — Viele Menschen waren offensichtlich sogar darüber enttäuscht, daß „ihr" Gau nicht noch stärker autonomen Charakter erhalten hatte. — Forderungen aus den Kreisen der Bevölkerung nach einem Anschluß an benachbarte Länder bzw. Gaue konnten dagegen nur für den Regierungsbezirk Troppau nachgewiesen werden. So hat es im Kreis Freudenthal Bestrebungen der örtlichen SdP und aus Wirtschaftskreisen gegeben, diesen Bezirk an Schlesien anzugliedern. Schreiben der Bezirks-

Henlein und seine Mitarbeiter wurden von ihren Gegnern auch nach dem Anschluß mit dem Begriff des Separatismus in Verbindung gebracht. Ein SD-Bericht über die „Politische Entwicklung und derzeitige Lage im Sudetengau" aus dem Sommer 1939[56], auf Informationen aus dem Kreis der sudetendeutschen Henlein-Widersacher basierend, erhob schwere Vorwürfe gegen den Kameradschaftsbund und damit indirekt auch gegen Henlein. Der KB habe in der Vergangenheit „die Eigenständigkeit des sudetendeutschen Stammestums immer wieder" betont „und damit einen scharfen Trennungsstrich zwischen den Reichsdeutschen und den Sudetendeutschen" gezogen. Somit sei nicht nur „ein sudetendeutscher Stammeskörper geschaffen" worden; vielmehr habe man auch versucht, „die nationalsozialistische Weltanschauung des Gesamtvolkes von diesem, allerdings nur in der Theorie bestehenden, Stammeskörper fernzuhalten. Diese Bestrebungen hätten zwangsläufig zum Separatismus geführt, wenn man sie nicht schon selbst als Separatismus bezeichnen will".[57] Die „weltanschaulichen [...] Ziele" des Kameradschaftsbundes seien auch nach dessen offizieller Auflösung weiterverfolgt worden.[58] Im Grunde wurden hier die Vorwürfe wiederholt, die in der berühmten Denkschrift „Der Spannkreis, Gefahren und Auswirkungen" von 1936 geäußert worden waren.[59] Der Verfasser konstatierte weiter, daß die Kameradschaftsbündler keine Nationalsozialisten seien, und kritisierte, daß sie die wichtigsten Funktionen im Sudetengau besetzt hielten.

Die Kritik an Henlein und seinen Mitarbeitern aus dem Umfeld des Kameradschaftsbundes verzerrte insofern die Tatsachen, als man natürlich einem Politiker, der die Forderung ‚Wir wollen heim ins Reich' erhoben hatte, kaum separatistische Neigungen vorwerfen konnte. Aber es ist richtig, daß Henlein und die von ihm vertretene Richtung der sudetendeutschen Politik andere Vorstellungen von der Eingliederung des Sudetenlandes in das Reich hatten als ihre Kritiker. In dem Gespräch Henleins mit dem Legationsrat im Auswärtigen Amt von der Heyden-Rynsch am 29. September 1938 betonte der designierte Reichskommissar seine Unterschiede zu den Plänen Krebs'. Leider enthält die darüber informierende Niederschrift keine näheren Angaben hierzu[60]; es dürfte aber Krebs' anderweitig überlieferte Absicht gewesen sein, statt eines Sudetengaus drei Gaue zu bilden. Das hätte es ihm nicht nur ermöglicht, selbst Gauleiter zu werden; er wäre zugleich eine Absage an die Idee der sudetendeutschen Einheit gewesen.

---

hauptmannschaft in Freudenthal an den Chef der Zivilverwaltung der Heeresgruppe 1 in Oppeln vom 10. 10. 1938. ZA Opava, VPO, Nr. 549.
[56] Von Frick am 13. 8. 1939 an Heß gesandt. BA Berlin, R 18/5005.
[57] Ebenda.
[58] Ebenda.
[59] Vgl. oben.
[60] Bericht des Legationssekretärs von Kessel für den Staatssekretär vom 29. 9. 1938. PA AA Bonn, Büro Staatssekretär, R 29769, Fiche-Nr. 1182.

Da die Bildung des Reichsgaus Sudetenland ganz auf der Linie des Reichsinnenministeriums lag, konnte Henlein seine Absichten hier durchsetzen. Dennoch war es ein schwieriger Balanceakt zwischen den Interessen des Reiches und jenen des Sudetenlandes, wie er sie verstand. Auch von Reichsleiter Bormann, der in Henlein „einen Mann, der sudetendeutsch-separatistische Tendenzen verfolgte", sah, wurde der Reichenberger Gauleiter stets mißtrauisch beobachtet.[61] In der Tat sind mannigfaltige Versuche Henleins und des von ihm vertretenen SdP-Flügels belegt, dem Gau möglichst viel Eigenständigkeit auf den unterschiedlichsten Gebieten zu verschaffen.

Möglicherweise wollte Henlein sogar, worauf schon hingewiesen wurde, zunächst die Sudetendeutsche Partei als Ganzes, zumindest aber einige ihrer Unterorganisationen erhalten und im Sudetengau an die Stelle der NSDAP bzw. ihrer Gliederungen und angeschlossenen Verbände setzen. Im „Erlaß des Führers und Reichskanzlers über die Verwaltung der sudetendeutschen Gebiete" vom 1. Oktober wurde die SdP, die am 16. September von den tschechoslowakischen Behörden verboten und aufgelöst worden war, als Weisungsempfänger des Reichskommissars genannt. Damit wurde zunächst ihr Fortbestehen tatsächlich bestätigt und ihr eine wichtige Rolle im Eingliederungsprozeß zugewiesen.[62] Einen Tag später, am 2. Oktober, ordnete Henlein dann die Wiederaufnahme der Tätigkeit der SdP „in vollem Umfange" an.[63] Er gab bekannt, daß in den sudetendeutschen Gebieten „als einzige Partei nur die SdP anerkannt wird".[64] Damit wurde im Grunde nur ein bereits bestehender Zustand sanktioniert, hatte doch auch die DSAP als letzte sudetendeutsche Partei neben der SdP inzwischen ihre Tätigkeit eingestellt. Es schien, als würde in die Tat umgesetzt werden, was sich Henlein in einer handschriftlichen Notiz zwischen dem 21. und dem 29. September notiert hatte: Bis „zur endgültigen Regelung" sollte „die Sudetendeutsche Partei die Verwaltung, das Sudetendeutsche Freikorps die Aufrechterhaltung der Sicherheit und Ordnung" in den sudetendeutschen Gebieten übernehmen.[65]

Es gibt Hinweise darauf, daß Henlein möglicherweise zu diesem frühen Zeitpunkt erwartete, diese von ihm anvisierte Regelung würde sogar dauerhaften Charakter und die SdP auch in Zukunft Bestand haben. In dem Bericht über die Besprechung mit von der Heyden-Rynsch am 29. September heißt es, Henlein habe „besonderen Wert" darauf gelegt, „daß keine Übergabe des Gebietes an innerdeutsche Parteiformationen erfolgt". Das Sudetendeutsche Freikorps[66] sollte „anstelle der SS und SA treten".[67]

---

[61] Aussage Neuburg. AMV Prag, 301-139-3, Bl. 46.
[62] RGBl 1938, I, 1331.
[63] *Rühle:* Das Dritte Reich 270.
[64] Zitiert nach *Brügel:* Tschechen und Deutsche 1918–1938, 513.
[65] Der Entstehungszeitraum geht aus dem Inhalt hervor. AMV Prag, 305-364-1.
[66] Im Text heißt es unkorrekterweise „sudetendeutsche Legion".

Fortleben alter Gegensätze – Fortsetzung der Gleichschaltung 159

Zwar rechnete Henlein mit der Unterstellung des Freikorps' entweder unter das Oberkommando der Wehrmacht, das Oberkommando des Heeres oder den Reichsführer SS[68], an seine Auflösung aber war offensichtlich nicht gedacht. Biman und Malíř insinuieren, auch Henleins erwähnte Anordnung, die Sudetendeutsche Partei solle ihre Tätigkeit „im vollen Umfange"[69] wieder aufnehmen, sei Ausdruck des Versuchs gewesen, das „Werk, das Henlein mit seinen Freunden über Jahre geschaffen hatte" – die Sudetendeutsche Partei –, zu bewahren.[70] Sie lassen dabei freilich außer acht, daß auch Hitlers Erlaß vom Tag zuvor die Sudetendeutsche Partei als Weisungsempfänger Henleins genannt und somit zumindest vorläufig ihre Existenz anerkannt hatte.[71]

Leider bleiben diese Hinweise auf die Bemühungen Henleins, auch im Bereich der Partei möglichst viel sudetendeutsche Autonomie innerhalb des Reiches zu erlangen, ansonsten im dunkeln. Die Quellen geben keine weiteren Aufschlüsse. Die zitierten Äußerungen sind aber mißverständlich, da aus ihnen nicht klar ersichtlich wird, von welcher Dauer die von Henlein geplanten Maßnahmen sein sollten. Daß Henlein tatsächlich geglaubt habe, es könnte langfristig innerhalb des Dritten Reiches neben der NSDAP eine zweite Partei und neben SA und SS ein ähnliche Funktionen erfüllendes Sudetendeutsches Freikorps geben, erscheint rückblickend kaum vorstellbar. Aber die zitierten Dokumente deuten sehr wohl in diese Richtung. Außerdem ist zu berücksichtigen, daß die Einzelheiten der Zukunft des Sudetenlandes Ende September bzw. in den ersten Oktobertagen – zumindest aus der Sicht der SdP – noch keineswegs feststanden.[72]

Die Dinge entwickelten sich jedenfalls ganz anders, als Henlein es sich vorgestellt hatte. Das Sudetendeutsche Freikorps war schon Anfang Oktober *de facto* am Ende. Am 9. Oktober verkündete Henlein seine Auflösung. „Das ziemlich klägliche Ende des Freikorps", so Martin Broszat, „verglichen mit dem Pathos des Aufrufs zur Sudetendeutschen Notwehr

---

[67] Bericht des Legationssekretärs von Kessel für den Staatssekretär vom 29. 9. 1938. PA AA Bonn, Büro Staatssekretär, R 29769, Fiche-Nr. 1182.
[68] Zum Zeitpunkt der Besprechung war noch nicht klar, wem das Freikorps unterstellt werden sollte. *Ebenda.* — Am 30. 9. 1938 verfügte Hitler dann die Unterstellung unter den Reichsführer SS und Chef der deutschen Polizei. *Broszat:* Das Sudetendeutsche Freikorps 48.
[69] Zitiert nach *Rühle:* Das Dritte Reich 270.
[70] *Biman/Malíř:* Kariéra 216. — Die am selben Tag ergangene Ergebenheitsadresse Henleins (Text bei *Rühle:* Das Dritte Reich 270) an ‚Führer', Reich und Nationalsozialismus habe diese Maßnahme sollen abfedern sollen.
[71] RGBl 1938, I, 1331.
[72] Henlein soll später darüber enttäuscht gewesen sein, wie es ein enger Vertrauter formulierte, „unter die übrigen Gauleiter untergebuttert" worden zu sein. Auch dies kann man als Indiz dafür nehmen, daß Henlein für sich und seine Partei eine gewisse Sonderstellung erwartet hatte. Rudolf Jahn im Gespräch mit Franz Künzel und Friedrich Bürger im Mai 1966, Aufzeichnung. BA Bayreuth, Ost-Dok. 20/90, Bl. 3.

an seinem Anfang (17. 9.), symbolisiert die an der Geschichte des Freikorps ablesbare Degradierung sudetendeutscher Interessen und Schicksale zu Stör- und Unruhemitteln der Krisenpolitik Hitlers."[73] Eine Woche später fand der letzte Parteitag der SdP statt. Weder hatte Henleins Partei auch nur vorübergehend die Verwaltung übernommen, noch das Sudetendeutsche Freikorps umfassende Aufgaben als Sicherheits- und Ordnungskräfte bekommen.[74] Mit dem Moment der Übergabe der sudetendeutschen Gebiete übernahmen das Deutsche Reich bzw. die Wehrmacht mit ihren beigeordneten Zivilbeamten, die Polizeikräfte und die NSDAP diese Aufgaben.

Autonomieforderungen seitens der SdP, die zumindest den Rahmen dessen sprengten, was im zentralistischen und totalitären Dritten Reich tolerabel war, belegen die besser nachweisbaren Pläne, den aus dem Turnverband hervorgegangenen ‚Freiwilligen Schutzdienst', eine Art sudetendeutsche SA, zu erhalten bzw. zu reaktivieren.

In einem dem Sicherheitsdienst zugespielten Bericht über die Sitzung des Verbandsturnrates in Teplitz-Schönau vom 29. Oktober 1938, an der u. a. der enge Vertraute Henleins Willi Brandner teilnahm, heißt es zunächst, daß „durch die schlagartige Werbetätigkeit sofort nach dem Einmarsch der Wehrmacht der ursprünglich vorgesehene Plan (FS-Aufbau) zerschlagen" worden sei. Mit den aus dem Reich übernommenen Formationen war man jedoch unzufrieden: „Es wurde betont, daß das fortgesetzte Marschieren bei den Gliederungen sattbekommen und daher das Turnen am Turnboden als ein Ausgleich notwendig" sei. Schließlich wurde sogar gefordert, doch den ‚Freiwilligen Schutzdienst' wieder aufzubauen. Der zuständige Bearbeiter des SD kommentierte dies am Rande mit der Bemerkung: „Also ein Staat im Staat geplant"!

Der Berichterstatter hieß Willi Rehnelt. Er war selbst Mitglied des Verbandsturnrates bzw. der FS-Hauptleitung, ursprünglich aber Mitglied der DNSAP gewesen. Ganz offensichtlich war er gegen alle Autonomiebestrebungen eingestellt und „fand die Besprechung in der Hinsicht bezeichnend, weil sich die Anwesenden ganz ausnahmslos als KB Leute bezeichneten [...]. [Es] kam immer wieder das Bestehen des KB zum Ausdruck, bezw. wurde auf die weitere Verbindung der KB Leute untereinander großen Wert gelegt". Brandner habe gesagt: „Die Preussen sind zwar auch Deutsche, doch müssen wir so arbeiten, daß wir in unserem Sudetenlande die sind, die auf unsere Leute den Einfluß haben." Man habe „zusammenzustehen", um die „Aufgabe für unseren Konrad Henlein restlos zu erfüllen".[75]

Daß derartige Äußerungen im Reich mißtrauisch und aufmerksam registriert wurden, liegt auf der Hand, zumal es sich nicht um einen Ein-

---

[73] *Broszat:* Das Sudetendeutsche Freikorps 49.
[74] *Ebenda.*
[75] Bericht über die Sitzung des Verbandsturnrates in Teplitz-Schönau am 29. 10. 1938. ZfdAhdS Moskau, 1372-5-57, Bl. 12ff.

Fortleben alter Gegensätze – Fortsetzung der Gleichschaltung 161

zelfall handelte. Eine andere Quelle[76] weist in die gleiche Richtung. Das „Mitglied der Gauleitung und Angeh.[öriger] des Stabes des FS", Reminger, beschrieb die „grundlegenden Richtlinien für die künftige Politik der SDP." wie folgt: „Die [sic] FS ist neu zu beleben und durchzuorganisieren [...]. Jeder FS-Mann, der sich bereits für eine Formation des Altreichs (NSDAP) SA, SS, NSKK anwerben ließ, ist von jeder eingegangenen Verpflichtung [...] entbunden. Es ist allen Gliederungen der NSDAP. im Sudetenland jegliche Anwerbung und Vormerkung verboten." Freilich wurde hier die spätere Eingliederung der SdP in die NSDAP angenommen. Bemerkenswert sind aber auch die Aussagen zum „Aufbruchkreis", der, so betonte der offensichtlich dem KB nahestehende Reminger, „bei uns nie Platz haben" würde: Die „bestehende Rivalität" sei „etwas ähnliches als die Rivalität drüben im Reiche zwischen den einzelnen Formationen", wie sie sich auch in Österreich gezeigt habe. Man wolle „aber nicht, daß Reichsdeutsche zur Ordnung bei uns eingesetzt werden, sondern [wir] wollen aus eigener Kraft die Aufbauarbeit leisten", bis zur anberaumten „Wahl" zumindest sollte sich „niemand einmischen bezw. an die Männer unserer Partei herankommen".

Der Aufbruchkreis wird hier als Vertreter der ‚groß-' bzw. reichsdeutschen Interessen dargestellt, wohingegen der andere Flügel der SdP sudetendeutsche Sonderbelange vertrete! Diese Aussage ist bemerkenswert, weil sie einmal mehr zeigt, daß der entscheidende inhaltliche Unterschied zwischen Kameradschaftsbund und Aufbruch in der Betonung der sudetendeutschen Eigenart und der Forderung nach Selbstbestimmung auf seiten des Kameradschaftsbundes lag. Major Groscurth berichtete am 28. Oktober 1938, als schon deutlich geworden war, daß viele Vorstellungen der SdP-Führung unberücksichtigt bleiben würden, es setze „eine starke Verbitterung bei den sudetendeutschen Führern ein. Sie sagen, daß der Kampf um die Autonomie des Sudetenlandes gegen die Tschechen leichter gewesen sei als der jetzige Kampf mit dem Reich".[77]

Andreas Luh faßt die inhaltliche Seite des Gegensatzes für die Zeit nach dem Anschluß folgendermaßen zusammen: „Während es den ehemaligen Traditionalisten so weit wie überhaupt möglich um die Bewahrung eines beschränkten sudetendeutschen Eigenlebens und der gewachsenen sudetendeutschen Verbandsstrukturen ging, setzten sich die Radikalen für die restlose Eingliederung des Sudetenlandes in den NS-Staat ein."[78] Karl Hermann Frank, der schließlich von allen sudetendeutschen Politikern die steilste Karriere im Dritten Reich machte, forderte etwa

---

[76] „Gedächtnisprotokoll aufgenommen nach der am 10. 10. [...] in der Dienststelle der SDP. in Plan stattgefundenen Besprechung" (Abschrift). ZfdAhdS Moskau, 1372-5-57, Bl. 54. — Vgl. auch den „Zusammenfassende[n] Bericht über die Lage im sudetendeutschen Gebiet aus den Berichten der SD-Einsatzkommandos" vom 25. 10. 1938. ZfdAhdS Moskau, 500-1-967 II, Bl. 168.
[77] *Groscurth:* Tagebücher 352.
[78] *Luh:* Der Deutsche Turnverband 422.

Anfang 1939 die „vollkommene Einschmelzung aller kämpferischen Schichten des Sudetendeutschtums, gleich welcher Traditionsgruppe, in [...] die Nationalsozialistische Deutsche Arbeiterpartei Adolf Hitlers". Auf die „völkischen Sonderbestrebungen" der Traditionalisten und die jüngste Vergangenheit anspielend, heißt es weiter:

> Alles was an politischen Kräften in einer der hauptsächlichen Vorstufen lebendig war, wurde in Dienst und Eid der gesamtdeutschen Erneuerungsbewegung gestellt. Was uns an die Vorstufen weiter bindet, ist der männliche Stolz des Kämpfers auf eine ehrenvolle und fruchtbare Vergangenheit. Nie und nimmer kann es ein politischer Wille zur Weiterführung irgend welcher Sonderbestrebungen sein.[79]

Das Konzept des ‚evolutionären' Anschlusses stand dem der raschen, ‚revolutionären' Eingliederung entgegen.

Franks Worte waren eine Kritik an Henlein, dessen Vokabular zur selben Zeit sehr viel gemäßigter war. Neben dem Bekenntnis zu Reich und „Führer" betonte Henlein „die historischen Verdienste der völkischen Turnbewegung" und sprach „von der Bewahrung turnerischer Tradition". Er erschien sogar als Gauleiter der NSDAP bei offiziellen Veranstaltungen von Partei und Staat „demonstrativ in der grauen Turnerkluft".[80] Damit bekannte sich Henlein zu einer weit verbreiteten Haltung, die ein zeitgenössischer sudetendeutscher Autor in folgende Worte faßte: „So kehren wir ins Reich heim. So bringen wir Eigenart mit. Ihr Deutschen im Altreiche: Belasset uns Eigenart."[81] Nach dem Anschluß, so wiederum ein Kritiker dieser Einstellung, habe es geradezu einen „Sudetendeutschismus" gegeben: „Da wurde aus unserer Abstammung, aus der SdP, aus Konrad Henlein [...] geradezu ein Programm und eine Weltanschauung gemacht."[82] Gerade dies aber konnte das totalitäre und zentralistische Regime von einem gewissen Punkt an ebensowenig tolerieren wie die sudetendeutschen Alt-Nationalsozialisten und Verfechter des ‚großdeutschen Gedankens'. Diesen Punkt erreichte Henlein jedoch erst Anfang 1940.

Es ist deutlich geworden, daß der Kampf um einflußreiche Positionen in Staat und Partei zwischen den ‚Traditionalisten' und den ‚Radikalen' nicht einer bedeutsamen politisch-inhaltlichen Komponente mit Bezug auf die Situation nach dem Anschluß entbehrte. Er läßt sich nicht auf die

---

[79] Zitiert nach: *ebenda*.
[80] *Ebenda*. — Dies geschah auch noch 1943 und wurde besonders in der SS aufmerksam registriert. Schreiben an Himmler, vermutlich von v. Woyrsch (Abschrift) vom 22. 5. 1943. BA Berlin, BDC, SSO-Akte Donnevert.
[81] *Steinert*, Kurt: Unter der Schöberlinie. Warnsdorf – Stadt und Land – im Kampfe um ihre Befreiung. 3. Aufl. Warnsdorf 1940, 103.
[82] Schreiben des Stellvertretenden NSDAP-Kreisleiters von Rumburg an den Regierungspräsidenten in Aussig vom 31. 10. 1944. SOA Litoměřice, RPA, Kart. 1536. — Ein anderer Kritiker schrieb: „Wohl in keinem Gaue des ganzen deutschen Reiches wird die Person des Gauleiters derartig von der Gaupropaganda herausgestellt, wie im Sudetengau. Es wird ein solcher Kult mit Henlein getrieben, daß daher oft die Person des Führers [...] zurücktritt." Bericht des Rechtsanwalts Dr. Schaurek an SS-Oberführer Jost vom 22. 10. 1938. ZfdAhdS Moskau, 500-3-47.

Fortleben alter Gegensätze - Fortsetzung der Gleichschaltung 163

Mißgunst der Konkurrenten um Macht und Prestige allein reduzieren. Noch immer ging es im Grunde um den Begriff des sudetendeutschen ‚Stammes' bzw. um das Verhältnis des Sudetenlandes zum Deutschen Reich. Es ging *nicht* mehr um die Zustimmung zum Anschluß an sich, der nun von der gesamten Führungsspitze der SdP befürwortet wurde. Es ging auch nicht *grundsätzlich* um Zustimmung oder Ablehnung des Nationalsozialismus, sondern um die Frage, wie die Eingliederung in das Dritte Reich im einzelnen gestaltet werden sollte.

Die jahrelangen Einigungsbemühungen des Sudetendeutschtums unter den Fahnen der SdP in Abwehrhaltung zum tschechischen Staat und die Forderung nach Autonomie waren auch für die Haltung breiterer Bevölkerungsschichten gegenüber dem Dritten Reich nicht ohne Folgen geblieben. In gewisser Weise war diese Forderung verinnerlicht worden und hatte den Jubel über den Anschluß untergründig überlebt.

Henlein selbst äußerte sich überraschend offen zu dieser „innere[n] Haltung der Sudetendeutschen" in einem Interview mit der ‚Berliner Börsen-Zeitung' vom 22. Juni 1939: „Wir haben die Sudetendeutschen zur Todfeindschaft gegen den Benesch-Staat erzogen. – Aus dieser psychologischen Lage mögen Sie erkennen, daß uns jetzt die Aufgabe obliegt, das im Unterbewußtsein liegende Mißtrauen gegen jede Art von Staatsbehörden hinwegzuräumen."[83] Schon Anfang Oktober 1938 meldete ein Sonderberichterstatter der ‚Times', viele Sudetendeutsche hätten ihm gesagt: „Wir dachten an Autonomie, nicht an derartiges."[84] Und vom 18. und 27. April 1940 stammen an die tschechoslowakische Exilregierung in London gesandte Geheim-Berichte über die Stimmung der Bevölkerung im Sudetengau, wonach es in verschiedenen Städten zu Unmutsäußerungen über das Nichterlangen der „versprochenen Autonomie" gekommen sei.[85] Zu diesen Unmutsbekundungen der Bevölkerung über den Mangel an Selbständigkeit trat die Unzufriedenheit vieler Sudetendeutscher mit den neuen Verhältnissen in anderen Bereichen: in der Personalpolitik der staatlichen Behörden, aber auch in der Wirtschafts- und Sozialpolitik.

Die Überlegung, daß ein Gauleiter mit nicht rein nationalsozialistischer Vergangenheit, dessen Stab sich größenteils aus Männern zusammensetzte, denen aus Sicht des Regimes zu mißtrauen war, zusammen mit einer in hohem Maße enttäuschten Bevölkerung eine ‚kritische Masse' hätte ergeben können, ist nicht von der Hand zu weisen. Der Sicherheitsdienst und sein Chef Heydrich sahen dies jedenfalls so.

---

[83] BA Berlin, 25.01, Nr. 3345, Bl. 169.
[84] ‚The Times' (New York) vom 4. 10. 1938, zitiert nach *Brügel*: Tschechen und Deutsche 1918–1938, 627.
[85] SÚA Prag, Archiv Dr. Hubert Ripka, 1-50/46, Bl. 60 und Bl. 92.

Der ‚Kampf gegen Henlein mit neuen starken Mitteln'

Am 11. Januar 1940 erschien im ‚Völkischen Beobachter' ein Artikel, der im Sudetengau wie „eine Bombe" einschlug.[86] In politisch interessierten und eingeweihten Kreisen wurden anschließend Gerüchte über eine mögliche Absetzung Henleins verbreitet. Seine Stellung wurde „als stark erschüttert angesehen".[87]

Die von Major Groscurth Anfang November 1938 geäußerte Vermutung, „die Gestapa [sic]" werde bald „ihren Kampf gegen Henlein mit neuen starken Mitteln" aufnehmen[88], hatte sich schnell als zutreffend erwiesen. Schon im Februar 1939 war erneut der HJ-Führer des Sudetengaus, Franz Krautzberger, in die Schußlinie geraten. Obwohl es eine Übereinkunft Henleins mit Baldur von Schirach gab, wonach Änderungen in der HJ-Führung des Sudetenlandes nur mit Henleins Einverständnis durchgeführt werden sollten, hatte der Stabsführer von Schirachs, Lauterbacher, am 11. Februar 1939 Krautzberger seine Auswechslung durch den Reichsdeutschen Günther Prager mitgeteilt.[89] Krautzberger war, wie bereits geschildert, wegen seiner Zugehörigkeit zum ‚Spann-Kreis' und der von ihm lange vertretenen Autonomie-Politik in der ČSR schon unmittelbar nach dem Anschluß Zielscheibe der SS gewesen, die seine Entfernung gefordert hatte. Hatte Henlein sich 1938 noch durchgesetzt, gab er nun der Forderung der Reichsjugendführung nach, wobei die Gründe dafür unklar bleiben. Obwohl bei der SS *persona non grata*, ließ Henlein Krautzberger aber auch jetzt nicht ganz fallen. Er wurde ‚Persönlicher Referent des Gauleiters'.[90]

Es blieb nicht bei der Ablösung Krautzbergers: in der Folgezeit wurden weitere Mitglieder der HJ-Führung, die wie Krautzberger in der sudetendeutschen Turnbewegung groß geworden waren, abgelöst und

---

[86] Schreiben von F. Erler an R. Kasper vom 12. 1. 1940. SÚA Prag, SdP-Ergänzungen, Kart. 29. — Zur Einschätzung des Quellenwerts dieses und anderer Briefe an Kasper, die im folgenden zitiert werden, ist daran zu erinnern, daß dieser einer der führenden Vertreter des Aufbruch und damit scharfer Kritiker Henleins in der SdP gewesen und nach dem Anschluß nach Berlin gegangen war. Der Aufbruch aber hatte beste Kontakte zum SD, und es ist ganz offensichtlich, daß Kaspers Vertrauensleute im Sudetengau, wiewohl über ihre genaue Funktion nichts Näheres in Erfahrung gebracht werden konnte, gut über die politische Entwicklung auch hinter den Kulissen informiert waren.

[87] Schreiben von F. Erler an R. Kasper vom 1. 1. 1940. SÚA Prag, SdP-Erg., Kart. 29. — Dieselbe Formulierung verwandte Neuburg in seiner späteren Aussage. AMV Prag, 301-139-4, Bl. 8.

[88] *Groscurth:* Tagebücher 356.

[89] *Biman/Malíř:* Kariéra 240.

[90] Es liegen mehrere Schreiben Krautzbergers aus dem August und September 1939 vor, in denen er im Briefkopf diesen Titel führte. SOA Litoměřice, GL NSDAP, Kart. 37. — Am 1. 2. 1940 rückte Krautzberger dann als Kriegsfreiwilliger zur Wehrmacht ein. Der Großdeutsche Reichstag. IV. Wahlperiode. Beginn am 10. April 1938. Verlängert bis zum 30. Januar 1947. Neuherausgabe des Handbuchs von Ernst *Kienast*. Berlin 1943, 277.

Fortleben alter Gegensätze – Fortsetzung der Gleichschaltung 165

durch Mitglieder des ehemaligen Aufbruchkreises ersetzt.[91] Einem Bericht an Rudolf Kasper in Berlin zufolge sei der neue HJ-Führer Prager sogar eingesetzt worden, um auf „Kohen [Konrad Henlein – R. G.] aufzupassen".[92] Bei dieser Umbesetzung in der HJ-Führung des Gaues handelte es sich ganz offensichtlich „um eine sorgfältig vorbereitete Reinigung mit ideologischem Hintergrund".[93]

Doch war dies erst der Anfang einer ausgedehnten ‚Säuberungsaktion', die Henlein und die Führung des Sudetengaus in erhebliche Unruhe versetzte. Am 22. April 1939 wurden die NSDAP-Gauamtsleiter Rupert Glaas (Gauamt für Technik) und Josef Suchy (Gauschulungsamt) zunächst von ihren Ämtern entbunden[94] und einen bzw. zwei Tage darauf verhaftet.[95] Beide waren Mitglieder des Kameradschaftsbundes gewesen. Der Vorwurf, den man in einem Verfahren der Staatsanwaltschaft Dresden gegen sie erhob, lautete: ‚homosexuelle Verfehlungen' nach § 175 des Strafgesetzbuches. Weitere Festnahmen, so des Gaupersonalamtsleiters Gustav Oberlik und des Leiters des Gauamtes für Volkswohlfahrt, Albin Friedrich, ebenfalls ehemaliger KB-Männer, folgten.[96] Im Juli wurde schließlich auch Walter Brand festgenommen, der bis Kriegsende nicht mehr aus der Haft entlassen werden sollte.[97] Insgesamt wurden mutmaßlich etwa fünfzig Personen verhaftet.[98]

Selbst Karl Hermann Franks Name wurde ins Gespräch gebracht, worüber sich dieser bitter beim Reichsführer-SS beschwerte.[99] Schon der Adressat der Beschwerde Franks macht deutlich, wer hinter der ganzen Aktion stand. In der Tat hatte der SD in Reichenberg das Material für die Prozesse zusammengetragen.[100] Bis ins Ausland drangen Nachrichten

[91] *Biman/Malíř:* Kariéra 240-245. — Sich darauf stützte auch *Luh:* Der Deutsche Turnverband 424f.
[92] Schreiben F. Erlers an R. Kasper vom 20. 1. 1940, Bl. 1. SÚA Prag, SdP-Erg., Kart. 29.
[93] *Luh:* Der Deutsche Turnverband 424. — Reichsdeutsche „Spitzel" hätten „in der sudetendeutschen HJ-Führung immer wieder das Gespräch auf Spann und seine Lehre gebracht"; wer „diese unauffällige ideologische Überprüfung nicht bestand, kam auf das Verzeichnis der zum Abgang Verurteilten". *Ebenda.*
[94] Meldung der ‚Zeit' (Reichenberg) vom 26. 4. 1939. BA Berlin, 25.01, Nr. 3345, Bl. 64.
[95] Schreiben der Kriminalpolizeileitstelle Dresden an Henlein vom 15. 5. 1939. BA Berlin, BDC, OPG-Akte Suchy.
[96] Abschrift eines Schreibens des Reichsprotektors vom 15. 8. 1939. SÚA Prag, 109-4-326, Bl. 23. — Vgl. auch das Schreiben F. Köllners an R. Kasper vom 27. 7. 1939. SÚA Prag, SdP-Erg., Kart. 29, sowie die Aussage Neuburgs, AMV Prag, 301-139-3, Bl. 19. Neuburg verlegt in seiner Erinnerung die Verhaftungen fälschlicherweise in das Frühjahr 1940.
[97] *Brand:* Auf verlorenem Posten 160ff.
[98] In einem Brief an Rudolf Kasper vom 13. 8. 1939 (Unterschrift unleserlich) ist von 54 Verhafteten, im in Paris erscheinenden ‚Ordre' von 50 Personen die Rede. SÚA Prag, SdP-Erg., Kart. 29, bzw. SÚA Prag, 109-4-326, Bl. 21.
[99] Abschrift eines Schreibens Franks an Himmler vom 21. 8. 1939. SÚA Prag, 109-4-326, Bl. 21.
[100] Aussage des Polizeipräsidenten von Reichenberg, Leffler. Protokoll vom 1. 6. 1946. AMV Prag, 2 M: 12411, Bl. 92ff. — Vgl. auch Aussage Neuburg. AMV Prag, 301-139-3, Bl. 19, sowie die Anlage Nr. 9 zu Neuburgs Aussage. Danach hatten der

über die Festnahmen im Sudetengau. Das Pariser Blatt ‚Ordre' wollte, so berichtete das Deutsche Nachrichtenbüro in Paris „streng vertraulich", „aus zuverlässiger Quelle erfahren haben, daß augenblicklich unter den sudetendeutschen Nationalsozialisten eine umfangreiche Reinigungsaktion durchgeführt werde". Die Festgenommenen hätten „sämtlich der Umgebung Konrad Henleins" angehört.[101] Wenn auch, wie der weitere Inhalt der Meldung zeigt, die Details vielfach falsch dargestellt wurden, so wurde doch richtig erkannt, daß es sich um eine Maßnahme handelte, die sich letztlich gegen Konrad Henlein richtete. Schon jetzt kursierten in ‚unterrichteten Kreisen' erste Gerüchte über seine bevorstehende Entlassung.[102]

Es spricht einiges dafür, daß bei einem Teil der Angeklagten der Verdacht der Homosexualität nicht unbegründet gewesen sein dürfte. Selbst Walter Brand bestätigte dies.[103] Im Grunde war diese Frage aber nur vorgeschoben. Eine weitere Erörterung erübrigt sich hier. Auch Ernst Röhm war 1934 nicht seiner schon lange vor seiner Verhaftung und Ermordung bekannten Homosexualität zum Opfer gefallen, auch wenn die Propaganda nach dem ‚Röhm-Putsch' immer wieder auf die angeblich ‚abartigen' Neigungen des SA-Stabschefs hinwies.[104] Allgemein waren im Dritten Reich „einschlägige Beschuldigungen ein beliebter Vorwand zur Verfolgung politischer Gegner".[105] Es handelte sich auch bei der beschriebenen Aktion im Sudetengau eindeutig um eine politische ‚Säuberung'. Hermann Neuburg ging davon aus, daß der „Tatbestand" der Homosexualität zwar erfüllt gewesen sei, gleichzeitig sei es aber auch „offensichtlich" gewesen, daß „diese Affaire von Himmler und Heydrich zu einer groß angelegten Hetze gegen die sudetendeutsche Führerschaft, soweit sie nicht der alten DNSAP oder dem ‚Aufbruch' angehört hatte, benutzt wurde".[106] „Es soll mir doch niemand erzählen", schrieb am 18. April 1940

Referent beim Führer des SD-Leitabschnittes in Prag, der 1942 selbst diesen Posten übernahm, W. Jacobi, und der Leiter des SD-Leitabschnittes in Reichenberg, Koch, entscheidenden Anteil an der Aktion. AMV Prag, 52-37-8, Bl. 89f.

[101] Meldung des DNB Nr. 225 vom 15. 8. 1939. SÚA Prag, 109-4-326, Bl. 21.

[102] Er müsse nun daran denken, so der ironische Kommentar eines Informanten Kaspers, „seine GL-Kluft [GL = Gauleiter – R.G.] aufbügeln" zu lassen. Brief an Kasper, Unterschrift unleserlich, vom 13. 8. 1939. SÚA Prag, SdP-Erg., Kart. 29.

[103] *Brand:* Auf verlorenem Posten 162.

[104] *Frei, Norbert:* Der Führerstaat. Nationalsozialistische Herrschaft 1933 bis 1945. 2. Aufl. München 1989, 29 f.

[105] Unter Hinweis in diesem Zusammenhang u. a. auf die „Verfolgung mißliebiger Angehöriger der Sudetendeutschen Partei nach dem Anschluß des Sudetenlandes": *Buchheim, Hans:* Bearbeitung des Sachgebietes „Homosexualität" durch die Gestapo. In: Gutachten des Instituts für Zeitgeschichte. München 1958, 308-310, hier 309.

[106] Aussage Neuburg. AMV Prag, 301-139-3, Bl. 19. — Vgl. die Niederschrift H. Neuwirths in tschechischer Haft vom 22. 7. 1945. Neuwirth war der Ansicht, der „Aufbruch" habe die Verhaftungswelle zusammen mit dem SD „ins Rollen gebracht". AMV, 2 M: 11789, Bl. 106.

Fortleben alter Gegensätze – Fortsetzung der Gleichschaltung 167

der betroffene Gustav Oberlik empört an Karl Hermann Frank, „daß es um die Ausmerzung von Homosexuellen ging".[107]

Henleins unmittelbare Reaktion auf die Versuche, ihn auf diesem Wege zu diskreditieren, ist durch Quellen kaum zu belegen. Angeblich soll er zu seinem Vertrauten, dem Leiter des Gaustabsamtes Richard Lammel, gesagt haben: „Der Heydrich sammelt Material gegen mich, aber ich werde gegen ihn Material sammeln."[108] Was daraus im einzelnen wurde, konnte nicht geklärt werden. Tatsache ist jedoch, daß Henlein ganz offenkundig nicht bereit war, diese wiederholten Eingriffe von SS und SD in das, was er als die inneren Angelegenheiten seines Gaus verstand, widerspruchslos zu dulden.

Die Machtprobe eskalierte, als wieder die Besetzung der HJ-Führung im Sudetengau auf der Agenda stand. Am 9. Januar 1940 gab Henlein die Einsetzung Franz Seiboths, eines ehemaligen Hauptleitungsmitglieds der Sudetendeutschen Partei, auf die Stelle des inzwischen zum Wehrdienst abgestellten, aus dem Altreich stammenden Günther Prager bekannt. Gleichzeitig wurde auch die BdM-Führerin im Sudetengau ausgetauscht; Henlein ernannte Erika Penzel, früher Verbandsturnführerin im Deutschen Turnverein.[109] Die Reichsjugendführung hatte für den Posten Seiboths jedoch den damals in Prag tätigen HJ-Führer Zoglmann vorgesehen, der sich auch in Reichenberg einfand, seine Dienststelle übernahm und bei Henlein meldete.[110]

Was nun folgte, ist in zwei Quellen überliefert: in den Details unterschiedlich, im Ergebnis jedoch ähnlich. Zoglmann sei von Henlein, der wohl wieder eine Intrige von SS und SD ahnte, „unerhört angeschnauzt" und gefragt worden, „wie er dazu käme, sich in sudetendeutsche Angelegenheiten einzumischen". Henlein forderte den ihm von der Reichsjugendführung zugeteilten HJ-Mann auf, „binnen 48 Stunden den Sudetengau zu verlassen, widrigenfalls er in Schutzhaft genommen würde".[111] Nach der Aussage des Polizeipräsidenten von Reichenberg habe Henlein Zoglmann sogar in ein Auto verfrachten und über die Gaugrenze auf „altreichsdeutsches" Gebiet bringen lassen.[112] Wie immer der Ablauf im einzelnen war: Henleins Verhalten wurde von der Reichsjugendführung als ungeheurer Affront gewertet: „Schirach wird sich", so kommentierte ein Beobachter, „den unglaublichen Eingriff keinesfalls gefallen lassen".[113] Tatsächlich hatte Henleins Schritt „ein Nachspiel in Berlin".[114]

---

[107] SÚA Prag, 109-12-123.
[108] *Ebenda.*
[109] *Biman/Malíř:* Kariéra 272. — Vgl. auch *Luh:* Der Deutsche Turnverband 425f.
[110] Schreiben F. Erlers an R. Kasper vom 17. 1. 1940. SÚA Prag, SdP-Erg., Kart. 29.
[111] *Ebenda.*
[112] Protokoll vom 1. 6. 1946. AMV Prag, 2M: 12411, Bl. 102. — Vgl. auch Lefflers Erfahrungsbericht „Meine Stellung, Tätigkeit und Erfahrung als Polizeipräsident in Reichenberg in der Zeit von November 1939 bis Juni 1944". BA Dahlwitz-Hoppegarten, ZR 944, Akte 11, Bl. 10.
[113] Schreiben V. Richters an R. Kasper vom 8. 2. 1940. SÚA Prag, SdP-Erg., Kart. 29.

Nach einer der über den Zwischenfall unterrichtenden Quellen wandte sich Zoglmann nach der ihm angedrohten Schutzhaft an die zuständigen Stellen in der Reichshauptstadt, von wo „noch am gleichen Tage die strikte Weisung an alle Stellen der Polizei" erging, „keinen derartigen Auftrag des Kohen [Konrad Henlein – R. G.] durchzuführen. Am gleichen Tage gingen den Untergauen und Bannen der HJ Befehle der RJF [Reichsjugendführung] zu, Weisungen und Befehle nur von der RJF entgegenzunehmen". Henlein habe für sein Vorgehen von „Rud.[olf] H.[ess] eine fürchterliche Nase [...] einstecken müssen".[115]

Am 17. Januar wurden die von Henlein durchgeführten Ernennungen rückgängig gemacht. Zum HJ-Führer wurde anstelle Seiboths der inzwischen von der Wehrmacht zurückgekehrte frühere Amtsinhaber Prager ernannt. Zusammen mit der von Henlein ebenfalls abgesetzten BdM-Gauführerin Dehnen wurde er in Reichenberg von Stabsführer Lauterbacher persönlich in sein Amt wiedereingesetzt.[116] Dies wurde von der HJ-Basis „viel beachtet" und zu Recht „als ein Rückzug der Gauleitung angesehen".[117]

Noch bevor Henlein sich gegenüber Heß hatte rechtfertigen müssen[118], war am 11. Januar der oben erwähnte Artikel im ‚Völkischen Beobachter' erschienen. Dort hieß es u. a.: „In der Folge der Aufdeckung eines größeren Komplexes homosexueller Vergehen und Verführungen von Jugendlichen in dieser Tatsphäre verurteilte die Kammer zum Schutz der Jugend beim Landgericht in Dresden und das Landgericht in Böhmisch Leipa in der letzten Zeit rechtskräftig zahlreiche Personen zu längeren Zuchthaus- und Gefängnisstrafen."[119] Unter den namentlich Aufgeführten befanden sich Brand, Glaas und Suchy. Damit waren die Verhaftungen, die bisher weitgehend vor der Öffentlichkeit im Sudetengau verborgen geblieben waren, publik. Der Skandal war öffentlich gemacht worden. „Der Artikel im ‚VB' wurde in einigen Betrieben abschriftlich unter der Belegschaft verbreitet. Das Aufsehen war in einigen Betrieben geradezu gewaltig. Etwa zwei Tage beschäftigte man sich vielerorts mit nichts anderem."[120] Drei Tage nach der Veröffentlichung wurden in Reichenberg sogar anonyme Flugblätter gefunden, auf denen die Ablösung

---

[114] Aussage des Polizeipräsidenten von Reichenberg, Leffler. Protokoll vom 1. 6. 1946. AMV Prag, 2M: 12411, Bl. 102.
[115] Schreiben F. Erlers an R. Kasper vom 17. 1. 1940. SÚA Prag, SdP-Erg., Kart. 29.
[116] Schreiben Lauterbachers an Himmler vom 18. 1. 1940. BA Berlin, NS 19/1658, Bl. 1. — Vgl. auch die Meldung in ‚Der Neue Tag' (Prag) vom 18. 1. 1940. SÚA Prag, ZTA, Kart. 584, Nr. 481.
[117] Lagebericht der NSDAP-Kreisleitung für Februar 1940. SOA Litoměřice, GL NSDAP, Kart. 11.
[118] Aus einem Schreiben Lauterbachers an Himmler vom 18. 1. 1940 geht hervor, daß Henlein am 13. 1. 1940 beim ‚Stellvertreter des Führers' war. BA Berlin, NS 19/ 1658, Bl. 1.
[119] ‚Völkischer Beobachter' (München) vom 11. 1. 1940, zitiert nach *Luh:* Der Deutsche Turnverband 425.
[120] Schreiben F. Erlers an R. Kasper vom 17. 1. 1940. SÚA Prag, SdP-Erg., Kart. 29. — Vgl. auch den Lagebericht der NSDAP-Kreisleitung Tetschen für Februar 1940. SOA Litoměřice, GL NSDAP, Kart. 3.

Henleins durch Hans Krebs gefordert wurde: „Gebt uns einen Nationalsozialisten als Führer", hieß es darin, und: „Fort mit Henlein – wir wollen Krebs. Wer hat bisher alle 175er [...] im Sudetenland gedeckt? Unser Gauleiter selbst."[121]

Henleins Vertrauter Rudolf Jahn berichtet, Henlein habe, um seiner Erregung über diesen Vorfall Herr zu werden, „einige Cognac" trinken müssen. Es sei klar gewesen, daß diese Flugblattaktion „ohne Duldung der Gestapo, wahrscheinlich auf Anregung des SD hin, nicht hätte geschehen können".[122]

Damit hörte jedoch die öffentliche Bloßstellung des Gauleiters und Reichsstatthalters noch längst nicht auf. Am 18. Januar erschien ein weiterer Artikel über die Dresdner Prozesse, diesmal im ‚Schwarzen Korps'. Unter der Überschrift „Staatsfeinde werden ausgemerzt!" berichtete die SS-Zeitschrift über die Prozesse in Dresden und Böhmisch Leipa gegen „eine Anzahl nicht gerade namenloser Männer". Wieder finden sich hier u. a. die Namen Brand, Glaas und Suchy. Diese hätten „ihre widernatürlichen Verbrechen mit dem Mäntelchen der ‚Politik' umkleidet und damit der deutschen Volksgemeinschaft schwersten Schaden zugefügt". Heinz Rutha, der 1937 Selbstmord begangen hatte, „wäre der Hauptangeklagte der jüngsten Prozesse gewesen". Über ihn wurde die Brücke zu Spann, Heinrich und dem Kameradschaftsbund geschlagen, durch den „die Verbrecher Einfluß auf das politische Geschehen zu nehmen" versucht und die „Existenz eines eigenen ‚sudetendeutschen Stammes'" proklamiert hätten. Ausführlich wurde in dem Artikel Ruthas angebliche Vorstellung des „homoerotischen Männerbund[es] als staatstragende Organisation" dargestellt.[123]

Die Spekulationen über Henleins Rücktritt nahmen daraufhin weiter zu. Sein Name war zwar weder im ‚Völkischen Beobachter' noch im ‚Schwarzen Korps' gefallen. Aber Henleins früher enges Vertrauensverhältnis zu Rutha und Brand und seine Zugehörigkeit zum Kameradschaftsbund waren natürlich allgemein bekannt. In Bodenbach wurden kurz darauf von der SS Werbeflugblätter verteilt, „die alle Schlager aus dem betreffenden Aufsatz wiedergaben".[124] Die SD-Dienststellenleiter des Sudetengaus wurden zu einer Sitzung nach Reichenberg berufen, wo sie darüber zu berichten hatten, „wie dieser Aufsatz aufgenommen wurde und welche Auswirkungen er ausgelöst habe", wie „die Stimmung gegen Henlein

---

[121] Zitiert nach *Biman/Malíř*: Kariéra 273. — Vgl. auch *Becher*: Zeitzeuge 108. — Noch im Herbst des Jahres zitierte ein HJ-Bannführer bei einer Rede im Kreis Troppau aus Henleins Böhmisch Leipaer Rede von 1934 mit dem Ziel, Henlein als nichtnationalsozialistisch zu desavouieren. Lagebericht der Kreisleitung Troppau vom 19. 10. 1940. SOA Litoměřice, GL NSDAP, Kart. 11.
[122] Niederschrift über Gespräche F. Bürgers mit F. Künzel und R. Jahn, Mai 1966. BA Bayreuth, Ost-Dok. 20/90, Bl. 4.
[123] ‚Das Schwarze Korps' (München) vom 18. 1. 1940.
[124] Schreiben V. Richters an R. Kasper vom 8. 2. 1940. SÚA Prag, SdP-Erg., Kart. 29.

und Reichenberg überhaupt" war – das Ergebnis war aus Sicht Henleins „niederschmetternd".[125]

Henlein kapitulierte unter der Wucht dieser Angriffe auf seine Mitarbeiter, die, daran konnte kein Zweifel bestehen, auch gegen ihn persönlich gerichtet waren. Seine Stellung galt Kennern nun als stark erschüttert; man rechnete mit seiner Ablösung. Doch Henlein war bereit, sich vollständig anzupassen und alles, was man von ihm forderte, willig zu erfüllen.

Nach seinem Gespräch mit dem ‚Stellvertreter des Führers', dessen genauer Inhalt nicht bekannt ist, empfing er am 17. Januar den Stabschef der Reichsjugendführung in Reichenberg. Henlein, so der Bericht Lauterbachers, sei nun bereit gewesen, „allen [...] Wünschen nachzukommen" und habe selbst „nur den einen Wunsch [...], mit der Reichsjugendführung und der örtlichen HJ-Führung in Zukunft tadellos und kameradschaftlich zusammenzuarbeiten". Lauterbacher nutzte die Unterredung, um seine „grundsätzlichen Ansichten über die politischen und moralischen Verhältnisse im Sudetengau zu äussern", worauf Henlein ihm zusagte, künftig „sudetendeutsche Eigenbrödeleien [sic] auf keinen Fall" mehr zuzulassen. Am Ende des Gesprächs erklärte Henlein eilfertig, daß „er nie etwas gegen die Hitler-Jugend gehabt hätte, sondern im Gegenteil diese einmalige Schöpfung des Nationalsozialismus immer anerkannt habe und immer verteidigen werde". Lauterbacher forderte Henlein auf, diese Meinung auch vor den Kreisleitern des Gaus kundzutun, die Henleins Haltung bisher anders interpretiert hätten.

Dieses in mehrfacher Hinsicht aufschlußreiche Dokument wird mit einer Einschätzung Henleins durch Lauterbacher beendet, die die bereits erwähnten Züge Henleins noch einmal deutlich unterstreicht: „Wenn es uns immer möglich sein sollte", so der Stabschef der RJF,

den Gauleiter Henlein allein zu sprechen, hoffe ich, daß in Zukunft größere Erschütterungen vermieden werden können. Wenn natürlich die bekannte Clique wieder Oberwasser bekommen sollte, geht der Kampf zwangsläufig von vorne an. Abschließend möchte ich bemerken, daß ich in der gestrigen Unterhaltung noch mehr als bisher schon davon überzeugt worden bin, daß Gauleiter Henlein ein willfähriges Instrument seiner Umgebung ist und allein entweder gar keine oder ihm von oben her aufgezwungene Entschlüsse faßt.[126]

In seiner Antwort pflichtete Himmler Lauterbacher in dieser Einschätzung bei: „Ich habe ebenfalls wie Sie den Eindruck, daß nicht Gauleiter Henlein selbst an den Dingen schuld ist, sondern seine Umgebung."[127] Henlein muß in der Tat einen überforderten und hilflosen Eindruck gemacht haben.

---

[125] *Ebenda*.
[126] BA Berlin, NS 19/1658, Bl. 1 f.
[127] Abschrift eines Schreibens von Himmler an Lauterbacher vom 23. 1. 1940. BA Berlin, NS 19/1658, Bl. 3.

Fortleben alter Gegensätze – Fortsetzung der Gleichschaltung 171

Seine Unterwerfung setzte sich am 24. Januar fort. An diesem Tag hatte er in Prag eine Unterredung mit Frank, der über beste Kontakte zu Himmler und Heydrich verfügte. Henlein teilte Frank mit, daß ihn die vergangenen Ereignisse schwer mitgenommen hätten, und signalisierte die Bereitschaft, sich Heydrich unterzuordnen. Er hatte erkannt, daß der Schlüssel zu seiner politischen Rettung im Reichssicherheitshauptamt lag.[128]

Dorthin wurde er kurz darauf zu einem für seine persönliche Zukunft entscheidenden, aber auch für die weitere politische Entwicklung im Sudetengau allgemein bedeutsamen Gespräch zitiert. Mehrere Quellen unterrichten, wenn auch jeweils nur in Teilen, über diese Unterredung. Neben einigen schriftlichen Dokumenten gehört dazu vor allem der in einem Tonbandgespräch aus dem Jahre 1977 niedergelegte Erinnerungsbericht von Henleins damaligem Stellvertreter Fritz Köllner.[129] Danach habe Henlein ihn und Richard Lammel auf Jagdschloß Neuwiese im Isergebirge über die Besprechung mit Heydrich am 9. Februar in Berlin unterrichtet.[130] Heydrich habe zu Beginn des Gesprächs Henlein mit der Vermutung konfrontiert, der Gauleiter sei selbst homosexuell, weil er nichts gegen Rutha unternommen hätte, obwohl er, Heydrich, ihm schon 1937 „einen klaren notariellen Beweis" für Ruthas Homosexualität vorgelegt habe.[131] Den Vorschlag der Ernennung Walter Brands zum Beauftragten des Vierjahresplans habe Heydrich als „offene Provokation" betrachtet. Die Verhaftungen von Brand, Glaas, Oberlik und Suchy hätten gezeigt, daß vier der „engsten Mitarbeiter" Henleins Straftaten nach § 175 des Strafgesetzbuches zu verantworten hätten.[132] Darüber hinaus sei Heydrich vor allem an der Entfernung von Köllner und Sebekowsky, dem Regierungspräsidenten in Karlsbad, interessiert, auch wenn man ihnen keinerlei homosexuelle Neigungen habe nachweisen können. Eigentlich, so Heydrich, müsse Henlein selbst nun aus seinen Ämtern entlassen werden bzw. selbst um Entlassung bitten. Beides sei jedoch angesichts des Krieges nicht möglich. Die Sudetendeutschen setzten immer noch großes Vertrauen in Henlein, und seine Abberufung „würde für die Sudeten-

---

[128] *Biman/Malíř:* Kariéra 276.

[129] Interview W. Bechers mit F. Köllner vom 3. 9. 1977, Tonbandaufzeichnung. Sudetendeutsches Archiv, München. — Vgl. auch *Becher:* Zeitzeuge 109.

[130] Das genaue Datum war Köllner nicht mehr bekannt. Es geht aber aus einer Aktennotiz (Abschrift von Abschrift) vom 10. 2. 1940 hervor. BA Berlin, BDC, SSO-Akte Donnevert.

[131] Henlein sprach später sogar davon, Heydrich habe ihm schon etwa 1935 gesagt, daß gegen Rutha „Vorgänge vorlägen, die bei der außenpolitischen Stellung, die Rutha einnähme, sehr bedenklich seien". Gedächtnisniederschrift über eine Besprechung zwischen Henlein, Krebs, Kreißl u. a. am 20. 2. 1943. SOA Litoměřice, pobočka Most, GS, Kart. 1, 4/3/2.

[132] Nach einer Aussage Rudolf Jahns wurden Henlein bei dieser Gelegenheit von Heydrich die Vernehmungsprotokolle der Dresdner Prozesse vorgelegt. Niederschrift aus Gesprächen F. Bürgers mit F. Künzel und R. Jahn, 1966. BA Bayreuth, Ost-Dok. 20/90, Bl. 4.

deutschen bedeuten, daß ihre Führung von den Reichsdeutschen endgültig gekapert worden ist. Das kann ich mir", so habe Heydrich gesagt, „in diesem Krieg nicht leisten". Er wolle jedoch Vorsorge treffen, daß Henlein „in Hinkunft keinen Schaden für das Deutsche Reich mehr anstellen" könne. Seine Ämter sollte er behalten, aber weder die Befugnisse des Gauleiters noch des Reichsstatthalters weiter ausüben. Die wichtigsten Gauämter würden künftig von Reichsdeutschen besetzt, auch jenes des Stellvertretenden Gauleiters. Zum ‚Führer' dürfe er nur noch nach seiner, Heydrichs, Genehmigung. Falls Henlein seinen Forderungen nicht nachgebe, würden Hitler die Unterlagen der Dresdner Prozesse vorgelegt werden – „und Sie können sich vorstellen, was am Ende der Hitler zu Ihnen sagen wird".[133] Henlein habe daraufhin alle Forderungen Heydrichs angenommen.

Köllners lebhafte Schilderung des Hergangs ist in einigen Punkten kritisch zu prüfen. In die Darstellung des Gesprächsinhalts haben sich offensichtlich von späteren Erlebnissen und Einschätzungen geprägte Interpretationen Köllners gemischt. Dies wird etwa daran deutlich, daß Heydrich zu Henlein gesagt haben soll, er dürfe ab sofort nur noch ‚Durchhaltereden' halten, wovon doch Anfang 1940 kaum die Rede gewesen sein dürfte. Auch wird im einzelnen zu prüfen sein, ob Henlein nach dieser ‚Kapitulation' tatsächlich fast völlig macht- und einflußlos im eigenen Gau war, wie Köllner behauptete. Davon, daß Henlein künftig weder die Funktion des Gauleiters noch die des Reichsstatthalters ausübte, kann keinesfalls die Rede sein.

Unbestreitbar und durch Akten belegt ist jedoch der unmittelbare und weitreichende Einfluß Heydrichs auf die personelle Umgestaltung der Reichenberger Gauleitung und des Verwaltungsapparates im Sudetengau.[134]

Die folgenden Umbesetzungen machen deutlich, daß es gerade nicht um die ‚Ausmerzung von Homosexuellen' ging, sondern um die Beseitigung jener Männer aus der Politik, die Mitglieder des Kameradschaftsbundes gewesen waren.[135] So wurde auch Wilhelm Sebekowsky, gegen dessen Ernennung zum Regierungspräsidenten in Karlsbad von der SS schon 1938 erhebliche Bedenken geltend gemacht worden waren, seines Amtes zwar nicht formell enthoben, aber zur Wehrmacht abgeschoben. Fortan wurde er durch seinen Stellvertreter, den Regierungsvizepräsidenten Müller, einen ‚Altreichsdeutschen', ersetzt. Obwohl es „keine begründeten Verdachtsmomente" für Homosexualität gebe, habe Sebekow-

---

[133] Alle wörtlichen Zitate aus der Aussage Köllners im Interview W. Bechers mit F. Köllner vom 3. 9. 1977, Tonbandaufzeichnung. Sudetendeutsches Archiv, München.

[134] Aktennotiz (Abschrift vom Abschrift) vom 10. 2. 1940 über „Personalien im Gau Sudetenland und im Gau Osthannover". BA Berlin, SSO-Akte Donnevert.

[135] Gerüchte tauchten auf, wonach dieser „zur staatsfeindlichen Organisation erklärt" werden sollte, so daß seine Mitglieder „automatisch aus ihren Ämtern auszuscheiden hätten. Schreiben F. Erlers an R. Kasper vom 10. 2. 1940. SÚA Prag, SdP-Erg., Kart. 29.

sky doch zum „Rutha-Kreis" gehört.[136] Das genügte nun für seine Entfernung aus dem Amt. Hier wird deutlich, wie sehr Henlein durch die Zwischenfälle um die HJ-Führung und die Verhaftung mehrerer Gauamtsleiter mittlerweile an Autorität verloren hatte. Denn die Vorwürfe gegen Sebekowsky seitens der SS bzw. des SD hatten sich zwischen Ende 1938 und Anfang 1940 ja nicht grundlegend geändert. Aber Henlein, der 1938 Sebekowsky durchgesetzt hatte, mußte nun selbst ums politische Überleben kämpfen und konnte seinen alten Mitstreiter nicht mehr stützen.

Das gleiche galt für den Gauleiter-Stellvertreter Fritz Köllner.[137] Henlein hatte ihn erst im Jahr zuvor zum Nachfolger Franks ernannt. Am 3. März 1940 verlor Köllner dieses Amt wieder. Köllner, auch er ehemaliges Mitglied des Kameradschaftsbundes, habe, so Walter Brand, „einen erbitterten Kampf gegen die Überfremdung des Sudetendeutschtums vom Reich her" und „die öde Gleichschalterei" geführt.[138] Köllner selbst bemerkte einmal, er habe „eine Reihe von Parteileuten, Altreichsbeamten, Karrieristen, Offizieren, die alle den Sudetengau als eine Art Kolonie" behandelt hätten, ins „Altreich" zurückschicken können, und habe deswegen „bei Heydrich als der ‚sudetendeutsche Separatist'" gegolten.[139] Nach seiner Entlassung als Stellvertretender Gauleiter durfte Köllner aber weiter seine Tätigkeit als Reichstreuhänder der Arbeit ausüben. Endgültig löste auch er sich nicht vom nationalsozialistischen Regime.

Köllners Nachfolger wurde am 12. März 1940 Richard Donnevert, der, zunächst nur vorübergehend mit der Wahrnehmung der Geschäfte beauftragt, am 9. November 1940 endgültig im Amt bestätigt wurde.[140] Er kam aus dem Stab Heß' und hatte „den Auftrag, das sudetendeutsche Führerkorps zu ‚reinigen'. Alle Persönlichkeiten, die in näheren Beziehungen zu dem Kameradschaftsbund oder zu den Verhafteten gestanden hatten, sollten nach dem Wunsche von Heydrich Zug um Zug abgelöst werden".[141] Die SS-Offiziersakte Donneverts bezeugt seine vielfältigen Bemühungen, diesen Auftrag zu erfüllen.[142]

Neben dem Posten des Stellvertretenden Gauleiters wurden weitere wichtige Stellen in der Gauleitung mit ‚Altreichsdeutschen' besetzt. Gaupersonalamtsleiter wurde der damalige Leiter des Personalamtes des ‚Stellvertreters des Führers', Jander, zum Gauschulungsleiter wurde der

[136] Schreiben des Chefs der Sipo und des SD an das RMinI vom 11. 5. 1940. BA Berlin, 15.01, Pers.Abt., Bd. 730.
[137] Vgl. dazu Aussage Neuburg. AMV Prag, 301-139-3, Bl. 71.
[138] *Brand:* Auf verlorenem Posten 77.
[139] „Skizze eines Lebensabschnittes von 1938 bis heute [1979] des Dr. Fritz Köllner". Herder-Institut Marburg, Pressearchiv, T 15610.
[140] Anordnungen Henleins im Verordnungsblatt des Gaues Sudetenland der NSDAP. SOA Litoměřice, GL NSDAP, Kart. 28. — Vgl. auch das Schreiben Bormanns an Henlein (Abschrift von Abschrift) vom 21. 2. 1940. BA Berlin, BDC, SSO-Akte Donnevert, sowie *ebenda,* Lebenslauf Donneverts.
[141] Aussage Neuburg. AMV Prag, 301-139-3, Bl. 73.
[142] BA Berlin, BDC, SSO-Akte Donnevert.

Inhaber desselben Amtes im Gau Kurhessen, Weibezahn, vorgeschlagen. Dahinter stand die Überlegung, „daß in dem nationalsozialistisch jungen Gau als Gauschulungsleiter ein Mann einzusetzen ist, der den Nationalsozialismus in Deutschland in der Praxis erlebt hat".[143]

Henleins Unterwerfung und Anpassung wäre nicht vollständig gewesen ohne einen öffentlichen Auftritt, mit dem er allerdings auch sein durch die Veröffentlichungen im ‚Völkischen Beobachter' und im ‚Schwarzen Korps' beschädigtes Ansehen in der Bevölkerung aufzubessern suchte. Anfang März nahm er in einer Rede vor 1 700 Amtswaltern in Hohenelbe auch zum ‚Fall Rutha' Stellung. Dabei sei, so sagte er,

sein Vertrauen schwer mißbraucht worden. [...] Es sei nun die Frage aufgetaucht, warum er damals die Angelegenheit nicht vor die tschechischen Gerichte gebracht habe. Damals habe er es aber nicht tun können, denn das Sudetendeutschtum habe im Endkampf gestanden, und man hätte damit den tschechischen Behörden eine Handhabe für eine Auflösung der Partei in die Hand gegeben.

An dieser Darstellung ist immerhin so viel wahr, daß der Fall Rutha für die Sudetendeutsche Partei 1937 eine peinliche Affäre geworden wäre. Sie wurde davor aber durch Ruthas Selbstmord bewahrt, nicht durch Henleins Taktik. Die Fakten völlig verdrehend, äußerte sich Henlein dann zu dem, was sich seit Oktober 1938 abgespielt hatte: „Nach der Eingliederung ins Reich", so heißt es weiter,

sei aber auf Wunsch des Gauleiters die Untersuchung eingeleitet worden; denn er habe sich verpflichtet, diese einzige Wunde aufzuschneiden. Jetzt sei diese Frage in Ordnung gebracht worden. In wenigen Jahren würden die Namen der Männer ganz vergessen, und der Schild des Sudetendeutschtums werde wieder lauter sein.[144]

Es kann natürlich keine Rede davon sein, daß die Untersuchungen im ‚Fall Rutha' von Henlein angeregt worden wären. Henlein nahm es mit der Darstellung der Vergangenheit nicht so genau, wenn ihm die Verfälschung dienlich war: Dies kann man hier beobachten, es gilt aber auch für seine berühmte Wiener Rede aus dem Jahr 1941, in der er die Geschichte der Sudetendeutschen Partei verzerrte und sie als eine von Anfang an auf den Anschluß ausgerichtete, getarnte Nachfolgeorganisation der DNSAP darstellte.[145]

Mit seiner Ansprache in Hohenelbe hatte Henlein seiner Vergangenheit öffentlich abgeschworen und sich von Rutha und dem Kameradschaftsbund endgültig distanziert. Nicht ohne Symbolgehalt ist es daher, daß Henlein in derselben Rede seine Zuhörer „ermahnte [...] darauf zu achten, daß es keine Unterschiede mehr zwischen Altreichsdeutschen und Sudetendeutschen gebe", die „gemeinsame Heimat heiße Deutsch-

---

[143] Aktennotiz vom 10. 2. 1940 (Abschrift von Abschrift). *Ebenda.*
[144] ‚Die Zeit' (Reichenberg) vom 4. 3. 1940. — Teilweise zitiert bei *Brügel:* Tschechen und Deutsche 1918–1938, 325f. — Eine Kopie des Artikels befindet sich im BA Berlin, 15.01., Pers.Abt., Bd. 783.
[145] Siehe oben.

Fortleben alter Gegensätze – Fortsetzung der Gleichschaltung 175

land".[146] Dieses Einheitsbekenntnis tauchte von nun an wiederholt in Henleins öffentlichen Äußerungen auf.
Unmittelbare Reaktionen der Öffentlichkeit auf diese Rede Henleins, die für ihn selbst einen Wendepunkt markierte[147], liegen nicht vor. Kenner der politischen Interna hatten jedoch nur Spott und Verachtung für Henlein übrig. In einem Brief an Frank vom 18. April 1940, also einen Tag nach Henleins Rede, schrieb der von der ‚Säuberung' selbst betroffene Gustav Oberlik: „Seinerzeit war K.[onrad] H.[enlein] einfach Herrn Rutha geistig unterlegen und beinahe hörig – heute spielt er den armen Irregeführten, der von nichts gewußt hat."[148]

Im Nachlaß Eugen Weeses, Journalist in Troppau und ehemals Sekretär Rudolf Jungs, findet sich ein Spottgedicht, das nach Henleins Kehrtwende verfaßt wurde und das die typischen Ansichten der Henlein-Gegner zusammenfaßte. Ein längerer Ausschnitt erscheint lohnend:

> Nun kommst auch Du zu uns ins Schlesische!
> Nachdem Du dort im Böhmischen verkündet
> Wie Du getäuscht bist worden
> von Deinen Freunden vom KB.
> [...]
> Und heute willst Du Glauben [sic] machen,
> dass Du es warst, der diese Eiterbeule,
> die sich in Deinem Kronrat aufgetan,
> ausreissen und austilgen liess?
> Du? Wirklich Du?
> Mitnichten, Kameradenhäuptling!
> [...]
> Was alle Welt gewusst,
> das war auch Dir bekannt,
> man hat es Dir ja oft genug gesagt.
> Du aber liessest nicht von Rutha!
> [...]
> Der Glaube, das Vertrauen,
> das man Dir einst entgegenbrachte:
> sie sind vertan!
> [...]
> Zu oft schon hast Du ‚eingesehen',
> dass man Dich falsch beraten;
> und gingst doch immer wieder hin
> zum Kreis der warmen Brüder,
> Dir Rat zu holen
> [...]
> O Kameradenhäuptling, glaubst Du wirklich,
> dass wir die Freiheit Deinen warmen Brüdern danken?

---

[146] ‚Die Zeit' (Reichenberg) vom 4. 3. 1940. — Teilweise zitiert bei *Brügel:* Tschechen und Deutsche 1918–1938, 325f. — Eine Kopie des Artikels befindet sich im BA Berlin, 15.01., Pers.Abt., Bd. 783.
[147] *Becher:* Zeitzeuge 109. — Ähnlich urteilen auch *Biman/Malíř:* Kariéra 278.
[148] Schreiben Gustav Oberliks an Karl Hermann Frank vom 18. 4. 1940. SÚA Prag, 109-12-123.

[...]
Du weisst es selber
und sagst's nun auch:
dass nur dem Einen wir die Freiheit danken,
ihm ganz allein [Adolf Hitler – R. G.]
Zu dem zu stehen schon vor langen Jahren
ist Zeit gewesen,
[...]
Nein, Konrad, bleib daheim!
Bleib, wo Du Dich emporgeturnt
und lasse uns in Frieden [...].[149]

Die Einordnung der Vorfälle um Henlein und ihrer Folgen

Es ist klar geworden, daß es sich bei den Verhaftungen des Jahres 1939, den ihnen folgenden Dresdner Prozessen und der öffentlichen Diskreditierung Henleins um eine von SS und SD gesteuerte Aktion handelte, bei der der Vorwurf der Homosexualität, sei er nun im Einzelfall begründet gewesen oder nicht, nur ein Vorwand war.

Es handelte sich um eine Abrechnung mit dem Kameradschaftsbund, von der auch Konrad Henlein betroffen war. Johann Wolfgang Brügel verkennt in diesem Fall eindeutig, worum es ging, wenn er behauptet: „Mit dem Kreis um Rutha hatten die [...] Verurteilten nichts zu tun." Es sei dies eine „der Legenden, die zur Entlastung der Henleinbewegung nach dem Krieg verbreitet wurden". Vielmehr seien „KB-Leute" auch danach, „bis zum Ende treue und von diesem geschätzte Soldaten des Führers" gewesen, „vor allem Henlein selbst".[150] Letzteres ist zwar richtig, insgesamt treffender ist jedoch die rückblickende Interpretation eines Beteiligten, Walter Brand: Die Dresdner Prozesse seien ein „erbarmungsloses Strafgericht über jene" gewesen,

die es gewagt hatten, eine sudetendeutsche Politik zu betreiben, die nicht erst für jeden Schritt die Berliner Genehmigung einholen wollte; die in verantwortungsbewußter Eigenständigkeit und in bewußtem Gegensatze der äußeren politisch-taktischen und der inneren ideologischen Gleichschaltung erbitterten Widerstand entgegengesetzt hatten.[151]

Auch wenn Brands Formulierung ein nicht angebrachter Versuch ist, die auch von ihm vertretene Richtung der sudetendeutschen Politik in die Nähe zum Widerstand gegen den Nationalsozialismus als Ganzes zu rücken: seine Einschätzung kommt dem Kern der Dinge näher als das Urteil Brügels. Aber auch sie bedarf der Differenzierung.

Die für die Einordnung und Beurteilung der geschilderten Vorgänge entscheidende Frage lautet: Handelte es sich bei der ‚Säuberung' ausschließlich oder vorwiegend um eine Begleichung von ‚offenen Rechnun-

---

[149] OA Opava, Nachlaß Eugen Weese, Kart. 2.
[150] *Brügel*: Tschechen und Deutsche 1918–1938, 326.
[151] *Brand*: Die sudetendeutsche Tragödie 47f.

gen' aus der Zeit vor dem Anschluß, oder hatten die Maßnahmen gegen Henlein und Teile seines Stabes auch einen Bezug zur politischen Situation im Sudetengau Ende 1939 und Anfang 1940?

Es wurde bereits mehrfach auf das Streben Henleins und seiner Mitarbeiter, dem Sudetengau möglichst viel Selbständigkeit zu verschaffen bzw. zu erhalten, hingewiesen. Auch wenn sich seine Absichten in manchem mit den Plänen des Reichsinnenministeriums getroffen hatten, hatte Henlein sich dadurch von Anfang an in einem Spannungsfeld zwischen den Interessen des Reiches und denen ‚seines' Gaues befunden. Seine Gegner, auch im Sudetenland, bezichtigten auch nach dem Anschluß die ehemaligen Mitglieder des Kameradschaftsbundes, der Fortsetzung ihrer ‚separatistischen' Politik. In diesem Zusammenhang sind die Prozesse wegen angeblicher ‚homosexueller Verfehlungen' zu sehen. Der mit der Bearbeitung der Verfahren gegen die 1939 Verhafteten betraute Staatsanwalt bei der Dresdner Staatsanwaltschaft, Dr. Hans Meier, berichtete kurz nach dem Krieg, er habe aufgrund des Aktenstudiums bald festgestellt, „daß die Ausdehnung der Ermittlungen auf ca. 300 Personen nur den Zweck hatte, gewisse staatliche Sonderabsichten zu tarnen. Es wurde planmäßig der Eindruck erweckt, daß der ganze Sudetengau, namentlich in seinen politischen Kreisen, homosexuell verseucht sei". In Wirklichkeit sei es jedoch um die Ausschaltung jener Kreise gegangen, die in der ČSR „eine selbständige, an die deutsche Politik angelehnte, aber gegen die Tschechoslowakei loyale Politik" angestrebt hatten, vor allem die Mitglieder des Kameradschaftsbundes. Diese Kreise hätten – und damit wird deutlich, daß es sich nicht bloß um eine auf die Vergangenheit bezogene Maßnahme handelte – „über nicht unbeträchtlichen Einfluß" verfügt, seien „den zentralistischen Tendenzen des Reiches hinderlich" gewesen und sollten deshalb „durch zuverlässige SS-Kräfte ersetzt werden".[152]

Darüber hinaus ist zu beachten, daß inzwischen der Sudetengau für das im Krieg stehende Reich immer mehr ein ‚Problemfall' geworden war. Die Stimmung der Bevölkerung war nach der Euphorie der ersten Wochen in dem Maße gesunken, in dem die zuvor geschürten Erwartungen enttäuscht worden waren. Die Kriegserfolge der Deutschen Wehrmacht konnten die Stimmung nur vorübergehend anheben. Mehr als ein halbes Jahr nach der Eingliederung herrschte eine weitverbreitete Unzufriedenheit über die neuen Verhältnisse vor. Besonders die wirtschaftlichen und sozialen Folgen der Eingliederung in das Reich waren für viele Sudetendeutsche eine herbe Enttäuschung. Aber auch die Personalpolitik vieler Reichsbehörden hatte dazu beigetragen; Ressentiments gegen die ‚Altreichsdeutschen', vor allem gegen ‚Preußen' und ‚Sachsen' waren im Sudetengau an der Tagesordnung. Es hatte sogar, wie schon erwähnt,

---

[152] Eidesstattliche Versicherung des Dr. Hans Meier vom 2. 2. 1948, abgedruckt in: Die Kampagne gegen den Sprecher der Sudetendeutschen Landsmannschaft Dr. Walter Becher. Eine Dokumentation. München 1968, Anlage 4.

Äußerungen des Mißmuts über die erwartete und nicht erhaltene Autonomie der Sudetendeutschen gegeben. Hier konnte tatsächlich ein Potential wenn nicht für ‚separatistische Tendenzen', so doch zumindest für einen dem Reich jedenfalls nicht genehmen Partikularismus entstehen.

Hinzu traten die ‚Extratouren' des Gauleiters und Reichsstatthalters, der von Anfang an für weitgehende Eigenständigkeit ‚seines' Gaus eingetreten war. Hatte nicht Henlein mit seinem Affront gegenüber der Reichsjugendführung allzu deutlich gemacht, ‚sudetendeutsche Angelegenheiten' alleine regeln zu wollen? Hatte er damit nicht signalisiert, eher sudetendeutscher Reichsstatthalter als Reichsstatthalter im Sudetengau sein zu wollen? Das seiner Niederlage folgende, dem Emissär der Reichsjugendführung gemachte Zugeständnis, er wolle in Zukunft ‚keine sudetendeutschen Eigenbrödeleien' mehr zulassen, zeigt den Kern des Konflikts. Auch der Polizeipräsident von Reichenberg, Leffler, schätzte dies so ein. Er sah in Henleins Vorgehen gegen die Reichsjugendführung einen Beleg für die „ablehnende Haltung Henleins und seiner Umgebung gegen alles, was aus dem Reich kam".[153] Den schmalen Grat zwischen seinem eigenen Machtanspruch und dem der Berliner Zentrale, zwischen Reichsinteressen und Regionalinteressen, hatte Henlein im Januar 1940 eindeutig verlassen. Nur vordergründig ging es damals um die Besetzung des obersten HJ-Postens im Sudetengau. Es ging um weit mehr, nämlich grundsätzlich um das Verhältnis zwischen Gau und Reich. Henleins Vorgehen überschritt das Maß dessen, was von der Zentrale als erträgliches Vertreten regionaler Interessen verstanden wurde.

Zu diesem ‚Fehltritt' kamen Henleins Vergangenheit und seine enge Verbindung zu Heinz Rutha und Walter Brand, den wichtigsten ‚Jüngern' Spanns in der sudetendeutschen Politik, die von SS und SD zu ‚Feinden des Reiches' erklärt worden waren. Doch die ‚Säuberungen' 1939/40 und die Demütigung Henleins im Frühjahr 1940 waren nicht nur eine Abrechnung mit dieser Vergangenheit. Sie hatten auch, besonders mit Blick auf Henlein[154], einen aktuellen Bezug: Es kann kein Zufall sein, daß der Henlein in Verruf bringende Artikel im ‚Völkischen Beobachter' ausgerechnet während des Machtkampfes, den die HJ-Affäre darstellte, erschien. Schließlich lagen die Verhaftungen, Anklagen und teilweise auch die Verurteilungen in den Dresdner Prozessen schon länger zurück. Es gab eigentlich keinen Grund, ausgerechnet zu diesem Zeitpunkt damit an die Öffentlichkeit zu gehen.

Man kann daher die Dresdner Prozesse und die Ereignisse des Frühjahrs 1940, die schließlich zur Umbesetzung wichtiger Partei- und Staats-

---

[153] Erfahrungsbericht Lefflers „Meine Stellung, Tätigkeit und Erfahrung als Polizeipräsident in Reichenberg in der Zeit von November 1939 bis Juni 1944". BA Dahlwitz-Hoppegarten, ZR 944, Akte 11, Bl. 10.
[154] Anders liegt dagegen der Fall Brand. Brand hatte nach dem Oktober 1938 praktisch gar keine Gelegenheit mehr, seine ‚autonomistische' Linie fortzusetzen, wurde er doch fast sofort ‚kaltgestellt'. Nicht im einzelnen verfolgen ließ sich die Tätigkeit der anderen Betroffenen zwischen Anschluß und Verhaftung.

Fortleben alter Gegensätze – Fortsetzung der Gleichschaltung 179

ämter im Sudetengau führten und Konrad Henlein fast sein Amt gekostet hätten, als weiteren Schub der ‚internen Gleichschaltung' bezeichnen. Es bleibt die Frage, warum Henlein nicht abgesetzt wurde. Mehrere Gründe sind dafür zu nennen. Die wichtigsten hatten auch jene Beobachter, die zeitweise mit Henleins Entlassung rechneten, erkannt: „Die wesentliche Bereinigung kann und wird erst nach dem Kriege kommen. Die Spitze zu fällen steht nur dem Führer zu."[155]

Ein direktes Eingreifen Hitlers in die geschilderte Auseinandersetzung konnte nicht festgestellt werden. Es deutet nicht einmal etwas darauf hin, daß er über die Vorgänge im Sudetengau informiert war.[156] Dennoch war der ‚Führer' darin der letztlich ausschlaggebende Faktor. Insofern ist die Auseinandersetzung zwischen Henlein und SS/SD ein typisches Beispiel für die Machtstrukturen im Dritten Reich allgemein und für die Stellung der Gauleiter innerhalb dieser Strukturen im besonderen.[157] Unbestreitbar herrschte im Dritten Reich ein „Ämter- und Kompetenzenchaos"[158], und unbestritten ist auch, daß Hitler den Konkurrenzkämpfen im Herrschaftsapparat oft freien Lauf ließ und sich wenig in sie einmischte. Aber im Bewußtsein aller an solchen Auseinandersetzungen Beteiligten nahm Hitler immer eine zentrale Position ein. Er war „Dreh- und Angelpunkt des Dritten Reiches", und es war klar, daß letztlich das Verhältnis der Konkurrenten zu Hitler entscheidend war, daß keine wichtige Entscheidung *gegen* seinen Willen durchgesetzt werden konnte.[159]

Dies gilt auch im vorliegenden Fall: „Henleins Verhältnis zum Führer war sehr gut", so die Formulierung Neuburgs.[160] Schon im März 1938 hatte ja Hitler Henlein zu seinem ‚Statthalter' auch für die Zukunft ernannt. „Der Führer schätzte ihn als ‚Einiger des Sudetendeutschtums' sehr", so noch einmal Neuburg. Daran sollte sich grundsätzlich nie etwas ändern: „Alle vom Reichsführer SS, Himmler, von Heydrich und von

---

[155] Schreiben V. Richters an R. Kasper vom 27. 5. 1940. SÚA Prag, SdP-Erg., Kart. 29.
— Auch der ‚Volksmund' brachte, wenn auch auf ganz falsche Weise, Henleins politisches Überleben mit dem ‚Führer' intuitiv in Verbindung: Im März 1940 liefen Gerüchte um, wonach Henlein „seine Stelle als Gauleiter lediglich dem überragenden Ergebnis der Führerspende zu verdanken habe, denn sonst wäre er bereits längst abgebaut worden". Lagebericht der NSDAP-Kreisleitung Neutitschein für März 1940. SOA Litoměřice, GL NSDAP, Kart. 10.

[156] Nach *Hüttenberger:* Die Gauleiter 199, mischte sich Hitler nie in einzelne Vorkommnisse der Gaue ein. — Hitler erklärte auch einmal: „Ich berufe außerordentlich ungern einen Gauleiter ab und tue das nur in den allerseltensten Fällen." Zitiert nach *Rosar, Wolfgang:* Deutsche Gemeinschaft. Seyss-Inquart und der Anschluß. Wien–Frankfurt/M.–Zürich 1971, 338.

[157] Vgl. dazu v. a. das Kapitel „Das Verhältnis zwischen den Gauleitern, Hitler und Bormann" bei *Hüttenberger:* Die Gauleiter 195 ff.

[158] *Hildebrand, Klaus:* Das Dritte Reich. 5. Aufl. München 1995, 71.

[159] *v. Hehl:* Nationalsozialistische Herrschaft 63 f., Zitat 64. — Vgl. auch *Nolte, Ernst:* Streitpunkte. Heutige und künftige Kontroversen um den Nationalsozialismus. Berlin–Frankfurt/M. 1993, 178.

[160] Aussage Neuburg. AMV Prag, 301-139-3, Bl. 43.

Bormann gegen ihn vorgetragenen Angriffe änderten nichts an der immer gleichbleibend gefärbten Meinung des Führers über ihn." Hitler habe einmal zu Bormann gesagt, „solange Henlein lebe, komme niemand anders für die Führung des Sudetengaues in Frage".[161] Auch hier gab Neuburg die Verhältnisse korrekt wieder: „Sei Dir vor allem darüber im klaren", schrieb Himmler 1943 an den Höheren SS- und Polizeiführer in Dresden, von Woyrsch, der immer wieder gegen Henlein intrigierte, den er nicht für SS-würdig hielt, „daß der Führer Gauleiter Henlein bestimmt niemals entfernen wird."[162]

Ungeklärt bleibt die Frage, warum Henlein sein hohes Ansehen bei Hitler in der für ihn so kritischen Lage Anfang 1940 nicht nutzte und diesem Bericht erstattete. Möglicherweise hielt ihn die Drohung Heydrichs, er werde dem ‚Führer' in diesem Falle die peinlichen Vernehmungsprotokolle aus den Dresdner Prozessen vorlegen, davon ab. Er war sich wohl zu diesem Zeitpunkt nicht mehr, wie noch im Oktober 1938, sicher, daß Hitler sich auf seine Seite stellen würde.

Neben der vorbehaltlosen Wertschätzung durch Hitler gab es aber weitere Gründe, die auch aus Sicht der Gegner Henleins dafür sprachen, diesen zumindest vorerst in seinen Ämtern zu belassen. Zum einen ist Henleins auch Anfang 1940 immer noch große Popularität zu nennen. Die Unzufriedenheit weiter Bevölkerungskreise war zwar auch auf sein Ansehen nicht ohne Rückwirkungen geblieben. Er galt aber noch immer als Symbolfigur der Sudetendeutschen, deren Sturz wohl für beträchtliche Unruhe in der Bevölkerung gesorgt hätte. Diese wollte man vermeiden.[163] Der 1935 und 1938 auch gewählte ‚Einiger des Sudetendeutschtums' an der Spitze des Gaues symbolisierte dazu dessen Bindung an das Reich: Henlein wurde von der Bevölkerung als ‚einer von uns' begriffen; ihn in der Verantwortung zu belassen war daher ein nicht unbeträchtlicher Faktor der Integration mit dem Reich.

---

[161] *Ebenda*, Bl. 43 f.
[162] Schreiben vom 27. 5. 1943. BA Berlin, BDC, SSO-Akte Donnevert. — Ob Henlein tatsächlich aus seinem Amt entfernt werden sollte, kann nicht mit letzter Sicherheit gesagt werden. Auch Neuburg war allerdings der Ansicht, Henlein sollte 1940 gestürzt werden. Aussage Neuburg. AMV Prag, 301-139-3, Bl. 44.
[163] In diesem Sinne auch Heydrich gegenüber Henlein nach der Schilderung Köllners (vgl. oben). — Die Gauleiter „waren ein wichtiges kommunikatives Relais zwischen der obersten Partei- und Staatsführung und der breiten Masse der Bevölkerung". *Priamus*, Heinz-Jürgen: Regionale Aspekte in der Politik des nordwestfälischen Gauleiters Alfred Meyer. In: Nationalsozialismus in der Region. Beiträge zur regionalen und lokalen Forschung und zum internationalen Vergleich. Hrsg. von Horst *Möller*, Andreas *Wirsching* und Walter *Ziegler*. München 1996 (Schriftenreihe der Vierteljahrshefte für Zeitgeschichte, Sondernr.), 175-195, hier 176. — So wurde z. B. Baldur von Schirach im Sommer 1940 Gauleiter von Wien, weil es sein Vorgänger Bürckel, so Hitler, nicht verstanden habe, „die Wiener für das Reich zu gewinnen. Ich kann es mir nicht leisten", so der Diktator, „in dieser Zeit eine meuternde Großstadt an der Südostecke des Reiches zu haben." Zitiert nach *Luža*: Österreich 187. — Ähnliche Überlegungen haben wohl in Heydrichs Gedankenbildung bezüglich Henleins eine Rolle gespielt.

Auch „aus außenpolitischen Gründen" habe man Henlein auf seinen Positionen belassen, lautet eine wiederholt geäußerte Behauptung.[164] Was im einzelnen dahinter steckte, kann nur vermutet werden. Möglicherweise ist auch dieses Argument im Zusammenhang mit Henleins Beliebtheit in der Bevölkerung zu sehen. Man wollte der ausländischen Propaganda keine Angriffsfläche bieten: Im Falle der Absetzung Henleins hätte sie es natürlich leicht gehabt, die ‚Befreiung' des Sudetenlandes als Besetzung darzustellen und mit dieser Argumentation über den Rundfunk eventuell Einfluß auf die Stimmung der sudetendeutschen Bevölkerung zu nehmen.[165]

Die von Heydrich nach Aussage Köllners angeführte Argumentation, wonach man Henlein nicht habe absetzen können, weil sonst der Eindruck erweckt worden wäre, die Führung des Sudetengaus sei nun ‚von den Reichsdeutschen endgültig gekapert' worden, wirkt dagegen wenig überzeugend. Schließlich hätte man einen anderen Sudetendeutschen an seine Stelle setzen können. Potentielle Kandidaten waren etwa die böhmischen Alt-Nationalsozialisten Hans Krebs, dessen Name auf Flugblättern ja auch in die Diskussion gebracht worden war, und Rudolf Jung, der Programmatiker der DNSAP. Beide waren bereits Gauleiter ehrenhalber und hatten schon 1938 Interesse an dem höchsten Parteiamt im Sudetengau gezeigt. Beide blieben aber auch jetzt unberücksichtigt.

Warum aber wurde weder Krebs noch ein anderer prominenter Vertreter der alten DNSAP wenigstens Henleins Stellvertreter als Gauleiter?[166] Es ist auffällig, wie wenig die ehemaligen DNSAP-Politiker insgesamt von den Umbesetzungen in Reichenberg profitierten. Ihre Hoffnungen, nun selbst zum Zuge zu kommen, waren groß.[167] Die freigewordenen Posten erhielten jedoch fast ausschließlich ‚Altreichsdeutsche', und so erklärt sich auch die Unzufriedenheit unter jenen, die sich wieder be-

---

[164] Schreiben F. Erlers an R. Kasper vom 10. 2. 1940 und vom 11. 2. 1940. SÚA Prag, SdP-Erg., Kart. 29. — Schreiben von Woyrschs an den Chef des SS-Personalhauptamtes vom 16. 7. 1943. BA Berlin, BDC, SSO-Akte Henlein.

[165] In diesem Sinne kann man eine äußerst unklare Formulierung in dem Schreiben F. Erlers an R. Kasper vom 11. 2. 1940 interpretieren. SÚA Prag, SdP-Ergänzungen, Kart. 29. — Aber auch so blieb die Schwächung Henleins im Ausland nicht unbemerkt, erwies sich Erlers Einschätzung als richtig, daß bei „den immer noch engen Verbindungen zwischen dem Sudetenlande und dem Protektorat es ganz ausgeschlossen" sei, „daß wichtige politische Vorgänge, die sich im Sudetendeutschtum abspielen, im feindlichen Ausland unbekannt bleiben könnten". *Ebenda.* — Das ‚Czechoslovak Labour Bulletin' (London) meldete z. B.: „Henlein himself is only a puppet in the game, and has nothing to say, for all power has been taken over by the Prussian Nazis." Nr. 13 vom 16. 8. 1940. AdsD Bonn, PV-Emigration, beigefügte Zeitungen/Zeitschriften.

[166] Krebs hatte am 19. 2. 1940 in einem Schreiben an Robert Ley diesen darum gebeten, sich für die Ernennung Anton Kreißls, eines weiteren sudetendeutschen ‚Alt-Nationalsozialisten', einzusetzen. SÚA Prag, SdP-Erg., Kart. 29.

[167] Vgl. z. B. den Lagebericht der NSDAP-Kreisleitung von Rumburg für Februar 1940. SOA Litoměřice, GL NSDAP, Kart. 12.

nachteiligt fühlten und sogar, in Verkennung der Tatsachen, von einem „taktische[n] Sieg des KB" sprachen.[168]

In Berlin und München herrschte anscheinend die Überlegung vor, nun stärker als bisher von außen in der Personalpolitik in den Sudetengau, vor allem in die NSDAP, eingreifen zu müssen. Auch Jung und Krebs wurden nämlich mittlerweile mit einem gewissen Mißtrauen betrachtet. Ihnen, die sich schon länger als selbst Hitler Nationalsozialisten nennen konnten, war mangelnde ideologische Linientreue kaum vorzuwerfen. Gerade Jung und Krebs waren jedoch für ihren unbändigen Ehrgeiz hinlänglich bekannt, freilich längst nicht überall beliebt. Jung hatte es früher sogar gewagt, Hitlers ideologische Führerschaft in der NSDAP in Frage zu stellen. Damit hatte er sich jedoch selbst ausmanövriert. Er und Krebs schlugen sich später auch selbst zur Beförderung in der SS vor und wurden dafür von Himmler ausdrücklich gerügt.[169] Zusammen kämpften beide auch in Denkschriften um die Anerkennung ihrer Verdienste in der Vergangenheit, wobei es wieder Seitenhiebe auf Henlein und die SdP gab:

Wir sudetendeutschen Nationalsozialisten haben unsere Treue zum Führer und zur nat. soz. Weltanschauung mit dem politischen Tode bezahlt! Zwischen uns und jeder anderen sudetendeutschen Partei kann überhaupt kein Vergleich gezogen werden. Auch nicht mit der Sudetendeutschen Partei Konrad Henleins, die erst am 24. April 1938 sich für die nat. soz. Weltanschauung aussprach![170]

Doch die Partei-Zentrale scheint der sudetendeutschen Querelen und Unzufriedenheit insgesamt überdrüssig gewesen zu sein. Auch die der DNSAP entstammenden sudetendeutschen Nationalsozialisten betonten zu sehr ihre ‚ruhmreiche' sudetendeutsche Vergangenheit. Darüber hinaus stand hinter der Entsendung reichsdeutschen Personals die Absicht, erst einmal für Ruhe in der Partei des Gaus zu sorgen, damit diese ihre Aufgaben im Krieg erfüllen könne. Denn noch immer schwelte der alte Konflikt.

Der „Zwingvogt des unzufrieden werdenden Sudetengebietes"[171] aus dem Stabe des ‚Stellvertreters des Führers', Donnevert, machte dies in

---

[168] Schreiben F. Erlers an R. Kasper vom 11. 2. 1940. SÚA Prag, SdP-Erg., Kart. 29.

[169] Schreiben Himmlers an Krebs (Abschrift) vom 19. 1. 1943. BA Berlin, BDC, SSO-Akte Jung. Nach Aussage Neuburgs stand Krebs bei Himmler allgemein „in keinem besonders guten Ansehen". AMV Prag, 301-139-3, Bl. 95. — Über Jung urteilte Bormann, daß dieser zwar „ein verdienter Parteigenosse" sei. Die „Betriebsamkeit, die er seit seiner Anwesenheit im Reich bezüglich seiner Beförderung entwickelt" habe, fand er jedoch „höchst unerfreulich". Schreiben Bormanns an Himmler vom 29. 6. 1942. BA Berlin, BDC, SSO-Akte Jung.

[170] Denkschrift Jungs „In Angelegenheit der Anerkennung der Tätigkeit in der ehemaligen DNSAP", ohne Datum [nach März 1940]. Ebenda. — Denkschrift Krebs' „betreffend Dienstauszeichnung der NSDAP und Anerkennung der früheren Tätigkeit in der DNSAP" vom 24. 10. 1940. BA Berlin, BDC, PK-Akte Krebs.

[171] ‚Die Neue Volkszeitung' (New York) vom 1. 6. 1940. SÚA Prag, ZTA, Kart. 584, Nr. 480.

Fortleben alter Gegensätze – Fortsetzung der Gleichschaltung 183

einer Rede am 25. Oktober 1940 deutlich. Nicht die SdP oder die DNSAP hätten das Hauptverdienst am Anschluß des Sudetenlandes an das Reich, sondern Adolf Hitler. „Man müßte schließlich vermeinen", sagte Donnevert,

> daß jeder vernünftige Mensch längst schon begriffen hat, daß der Freiheitskampf des Sudetendeutschtums seit dem Frieden von Versailles schließlich nichts anderes war, als ein Glied in der großen Kette der gesamtdeutschen Wiedergeburt und daß – wenn schon von einem Sonderschicksal des Sudetendeutschtums die Rede ist – das Sudetendeutschtum das Schicksal der Gesamtnation in einer Art Vorpostenstellung in besonders typischer und einmaliger [!] Form erlebt und gestaltet hat. [...] DNSAP und Sudetendeutsche Partei waren nur die Feder führenden Funktionsträger der deutschen Revolution im sudetendeutschen Sektor [...].

Im folgenden wird deutlich, daß Donnevert nach dem Revirement in der Gauleitung Ruhe im Parteivolk und keine weiteren Angriffe auf Henlein wünschte:

> Ich kann es als alter Nationalsozialist nicht glauben, daß es Parteigenossen sind, die da heute noch in unverantwortlicher Weise gegen die Partei und einzelne ihrer führenden Männer in einer Art und Weise Stellung nehmen, die in ihrer Auswirkung einer unverantwortlichen Sabotage [...] gleichkommt. Ich bin überzeugt, daß es nur Feinde des Regimes, also politische Gegner des Nationalsozialismus schlichtweg, sein können, die sich eines alten Zündstoffes bedienen, um der Unruhepropaganda unserer Feinde verwerfliche Handlangerdienste zu leisten. Ich werde gerade nach dieser Richtung hin künftig mit aller Härte dafür sorgen, daß die Grundsätze nationalsozialistischer Disziplin, wie sie innerhalb jedes Gaues des Altreiches selbstverständlich sind, auch hier im Sudetengau die notwendige Beachtung finden.[172]

Henlein, der von SS und SD demontiert und von Heydrich und Heß persönlich gerügt worden war, wurde nun plötzlich gegen weitere Angriffe aus den Reihen seiner sudetendeutschen Kritiker, der ‚Radikalen‘, der alten Nationalsozialisten, in Schutz genommen. Wie ist das zu erklären?

Erst jüngst wurde in der Forschung auf das allgemein spannungsreiche Verhältnis zwischen den Gauleitern als Vertretern regionaler Interessen und der Reichsführung in Berlin hingewiesen. Diese entwickelten sich mitunter zu Kompetenzkonflikten, „bei denen die Gauleiter gegen die zentralen Stellen des Reiches, im Krieg dann besonders auch gegen SS, SD und das Ministerium Speer, jeweils ihren Gaubereich verteidigten".[173] Dies galt besonders in den neuen Reichsgauen, zu denen der Su-

---

[172] Rede Donneverts vom 25. 10. 1940, gedruckt als: „Partei und Menschentum. Unsere nationalsozialistischen Aufgaben im Sudetengau." SOA Litoměřice, pobočka Lovosice, NSDAP Litoměřice 1938-1945, Kart. 3. — Teilweise tschechisch zitiert bei *Faltys:* Postavení 418.

[173] *Ziegler:* Gaue und Gauleiter 151. — Siehe auch *Hüttenberger:* Die Gauleiter 182 ff. — Vgl. dazu oben. — Dem Gauleiter Simon (Gau Moselland) wurde z. B. vorgeworfen, „‚partikularistische Maßnahmen' und immer wieder ‚die Autorität des Führers schädigende, reichsleitungsfeindliche Handlungen' begangen zu haben". *Düwell,* Kurt: Gauleiter und Kreisleiter als regionale Gewalten des NS-Staates. In: Nationalsozialismus in der Region. Beiträge zur regionalen und lokalen For-

detengau zählte. Für eine kraftvolle Persönlichkeit bestand hier die Möglichkeit, aufgrund der Vereinigung der höchsten Staats- und Parteiämter zu einer „gauterritorialen Quasisouveränität"[174] zu gelangen und gegebenenfalls Partikularinteressen zu vertreten.

Unter diesem Aspekt bot ein geschwächter, ohnehin nicht gerade als machtgierig und kämpferisch bekannter Mann wie Henlein an der Spitze der unzufriedenen Sudetendeutschen eine bessere Gewähr für Einflußnahme der Zentrale als eine Persönlichkeit wie Hans Krebs oder Rudolf Jung. Diesen Hintergedanken bei der Belassung Henleins in seinen Ämtern hatte auch die in New York erscheinende ‚Neue Volkszeitung' erkannt, als sie am 1. Juni 1940 schrieb, das Henleins „absolute Inferiorität vor jeder Gefahr einer Revolte gegen Berliner oder Münchener Befehle schützte". Ob sich indes Henlein tatsächlich mit der ihm so zugedachten „Rolle einer bloßen Repräsentationsfigur"[175] begnügen würde, war zu diesem Zeitpunkt erst einmal eine Vermutung.

War Henlein nach den Ereignissen im Januar 1940 wirklich „politisch ein gebrochener Mann"[176], „politisch tot"?[177] Stand er danach, wie gesagt wurde, „auf verlorenem Posten"?[178] Zunächst sah es tatsächlich so aus. Fest steht, daß die geschilderten Geschehnisse für ihn in jeder Hinsicht einen tiefen Einschnitt bedeuteten. Nach der Vorladung zu Heydrich sei er, so berichtete ein Zeuge, „moralisch und seelisch am Boden zerstört" gewesen.[179] Ein anderer Vertrauter berichtete, Henlein habe schon 1939, als das „Kesseltreiben" gegen seine Mitarbeiter begann, sogar an einen Rückzug ins Privatleben gedacht.[180] Während er nach außen seinen Freund und Mentor Rutha verleugnete und in martialischen Worten davon sprach, die Männer ausmerzen zu wollen, die sein Vertrauen mißbraucht hätten, äußerte er sich gegenüber Vertrauten moderater, verständnisvoller: „voller Empörung" habe er von „Jugendverirrungen" gesprochen, die man nun „ausgrabe, um unliebsame Leute abzuschießen". Noch 1944 habe er in einer Unterredung mit Frank auf dessen Behauptung, es habe in der Sudetendeutschen Partei „Nationalsozialisten" und

---

schung und zum internationalen Vergleich. Hrsg. von Horst *Möller*, Andreas *Wirsching* und Walter *Ziegler*. München 1996 (Schriftenreihe der Vierteljahrshefte für Zeitgeschichte, Sondernr.), 161-174, hier 170.

[174] Vgl. dazu oben. — *Wirsching*: Nationalsozialismus in der Region 30.
[175] ‚Die Neue Volkszeitung' (New York) vom 1. 6. 1940. SÚA Prag, ZTA, Kart. 584, Nr. 480.
[176] *Luh*: Der Deutsche Turnverband 427.
[177] Interview W. Bechers mit F. Köllner vom 3. 9. 1977, Tonbandaufzeichnung. Sudetendeutsches Archiv, München.
[178] *Becher*: Zeitzeuge 110.
[179] Interview W. Bechers mit F. Köllner vom 3. 9. 1977, Tonbandaufzeichnung. Sudetendeutsches Archiv, München.
[180] Aus Gesprächen F. Bürgers mit F. Künzel und R. Jahn, Mai 1966. BA Bayreuth, Ost-Dok. 20/90, Bl. 3.

Fortleben alter Gegensätze – Fortsetzung der Gleichschaltung 185

„Schweine" gegeben, gesagt: „Doch sind mir diese Schweine treu gewesen!"[181]

Nach den von ihm als demütigend empfundenen Erlebnissen Anfang 1940 sprach Henlein immer häufiger dem Alkohol zu. Auch wenn man Donneverts Schilderungen von Henleins maßlosem Trinken nicht unkritisch Glauben schenken sollte, weil Donnevert offenkundig von eigenen Verfehlungen ablenken wollte[182]: Es ist auch von anderer Seite bezeugt, daß Henlein nun öfter zur Flasche griff, „um sich über das Unerträgliche der Situation hinwegzuhelfen".[183]

Vollends verhaßt war ihm nun Reinhard Heydrich, den er schon früher als ‚Verbrecher' bezeichnet hatte. Man kann sich leicht vorstellen, was es für Henlein bedeutete, als Heydrich im September 1941 Stellvertretender Reichsprotektor in Prag wurde und sich damit auch räumlich in direkter Nähe zu ihm befand. „Einer von uns beiden", soll Henlein einmal gesagt haben, „ist zu viel auf der Welt! Ich werde einmal keines natürlichen Todes sterben!"[184]

Diese Ahnung Henleins sollte sich bestätigen – allerdings auf andere Weise, als er es hier meinte. Heydrich starb ebenfalls nicht eines natürlichen Todes: Er fiel 1942 in Prag einem Anschlag tschechischer Widerstandskämpfer zum Opfer. Henlein soll bei dieser Gelegenheit gesagt haben: „Gott sei Dank, der Hund ist verreckt."[185] Dies sei der schönste Tag seines Lebens gewesen.[186] Angeblich kam es sogar zu einem „Trunkenheitsexzeß des Gauleiters im Hotel ‚Adlon' anläßlich des Todes des Obergruppenführers".[187]

Welch entscheidende Stellung Heydrich für Henlein als dessen größter und mächtigster Widersacher innerhalb des nationalsozialistischen Herrschaftsapparates besaß, zeigt auch, daß Henlein kurz nach Heydrichs Tod am 4. Juni 1942 immer stärker zu politischer Aktivität, auch innerhalb der Partei, zurückkehrte.

Vorerst jedoch, nach den Ereignissen des Frühjahrs 1940, war Henlein tatsächlich „entscheidend in seiner politischen Aktivität getroffen".[188]

---

[181] Ebenda.
[182] Verschiedene Belege dafür im BA Berlin, BDC, SSO-Akte Donnevert.
[183] Aus Gesprächen F. Bürgers mit F. Künzel und R. Jahn, Mai 1966. BA Bayreuth, Ost-Dok. 20/90, Bl. 4. — Von starkem Alkoholkonsum etwa ab 1941 und familiären Problemen ab 1939, die es vorher nicht gegeben habe, berichtete nach dem Krieg Henleins Fahrer, Christian Ludwig, in einem Verhör durch die tschechische Staatssicherheit. Protokoll vom 6. 10. 1946. Státní vědecká knihovna Liberec, Sammlung Henlein.
[184] Aus Gesprächen F. Bürgers mit F. Künzel und R. Jahn, Mai 1966. BA Bayreuth, Ost-Dok. 20/90, Bl. 5.
[185] Interview W. Bechers mit F. Köllner vom 3. 9. 1977, Tonbandaufzeichnung. Sudetendeutsches Archiv, München.
[186] Aus Gesprächen F. Bürgers mit F. Künzel und R. Jahn, Mai 1966. BA Bayreuth, Ost-Dok. 20/90, Bl. 5.
[187] Gedächtnisprotokoll des Polizeibeauftragten für den Sudetengau, Knapp, über eine Besprechung mit Krebs am 24. 5. 1943. BA Berlin, BDC, SSO-Akte Donnevert.
[188] Aussage Neuburg. AMV Prag, 301-139-3, Bl. 49.

Zwar gelang es ihm immerhin noch, wenigstens einige seiner alten Mitarbeiter, allen voran Richard Lammel, zu stützen. Lammel blieb auf Bitten Henleins weiterhin Gaustabsamtsleiter und Chef der Kanzlei des Gauleiters.[189] Henlein zog sich jedoch zunächst weitgehend zurück und überließ „in seiner damals sehr apathischen Verfassung" dem „von Bormann genau in dessen Sinne ausgerichteten Stellvertreter Dr. Richard Donnevert die Führung der Partei im Gau".[190] Donnevert berichtete, Henlein habe ihm direkt bei der ersten Gauamtswaltertagung im Sudetengau, bei der er anwesend war, zu seiner eigenen „größten Überraschung [...] die restlose Führung der Partei" übertragen.[191] Während der Tätigkeit Donneverts im Sudetengau trägt tatsächlich kaum noch eine Parteiweisung die Unterschrift Henleins; fast alle sind von seinem Stellvertreter unterzeichnet worden.[192] Henlein beschränkte sich fortan erst einmal weitgehend auf seine Funktion als Reichsstatthalter.

Der sich unterordnende Henlein erhielt nun Unterstützung gegen Angriffe alter Widersacher, wie es Donnevert in seiner Rede vom 25. Oktober 1940 schon angekündigt hatte. Rudolf Jung bekam dies zu spüren. Ein gewisser Raimund Elleder hatte bald nach dem Anschluß die Aufnahme in die Schriftleiterliste der deutschen Presse beantragt. Henlein stimmte diesem Antrag jedoch nicht zu, wegen der angeblich „volksfeindlichen Haltung des Elleder im Befreiungskampf". Elleder legte da-

---

[189] Schreiben Henleins an Bormann (Abschrift von Abschrift), ohne Datum [vermutlich Ende Februar 1940]. — Schreiben Donneverts an von Woyrsch mit Liste „Personalbesetzung der Gauleitung Sudetenland und der Gliederungen", „Geheim", Stand 1. 7. 1943. BA Berlin, BDC, SSO-Akte Donnevert. — Lammel, dem man homosexuelle „Verfehlungen" nicht nachweisen konnte, sollte „aufgrund seiner freundschaftlichen Beziehungen zu dem bekannten Personenkreis" dennoch abgelöst und ursprünglich auf den Posten des Gauamtsleiters für Volkswohlfahrt abgeschoben werden; dort könne er „keinen Schaden anrichten". Aktennotiz (Abschrift von Abschrift) vom 10. 2. 1940 sowie Schreiben Bormanns an Henlein (Abschrift von Abschrift) vom 21. 2. 1940. BA Berlin, BDC, SSO-Akte Donnevert. — Lammel habe nach der Entlassung Köllners „dessen Stellung als geistiger Führer des Kameradschaftsbundes innerhalb der Gauleitung eingenommen". Bis zum Anschluß habe Lammel als „scharfer Gegner des Nationalsozialismus" gegolten. Fernschreiben (Abschrift) von W. Best an die Staatspolizeileitstelle Reichenberg zur Weiterleitung an Donnevert vom 26. 4. 1940 („Geheim"). Ebenda. — Deshalb stand er „bei Bormann dauernd in dem Verdacht, Henlein im reichsfeindlichen Sinne zu beeinflussen". Aussage Neuburg. AMV Prag, 301-139-3, Bl. 83. — Auch bei den Kreisleitern Tschörner, Tins und Schmelzle, die Mitglieder des KB gewesen waren oder diesem nahe gestanden hatten, konnte Henlein die Ablösung, die von der SS gefordert wurde, verhindern. Friedrich Bürger, ehemals führendes Mitglied des KB, fand ebenfalls die Unterstützung Henleins. Bürger schied zwar aus der Gauleitung aus, wurde aber NSDAP-Kreisleiter von Rumburg. Vgl. dazu Charakteristik der Kreisleiter von H. Neuburg. SÚA Prag, 123-761-3, S. 25, S. 258 ff., S. 314 ff., S. 322 ff.

[190] Aussage Neuburg. AMV Prag, 301-139-3, Bl. 74 und Bl. 49.

[191] Schreiben und Niederschrift Donneverts an Bormann vom 21. 1. 1943. BA Berlin, BDC, SSO-Akte Donnevert.

[192] SOA Litoměřice, GL NSDAP, Kart. 35.

Fortleben alter Gegensätze – Fortsetzung der Gleichschaltung 187

gegen Berufung beim Reichsverband der deutschen Presse ein. Dieser Berufung wurde am 7. Februar 1941 stattgegeben – unter Bezugnahme auf zwei eingegangene Stellungnahmen, deren Autoren Friedrich Brehm[193] und Rudolf Jung waren. In Jungs Gutachten hieß es unter anderem:

> Wenn er [Elleder] heute bei führenden Persönlichkeiten des Sudetengaues nicht beliebt ist, so rührt das davon her, daß er gegen jene Erscheinungen Stellung genommen hat, die im Januar d. J. in einem Artikel des ‚Schwarzen Korps' öffentlich gebrandmarkt wurden und ihre Aburteilung durch ein Gericht gefunden haben. Er hat also auch für die Säuberung des politischen Lebens von einer Clique Menschen, die unter den § 175 fallen, gesorgt. Auch das muß ihm positiv angerechnet werden.[194]

Henlein pochte in einem Schreiben an Bormann einerseits auf seine Rechte als Gauleiter bei der Entscheidung über Aufnahmen in die Schriftleiterliste, andererseits verwahrte er sich „gegen diese ungeheuerliche Pauschalverdächtigung"[195], die Bormann wie folgt zusammenfaßte: „Das heißt auf gut Deutsch, Elleder sei bei Gauleiter und Reichsstatthalter Henlein [...] nicht beliebt, weil er gegen Homosexuelle Stellung genommen habe. Sie [Jung – R. G.] unterstellen damit dem Gauleiter und Reichsstatthalter Henlein die Begünstigung von Homosexuellen."[196] Henleins Bitte, Jung und Brehm „wegen dieser den Frieden der Gemeinschaft des Sudetendeutschtums störenden Handlungsweise zur Rechenschaft zu ziehen"[197], kam Bormann nach. In einem geharnischten Schreiben an Jung unterstrich Bormann Henleins Zuständigkeit in der Angelegenheit Elleder und forderte Jung unter Androhung eines Berichts an Hitler und des Parteiausschlusses auf, seine Vorwürfe zurückzunehmen: „Es ist unmöglich, daß sie ohne weiteres derart ungeheuerliche Vorwürfe gegen einen Gauleiter und Reichsstatthalter des Führers erheben können."[198]

Die ‚Affäre Donnevert'
und Henleins Rückkehr zu größerer Aktivität in der Gauleitung

Dr. Richard Donnevert galt als sehr ehrgeiziger Mann. Seiner Eigenschaft, „nur schlecht den ‚zweiten Mann' spielen" zu können[199], kam Hen-

---

[193] Brehm war ehemaliger DNSAP-Parteisekretär, Mitglied des Aufbruch-Kreises und vor dem Anschluß der „wichtigste unter Heydrichs Agenten im Sudetenland" gewesen. Smelser: Das Sudetenproblem 56 und 157. — Zu Brehms Tätigkeit als Verbindungsmann des SD vgl. auch das Schreiben Brehms an den SS-Standartenführer Willich vom 8. 5. 1940. BA Berlin, BDC-Research-Division, Ordner 457, Bl. 263 ff.
[194] Jungs Gutachten wird zitiert im Schreiben Henleins an Bormann vom 27. 4. 1942. BA Berlin, BDC, SSO-Akte Jung.
[195] *Ebenda.*
[196] Schreiben Bormanns an Jung (Abschrift von Durchschrift) vom 22. 5. 1942. *Ebenda.*
[197] Schreiben Henleins an Bormann vom 27. 4. 1942. *Ebenda.*
[198] Schreiben Bormanns an Jung (Abschrift von Durchschrift) vom 22. 5. 1942. *Ebenda.*
[199] Aussage Neuburg. AMV Prag, 301-139-3, Bl. 74.

188 Probleme der Politik zwischen Gau- und Reichsinteressen

leins weitgehender Rückzug aus seinen Amtsgeschäften als Gauleiter nach der Schmach des Frühjahrs 1940 sehr entgegen. Das Verhältnis Donneverts zu Henlein war allerdings von vornherein durch den ‚Säuberungsauftrag' des neuen Stellvertretenden Gauleiters belastet. Dazu kamen andere Probleme. Donnevert stand, wie Neuburg es formulierte, „in keinem inneren Verhältnis zu Henlein" und muß diesem gegenüber mit erheblicher Arroganz aufgetreten sein: Er habe etwa von Henlein immer nur herablassend als von dem „Konrad" gesprochen. Donnevert „fühlte sich bald als der eigentliche Gauleiter", habe „immer nur von ‚seinen Kreisleitern', ‚seinem Gau', ‚seinen Anordnungen' usw." gesprochen.[200] Zunächst ließ Henlein sich all dies gefallen und hielt sich im Hintergrund. Er war frustriert und konnte es sich ohnehin nicht erlauben, erneut gegen eine Personalentscheidung aus Berlin bzw. München vorzugehen. Erst knapp zweieinhalb Jahre später, nach Heydrichs Tod, ergriff Henlein wieder die Initiative.[201]

Eine Möglichkeit, gegen Donnevert vorzugehen, eröffnete dessen ausschweifender Lebensstil, der von mehreren Zeugen belegt wurde.[202] Auch dürfte Henlein bekannt gewesen sein, daß sein Stellvertreter aus seiner vorangegangenen Stellung nicht freiwillig geschieden war und den Ruf eines schwierigen Mannes hatte.[203]

Den eigentlichen Anlaß für Henleins Eingreifen boten jedoch Gerüchte, wonach sich Donnevert für die Schaffung eines eigenständigen Gaus Ostsudetenland eingesetzt habe. Am 26. Oktober 1942 zitierte Henlein seinen Stellvertreter zu sich und warf ihm Vertrauensbruch vor: „Sie wollen meinen Gau zerschlagen", sagte Henlein nach dem Bericht Donneverts an Bormann vom 29. Oktober, „das lasse ich mir nicht gefallen. [...] Ich wünsche Sie nicht mehr zu sehen. Sie haben hier nichts mehr zu suchen. [...] Ich bin doch kein Hanswurst, daß ich mir das alles gefallen lasse."[204] Entweder kurz vor oder unmittelbar nach dieser Begegnung erklärte Henlein auf einer Tagung, „daß er nunmehr die Füh-

---

[200] Ebenda. — Vgl. auch ein Schreiben Donneverts vom 13. 11. 1941. Akten der Parteikanzlei, Fiche-Nr. 307 01185.

[201] Ein Zusammenhang zwischen dem Tod Heydrichs und der Entlassung Donneverts wird auch von F. Bürger zumindest angedeutet. Besprechung Bürgers der „Tagebücher eines Abwehroffiziers 1938–1940". Sudetendeutscher Erzieherbrief 6 (Dez. 1972), 193. Herder-Institut Marburg, Pressearchiv, T 0301, Ordner K. Henlein.

[202] Niederschrift der Vernehmung Krebs' durch SS-Oberführer Knapp vom 16. 12. 1942. BA Berlin, BDC, SSO-Akte Donnevert. — Vgl. auch Aussage Neuburg. AMV Prag, 301-139-3, Bl. 74.

[203] Donnevert war im Stab des ‚Stellvertreters des Führers' für Wehrmachtsangelegenheiten zuständig und gleichzeitig Ministerialrat im Reichskriegsministerium gewesen. Aufgrund von Differenzen mit General Reinecke, dem Leiter des Allgemeinen Wehrmachtamtes im Oberkommando der Wehrmacht, verlor Donnevert jedoch 1939 seine Stellung. Aussage Neuburg. AMV Prag, 301-139-3, Bl. 73.

[204] Schreiben Donneverts an Bormann vom 29. 10. 1942. BA Berlin, BDC, SSO-Akte Donnevert.

rung des Gaues wieder selbst übernehme und wirklicher Gauleiter sein wolle".[205]

Auch verfaßte er am selben Tag wie Donnevert ein langes Schreiben an Bormann, in dem er um die Beurlaubung Donneverts bat und dies eingehend begründete.[206] Henleins Argumentation war vollkommen systemkonform und somit für die Erreichung seines Zieles geschickt aufgebaut. Donnevert habe das ihm erteilte großzügige Vertrauen mißbraucht. Seine Amtsführung habe zu einer „Zersetzung des politischen Leiter-Korps" geführt. Was immer damit im einzelnen gemeint gewesen sein mag: Henlein versuchte, Donneverts Verhalten als parteischädigend hinzustellen. Donnevert sei es „weniger um die Sache als um seine Person" gegangen. „Während er einerseits über die Volksgemeinschaft, über die Unterdrückung der Arbeiterschaft, über vorbildliches Leben der Politischen Leiter sprach und schrieb, zechte er andererseits nicht nur privat, sondern öffentlich mit Fabrikanten." Außerdem habe er einen seiner – Henleins – engsten Mitarbeiter[207] unter Hinweis auf gute Beziehungen zum Reichssicherheitshauptamt aufgefordert, Henlein zu „bespitzeln". Der Auslöser für Henleins Entscheidung sei aber die Meldung gewesen, daß Donnevert die Umwandlung des Regierungsbezirks Troppau in einen eigenen Gau betrieben habe, in dem er dann Gauleiter und der Kreisleiter von Troppau, Hausmann, sein Stellvertreter werden sollte.[208]

Während Henlein sich so als Verteidiger nicht nur seines Gaues, sondern auch übergeordneter Partei-Interessen darzustellen versuchte, bemühte sich Donnevert unter Zurückweisung aller Vorwürfe, den Reichenberger Gauleiter dadurch anzuschwärzen, daß er auf dessen und seiner Mitarbeiter Vergangenheit im Kameradschaftsbund hinwies und Henlein als Feind des ‚Altreiches' und der Partei erscheinen ließ: Zu Konflikten, wie er sie nun mit Henlein auszufechten habe, würde es immer wieder kommen, „solange ein Altreichsdeutscher Stellv. Gauleiter ist. Die Beauftragung eines Sudetendeutschen würde aber die Stillegung jeder Parteiarbeit im Sudetengau bedeuten".[209] Bormann bestätigte auf diese Schreiben hin Donneverts Beurlaubung, forderte aber Henlein auf, Beweismaterial für seine Anschuldigungen vorzulegen.[210]

[205] Schreiben von F. Detzel an Donnevert vom 23. 10. 1943. *Ebenda*. — In dem Schreiben heißt es, die Tagung, auf der Henlein dies „mit allem verfügbaren Pathos erklärt" habe, hätte „im Oktober 1942" stattgefunden.
[206] Abschrift des Schreibens, „Geheim". *Ebenda*. — Hier zeigt sich einmal mehr, bis in welche Details Neuburg mit den politischen Abläufen im Sudetengau vertraut war. In seiner Aussage berichtete er korrekt über das gleichzeitige Eintreffen der Schreiben Henleins und Donneverts bei Bormann. AMV Prag, 301-139-3, Bl. 75.
[207] Aus den Akten geht hervor, daß der Persönliche Referent Männel gemeint war.
[208] Schreiben Henleins an Bormann („Geheim", Abschrift) vom 29. 10. 1942. BA Berlin, BDC, SSO-Akte Donnevert. — Zu Hausmanns Verhältnis zu Henlein vgl. auch die Charakteristik der Kreisleiter von H. Neuburg. SÚA Prag, 123-761-3, S. 72.
[209] Schreiben Donneverts an Bormann vom 29. 10. 1942. BA Berlin, BDC, SSO-Akte Donnevert.
[210] Aussage Neuburg. AMV Prag, 301-139-3, Bl. 75.

In dem sich daraufhin fortsetzenden Intrigenspiel von gegenseitigen Anschuldigungen und Diffamierungen und in der Untersuchung, mit der der SS-Oberführer Knapp, Polizeibeauftragter für den Sudetengau in Reichenberg, beauftragt wurde, wurden die in den Briefen vom 29. Oktober erhobenen Vorwürfe weiter ausgeführt. Henlein legte am 25. Dezember Bormann eine umfangreiche Niederschrift vor, in der er seine Vorwürfe darlegte. Dieses Dokument ist nicht erhalten, wohl aber Donneverts Erwiderung darauf vom 21. Januar 1943, in der auch aus Henleins Schreiben immer wieder wörtlich zitiert wird.[211]

Donnevert forderte bei Bormann eine „Generalsäuberung des Gaues": Die Auswirkung der Affäre um ihn sei, „daß der separatistische, vom Kameradschaftsbund beherrschte Flügel triumphiert und glaubt, einen Erfolg gegen die zentrale Führung der Parteikanzlei errungen zu haben". Die ihm, Donnevert, von Bormann und Himmler erteilten Aufträge, die ihm „noch eingehend von SS-Obergruppenführer Heydrich erläutert" worden seien, habe er nicht erfüllen können:

Leider kann auch heute noch nicht das Politische Leiterkorps des Gaues auf Grund der Widerstände des Gauleiters als gesäubert betrachtet werden. Der Kampf geht auch nicht um meine Person, sondern richtet sich gegen mich als Altreichsdeutschen, und es wird jedem altreichsdeutschen Nachfolger, der die klare, großdeutsche Zielsetzung der NSDAP höher stellt als die sudetendeutsche Tradition, ähnlich ergehen.

Dem Höheren SS- und Polizeiführer in Dresden zeichnete Donnevert ein aus Sicht des NS-Regimes noch düstereres Bild der Lage im Sudetengau. Von „einer Führung und Arbeit im Sinne der nationalsozialistischen Bewegung" könne

praktisch nicht mehr gesprochen werden [...]. Größere Auswirkungen auf die Gesamtbevölkerung müssen daher erwartet werden. Die sich häufende kommunistische Wühlarbeit, verbunden mit verstärkter roter Zellenbildung und Durchsetzung des Amtswalterkorps der DAF weisen zur Genüge darauf hin. Hinzu kommt, daß altreichsdeutsche Elemente aus allen maßgebenden Stellen systematisch entfernt werden und hier im Sudetengau unter Anwendung von unberechtigten Maßnahmen Bestrebungen im Gange sind, die man als separatistisch bezeichnen muß.[212]

Donneverts Argumentation war sehr geschickt und zeigte einmal mehr, wo Henlein am verwundbarsten war. Donnevert stellte sich als Opfer einer angeblichen KB-Kamarilla um Henlein dar: Henlein selbst wurde zwar von Donnevert für sein Vorgehen scharf kritisiert, die eigentlichen Schuldigen seien jedoch die ehemaligen Kameradschaftsbündler gewesen, die noch immer „in führenden Stellungen" im Sudetengau tätig seien. Diese hätten Henlein, mit dem sich Donnevert vorher gut verstanden

---

[211] Schreiben und Niederschrift Donneverts an Bormann vom 21. 1. 1943. BA Berlin, BDC, SSO-Akte Donnevert.
[212] Schreiben Donneverts an von Woyrsch vom 24. 5. 1943. In der beigefügten Liste der „Personalbesetzung der Gauleitung Sudetenland und der Gliederungen" war Donnevert einem Großteil der Gauamts- und Gliederungsleiter reichsfeindliche oder separatistische Bestrebungen vor. *Ebenda*.

haben will, die Anschuldigungen gegen ihn „hinterbracht". Henlein selbst hätte im Grunde gar nicht erkannt, worum es ging:

Wenn der Gauleiter in der Zugehörigkeit zum Kameradschaftsbund nichts Schlechtes findet, weil er selbst im Bundeskapitel des KB war, so kann das nur ein Beweis dafür sein, daß er die Hintergründe dieses, wie aus den Dresdner Prozessen bekannt ist, zu einem großen Teil aus Homosexuellen bestehenden Bundes niemals klar durchschaute und auch heute noch nicht über die vom Kameradschaftsbund verbreiteten gefährlichen Theorien sich im klaren ist.[213]

Donnevert behauptete zudem, daß Henlein selbst gesagt habe, er habe das den Vorwürfen gegenüber seinem Stellvertreter zugrundeliegende Material vom SA-Gruppenführer May über Kreisleiter Bürger und seinen Gaustabsamtsleiter Lammel erhalten. Die beiden Erstgenannten seien KB-Mitglieder gewesen, Lammel habe der Vereinigung nahegestanden.[214] Zu Lammel, behauptete Donnevert, stehe Henlein sogar in einem „Hörigkeitsverhältnis".[215]

Es läßt sich nicht mehr klären, ob und inwieweit diese und weitere in dieselbe Richtung deutende Aussagen Donneverts zutrafen. Wieder steht man vor dem Phänomen, daß die Kritik für von Henlein zu verantwortende Handlungen eigentlich nicht diesem selbst, sondern seiner Umgebung angelastet wurde.

Die in diesem Punkt unsichere Quellenbasis läßt eine eindeutige Beurteilung nicht zu: Man kann nicht feststellen, ob es Henlein selbst war, der in der Affäre Donnevert die Initiative ergriffen hatte, oder ob er auf Anregung seiner Mitarbeiter gegen seinen Stellvertreter vorging. Immerhin sagt es doch einiges aus, daß man Henlein offensichtlich gar nicht zutraute, von sich aus einen so wichtigen Schritt zu unternehmen, wie es die Beurlaubung des Stellvertretenden Gauleiters war.

Daß Henlein allgemein in bemerkenswertem Maße von seinen engsten Mitarbeitern abhängig war, ist vielfach belegt. Auch in diesem Fall spielten sie gewiß eine nicht unwichtige Rolle. Dies läßt sich nicht nur durch Aussagen des beschuldigten Donnevert belegen. Dessen Behauptungen müssen natürlich besonders kritisch betrachtet werden. Bei der Formulierung des Abschlußberichts Henleins an Bormann, dies hätten die Untersuchungen ergeben, seien Lammel und Männel „federführend" gewesen. Als Henlein „auf verschiedene unrichtige Behauptungen hingewiesen wurde", habe er behauptet, „daß er diese Behauptungen nicht aufgestellt habe. Als ihm das Schriftstück vorgewiesen wurde, welches er unterschrieben hatte, meinte der Gauleiter, dies nicht gelesen zu haben".[216]

---

[213] Schreiben und Niederschrift Donneverts an Bormann vom 21. 1. 1943. *Ebenda.*
[214] Protokoll der Vernehmung Donneverts durch Knapp vom 5. 11. 1942. *Ebenda.*
[215] Schreiben und Niederschrift Donneverts an Bormann vom 21. 1. 1943. *Ebenda.*
[216] Schreiben des Stabsführers des SS-Oberabschnitts Elbe an den Chef des SS-Personalhauptamtes (Abschrift) vom 29. 7. 1943. *Ebenda.* — Auch der SS-Oberführer Knapp, der die Beteiligten verhört hatte, kam zu dem Schluß, daß „mit großer Wahrscheinlichkeit anzunehmen" sei, „daß der Gauleiter von gewissen KB-Ange-

Doch mit der Feststellung der Einflußnahme Lammels und Männels auf den führungsschwachen Henlein ist noch nicht gesagt, daß diese das Verfahren gegen Donnevert auch *angeregt* hatten und daß dahinter tatsächlich eine Aktion ehemaliger Kameradschaftsbündler stand. Diese wurden zweifellos überschätzt bzw. absichtlich hochstilisiert: Mit seiner ‚Verschwörungstheorie' konnte Donnevert seiner Forderung nach Belassung im Amt und nach einer ‚Generalsäuberung' der Reichenberger Gauleitung Nachdruck verleihen.

Insgesamt zog sich die ‚Affäre Donnevert' gut ein Jahr, bis zum November 1943, hin. Das lag auch daran, daß Henleins Vorgehen letztlich doch zu „ungeschickt" war.[217] Die meisten Vorwürfe gegen Donnevert ließen sich nur mangelhaft belegen, und schon im März 1943 hieß es in einem Schreiben an Himmler, daß der „Scheiterhaufen, den Gauleiter Henlein für Donnevert aufgestapelt hatte [...] in sich zusammengebrochen" sei. Das einzige, was übrig bleibe, seien „einige Trinkereien von Donnevert".[218]

Wenn es dennoch so lange dauerte, bis darüber entschieden wurde, wer den Posten des Stellvertretenden Gauleiters erhielt, so lag dies vor allem an Entwicklungen innerhalb des sudetendeutschen ‚Lagers'. Es kam gerade in dieser Zeit „zu einer grundsätzlichen Aussprache zwischen Henlein und den Vertretern des ‚Aufbruch'-Kreises". Ihr Ziel war es, die „alten Gegensätzlichkeiten" auszuräumen. Nach Angabe Neuburgs habe die Aussprache Ende 1942 stattgefunden[219], aller Wahrscheinlichkeit nach meinte er jedoch die bereits erwähnte Besprechung vom 20. Februar 1943 im Gästehaus des Regierungspräsidiums Aussig, über die eine „Gedächtnisniederschrift" ausführlich unterrichtet.[220]

Henlein erklärte in dieser Besprechung, an der u. a. Krebs und Kreißl teilnahmen, er „habe die Kameraden zusammengerufen, um über diejenigen Dinge zu sprechen, die sich zwischen ihn und die Männer des ‚Volkssportes' und des ‚Aufbruchs' bisher hindernd gestellt" hätten. Seinen Gesprächspartnern schilderte Henlein zunächst seinen „Entwicklungsgang" seit dem Ersten Weltkrieg. Über seine Beziehung zu Rutha, dem Kameradschaftsbund und jenen Männern, die 1939 verhaftet worden waren, heißt es:

In der Turnbewegung lernte er verschiedene Leute kennen, darunter Heinz Rutha, der sich ihm als der geistige Führer der Jugend vorstellte und er ihn einfach deshalb zur Kenntnis nahm, weil er, K. H., eben Leute suchte, die sich für den Turngedanken einsetzen ließen. Er habe auch später die Bekanntschaft mit Dr. Walter Heinrich ge-

hörigen in der Angelegenheit Dr. Donnevert zu einer Entscheidung gedrängt wurde". Schreiben Knapps an von Woyrsch vom 7. 1. 1942. *Ebenda*.
[217] Aussage Neuburg. AMV Prag, 301-139-3, Bl. 74.
[218] Schreiben an Himmler vom 8. 3. 1943, vermutlich von v. Woyrsch. BA Berlin, BDC, SSO-Akte Donnevert.
[219] Aussage Neuburg. AMV Prag, 301-139-3, Bl. 21.
[220] SOA Litoměřice, pobočka Most, GS, Kart. 1, Nr. 4/3/2.

macht, der damals aus dem Altreich kam und der ihm schon bei der ersten Begegnung durch seine wirren Gedanken auffiel, den er aber allgemein zur Kenntnis nahm, wie dies eben bei dem damaligen Durcheinander, knapp nach dem Weltkrieg nicht nur unter der Jugend, sondern in der gesamten Volksgruppe gang und gäbe war. Im Turnverband habe er die Bekanntschaft mit mehreren anderen Menschen gemacht, wie Dr. Walter Brand, Dr. Suchy usw., die alle zusammen nicht durch besondere Charaktereigenschaften aufgefallen sind; er wußte von ihnen nur, daß sie sich mit den geistigen Auseinandersetzungen unterhalb der Jugend beschäftigten. [...] Nach der Auflösung der Deutschen Parteien kam es dann zu dem bekannten Aufruf, der im ‚Ewigen Licht' in Eger, zusammen mit Kallina, Max Karg usw. verfaßt wurde. [...] Nun beginne aber die Tragik in dem ganzen späteren Ablauf, die bis heute nachwirkt. Es erschien das Parteiauflösungsgesetz, es begannen die Verhaftungen, die Funktionäre der aufgelösten Parteien wurden entweder verhaftet oder unter Polizeiaufsicht gestellt [...]. Die neue Organisation hätte wieder verfallen müssen, da keine geeigneten Führungskräfte zur Verfügung standen. Da meldeten sich nun einige, die bisher nicht politisch tätig waren, darunter der ihm bekannte Rutha, Dr. Walter Brand und andere, die im späteren inneren Kampf als Mitglieder des KB bezeichnet wurden. K. H. habe nicht nur keine andere Wahl gehabt, da ihm die Mitarbeiter fehlten, sondern, es bestand für ihn keine Veranlassung, diese Menschen zurückzuweisen, da gegen sie in politischer Beziehung [...] nichts vorlag.

Diese grobe Verdrehung der Fakten – als 1933 die Sudetendeutsche Heimatfront gegründet wurde, kannten sich Henlein und Rutha schon seit zehn Jahren – läßt sich auf zweierlei Art interpretieren. In jedem Fall belegt sie Henleins große politische Naivität. Sollte seine Schilderung seiner eigenen, wirklichen Sicht der Dinge entsprechen, so kann man sich nur wundern, mit welcher Sorglosigkeit und mit welch geringem Interesse für ihre politischen Anschauungen Henlein seinerzeit seine engsten Mitarbeiter auswählte. Wahrscheinlicher ist jedoch, daß Henlein mit seiner Darstellung der Frühzeit der SHF/SdP schlichtweg log. In diesem Fall muß er aber geglaubt haben, mit dieser Geschichte Krebs überzeugen zu können. Das legt ebenfalls Zeugnis von seiner Schlichtheit ab. Einmal mehr erwies er sich als politischer Laie, und das Urteil Smelsers, Henlein sei ein Amateurpolitiker gewesen, findet eine weitere Bestätigung.[221] Diese Episode zeigt aber auch noch einmal, daß Henlein bereit war, die Vergangenheit zu verdrehen, wenn es ihm dienlich erschien. Henlein war kein machtgieriger Mensch; einen opportunistischen Zug wird man ihm dennoch nicht absprechen können.

Die Annäherung zwischen dem Gauleiter und den sudetendeutschen Alt-Nationalsozialisten gelang jedoch nicht durch Henleins laienhafte Überzeugungsversuche, sondern vor allem durch seine weitere Nachgiebigkeit. Am 9. März 1943 berichtete Krebs Kreißl von einem weiteren „lange[n] und sehr verständisvolle[n]" Gespräch mit Henlein. Dieser habe sich „jetzt sehr aufgeschlossen" gezeigt.[222] Wie so oft, ging es auch hier offensichtlich um Personalfragen. Eine Woche später bat Krebs darum, daß Kreißl, der nun zum engeren Mitarbeiterkreis um Henlein zähl-

---

[221] *Smelser:* Das Sudetenproblem 107.
[222] SOA Litoměřice, pobočka Most, GS, Kart. 1, Nr. 4/3/2.

te[223], mit dem Gauleiter und Reichsstatthalter über die Besetzung der damals vakanten Stelle des Regierungspräsidenten in Troppau sprechen möge. Kreißl sollte für die Stelle den damals im ‚Protektorat' als Oberlandrat tätigen Gustav Jonak vorschlagen.[224] Jonak hatte einstmals zum Flügel der ‚Radikalen' in der SdP gehört und war 1937 von Henlein aus der Partei ausgeschlossen worden.[225] Schließlich wurde jedoch ein ‚Altreichsdeutscher' nach Troppau abkommandiert.

Es muß wenig später gewesen sein, als Kreißl Henlein vorschlug, sich für Krebs' Ernennung zum Stellvertretenden Gauleiter im Sudetengau einzusetzen.[226] Nach Aussage Neuburgs sei Henlein auf den Vorschlag Kreißls auch eingegangen, weil er befürchtete, sich bei Ablehnung „erneut die Gegnerschaft der Anhänger der alten DNSAP" einzuhandeln. Am 20. Mai 1943 bot Henlein Krebs die Position an.[227]

Die Annäherung Henleins an seine Widersacher und Krebs' Ehrgeiz wurden durchaus nicht überall gern gesehen. Das ohnehin schon vorhandene Mißtrauen gegen Krebs, z. B. bei von Woyrsch, erhielt einen neuen Schub. Von Woyrsch, der zu den Befürwortern einer Wiedereinsetzung Donneverts zählte, scheint nämlich eine Art sudetendeutscher Einheitsfront gegen Reichsinteressen gefürchtet zu haben: Er meinte, Krebs sollte nur deshalb Stellvertretender Gauleiter werden, „um der Einsetzung eines altreichsdeutschen Stellvertreters [...] zuvorzukommen".[228] Er war ferner der Ansicht, „daß neuerdings auch der Brigadeführer Krebs nicht nur eine undurchsichtige, sondern auch eine durchaus unsaubere Rolle" spiele.[229] Kurz darauf hieß es noch deutlicher, Krebs solle sich „mehr um seine Regierung kümmern, als um eine Politik, wo nach Möglichkeit den Reichsdeutschen im Sudetengau Schwierigkeiten bereitet werden".[230]

---

[223] Krebs berichtete Knapp, Kreißls „Position beim Gauleiter müsse jetzt sehr stark sein, denn derselbe habe sich bei Behandlung verschiedener Fragen meist an Kreißl gewandt, denselben gefragt: ‚Bist Du damit einverstanden?'". Gedächtnisprotokoll Knapps über eine Besprechung mit Krebs vom 24. 5. 1943. BA Berlin, BDC, SSO-Akte Donnevert. — Vgl. auch das Schreiben Donneverts an von Woyrsch vom 24. 5. 1943. Kreißl sei „neuerdings ein sichtlich bevorzugter Vertrauensmann des Gauleiters". *Ebenda.*

[224] Schreiben Krebs' an Kreißl vom 16. 3. 1943. SOA Litoměřice, pobočka Most, GS, Kart. 1, Nr. 4/3/2.

[225] *Smelser:* Das Sudetenproblem 180 und 191.

[226] Daß der Vorschlag von Kreißl kam, berichtet Neuburg. Aussage Neuburg. AMV Prag, 301-139-3, Bl. 93.

[227] Gedächtnisprotokoll über eine Besprechung zwischen Krebs und Knapp am 24. 5. 1943. BA Berlin, BDC, SSO-Akte Donnevert.

[228] Nicht unterzeichnetes Schreiben, vermutlich von v. Woyrsch an Himmler, vom 22. 5. 1943. *Ebenda.*

[229] Nicht unterzeichnetes Schreiben, vermutlich von v. Woyrsch an Himmler (Abschrift) vom 10. 6. 1943. *Ebenda.*

[230] Schreiben von Woyrschs an Himmler vom 18. 9. 1943. BA Berlin, BDC, SSO-Akte Krebs. — Vgl. auch *Biman/Malíř:* Kariéra 327f.

Bormann lehnte Krebs schließlich unter Anführung formaler Gründe ab.[231] Dahinter stand aber die Ansicht, daß die Aussöhnung innerhalb des sudetendeutschen Lagers sich gegen das Altreich richte und daher unterbunden werden müsse.[232] Inwieweit die Berichte von Woyrschs an Himmler dazu beitrugen, daß Krebs nicht Stellvertretender Gauleiter wurde, läßt sich nicht genau feststellen. Nach Aussage Neuburgs gehörte von Woyrsch aber zu jenen „reichsdeutsche[n] Kreisen", die „an einer völligen Befriedigung [sic] der Verhältnisse [zwischen Henlein und den ehemaligen DNSAP-Politikern – R. G.] kein Interesse hatten" und immer wieder im Sinne eines *divide et impera* versuchten, Öl in die Flammen der alten Gegensätze zu gießen.[233] Es spricht daher einiges dafür, daß nicht zuletzt auf seine Intervention hin Krebs keine Berücksichtigung fand.

Schon früh hatte sich abgezeichnet, daß Henleins Vorwürfe gegen Donnevert schwer aufrechtzuerhalten sein würden. Dennoch machten Donneverts Trinkereien, die als erwiesen galten, ihn auch in den Augen Himmlers untragbar. Dieser warf ihm vor, daß sein Lebenswandel nicht mit seinen Pflichten als Stellvertretender Gauleiter und SS-Führer zu vereinbaren sei.[234] Auch Bormann stellte sich auf die Seite Henleins: Dieser sei, so urteilte nun „Hitlers Sekretär"[235], immerhin doch eine „historische Persönlichkeit" und zudem Gauleiter, dem man „aus Autoritätsgründen" nicht zumuten könne, „mit einem ihm nicht genehmen Stellvertreter zusammenzuarbeiten".[236] Im August 1943 wurde Donnevert schließlich von seinem Amt entbunden. Da das Untersuchungsverfahren an sich ergebnislos verlaufen war, mußte sich Henlein jedoch bereit erklären, im Sudetengau in einem Rundschreiben Donnevert für die „erfolgreiche Arbeit" zu danken.[237]

Noch immer war zu diesem Zeitpunkt nicht klar, wer der Nachfolger werden würde.[238] Erst am 18. November 1943 wurde schließlich Hermann Neuburg, ein ‚altreichsdeutscher' Funktionär aus der Partei-Kanzlei, der schon 1938 als Stellvertreter des Stillhaltekommissars für Organisationen das Sudetenland kennengelernt hatte, zunächst „mit der Wahr-

---

[231] Aussage Neuburg. AMV Prag, 301-139-3, Bl. 94.
[232] *Biman/Malíř:* Kariéra 328.
[233] Aussage Neuburg. AMV Prag, 301-139-3, Bl. 21. — Vgl. auch *Biman/Malíř:* Kariéra 327.
[234] Schreiben Himmlers an Donnevert (Abschrift) vom 21. 8. 1943. BA Berlin, BDC, SSO-Akte Donnevert.
[235] *Lang,* Jochen von: Martin Bormann – Hitlers Sekretär. In: Die braune Elite. Hrsg. von Ronald M. *Smelser* und Rainer *Zitelmann.* Darmstadt 1989, 1-14, hier 1.
[236] Schreiben Donneverts vom 21. 3. 1943. BA Berlin, BDC, SSO-Akte Donnevert.
[237] Schreiben von Woyrschs an den Chef des SS-Personalhauptamtes von Herff vom 18. 8. 1943. Ebenda. — Das Rundschreiben findet sich in den Akten der Parteikanzlei, Fiche-Nr. 102 00022.
[238] Krebs hatte am 3. 8. 1943 in einem Schreiben Henlein gebeten, endlich für eine Entscheidung zu sorgen. SOA Litoměřice, pobočka Most, GS, Kart. 1, Nr. 4/3/2.

nehmung der Geschäfte" des Stellvertretenden Gauleiters betraut.[239] Diese Entscheidung kann man als Kompromiß zwischen Reichenberg und Berlin bzw. München bezeichnen: Donnevert wurde, wie von Henlein gefordert, abgesetzt, nicht jedoch durch einen Sudetendeutschen ersetzt.

Donneverts Versuche, Henlein und seinen Mitarbeiterstab als reichsfeindlich und separatistisch zu brandmarken, waren weitgehend fehlgeschlagen. Sie entsprachen auch nicht, zumindest in Hinsicht auf Henlein, der Wahrheit. Nach 1940 hatte Henlein sich weitgehend angepaßt, sich ‚unauffällig' verhalten und immer wieder seine Treue zu Reich und ‚Führer' bekundet. Er hatte zwar auch danach, z. B. in der Wirtschaftspolitik, wie noch gezeigt wird, versucht, besonders sudetendeutsche Interessen zu vertreten. Anders als in der HJ-Affäre hatte Henlein aber nicht mehr, auch nicht im Fall Donnevert, seine Kompetenzen überschritten und die zentralen Stellen des Dritten Reiches, des Staates oder der Partei, brüskiert. Den ihm gesteckten Rahmen hatte er nicht mehr verlassen. Dieter Rebentisch stellte fest, daß es, etwa im Vergleich mit den ähnlich verfaßten Gauen Danzig und Wartheland, zwischen dem Sudetengau und den Berliner Zentralbehörden zu weniger Konflikten kam. „Während Albert Forster in Danzig und Arthur Greiser in Posen von den Berliner Ministerien kaum beeinflußt werden konnten, fügte sich Konrad Henlein offenbar bereitwilliger in geordnete Verwaltungsstrukturen ein."[240] Woran dies *auch* lag, dürften die vorangegangenen Ausführungen deutlich gemacht haben.

Noch immer wurde Henlein allerdings in Berlin Mißtrauen entgegengebracht. Dies belegt der Disput mit Bormann über den Begriff ‚sudetendeutsch' aus dem Jahr 1943. Henlein hatte für den Sammelband „Reichsgau Sudetenland als Wirtschaftsgebiet" einen Beitrag unter dem Titel „Tausendjährige sudetendeutsche Geschichte" verfaßt. Bormann erhob daraufhin den Vorwurf, daß der Artikel „dem großdeutschen Gedanken nicht genügend gerecht" würde. Im Hinblick darauf müsse man vermeiden, „von einer sudetendeutschen Geschichte zu sprechen". Obwohl das Buch kriegsbedingt nicht erscheinen konnte, war es Henlein wichtig, dieses „äußerst bedenkliche[s] Mißverständnis" zu beseitigen, wußte er doch, daß der von Bormann erhobene Vorwurf seine ‚Achillesferse' war.

„Hier geht es um eine grundsätzliche Frage", führte Henlein aus, „denn es ist eine geschichtliche Tatsache, daß das großdeutsche Reich, aus den deutschen Stämmen gebildet, erst von Adolf Hitler durch die volksdeutschen Gruppen abgerundet worden ist, und daß das deutsche Gesamtvolk erst seit 1938/40 seine staatsrechtliche Zusammenfassung erreicht hat." In „Anbetracht der Grenzlage der Sudetenländer" sei es jedoch

---

[239] Anordnung des Gauleiters OG-36/43 vom 18. 11. 1943. Verordnungsblatt des Gaues Sudetenland der NSDAP, Folge 9 vom 22. 12. 1943. SOA Litoměřice, GL NSDAP, Kart. 28. — Ein kurzer Lebenslauf Neuburgs findet sich in den Akten der Parteikanzlei, Fiche-Nr. 307 04721f.
[240] *Rebentisch:* Führerstaat 246 und 248.

dringend notwendig, das sudetendeutsche geschichtliche Bewußtsein von Einsatz, Kampf und Sieg aufrecht zu erhalten. Die Auseinandersetzung mit den Tschechen bildet die lebendige Tradition, Hang oder Veranlagung zum Partikularismus bei den Sudetendeutschen vorauszusetzen, wäre gänzlich abwegig [...]. Vielleicht hätten Sie mit Ihren kritischen Bemerkungen recht, wenn ich von einer *sudetenländischen* Geschichte gesprochen hätte. Dann hätte ich [...] die geschichtliche Wahrheit verfälscht. Nie hat es eine staatsrechtliche Abgrenzung des sudetendeutschen Gebietes [...] gegeben. Das Verdienst der Sudetendeutschen besteht gerade darin, daß sie ihre Heimat trotz mancher unglücklicher Schicksalsgestaltung [...] bis zur Befreiung [...] 1938 dennoch als deutschen Volksboden erhielten und dem Führer übergeben konnten. [...] Mir geht es in diesem Schreiben nicht mehr so sehr um meinen Aufsatz, sondern um die nicht unbeträchtlichen Meinungsverschiedenheiten, die dabei zwischen Ihnen und mir aufgetaucht sind [...]. Es erscheint mir sehr nachteilig, wenn diese Meinungsverschiedenheiten in der gesamtpolitischen Schau der Vergangenheit und Gegenwart zwischen Ihnen und mir nicht aufgeklärt und beseitigt werden.

In einem von mehreren ebenfalls erhaltenen Entwürfen zu dem Schreiben heißt es, daß es Henlein nicht darum gehe, „für die Sudetendeutschen eine Ausnahmestellung [...] zu verlangen, sondern um ihre Tradition zu wahren, da es in Anbetracht ihrer Grenzlage dringend geboten erscheint, alles zu tun, um ihnen im Bewußtsein um die eigene Vergangenheit die reichsfreudige Einsatzbereitschaft zu erhalten".[241] Henleins ausführliche und gründlich vorbereitete Erwiderung der Anschuldigung Bormanns macht deutlich, wie sensibel diese Frage nach wie vor war.

Schließlich erkannte auch Bormann Henleins Bereitschaft, sich unterzuordnen, an. Henleins Verhältnis zum engsten Mitarbeiter Hitlers, aber auch zu Himmler, besserte sich 1944. Eine „grundsätzliche Aussprache" zwischen dem Gauleiter und dem Chef der SS hatte nach Angabe Neuburgs „eine absolute Normalisierung der Verhältnisse zur Folge". Es stellte sich dabei heraus, daß Himmlers negative Haltung gegenüber Henlein zu einem großen Teil auf der tendenziösen Berichterstattung der SD-Stellen im Sudetengau und des Höheren SS- und Polizeiführers in Dresden, von Woyrsch, beruht hatte.[242] Von Woyrsch aber wurde 1944 krankheitsbedingt in den Ruhestand versetzt und der gesamte Sudetengau bei dieser Gelegenheit dem HSSPF in Prag, Frank, unterstellt.[243] Ausglei-

---

[241] Das Schreiben Henleins vom 19. 12. 1943 sowie der Entwurf und andere Unterlagen dieses Vorgangs finden sich in: SOA Litoměřice, pobočka Most, GS, Kart. 70, Nr. IV/300. — Vgl. zu dieser „grundsätzliche[n] Auseinandersetzung" auch Aussage Neuburg. AMV Prag, 301-139-3, Bl. 10f.
[242] *Ebenda*, Bl. 45.
[243] Schreiben Himmlers an Bormann vom 15. 2. 1944. Akten der Parteikanzlei, Fiche-Nr. 06 01077/3f. — Nach Aussage Lefflers sei die Absetzung von Woyrschs sowie seine, Lefflers, Amtsenthebung als Polizeipräsident von Reichenberg im Juni 1944 auch auf Initiative Henleins zurückzuführen. Zusammen mit Krebs habe der Gauleiter sich bei Himmler für die Einsetzung eines neuen Polizeipräsidenten verwandt. Dies könnte also ein Beispiel für das von v. Woyrsch angesprochene gemeinsame sudetendeutsche Vorgehen gegen ‚Altreichsdeutsche' sein. Erfahrungsbericht Lefflers: „Meine Stellung, Tätigkeit und Erfahrung als Polizeipräsident in Reichenberg in der Zeit von November 1939 bis Juni 1944". BA Dahlwitz-Hoppegarten, ZR 944, Akte 11, Bl. 11.

chend wirkte auch der neue Stellvertretende Gauleiter Neuburg, mit dem Henlein ausgesprochen gut zurechtkam.[244] Henlein habe auf seinen „Rat" gehört und seine Aufforderung, „da ihm ja der Führer weiterhin sein Vertrauen geschenkt habe, die Minderwertigkeitskomplexe [zu] überwinden und über die seinerzeit erlittenen Enttäuschungen hinweg[zu]kommen", befolgt; „in der Führung des Gaues" sei Henlein darauf „wieder mehr und mehr" hervorgetreten und habe „die Zügel in seine Hand" genommen.[245] Neuburg stärkte auch Henleins Ansehen bei Bormann. Dazu trug nach Angabe Neuburgs auch bei, daß ab Januar 1944 regelmäßig Kreisleiter aus dem Sudetengau zu „Informationskursen" in die Partei-Kanzlei nach München geschickt wurden und dort die „völlig falsche Vorstellung" Bormanns und anderer Partei-Führer von den Verhältnissen im Sudetengau korrigieren konnten: „Als Bormann zudem sah", berichtete Neuburg weiter, „daß Henlein zu mir ein gutes Verhältnis unterhielt [...] und [...] keine der vermuteten ‚altreichsfeindlichen' Tendenzen zeigte, wurde seine Einstellung ihm gegenüber langsam positiver."[246] Nach dem Attentat auf Hitler am 20. Juli 1944 zählte Bormann Henlein zum Kreis der „besonders bewährte[n] Parteigenossen", die an „führender Stelle im Staate" standen und künftig in regelmäßigen Abständen zu vertraulichen Zusammenkünften zusammengerufen werden sollten, um „die persönliche Fühlung der Partei zu diesen Männern zu vertiefen".[247]

Die Affäre Donnevert und Henleins „Wiedererwachen" fanden in der Literatur bisher kaum Beachtung[248], da die Fakten nicht bekannt waren. In Kenntnis der geschilderten Vorgänge muß man aber das vielfach – mit nur wenigen ungenauen, schnell hingeworfenen Strichen – gezeichnete Bild des Gauleiters und Reichsstatthalters für die Zeit nach 1940 vorsichtig revidieren. Andreas Luh ist der Ansicht, Henlein sei nach den Ereignissen des Frühjahrs 1940 „politisch ein gebrochener Mann" gewesen.[249] Die weitere Entwicklung bleibt bei Luh jedoch gänzlich unberücksichtigt. Was über Henleins Ende mitgeteilt wird, ist allein die Schilderung seiner Begegnung mit dem böhmisch-deutschen Adligen Alfons Clary-Aldringen, die dieser in seinen Memoiren überliefert. Henlein sei danach Anfang 1945 ein enttäuschter und sich mißbraucht fühlender Mann gewesen, der behauptete, schon lange keine Macht mehr gehabt zu

---

[244] Henlein bat am 21. 2. 1944 Bormann um die endgültige Ernennung Neuburgs, da er mit dessen Arbeit überaus zufrieden war. Schreiben Henleins an Bormann. Akten der Parteikanzlei, Fiche-Nr. 307 04719.
[245] Aussage Neuburg. AMV Prag, 301-139-3, Bl. 49f.
[246] *Ebenda*, Bl. 46.
[247] Schreiben Bormanns an Henlein vom 2. 9. 1944. SOA Litoměřice, GL NSDAP, Kart. 59.
[248] *Biman/Malíř*: Kariéra 326, berichten nur, daß Donnevert nicht freiwillig den Sudetengau verlassen habe. — *Becher*: Zeitzeuge 110, erwähnt lediglich den „Abgang des korrupten stellvertretenden Gauleiters Donnevert".
[249] *Luh*: Der Deutsche Turnverband 427. — Vgl. dazu auch oben.

haben.[250] Walter Becher, der sich in seinen Memoiren bei der Schilderung von Henleins Schicksal wiederum auf Luh, aber auch auf die Tonbandaussage Köllners stützt, zeichnet ein ähnliches Bild: Danach „versandete" Henlein nach 1940 „in 08/15-Reden und zeitgemäßer Repräsentation. [...] Ohne Freunde und Freude stand er in seinen letzten Jahren jedenfalls auf verlorenem Posten. Alles was er da sagte, muß daher nach diesem Umstand beurteilt werden".[251] Auch hier wird im übrigen die Begegnung Henleins mit Clary-Aldringen am Ende des Krieges geschildert.[252]

Doch Henleins Biographie nach 1940 war komplizierter. Nach einer Phase der Enttäuschung und Apathie, in der Henlein sich teilweise vom politischen Tagesgeschäft als Gauleiter zurückgezogen hatte, mischte er sich ab 1942 wieder mehr und mehr darin ein und nahm seine Funktion auch als Führer der Partei in seinem Gau wieder stärker wahr. Als Reichsstatthalter war Henlein selbst in der Zeit, in der Donnevert im Sudetengau eingesetzt war, politisch aktiv geblieben. Tatsächlich mußten seine Absichten oft hinter die Interessen des Reiches zurücktreten. Insofern war Henlein tatsächlich nicht eben mächtig. Aber er war auch keine bloße Repräsentationsfigur. In verschiedenen Bereichen entwickelte er durchaus eigene Initiative. So fällt gerade in das Jahr 1940 sein Plan, die Tschechen, die nicht die Staatsbürgerschaft des Deutschen Reiches hatten, aus dem Sudetengau in das Protektorat abzuschieben.

Anfang 1942 forderte Henlein bei einer Besprechung mit anderen Reichsstatthaltern beim Reichsinnenminister durchaus selbstbewußt, es müsse „dem Reichsstatthalter möglichst viel Macht und freie Hand gegeben werden".[253] Allmählich gewann er auch das Vertrauen jener Größen des nationalsozialistischen Regimes, die ihm lange mißtrauisch gegenübergestanden hatten. Henlein war sicher nicht der „Nazi bis in den Tod" und „Fanatiker", als den ihn Biman und Malíř zu zeichnen versuchen[254] – er war dennoch ein treuer Paladin des ‚Führers‘[255], der bis zum ‚bitteren Ende‘ auf seinem Posten blieb.

Anlaß und Ablauf des Vorgehens Henleins gegen Donnevert sind nun bekannt. Seine Motive jenseits dessen, was er gegenüber Bormann als offizielle Begründung angab, bleiben jedoch im dunkeln. Ging es ihm einfach darum, nachdem sich eine günstige Gelegenheit bot, wieder mehr an Macht und Einfluß zu gewinnen? Heydrich war im Juni 1942, wenige Monate bevor Henlein Donnevert beurlauben ließ, an den Folgen eines Attentats gestorben. Henleins mächtigster Widersacher innerhalb des NS-

---

[250] *Luh*: Der Deutsche Turnverband 428. — *Clary-Aldringen*, Alfons: Geschichten eines alten Österreichers. Berlin 1977, 255. — Vgl. dazu auch unten.
[251] *Becher*: Zeitzeuge 109f.
[252] Ebenda 110.
[253] Niederschrift über eine Besprechung betreffend „Fragen der Verwaltungsvereinfachung" vom 4. 2. 1942. BA Berlin, R 18/5451.
[254] *Biman/Malíř*: Kariéra 352 und 330.
[255] So bezeichnet ihn *Brügel*: Tschechen und Deutsche 1918–1938, 257.

Apparates lebte also nicht mehr. Der Fall Elleder hatte ihm gezeigt, daß ihm Himmler nicht mehr völlig ablehnend gegenüberstand. Möglicherweise hatte auch die Wiener Rede im Jahr zuvor, in der Henlein seinen politischen Werdegang und die Geschichte der SdP als von Anfang an eindeutig nationalsozialistisch dargestellt hatte, seine Stellung gefestigt. Konnte er da nicht wieder selbstbewußter auftreten und mehr Macht fordern? Oder sah er an der Wende des Weltkrieges 1942/43 endgültig ein, wie fest er sich ohnehin an das Regime gekettet hatte? Wollte er sich daher wieder stärker mit seinen Möglichkeiten für den Sieg des Reiches, an dem zweifelsohne auch sein persönliches Schicksal hing, einsetzen? Oder meinte er, die Interessen ‚seines' Sudetengaues und ‚seiner' Sudetendeutschen doch am besten, besser als ‚altreichsdeutsche' Funktionäre wie Donnevert, vertreten zu können? Glaubte er, ohne den ihm von dem zentralistischen Regime gezogenen Rahmen noch einmal zu verlassen, seine Pflicht gegenüber den Sudetendeutschen, seine ‚sudetendeutsche Mission' erfüllen zu müssen?[256]

Die Quellenlage verbietet eine eindeutige Antwort auf diese Fragen ebenso wie auf die Frage, warum Henlein sich 1939 oder 1940 nicht ganz aus der Politik zurückgezogen hatte – er soll dies ja immerhin in Erwägung gezogen haben. Nach der Aussage Köllners war dieser Schritt Henlein damals von Heydrich mit Hinweis auf die Kriegslage untersagt worden.[257] Aber es erscheint schwer vorstellbar, daß Henlein, wenn er es wirklich gewollt hätte, sich nicht unter dem Vorwand etwa einer Krankheit von seinen Ämtern hätte entbinden lassen können.

Damit wird auch die Frage nach Henleins Verhältnis zum Nationalsozialismus an sich aufgeworfen. Auf die Widersprüchlichkeit der bisher vorgebrachten Antworten wurde schon hingewiesen.[258] Nun stellt sich die Frage erneut, wenn man sich nicht mit der Feststellung zufriedengeben will, daß er sich 1937 Hitler unterordnete und die letzten sechseinhalb Jahre seines Lebens dem verbrecherischen nationalsozialistischen Regime an prominenter Stelle diente. In seinem Prozeß nach Kriegsende wurde Hans Krebs von den tschechischen Anklägern gefragt, worin er den Grund für die bekannten Konflikte zwischen ihm und Henlein sah. Noch in dieser Situation lautete die für Krebs selbst sicherlich nicht gerade vorteilhafte Antwort, Henlein habe zur Gruppe der Kameradschaftsbündler gehört, während er, Krebs, Nationalsozialist gewesen sei.[259]

Ursprünglich aus einer Gedankenwelt stammend, die viel mit dem Nationalsozialismus gemein hatte, sich aber auch in vielem davon unter-

---

[256] Auf die letzte Variante, die Henleins Naturell am ehesten entspricht, deutet *Becher: Zeitzeuge* 110, hin.
[257] Interview W. Bechers mit F. Köllner vom 3. 9. 1977, Tonbandaufzeichnung. Sudetendeutsches Archiv, München.
[258] Siehe dazu oben.
[259] Vernehmungsprotokoll Hans Krebs. SOA Prag, Prozeß gegen Krebs und Konsorten, Bd. 5, S. 100.

Fortleben alter Gegensätze – Fortsetzung der Gleichschaltung 201

schied, setzte Henlein 1937, in einer Situation, in der dies nicht zuletzt der Erhalt der eigenen Macht forderte, ganz auf die Hitlersche Karte. Noch 1934 hatte er dagegen öffentlich und in einer das Maß, das durch die politische Taktik bestimmt war, deutlich übersteigenden Schärfe den Nationalsozialismus kritisiert.[260] Nach dem Anschluß hatte er zunächst um möglichst weitgehende Eigenständigkeit seines Gaus innerhalb des Reichs gekämpft. Diese Auseinandersetzung mit dem Zentralismus des Dritten Reiches kann man aber nicht als grundlegende Auseinandersetzung oder Gegnerschaft zum Nationalsozialismus als Ganzem interpretieren. Henleins ‚sudetendeutsche Mission' hatte ihn zwar in diesem Punkt in einen Gegensatz zum Regime gebracht. Zum endgültigen Bruch kam es aber nicht. Seiner autonomistischen Vergangenheit schwor Henlein 1940 endgültig ab. So erwarb er sich allmählich das Vertrauen, das er bei Hitler ohnehin besaß, auch bei anderen nationalsozialistischen Führern.

Henlein ähnelt in gewisser Weise den deutschen Nationalkonservativen, die ursprünglich nur teilweise identische Interessen mit dem Nationalsozialismus hatten, sich aber schließlich immer tiefer in ihn verstrickten. Den Weg, der manch einen Vertreter dieser Richtung schließlich wieder fort von Hitler und seinem Regime und teilweise in den aktiven Widerstand führte[261], ging Henlein freilich nicht. Er bewegte sich vielmehr in die entgegengesetzte Richtung.

Dies unterschied ihn z. B. auch von dem österreichischen Kanzler Kurt Schuschnigg, mit dem er, während seiner frühen Jahre in der Politik, auf den ersten Blick einige Ähnlichkeiten aufweist. Auch Schuschnigg oszillierte unsicher zwischen zwei letztlich unvereinbaren Polen: zwischen gesamtdeutschem Denken auf der einen Seite und österreichischem Sonderbewußtsein – dem Henleins Begriff vom ‚sudetendeutschen Stamm' entsprach – auf der anderen.[262] Wie bei Henlein findet man bei Schuschnigg zahlreiche Anleihen bei der Staatstheorie Othmar Spanns. Auch waren beide keine Demokraten im Sinne der parlamentarischen Demokratie, sondern in ihrem politischen Denken von autoritären Zügen geprägt.[263] Dem Nationalsozialismus stand Schuschnigg jedoch gleichzeitig ablehnend gegenüber, und seine Amtszeit war „eine einzige Kette von

---

[260] Vgl. den Bericht des deutschen Konsulats in Reichenberg an das AA vom 29. 10. 1934. Deutsche Gesandtschaftsberichte. Teil IV, 165.

[261] Vgl. z. B. die Ausführungen über Ludwig Beck bei *Müller*, Klaus-Jürgen: Nationalkonservative Eliten zwischen Kooperation und Widerstand. In: Der Widerstand gegen den Nationalsozialismus. Die deutsche Gesellschaft und der Widerstand gegen Hitler. Hrsg. von Jürgen *Schmädeke* und Peter *Steinbach*. 2. Aufl. München–Zürich 1986, 24-49, hier 24, sowie über Albrecht Haushofer bei *Smelser*, Ronald M.: Auslandsdeutschtum über die Wahl – Kollaboration und Widerstand am Beispiel Albrecht Haushofers. Ebenda 763-776.

[262] *Streitle*, Peter: Die Rolle Kurt von Schuschniggs im österreichischen Abwehrkampf gegen den Nationalsozialismus (1934–1936). München 1988, 68.

[263] Ebenda 83. — Vgl. auch *Hopfgartner*, Anton: Kurt Schuschnigg. Ein Mann gegen Hitler. Graz–Wien–Köln 1989, 72ff.

Rückzugsgefechten gegen den Nationalsozialismus".[264] Anders jedoch als Henlein, der ebenfalls zunächst seine Differenzen zum Nationalsozialismus betont und die ‚Radikalen' innerhalb der eigenen Partei bekämpft, schließlich aber kapituliert und sich angepaßt hatte, blieb Schuschnigg seinen Auffassungen immer treu. Während Henlein nach der Eingliederung des Sudetenlandes hoher NS-Funktionär wurde, wurde Schuschnigg nach dem Anschluß Österreichs für sieben Jahre eingekerkert.[265]

Größere Ähnlichkeiten findet man zwischen Henlein und einem anderen Österreicher: Auf die Parallelen zu Arthur Seyss-Inquart hat schon Walter Hagen hingewiesen, ohne allerdings seinen interessanten Gedanken näher auszuführen.[266] Auch Irene Kirpal, eine sudetendeutsche sozialdemokratische Abgeordnete in der Tschechoslowakischen Nationalversammlung, bezeichnete Henlein im Sommer 1938 als den „tschechoslowakischen Seyss-Inquart".[267] Arthur Seyss-Inquart, aus katholisch-nationalem Milieu stammend, hatte sich im Verlaufe seiner politischen Karriere immer mehr der NSDAP angenähert. Ihr Mitglied wurde er aber erst im Mai 1938, also nach dem Anschluß Österreichs an das Deutsche Reich.[268] Er war in hohem Maße verantwortlich für diesen Anschluß, hatte sich aber wie Henlein etwas ganz anderes darunter vorgestellt, „von einer Art k.u.k. Nationalsozialismus" geträumt und „österreichische Traditionen bewahren"[269] wollen. Noch am Tag des Einmarschs Hitlers sagte ausgerechnet er: „[Es] ist entsetzlich, wir schlittern ja mit vollen Segeln in den Anschluß hinein!"[270] Seyss-Inquart befürwortete schließlich, nicht zuletzt unter dem Druck der Ereignisse, den Anschluß, kämpfte aber gegen die totale Gleichschaltung Österreichs mit dem Deutschen Reich.[271] Auch er zog sich dadurch das Mißtrauen Heydrichs zu.[272]

Schon 1939 wurde Seyss-Inquart aus Österreich abberufen. Seine Politik eines evolutionären Anschlusses war gescheitert, Seyss-Inquart enttäuscht darüber.[273] Aber auch er diente danach dem Regime bis zum En-

[264] *Streitle:* Die Rolle Kurt von Schuschniggs 82.
[265] Dazu *Hopfgartner:* Kurt Schuschnigg 230 ff.
[266] *Hagen:* Die Geheime Front 141.
[267] Niederschrift Irene Kirpals: „Die sozialistischen Frauen in der Tschechoslowakischen Republik im Kampfe gegen den Hitleragenten Henlein", o. D. [Sommer 1938]. ZfdAhdS Moskau, 500-1-825, S. 7.
[268] *Rosar:* Deutsche Gemeinschaft 322.
[269] *Hanisch,* Ernst: Der lange Schatten des Staates. Österreichische Gesellschaftsgeschichte im 20. Jahrhundert. Wien 1994, 344.
[270] Aufzeichnungen des ehemaligen Sicherheitsdirektors für Oberösterreich, Revertera, vom April 1946. Abgedruckt in: „Anschluß" 1938. Eine Dokumentation. Hrsg. vom Dokumentationsarchiv des österreichischen Widerstandes. Wien 1988, 328. — Vgl. auch *Hanisch:* Der lange Schatten 344.
[271] Vgl. dazu *Rosar:* Deutsche Gemeinschaft 299 ff. — *Black,* Peter R.: Ernst Kaltenbrunner. Ideological Soldier of the Third Reich. Princeton/Mass. 1984, 112 f.
[272] *Neuman,* H. J.: Arthur Seyß-Inquart. Graz–Wien–Köln 1970, 69. — *Rosar:* Deutsche Gemeinschaft 304 und 333 f.
[273] Den Begriff der Evolution benutzte in diesem Zusammenhang Rosar. *Ebenda* 341 — Der ehemalige österreichische Bundespräsident Miklas erklärte nach dem Krieg

Fortleben alter Gegensätze – Fortsetzung der Gleichschaltung

de des Krieges: zunächst als Stellvertretender Generalgouverneur in Polen, dann, von Mai 1940 bis 1945, als Reichskommissar in den besetzten Niederlanden. In den Nürnberger Kriegsverbrecher-Prozessen wurde er zum Tode verurteilt und hingerichtet. Die Parallelen zu Henlein liegen ebenso auf der Hand wie die gravierenden Unterschiede zwischen beiden Persönlichkeiten.

Vor allem fühlte sich Henlein im Grunde seines Wesens nicht zum Politiker berufen. Sein Verhältnis zur Politik allgemein und auch zum Nationalsozialismus wird trefflich von seinem Wunsch, nach dem Krieg Reichssportführer zu werden, symbolisiert. Seiner Aufgabe als Gauleiter und Reichsstatthalter habe er sich nicht „voll gewachsen" gefühlt und gemeint, „ein anderer könne dies besser machen". Als ehemaliger Vorsitzender des Deutschen Turnverbandes in der ČSR fühlte Henlein sich dagegen dazu in der Lage, „mit seinen Plänen der gesamten körperlichen Ertüchtigung des deutschen Volkes dienen zu können".[274] Diese Aussage Neuburgs wird durch Akten aus dem Bestand des Reichsführers-SS gestützt. Danach war Henlein tatsächlich 1943 im Reichssicherheitshauptamt als Kandidat für den damals neu zu besetzenden Posten des Reichssportführers im Gespräch.[275]

Henlein hatte also die Absicht, weiterhin dem nationalsozialistischen Regime und seinem ‚Führer' Adolf Hitler auch an herausragender Stelle zu dienen. Die Funktion, die er sich dafür ausgesucht hatte, wirft ein bezeichnendes Licht auf ihn. Die politisch viel größeren Spielraum einräumende Position des Reichsstatthalters und Gauleiters war er bereit gegen die Rolle des obersten Sport-Funktionärs im Dritten Reich zu tauschen. Dies spricht nicht für eine kritische Einstellung zum Nationalsozialismus – aber eben auch nicht für die Absicht, an zentraler Stelle in der Politik für die nationalsozialistische Weltanschauung zu kämpfen. Henlein wollte lieber wieder Turnlehrer sein.

„Ich kann es heute ruhig sagen, Seyß-Inquart wollte auch nichts anderes als irgendeine Anlehnung Österreichs an das Deutsche Reich, äußerstenfalls eine Stellung Österreichs wie die Bayerns im Bismarckstaat, das heißt, eine gewisse Selbständigkeit Österreichs im Deutschen Reich. Erst später, bei der Rechtsangleichung, konnte man die Feststellung machen, daß die Angleichung nach preußischem zentralistischen Schema gemacht wurde. Seyß ist darüber unruhig geworden und hat sich auch geäußert, daß man sich in Österreich das anders gedacht habe und daß dieser Zustand nicht gewollt war." Zitiert nach *Neuman:* Arthur Seyß-Inquart 117.

[274] Aussage Neuburg. AMV Prag, 301-139-3, Bl. 50f. — Diese Aussage Henleins trifft sich ironischerweise mit dem ätzenden Spott eines seiner Kritiker, der der Meinung war, man hatte Henlein als „Beauftragten für Leibeserziehung" einsetzen sollen, nicht aber als Gauleiter. Schreiben J. Pleiers an R. Kasper vom 19. 5. 1939. SÚA Prag, SdP-Erg., Kart. 29.

[275] Schreiben des Chefs des SS-Hauptamtes an den Reichsführer SS vom 27. 3. 1943. BA Berlin, NS 19/2673, Bl. 1.

2. Die Auseinandersetzung mit der Berliner Ministerialbürokratie in der Personalpolitik und das Verhältnis zwischen Sudetendeutschen und ‚Altreichsdeutschen'

Auch im vorangegangenen Kapitel ging es zu einem nicht unbedeutenden Teil um Personalpolitik. Die Auseinandersetzung zwischen dem von Konrad Henlein repräsentierten Flügel der SdP und seinen Gegnern aus den Kreisen des Aufbruch bzw. der sudetendeutschen ‚Alt-Nationalsozialisten' verband sich dabei mit einem weiteren Konflikt: mit jenem zwischen dem einstmals ‚autonomistischen' Flügel der SdP und dem Sicherheitsdienst der SS bzw. der Parteizentrale um grundsätzliche Fragen der Gestaltung des Verhältnisses zwischen dem Sudetengau und dem Reich.

Die in diesem Zusammenhang erörterten Personalentscheidungen – sie betrafen vorwiegend Funktionäre der NSDAP im Sudetengau, aber auch einige Träger hoher Posten in der Verwaltung – sind als Teil der ‚internen' Gleichschaltung der sudetendeutschen Politik zu bezeichnen, die mit der offiziellen Übernahme der SdP in die NSDAP noch lange nicht abgeschlossen war. Diese personalpolitischen Entscheidungen hingen eng mit der Frage zusammen, welches Maß an sudetendeutscher Eigenart, Tradition und Selbstbestimmung innerhalb des ‚Großdeutschen Reiches' durchsetzbar war.

Bei der Personalpolitik der staatlichen Zentralbehörden im Sudetengau hingegen handelte es sich nicht um Maßnahmen der Gleichschaltung in dem Sinne, daß man den Sudetendeutschen politisch von vornherein mißtraute und deshalb die Verwaltung reichsdeutschen Beamten übertrug. Zum anderen verlief auf dieser Ebene der Graben, der die verschiedenen Interessen voneinander trennte, klarer – nämlich zwischen Reichenberg und Berlin. Die staatliche Personalpolitik hatte zudem im Sudetenland einen ganz besonderen historischen Hintergrund, der sie zu einer die Politiker und die Bevölkerung besonders interessierenden Angelegenheit machte.

Die besondere Bedeutung der Personalpolitik im Sudetengau

Im Jahreslagebericht 1938 stellte der SD heraus, daß, anders als in Österreich, wo mit Josef Bürckel ein Deutscher aus dem ‚Altreich' Reichskommissar geworden war, dieser „im Sudetenland auf Grund besonderer Verhältnisse aus den eigenen Kreisen des Landes gewählt wurde".[276] In

---

[276] Meldungen aus dem Reich. Bd. 2, 129. — *Hüttenberger:* Die Gauleiter 145, weist darauf hin, daß es Bürckel als Reichskommissar in Österreich wegen seines überwiegend

Die Auseinandersetzung mit der Berliner Ministerialbürokratie 205

der Tat schien die Hoffnung Henleins und der Sudetendeutschen, „daß man ihnen gestatte, ihr Land selbst zu regieren", in Erfüllung zu gehen. Jedenfalls wurde der Führererlaß über die Einsetzung Henleins als Reichskommissar dahingehend interpretiert.[277] Auch die drei Regierungspräsidien wurden, wie bereits erwähnt, zunächst mit Sudetendeutschen besetzt. Doch inwieweit wurden ihre Erwartungen tatsächlich erfüllt?

Diese Fragen zu beantworten ist aus mehreren Gründen relevant. Die Stellenbesetzung mit ‚Einheimischen' ist zunächst einmal ein wichtiges Kriterium für die Einschätzung, inwieweit auf sudetendeutsche Interessen im Dritten Reich Rücksicht genommen wurde. Wurde der Sudetengau in dieser Hinsicht wie besetztes Territorium oder wie eine Kolonie behandelt, in der die ‚Kolonialmacht', das Deutsche Reich, die zentralen Stellen in der Verwaltung mit ‚landfremdem' Personal besetzte? Wenn ja, wäre dies mit sachlichen Erfordernissen zu begründen, wie etwa mit mangelhafter Ausbildung des zur Verfügung stehenden einheimischen Personals, oder wäre darin eine Maßnahme der Gleichschaltung, ein Ausdruck politischen Mißtrauens gegenüber den Sudetendeutschen zu sehen?[278] Wie weit ging in der Personalpolitik die ‚Selbstverwaltung', d. h. in welchem Umfang wurden ‚Landeskinder' in der neuen Verwaltung eingesetzt?

Auch in anderen Regionen des Dritten Reiches gab es in der Personalpolitik Konflikte zwischen Reichsstatthaltern, Landesregierungen oder Oberpräsidenten mit den Obersten Reichsbehörden, vor allem mit dem Innenministerium und dem ‚Stellvertreter des Führers'.[279] Im Sudetenland hatte dieser Konflikt aber eine besonders große Bedeutung, weil es hier auf einen Schlag fast einen kompletten Behördenapparat zu besetzen galt und ungleich mehr Personen gleichzeitig von den zu treffenden Entscheidungen betroffen waren. Für die Einstellung weiter Bevölkerungskreise zum neuen Regime war diese Frage daher von großer Bedeutung. Der ‚Manchester Guardian Weekly' bemerkte dazu schon am 14. Oktober 1938: „A good deal will depend, of course, on how far the local Henlein leaders are allowed to govern their own districts and how far the complaint of the Austrian Nazis is repeated, that all the best jobs go to immigrant officials from the Reich."[280]

„reichsdeutschen" Mitarbeiterstabes schwer gehabt habe, in der Bevölkerung Fuß zu fassen. — Zur Unzufriedenheit der Österreicher wegen des Einsatzes einer großen Zahl von Beamten aus dem Reich vgl. auch *Hagspiel*: Die „Ostmark" 129.

[277] Aussage Neuburg. AMV Prag, 301-139-3, Bl. 5.
[278] Von einer Maßnahme im Rahmen der Gleichschaltung spricht z. B. *Gabert*, Volkmar: Eine andere Folge von München: Gleichschaltung – Reichsgau – Exil – Widerstand. In: Deutsch-tschechische Geschichte von „München" bis „Potsdam". Eine folgenschwere Zäsur. Hrsg. vom Institutum Bohemicum. München 1989, 9-24, hier 10. — Siehe auch *Bechyně*: Úřad vládního prezidenta 128.
[279] *Ruck*: Zentralismus und Regionalgewalten 114.
[280] SÚA Prag, ZTA, Kart. 584, Nr. 482.

Hinzu kommt, daß Personalentscheidungen in diesem Gebiet traditionell ein Politikum ersten Ranges waren. In der Zeit der Habsburgermonarchie war Deutsch die Sprache der wichtigsten Repräsentanten von Staat und Militär, von Wirtschaft und Kultur gewesen.[281] Dementsprechend kann man von einem „politisch[en] und intellektuelle[n] Übergewicht der Deutschen in den Böhmischen Ländern" sprechen[282], das erst ab der Mitte des 19. Jahrhunderts zugunsten der Tschechen langsam abnahm. Zu einer Umkehrung der Verhältnisse kam es indes mit der Gründung der Tschechoslowakischen Republik 1918. Nun waren plötzlich die Deutschen eine Minderheit in einem Staat, der nach seinem Selbstverständnis ‚tschechoslowakischer' Nationalstaat war und eine entsprechende Stellenpolitik betrieb.

Die ‚Beamtenfrage' wurde zu einem der großen Streitpunkte zwischen Deutschen und Tschechen und blieb dies während der ganzen zwanzigjährigen Existenz der Ersten Tschechoslowakischen Republik. So wurde von der Regierung in Prag für die Beamtenschaft eine Prüfung in der ‚tschechoslowakischen Staatssprache' angeordnet, die dazu führte, daß langfristig z. B. etwa 30 Prozent der deutschen Postbeamten und Eisenbahner ihre Stelle verloren.[283] Zwischen 1921 und 1930 schieden 33 000 Deutsche aus dem Staatsdienst aus, während 41 000 Tschechen eingestellt wurden. Die Deutschen, die mit ca. 23 Prozent fast ein Viertel der Bevölkerung stellten, hatten schließlich im Gerichtswesen und in der öffentlichen Verwaltung nur 15 Prozent, bei Post und Bahn nur 12,5 Prozent der Stellen inne. Allein im Schulwesen entsprach die Zahl der Beschäftigten noch dem deutschen Bevölkerungsanteil.[284] Die Umstellung von einer weithin privilegierten Oberschicht in der k. u. k. Monarchie zu einer in mancherlei Hinsicht nicht gleichberechtigten Minderheit fiel zahlreichen Deutschen in den böhmischen Ländern verständlicherweise schwer. Ohne hier auf die Frage eingehen zu können, inwieweit es tatsächlich berechtigt ist, von der Personalpolitik der Prager Zentralregierung als Maßnahme zur ‚Tschechisierung' des Staates zu sprechen, ist darauf hinzuweisen, daß dies jedenfalls von einem Großteil der deutschen Bevölkerung so empfunden wurde. Vom Anschluß an das Deutsche Reich erwarteten diese Menschen daher vor allem auch die Wiedergutmachung dessen, was sie als Unrecht empfunden hatten, in Form von attraktiven Stellen im staatlichen Bereich für sudetendeutsche ‚Volksge-

---

[281] *Alexander:* Phasen der Identitätsfindung 124.
[282] *Ebenda.*
[283] *Hoensch:* Geschichte der Tschechoslowakei 45.
[284] *Prinz:* Geschichte Böhmens 401. — Es gilt allerdings auch zu beachten, daß die Deutschen, gerade auch jene aus den böhmischen Ländern, im staatlichen Dienst der Habsburgmonarchie überrepräsentiert gewesen waren. Nach ihrer Rückkehr in ihre Heimat am Ende des Ersten Weltkrieges „befand sich hier eine weit über den Bevölkerungsanteil hinausgehende Anzahl von Angehörigen" des Staatsdienstes. Daß es zu einer gewissen Reduzierung kam, entsprach somit allemal dem nationalen Proporz. *Lemberg:* Tschechen, Slowaken und Deutsche 44.

nossen'. Diese Erwartung wurde von der Sudetendeutschen Partei geschürt. Schon im April 1938 meldete die tschechische Zeitung ‚Národ' (Das Volk) – wenn auch wohl etwas simplifizierend –, daß die „Agitatoren der Henleinpartei" erklärten, daß „bald die Einverleibung ins Deutsche Reich komme und dann jeder einen Staatsposten erhalte".[285]

Die Frage nach dem Anteil von Sudetendeutschen in den einzelnen Verwaltungszweigen des Sudetengaus, der bisher noch nie genauer nachgegangen wurde, erhält zudem eine weitere Dimension dadurch, daß ihre Beantwortung zur Klärung der Verantwortlichkeit für die Politik im Sudetengau beiträgt. Wie im Kapitel über die ‚Germanisierungspolitik' im Sudetengau zu sehen sein wird, hatten nämlich gerade in diesem Bereich die Beamten der unteren Verwaltungsebenen oft recht weitreichende Kompetenzen. Es wurde bereits darauf hingewiesen, daß daher die Furcht vor dem „Aufweis von Verstrickungen"[286] möglicherweise dazu beigetragen hat, daß „Historiker, die der Sudetendeutschen Landsmannschaft nahestehen, [...] einen großen Bogen um dieses Thema gemacht" haben.[287] In der sudetendeutschen Nachkriegspublizistik wurde teilweise auch der Eindruck erweckt, als sei der Sudetengau mit Beamten und Parteifunktionären aus dem Altreich überflutet worden, die die Sudetendeutschen praktisch ganz an den Rand gedrängt hätten.[288] Der „Reichsgau", so befand der frühere Vorsitzende der sozialdemokratischen ‚Seliger-Gemeinde', Volkmar Gabert, sei „nicht mehr von Sudetendeutschen, sondern von Repräsentanten der Berliner Reichsregierung verwaltet worden"[289], und nach den Erinnerungen Walter Bechers war in „kurzer Zeit [...] der Reichsgau in der Hand von ‚Reichsgermanen'".[290]

In diesen Wertungen zeigt sich allerdings nicht unbedingt der Versuch, die Sudetendeutschen im nachhinein wider besseres Wissen aus der Verantwortung zu nehmen, sondern vor allem die Tradierung eines zeitgenössischen Urteils: Wieder einmal, wie schon zur Zeit der Tschechoslowakischen Republik, fühlten sich die Sudetendeutschen nämlich bald benachteiligt. „Wir Sudetendeutschen haben zuversichtlich gehofft, daß der Deutsche Staat das an uns offensichtlich begangene Unrecht gutmacht", heißt es in einem Lagebericht des ‚Reichsbundes der Deutschen

---

[285] Sudetendeutscher Pressedienst vom 15. 4. 1938. SÚA Prag, SdP, Kart. 50.
[286] *Lemberg:* „München 1938" 155.
[287] *Brandes/Kural:* Der Weg in die Katastrophe 17.
[288] Bemerkenswerterweise gab es auch in Österreich lange Zeit die These, „die Reichsdeutschen hätten wie ein Heuschreckenschwarm Österreich überfallen und alle höheren Posten der Verwaltung besetzt". Neuere Forschungen brachten „diese These ins Wanken". *Hanisch:* Der lange Schatten 369.
[289] *Gabert:* Eine andere Folge 10.
[290] *Becher:* Zeitzeuge 95. — *Brand:* Auf verlorenem Posten 77, spricht von „Überfremdung des Sudetendeutschtums" durch reichsdeutsche Beamte, V. Aschenbrenner von der „Zurückdrängung der Sudetendeutschen aus führenden Positionen". *Aschenbrenner, Viktor:* Sudetenland. Ein Überblick über seine Geschichte. Bad Reichenhall 1959 (Schriften des Kulturwerkes der vertriebenen Deutschen 2/2), 100.

Beamten', „nicht aber noch vergrößert, indem er beabsichtigt, die durch den Abgang der Tschechen freigewordenen Posten mit Deutschen aus dem Altreich zu besetzen, statt mit uns, die wir 20 Jahre darauf vergeblich gewartet haben." In nicht ganz korrekter Anspielung auf ein berühmtes Zitat Tomáš G. Masaryks und als Hinweis darauf, daß man sich wie eine Kolonie behandelt fühlte, heißt es weiter: „Wir wollen wie gleichberechtigte Staatsbürger, aber nicht wie Kolonisten behandelt werden."[291] „Die Tatsache", so meldete auch die ‚Sopade' schon im Januar 1939 und gab damit eine weitverbreitete Ansicht wieder, „daß fast überall reichsdeutsche Beamte sitzen, ist ein nicht geringer Grund zur Unzufriedenheit."[292] Noch drastischer urteilte die ‚Neue Volkszeitung' aus New York am 1. Juni 1940: „Die Sudetendeutschen [...] werden von den Nazis aus Preußen und Sachsen für gleich unwürdig und unmündig gehalten sich ihre eigenen Angelegenheiten selbst zu regeln wie Tschechen und Polen."[293] Die Reichsstatthalterei in Reichenberg wurde im Volksmund bald spöttisch-verärgert ‚Reichspostenjägerei' genannt. „Erst waren es die Tschechen", hieß es, „jetzt sind es die Sachsen."[294]

Entsprach diese besonders kurz nach dem Anschluß weit verbreitete Einschätzung den Tatsachen? In der bisherigen Forschung gibt es unterschiedliche, allerdings nicht auf eingehenden Untersuchungen beruhende Urteile. Václav Kural behauptet, daß „die Verwaltung von importierten Beamten aus dem Altreich beherrscht" gewesen sei; für „sudetendeutsche Parteigenossen" seien „mit Ausnahme Henleins, Krebs' und ein paar Prominenter" nur „untergeordnete Stellen" oder später Stellen im Generalgouvernement und im Protektorat übriggeblieben.[295] Auch im

---

[291] Lagebericht vom 16. 9. 1939. SOA Litoměřice, GL NSDAP, Kart. 60. — Masaryk hatte nach seinem Einzug in Prag 1918 gesagt: „Wir haben unseren Staat geschaffen. Dadurch wird die staatsrechtliche Stellung unserer Deutschen bestimmt, die ursprünglich als Immigranten und Kolonisten ins Land kamen." Zitiert nach *Hoensch:* Geschichte der Tschechoslowakei 30. — Mit dieser Aussage hatte der sonst um Ausgleich bemühte Masaryk mit zu den deutsch-tschechischen Spannungen in der ČSR beigetragen.

[292] Deutschland-Berichte. 1939, 24.

[293] SÚA Prag, ZTA, Kart. 584, Nr. 480.

[294] Erinnerungsbericht von K. F. vom 19. 4. 1959. BA Bayreuth, Ost-Dok. 20/34. — Auch ein zeitgenössischer tschechischer Beobachter meinte, feststellen zu können: „[...] the former prominent members of the Henlein party were given minor representative functions, while the key positions in the administration of the Sudeten districts were filled with reliable experts from the Reich." *Ripka, Hubert:* Munich: Before and After. London 1969, 266.

[295] *Kural:* Místo společenství konflikt 38. — D. Brandes weist darauf hin, daß nach der Errichtung des Protektorats etwa 40 000 Sudetendeutsche dorthin zogen. Der Anteil von Sudetendeutschen an der Protektoratsverwaltung sei aber bisher noch nie systematisch untersucht worden. *Brandes, Detlef:* Nationalsozialistische Tschechenpolitik im Protektorat Böhmen und Mähren. In: Der Weg in die Katastrophe. Deutsch-tschechoslowakische Beziehungen 1938–1947. Für die deutsch-tschechische und deutsch-slowakische Historikerkommission hrsg. von *dems.* und Václav Ku-

"Handbuch der Geschichte der böhmischen Länder" wird behauptet, daß die „tschechischen Beamten, die mit dem abziehenden tschechischen Militär ihre Posten verlassen hatten, [...] nur zum geringen Teil durch Sudetendeutsche, zum weitaus überwiegenden Teil durch aus dem Altreich abgeordnete Beamte ersetzt" worden seien.[296] Zu ganz anderen Schlüssen gelangte dagegen Johann Wolfgang Brügel: „Wenn es auch einen großen Zustrom von reichsdeutschen Beamten und Parteifunktionären ins ‚befreite' Gebiet gab", so lautet sein Befund, „waren die Schlüsselpositionen doch mit einheimischen Nationalsozialisten besetzt."[297] Im folgenden werden sowohl die Urteile der Historiker als auch jene der Zeitgenossen zu prüfen sein.

Die Personalpolitik der Berliner Ministerialbürokratie im Konflikt mit sudetendeutschen Interessen

In seiner „Skizze einer vorläufigen Verwaltung in den sudetendeutschen Gebieten"[298], die er am 23. September 1938 dem Auswärtigen Amt übermittelte, ging der Staatssekretär im Reichsinnenministerium ausführlich auf Personalfragen ein. Während auf der untersten Verwaltungsstufe, in den Gemeinden also, alles beim alten bleiben könne, da sowohl die Bürgermeister als auch die Beamten der Gemeinden überwiegend zuverlässige Sudetendeutsche seien, gebe es in der Mittelinstanz Schwierigkeiten: Die Bezirkshauptmannschaften seien „fast ausschließlich mit tschechischen Beamten besetzt gewesen. [...] Sudetendeutsche Verwaltungsbeamte" gebe es „nur in ganz geringer Zahl. Man würde hier den Versuch machen müssen, aus den Rechtsanwälten und Notaren wenigstens für einen Teil der Stellen geeignete Persönlichkeiten herauszuziehen". Die dazu notwendigen Maßnahmen seien bereits eingeleitet.

Darüber hinaus ließ Stuckart aber sowohl die „reichsdeutsche Verwaltung als auch die österreichische auf zuverlässige Verwaltungsbeamte überprüfen", die „einerseits mit den sudetendeutschen Verhältnissen vertraut sind und andererseits die tschechische Sprache neben der deutschen beherrschen", um sie in das Sudetenland zu entsenden. Für die „zentrale Leitung der sudetendeutschen Gebiete" schlug Stuckart Henlein vor.

Ihm müsste ein reichsdeutscher Beamter als Stellvertreter beigegeben werden, der den deutschen Rechts- und Verwaltungszustand bestens kennt. Im übrigen müssten von den verschiedenen Fachressorts dem Reichskommissar die notwendigen Beamten beigegeben werden. Soweit geeignete sudetendeutsche Beamte vorhanden sind, würden sie selbstverständlich auch in dieser Dienststelle beschäftigt werden können und müssen.

ral. Essen 1994 (Veröffentlichungen des Instituts für Kultur und Geschichte der Deutschen im östlichen Europa 3), 39-56, hier 52.
[296] *Slapnicka:* Die böhmischen Länder 101.
[297] *Brügel:* Tschechen und Deutsche 1939–1946, 211.
[298] PA AA Bonn, Büro Unterstaatssekretär, R 29929. — Vgl. dazu auch *Umbreit:* Deutsche Militärverwaltungen 33.

Damit ist die Ausgangslage aus Sicht des Innenministeriums gekennzeichnet. Sie fand Bestätigung in den Erfahrungen der ersten Wochen nach dem Anschluß.

So berichtete am 28. Oktober 1938 der Chef der Zivilverwaltung in Karlsbad, Ministerialdirektor Harald Turner, an den Reichsminister des Innern über die personellen Schwierigkeiten beim Aufbau der Verwaltung in den angeschlossenen Gebieten.[299] Er stellte fest, daß vor dem Einmarsch der deutschen Truppen „das sudetendeutsche Personal [...] zumeist in untergeordneten Stellen beschäftigt und nicht mit den entscheidenden selbständigen Bearbeitungen betraut" worden sei. Daher sei es „nicht in der Lage, obwohl keineswegs der gute Wille hieran fehlt, und die Menschen zum Teil auch tüchtige Beamte zu werden versprechen", den Aufbau der Verwaltung zu leisten. Die vorhandenen sudetendeutschen Beamten könnten nicht den gestellten Anforderungen gerecht werden, da ihnen „jede Kenntnisse deutscher Gesetze und Bestimmungen, sowie deutsche Verwaltungspraxis fehlen". Turner hielt es daher „für dringend notwendig, gerade die Bezirkshauptmannschaften [die späteren Landratsämter – R. G.] stark mit deutschen Beamten und Angestellten aus dem Altreich [...] zu durchsetzen, um die dringend notwendige Aufbauarbeit wirklich sachgemäss und entschieden leisten zu können".[300]

Der Reichsinnenminister war der gleichen Meinung wie sein ‚Mann vor Ort': „Die Bezirksbehörden sind von Beamten fast völlig entblößt, da die tschechische Staatsverwaltung die Deutschen seit Jahren ausschaltete", erklärte er gegenüber dem Deutschen Nachrichtenbüro. „Daher werden zunächst vielfach Beamte aus dem Altreich die politische Verwaltung einrichten." Frick betonte aber auch, daß es „selbstverständlich" sei, „daß Sudetendeutsche wieder im politischen Verwaltungsdienst ausgebildet und zur Verwaltung ihrer schönen Heimat berufen werden".[301]

Alle verfügbaren Quellen aus der Zeit kurz vor und nach dem Münchener Abkommen deuten darauf hin, daß es vor allem solche sachlichen Erwägungen, in erster Linie der Mangel an ausgebildetem sudetendeutschem Personal, waren, welche die Berliner Behörden dazu bewogen, Beamte aus dem Reich in größerer Zahl in das Sudetenland zu schicken.[302] Anzeichen dafür, daß Berlin, zumal das Reichsinnenministerium, seine Personalpolitik in der staatlichen Verwaltung während dieser frühen Phase als Maßnahme der Gleichschaltung in dem Sinne, daß man den Sude-

---

[299] BA Berlin, R 18/6080.
[300] Vgl. auch die „Erfahrungen bei der Beurteilung der sudetendeutschen Beamten" durch den kommissarischen Regierungspräsidenten in Troppau, von Schönfeldt, vom 14. 9. 1939. ZA Opava, RPT, Nr. 645.
[301] Meldung des DNB über eine Dienstreise Fricks durch das Sudetenland vom 19. 10. 1938. BA Berlin, R 43 II/1367 b. — Vgl. auch *Braumandl*: Die Auswirkungen 170.
[302] Vgl. auch die Niederschrift über eine Besprechung hoher Beamter verschiedener Reichsministerien zu diesem Thema am 21. 10. 1938. Akten der Parteikanzlei, Fiche Nr. 207 00436.

Die Auseinandersetzung mit der Berliner Ministerialbürokratie 211

tendeutschen nicht traute, weil man sie für politisch unzuverlässig hielt, betrieben habe, lassen sich dagegen in den Quellen nicht finden.[303]
Als Beleg dafür läßt sich auch anführen, daß die Auseinandersetzungen um die Personalpolitik in erster Linie zwischen den sudetendeutschen Stellen und dem fachlich für den Aufbau der inneren Verwaltung vorrangig zuständigen Reichsinnenministerium geführt wurden. Dagegen fand Henlein in diesen Fragen nicht nur Unterstützung beim ‚Stellvertreter des Führers'[304], sondern auch bei Goebbels und sogar bei Hitler selbst. Am 20. November 1938 klagte Henlein Goebbels „sein Leid mit den Berliner Behörden". Goebbels, der Henlein ohnehin für „ein wenig gutmütig" hielt, gab diesem den Rat, er müsse sich gegenüber Berlin „fester durchsetzen. Mit Schwäche kommt man da nicht weit".[305] Hitler wünschte, „daß wenigstens die wichtigeren Beamtenstellen in den sudetendeutschen Gebieten nicht ohne vorherige Fühlungnahme mit dem Herrn Reichskommissar [...] besetzt" würden. Der Diktator gab damit seinem Vertrauen zu Henlein und den Sudetendeutschen im allgemeinen Ausdruck.[306]

An dieser Stelle ist auch noch einmal auf die Personalpolitik innerhalb der NSDAP des Sudetengaus zu verweisen. Es gab zwar auch hier von Anfang an Einflußnahme aus dem Reich und es kam 1939/40 sogar zu einer ‚Säuberung' der Partei im Sudetengau. Diese richtete sich jedoch gezielt gegen einzelne Personen und änderte nichts an der Tatsache, daß die Gauleitung und die Kreisleitungen fast ausschließlich mit Sudetendeutschen besetzt waren. Bei der herausragenden Bedeutung der ‚Partei' im ‚Dritten Reich' war das wahrlich kein Indiz für eventuell vorhandenens politisches Mißtrauen gegenüber den Sudetendeutschen an sich.

Wo in den Augen der Berliner Zentralbehörden geeignetes sudetendeutsches Personal zur Verfügung stand, da wurde es auch in der Verwaltung eingesetzt. Dies galt z. B. für das Justizwesen – wiederum ein

---

[303] In einem Schreiben des RMinI an den „Stellvertreter des Führers" vom 20. 10. 1938 – der einzige Hinweis dieser Art – heißt es zwar, daß man Wert darauf legen müsse, „tüchtige und politisch einwandfreie Verwaltungsbeamte des höheren Dienstes aus dem Altreich" im Sudetenland einzusetzen, „um so möglichst bald die Verwaltung im Sudetenland mit der im Altreich gleichzuschalten". Aber auch in diesem Schreiben, wie auch in den anderen zur Verfügung stehenden Akten, wird deutlich, daß es dem Innenminister darum ging, Beamte einzusetzen, denen er die zum Aufbau der Verwaltung und zur Führung der Amtsgeschäfte nötige Sachkenntnis zutraute. Vorbehalte gegen den ausschließlichen Einsatz von Sudetendeutschen waren allein darin begründet, daß man ihnen nicht das nötige Fachwissen und die entsprechende Erfahrung zutraute. BA Berlin, 15.01, Pers.Abt., Bd. 772.
[304] Schreiben des Stabes des StdF an den RMinI vom 25. 10. 1938. BA Berlin, 15.01, Bd. 772.
[305] Die Tagebücher von Joseph Goebbels. Teil I. Bd. 3, Einträge vom 30. 7. 1938 und 20. 11. 1938, 496 und 539.
[306] Schreiben des Chefs der Reichskanzlei an den RMinI vom 7. 11. 1938. BA Berlin, 15.01, Pers.Abt., Bd. 773.

politisch besonders sensibler Bereich. Schon im Oktober 1938 bat Henlein Dr. Herbert David, ehemals Mitglied der SdP-Hauptleitung und Leiter des SdP-Rechtsamtes, „die Justiz im Gau im staatlichen, parteilichen und Verbandssektor [zu] übernehmen".[307] Auf Wunsch Henleins wurde David dann am 1. April 1939 auch zum Präsidenten des neugeschaffenen Oberlandesgerichts in Leitmeritz, dem höchsten Gericht im Sudetengau, ernannt.[308] Auch sonst folgte das Reichsjustizministerium weitgehend den Wünschen der sudetendeutschen Vertreter. „Ich regte an", so berichtete David später über ein Gespräch mit Justizminister Gürtner, „die Planstellen mit eigenen Kräften zu besetzen." Der Minister habe sich seinen Ausführungen nicht verschlossen: „So haben wir unsere Justiz mit bodenständigen Kräften erhalten können. [...] Nur beim Generalstaatsanwalt und den Staatsanwaltschaften waren eine Reihe von Altreichsherren tätig und beim Sondergericht in Eger zwei Richter. Sonst waren wir eigenständig."[309] Anders habe es dagegen in der „Strafrechtspflege" ausgesehen. „Die Sicherheits- und Kriminalbeamten-Stellen waren fast ausschließlich mit Altreichsbeamten besetzt worden." Dies sei aber unumgänglich gewesen, da die meisten Stellen bis dato mit Tschechen besetzt gewesen seien und qualifizierte und eingearbeitete sudetendeutsche Kräfte nicht in ausreichender Zahl zur Verfügung gestanden hätten.[310]

Daß es in verschiedenen Bereichen einen Mangel an Sudetendeutschen gab, die für den Aufbau der Verwaltung geeignet waren, wußten auch Henlein und sein für diese Fragen anfangs zuständiger Mitarbeiter Dr. Rudolf Schicketanz. Dieser bemühte sich schon Ende September 1938, ein Verzeichis pensionierter sudetendeutscher Beamter der ehemaligen tschechoslowakischen Verwaltung zu erhalten. Offensichtlich bestand seine Absicht darin, diese für den Dienst zu reaktivieren.[311]

Es war nämlich der „allgemein bekannte[n] Standpunkt des Gauleiters und Reichsstatthalters, im Sudetengau in erster Linie Sudetendeutsche

---

[307] „Organisatorisches, formales und materielles Rechtsdenken in der Heimat." Niederschrift von Dr. H. David vom 2. 11. 1967. BA Bayreuth, Ost-Dok. 20/94, S. 7.
[308] *Gruchmann, Lothar:* Justiz im Dritten Reich 1933–1940. Anpassung und Unterwerfung in der Ära Gürtner. München 1988, 278.
[309] Niederschrift David. BA Bayreuth, Ost-Dok. 20/94, S. 9ff. — Die Stelle des Generalstaatsanwalts selbst wurde mit einem Sudetendeutschen, dem Staatsanwalt Stein aus Eger, besetzt. *Gruchmann:* Justiz im Dritten Reich 286. — Zur Stellenbesetzungspraxis in der Justiz vgl. auch den Brief Davids vom 7. 2. 1939 an einen Bekannten aus dem ‚Altreich', der sich um eine Anstellung im Sudetenland bemüht hatte: David teilte diesem mit, „daß für den Sudetengau die Absicht besteht, die sudetendeutschen Belange durch bodenständige Sudetendeutsche erledigen zu lassen. Wenn Altreichsdeutsche bei uns weilen, so ist dies nur vorübergehend und nach Einarbeitung unserer eigenen Kräfte werden sie wieder in die Heimat entlassen." SOA Litoměřice, Nachlaß David, Kart. 1.
[310] Niederschrift Davids vom 2. 11. 1967. BA Bayreuth, Ost-Dok. 20/94, S. 14.
[311] Abschrift eines Telegramms, Deutsche Gesandtschaft Prag an das AA vom 22. 9. 1938. PA AA Bonn, Büro Unterstaatssekretär, R 29929.

zu beschäftigen".³¹² Dies galt wie in der Partei, so auch in der Verwaltung. Schon in der Rede am 2. Oktober anläßlich seiner Ernennung zum Reichskommissar hatte Henlein verkündet, daß „der Führer unsere Arbeit und unseren Kampf gewürdigt" habe und „uns gleichzeitig die Gestaltung unserer weiteren Zukunft im großen deutschen Vaterlande vertrauensvoll überantwortet" habe.³¹³ Hier wird seine Hoffnung, sudetendeutsche Belange auch von Sudetendeutschen vertreten zu lassen, besonders deutlich. Henlein wußte, daß er die vorhandenen Ansprüche wenigstens einigermaßen befriedigen mußte, sollte es nicht bei seiner Anhängerschaft im engeren Sinne und bei der Bevölkerung allgemein zu einem bedrohlichen Wandel der zunächst euphorischen Stimmung kommen. Dabei mußte es fast zwangsläufig zu Auseinandersetzungen mit der Berliner Ministerialbürokratie kommen, für die sich im Sudetenland Aufstiegsmöglichkeiten für eigene Beamte boten und deren Interesse nicht in erster Linie die Befriedigung sudetendeutscher Ambitionen, sondern der reibungslose und zügige Aufbau der Verwaltung war. So sah sich der Reichsstatthalter vor die schwierige Aufgabe gestellt, einerseits in Berlin nicht den ohnehin bei einigen Stellen vorhandenen Eindruck, er verfolge über Gebühr Partikularinteressen, zu verstärken, andererseits eine seinen Vorstellungen und den Ansprüchen der Sudetendeutschen gerecht werdende Personalpolitik zu betreiben. Diese erwies sich somit als überaus heikle Angelegenheit und als Beispiel für die Problematik des Interessenausgleichs zwischen Region und Gesamtstaat, zwischen der Rolle des „Vertrauensmanns des Führers"³¹⁴ und der Reichsregierung sowie der Rolle des Landes- bzw. Gaupolitikers, der sich vor allem mit der von ihm verwalteten Region identifizierte.

Besonders um die Besetzung der Stelle des stellvertretenden Reichskommissars kam es zu Mißhelligkeiten zwischen Berlin und Reichenberg. Anfang Oktober ernannte Henlein dazu seinen Mitarbeiter Dr. Rudolf Schicketanz. Das Reichsinnenministerium befürwortete dies zunächst, „obwohl auf diese Weise", wie dort bemerkt wurde, „keiner unserer leitenden Verwaltungsbeamten zum Zuge kommt".³¹⁵ Wenige Tage später wurde jedoch in einem Aktenvermerk der Reichskanzlei Schicketanz' Ernennung, deren Anordnung durch Henlein schon vom Deutschen Nachrichtenbüro veröffentlicht worden war, als „überholt" bezeichnet: Zum Stellvertreter Henleins in der Führung des Reichskommissariats wurde statt dessen am 15. Oktober mit Wirkung vom 20. Oktober Ministerialdi-

---

³¹² Schreiben des Gaupersonalreferenten Oberlik an Henlein vom 8. 5. 1939. SOA Litoměřice, GL NSDAP, Kart. 59.
³¹³ *Rühle:* Das Dritte Reich 270.
³¹⁴ So die Definition in der „Dienstanweisung für die nach dem Ostmarkgesetz und dem Sudetengaugesetz berufenen Reichsstatthalter". BA Berlin, R 18/5422.
³¹⁵ Fernschreiben Pfundtner an Kempfenhausen vom 12. 10. 1938. BA Berlin, R 18/5414.

rigent Werner Bracht aus dem Innenministerium ernannt.[316] Nach Angabe Neuburgs habe Frick gegen die Ernennung Schicketanz' Einspruch erhoben und „als Stellvertreter des Reichskommissars einen reichsdeutschen Ministerialbeamten" gefordert, weil „der Verwaltungsaufbau im Sudetengau [...] von einem versierten Fachmann geleitet" werden müsse, um „eine Analogie mit den Regelungen und Verhältnissen im Altreich" zu sichern. Henlein habe sich erst nach längeren Verhandlungen mit Staatssekretär Stuckart damit einverstanden erklärt.[317] Auch hier scheinen den Reichsinnenminister bei seiner Entscheidung sachliche Gründe bewogen zu haben, wenngleich es Hinweise darauf gibt, daß auch Himmler mit dazu beitrug, Bracht, der SS-Brigadeführer war, durchzusetzen.[318]

Wie auch immer, Henlein „war nicht stark genug, Schicketanz zu halten"[319], und mußte sich danach mit einem Stellvertreter auseinandersetzen, zu dem er kein Vertrauen hatte und der für ihn, so urteilte Neuburg, eine „große Enttäuschung" darstellte. Der entsandte Ministerialdirigent Bracht verstand es nämlich nicht, „sich auch nur im geringsten der sudetendeutschen Mentalität anzupassen. Er betrachtete das Neuland, das er zu bearbeiten hatte, praktisch als ‚Kolonie'". Bracht habe „sich nur als Vertreter des Reichsministers des Innern", gefühlt, der „stur den Verwaltungsaufbau nach den Direktiven des Innenministeriums im Auge" hatte.[320] Erst nachdem deutlich geworden war, daß es zwischen Henlein und Bracht zu keiner auch nur annähernd befriedigenden Zusammenarbeit kam, wurde der ursprünglich ohnehin für diesen Posten vorgesehene Regierungspräsident von Arnsberg, Dr. Friedrich Vogeler, nach Reichenberg beordert. Zu ihm entwickelte Henlein ein besseres Verhältnis; der durch Bracht „angerichtete psychologische Schaden war aber nun einmal da".[321]

Auch zu Vertretern der drei Regierungspräsidenten wurden durchweg reichsdeutsche Beamte bestimmt. So ergibt sich für die obersten Verwaltungsbehörden des neuen Gaus überall das gleiche Bild: an der Spitze standen Sudetendeutsche, hinter ihnen jedoch abkommandierte Ver-

---

[316] Aktenvermerk vom 17. 10. 1938. BA Berlin, R 43 II/1369. — Schreiben Pfundtners an Bracht (Abschrift) vom 15. 10. 1938. *Ebenda*, 15.01, Pers.Abt., Bd. 782. — *Groscurth:* Tagebücher 570.
[317] Aussage Neuburg. AMV Prag, 301-139-3, Bl. 5f.
[318] *Groscurth:* Tagebücher 344 und 570. — Schreiben Pfundtners an Bracht (Abschrift) vom 15. 10. 1938. BA Berlin, 15.01, Pers.Abt., Bd. 782. — Bracht war schon Ende September 1938 in das bereits von der SS besetzte Asch gereist, um dort, wie er dem Auswärtigen Amt mitteilte, organisatorische Vorbereitungen „auf polizeilichem Gebiet" zu treffen. Aufzeichnung Woermanns vom 27. 9. 1938. ADAP. Serie D. Bd. 2, 776.
[319] *Groscurth:* Tagebücher 343.
[320] Aussage Neuburg. AMV Prag, 301-139-3, Bl. 5ff.
[321] *Ebenda*, Bl. 7.

Die Auseinandersetzung mit der Berliner Ministerialbürokratie 215

waltungsfachleute aus dem Reich.[322] Doch auch hier gilt: Hinweise darauf, daß diese Maßnahme seitens des Innenministeriums durch den Verdacht politischer Unzuverlässigkeit begründet, daß sie Ausdruck eines wie auch immer gearteten „gewissen Mißtrauens gegenüber den sog. Sudetendeutschen"[323] gewesen sein könnte, wurden nicht gefunden.[324] Dagegen hat z. B. Johann Wolfgang Brügel zu Recht darauf aufmerksam gemacht, daß weder Henlein noch die ihm unterstellten Regierungspräsidenten über ausreichende fachliche Qualifikationen verfügten, um einen großen Verwaltungsapparat zu führen.[325] Sie waren daher auf erfahrene Verwaltungsbeamte aus dem Reich geradezu angewiesen. Sebekowskys spätere Einziehung zur Wehrmacht und die Übertragung seiner Befugnisse auf seinen ‚altreichsdeutschen' Stellvertreter ist zwar, wie bereits gezeigt, im Rahmen der ‚Säuberungen' und als eine Maßnahme der Gleichschaltung zu sehen. Sie war jedoch nicht auf Betreiben des dienstrechtlich zuständigen Innenministeriums, sondern auf Druck der SS erfolgt.

Anders lag der Fall Zippelius. Der Regierungspräsident von Troppau mußte 1943 ebenfalls an die Front. Er wurde durch den Regierungspräsidenten von Stettin, Ferdinand Edler von der Planitz, ersetzt.[326] Die Entlassung des ehemaligen Kameradschaftsbündlers Zippelius erfolgte jedoch allem Anschein nach nicht aus politischen, sondern aus disziplinarischen Gründen. Zippelius galt in seinem Regierungsbezirk als berüchtigter Schürzenjäger und Lebemann.[327] Henlein setzte nun der Ernen-

[322] Regierungsvizepräsidenten wurden in Troppau Jobst von Schönfeldt, in Karlsbad Karl Müller und in Aussig Harry von Craushaar. Presseausschnitt vom 12. 4. 1939. BA Berlin, R 58/5. — Vgl. auch *Vrbata*: Přehled vývoje veřejné správy 48.
[323] Ohne nähere Belege dafür: *Bechyně*: Úřad vládního prezidenta 128.
[324] Bei der SS hingegen galten Sebekowsky und Zippelius, die beide zum Kameradschaftsbund gehört hatten, von vornherein als unzuverlässig. Besonders gegen die Einsetzung Sebekowskys gab es, wie gesehen, von dieser Seite Vorbehalte. Daß der Reichsführer SS bei der Vergabe wichtiger Posten im Einzelfall auch in der Verwaltung im Sudetenland ein gewichtiges Wort zu sprechen hatte, ist auch am Fall Schickletanz/Bracht deutlich geworden. Für die Regierungspräsidenten-Stellvertreter deutet aber nichts auf eine Einflußnahme der SS hin. Sie wurden nicht in erster Linie als ‚ideologische Wachhunde', sondern als erfahrene Verwaltungsfachleute an die Seite der genannten Sudetendeutschen gesetzt. Dies gilt auch für Henleins Stellvertreter als Reichsstatthalter, den Regierungspräsidenten Vogeler, der nach Aussage Neuburgs in der Partei „nicht tätig" war und in der SA lediglich einen Ehrenrang einnahm. Aussage Neuburg. AMV Prag, 301-139-3, Bl. 91.
[325] *Brügel*: Tschechen und Deutsche 1939–1946, 210.
[326] ‚Der Neue Tag' (Prag) vom 24. 4. 1943. SÚA Prag, ZTA, Kart. 584, Nr. 480.
[327] Vermerk der tschechoslowakischen Staatssicherheit in Prag vom 26. 11. 1945. AMV Prag, 301-4-2, Bl. 29. — Starker Alkoholkonsum und Liebesabenteuer, wohl auch solche mit Frauen eingerückter Soldaten, brachten Zippelius Ende 1942/Anfang 1943 zu Fall. Tschechische Behörden mutmaßten allerdings nach dem Krieg, daß eventuell auch die relativ maßvolle Haltung Zippelius' gegenüber der tschechischen Minderheit mit zu seiner Abberufung und Einziehung zur Wehrmacht geführt habe. AMV Prag, 301-4-2, Bl. 20. — AMV Prag, 2M: 11789 sowie Aussage Neuburg. AMV Prag, 301-139-3, Bl. 95. — Im Kapitel über die ‚Germanisierungs-

nung eines Beamten aus dem Altreich „keinen Widerstand entgegen", so die Aussage Neuburgs, „da er nach der Panne mit Dr. Zippelius schlecht auf dem Wunsche bestehen konnte, für diesen Posten unbedingt einen Sudetendeutschen haben zu wollen".[328] Zudem hatte ihm die Auseinandersetzung bei der Besetzung der HJ-Führung im Frühjahr 1940 gezeigt, daß es besser war, sich in Personalangelegenheiten bedeckt zu halten und nicht zu stark auf eigenen Vorstellungen zu beharren.

Zurück zur Ausgangssituation unmittelbar nach dem Anschluß. Die stärkere Beteiligung sudetendeutschen Personals, so eine Niederschrift der Gauselbstverwaltung vom März 1939, sei „dringend geboten", da die herrschenden Verhältnisse „nicht gesund" seien und nicht den „sachlichen und politischen Erfordernissen der Lage" entsprächen. Es wurde bemängelt, daß allgemein zu wenig Sudetendeutsche eingesetzt würden und daß, wenn dies überhaupt geschehe, sie nur unbedeutende Positionen erhielten. Seit Dr. Kreißl zum Gauhauptmann berufen worden war und deshalb seine Stelle als Leiter der zentralen Abteilung I in der Reichsstatthalterei verlassen hatte, sei „überhaupt kein einziger Sudetendeutscher mehr irgendwie mit verantwortlich an den hier zu fällenden grundsätzlichen und politisch bedeutsamen Entscheidungen beteiligt" worden. Besonders kritisiert wurde, daß das „so überaus wichtige und für den ganzen Gau entscheidende Personalreferat" der Reichsstatthalterei nicht nur von einem „Altreichsdeutschen" geleitet würde, sondern darüber hinaus „buchstäblich nicht einen einzigen sudetendeutschen Mitarbeiter" habe. So ergebe

sich das politisch groteske Bild [...], daß die sudetendeutschen örtlichen Erfordernisse ausschließlich von Nichtsudetendeutschen vertreten werden. [...] Alles dies stößt nicht nur bei den Betroffenen selbst, sondern auch bei der Bevölkerung an. Dies umso mehr, als im mittleren Dienste und in den übrigen Abteilungen [...] die Verhältnisse noch schlimmer liegen und hier vielfach Aufgaben Altreichsdeutschen anvertraut sind, die ihrer Natur nach überhaupt nur von Ortskennern erfolgreich durchgeführt werden können.[329]

Tatsächlich wurden nach und nach mehr Sudetendeutsche in die Behörde aufgenommen. Eine „Nachweisung der in den Sudetengau versetzten und abgeordneten Beamten der allgem. und inneren Verwaltung" vom 8. Juli 1940 belegt, daß von der Reichsstatthalterei in Reichenberg zehn dorthin abgeordnete Beamte des höheren Dienstes „planmäßig über-

---

politik' wird gezeigt, daß Zippelius in seinem Amtsbezirk etwa in der Schul- und Kulturpolitik weniger hart gegen die Tschechen vorging als Krebs in Aussig. (Siehe unten.)

[328] Aussage Neuburg. AMV Prag, 301-139-3, Bl. 97. — Zur Ablösung Zippelius' meldeten die ‚News Flashes from Chicago' vom 16. 8. 1943: „The Sudetengau is being Prussianized [...] Men like Herr Zippelius, a native Nazi-leader in Opava (Troppau) simply disappeared – spurlos versenkt – making room for Germans from Altreich." SÚA Prag, ZTA, Kart. 586, Nr. 501.

[329] Niederschrift vom 9. 3. 1939, nicht unterzeichnet. SOA Litoměřice, pobočka Most, GS, Kart. 4, 0/00.

Die Auseinandersetzung mit der Berliner Ministerialbürokratie 217

nommen" worden waren, vier galten nach wie vor als „abgeordnet".[330] Eine Auflistung der Beamten des höheren Dienstes in der Behörde des Reichsstatthalters ermöglicht es ungefähr, die Relationen von Sudetendeutschen und ‚Altreichsdeutschen' im höheren Dienst dieser Behörde zu bestimmen. Dieses allerdings undatierte Verzeichnis nennt neben Reichsstatthalter Henlein 22 Beamte, die zum Zeitpunkt der Erstellung in Reichenberg tätig waren, dazu zwei, die vorübergehend zu anderen Dienststellen abgeordnet waren sowie zehn zum Wehrdienst eingezogene höhere Beamte, insgesamt also 34 Personen. Auch wenn man in Rechnung stellt, daß diese Personalliste wohl nicht zum selben Zeitpunkt wie die „Nachweisung" vom 8. Juli 1940 verfaßt wurde, werden doch ungefähr die Relationen deutlich: Die höhere Beamtenschaft der Reichsstatthalterei setzte sich etwa je zur Hälfte aus Sudetendeutschen und ‚Altreichsdeutschen' zusammen.[331]

Wie sah es auf den unteren Verwaltungsebenen aus? In den Gemeinden blieb im wesentlichen alles beim alten: Die Bürgermeistereien waren fast durchgängig schon vor dem Anschluß mit Sudetendeutschen, die fast sämtlich der SdP angehörten, besetzt; diese blieben auch danach auf ihren Posten.[332] Hier scheint es kaum Zuzug aus dem Reich gegeben zu haben, wobei detaillierte Untersuchungen darüber noch ausstehen. Bei der Besetzung der Landratsämter vertraten Berlin und Reichenberg jedoch wieder unterschiedliche Standpunkte bzw. Interessen.

Sämtliche Bezirkshauptmannschaften in den annektierten Gebieten, die späteren Landratsämter, waren vorübergehend mit Beamten aus dem Reich besetzt worden.[333] Daß dies nicht so bleiben würde, war auch im Innenministerium von vornherein beschlossene Sache: „Bei dieser Besetzung der Bezirkshauptmannschaften habe ich nicht das Ziel verfolgt", so der Innenminister, „die Bezirkshauptmannschaften sämtlich mit Beamten aus dem Reich endgültig zu besetzen, sondern ich war mir darüber klar, daß in besonderem Maße dabei auch Sudetendeutsche berücksichtigt werden müssen."[334] Dennoch klafften die Vorstellungen weit auseinander. In Reichenberg beabsichtigte man nämlich, „die abgeordneten Beamten aus dem Altreich baldigst insgesamt durch Sudetendeutsche zu ersetzen".[335]

„Bemerkenswert" fand man im Innenministerium denn auch die Tatsache, daß auf einer Liste mit Vorschlägen für die Besetzung der Land-

---
[330] Stand vom 1. 6. 1940. BA Berlin, 15.01, Bd. 726.
[331] BA Berlin, R 18/5538.
[332] Vgl. dazu PA AA Bonn, Büro Unterstaatssekretär, R 29929, sowie Erinnerungsbericht von Dr. R. Manner, vom August 1939 bis September 1944 Landrat in Asch. BA Bayreuth, Ost-Dok. 21/5. — Vgl. auch *Vrbata*: Přehled vývoje veřejné správy 66.
[333] Abschrift eines Schreibens Fricks an Henlein vom 22. 11. 1938. BA Berlin, 15.01, Pers.Abt., Bd. 787.
[334] *Ebenda.*
[335] Schreiben des Ministerialrats Dr. Dellbrügge an den RMinI vom 11. 11. 1938. BA Berlin, 15.01, Pers.Abt., Bd. 787.

ratsposten nur ein einziger reichsdeutscher Beamter zu finden war.[336] Henlein sah wohl die Notwendigkeit der Umschulung der sudetendeutschen Anwärter ein und betonte gegenüber Berlin pflichtbewußt, daß er „keinen Partikularismus aufkommen lassen wolle".[337] Gleichwohl ist in den Akten deutlich das Bestreben der Reichsstatthalterei zu spüren, möglichst viele Sudetendeutsche in die Verwaltung allgemein und in die Landratsämter im besonderen einzubauen.

Schließlich wurde auch hier ein Mittelweg gefunden. Zunächst blieben fast alle Landratsämter in der Hand von delegierten Beamten, zahlreiche Sudetendeutsche wurden zur Ausbildung ins Reich geschickt.[338] Nach und nach änderte sich dann das Bild. Insgesamt wurden bis zum Frühjahr 1941 dreiundfünfzig Landratsämter im Sudetengau besetzt – achtundzwanzig mit Fachbeamten aus dem Reich und fünfundzwanzig mit SdP-Mitgliedern, die zwar keine Verwaltungserfahrung hatten, von denen aber achtzehn Rechtsanwälte waren.[339]

Versuche der Reichsstatthalterei, den Anteil der Sudetendeutschen später zu erhöhen, wurden von Berlin zurückgewiesen. Nach dem Beginn des Feldzugs gegen Polen schlug die Reichsstatthalterei vor, die fünf Landratsämter im Regierungsbezirk Aussig, die frei geworden waren, weil die dort eigentlich tätigen aus dem ‚Altreich' stammenden Landräte nach Polen versetzt worden waren, mit Sudetendeutschen neu zu besetzen. Doch das Innenministerium lehnte ab.[340]

Die Verteilung innerhalb der einzelnen Landratsämter läßt sich kaum noch exakt rekonstruieren. Lediglich für den Regierungsbezirk Karlsbad liegen Zahlen aus dem Frühjahr 1940 vor. Danach gab es dort in allen Landratsämtern zusammen 168 genehmigte Stellen, von denen aber nur 81 besetzt waren, von diesen wiederum 54 mit sudetendeutschen Beamten.[341] Das Verhältnis war hier also aus sudetendeutscher Sicht eigentlich nicht ungünstig.

---

[336] Vermerk für den Staatssekretär vom 26. 11. 1938. BA Berlin, 15.01, Pers.Abt., Bd. 788.

[337] Schreiben des Beauftragten des Reichskommissars für die sudetendeutschen Gebiete, Regierung Aussig, Dr. Bachmann, an das RMinI vom 25. 10. 1938. BA Berlin, 15.01, Pers.Abt., Bd. 726. — Diese Aussage Henleins wurde vom Bearbeiter unterstrichen und mit einem Ausrufezeichen versehen.

[338] Schreiben des Min.R. Dr. Dellbrügge an den RMinI vom 11. 11. 1938. BA Berlin, 15.01, Pers.Abt., Bd. 787. — Vgl. auch die Erinnerungsberichte der Ost-Dokumentation 21 von Verwaltungsbeamten aus mehreren Landkreisen. Z. B. BA Bayreuth, Ost-Dok. 21/7 (Bericht von Karl Klos über die Kreisverwaltung Römerstadt), Ost-Dok. 21/5 (Bericht von Dr. Richard Manner über den Kreis Asch, Bericht von Dr. Heinrich Schlögl über die Kreisverwaltung Bischofteinitz, Bericht von Adam Vogel über den Landkreis Elbogen), Ost-Dok. 21/6 (Bericht von L. Roth über die Kreisverwaltung Leitmeritz).

[339] *Longerich:* Hitlers Stellvertreter 140f.

[340] Schreiben Kreißls an das RMinI vom 22. 9. 1939. BA Berlin, 15.01, Pers.Abt., Bd. 727. — Entwurf des Antwortschreibens vom 28. 9. 1939. *Ebenda.*

[341] Fernschreiben und Aufstellung (Abschrift) der Regierung Karlsbad an den Reichsstatthalter vom 29. 4. 1940. SOA Plzeň, pobočka Žlutice, Ordner Nr. 1799.

Die Auseinandersetzung mit der Berliner Ministerialbürokratie 219

Vor allem bei den politisch weniger bedeutsamen Positionen, zumal in den Sonderverwaltungen, bei denen es jedoch um die zahlenmäßig meisten Stellen ging, gab es für die Sudetendeutschen allerdings herbe Enttäuschungen. In manchen Verwaltungszweigen wurden, ohne Rücksicht auf die besonderen Verhältnisse, die sich aus der früheren Zugehörigkeit des Sudetenlandes zur Tschechoslowakei bzw. zu Österreich ergaben, reichsdeutsche Einstellungsvorschriften angewandt, welche die sudetendeutschen Bewerber benachteiligten.

So wurde der Antrag eines Trautenauer Bewerbers auf Übernahme in das Beamtenverhältnis bei der Deutschen Reichsbank abschlägig beschieden, weil er die Altersgrenze von 26 Jahren überschritten hatte.[342] In der Forstverwaltung wurden die freien Betriebsleiterstellen nur noch mit Hochschulabsolventen besetzt, was als „eine abermalige Ausschaltung und Zurücksetzung der sudetendeutschen staatl. geprüften Forstwirte" empfunden wurde. Diese hatten wegen ihres abweichenden Ausbildungsganges also von vornherein keine Chance, berücksichtigt zu werden.[343]

Aus den gleichen Gründen geriet auch eine 1939 in Angriff genommene Aktion zur „Förderung verdienter Nationalsozialisten im Sudetengau" ins Stocken. Ihr Ziel war es, „bei Besetzung von Beamten-, Angestellten- und Lohnempfängerstellen im öffentlichen Dienste im Reichsgau Sudetenland jene Parteigenossen bevorzugt zu berücksichtigen [...], die nachweisbar Mitglieder der DNSAP. und der SdP. gewesen sind und das Vertrauen des Gauleiters besitzen".[344] Als Gründe nannte der Regierungspräsident in Troppau: „1) Die Vorschrift über das Alter [...]. 2) Die Tatsache, daß nach der Vorbildung für die meisten in Frage kommenden Nationalsozialisten nur die mittlere Laufbahn in Frage kommt, hier aber die durch die Besoldungsregelung festgesetzte Bezahlung [...] keinen

---

[342] Schreiben von H. Meuer, Jahrgang 1897, aus Trautenau, an die Kreisleitung der DAF vom 25. 5. 1939. SOA Litoměřice, RP Aussig, Kart. 1535. — In dem Schreiben heißt es: „Voll Vertrauen, daß eine ‚Deutsche Reichsbank' im nationalsozialistischen Staate die Anstellungsverhältnisse der Sudetendeutschen unter angemessener Berücksichtigung der besonderen Verhältnisse, unter denen wir im Čechenstaate vegetieren mußten, nach Recht und Billigkeit regeln wird, entschloß ich mich zum Eintritt in diese Anstalt."

[343] Lagebericht des ‚Reichsbundes der Deutschen Beamten', Gau Sudetenland, an den Gaupersonalreferenten Oberlik vom 16. 9. 1939. SOA Litoměřice, GL NSDAP, Kart. 60. — Der Wortlaut dieses Berichts gleicht in vielem der oben zitierten Beschwerde des Bankbeamten Meuer: „Wir Sudetendeutsche haben zuversichtlich gehofft, daß der Deutsche Staat das an uns offensichtlich begangene Unrecht gut macht, nicht aber noch vergrößert, indem er beabsichtigt, die durch den Abgang der Tschechen freigewordenen Posten mit Deutschen aus dem Altreich zu besetzen, statt mit uns, die wir 20 Jahre vergeblich darauf gewartet haben."

[344] Schreiben des Gaupersonalamtsleiters an den Regierungspräsidenten in Troppau vom 24. 11. 1939, bezugnehmend auf die Erlasse des RMinI II SB 3630/39, II/6310 Sud. und des Reichsfinanzministers Fin A 4010/17.409/IV. SOA Litoměřice, GL NSDAP, Kart. 59.

Anreiz bildet."³⁴⁵ Immerhin wurden beispielsweise im Bereich der Reichspostdirektion Troppau vom Reichspostminister zahlreiche Anträge auf Förderung genehmigt. Etwa 400 „verdiente Nationalsozialisten" wurden dadurch in das Beamtenverhältnis übernommen, bevorzugt zu Aufstiegsprüfungen zugelassen oder erhielten eine Einkommenserhöhung.³⁴⁶

Zahlreiche Klagen wurden besonders bei der Reichsbahn laut. Hier, so beschwerte sich der NSDAP-Kreisleiter von Tetschen im Juni 1940, hätten „die Sachsen mit Erfolg für sie alle Mittel angewendet, um in die vorderen Stellen zu kommen". Die Folge war, daß sich die Sudetendeutschen „sehr zurückgesetzt" fühlten.³⁴⁷ Die Vorstände der Bahnbetriebsämter, lautete eine Klage an den Präsidenten des Oberlandesgerichts David, der seinen Einfluß geltend machte, um sudetendeutsche Landsleute zu fördern, seien „ausschließlich jüngere Herren aus dem Altreich". Als Begründung für deren Einsatz würde genannt, „daß dem unsere Herren nicht gewachsen seien, obwohl sie fast alle durch 4 Monate zur Umschulung im Altreich waren".³⁴⁸ David berichtete daraufhin dem Stellvertretenden Gauleiter von den Beschwerden, die auch von Postbeamten an ihn herangetragen worden waren: „Diese Herren [...] sind scheinbar außerordentlich enttäuscht über die Regelung der Personalfragen."³⁴⁹

Im Juni 1940 reagierte der Reichsverkehrsminister mit einem Erlaß auf die Unzufriedenheit der sudetendeutschen Eisenbahner. „Es ist die Meinung aufgekommen", heißt es darin,

daß zu viele Altreichsdeutsche in das Sudetenland versetzt worden seien und dadurch Nachteile für die Sudetendeutschen entstanden wären. Hierzu bemerke ich, daß die Betriebsführung im Sudetenland sofort auf die Vorschriften des Altreichs umgestellt werden mußte, und daß die bei der Eingliederung des Sudetenlandes vorhandenen sudetendeutschen Eisenbahner auch rein zahlenmässig bei weitem nicht ausgereicht hätten, um eine ordnungsgemässe Betriebsführung sicherzustellen. Der Einsatz von Altreichsdeutschen war also aus rein sachlichen Gründen erforderlich.

Der Minister stellte aber in Aussicht, „daß die aus fremden Bezirken in das Sudetenland abgeordneten Altreichsdeutschen, soweit sie entbehrlich gemacht werden können, in dem Ausmaß wieder zurückgezogen wer-

---

³⁴⁵ Schreiben des Regierungspräsidenten in Troppau an das Gaupersonalamt vom 15. 2. 1940. SOA Litoměřice, GL NSDAP, Kart. 59. — Vgl. auch den Lagebericht der NSDAP-Kreisleitung von Braunau für April 1940. *Ebenda*, Kart. 2.
³⁴⁶ Schreiben des Präsidenten der Reichspostdirektion Troppau an das Gaupersonalamt vom 17. 3. 1941. SOA Litoměřice, GL NSDAP, Kart. 59. — Bei den verschiedenen für den Sudetengau zuständigen Reichsbahndirektionen wurden bis zum 1. 5. 1941 „10.126 Förderungsanträge für verdiente Nationalsozialisten" gestellt. Weisung des Gaupersonalamtes K-8/41 vom 27. 6. 41. *Ebenda*, Kart. 31.
³⁴⁷ SOA Litoměřice, GL NSDAP, Kart. 3.
³⁴⁸ Schreiben des Technischen Rates der Eisenbahn Dr. Richterkreuz, Böhmisch Leipa, an Dr. David vom 9. 10. 1939. SOA Litoměřice, Nachlaß David, Kart. 4.
³⁴⁹ Schreiben Davids an den Stellv. Gauleiter vom 9. 10. 1939. SOA Litoměřice, Nachlaß David, Kart. 4.

Die Auseinandersetzung mit der Berliner Ministerialbürokratie 221

den sollen, in dem die Ausbildung und Einarbeitung der Sudetendeutschen [...] fortschreitet".350

Beschwerden über Benachteiligung bei der Stellenvergabe wurden sogar direkt an Hitler gerichtet. In einem Schreiben „Deutsche[r] Beamte[r] der früheren tschechosl.[owakischen] Verwaltung, die in den Dienst der Reichsverwaltung übernommen wurden", vom 25. November 1938 wurde der „Führer" persönlich „auf Übelstände in der Verwaltung des Sudetenlandes" hingewiesen und um „eheste Behebung" gebeten, sollte „unter der staatlichen sudetendeutschen Beamtenschaft nicht eine unverdiente Enttäuschung Platz greifen". Denn, so heißt es in dem Schreiben weiter:

Die Art der Einführung der reichsdeutschen Verwaltung im sudetendeutschen Gebiet gleicht nicht einer Verwaltungsangleichung unter gleichen Volksgenossen, sondern leider eher einer Verwaltungsübernahme im Wege der Okkupation. In die Betriebe des Staates, wie Reichsbahn, Reichspost u.s.w. wurden meist land- und ortsfremde Beamte eingesetzt, und zwar in leitender Position, die erst von den sudetendeutschen Beamten in die örtlichen Verhältnisse eingeweiht werden müssen, obwohl bodenständige, zur selbständigen Führung des Amtes vollkommen befähigte ältere Beamte vorhanden sind.351

Es war nicht möglich, für alle Bereiche der Verwaltung, auch nicht für die Reichsbahn, die Vorwürfe von sudetendeutscher Seite im einzelnen auf ihre Stichhaltigkeit hin zu überprüfen, wie es ansatzweise für die Besetzung der Landratsämter und der Reichsstatthalterei zu leisten war. Für die Finanzverwaltung war dies jedoch durchführbar. Ende 1939 und Anfang 1940 kam es nämlich zu einem Schriftwechsel zwischen David und den Oberfinanzpräsidenten in Karlsbad und Troppau bezüglich der Stellenpolitik in der Finanzverwaltung.352 David leitete am 17. November 1939 in seiner „Eigenschaft als Gauführer des NSRB." – des Nationalsozialistischen Rechtswahrerbundes – an ihn herangetragene Klagen, welche die Beschwerdeführer „aus begreiflicher Scheu vor unangenehmen dienstlichen Folgen" nicht persönlich vortragen wollten, an die beiden Oberfinanzpräsidenten – beide stammten aus dem Altreich – weiter. Danach seien entgegen einem Erlaß des Reichsfinanzministers die „leitenden Posten [...] *alle* ohne Ausnahme von altreichsdeutschen Beamten besetzt, und beim Oberfinanzpräsidenten in Karlsbad befindet sich kein einziger Sudetendeutscher an bedeutender Stelle". Bei dem „jetzt durchgeführten System sind die Sudetendeutschen schwer benachteiligt; sie sind zu Beamten von untergeordneter Bedeutung herabgesetzt worden". Es sei daher festzustellen, „daß die Verstimmung eine allgemeine ist".

Der Oberfinanzpräsident in Karlsbad wies die Vorwürfe zurück:

Wie sehr ich [...] darauf bedacht gewesen bin, die Leitung der Finanzämter Sudetendeutschen zu übertragen, sobald sich nur einigermaßen erwarten ließ, daß sie dieser

---

350 Erlaß des Reichsverkehrsministers 52.502 P vom 4. 6. 1940. SOA Litoměřice, GL NSDAP, Kart. 70.
351 Schreiben an Hitler. BA Berlin, 15.01, Pers.Abt., Bd. 726.
352 SOA Litoměřice, Nachlaß David, Kart. 5.

Aufgabe gewachsen sein würden, geht daraus hervor, daß auf meinen Vorschlag von den 37 Finanzämtern, deren Vorsteher anfangs restlos Altreichsdeutsche waren, nach und nach 14 mit sudetendeutschen Vorstehern besetzt worden sind.[353]

Der Oberfinanzpräsident in Troppau wehrte sich ebenfalls: Die „vorgetragenen Klagen über eine Zurücksetzung der sudetendeutschen Beamten entbehren für meinen Oberfinanzbezirk jeglicher Grundlage".[354] Aus einer dem Briefwechsel beigefügten Aufzeichnung geht hervor, daß im Oberfinanzbezirk Karlsbad von siebenunddreißig Vorstehern tatsächlich vierzehn, von den Stellvertretern immerhin zwölf Sudetendeutsche waren. Im Oberfinanzbezirk Troppau waren sogar bei der Hälfte der sechzehn Finanzämter Sudetendeutsche die Vorsteher, bei neun außerdem deren Stellvertreter.[355]

Es wird einmal mehr deutlich, daß man, wie auch bei der Besetzung der Landratsämter, zwischen den ersten Monaten nach dem Anschluß und der Zeit danach unterscheiden muß. Die Klagen, die von sudetendeutscher Seite vorgebracht wurden, waren mitunter überzogen oder berücksichtigten nicht genügend die Tatsache, daß zahlreiche Deutsche aus dem Altreich nach und nach in ihre Heimat zurückversetzt wurden. Dennoch blieb die Ansicht, die Sudetendeutschen hätten einen noch größeren Anteil an der Verwaltung ihres Gaus erhalten müssen, weit verbreitet.

Die abgeordneten Beamten, das Verhältnis zwischen Sudetendeutschen und ‚Altreichsdeutschen' und Henleins Schlichtungsversuche

Zu dieser Unzufriedenheit mit der Stellenverteilung kam, wie im Zusammenhang mit Henleins Verhältnis zu seinem ersten Stellvertreter als Reichsstatthalter, Bracht, angedeutet, zunehmende Erbostheit über das Verhalten eines Teils der entsandten Beamten. Unwillen erregte vor allem deren oftmals als arrogant empfundenes Auftreten, ihre ‚Kolonialherrenmentalität'.

Die Einstellung der meisten Sudetendeutschen gegenüber dem Reich und seinen Repräsentanten war in der Zeit unmittelbar vor und nach dem Anschluß geradezu euphorisch gewesen. „Das Sudetendeutschtum sah damals", so ein NSDAP-Ortsgruppenleiter, „in jedem Reichsdeutschen ein Vorbild".[356] Diese positive, geradezu naiv anmutende Einstellung fand sich jedoch nicht nur bei schlichten Ortsgruppenleitern; selbst Henlein, so berichtete später Hermann Neuburg, habe zunächst „praktisch in jedem ‚Altreichsdeutschen' einen kleinen Herrgott" gesehen.[357] Diese Einstellung wandelte sich jedoch schnell: Die Sudetendeutschen

---

[353] Schreiben an David vom 24. 1. 1940. *Ebenda.*
[354] Schreiben an David vom 27. 11. 1939. *Ebenda.*
[355] Handschriftl. Aufzeichnung, vermutlich von David, vom 22. 1. 1940. *Ebenda.*
[356] Lagebericht des Ortsgruppenleiters von Ratkau, Kreis Troppau, vom 15. 2. 1942 SOA Litoměřice, GL NSDAP, Kart. 16.
[357] Aussage Neuburg. AMV Prag, 301-139-3, Bl. 4f.

Die Auseinandersetzung mit der Berliner Ministerialbürokratie 223

seien im Oktober 1938 zweimal „befreit" worden, wurde gesagt: von den Tschechen „und anschließend von ihren Wunschbildern der Deutschen".[358] Mit „großer Besorgnis", berichtete z. B. der Generalstaatsanwalt von Leitmeritz im Oktober 1940 dem Reichsminister der Justiz, beobachte er „das Verhältnis des hiesigen Gaues zum Altreich". Denn:

War ursprünglich die Eingliederung in das Großdeutsche Reich mit unbeschreiblicher Freude und Begeisterung aufgenommen worden, so scheint sich seit einiger Zeit eine gewisse Entfremdung zum Altreich anbahnen zu wollen. Zum Teil dürfte das darauf zurückzuführen sein, daß abgeordnete Beamte des Altreichs nicht immer ein taktvolles Verhalten an den Tag gelegt haben und die in sie von der hiesigen Bevölkerung gesetzten Hoffnungen enttäuscht haben.

Die „Entfremdung" habe „bereits solche Ausmaße angenommen, daß es verschiedentlich zu Schlägereien zwischen Sudetendeutschen und Altreichsdeutschen gekommen ist".[359] Viele abkommandierte Beamte hätten „kein Verständnis für die ortseigenen Belange" aufgebracht, sich „durch eine unverständliche Überheblichkeit" ausgezeichnet und „das Sudetenland wie eine frisch eroberte Kolonie" betrachtet.[360] „Das Benehmen der Altreichsdeutschen uns gegenüber", klagten z. B. sudetendeutsche Beamte der Finanzverwaltung, „ist arrogant-herrisch, und man läßt durchblicken [...], daß man uns als minderwertig ansieht."[361] Urteile dieser Art finden sich in zahlreichen zeitgenössischen Quellen ebenso wie in den Erinnerungsberichten der ‚Ost-Dokumentation'.[362] Auch der Regierungspräsident in Aussig berichtete in diesem Sinne und machte zudem darauf aufmerksam, daß die ablehnende Haltung der Bevölkerung gegenüber den abgeordneten Beamten bei diesen wiederum starke Verstimmung hervorrief.[363]

Die als zu hoch empfundene Zahl der aus dem Altreich entsandten Beamten sowie deren Auftreten entwickelten sich so schließlich zu einem Politikum von nicht geringer Bedeutung. Dies erkannte man auch im

---

[358] *Theisinger*, Hugo: Die Sudetendeutschen. Herkunft. Die Zeit unter Konrad Henlein und Adolf Hitler. Vertreibung. Buchloe 1987, 254.

[359] Lagebericht vom 1. 10. 1940. BA Dahlwitz-Hoppegarten, R 22/3376.

[360] So der Erinnerungsbericht von E. Sch. vom 9. 6. 1959. BA Bayreuth, Ost-Dok. 20/8. — Vgl. auch den Bericht von E. K. vom 15. 3. 1959. *Ebenda* 20/17.

[361] Abschrift eines Schreibens Davids an den Oberfinanzpräsidenten in Karlsbad vom 17. 11. 1939. SOA Litoměřice, Nachlaß David, Kart. 4.

[362] „Man hatte manchmal den Eindruck, als ob die Meinung vorhanden gewesen wäre", so heißt es in einem Erinnerungsbericht, „im Sudetenland wären gar keine richtigen Deutschen vorhanden." Erinnerungsbericht von H. B., o. D. BA Bayreuth, Ost-Dok. 20/14. — In diesem Sinne berichtete ein NSDAP-Ortsgruppenleiter von einem Gespräch mit bayerischen „Parteigenossen", der ihm mitteilte, daß die Sudetendeutschen im Reich keinen guten Ruf genössen: „Durch das lange Zusammenleben mit den Tschechen" sehe man in ihnen „keine vollständigen Deutschen mehr." Lagebericht des Ortsgruppenleiters von Ratkau vom 15. 2. 1942. SOA Litoměřice, GL NSDAP, Karton 16.

[363] Lagebericht vom 7. 6. 1939. SOA Litoměřice, RPA, Kart. 30.

Stab des „Stellvertreters des Führers". Schon in einem Schreiben an den Reichsinnenminister vom 25. Oktober 1938[364] wurde betont, daß die „Zurückdrängung" der Sudetendeutschen „in einer Zeit, in der die Jahre des Kampfes für sie abgeschlossen sind [...] auch aus politischen Gründen keinesfalls für tunlich" gehalten wurde. Deshalb seien „möglichst bald geeignete Sudetendeutsche für eine Verwendung im öffentlichen Dienst in Aussicht zu nehmen".

Schon bald beschränkte sich die Ablehnung nicht mehr nur auf die entsandten Beamten, sondern galt den ‚Altreichsdeutschen' allgemein. Der Regierungspräsident in Troppau berichtete von der „Abneigung", die diese schon bald nach ihrer Ankunft im Sudetengau zu spüren bekämen.[365] Der NSDAP-Kreisleiter von Marienbad wies im Juli 1940 auf eine „Gegnerschaft und Abneigung gegen alles, was aus dem Altreich kommt", hin. Er müsse feststellen, „daß man oft mit Haß von den hier im Sudetengau beschäftigten Beamten aus dem Altreich spricht". Es werde „notwendig sein, oft rücksichtslos einzugreifen", damit nicht „etwas entsteht, das wir eines Tages nicht verantworten können"[366], heißt es in dem Bericht vielsagend.

Es bildete sich in Teilen der sudetendeutschen Bevölkerung allmählich ein regelrechtes ‚Feindbild' heraus: Mit Berufung auf den Polizeipräsidenten der Stadt berichtete der Regierungspräsident in Aussig im April 1941, „in sogenannten ‚besseren Kreisen'" werde „offen von einem Haß gegen die Altreichsdeutschen gesprochen". Immer wieder werde behauptet, „daß diese alle besseren Posten [...] inne haben, die den geeigneteren Sudetendeutschen vorenthalten würden". Es würde sogar „jede Unbequemlichkeit, sogar der vorübergehende Mangel an gewissen Bedarfsartikeln den Altreichsdeutschen als Schuld angekreidet".[367]

Die Unzufriedenheit wurde nicht nur intern geäußert. So hatte ein „Stoßtruppredner" auf einer Parteiversammlung in Neudek im August 1940 vor etwa 600–700 Personen u. a. erklärt, „es wäre besser gewesen, die Altreichsbeamten wären dort geblieben, wo sie hergekommen sind".[368] Derartige Fälle wurden im Altreich naturgemäß aufmerksam beobachtet.

---

[364] BA Berlin, 15.01. Pers.Abt., Band 772.

[365] Lagebericht des Regierungspräsidenten in Troppau vom 20. 4. 1942. SOA Litoměřice, RS Ib1, Karton 189, 100/21.

[366] Lagebericht der Kreisleitung Marienbad vom 29. 7. 1940. SOA Litoměřice, GL NSDAP, Kart. 8.

[367] Lagebericht vom 4. 4. 1941. SOA Litoměřice, RPA, Kart. 30. — Der Polizeipräsident Leffler sprach später auch von „unverhohlene[r] Antipathie seitens fast des ganzen [sudetendeutschen] politischen Führerkorps" gegenüber den abgeordneten Verwaltungsbeamten, zu denen er selbst gehörte. Erfahrungsbericht Lefflers „Meine Stellung, Tätigkeit und Erfahrung als Polizeipräsident in Reichenberg in der Zeit von November 1939 bis Juni 1944". BA Dahlwitz-Hoppegarten, ZR 944, Akte 11, Bl. 9.

[368] Schreiben des Reichswirtschaftsministeriums an das RMinI vom 30. 9. 1940. BA Berlin, 15.01, Pers.Abt., Bd. 749.

Die Auseinandersetzung mit der Berliner Ministerialbürokratie 225

Der betreffende „Stoßtruppredner" erhielt Redeverbot, da seine Ausführungen geeignet gewesen seien, „der Aufbauarbeit im Sudetengau schweren Schaden zuzufügen und Gegensätze zwischen Altreichsdeutschen und Sudetendeutschen aufzureißen oder zu vertiefen, die im Interesse eines geschlossenen Aufbaues des Großdeutschen Einheitsreiches unbedingt ausgeglichen werden müssen".[369]

Die weit verbreitete Einschätzung, bei der Vergabe von Stellen in der Verwaltung erneut zu kurz gekommen zu sein, und die Unzufriedenheit mit den deshalb ohnehin beneideten und als arrogant angesehenen abgeordneten Beamten aus anderen Gebieten des Reiches waren aber nicht die einzigen Ursachen für die zunehmende Ablehnung der ‚Altreichsdeutschen'. Im folgenden soll auf einige Entwicklungen des ‚alltäglichen Miteinanders' von Sudetendeutschen und ‚Altreichsdeutschen' hingewiesen werden, die, wenn sie auch zunächst nur mittelbar mit der Politik zu tun hatten, doch von dieser aufmerksam registriert wurden und sie beschäftigten.

Angefangen hatte es damit, daß der große Jubel im Sudetenland über den Anschluß an das Reich dort keine Entsprechung fand. Die Bevölkerung im Reich teilte mit den Sudetendeutschen allenfalls die Erleichterung darüber, daß man noch einmal ohne Krieg davongekommen war.[370] Als es im Spätsommer 1938 noch so ausgesehen hatte, als sollte es zum militärischen Konflikt kommen, mußten sich sudetendeutsche Flüchtlinge in Sachsen als „böhmische Sauen" beschimpfen lassen, mit deren Problemen mit den Tschechen ein Großteil der Bevölkerung nichts zu tun haben wollte: „Macht Euch Euer Zeug selber aus, wir wollen keinen Krieg", „Wir können doch auch keine tschechischen Fahnen heraushängen", faßte die Sopade die „Urteile der sächsischen Bevölkerung" zusammen.[371] „Ein Taumel der Freude über die ‚Erlösung' der Sudetendeut-

---

[369] Entwurf eines Schreibens des RMinI an den StdF vom 14. 10. 1940. *Ebenda.* Hier auch Material zu ähnlichen Fällen.
[370] *Steinert,* Marlis: Hitlers Krieg und die Deutschen. Stimmung und Haltung der deutschen Bevölkerung im Zweiten Weltkrieg. Wien 1970, 77ff.
[371] Deutschland-Berichte. 1938, 1040. — Als es dann doch zum Krieg kam, wurde den Sudetendeutschen eine Mitschuld daran gegeben: Während des Krieges im Sudetenland untergebrachte Evakuierte aus dem Reich berichteten, die Sudetendeutschen würden im Reich mehr gehaßt als die Tschechen. Opavsko a severní Morava 15. — In unter der tschechischen Bevölkerung verbreiteten Gerüchten hieß es dann sogar, Sudetendeutsche könnten sich im Reich nicht blicken lassen, da man ihnen dort die Schuld am Krieg gebe. Die Tschechen seien dagegen „im Reich sehr beliebt". Bericht des Regierungspräsidenten in Troppau vom 6. 7. 1943. *Ebenda* 180. — Gerüchte müssen sich nicht als wahr erweisen lassen, um ein aussagekräftiges Zeugnis darzustellen. Auch was man für möglich hielt, hat einen gewissen Aussagewert. Dies gilt auch für die von der Kreisleitung Sternberg im Lagebericht für Juli/August 1941 übermittelten Berichte einiger Sudetendeutscher, die sich zu einem Besuch in Neisse und Gleiwitz aufgehalten hatten. Danach hatten dort angeblich „einzelne Firmen im Schaufenster ein gedrucktes Plakat ‚Sudetendeutsche werden hier nicht bedient'" ausgestellt. „Daß durch derartige Maßnahmen [...] die Stimmung der Sudetendeutschen gegenüber den

schen" sei im Reich „absolut nicht zu verspüren". Man habe „so langsam genug von den Erlösungen, und nachdem nun wieder die Sammlungen beginnen, deren Ertrag nun hauptsächlich den Sudetendeutschen zugute kommen wird, ist das Unbehagen über das Regime nicht geringer geworden".[372] Außer ein „paar Schreihälsen und den Bonzen" interessiere die Sudetendeutschen „niemand in Deutschland".[373] Nur „die hundertprozentigen Nazis" seien begeistert, resümierte die Sopade.[374] Für den Großteil der Bevölkerung scheinen materielle Sorgen im Vordergrund gestanden zu haben: In der Presse habe man dauernd zu lesen bekommen, „wie arm und ausgehungert das Sudetenland sei, wie verwüstet die Industrie usw. Ganz folgerichtig kamen auch gleich die großen Sammlungen und Abzüge für die notleidenden Sudetendeutschen [...] Was bringen also die Sudeten? Neue Abgaben, neue Sammlungen, neue Opfer, neue Hitlerschreier! Wie man früher die Österreicher als die ‚Dummen' bezeichnete, so bezeichnet man jetzt die Sudetendeutschen als ‚die blöden Böhm'".[375]

Diese Ablehnung bekamen die ‚heimgekehrten' Sudetendeutschen, im Volksmund auch als ‚Beutedeutsche' oder ‚Sudetengauner' tituliert, vielfältig, u. a. in der Wehrmacht, zu spüren. Die Gauleitung in Reichenberg führte daher 1941 in Berlin Beschwerde über die Behandlung sudetendeutscher Soldaten. Viele von ihnen hätten „über die Behandlung, die ihnen als Sudetendeutsche besonders zugedacht ist", geklagt. Dies habe „schwere Verstimmung" hervorgerufen. Viele Soldaten, die während des Fronturlaubs darüber berichteten, wollten dies aber aus Furcht vor negativen Konsequenzen erst nach dem Krieg zu Protokoll geben.[376] Daß es sich nicht um Einzelfälle, sondern um ein schon vor Kriegsausbruch weit verbreitetes Phänomen handelte, belegt auch ein Erlaß des Oberbefehlshabers des Heeres, Generaloberst von Brauchitsch, vom 21. März 1939 „über die Behandlung von Soldaten aus den annektierten österreichischen und ‚sudetenländischen' Gebieten".[377] Darin wurde auf die Gefahr verwiesen, „daß das Vertrauen verlorengeht" und die „Einstellung zum Großdeutschen Reich ungünstig beeinflußt wird". Der Generaloberst ver-

---

Altreichsdeutschen nicht gerade günstig beeinflußt wird, ist selbstverständlich." SOA Litoměřice, GL NSDAP, Kart. 13.
[372] Deutschland-Berichte. 1938, 1057.
[373] Ebenda 1061.
[374] Ebenda 1065.
[375] Ebenda 1162. — Vgl. ebenda 1161-1164, zu im Tenor ähnlichen Stimmungsberichten aus verschiedenen Teilen des Reiches.
[376] Fernschreiben der Gauleitung Sudetenland an den Reichsamtsleiter in Berlin vom 8. 3. 1941. SOA Litoměřice, GL NSDAP, Kart. 1. — Vgl. auch den Lagebericht der NSDAP-Kreisleitung Neutitschein für März 1940. Dort wird ebenfalls von Beschimpfungen sudetendeutscher Soldaten berichtet. „Sie müssen sich dauernd [...] Äußerungen wie ‚Glaubt ihr, wir haben euch umsonst befreit?', ‚Für eure Befreiung müßt ihr nun Blutsopfer bringen', anhören." SOA Litoměřice, GL NSDAP, Kart. 10. — Weitere Meldungen dieser Art auch in dem Bericht der Kreisleitung Tetschen vom August 1940. SOA Litoměřice, GL NSDAP, Kart. 3.
[377] Abgedruckt in: Die faschistische Okkupationspolitik 107 f.

langte, „der Behandlung gerade der ostmärkischen und sudetendeutschen Soldaten ein besonderes Augenmerk zuzuwenden und nicht nur bei vorschriftswidriger Behandlung, sondern auch bei Beschimpfungen, die sich auf die landsmannschaftliche Herkunft und Eigenart beziehen, mit den schärfsten Mitteln einzuschreiten". Möglicherweise ist in diesem Zusammenhang auch Henleins Bemühen um Hitlers Zustimmung zum Aufbau einer „sudetendeutschen Divison" im Jahr 1943 zu sehen, in deren Bildung der Gauleiter eine „anspornende Anerkennung" gesehen hätte.[378] So sollte die Stimmung der sudetendeutschen Soldaten aufgebessert werden.

Auch der Exilpresse blieben die Mißstände in der Wehrmacht nicht verborgen. So heißt es, wenn vielleicht auch etwas zu drastisch formuliert, im ‚German American' 1942: „Sudetendeutsche und Österreicher rangieren [in der Wehrmacht – R. G.] gleich hinter Finnen, Ungarn und Rumänen als Kanonenfutter."[379]

Die Erfahrung, für zivilisatorisch „um Jahrzehnte zurückstehend"[380], hinterwäldlerisch und ein wenig primitiv gehalten zu werden, mußten die Sudetendeutschen auch im Kontakt mit den Evakuierten aus von Bombenangriffen bedrohten Gebieten des Deutschen Reiches machen. Man hat dabei allerdings in Rechnung zu stellen, daß ein Teil der immer wieder auftretenden Schwierigkeiten wohl daher rührte, daß es dabei oft zur Begegnung von Stadt- und Landbewohnern kam. Diese dürfte, zumal unter den Bedingungen des Krieges, gekennzeichnet u. a. durch Lebensmittel- und Wohnraummangel, auch andernorts schwierig gewesen sein.[381] Wenn aber, wie es etwa im Bericht eines Kreisleiters heißt, Umquartierte aus Dortmund „absolut nicht begeistert waren, im Sudetengau leben zu müssen und [...] einzelne [erklärten], daß sie es direkt als Stra-

---

[378] Schreiben Henleins an Hitler vom 24. 9. 1943. Akten der Parteikanzlei, Fiche-Nr. 101 24786. — Vgl. auch das Schreiben eines Otto von Urbanski an Henlein vom 23. 7. 1943, in dem dieser von Klagen sudetendeutscher Soldaten berichtet, wonach deren militärische Leistungen wegen des Fehlens sudetendeutscher Verbände nicht ausreichend berücksichtigt würden. Gleichzeitig wird Henlein dafür gedankt, daß er immer wieder auf diese Leistungen aufmerksam gemacht habe. SOA Litoměřice, GL NSDAP, Kart. 110.

[379] ‚German American' (New York) Okt. 1942. SÚA Prag, ZTA, Karton 586, Nr. 501. — Vgl. auch ‚Nová Doba' [Neue Zeit] (Chicago) vom 19. 5. 1942. Ebenda. — ‚Czechoslovak News and Feature Service' Nr. 27, Mai 1942. SÚA Prag, ZTA, Kart. 584, Nr. 483. Dort heißt es zur Behandlung sudetendeutscher Soldaten in der Wehrmacht: „The Prussian Officers treat them as inferior people. Prisoners of war have told how they are called [...] ‚stupid donkeys from the Sudetenland'. [...] One German Nazi from Bohemia and Moravia said: ‚As a good German I have always been hurt by the way our comrades from the old Reich have treated us'."

[380] Erinnerungsbericht von A. K., o. D. BA Bayreuth, Ost-Dok. 20/10.

[381] So heißt es z. B. im Erinnerungsbericht von J. B. vom 7. 4. 1959 über Evakuierte aus dem Ruhrgebiet: „Sie waren [...] sehr anspruchsvoll, waren als Großstädter eine andere Wohnung, einen anderen Komfort, eine andere Umgebung gewöhnt und konnten sich in dem Orte nicht einleben." BA Bayreuth, Ost-Dok. 20/29. — Vgl. auch den Bericht des Regierungspräsidenten in Troppau vom 6. 7. 1943, tschechisch abgedruckt in: Opavsko a severní Morava 176f.

fe ansehen"[382], so zeigt auch dies eine weitverbreitete Geringschätzung der Sudetendeutschen. „In Bochum", so die NSDAP-Kreisleitung von Neutitschein, „hat man scheinbar den Bombengeschädigten allerlei Greuelmärchen über das Sudetenland erzählt, denn sie waren erstaunt, daß sie bei uns weder Ungeziefer noch faule Menschen, sondern eine fleißige und arbeitsame Bevölkerung vorgefunden haben".[383] Manche Evakuierte, die mit den Lebensverhältnissen im Sudetenland unzufrieden waren, behaupteten, daß in anderen Teilen des Reiches die Lebensmittelzuteilungen größer seien und daß sich „eine solche Behandlung nur die Sudetenländler gefallen lassen".[384] Einige reisten aus dem als „Trockenland" bezeichneten Gau sogar wieder ab und fuhren in die von Bombenangriffen bedrohten Gebiete zurück.[385] Natürlich hatten diese Vorurteile der Evakuierten Rückwirkungen; „ihre abfälligen Bemerkungen über die Lebensgewohnheiten der hiesigen Bevölkerung", so wurde nach Berlin berichtet, „haben auf die Stimmung der Bevölkerung nicht immer günstig eingewirkt [...]".[386] Auf einer Gauleitertagung beklagte sich auch Henlein „bitter über das mangelnde Verständnis" der Umquartierten für die Verhältnisse im Aufnahmegau.[387]

Einen tiefen Eindruck schon unmittelbar nach dem Anschluß machte auch die ‚Invasion' von Ausflugs- und Einkaufsreisenden aus dem Reich. Vielerorts kam es dabei mitunter zum völligen Ausverkauf von Geschäften und Gaststätten. Besonders auf bestimmte Lebensmittel hatten es die 1938 schon unter Entbehrungen lebenden Reichsdeutschen abgesehen: „Aus großen Omnibussen ergossen sich Männer und Frauen in Gasthäuser und besonders in Konditoreien, um die begehrte Schlagsahne in Mengen zu verschlingen." Dabei kam es mitunter zu wenig schönen Szenen. „Ein widerlicher und beschämender Anblick, und das waren unsere Befreier. Das waren die ersten Eindrücke, die der sudetendeutsche Mensch von den altreichsdeutschen erhielt, von den Menschen, die man bisher beinahe als höhere Wesen angesehen hatte." So erinnerte sich ein Bürger aus Böhmisch Kamnitz im Kreis Tetschen, der in seinem Bericht anschließend deutlich macht, daß er sehr wohl zu den Befürwortern der Angliederung gehörte und dem neuen Regime gegenüber „politisch positiv eingestellt" war.[388]

---

[382] Lagebericht des NSDAP-Kreisleiters von Deutsch-Gabel für Juni 1943. SOA Litoměřice, GL NSDAP, Kart. 5.
[383] Lagebericht für Juni/Juli 1943. SOA Litoměřice, GL NSDAP, Kart. 10.
[384] Bericht des Regierungspräsidenten in Troppau vom 6. 7. 1943, tschechisch abgedruckt in: Opavsko a severní Morava 177.
[385] Bericht des Regierungspräsidenten in Troppau vom 2. 8. 1943, tschechisch abgedruckt ebenda 182.
[386] Bericht des Generalstaatsanwalts von Leitmeritz an den Reichsminister der Justiz vom 21. 9. 1943. BA Dahlwitz-Hoppegarten, R 22/3376.
[387] Die Tagebücher von Joseph Goebbels. Teil II. Bd. 8, Eintrag vom 22. 6. 1943, 507.
[388] Erinnerungsbericht von E. K. vom 13. 3. 1959. BA Bayreuth Ost-Dok. 20/17. — Der ‚Kaufrausch' nahm nicht zuletzt durch den für Besucher aus dem Reich günstigen Wechselkurs für die zunächst noch gültige tschechische Krone solche Aus-

Anekdotisches dieser Art sollte nicht überbewertet werden, aber bekanntermaßen ist der erste Eindruck oft der entscheidende: Statt der erwarteten ‚Vorbildmenschen', mit denen man hatte gleichziehen wollen, wurden die Sudetendeutschen zunächst mit hungrigen und kaufwütigen Gästen konfrontiert, die nicht nur Zustände im Altreich bezeugten, die man sich im Sudetenland sehr viel ‚rosiger' vorgestellt hatte, sondern auch durch ihr Verhalten nach Abgrenzung geradezu verlangten. Auch Hermann Neuburg bezeichnete diese Vorfälle als „geeignet, zwischen [...] Altreichsdeutschen und Sudetendeutschen Mißtrauen und Zwietracht zu säen". Sie dürfen in ihrer politischen Bedeutung nicht unterschätzt werden.[389]

Jedes der beschriebenen Phänomene mag für sich genommen eine Marginalie sein. Zusammen betrachtet und ergänzt durch die Enttäuschung in anderen Bereichen, wie z. B. den wirtschaftlichen und sozialen Verhältnissen, führten sie aber schließlich zu einer weitverbreiteten altreichsfeindlichen Stimmung im Sudetenland. Henlein bestätigte öffentlich diese Stimmung im Sudetengau, in gewisser Weise rechtfertigte er sie sogar. In dem bereits erwähnten Interview mit der ‚Berliner Börsen-Zeitung' vom Juni 1939 hatte er die „innere Haltung der Sudetendeutschen" beschrieben. Diese seien in den vergangenen Jahren „zur Todfeindschaft gegen den Benesch-Staat erzogen" worden, woraus ein ganz allgemeines, „im Unterbewußtsein liegende[s] Mißtrauen gegen jede Art von Staatsbehörden" erwachsen sei. Der Zusammenhang mit dem Verhältnis zwischen „Altreichsdeutschen" und Sudetendeutschen wurde von Henlein besonders herausgestellt. Er forderte, „daß alle, die aus dem Reich zu uns kommen, die richtige Einstellung zu der psychologischen Lage des mir anvertrauten Gaues finden" müßten, und gab zu, „daß das Sudetendeutschtum aus seiner langgenährten Sehnsucht nach der Heim-

---

maße an, daß die Regierung sich zu Gegenmaßnahmen veranlaßt sah. In einer Pressenotiz des Regierungspräsidenten in Karlsbad vom 17. 11. 1938 an verschiedene Tageszeitungen in den an den neuen Gau angrenzenden Gebieten wurde „mit Nachdruck" gefordert, der „Hamsterei, besonders von Lebensmitteln" entgegenzutreten. Der Regierungspräsident habe daher die „Polizeiorgane mit den nötigen Anweisungen versehen, erwarte aber, daß sich alle Besucher des Sudetengaus schon von selbst die erforderliche Zurückhaltung auferlegen". BA Berlin, R 18/6079. — Im Bezirk Graslitz soll sogar „ein Verbot zur Abgabe von Waren an Leute aus dem Reiche erlassen" worden sein. Deutschland-Berichte. 1938, 1176.

[389] Aussage Neuburg. AMV Prag, 301-139-3, Bl. 7. — Daß die Personalfrage und die ‚Invasion' von Kaufreisenden in einem Zusammenhang gesehen wurden, belegt auch eine Niederschrift (nicht unterzeichnet) aus den Akten der Gauselbstverwaltung vom 9. 3. 1939: „Nach dem peinlichen Eindrucke, den die bekannten Auskäufe [!] von [...] Bedarfsartikeln seitens eines Teiles der herübergekommenen Altreichsdeutschen bei der Bevölkerung hier gemacht haben, darf man wohl jetzt bestimmt nicht Anläße zu dem Eindrucke geben, daß jetzt vielleicht auch noch zu Lasten sudetendeutscher Aufstiegsmöglichkeiten Karrierewünsche einzelner Kameraden von drüben ausgetragen würden [sic]." SOA Litoměřice, pobočka Most, GS, Kart. 4, 0/00.

kehr ins Reich eine vielleicht stark idealistisch gefärbte Vorstellung von allem hat, was aus dem Altreich kommt".[390]

Diese in Anbetracht der Presse-Zensur erstaunlich offenen Worte wurden auch im Ausland registriert. Die in Paris herausgegebene ‚Deutsche Volks-Zeitung' kommentierte Henleins Aussagen in einer für die Exil-Presse typischen, ein wenig am eigenen Wunschdenken orientierten und daher überzeichneten Form: „Die Sudetendeutschen haben den Schwindel der ‚idealistischen' Propaganda durchschaut und sehnen sich mehr und mehr heim – in die Tschechoslowakei."[391] Realistischer war die Einschätzung der ‚New York Times': „While no one regrets the Czech regime, being included in the Reich is not the Elysium people expected – and which they had been promised."[392] Tatsächlich war es wohl eher so, daß z. B. die entsandten Beamten zwar „schmerzten", im Vergleich mit den abgezogenen tschechischen Staatsdienern aber doch als „das kleinere Übel" empfunden wurden.[393]

Immerhin wurde dieses ‚kleinere Übel' doch als so groß angesehen, daß sich Henlein mehrmals genötigt sah, in der Öffentlichkeit gegen die verbreitete Mißstimmung anzugehen. Denn diese Stimmung konnte auch seinen persönlichen Kredit in Berlin, von wo aus man ihn, besonders nach den Ereignissen des Frühjahrs 1940, ohnehin mißtrauisch beobachtete, weiter vermindern. Unmittelbar nach dem Skandal um die Besetzung der HJ-Führung im Sudetengau hatte Henlein in seiner Hohenelber Rede ein deutliches Bekenntnis zur Einheit von Sudetendeutschen und Reichsdeutschen abgelegt. Wiederholt versuchte er von da an, mit mahnenden Worten die Bevölkerung zu beruhigen. Bei einer Reise in das Ostsudetenland im April 1940 ging er in einer Rede auf die „Frage" ein, „die für uns alle brennend ist, und zwar auf das Verhältnis zwischen Altreichsdeutschen und Sudetendeutschen". Wieder stand die Personalfrage im Vordergrund:

Wenn manchmal einige sagen, da und dort sitzen Altreichsdeutsche auf sudetendeutschem Arbeitsplatz, dann muß ich heute ein für allemal erklären: Wir müssen diesen Altreichsdeutschen aus tiefstem Herzen dankbar sein, da sie uns halfen, die vom Füh-

---

[390] ‚Berliner Börsen-Zeitung' vom 22. 6. 1939. BA Berlin, 25.01, Nr. 3345, Bl. 169. — Siehe auch SÚA Prag, ZTA, Kart. 586, Nr. 501. — Damit gab Henlein eine weit verbreitete Einschätzung wieder. Vgl. z. B. den Lagebericht des Gauinspekteurs für Normähren und Schlesien vom 12. 6. 1939. SOA Litoměřice, GL NSDAP, Kart. 21. — Lagebericht der NSDAP-Kreisleitung von Dux für Juli 1940. Ebenda, Kart. 3. Dort heißt es: „Als wir noch nicht befreit waren, sah und hörte unsere Bevölkerung nur das Schöne und Gute und auch die P.[olitischen] L.[eiter] hatten nie die Möglichkeit, hinter die Kulissen zu sehen." Was die Wirkung der Propaganda angehe, so sei die Bevölkerung „sehr hellhörig geworden", die „Gläubigkeit von vor 1938" lasse ständig nach.
[391] Ausgabe vom 9. 7. 1939. SÚA Prag, ZTA, Kart. 586, Nr. 501. — Vgl. auch ‚Die Zukunft' (Paris) vom 21. 7. 1939. Ebenda.
[392] ‚New York Times' vom 23. 7. 1939. SÚA Prag, ZTA, Kart. 586, Nr. 505.
[393] Löffler: Am Scheideweg 42.

rer gestellten Aufgaben der Eingliederung zu erfüllen. [...] Die Parole heißt: Wir wollen im Großdeutschen Reich nicht kleindeutsch werden!³⁹⁴

Am 8. Juli 1941 wurden dann sogar „Richtlinien des Gauleiters zur Frage Altreichsdeutsche-Sudetendeutsche"³⁹⁵ in Umlauf gebracht, um der weit verbreiteten Unzufriedenheit entgegenzusteuern. Immerhin sei schon „eine durchaus unerwünschte [...] Auffassung über die allgemeine Haltung des Sudetendeutschtums" entstanden. Henlein, zu dieser Zeit politisch angeschlagen und um Schadensbegrenzung bemüht, mußte die Sudetendeutschen auf das Reich ein- und seinen eigenen früheren Vorstellungen vom ‚sudetendeutschen Stamm' endgültig abschwören. Es erscheint lohnend, aus den ‚Richtlinien' ausführlicher zu zitieren:

Jedem volksbewußten Deutschen, vor allem aber jedem echten Nationalsozialisten, ist [...] bekannt, daß das neue, nationalsozialistische Deutschland um der Einheit des Reiches willen die Zielsetzung verfolgt, die in den Jahrhunderten seit dem Westfälischen Frieden gewachsenen unnatürlichen Gegensätze und Verschiedenheiten der einzelnen deutschen Landschaften und Stämme zu Gunsten eines unbedingten und auf jeden Fall primären allgemeinen deutschen Volksbewußtseins zu überwinden. Auf der Linie dieser Bestrebungen liegen nicht nur alle Maßnahmen auf dem Gebiete einer Reichsreform, sondern auch all jene erzieherischen Bemühungen, die besonders im Bereich der Parteiarbeit auf eine systematische Überwindung aller vorhandenen tatsächlichen und gefühlsmäßigen Gegensätze zwischen den einzelnen deutschen Landschaften und Stämmen ausgerichtet sind. [...] Die Tradition des Sudetendeutschtums und die Geschichte seines nationalen Freiheitskampfes beweisen, daß gerade die Sudetendeutschen schon zu einer Zeit großdeutsch zu denken vermochten, in der selbst auf dem Boden des Altreichs der großdeutsche Gedanke nur wenige Anhänger und darum auch nur ein geringes Verständnis fand. [...] Es ist daher gefährlich und es widerspricht auch den Grundsätzen einer echten nationalsozialistischen Haltung, wenn da und dort auftretende Meinungsverschiedenheiten zwischen Volksgenossen aus dem Altreich und solchen aus dem Sudetenland leichtsinnig und gedankenlos auf die Ebene eines angeblichen Gegensatzes zwischen Sudetenland und Altreich gehoben werden. [...] [Daher] mache ich es allen Parteigenossen, im Besonderen aber allen Hoheitsträgern und Politischen Leitern zur Pflicht, immer und überall dafür zu sorgen, daß jede mißverständliche Auffassung vereinzelt auftretender persönlicher Gegensätze vermieden und die unbedingte Gültigkeit eines vorbehaltlosen deutschen Volksbewußtseins allen stammlichen und landschaftlichen Eigenarten gegenüber auch im Sudetendeutschtum gewahrt bleibt. Von einem Gegensatz zwischen Sudetendeutschtum und Altreich darf weder in der Partei, noch dort, wo Parteigenossen anwesend sind, auch nur gesprochen werden. [...] Wo immer Anlaß zur Klage oder Beschwerden vorhanden ist, muß die Erkenntnis maßgebend bleiben, daß der Schuldige in seiner Haltung und seinen Verfehlungen keineswegs als Repräsentant irgendeines Stammes oder irgendeiner Landschaft des Altreichs, sondern ausschließlich ein einzelner ist [...]. Das Sudetendeutschtum [...] wird, wenn die Partei ihm als Vorbild und Beispiel vorangeht, auch in dieser Frage seine Pflicht erfüllen und damit einen entscheidenden Beitrag zur Schaffung jenes unbedingten und einheitlichen deutschen Volksbewußtseins leisten, das zur Grundlage für den Bestand eines ewigen Deutschen Reiches werden soll.

³⁹⁴ ‚Die Zeit' (Reichenberg) vom 17. 4. 1940. BA Berlin, 25.01, Nr. 3346, Bl. 99.
³⁹⁵ „Informationen für Gauhauptamtsleiter, Gauamtsleiter und Kreisleiter" vom 8. 7. 1941. SÚA Prag, ARP, Kart. 1208. — Teilweise zitiert bei *Svatosch*: Das Grenzgebiet 338.

Henlein war sich wohl darüber im klaren, daß man die Haltung der Sudetendeutschen gegenüber ihren ‚Volksgenossen' aus dem Reich nicht per Dekret ändern konnte. Es ging ihm vor allem darum, sich gegenüber Vorwürfen aus Berlin abzusichern, ein Signal zu setzen und für Ruhe zu sorgen. Diese zu wahren war das Hauptanliegen Berlins, schließlich befand sich das Reich im Krieg und konnte den aufkommenden Unmut der Sudetendeutschen nicht tolerieren.

Das gezeichnete Stimmungsbild änderte sich jedoch kaum.[396] Auch im Frühjahr 1944 mußte Henlein seine Landsleute noch ermahnen: „Wir sind Reichsbürger geworden und wollen [...] nicht mehr zwischen ‚Altreichs-' und ‚Sudetendeutschen' unterscheiden. Wir sind jetzt Deutsche und nichts als Deutsche."[397] Bemerkenswert ist der Kommentar des in London erscheinenden ‚Sozialdemokrat' zu dieser Aussage Henleins. Es scheine „für Henleins Geschmack zuviel Selbstbesinnung im Sudetengebiet" zu geben: „Darum möchte er die Erinnerungen an 1938 lieber absterben lassen, damit jeder Sudetendeutsche auf das Reich blicke und ja den ‚Anschluß' an den Untergang des Hitler-Regimes nicht versäume."[398] Ein anderes Exilblatt ergänzte: „Aus dem Ruf ‚Heim ins Reich!' scheint bei den Sudetendeutschen ein neuer Ruf entstanden zu sein: ‚Raus aus dem Reich!'"[399]

Viele Sudetendeutsche, die sich nach 1918 von den Tschechen unterdrückt gefühlt und in Abgrenzung zu ihren slawischen Nachbarn für den Erhalt ihres ‚Deutschtums' gekämpft hatten, stellten nach 1938 fest, daß sie auch von ihren deutschen ‚Volksgenossen' einiges trennte. „Ihr seid nicht länger Sudetendeutsche, ihr seid jetzt Reichsdeutsche", hatte Hermann Göring den Menschen in Karlsbad im Oktober 1938 zugerufen.[400] Obwohl das wie ein Befehl klang, dürfte es dem Wunsch vieler Sudetendeutscher zunächst ebenso entsprochen haben wie dem Berlins, das an einem sudetendeutschen Landespatriotismus kein Interesse hatte. Görings Aussage stellte sich aber immer mehr als fraglich heraus.

Der ‚Central European Observer' aus London verglich 1941 die Lage der Sudetendeutschen mit jener der Österreicher: „Like the Austrian, the so-called Sudeten German remains a stranger in the Third Reich; he is not assimilated; he is not a German in the ordinary sense."[401] Der bekannte Erziehungswissenschaftler und Politiker Friedrich Wilhelm Foerster hatte dieses Problem ziemlich genau vorausgesehen. In einem persön-

---

[396] Vgl. z. B. den Lagebericht des Regierungspräsidenten in Troppau vom 20. 4. 1942. SOA Litoměřice, RS, Ib 1, Kart. 189, 100/21.
[397] Gespräch Henleins mit der ‚Deutschen Allgemeinen Zeitung' (Berlin) vom 19. 3. 1944. SÚA Prag, ZTA, Kart. 475.
[398] ‚Der Sozialdemokrat' (London) vom 31. 5. 1944. *Ebenda*.
[399] ‚Freies Deutschland' (Mexico D.F.) vom Juli 1944. *Ebenda*.
[400] Bericht im ‚Berliner Tageblatt' vom 9. 10. 1938. BA Berlin, 25.01, Nr. 3340, Bl. 115.
[401] ‚Central European Observer' (London) vom 16. 5. 1941. SÚA Prag, ZTA, Kart. 584, Nr. 482.

Die Auseinandersetzung mit der Berliner Ministerialbürokratie 233

lichen Brief warnte er Henlein 1938 vor den Folgen des Anschlusses für die Sudetendeutschen, die im Deutschen Reich fremd bleiben würden:

> Sie haben doch mehr als 800 Jahre in enger Gemeinschaft mit der slavischen Welt gelebt, sie haben ihr unablässig deutsches Blut gegeben und haben slavisches Blut in ihre Adern aufgenommen. Ihre Geschichte ist eine deutsch-slavische Geschichte, alle Ihre Gaben haben sich im Verkehr mit der Ostwelt entwickelt; Sie sind dort als Bindeglied völlig unentbehrlich. [...] Warum wollen Sie im germanischen Meer ertrinken? Sie werden Ihren Platz in der slavischen Welt verlieren, ohne dafür in der germanischen Welt einen Ihrer Eigenart und Geschichte entsprechenden Platz einzutauschen, im Gegenteil: Sie würden dort in der Geltungmachung Ihrer Eigenart zehnmal mehr gehindert werden, als es im Rahmen der bisherigen Verhältnisse geschehen ist. Sie werden ohne Dank bei Seite gesetzt und nichts als eine ohnmächtige Kolonie des deutschen Großbetriebes werden [...].

Zur Untermauerung seiner Worte verwies Foerster auf die Entwicklung in Österreich nach dem Anschluß.[402]

Wie in vielen anderen Bereichen lassen sich tatsächlich auch hier auffällige Parallelen zwischen Österreichern und Sudetendeutschen – die ja noch wenige Jahre zuvor selbst Österreicher gewesen waren! – feststellen. Für die „Ostmärker" befand Hermann Hagspiel, daß die „psychologischen Gräben [...] trotz Anschluß, Gleichschaltung und Wirtschaftsaufschwung ein emotionales Aufgehen der Österreicher im Deutschen Reich" verhinderten.[403] Ähnliches wird man für die Sudetendeutschen sagen können. Man kann sogar für den hier betrachteten Zeitraum von einem Schub im Prozeß der Identitätsfindung der Sudetendeutschen sprechen.

Erst mit der Gründung der Tschechoslowakischen Republik hatte, wie gezeigt wurde, dieser Prozeß allmählich eingesetzt. Hatten sich die in Böhmen und Mähren lebenden Deutschen bis 1918 als Österreicher oder Deutschböhmen bzw. -mährer gefühlt, so gewann nun der Begriff ‚Sudetendeutsche' nach und nach an Popularität und Bedeutung. Henlein versuchte schließlich, in der ‚Sudetendeutschen Heimatfront' alle in der Tschechoslowakei lebenden Deutschen zusammenzufassen.

Zum einheitstiftenden Erlebnis für die Sudetendeutschen wurde aber erst die Vertreibung aus ihrer Heimat nach Kriegsende. So kann man das paradoxe Phänomen beobachten, daß „die letzte Phase der Identitätsfindung [...] mit der Auflösung eben dieser Identität verbunden" war, „denn als Sudetendeutsche in der Emigration in der neu entstehenden Bundesrepublik Deutschland oder der DDR waren sie zu einer Gruppe geworden, die sich ökonomisch und sozial an die neue Umgebung anpaßte,

---

[402] Schreiben Foersters an Henlein vom 11. 8. 1938. SÚA Prag, SdP, Kart. 4. — Vgl. auch *Foerster,* Friedrich Wilhelm: Erlebte Weltgeschichte 1869–1953. Memoiren. Nürnberg 1953, 251f.
[403] *Hagspiel:* Die „Ostmark" 322ff., Zitat 324.

wenn auch einige aus Nostalgie oder aus politischem Kalkül an einer sudetendeutschen Identität festhielten."[404]

Die ‚sudetendeutsche Identität' ist also zu einem großen Teil ein Produkt der Nachkriegszeit.[405] Ein symbolträchtiger Hinweis darauf ist, daß ausgerechnet Rudolf Lodgman von Auen, der einer der erbittertsten Gegner von Henleins Konzept eines sudetendeutschen ‚Stammes' gewesen war und der nach dem Anschluß gegen die Bildung des Sudetengaus argumentiert hatte, 1949 zum ersten Sprecher der Sudetendeutschen Landsmannschaft, dem künftigen Hort der sudetendeutschen Identität, wurde.

Dennoch scheint der komplizierte Prozeß sudetendeutscher Identitätsbildung gerade zwischen 1938 und 1945 einen nicht unbedeutenden Impuls erhalten zu haben. Die Spannungen zwischen Sudetendeutschen und ‚Altreichsdeutschen' in den Jahren 1938–1945 belegen dies.

Identität besteht zwar zu einem großen Teil zunächst aus dem Gefühl, ‚anders' zu sein. Diese ‚negative' Identität wird aber durch eine ‚positive' Identität ergänzt. Belege für die Abgrenzung der Sudetendeutschen von ihren reichsdeutschen Volksgenossen konnten gezeigt werden. Eine umfassende Untersuchung der Entstehung sudetendeutscher Identität, die hier nicht geleistet werden kann, hätte aber auch zu untersuchen, ob es Versuche gegeben hat, etwa im Bereich der Kulturpolitik der Gauleitung, eine ‚positive' sudetendeutsche Identität zu fördern. Ansätze dazu konnten immerhin entdeckt werden.

In den Akten der Gauselbstverwaltung sind „Arbeitswünsche des Gauleiters" aus dem Jahr 1941 überliefert. Hier regte Henlein die Herausgabe einer „Schriftenreihe, in der die einzelnen Städte des Gaues kulturgeschichtlich erfasst und lebendig gestaltet würden", an. „Der Gauleiter wünscht", heißt es weiter,

daß die Großen Persönlichkeiten in Politik, Kunst und Wissenschaft und Wirtschaft, die das Deutschtum in den Sudetenländern hervorgebracht hat, im Bewußtsein innerhalb des Gaues lebendig werden und zur Erziehung eines notwendigen Selbstbewußtseins beitragen mögen. [...] Zur Frage der Wallensteinforschung wünscht der Gauleiter, daß die Abfassung eines Buches über Wallenstein veranlaßt werden möchte, in dem nicht allein seine Stellung innerhalb Böhmens als habsburgischer Feldherr, sondern vor allem seine Bedeutung für das Deutschtum der Sudetenländer und seine Stellung innerhalb des Reiches als Schöpfer einer Reichsarmee und als Schöpfer von Plänen einer Reichsreform herausgearbeitet würde. [...] Der Gauleiter wünscht, daß die Arbeiten an der Darstellung der sudetendeutschen Geschichte bis in die Gegenwart herauf lebhaft betrieben werden möchten.[406]

Inwieweit es möglich war, diese Pläne während des Krieges in die Tat umzusetzen, inwieweit sie gegebenenfalls den Prozeß sudetendeutscher

---

[404] *Alexander:* Phasen der Identitätsfindung 130. — Vgl. auch *Braun, Karl:* Der 4. März 1919. Zur Herausbildung sudetendeutscher Identität. Bohemia 37 (1996) 353-380, hier 379.
[405] Auch das Wappen der Sudetendeutschen entstand erst nach dem Krieg. *Hahnová:* Sudetoněmecký problém 73.
[406] Niederschrift vom 3. 1. 1941. SOA Litoměřice, pobočka Most, GS, Kart. 70, Nr. IV/300.

Selbstfindung vorantrieben, ob sie überhaupt in dieser Absicht formuliert wurden, kann hier nicht ausführlich erörtert werden. Diesen Fragen systematisch nachzugehen, hätte den Rahmen dieser Arbeit gesprengt. Als Desiderat der Forschung bleibt eine Untersuchung des Entstehens einer sudetendeutschen Identität, die auch die Jahre der Zugehörigkeit zum Deutschen Reich einzuschließen hätte, einstweilen bestehen.[407]

---

[407] Das machen auch die Ausführungen bei *Hahnová*: Sudetoněmecký problém 52, deutlich.

3. Probleme der Wirtschafts- und Sozialpolitik im Sudetengau

Wie die personalpolitischen Spannungen zwischen den Zentralbehörden in Berlin und der Reichsstatthalterei in Reichenberg, führten auch die Entwicklungen im Bereich der Wirtschafts- und Sozialpolitik binnen kurzem zu einer tiefgehenden Enttäuschung über die neuen Verhältnisse. Dieser Bereich kann im folgenden nicht vollständig und in allen Details analysiert werden.[408] Es geht vor allem darum, zu zeigen, daß es auch in dieser Hinsicht in Reichenberg und Berlin verschiedene Vorstellungen zur Lösung der anstehenden Probleme gab. Damit verbindet sich die Frage, wie Konrad Henlein, wieder im Schnittpunkt von Reichs- und Gauinteressen stehend, mit dieser Gegebenheit umging und welche Rückwirkungen sie auf ihn hatte.

Das Gebiet, aus dem 1938/39 der Sudetengau gebildet wurde, war für die Habsburger-Monarchie von wirtschaftlich herausragender Bedeutung gewesen. Es hatte schon zu deren Zeiten zu den am stärksten industrialisierten Landstrichen Mitteleuropas gehört. Bereits Ende des 19. Jahrhunderts erreichte in Böhmen die Zahl der in der Industrie Beschäftigten fast den Durchschnitt des Deutschen Reiches. In den deutschen Gebieten Böhmens lag sie mit 43,7 Prozent der Bevölkerung sogar darüber. Die Sudetendeutschen wurden deshalb auch als „die ‚industrielle Nation' [...] der Donaumonarchie" bezeichnet.[409] Demgemäß hatte die sudetendeutsche Industrie auch in der 1918 gegründeten Tschechoslowakischen Republik, einem der Nachfolgestaaten Österreich-Ungarns, einen überaus bedeutenden Anteil an der Wirtschaftskraft dieses Landes.

Die Auswirkungen des ‚Schwarzen Freitags' 1929 erreichten bald auch die Tschechoslowakei. Das Exportvolumen der ČSR insgesamt sank von mehr als 21 Milliarden Kronen 1928 auf weniger als sechs Milliarden 1933. Die Lohnsumme reduzierte sich um ein Drittel von 15 auf zehn Milliarden Kronen. Besonders betroffen wurden jedoch die oft in hohem Maße exportabhängigen sudetendeutschen Betriebe. Die Industrieproduktion der gesamten ČSR-Wirtschaft betrug im März 1933 noch 60 Prozent, die Produktion der überwiegend sudetendeutschen Glasindustrie aber nur noch 48 Prozent, jene der Porzellanindustrie gar nur 41 Prozent der Zeit vor Ausbruch der Weltwirtschaftskrise.[410] Die Arbeitslosenstatistiken wie-

---

[408] Vgl. dazu allgemein *Braumandl:* Die Auswirkungen. — *Svatosch:* Das Grenzgebiet. — *Bartoš:* Okupované pohraničí 45-61.
[409] *Prinz:* Das kulturelle Leben 202f., Zitat 203. — Vgl. auch *Campbell, F. Gregory:* Confrontation in Central Europe. Weimar Germany and Czechoslovakia 1918-1933. Chicago 1975, 52.
[410] *Seibt:* Deutschland und die Tschechen 318f.

Probleme der Wirtschafts- und Sozialpolitik 237

sen entsprechende Zahlen aus: Auf dem Höhepunkt der Wirtschaftskrise im Winter 1933/34 waren etwa zwei Drittel der Arbeitslosen im Land Deutsche, obwohl diese doch nur knapp ein Viertel der Bevölkerung ausmachten.[411]
Daß dies zu Verbitterung bei den Sudetendeutschen führte, ist leicht verständlich. Die Unzufriedenheit wurde durch den Umstand verstärkt, daß man seit Gründung der Tschechoslowakischen Republik der Regierung in Prag argwöhnisch gegenübergestanden und ihr unterstellt hatte, sie betreibe eine „Tschechisierung" auch der Wirtschaft des Landes. Bereits in der ökonomisch schwierigen Situation im Herbst 1924 hatte der deutsche Gesandte in Prag, Koch, diese Ansicht nach Berlin übermittelt und berichtet, die Not der Exportindustrie – „zum größten Teil in deutschen Händen" – sei der Prager Regierung „nicht einmal unwillkommen" gewesen, weil sie einen Beitrag zur Schwächung des deutschen Elements im Staat darstelle.[412]
Mit den gleichen Argumenten wurde die Prager Wirtschaftspolitik auch in der Krise der dreißiger Jahre kritisiert. So wurde damals u. a. behauptet, die Regierung habe den deutschen Teil der Wirtschaft des Landes bei der Vergabe von staatlichen Aufträgen und öffentlichen Lieferungen „gezielt benachteiligt".[413] Ohne auf die schwierige Frage, inwieweit derartige Vorwürfe berechtigt waren[414], an dieser Stelle eingehen zu können, ist doch festzustellen, daß sich die sudetendeutsche Wirtschaft in den dreißiger Jahren – bis zum Anschluß – nicht von der tiefgehenden Krise erholen konnte und daß sie im Vergleich zur Wirtschaft des tschechischen Siedlungsgebietes deutlich schlechter dastand.
Parallel zum dramatischen Niedergang der sudetendeutschen Industrie und der ihm entsprechenden katastrophalen sozialen Lage der Bevölkerung vollzog sich im benachbarten Deutschen Reich der wirtschaftliche Aufschwung nach der Machtübernahme Hitlers. Sudetendeutsche

---

[411] *Hoensch:* Geschichte der Tschechoslowakei 60.
[412] Bericht Kochs an das AA vom 9. 10. 1924. Deutsche Gesandtschaftsberichte aus Prag. Teil II: Vom Kabinett Beneš bis zur ersten übernationalen Regierung unter Švehla 1921–1926. Ausgewählt, eingeleitet und kommentiert von Manfred *Alexander* (im Druck) (Veröffentlichungen des Collegium Carolinum 49/2), Dokument Nr. A 34.
[413] *Boyer, Christoph:* Die Vergabe von Staatsaufträgen in der ČSR in den dreißiger Jahren – ein Vehikel zur Ruinierung der sudetendeutschen Wirtschaft? In: Das Scheitern der Verständigung. Tschechen, Deutsche und Slowaken in der Ersten Republik (1918–1938). Die deutsch-tschechische und -slowakische Historikerkommission hrsg. von Jörg K. *Hoensch* und Dušan *Kováč*. Essen 1994 (Veröffentlichungen des Instituts für Geschichte der Deutschen im östlichen Europa 2), 81–115, hier 81. — Daß es auch die Autarkiepolitik Hitler-Deutschlands war, die zum Ruin der exportabhängigen sudetendeutschen Industrie beitrug, scheint dagegen kaum wahrgenommen worden zu sein. Vgl. dazu *Brügel:* Tschechen und Deutsche 1918–1938, 228f. — *Leoncini, Francesco:* Die Sudetenfrage in der europäischen Politik. Von den Anfängen bis 1938. Essen 1988, 94.
[414] Vgl. dazu allgemein *Boyer:* Die Vergabe von Staatsaufträgen.

Grenzgänger – zwischen 1934 und dem Münchener Abkommen verließen ungefähr 80 000 bis 100 000 Arbeitskräfte das sudetendeutsche Gebiet, überwiegend in Richtung Reich[415] – konnten diesen Prozeß hautnah mitverfolgen und darüber zu Hause berichten. „Der Eindruck des heimischen Elends vor dem [...] Augenschein eines deutlichen Aufstiegs im ‚Reich' traf dabei auf einen Gedankenkomplex, der in Böhmen ohnehin seit Generationen eingewurzelt war, nicht nur in Arbeiterkreisen: ‚Im Reich ist alles besser'."[416]

Es ist unstrittig, daß der wirtschaftliche Ruin in den sudetendeutschen Gebieten, den niemand bestreiten konnte, Wasser auf die Mühlen derjenigen war, die den Anschluß an das Reich forderten. Er begünstigte den Aufstieg der Sudetendeutschen Partei und Henleins und trug mit dazu bei, daß dieser schließlich die Losung „Heim ins Reich!" ausgab. Die der ČSR gegenüber loyale sudetendeutsche Sozialdemokratie formulierte im Mai 1938 in einer Denkschrift zur „Klarstellung einer historischen Verantwortlichkeit" die Versäumnisse der tschechoslowakischen Regierung und bemühte sich, diese „wenigstens für die Einleitung umfassender wirtschaftlicher und sozialer Hilfsmaßnahmen zu gewinnen, welche dazu beitragen sollten, dem Vordringen des Irredentismus innerhalb der Arbeiterschaft und der arbeitslosen Bevölkerung der notleidenden Grenzgebiete Einhalt zu tun".[417]

Angesichts der Wirtschaftskatastrophe im eigenen Land fiel es zudem leicht, die Verhältnisse im Dritten Reich in den rosigsten Farben zu zeichnen. Die ‚Sudetendeutsche Tageszeitung' berichtete etwa am 7. August 1938 über eine Reise ins Nachbarland, wo man „überall bei reger Bautätigkeit große Fabriken und Gebäude entstehen und nach allen Seiten hin Arbeitersiedlungen wachsen" gesehen haben wollte. „Überall und in allen Kreisen" herrsche „frohe Zuversicht": im Deutschen Reich lebe „ein glückliches Volk", und „von der Jugend bis zum Greisenalter" herrsche „eitel Freude [...] über die glückliche Hand des Führers".[418] In Anbetracht solcher Verklärung der wirtschafts- und sozialpolitischen ‚Erfolge' des Dritten Reiches ist es nicht erstaunlich, „daß die breite Masse", wie Henlein 1940 zugeben mußte, vor dem Anschluß des Sudetenlandes „von einem Paradies" geträumt hatte.[419] Hans Kehrl, als Abteilungsleiter und ‚Generalreferent für Sonderaufgaben' im Reichswirtschaftsministe-

---

[415] *Braumandl:* Die Auswirkungen 53. — Vgl. auch *Sator, Klaus:* Anpassung ohne Erfolg. Die sudetendeutsche Arbeiterbewegung und der Aufstieg Hitlers und Henleins 1930–1938. Darmstadt 1996, 329.
[416] *Seibt:* Deutschland und die Tschechen 327.
[417] Bericht der DSAP an den tschechoslowakischen Ministerpräsidenten Hodža (Abschrift) vom 5. 5. 1938. ZfdAhdS Moskau, 500-4-145, Bl. 15. — Vgl. auch *Svatosch:* Das Grenzgebiet 77.
[418] „Das wahre Deutschland". Bericht in: ‚Sudetendeutsche Tageszeitung' (Tetschen) vom 7. 8. 1938, 6.
[419] Vermerk über die Konferenz der Landräte des Regierungsbezirks Troppau am 17. 10. 1940. ZA Opava, RPT, Nr. 570.

Probleme der Wirtschafts- und Sozialpolitik 239

rium maßgeblich an der wirtschaftlichen Eingliederung des Sudetenlandes beteiligt, berichtete, die Sudetendeutschen hätten „in das Dritte Reich wie in einen goldenen Kelch" hineingesehen: „Sie harrten nun der Dinge, die da kommen sollten, wie Kinder auf das Christuskind."[420]
Wie im Kapitel über die Ergänzungswahlen zum Großdeutschen Reichstag gezeigt, wurden die ohnehin hohen Erwartungen der Sudetendeutschen auch nach dem Münchener Abkommen zunächst weiter geschürt. Mit den wachsenden Erwartungen wuchs aber auch die Gefahr der Enttäuschung. Daß diese besonders auch auf ihn selbst zurückfallen würde, mußte Henlein annehmen. Vielleicht hatte er sich gerade deswegen im Vorfeld des Plebiszits zurückgehalten und sich sogar warnend geäußert. Angeblich schon vor dem Anschluß will er „mit ernster Sorge an die Zukunft gedacht" und sich gefragt haben, „ob eines Tages, wenn unser Kampf erst siegreich beendet sein würde, auch wirklich all jene Erwartungen erfüllt werden könnten, die all die Menschen unserer Heimat [...] an die Zukunft knüpften."[421]
Zunächst jedoch schien es so, als meinte das Dritte Reich es mit der Hilfe für die notleidenden sudetendeutschen Gebiete tatsächlich ernst.

Erste wirtschafts- und sozialpolitische Maßnahmen und ihre Folgen

Gleichschaltung

Schon in den ersten Tagen und Wochen kam es zur Übertragung entscheidender Elemente der nationalsozialistischen Wirtschafts- und Sozialpolitik auf die eingegliederten sudetendeutschen Gebiete – also zur Gleichschaltung auch in diesem Bereich. So erging am 10. Oktober 1938 die „Verordnung über die Durchführung des Vierjahresplans in den sudetendeutschen Gebieten".[422] Zwei Tage später wurde der ‚Verband der sudetendeutschen Industriellen' in ‚Sudetendeutscher Hauptverband der Industrie' umbenannt und in die Wirtschaftsverfassung des Reiches integriert.[423] Die zentrale Wirtschaftsorganisation des neuen Reichsgaus wurde die ‚Wirtschaftskammer des Sudetenlandes' mit Sitz in Reichenberg.[424]
Versuche sächsischer Industrieller, das Gebiet des Sudetengaus in den Bezirk der Wirtschaftskammer Sachsen einzubeziehen und in Eger und

---

[420] *Kehrl*, Hans: Krisenmanager im Dritten Reich. 6 Jahre Frieden – 6 Jahre Krieg. Erinnerungen. Mit kritischen Anmerkungen und einem Nachwort von Erwin *Viefhaus*. 2. Aufl. Düsseldorf 1973, 133.
[421] *Henlein*, Konrad: Die soziale und wirtschaftliche Lage im Sudetenland. Reichenberg o. J. [1940] (NS-Schriftenreihe des Gaues Sudetenland). SOA Litoměřice, GL NSDAP, Kart. 126. — Es handelt sich bei diesem Text um eine Rede, die Henlein am 23. 11. 1940 vor ‚Betriebsführern' und ‚Betriebsobmännern' hielt.
[422] RGBl 1938, I, 1392. — Am 10. 10. wurde die ergänzende „Verordnung über den Arbeitseinsatz in den sudetendeutschen Gebieten" erlassen. RGBl 1938, I, 1514.
[423] *Braumandl*: Die Auswirkungen 115.
[424] *Faltys*: Postavení 400. — *Braumandl*: Die Auswirkungen 118.

Reichenberg nur Außenstellen zu errichten, hatte der Vertraute Henleins für Wirtschaftsfragen, Wolfgang Richter, abwehren können. Durch „die Schaffung des Sudetengaus", erklärte Richter, habe Hitler die „Notwendigkeit einer einheitlichen Zusammenfassung der sudetendeutschen Gebiete" anerkannt. Auch Henlein würde sich „scharf gegen eine solche Einbeziehung in die Wirtschaftskammer Sachsen aussprechen".[425] Wie in vielen anderen Bereichen, so sieht man auch hier wieder Henleins Bestreben, den Sudetengau zu einer eigenständigen Einheit zu machen.

Weitere wichtige Schritte der wirtschafts- bzw. sozialpolitischen Gleichschaltung waren die Auflösung der Gewerkschaften und die Errichtung der ‚Deutschen Arbeitsfront' (DAF). Am 15. Oktober ordnete Henlein die Bildung der DAF, der Zwangsvereinigung von Arbeitgebern und Arbeitnehmern im Dritten Reich, für das sudetendeutsche Gebiet an.[426] Zwei Tage später wurde das Reichsnährstandgesetz eingeführt, wodurch auch die agrarischen Interessenverbände im nationalsozialistischen Sinne zusammengefaßt wurden.[427] Am 29. Oktober wurde mit der „Verordnung über die Einführung der Organisation der gewerblichen Wirtschaft in den sudetendeutschen Gebieten" gleich ein ganzes Bündel „reichsrechtliche[r] Vorschriften über die Vorbereitung des organischen Aufbaues der deutschen Wirtschaft"[428] auf die sudetendeutschen Gebiete übertragen.[429] Schließlich wurde am 6. Dezember 1938 auch der Reichsarbeitsdienst (RAD) dort eingeführt[430], nachdem schon Ende Oktober mit der „Verordnung über den Arbeitseinsatz in den sudetendeutschen Gebieten"[431] die reichsrechtlichen Regelungen im Arbeitsvermittlungswesen (Arbeitsbuch u. ä.) eingeführt worden waren.

Auf die Tätigkeit des Stillhaltekommissars im Bereich wirtschaftlicher Organisationen, der Gewerkschaften, Konsumgenossenschaften etc. wurde bereits hingewiesen. Bis 1940 gab es allein hier 16 420 Abwicklungsverfahren. Nur 2 153 davon endeten mit einer Freistellung, also dem Weiterbestehen der betroffenen Organisation, 13 771 schlossen mit der Einweisung in entsprechende Organisationen des Reiches, 496 mit Auflösung.

---

[425] Zitiert nach *Svatosch:* Das Grenzgebiet 244f.
[426] Meldung des DNB vom 15. 10. 1938. BA Berlin, 25.01, Nr. 3341, Bl. 8. — Henleins Beauftragter für die DAF und späterer Gauobmann der Organisation wurde der SdP-Politiker Hubert Birke. Siehe dazu: Der Großdeutsche Reichstag 17f. — Zum ‚Treuhänder der Arbeit' im Sudetengau wurde am 8. 2. 1939 F. Köllner ernannt. Anordnung Henleins Nr. 7/39. Weisungsblätter der Gauleitung Sudetenland der NSDAP, 1939, Folge 6. SOA Litoměřice, GL NSDAP, Kart. 27.
[427] RGBl 1938, I, 1450. — Auf die Landwirtschaft wird im folgenden ebensowenig näher eingegangen wie auf das Handwerk. Die hier behandelten besonderen Probleme des Sudetengaus haben in beiden Bereichen allem Anschein nach nicht eine vergleichbare Rolle gespielt wie in der Industrie.
[428] RGBl 1938, I, 1547.
[429] Vgl. auch *Braumandl:* Die Auswirkungen 115.
[430] RGBl 1938, I, 1719.
[431] Vom 27. 10. 1938. *Ebenda* 1514.

Maßnahmen zum Schutz der sudetendeutschen Wirtschaft

Eine Reihe von Maßnahmen sollte der angeschlagenen sudetendeutschen Wirtschaft eine schonende Integration in die reichsdeutsche Wirtschaft ermöglichen. Am 6. Oktober 1938 wurde die „Verordnung über den Warenverkehr mit den sudetendeutschen Gebieten"[432] erlassen, die das Ziel hatte, das ungeregelte Abfließen von Waren, besonders von Rohstoffen, in das Reich zu verhindern. Zum selben Zweck, nämlich zum „Schutz der sudetendeutschen Wirtschaft", wurde dann am 15. Oktober eine gleichnamige Verordnung erlassen, die rückwirkend ab dem 1. Oktober Gültigkeit hatte und bis zum 31. Dezember 1940 in Kraft blieb.[433] Die oftmals veralteten, wenig produktiven und kaum zur Konkurrenz mit reichsdeutschen Betrieben fähigen sudetendeutschen Unternehmen sollten so zunächst vor dem totalen Ausverkauf gerettet werden.

Auch finanzielle Hilfe wurde gewährleistet: Das „Gesetz zur Sicherung der Kreditversorgung in den sudetendeutschen Gebieten"[434] vom 31. Oktober stellte Kredite „zur Förderung der gewerblichen Wirtschaft" in Höhe von 150 Millionen Reichsmark bereit.[435] Für das Haushaltsjahr 1939 stellte das Reichsinnenministerium drei Millionen Reichsmark sogenannter ‚Grenzlandhilfe' zur Verfügung, mit deren Hilfe HJ-Heime, Kindergärten u. ä. errichtet werden sollten. Das Reichsfinanzministerium stellte für 1939 35 Millionen Reichsmark für Industrieförderung (fünf Millionen Reichsmark), für den Wohnungsbau (zehn Millionen Reichsmark) und „für sonstige Grenzlandfürsorge" bereit.[436] Dem jüngsten Gau des ‚Großdeutschen Reiches' wurden vorübergehend auch Steuervorteile eingeräumt.[437] All diese Maßnahmen wurden von sudetendeutscher Seite begrüßt, sah man doch in ihnen den Ausdruck der Sorge des mächtigen Reiches um das Wohlergehen des Sudetenlandes.[438]

Unmittelbar nach dem Anschluß wurde zudem vor allem im Bereich der Sozialpolitik virtuos Propaganda betrieben. Die Sudetendeutschen sollten so endgültig für die nationalsozialistische ‚Volksgemeinschaft' gewonnen werden. Zusammen mit der Wehrmacht zogen ‚Nationalsozialistische Volkswohlfahrt' (NSV) und ‚Winterhilfswerk' (WHW) in die Städte und Gemeinden des Sudetenlandes ein und entfalteten eine von der

---

[432] Ebenda 1396. — Vgl. dazu auch Braumandl: Die Auswirkungen 122.
[433] „Verordnung zum Schutz der sudetendeutschen Wirtschaft". RGBl 1938, I, 1431f. — Henlein: Die soziale und wirtschaftliche Lage 3. SOA Litoměřice, GL NSDAP, Kart. 126.
[434] RGBl 1938, I, 1531.
[435] Die Aktion stellte sich jedoch bald als unzulänglich heraus, da fast zwei Drittel der Möglichkeiten zur Kreditbeschaffung ungenutzt blieben. Vgl. dazu auch Braumandl: Die Auswirkungen 159ff., bes. 160. — Zur Auseinandersetzung über den Einsatz dieser Mittel vgl. unten.
[436] Arndt: „Blut und Boden"-Politik 102ff.
[437] Henlein: Die Eingliederung des Sudetenlandes 15f.
[438] Faltys: Postavení 412. — Braumandl: Die Auswirkungen 119.

Presse ausführlich dokumentierte Tätigkeit.[439] Die Organisation ‚Kraft durch Freude' (KdF) veranstaltete Reisen sudetendeutscher Arbeiter in das ‚Altreich'.[440]

Das die Bevölkerung am brennendsten interessierende Problem war jedoch die Bekämpfung der Arbeitslosigkeit. Im Dezember 1938 betrug die Zahl der Arbeitslosen im Reichsgau Sudetenland gut 196 000.[441] Wie schon nach 1933 im Reich, so sollten auch im Sudetenland großzügige Verkehrsprojekte die Menschenmassen begeistern und die Arbeitslosigkeit beseitigen. Am 1. Dezember führte Rudolf Heß in Eger den ersten Spatenstich zum Bau einer Reichsautobahn aus. Sie sollte von München über Eger, Karlsbad, Saaz, Brüx, Dux und Teplitz nach Reichenberg führen.[442] Die Zahl der im Straßenbau beschäftigten Menschen stieg auf dem Gebiet des Sudetengaus von 2 315 am 20. Oktober 1938 auf ca. 8 200 nur einen Monat später.[443] Schon am 3. November hatte der ‚Völkische Beobachter' dazu ein groß angelegtes „Wohnbauprogramm" verkündet. Die Hilfe des Altreichs werde sich „im besonderen auch auf den sozialen Wohnungsbau auswirken. An Stelle der Elendsquartiere, die nach Auffassung der Prager Regierung für die Deutschen gerade gut genug waren, sollen gesunde und geräumige Wohnungen für die arbeitende Bevölkerung entstehen".[444]

Auch damit hatte man einen besonders empfindlichen Nerv getroffen, denn die sudetendeutschen Gebiete litten an einem katastrophalen Mangel an Wohnraum. Den etwa 950 000 vorhandenen Wohnungen stand

[439] Vgl. z. B. Meldung des DNB vom 1. 12. 1938. BA Berlin, R 43/II, 1367b, sowie den ‚Völkischen Beobachter' (München) vom 21. 1. 1939. SÚA Prag, MZVVA, Kart. 1788. — Vgl. auch Umbreit: Deutsche Militärverwaltungen 37 ff. — Bartoš: Okupované pohraničí 58, weist darauf hin, daß mehr als zwei Drittel der bis Ende 1938 im Rahmen der Hilfsaktion ausgegebenen 60 Millionen Reichsmark im ersten Monat unter die Sudetendeutschen gebracht wurden. In den folgenden Jahren sei dann das Verteilen durch das Sammeln (Winterhilfswerk usw.) ersetzt worden. — „Die anfänglich in erstaunlicher Höhe ausbezahlten Unterstützungen", berichtete die Sopade bereits im November 1938, „sind inzwischen wieder abgebaut worden. [...] Die im Anfang sehr reichlich fließenden Geschenke aus dem Reich sind ebenfalls inzwischen versiegt." Deutschland-Berichte. 1938, 1174. — Den vorwiegend propagandistischen Charakter der Tätigkeit von NSV und WHW belegt auch der Lagebericht des Chefs der Zivilverwaltung Karlsbad vom 1. 11. 1938. BA Berlin, R 18/6080.

[440] „Auf die böhmischen Glasarbeiter", so berichtete die Sopade, „die früher niemals aus ihrer Heimat fortgekommen waren, machen diese Reisen natürlich großen Eindruck." Deutschland-Berichte. 1938, 1174. — Vgl. auch Deutschland-Berichte. 1939, 16.

[441] Bohmann: Das Sudetendeutschtum 151. — Der Jahreslagebericht des SD spricht von 201 639 Arbeitslosen im Sudetengau Ende Dezember 1938. Meldungen aus dem Reich. Bd. 2, 199.

[442] Schulthess' europäischer Geschichtskalender 79 (1938) 199.

[443] Braumandl: Die Auswirkungen 130.

[444] ‚Völkischer Beobachter' (München) vom 3. 11. 1938. BA Berlin, 25.01, Nr. 3341, Bl. 281.

Probleme der Wirtschafts- und Sozialpolitik 243

1939 ein Bedarf an ca. 300 000 Wohnungen gegenüber.[445] Allein in der Gauhauptstadt Reichenberg fehlten 1940 bei knapp 70 000 Einwohnern fast 4 000 Wohnungen.[446] Ein später verfaßtes Memorandum über die Wohnungsnot im Sudetengau, das Henlein vorlag, wies darauf hin, daß 81,6 Prozent aller Wohnungen im Gau „Kleinwohnungen" zwischen ein und drei Räumen inklusive Küche waren – die entsprechende Durchschnittsquote im Reich lag bei 47,2 Prozent.[447] Daß diesem Zustand abgeholfen und zugleich die Zahl der Arbeitslosen verringert werde – das waren die Hoffnungen, die im Sudetenland mit dem Wohnungsbauprogramm verbunden waren.

Bezüglich der Beseitigung der Arbeitslosigkeit wurden die Hoffnungen tatsächlich erfüllt, auch wenn es in den Wintermonaten 1938/1939 noch zu gewissen Anlaufschwierigkeiten kam. Am 31. Januar 1939 waren noch immer 188 455 Menschen in den sudetendeutschen Gebieten ohne Arbeit, also nur 7 621 weniger als Ende November 1938.[448] Bis zum April 1939 sank die Zahl dann aber auf 45 500[449], und schon am 28. Mai 1939 verkündete die ‚Zeit' die vollständige Beseitigung der Arbeitslosigkeit.[450] Im Krieg verkehrte sich die Ausgangslage sogar in ihr Gegenteil: Im Sudetengau herrschte dann, wie im übrigen Reich, ein gravierender Mangel an Arbeitskräften.

Lohn- und Preispolitik, Einführung der Reichsmark

Zu den besonders drängenden Problemen der Wirtschafts- und Sozialpolitik gehörten auch Lohn- und Preispolitik und, damit zusammenhängend, die Frage nach der Einführung der Reichsmark als gesetzliches Zahlungsmittel. Zunächst gab es auch hier Ansätze, auf die besondere Lage in den sudetendeutschen Gebieten Rücksicht zu nehmen. So wurde z. B. ein Preisstopp verhängt. Dieser konnte jedoch nicht verhindern, daß die Lebenshaltungskosten im Sudetenland stark anstiegen, im Durchschnitt in den ersten sechs Monaten nach dem Anschluß wohl um etwa 30 Prozent.[451]

---

[445] *Braumandl:* Die Auswirkungen 322 f.
[446] Lagebericht des Regierungspräsidenten in Aussig vom 7. 2. 1940. SOA Litoměřice, RPA, Kart. 30.
[447] Memorandum über die Wohnungsnot im Sudetengau vom 30. 10. 1941. SOA Litoměřice, RS, Hb I, Kart. 6, Hb 10/102/06.
[448] *Bohmann:* Das Sudetendeutschtum 152.
[449] *Braumandl:* Die Auswirkungen 131. — *Bartoš:* Okupované pohraničí 57.
[450] *Joza, Jaroslav:* K některým otázkám vývoje politického postoje německého obyvatelstva v oblasti vládního presidenta Ústí nad Labem v letech 1938–1941 [Zu einigen Fragen der Entwicklung der politischen Haltung der deutschen Bevölkerung im Gebiet des Regierungspräsidenten von Aussig in den Jahren 1938–1941]. Odboj a revoluce – Zprávy 6/1 (1968) 111-135, hier 104.
[451] *Bartoš:* Okupované pohraničí 59. — Vgl. auch *Svatoš:* Das Grenzgebiet 272.

Mit dieser Entwicklung hielten die Löhne nicht schritt. Anfang November 1938 wurde zwar eine allgemeine Lohnerhöhung um 15 Prozent verkündet; sie galt aber nicht für alle Arbeitskräfte und konnte die genannten realen Einkommenseinbußen nicht aufwiegen.[452] Verstärkt wurde der so entstandene Trend zur Verschlechterung der Lebensverhältnisse durch die Einführung neuer Steuern und Sozialabgaben[453], vor allem aber durch den Umtauschkurs der Krone. Bereits hier zeigten sich Meinungsunterschiede zwischen Berlin und Reichenberg.

Mit Verordnung vom 10. Oktober wurde die Reichsmark gesetzliches Zahlungsmittel in den sudetendeutschen Gebieten. Der Umtauschkurs wurde auf zwölf Reichspfennig je Krone festgelegt.[454] Die Reichsbank in Berlin war ursprünglich für einen Kurs von nur neun Pfennig je Krone eingetreten, Henlein und Richter hatten jedoch einen Kurs zwischen 11,11 und 12,5 Pfennig gefordert.[455] Auch wenn ihrer Forderung weitgehend nachgegeben wurde, war das Ergebnis für die Sudetendeutschen unvorteilhaft, konnte man von einer „makabre[n] Währungsrelation"[456] sprechen. Denn die reale Kaufkraft der Mark betrug nicht 8,33 Kronen wie nach dem festgesetzten Kurs, sondern nur etwa sechs bis sieben Kronen. Viele Menschen verloren daher durch den ‚Göringkurs' bei der Einführung der Reichsmark einen Gutteil ihres Reallohnes.[457]

Interessenkonflikt zwischen Sudetengau und Altreich:
Wirtschafts- und Sozialpolitik im Zeichen des Weltkrieges

Unterschiedliche Konzepte in Reichenberg und in Berlin

Im Sudetenland hoffte man auf den Wiederaufbau der heimischen Industrie und auf eine Wiedergutmachung dessen, was man als Unrecht der vorangegangenen 20 Jahre empfand. Auch in wirtschaftlicher Hinsicht sollte der ‚Grenzlandgau' Sudetenland schließlich zum ‚Mustergau' werden. Die Rede war auch vom ‚Exportgau', der besonders auf die innertschechischen Gebiete und Südosteuropa hin orientiert sein sollte. Zur

---

[452] *Ebenda* 154. — Vgl. dazu auch den 1. Vierteljahreslagebericht des SD 1939. Meldungen aus dem Reich. Bd. 2, 329 f.

[453] *Ebenda* 330. — Siehe auch *Svatosch:* Das Grenzgebiet 273.

[454] RGBl 1938, I, 1393.

[455] Niederschrift über eine „Besprechung über die Eingliederung Sudetendeutschlands in die Reichsdeutsche Wirtschaft" (Abschrift) vom 3. 10. 1938. BA Berlin, 25.01, Nr. 6958. — Vgl. auch die Aufzeichnung über wirtschaftliche und finanzielle Maßnahmen im Sudetengebiet vom 3. 10. 1938. BA Berlin R2/413, Bl. 193. — *Kehrl:* Krisenmanager 134 f. — *Brand:* Auf verlorenem Posten 153.

[456] *Becher:* Zeitzeuge 95.

[457] Vgl. dazu *Svatosch:* Das Grenzgebiet 154 (dort auch der Begriff ‚Göringkurs'). — *Bartoš:* Okupované pohraničí 51, weist in diesem Zusammenhang auf den Andrang von Einkaufsreisenden aus dem Reich in die eingegliederten Gebiete hin, die wegen des für sie günstigen Kurses ganze Städte leerkauften.

Verwirklichung dieser Pläne rechnete man mit großzügiger Unterstützung des Reiches. Allein für öffentliche Bauten wurden im Rahmen des sogenannten ‚Generalaufbauplans' Investitionen in Höhe von mindestens einer Milliarde Reichsmark veranschlagt.[458]

Doch die für die Wirtschaftspolitik zuständigen Stellen in Berlin hegten ganz andere Absichten: „Das Sudetenland müsse mit allen Mitteln ausgenutzt werden", hatte der für den Vierjahresplan zuständige Hermann Göring in einer Besprechung Mitte Oktober 1938 erklärt.[459] Auch der Staatssekretär im Reichswirtschaftsministerium schrieb an seinen Amtskollegen im Reichsministerium des Innern am 10. Dezember 1938, „die Durchführung der Reichswirtschaftshilfe in den sudetendeutschen Gebieten" sei „eine wirtschafts- und finanzpolitische Aufgabe erster Ordnung", die seiner Meinung nach aber „nicht überwiegend nach grenzpolitischen oder kommunalpolitischen Gesichtspunkten behandelt werden" könne „und auch nicht etwa eine Wiedergutmachung der den Sudetendeutschen durch die Tschechen unmittelbar zugefügten Personen- oder Sachschäden darstellen" solle. In einer ganzen Reihe von Produktionszweigen könne der bisherige Umfang der Produktion nicht aufrechterhalten werden.[460] Auf sudetendeutsche Sonderinteressen sollte also keine große Rücksicht genommen, die Belange des Reiches eindeutig in den Vordergrund gestellt werden.[461]

Diese Äußerungen klangen anders als das Bild vom „Aufschwung des Sudetenlandes", das die Propaganda zur gleichen Zeit verbreitete.[462] Sie entsprachen weit mehr einer Einschätzung des ‚Central European Observer' aus dem Jahr 1941, wonach „not only the ‚Protectorate' is plundered, the *German* parts of the Czechoslovak Republic are also a *systematically plundered colony of the Third Reich*".[463]

Der Staatssekretär im Reichswirtschaftsministerium hatte zudem in seinem Schreiben ein grundlegendes Problem bei der Eingliederung der sudetendeutschen Wirtschaft angesprochen: Ihre Struktur entsprach nur

---

[458] *Svatosch:* Das Grenzgebiet 348f. — *Ders.:* Zum Untergang der böhmisch-deutschen Bourgeoisie. Jahrbuch für Geschichte der sozialistischen Länder Europas 15/2 (1971) 83-98, hier 89f. — Vgl. auch *Faltys:* Postavení 414. — Neben dieser Zahl erscheinen die tatsächlich vom Reich geleisteten Zahlungen verschwindend gering.
[459] Protokoll vom 14. 10. 1938, abgedruckt in: Die faschistische Okkupationspolitik 92.
[460] BA Berlin, 15.01, Nr. 27143, Bl. 45f.
[461] Diese Grundeinstellung zeigte sich deutlich und schon sehr früh auch in der Frage des Einsatzes der für den Sudetengau bereitgestellten Kredite. Der von Henlein geforderte „entscheidende[n] Einfluß" sudetendeutscher Stellen wurde nicht gewährt, sondern entschieden, daß „diese Fragen in Berlin geklärt werden" sollten. Vermerk über eine Besprechung in Reichenberg „bezüglich der Kreditversorgung in den sudetendeutschen Gebieten" vom 10. 11. 1938. BA Berlin, 15.01, Nr. 27143, Bl. 21. — Vgl. auch *Svatosch:* Das Grenzgebiet 126.
[462] Z. B. „Der Aufschwung des Sudetengaues". Meldung des DNB vom 1. 12. 1938. BA Berlin, R 43 II/1367b.
[463] ‚Central European Observer' (London) vom 16. 5. 1941. SÚA Prag, ZTA, Kart. 584, Nr. 482. [Hervorhebung im Original].

in geringem Maße den Bedürfnissen der schon mitten in der Vorbereitung des Krieges stehenden reichsdeutschen Wirtschaft. Zwischen Eger und Troppau gab es vor allem kleine und kleinste Betriebe der Produktion von Verbrauchsgütern wie Glas, Porzellan, Textilien usw.[464] Während der Zugewinn an Holz und Braunkohle durch den Anschluß in Berlin als positiv erachtet wurde, galt die „Einverleibung" dieser „notleidenden und stark auf Ausfuhr angewiesenen sudetendeutschen Fertigwaren-Industrie" als „eher eine Belastung".[465] Entsprechend wurde schon früh entschieden, die oft ohnehin maroden und kaum konkurrenzfähigen Betriebe dieser Industriezweige nicht zu unterstützen.[466] Man konnte die Arbeitskräfte an anderer Stelle besser gebrauchen.

Gegen das weltberühmte Gablonzer Schmuck- und Glasgewerbe wurde sogar in der nationalsozialistischen Presse an prominenter Stelle heftig polemisiert. Unter der Überschrift „Schluß mit der Mumpitzindustrie" forderte das ‚Schwarze Korps' am 1. Juni 1939, man solle der Gablonzer Glasindustrie „getrost die Rohstoffe und Arbeitskräfte entziehen", die man anderweitig besser gebrauchen könne.[467] Diese Verunglimpfung eines der berühmtesten sudetendeutschen Gewerbe rief „große Erbitterung hervor"[468] und blieb in der ‚Zeit', dem offiziellen Blatt der Gauleitung, auch nicht unwidersprochen.[469] Hier zeigt sich exemplarisch der Konflikt sudetendeutscher und reichsdeutscher Wirtschaftsinteressen.

Auch auf sudetendeutscher Seite sah man ein, daß es volkswirtschaftlich nicht sinnvoll war, die sudetendeutsche Verbrauchsgüterindustrie um jeden Preis zu erhalten bzw. sie zu erneuern.[470] Die damit zusammenhängende Frage, wie denn nun die Arbeitslosen in diesen Branchen wieder in Lohn und Brot zu bringen seien, wurde jedoch ganz anders als in Berlin beantwortet. In den Vorschlägen der Reichswirtschaftskammer zur „Förderung der Industriewirtschaft im Sudetenland" hatte man sich

---

[464] *Faltys:* Postavení 405. Dort auch genaue Zahlen zur Struktur der sudetendeutschen Wirtschaft. — Siehe auch *ders.*: K problematice hospodářské struktury Karlovarska na počátku nacistické okupace [Zur Problematik der wirtschaftlichen Struktur des Karlsbader Gebietes am Anfang der nazistischen Besatzung]. Minulostí západočeského kraje 1966, 63-81, hier 66f. — Vgl. auch *Braumandl:* Die Auswirkungen 90f.

[465] Aufzeichnung des Leiters der Wirtschaftspolitischen Abteilung des AA vom 20. 9. 1938, abgedruckt in: Die Deutschen in der Tschechoslowakei 322.

[466] Bericht über sudetendeutsche Wirtschaftsprobleme vom 24. 11. 1938, abgedruckt *ebenda* 366f.

[467] ‚Das Schwarze Korps' (München) vom 1. 6. 1939, 2.

[468] Lagebericht der NSDAP-Kreisleitung Gablonz vom 12. 6. 1939. SOA Litoměřice, GL NSDAP, Kart. 5.

[469] „Gablonz ist keine Mumpitzindustrie", wurde dort erwidert. ‚Die Zeit' (Reichenberg) vom 26. 6. 1939. BA Berlin, 25.01, Nr. 3345, Bl. 185.

[470] Vorschläge des Grenzwirtschaftsausschusses der Reichswirtschaftskammer zur Förderung der Industriewirtschaft im Sudetenland, unter Beteiligung der „berufenen Vertreter der sudeteneutschen Wirtschaft" erstellt, vom 3. 12. 1938, abgedruckt in: Die Deutschen in der Tschechoslowakei 368ff.

darauf festgelegt, daß dieses „als Grenzgebiet vor einer Schwächung seines Volkstums durch massenhafte Abwanderung gerade der höchstqualifizierten Arbeitskräfte ins Altreich bewahrt werden" müsse.[471] „Wir müssen nicht die Menschen zu der Arbeit bringen, sondern wir müssen die Arbeit zu den Menschen bringen" – so formulierte der Henlein-Vertraute und Reichstreuhänder der Arbeit im Sudetengau, Köllner, die sudetendeutsche Position.[472] Es ging darum, das Sudetenland als Industrielandschaft zu erhalten und nicht zu einem Reservoir für Arbeitskräfte für den Einsatz im Altreich verkommen zu lassen. Die Forderung nach einem „Erlaß gegen die Abwanderung" wurde laut.[473]

Doch in der Praxis wurde auf die sudetendeutschen Vorstellungen nur wenig Rücksicht genommen. Denn im ‚Altreich', in dem schon seit 1936 Vollbeschäftigung herrschte[474], sah man sich zum Zeitpunkt des Anschlusses 1938 den Problemen eines „leergefegten Arbeitsmarktes"[475] gegenüber. Die arbeitslosen Sudetendeutschen kamen nun gerade recht, um die dadurch entstandenen Schwierigkeiten zu beseitigen. Bereits vor dem Anschluß waren ja viele sudetendeutsche Arbeitslose in das Altreich gegangen. Dieser Trend verstärkte sich nun. Allein zwischen Oktober 1938 und Dezember 1939 zogen erneut etwa 100 000 Arbeitskräfte aus dem Sudetengau in das Altreich.[476] Bis zum Oktober 1940 stieg diese Zahl auf 160 000.[477] Diese Wanderbewegung wurde vom Reich einerseits gezielt gefördert: durch Arbeitsvermittlung und Dienstverpflichtung und im Krieg dann auch durch ‚Auskämmung' und Stillegung von Betrieben, die unwichtig für die Rüstungswirtschaft waren. Andererseits wurde sie durch die unvorteilhaften Lohnverhältnisse im Sudetengau be-

---

[471] *Ebenda* 368. — Vgl. auch den Bericht des Instituts für Konjunkturforschung an die Reichswirtschaftskammer vom November 1938. BA Berlin, 15.01, Nr. 27123, Bl. 3ff.
[472] Interview W. Bechers mit F. Köllner am 15. 3. 1983, Tonbandaufzeichnung. Sudetendeutsches Archiv, München.
[473] So der sudetendeutsche Vertreter W. Brandner auf einer Sitzung im Reichspropagandaministerium über „Maßnahmen zugunsten Sudetendeutschlands" am 4. 10. 1938. BA Berlin, NS 1/260. — Bei einem weiteren Abzug von Arbeitskräften könne „von einem Aufbau des Sudetenlandes nicht gesprochen werden". Lagebericht der NSDAP-Kreisleitung Saaz für September/Oktober 1940. SOA Litoměřice, GL NSDAP, Kart. 15.
[474] *Blaich*, Fritz: Wirtschaft und Rüstung in Deutschland 1933–1939. In: Nationalsozialistische Diktatur 1933–1945. Eine Bilanz. Hrsg. von Karl Dietrich *Bracher*, Manfred *Funke* und Hans-Adolf *Jacobsen*. Bonn 1983, 285-316, hier 293.
[475] *Ritschl*, Albrecht: Wirtschaftspolitik im Dritten Reich. Ein Überblick. In: Deutschland 1933–1945. Neue Studien zur nationalsozialistischen Herrschaft. Hrsg. von Karl Dietrich *Bracher*, Manfred *Funke* und Hans-Adolf *Jacobsen*. Bonn 1992, 118-134, hier 131.
[476] *Braumandl*: Die Auswirkungen 128.
[477] Rede des Leiters des Gaugrenzlandamtes Künzel vom 17. 10. 1940. SÚA Prag, 109-4-10. — Teilweise gedruckt bei *Fremund*, Karel: Dokumenty o nacistické vyhlazovací politice [Dokumente zur nazistischen Ausrottungspolitik]. Sborník archivních prací 13 (1963), 3-45, hier 21.

günstigt: Die Menschen verließen, wie auch schon vor dem Anschluß, mehr oder weniger freiwillig ihre Heimat, weil sie andernorts mehr verdienten.[478]

Das Ergebnis war aus Sicht der Reichenberger Gauleitung in jedem Fall negativ. Denn der Abzug sudetendeutscher Arbeiter bedeutete zwar kurzfristig einen Beitrag zur Beseitigung der Arbeitslosigkeit, stellte aber langfristig die industrielle Struktur des Sudetengaus in Frage. Es war nämlich zu befürchten, daß diese Arbeiter nie mehr wieder zurückkehren würden.[479]

Darüber hinaus führte der Abzug von Arbeitskräften zu einem Anstieg des tschechischen Bevölkerungsanteils im Sudetengau, umso mehr, als durch die Einberufungen zur Wehrmacht weitere Deutsche den Gau verlassen mußten. Spätestens 1940 herrschte im Sudetengau ein Mangel an Arbeitskräften[480], der durch den Einsatz von Tschechen aus dem Protektorat vermindert werden mußte. Die NSDAP-Kreisleitung von Bärn meldete im Juli 1940, daß aus ihrem Zuständigkeitsbereich 533 Arbeitskräfte in das Altreich vermittelt worden seien, gleichzeitig beschäftigten aber allein die ‚Moravia-Werke' in Hombok 470 Tschechen.[481] Schon im Herbst 1939 machten Tschechen 41,7 Prozent der Bergarbeiter im Regierungsbezirk Aussig aus.[482]

Diese Entwicklung stand in krassem Gegensatz zum Konzept des ‚Grenzlandgaus', in dem das deutsche ‚Volkstum' besonders gestärkt und das ‚tschechische Element', so die Diktion der Zeit, geschwächt werden sollte. „Die hauptsächlichste Gefahr besteht in der Abwanderung aus dem Grenzgebiet in das Altreich und der tschechischen Unterwanderung", befand der Gauinspekteur für Nordmähren und Schlesien im Juni 1939.[483] Und in einer vertraulichen Weisung hatte die Gaugeschäftsführung schon am 1. Februar desselben Jahres auf die Unzufriedenheit der Gauleitung mit der Tatsache, daß aus „volkstumspolitisch" gefährdeten Gebieten Sudetendeutsche „zur Arbeitsaufnahme im bisherigen Reichsgebiet in sehr großer Zahl angeworben und auch abbefördert [!] worden sind", hingewiesen. Sie machte darauf aufmerksam, „daß der Arbeitseinsatz auch ein Mittel der Volkstumspolitik ist". Bei jeder Vermittlung su-

---

[478] *Henlein:* Die soziale und wirtschaftliche Lage 5. SOA Litoměřice, GL NSDAP, Kart. 126. — Vgl. auch den Lagebericht des Regierungspräsidenten in Aussig vom 31. 1. 1939. SOA Litoměřice, RPA, Kart. 30.

[479] Meldungen aus dem Reich. Bd. 3, Nr. 51 vom 9. 2. 1940, 742.

[480] *Braumandl:* Die Auswirkungen 441. — Der Regierungspräsident in Aussig meldete schon in seinem Lagebericht für März und April 1939 einen teilweisen Arbeitskräftemangel. SOA Litoměřice, RPA, Kart. 30.

[481] SOA Litoměřice, GL NSDAP, Kart. 9.

[482] „Bericht über die Lage der tschechischen Volksgruppe im Regierungsbezirk Aussig" vom 4. 4. 1941. SOA Litoměřice, RPA, Kart. 30.

[483] Bericht vom 12. 6. 1939. SOA Litoměřice, GL NSDAP, Kart. 21.

Probleme der Wirtschafts- und Sozialpolitik 249

detendeutscher Arbeitskräfte in das Altreich sei daher zu prüfen, ob diese nicht volkstumspolitischen Absichten widerspreche.[484]

Henlein rechtfertigte öffentlich die Abgabe so zahlreicher Arbeitskräfte an das Reich als Beitrag zur Bekämpfung der Arbeitslosigkeit und „zur Herstellung der deutschen Wehrbereitschaft". Gleichzeitig gab er jedoch die „schwerwiegende[n] Folgen für unsere eigene sudetendeutsche Wirtschaft" zu: „Diese Entwicklung, die wir als Grenzlanddeutsche aus politischen Gründen mit besonderer Sorge verfolgen mußten, hat uns hart getroffen. Müssen wir doch gerade aus volkspolitischen Gründen dauernd bestrebt sein, unseren Gau wirtschaftlich und volkstumsmäßig so stark als nur möglich zu machen."[485]

Mit dieser Einschätzung befand sich Henlein auf einer Linie mit weiten Teilen der Bevölkerung des Sudetengaus, bei der inzwischen die Vermittlungen ins Reich und der damit verbundene Zuzug von Tschechen höchst unpopulär geworden waren.[486] Bei seinen Versuchen, in Berlin den weiteren Abzug von Arbeitskräften zu verhindern, berief sich Henlein auf die Stimmung der Bevölkerung: Die Menschen seien wegen dieses Problems, so Henlein gegenüber dem Staatssekretär im Reichsarbeitsministerium, „außerordentlich beunruhigt".[487] Im September 1940 hielt sich Henlein zum erstenmal in Berlin auf, um das Arbeitsministerium mit seinen Forderungen zu konfrontieren: Es sollten nicht nur keine weiteren deutschen Arbeitskräfte aus dem Sudetengau abgezogen, sondern umgekehrt wieder in ihre Heimat zurückgebracht werden. Daraufhin

---

[484] Weisung K-9/39 vom 1. 2. 1939. SOA Litoměřice, GL NSDAP, Kart. 29. — Auch später wurde in verschiedenen Berichten von sudetendeutscher Seite immer wieder auf diese Problematik aufmerksam gemacht. Vgl. z. B. die Lageberichte des Regierungspräsidenten in Troppau vom 3. 4. 1941 und vom 5. 11. 1941, tschechisch abgedruckt in: Opavsko a severní Morava 47 bzw. 70.

[485] *Henlein:* Die soziale und wirtschaftliche Lage 5f. SOA Litoměřice, GL NSDAP, Kart. 126. — Auch die SD-„Meldungen aus dem Reich" sahen den „paradoxe[n] Zustand, daß jene von den ehemals tschechoslowakischen Machthabern geförderte Unterwanderungspolitik der deutschen Gebiete nach der Rückführung dieser Gebiete ins Reich einen weiteren Auftrieb erhält". *Ebenda,* Bd. 3. Nr. 38 vom 10. 1. 1940, 629f.

[486] Lagebericht der NSDAP-Kreisleitung Rumburg für April 1940. SOA Litoměřice, GL NSDAP, Kart. 12. — Lagebericht der NSDAP-Kreisleitung Tetschen für Juli 1940. *Ebenda,* Kart. 3. — Ein Beleg aus späterer Zeit, der deutlich macht, daß es bei der hier beschriebenen Entwicklung blieb: Meldungen aus dem Reich. Bd. 9, Nr. 256 vom 2. 2. 1942, 3244. — Die Sopade berichtete von Arbeitern aus der Glasindustrie im Gebiet von Haida, die mit der Wiederankurbelung ihrer Betriebe gerechnet hatten, statt dessen aber zur Umschulung nach Mitteldeutschland gebracht wurden: „Man braucht auch hierin keine Rücksicht mehr auf die sudetendeutsche Mentalität zu nehmen. Sie sind Unterworfene wie alle anderen auch. Diese Erkenntnisse haben sie inzwischen selbst gewonnen und sie sprechen von der Fahrt nach Mitteldeutschland als von der ‚Fahrt in die Fremdenlegion'." Deutschland-Berichte. 1939, 139.

[487] Fernschreiben Henleins an den Staatssekretär Syrup vom 15. 11. 1940. BA Berlin, R 41/222, Bl. 85. — Vgl. auch *Braumandl:* Die Auswirkungen 439f.

wurde eine Kommission eingesetzt, die jedoch zu dem Ergebnis kam, daß die Lage im Sudetengau nicht so schlecht sei, wie von Henlein behauptet. Henleins Vorschlag, statt sudetendeutscher Arbeiter solche tschechischer Nationalität aus dem Sudetengau in das Altreich zu versetzen, erwies sich nur bedingt als durchführbar, da bei den anstehenden Rüstungsarbeiten Tschechen nicht beschäftigt werden sollten.[488]

Henleins Angebot, tschechische Arbeiter abzugeben, zeigt, welch großen Stellenwert für ihn die ‚Volkstumspolitik' hatte. Sie besaß eindeutig Vorrang vor wirtschafts- und sozialpolitischen Erwägungen. Wäre es Henlein nämlich darum gegangen, den Abzug von Arbeitskräften zu verhindern, weil dadurch Wohnungsbauprogramme gefährdet waren, wie ein von ihm angeführter Grund lautete[489], so hätte es ihm gleichgültig sein müssen, welcher Nationalität diese Arbeitskräfte waren, die die erforderlichen Wohnungen bauten.

Bei einem weiteren Besuch in der Reichshauptstadt Anfang Dezember 1940 erklärte Henlein dem Arbeitsminister Seldte persönlich, der Sudetengau benötige nun selbst rund 83 000 Arbeitskräfte.[490] Der Einsatz der Tschechen – es gebe inzwischen ehemals rein deutsche Betriebe, bei denen Tschechen zwischen einem Viertel und einem Drittel der Belegschaft ausmachten – sei „politisch unerwünscht". Wieder trug Henlein die Forderung nach Rückkehr sudetendeutscher Arbeitskräfte vor, doch wieder wurde der Gauleiter nur vertröstet.[491]

Gut eine Woche zuvor hatte Henlein in seiner großen Reichenberger Rede verkündet, daß er „angesichts der besonderen volkspolitischen Aufgaben des Sudetengaues [...] einem weiteren Abzug von Arbeitskräften nicht mehr zustimmen" könne und daß er die „grundsätzliche Zusage erhalten" habe, daß in Zukunft nur noch „in den allerdringendsten Fällen" Arbeitskräfte in das „Altreich" vermittelt werden würden.[492] Die Zusage, die Henlein hier erwähnte, muß sehr vage gewesen sein. Bei seiner Unterredung mit Seldte erklärte dieser nämlich wohl sein Verständnis für die Schwierigkeiten des Sudetengaus und die Bereitschaft, „dem Gau im Rahmen des Möglichen zu helfen". Bei besonders dringenden Arbeitsmaßnahmen könne Henleins Gau aber auch künftig nicht vom Abzug von Arbeitskräften verschont bleiben. Was die Rückführung von Arbeitern anbelangte, so versprach der Reichsarbeitsminister, die Möglichkeiten würden „wohlwollend" geprüft werden. Die Niederschrift über die Be-

---

[488] Aktenvermerk. BA Berlin, R 41/222, Bl. 76 ff.
[489] Siehe dazu das Schreiben des Präsidenten des Landesarbeitsamtes Sudetenland an Henlein vom 16. 11. 1940. BA Berlin, R 41/222, Bl. 71.
[490] Am 30. 9. 1940 waren bei den sudetendeutschen Arbeitsämtern erst 44 000 offene Stellen gemeldet. *Braumandl:* Die Auswirkungen 442.
[491] Vermerk über den Empfang Henleins im Arbeitsministerium vom 4. 12. 1940. BA Berlin, R 41/222, Bl. 82 f.
[492] *Henlein:* Die soziale und wirtschaftliche Lage 6. SOA Litoměřice, GL NSDAP, Kart. 126.

sprechung vermerkt dazu: „Herr Gauleiter Henlein gab sich mit diesen Erklärungen zufrieden."[493] Besonders energisch wird man Henleins Auftreten kaum nennen können.
Was aus dem Projekt der Rückführung von Arbeitskräften im einzelnen wurde, bedarf noch der Klärung. Tatsache ist jedenfalls, daß die Zahl der offenen Stellen im Sudetengau weiter wuchs: Mit 122 000 unbesetzten Arbeitsplätzen meldete der Präsident des Landesarbeitsamtes ein gutes halbes Jahr später einen neuen Rekord.[494] Auch die Zahl der im Sudetengau arbeitenden Ausländer – Fremdarbeiter und Kriegsgefangene – sowie die Zahl der Tschechen nahm immer weiter zu. Anfang April 1944 waren im Sudetengau insgesamt 232 131 ausländische Arbeiter eingesetzt, darunter 69 850 Kriegsgefangene und 84 351 dort lebende ‚Protektoratsangehörige' sowie 18 000 ‚Grenzgänger', also Tschechen, die täglich die Protektoratsgrenze überschritten.[495] Im Februar 1942 hatten erst 45 000 Tschechen aus dem Protektorat im Sudetengau gearbeitet.[496] In gut zwei Jahren hatte sich ihre Zahl also mehr als verdoppelt.

‚Verreichlichung' der sudetendeutschen Wirtschaft und ‚Wirtschaftsseparatismus'

Mit dem Auslaufen der ‚Verordnung zum Schutz der sudetendeutschen Wirtschaft' Ende 1940 verband sich das Problem des Arbeitskräftemangels im Sudetengau mit einem weiteren Problem der Wirtschaftspolitik, das man im Sudetengau anders beurteilte als im Reich. Immer mehr nutzten nun nämlich Firmen aus dem Altreich die Möglichkeit, sudetendeutsche Betriebe aufzukaufen. Sie hofften vor allem, dort für ihre Betriebe verfügbare Arbeitskräfte vorzufinden.[497] Schon vorher hatte die ‚Schutzverordnung' Schlupflöcher gelassen, die das Eindringen von Firmen aus dem Reich in den Sudetengau ermöglicht hatten.[498] Spätestens jetzt aber setzte jene Entwicklung ein, die der Stellvertretende Gauleiter Neuburg rückblickend folgendermaßen beschrieb:

Die mangelnde technische Ausrüstung der sudetendeutschen Betriebe führte vielfach dazu, daß sudetendeutsche Unternehmen von reichsdeutschen übernommen wurden, da diese natürlich weit besser in der Lage waren, die notwendigen Gelder für die Rationalisierungsmaßnahmen aufzubringen. [...] Auch mit dieser Entwicklung waren

---

[493] Vermerk über den Empfang Henleins im Arbeitsministerium vom 4. 12. 1940. BA Berlin, R 41/222, Bl. 82f.
[494] Lagebericht vom 7. 8. 1941 für Juli 1941. SOA Litoměřice, GL NSDAP, Kart. 21.
[495] Statistik vom 1. 4. 1944. SÚA Prag, 110-4-23.
[496] Meldungen aus dem Reich. Bd. 9, Nr. 256 vom 2. 2. 1942, 3244.
[497] Lagebericht des Bezirkswirtschaftsamtes für den Wehrwirtschaftsbezirk IVb beim Reichsstatthalter im Sudetengau vom 9. 12. 1940. SOA Litoměřice, GL NSDAP, Kart. 25.
[498] Wirtschaftsbericht zur Lage im Sudetenland, Anfang Februar 1939. SOA Litoměřice, GL NSDAP, Kart. 20. — Vgl. auch *Braumandl*: Die Auswirkungen 122 f.

viele Sudetendeutsche verständlicherweise nicht einverstanden. Es war der Zeitpunkt vorauszusehen, an dem der größte Teil der Wirtschaft im Sudetengau seiner früheren sudetendeutschen Besitzer entkleidet war. Es konnte dann nicht mehr von einer sudetendeutschen Wirtschaft überhaupt gesprochen werden, da es sich hierbei dann nur noch um Filialbetriebe größerer reichsdeutscher Unternehmen handelte.

Die wiederholten Versuche Henleins und seines Gauwirtschaftsberaters Richter, „sich dieser Entwicklung entgegenzustellen", seien gescheitert, weil die entscheidenden Stellen im Reich auch hier nicht „das notwendige Verständnis aufbrachten".[499]

Ein Großteil der Industrie des Sudetengaus gelangte zudem in die Hand reichsdeutscher staatlicher bzw. halbstaatlicher Unternehmen wie z. B. der ‚Hermann-Göring-Werke'. Nach Berechnungen Franz Svatoschs gehörten schließlich ca. 87 Prozent des Kohlebergbaus, 72 Prozent der Chemieproduktion, 66 Prozent des Erzbergbaus, 42 Prozent der Elektroenergieerzeugung und ungefähr 14 Prozent der Eisen- und Metallindustrie staatlichen oder halbstaatlichen Unternehmen des Deutschen Reiches.[500]

Wie in der Verwaltung fühlten sich viele Sudetendeutsche durch diese Entwicklung nun auch noch in der Wirtschaft personalpolitisch benachteiligt: „Die Schlüsselpositionen übernahmen", urteilt Wolfgang Braumandl, „Vertreter der reichsdeutschen Wirtschaft".[501] Vorstand und Aufsichtsrat des wohl größten Investitionsprojekts des Dritten Reiches im Sudetengau, dem für die Rüstungswirtschaft äußerst wichtigen Hydrierwerk in Brüx, wurden z. B., mit Ausnahme des ‚Gauwirtschaftsberaters', ausschließlich mit reichsdeutschen Persönlichkeiten besetzt.[502]

Die Tendenz zu einer solchen ‚Verreichlichung' der sudetendeutschen Wirtschaft wurde weiter vorangetrieben durch die im Verlaufe des Krieges einsetzende Verlagerung von kriegswichtigen Betrieben in den Sudetengau. Da dieser – im Volksmund auch ‚Luftschutzkeller des Reiches' genannt – von alliierten Bombenangriffen kaum erreicht wurde[503], inter-

---

[499] Aussage Neuburg. AMV Prag, 301-139-3, Bl. 13f.

[500] *Svatosch:* Zum Untergang 91. Die Zahlen dürften sich auf den Reichsgau Sudetenland beziehen, auch wenn Svatosch entsprechend der älteren tschechischen bzw. kommunistischen Diktion vom „Grenzgebiet" spricht.

[501] *Braumandl:* Die Auswirkungen 364. — „Viele Stellen in Industrie und Wirtschaft", so befand auch K. H. Frank in seiner Aussage nach dem Krieg, „auf die Sudetendeutsche berechtigten Anspruch erheben konnten, wurden mit Leuten aus dem Altreich besetzt." Abgedruckt in: Die Deutschen in der Tschechoslowakei 52.

[502] *Braumandl:* Die Auswirkungen 195.

[503] Zwischen Oktober 1940 und Januar 1945 wurden im Bereich des Landeswirtschaftsamtes Sudetenland insgesamt 2 679 Wohngebäude durch Luftangriffe beschädigt, davon 390 total zerstört und 338 schwer getroffen. Die deutschen Vertreibungsverluste. Bevölkerungsbilanzen für die deutschen Vertreibungsgebiete 1939/50. Stuttgart 1958, 357. — Detaillierte Angaben und Vergleichszahlen, die deutlich machen, daß der Sudetengau im Verhältnis zu den meisten anderen Gebieten des Deutschen Reiches wenig aus der Luft bedroht war, finden sich in: Kriegstagebuch des Oberkommandos der Wehrmacht (Wehrmachtführungsstab).

essierten sich mit zunehmender Bedrohung des Deutschen Reiches aus der Luft immer mehr Firmen für Ausweichmöglichkeiten zur Produktion im Sudetengau. Dadurch gewann dieser zwar an gesamtwirtschaftlicher Bedeutung, gleichzeitig entstand aber für sudetendeutsche Unternehmer eine neue Gefahr: Die einzuquartierenden Betriebe aus dem Altreich hatten vielfach die Absicht, nicht nur ‚Gast' während des Krieges zu sein, sondern das Produktionsraum bietende sudetendeutsche Unternehmen langfristig zu übernehmen und so die sudetendeutsche Unternehmerschaft zu verdrängen. Im Dezember 1942 wurde von Henlein in seiner Eigenschaft als Reichsverteidigungskommissar zur Koordinierung der Verlagerungsgesuche der sogenannte ‚Verlagerungsausschuß' gegründet.[504]

Henlein bemühte sich in diesem Ausschuß darum, dauerhafte Übernahmen durch reichsdeutsche Firmen nach Möglichkeit zu unterbinden. „Eine starke Verärgerung der sudetendeutschen Industrie", so Neuburg, „blieb aber bestehen." Die „reservierte Haltung" seitens der Sudetendeutschen, die daraus resultierte, konnte der mit den Verhältnissen ‚vor Ort' bestens vertraute Stellvertretende Gauleiter als „gesunde Reaktion" bezeichnen – im Reich wurde sie jedoch anders ausgelegt: „Reichsleiter Bormann und mit ihm viele andere reichsdeutsche Persönlichkeiten sahen darin eine Äußerung gewisser separatistischer Tendenzen."[505] Neuburgs Vorgänger, der von Henlein beurlaubte Donnevert, hatte den Gauwirtschaftsberater Richter, einen engen und von diesem sehr geschätzten Mitarbeiter Henleins, des „Wirtschaftsseparatismus" bezichtigt.[506]

Dieser Vorwurf war übertrieben und ist im Zusammenhang mit der bereits geschilderten Auseinandersetzung zwischen Henlein und Donnevert zu sehen. Um sich selbst unentbehrlich erscheinen zu lassen, warf der Reichsdeutsche Donnevert all seinen Gegnern unter den Sudetendeutschen Separatismus vor – wohl wissend, daß man in Berlin und München bei diesem Vorwurf besonders hellhörig wurde. Doch eben nicht nur Donnevert fürchtete – oder gab dies vor – ‚separatistische Tendenzen' als Folge der schwierigen und besonderen wirtschaftlichen und sozialen Lage im Sudetengau.

Bd. IV: 1. Januar 1944 – 22. Mai 1945. Eingeleitet und erläutert von Percy Ernst *Schramm*. 2. Halbband. Frankfurt/M. 1961, 1517-1524.

[504] *Braumandl:* Die Auswirkungen 507ff. Dort auch – freilich etwas verwirrende – Zahlen über das Ausmaß der Verlagerungen. — Vgl. auch den Bericht des Bezirkswirtschaftsamtes für den Wehrwirtschaftsbezirk IVb beim Reichsstatthalter im Sudetengau vom 12. 10. 1943. SOA Litoměřice, GL NSDAP, Kart. 25.

[505] Aussage Neuburg. AMV Prag, 301-139-3, Bl. 14f.

[506] Von Donnevert angefertigte Liste „Personalbesetzung der Gauleitung Sudetenland", Stand 1. 7. 1943. BA Berlin, BDC, SSO-Akte Donnevert. — „Typischer Vertreter eines Sudetendeutschen" – so lautete ein weiteres Urteil Donneverts über Richter. *Ebenda.* — Henlein hatte dagegen in seiner Rede über „Die soziale und wirtschaftliche Lage im Sudetenland" seinen „alten Kampfgefährten" Richter eigens erwähnt und dessen Leistung besonders herausgestellt. *Ebenda* 3. SOA Litoměřice, GL NSDAP, Kart. 126.

Rudolf Kasper erhielt von einem seiner Vertrauensmänner die Nachricht aus dem Sudetengau, „daß der KB unter scheelen Hinweisen auf das ‚Altreich' und dessen wirtschaftliche Einflüsse [...] sehr großen Schaden anrichten kann und es offensichtlich auch tut". Die Furcht vor der angeblichen Wühlarbeit des Kameradschaftsbundes war unbegründet und Ausfluß abstruser Verschwörungstheorien. Gleichwohl hatte der Informant doch richtig erkannt, daß die verfahrene wirtschaftliche Lage Wasser auf die Mühlen derjenigen war, die gegen den Anschluß gewesen waren, bzw. deren Absicht es gewesen war, den Sudetendeutschen ein möglichst hohes Maß an Autonomie zu verschaffen. Das Kürzel KB ist hier als Chiffre für diese Personengruppe zu sehen, nicht als ernstzunehmender Hinweis auf tatsächlich vorhandene Strukturen und Tätigkeit des Kameradschaftsbundes. Bemerkenswert ist aber auch, daß selbst Kaspers Vertrauensmann, ein scharfer Kritiker aller autonomistischen Bestrebungen, zugeben mußte, daß die Vorwürfe an die Adresse Berlins „nicht immer ganz unberechtigt" waren.[507]

Man darf zudem nicht verkennen, daß es gerade in Kreisen der sudetendeutschen Wirtschaft zahlreiche Vertreter der Autonomiepolitik gegeben hatte. Nicht aus Zuneigung zur Idee eines tschechischen Staates, sondern aus der kühlen Erwägung heraus, daß man es im Reich schwer haben würde, sich gegen die übermächtige Konkurrenz durchzusetzen, hatten sich schon nach der Staatsgründung 1918 viele Industrielle mit der jungen Tschechoslowakischen Republik schnell abgefunden.[508] Nachdem sich nun der Anschluß nicht so gestaltet hatte, wie in der Euphorie des Spätsommers 1938 erhofft, mag sich mancher Unternehmer seiner früheren Überlegungen erinnert haben. Der Sicherheitsdienst der SS hatte sogar noch am 30. September 1938 von sudetendeutschen Unternehmen berichtet, die vom Boykott der Juden gegen deutsche Waren, z. B. in den USA, profitierten. Diese Exportvorteile fielen in der Tat nach dem Anschluß, wie von ihnen befürchtet, weg.[509] Diese Unternehmer, so der SD-Bericht, hätten „es nie ernst mit einem Anschluß genommen; die Autonomie wäre ihnen die willkommenere Lösung gewesen".[510]

---

[507] Schreiben F. Erlers an R. Kasper vom 10. 2. 1940. SÚA Prag, SdP-Erg., Kart. 29. — „Von den Tarifordnungen [...] angefangen bis zu deren Anwendung und von der Rohstoffzuteilung bis zur Vergabe der Reichs- und Heeresaufträge" gebe es „zahllose Gelegenheiten, die an sich durchaus gute Grundstimmung zu verderben".

[508] *César*, Jaroslav: Okupace ČSR a podíl sudetských Němců na okupaci [Die Besetzung der ČSR und der Anteil der Sudetendeutschen an der Besetzung]. In: Sudetští Němci a Mnichov. Materiály z konference historiků Severomoravského kraje [Die Sudetendeutschen und München. Materialien von einer Tagung der Historiker aus dem Bezirk Nordmähren]. Hrsg. von Anděĺin *Grobelný*. Ostrava 1964, 59-71, hier 61.

[509] Deutschland-Berichte. 1939, 22. — Meldungen aus dem Reich. Bd. 2, Jahreslagebericht 1938, 166.

[510] ZfdAhdS Moskau, 500-1-967 II. — Bemerkenswert ist der Hinweis, daß diese Fabrikanten, die die Autonomie bevorzugt hätten, zu den Kreisen „um Henlein und seinen Ascher Stab" gehört haben sollen.

Nach Meldungen der Sopade von Anfang Januar 1939 beurteilte die Industrie „die neue Situation zwiespältig", hingegen habe sich der „Mittelstand [...] zu einem Teil zu der Erkenntnis durchgerungen, daß eine Autonomie einem Anschluß vorzuziehen sei".[511] Einem Bericht der Exilpresse zufolge sollen 1940 „180 bekannte sudetendeutsche Wirtschaftsführer [...] an Hitler ein Memorandum gerichtet [haben], in dem sie bittere Klage führten und eine wirtschaftliche Autonomie forderten". Alle seien verhaftet worden, einer der Unternehmer habe gar vor der Verhaftung Selbstmord verübt.[512] Weitere Belege für diesen dramatischen Vorgang konnten nicht gefunden werden; wie immer ist ein gehöriges Maß an Skepsis gegenüber der zu Übertreibungen neigenden und oft auf Gerüchte angewiesenen Exilpresse angebracht. Dennoch enthält der Bericht in jedem Fall den wahren Kern, daß weite Teile der sudetendeutschen Unternehmerschaft mit den Verhältnissen unzufrieden waren und sich mehr Selbstbestimmung in wirtschaftlichen Fragen wünschten.[513]

Der ‚doppelte Konkurrenzdruck'
und die Bedeutung der Protektoratswirtschaft für den Sudetengau

Die Einsicht, in einen schwer zu bestehenden Konkurrenzkampf mit der höher entwickelten Industrie des Altreichs verwickelt zu sein, hatte sich in Wirtschaftskreisen schnell verbreitet. Ein großes Problem war der bereits erwähnte Abzug vieler Arbeitskräfte in das Altreich. Hier manifestierte sich die Absicht, die sudetendeutsche Industrie nicht in ihrem ursprünglichen Umfang zu rekonstruieren.

Aber auch die Modernisierung der Betriebe – in den Worten des Regierungspräsidenten in Aussig sogar „das brennendste Problem der sudetendeutschen Wirtschaft"[514] – kam nicht so voran wie erwünscht. „Dem Arbeiter muß", so Henlein im November 1940, „eine Maschine an die Hand gegeben", werden, die nicht veraltet ist, sondern allen Anforderungen einer modernen Produktionstechnik entspricht." In der Reichsstatthalterei wurde eigens eine ‚Rationalisierungsstelle' eingerichtet, die 1940

---

[511] Deutschland-Berichte. 1939, 20f. und 22.
[512] ‚Volks-Zeitung' (New York) vom 2. 11. 1940. SÚA Prag, ZTA, Kart. 586, Nr. 501.
[513] Vom Ringen der sudetendeutschen Wirtschaft um wenigstens ein gewisses Maß an Selbstbestimmung berichtet auch *Braumandl*: Die Auswirkungen. In diesem Zusammenhang erwähnt er das erfolgreiche Vorgehen gegen die Pläne, das Sudetenland dem Wirtschaftskammerbezirk Sachsen zuzuordnen (176). Die Schaffung einer selbständigen Regionalbank konnte dagegen nicht durchgesetzt werden (188). Allgemein konstatiert Braumandl „Bemühungen der sudetendeutschen Unternehmer um möglichste Selbständigkeit gegenüber den reichsdeutschen Organisationen" (226).
[514] Lagebericht vom 31. 1. 1939. SOA Litoměřice, RPA, Kart. 30. — Siehe auch den Lagebericht der NSDAP-Kreisleitung Saaz für Juli 1940. SOA Litoměřice, GL NSDAP, Kart. 15.

in die ‚Stelle für Leistungssteigerung und Wirtschaftsförderung' umgewandelt wurde.[515]

Doch Henleins Forderungen nach Unterstützung der Rationalisierungsbestrebungen standen „gerade jetzt im Kriege gewaltige und zum Teil überhaupt nicht zu beseitigende Schwierigkeiten im Wege".[516] Die Erfordernisse der Rüstungsindustrie im Reich wirkten sich nämlich „hemmend" auf die Anschaffung zur „Leistungssteigerung" erforderlicher Maschinen aus.[517]

Das Reich verwandte alle Energie auf die Rüstungsindustrie und konnte naturgemäß kaum Kräfte bzw. Material für die technische Modernisierung der sudetendeutschen Industrie erübrigen. Selbst die Bemühungen, die sudetendeutsche Wirtschaft stärker auf die Produktion von Rüstungsgütern umzustellen, wurde durch die Probleme bei der Beschaffung neuer Maschinen erschwert.[518] Von den notwendigen 40 000 Tonnen Eisen für solche Rationalisierungsmaßnahmen zur Steigerung der Konkurrenzfähigkeit bzw. zur Umrüstung waren Henlein im Sommer 1940 nach persönlicher Intervention bei den zuständigen Reichsministerien und Dienststellen nur 12 000 Tonnen[519], also „rund 30% der vordringlich benötigten Maschinen" zugeteilt worden.[520] Neben den allgemein negativen Wirkungen des Krieges auf den Eingliederungsprozeß, so das Fazit, sei es daher „vor allem nicht gelungen [...], die eingeleiteten Maßnahmen zur Rationalisierung durchzuführen".[521] Die mangelnde Konkurrenzfähigkeit gegenüber der Industrie des Altreichs wurde ergänzt durch das gleiche Problem in bezug auf das Protektorat.

In Wirtschaftskreisen des Sudetengaus war die Errichtung des Protektorats im März 1939 zunächst begrüßt worden. Es hatte sich nämlich schon in den wenigen Monaten seit dem Münchener Abkommen gezeigt, wie sehr die böhmischen Länder nach wie vor eine wirtschaftliche Einheit bildeten. ‚Der Deutsche Volkswirt' hatte zwar am 7. Oktober 1938 behauptet, zwischen der sudetendeutschen Wirtschaft und dem angren-

---

[515] *Demuth*, Siegfried: Industriepolitik im Sudetenland vor und nach dem Anschluß. Diss. Dresden 1942, 124.

[516] *Henlein:* Die soziale und wirtschaftliche Lage 8. SOA Litoměřice, GL NSDAP, Kart. 126.

[517] Henlein vor den Landräten des Regierungsbezirks Troppau am 17. 10. 1940, Aktenvermerk. ZA Opava, RPT, Nr. 570.

[518] Bericht des Bezirkswirtschaftsamtes für den Wehrwirtschaftsbezirk IVb beim Reichsstatthalter im Sudetengau vom 8. 11. 1940. SOA Litoměřice, GL NSDAP, Kart. 25.

[519] Henlein vor den Landräten des Regierungsbezirks Troppau am 17. 10. 1940, Aktenvermerk. ZA Opava, RPT, Nr. 570. — Vgl. auch *Henlein:* Die soziale und wirtschaftliche Lage 9. SOA Litoměřice, GL NSDAP, Kart. 126.

[520] Stellungnahme Henleins vom 5. 8. 1940, in der „vertraulich" eingestuften Anordnung des Stellv. Gauleiters Nr. 28/40 vom 14. 8. 1940 bekanntgegeben. SOA Litoměřice, GL NSDAP, Kart. 30.

[521] *Ebenda.*

Probleme der Wirtschafts- und Sozialpolitik 257

zenden Sachsen bestünde „eine größere Verwandtschaft und engere Verbindungen [...] als mit den innerböhmischen Gebieten". Daran hätten auch die vergangenen zwanzig Jahre, in welchen die sudetendeutsche Wirtschaft „in der Zwangsjacke eines künstlichen Mittelstaates" habe arbeiten müssen, nichts geändert.[522] An anderer Stelle hieß es, bei Südsachsen und den angrenzenden sudetendeutschen Gebieten handele „es sich nicht um zwei verschiedene, sondern um ein einziges Wirtschaftsgebiet". Daher sei der „Anschluß des Sudetengaues an das Reich [...] als eine politische Tat zu werten, die im Rahmen der jahrhundertelangen wirtschaftlichen Entwicklung liegt".[523] Es stellte sich jedoch bald heraus, daß diese Einschätzungen kaum der Realität entsprachen.

Die Eingliederung in das Deutsche Reich hatte sich längst nicht so positiv auf die wirtschaftliche Lage des Sudetenlandes ausgewirkt wie erhofft. Hatte der Anschluß so die in ihn gesetzten Erwartungen nicht erfüllt, so sollten dagegen die negativen Wirkungen des „Abrisses"[524] von einem seit jeher zusammengehörigen Wirtschaftsraum stärker als befürchtet ausfallen. Noch in der Phase der rauschhaften Begeisterung über den Anschluß im Oktober 1938, als die deutsche Bevölkerung in den nicht zur Annexion vorgesehenen Gebieten Berlin mit der Bitte um Eingliederung förmlich bombardierte, war die Einsicht in die Tatsache, daß die wichtigsten Wirtschaftsbeziehungen mit Innerböhmen bestanden, nicht gänzlich und überall verlorengegangen. Unter der Schlagzeile „Furcht vor dem wirtschaftlichen Untergang. Die Stadt Rokytnitz will zur Republik zurück", berichtete die tschechische Zeitung ‚České slovo' (Das tschechische Wort) am 2. November 1938 über diesen Ort in dem an das Reich abgetretenen Gebiet, dessen ausschließlich aus Deutschen bestehende Gemeindevertretung aus wirtschaftlichen Gründen die Wiederangliederung an die Tschechoslowakei gefordert hatte.[525]

Auch 1938 gab es also durchaus noch die Einsicht, daß die Vereinigung mit Deutschland und die Trennung von den gewachsenen Absatzgebieten Probleme für die sudetendeutsche Industrie mit sich bringen würde. Nach dem Ersten Weltkrieg war diese Überzeugung noch vorherrschend und der Grund gewesen, warum sich viele deutsche Unternehmer schnell mit der Tschechoslowakischen Republik arrangiert hatten.[526] Im Herbst 1938 waren die Bürger von Rokytnitz sicherlich die Ausnahme, doch sollten viele sudetendeutsche Unternehmer und Politiker

---

[522] *Aust*, Hans W.: Der Anschluß der sudetendeutschen Wirtschaft. Der deutsche Volkswirt vom 7. 10. 1938, 11-13, hier 11. — Vgl. auch *Nitschke*, Richard: Sudetenland. Land – Volk – Wirtschaft. Breslau 1938 (Schriften zur Erneuerung Deutschlands 108), 2.
[523] *Körner*, Heinz: Die Wirtschaftsstruktur Südsachsens und des angrenzenden sudetendeutschen Gebietes. Diss. Leipzig 1941, 171.
[524] Den Begriff „Abriß" benutzte *Arndt*: „Blut und Boden"-Politik 54.
[525] Übersetzung aus dem ‚České slovo' im PA AA Bonn, Gesandtschaft Prag, A.III.2. allg. Sdbd., Bd. 1.
[526] Vgl. dazu *Campbell*: Confrontation 50.

bald feststellen, daß auch jetzt der wirtschaftliche Anschluß an Deutschland und die Aufspaltung des traditionellen Wirtschaftsraumes große Probleme aufwarfen. Mit einem Schlag waren angestammte Binnenabsatzgebiete zum Außenmarkt geworden und sogar viele Unternehmen von ihren in Prag ansässigen Zentralen durch eine neue Grenze getrennt worden.[527] Auch auf die Zerschneidung der eingefahrenen Verkehrswege, die in Böhmen ganz auf Prag als Zentrum angelegt waren, wurde hingewiesen.[528] Vor Kriegsausbruch entfielen etwa drei Viertel der gesamten deutschen Wareneinfuhr aus dem innertschechischen Gebiet auf den Sudetengau.[529] Auch das zeigt, wie eng die wirtschaftlichen Verbindungen waren.

In Erkenntnis der Zusammengehörigkeit des böhmisch-mährischen Wirtschaftsraumes hatte sich der Leiter des NSDAP-Gauamtes für Volkswohlfahrt in der Reichenberger Gauleitung, Rudolf Staffen, selbst stark in der Papierindustrie engagiert, schon nach dem Münchener Abkommen für die Schaffung eines das gesamte Gebiet der ehemaligen ČSR umfassenden Papierkartells eingesetzt. Henlein und der Beauftragte des ‚Stellvertreters des Führers' beim Reichskommissar, Hoffmann, hatten dieses Ansinnen jedoch zurückgewiesen. Es sollte „alles vermieden werden, was der Propaganda Stoff biete, die behaupte, der ehemalige tschechoslovakische Raum bilde in seiner Gesamtheit eine wirtschaftliche Einheit".[530] Wirtschaftliche und politische Notwendigkeiten standen zu diesem Zeitpunkt also in einem Gegensatz zueinander.

Mit der Errichtung des Protektorates änderte sich dies in gewisser Weise. Folgerichtig wurde sie in wirtschaftlichen Kreisen des Sudetengaus außerordentlich begrüßt. „Diese Wendung der Dinge", so heißt es in einem „Wirtschaftsbericht zur Lage im Sudetenland" unmittelbar nach dem deutschen Einmarsch in Prag[531], „ist geeignet, viele Schwierigkeiten, denen sich die sudetendeutsche Wirtschaft gegenüber gestellt sah, mit einem Schlage zu beseitigen". Wenn sich auch aus der Lage des Sudetengaus zwischen ‚Altreich' und ‚Protektorat' neue Probleme ergeben sollten, so war doch eines selbst den ältesten Befürwortern des ‚Anschlusses', wie etwa dem Regierungspräsidenten in Aussig, Krebs, immer klarer geworden: „Protektorat und Sudetengau stellen wirtschaftlich ein Ganzes dar und sind aufeinander angewiesen."[532]

Einer der Vorreiter auf dem Gebiet der Wiederherstellung eines geschlossenen Wirtschaftsraumes war wiederum der Gauamtsleiter Staffen. Jetzt konnte er seine schon lange gehegten Pläne umsetzen. Schon am Tag nach dem deutschen Einmarsch in Prag hatte Staffen „das Prager Pa-

---

[527] *Braumandl:* Die Auswirkungen 347.
[528] Siehe dazu *Bartoš:* Okupované pohraničí 50.
[529] *Braumandl:* Die Auswirkungen 348.
[530] Aussage Neuburg. AMV Prag, 301-139-3, Bl. 180.
[531] SOA Litoměřice, GL NSDAP, Kart. 20. Der Bericht ist datiert mit „Mitte März 1939".
[532] Lagebericht vom 2. 12. 1939. SOA Litoměřice, RPA, Kart. 30.

Probleme der Wirtschafts- und Sozialpolitik 259

pierkartell besetzt und [...] noch im November 1939 dieses Kartell, sowie das Pappenkartell für das Protektorat [...], die sudetendeutschen Gebiete und die Slowakei neu errichtet". Seinen Sitz als Vorsitzender des Kartells hatte Staffen nach Prag verlegt. Er hoffte, daß sein Beispiel „Schule machen" würde, denn: „Prag ist nicht nur Mittelpunkt des Verkehrs, sondern auch der Wirtschaft, und das Protektorat ist für viele sudetendeutsche Industriezweige das Absatzgebiet."533

Während der Warenverkehr zwischen dem Protektorat und dem Sudetengau zollfrei abgewickelt wurde, bestand zwischen dem Protektorat und dem übrigen Reich zunächst Zollpflicht. Daraus ergaben sich vorerst Vorteile für die sudetendeutsche Wirtschaft.534 Diese fielen jedoch weg, als am 1. Oktober 1940 die Zollgrenze zwischen dem Protektorat und dem übrigen Reichsgebiet aufgehoben wurde. Konnte man auch sagen, daß das Protektorat nun „völlig in die großdeutsche Wirtschaft eingegliedert war"535, so hatte der ohnehin wirtschaftlich schwache Sudetengau einen wichtigen Standortvorteil verloren: „Da das Protektorat auf weiten Gebieten zunächst billiger liefern wird", so umschrieb der Regierungspräsident in Aussig diesen Umstand, „wird die hiesige Wirtschaft, wenn man sie nicht weiter schützt, im Kreuzfeuer zwischen den leistungsfähigeren Altreichsbetrieben und der Protektoratswirtschaft stehen".536 Auch Henlein hatte das Problem erkannt:

Die Lage der sudetendeutschen Wirtschaft in der Zeit unmittelbar nach dem Anschluß ist dadurch gekennzeichnet, daß sie sich in einem schmalen Grenzgürtel zwischen der seit 1933 hochentwickelten Wirtschaft des Altreichs und einer kostenmäßig billiger arbeitenden tschechischen und später Protektoratswirtschaft befand. Wir standen daher vor der doppelten Aufgabe, einerseits unseren Anteil an der Wirtschaft des böhmisch-mährischen Raumes aufrechtzuerhalten, andererseits aber auch die Eingliederung in das Großdeutsche Reich [...] zu vollziehen.537

---

533 Aus Staffens Plan für „Böhmisch-mährische Raumgestaltung" vom 5. 10. 1940, abgedruckt in: Die Vergangenheit warnt 90ff., Zitate 92f. — Auch Henlein erklärte in einem Schreiben an den Reichswirtschaftsminister am 15. 4. 1941, das Protektorat sei und bleibe „das naturgegebene Absatzgebiet des Sudetengaues". BA Berlin, 25.01, Nr. 27123.

534 So der Leiter der Wirtschaftskammer Sudetenland, Kreibich, in einem Artikel in ‚Der Neue Tag' (Prag) vom 30. 1. 1941. BA Berlin, 25.01, Nr. 3346, Bl. 256. — Vgl. auch *Braumandl:* Die Auswirkungen 348.

535 *Bartoš:* Okupované pohraničí 50.

536 Lagebericht vom 2. 12. 1939. SOA Litoměřice, RPA, Kart. 30.

537 *Henlein:* Die soziale und wirtschaftliche Lage 3. SOA Litoměřice, GL NSDAP, Kart. 126. — Auf den Unterschied zu Österreich, dessen wirtschaftliche Eingliederung leichter fiel, weil es sich um einen vordem geschlossenen Wirtschaftsraum gehandelt hatte, wies ein Bericht des Instituts für Konjunkturforschung an die Reichswirtschaftskammer im November 1938 hin. BA Berlin, 15.01, Nr. 27123, Bl. 4. — Vgl. auch Henleins Aussage vor den Landräten des Regierungsbezirks Troppau am 17. 10. 1940, Aktenvermerk. ZA Opava, RPT, Nr. 570: Der Sudetengau sei „zwischen 2 hohen Konkurrenzlagen" gelegen und habe dadurch eine „denkbar ungünstige Lage".

Im Laufe des Krieges verschlechterte sich die Situation aus sudetendeutscher Sicht. Die Wirtschaft des Sudetengaus geriet sowohl gegenüber der reichsdeutschen als auch gegenüber der Protektoratswirtschaft immer stärker in die „Rolle eines outsiders".[538] Das Problem wird in einem Wirtschaftslagebericht vom Dezember 1940 umrissen. Erlasse des Beauftragten für den Vierjahresplan und des Reichswirtschaftsministers hatten die Verlagerung von zivilen Aufträgen aus dem Sudetengau in das Protektorat gefordert. Daraus erwüchsen Gefahren für die sudetendeutsche Industrie:

> Die maschinelle Einrichtung der sudetendeutschen Betriebe reicht zum großen Teil nicht zur Fertigung von Rüstungsgegenständen aus; bei einer Verlagerung der zivilen Aufträge würden solche Betriebe zum Stillstand kommen, ohne daß die Aufnahme zusätzlicher Rüstungsaufträge ermöglicht würde. Bei einer Arbeitsverlagerung in das Protektorat würden sich zwischen den tschechischen Herstellern und den Abnehmern des übrigen Reichsgebietes wirtschaftliche Beziehungen entwickeln, die im Frieden eine Schwächung der sudetendeutschen Wirtschaft zu Gunsten der tschechischen Industrie zur Folge haben müßte. Eine Schwächung der Sudetenindustrie kann jedoch mit Rücksicht auf die großen volkspolitischen Aufgaben des Sudetendeutschtums im böhmischen Raum nicht verantwortet werden.[539]

Im Protektorat konnten nicht nur viele Produkte günstiger hergestellt werden. Die Wirtschaft dort erwies sich insgesamt für das Deutsche Reich als wesentlich bedeutsamer als die oftmals veraltete Verbrauchsgüterindustrie des Sudetengaus. Die Produktionsanlagen im Protektorat waren technisch überwiegend hervorragend ausgerüstet, besonders die Metall-, Maschinen- und Rüstungsbetriebe.[540] Hier müssen vor allem die großen tschechischen Rüstungskonzerne, wie etwa die Škoda-Werke in Pilsen bzw. Prag und die Tschechoslowakische Waffenwerke AG im mährischen Brünn erwähnt werden. Nicht zuletzt diese Betriebe hatten die Tschechoslowakische Republik 1937 zum weltweit viertgrößten Waffenexporteur gemacht.[541] Hinter die Bedeutung des Protektorats als ‚Waffenschmiede' Deutschlands hatten auch die ‚volkspolitischen Aufgaben' des Sudetengaus zurückzutreten.

Auch hier zeigte sich der Reichenberger Gauleiter als Verfechter vor allem sudetendeutscher Interessen, wie er sie verstand. „Trotz allen Ver-

---

[538] *Faltys:* Postavení 420.
[539] Lagebericht des Bezirkswirtschaftsamtes für den Wehrbezirk IVb beim Reichsstatthalter im Sudetengau vom 9. 12. 1940. SOA Litoměřice, GL NSDAP, Kart. 25.
— Vgl. auch den Lagebericht der NSDAP-Kreisleitung Gablonz vom 5. 3. 1941: „Vor 10 und 20 Jahren schimpfte man über die Juden die aus günstigeren Verdienstabsichten heraus die Produktion der dem Kreise Gablonz angestammten Schmuck- und sonstigen Industrie nach dem Tschechischen verlagerten und heute sind es die arischen Firmen, die unter Ausnützung der Kriegslage dasselbe und noch dazu in erweitertem Maße machen". *Ebenda*, Kart. 5.
[540] *Volkmann*, Hans-Erich: Die NS-Wirtschaft in Vorbereitung des Krieges. In: *Deist*, Wilhelm/*Messerschmidt*, Manfred/*Ders.*/*Wette*, Wolfram: Ursachen und Voraussetzungen des Zweiten Weltkrieges. Frankfurt/M. 1989, 211-435, hier 394.
[541] *Ebenda* 395.

Probleme der Wirtschafts- und Sozialpolitik 261

ständnisses für die politischen Schwierigkeiten im Protektorat und die durch den Krieg geschaffene Zwangslage", schrieb Henlein im April 1941 an das Reichswirtschaftsministerium, „kann sich die sudetendeutsche Unternehmerschaft [...] nicht des Eindruckes erwehren, daß die grenz- und volkspolitische Bedeutung des Sudetengaues bei den staatlichen Bewirtschaftungsmaßnahmen von den Zentralstellen des Reiches nicht gebührend berücksichtigt wird." In seinem umfangreichen Schreiben über den „Einsatz wirtschaftlicher Machtmittel zur Stärkung des Grenzlanddeutschtums" und das „Verhältnis zwischen Sudetengau und dem Protektorat Böhmen und Mähren", führte Henlein eine ganze Reihe von Punkten auf, in denen das Protektorat gegenüber dem Sudetengau bevorzugt würde. Auf vielen Gebieten werde „die tschechische Wirtschaft mit weit größerer Schonung behandelt als die sudetendeutsche".542

Es wird zu zeigen sein, daß die Zusammenlegung von Sudetengau und Protektorat Henleins Absicht widersprach. In politischen Fragen mischte sich der Gauleiter kaum in die Befugnisse des Reichsprotektors ein. Im Bereich der Wirtschaft kämpfte er jedoch für eine engere Verflechtung mit dem Protektorat und für eine stärkere Berücksichtigung der sudetendeutschen Interessen dort.

Das Reichswirtschaftsministerium beteuerte Henlein, „den Grundsätzen über den Einsatz wirtschaftlicher Machtmittel zur Stärkung des Grenzlanddeutschtums [...] vorbehaltlos" zuzustimmen. Eine eventuelle Besserstellung der Protektoratswirtschaft sei nicht bewußt geschehen, allerdings habe sie von der „Autonomie" und der „gewisse[n] staatliche[n] Selbständigkeit" des Protektorats profitiert, während die sudetendeutsche Wirtschaft unter der möglichst schnellen Eingliederung in das Reich zu leiden gehabt habe.543 In einem bald folgenden weiteren Schreiben an Henlein versuchte das Reichswirtschaftsministerium jedoch, die Vorwürfe Henleins im einzelnen zu widerlegen. Trotz eines erneuten Bekenntnisses zu den „besonderen volkstumspolitischen Aufgaben des Sudetengaues" erhält man den Eindruck, als habe man in Berlin Henleins Sorgen für übertrieben oder nicht relevant gehalten.544 Aus der dortigen Perspektive erscheint dies auch verständlich: Die Interessen des Reiches im Protektorat wurden durch die auf tschechische Belange keine Rücksicht nehmende Politik des Reichsprotektors und seines Staatssekretärs bzw. Staatsministers durchgesetzt. An Ruhe und verläßlicher Produktion dort mußte den Zentralstellen während des Krieges aber allemal mehr gele-

---

542 Schreiben Henleins an das Reichswirtschaftsministerium vom 15. 4. 1941. BA Berlin, 15.01, Nr. 27123, Bl. 48 ff. Mit einigen Fehlern abgedruckt in: Die Deutschen in der Tschechoslowakei 440ff. — Vgl. auch den Bericht des Gauwirtschaftsberaters vom 3. 6. 1941, in dem die Benachteiligung des Sudetengaus gegenüber dem Protektorat bei der Zuteilung von Kohle beklagt wird. SOA Litoměřice, GL NSDAP, Kart. 25.
543 Schreiben des Reichswirtschaftsministeriums an Henlein vom 26. 6. 1941. BA Berlin, 15.01, Nr. 27123, Bl. 56.
544 Schreiben vom 26. 8. 1941. *Ebenda*, Bl. 60.

gen sein als an der ‚Grenzlandideologie' der Sudetendeutschen. Diese war manchem Reichsdeutschen ohnehin schwer verständlich zu machen, da ihnen der Sudetengau nach dem 15. März 1939 kaum noch als ‚Grenzlandgau' im ursprünglichen Sinne erscheinen konnte.[545]

Dies belegt auch das Schicksal der sogenannten ‚Grenzlandfürsorge' oder ‚Grenzlandhilfe'. Die in ihrem Rahmen zunächst bereitgestellten Gelder sollten zur Errichtung von HJ-Heimen, Kindergärten, Schwimmbädern u. ä. verwendet werden und so das ‚Deutschtum' im Grenzlandgau Sudetenland stärken.[546] Noch 1938 wurden diesem für das darauffolgende Jahr drei Millionen Reichsmark zugewiesen, 1,5 Millionen Reichsmark dem Regierungsbezirk Troppau, in dem der größte Teil der tschechischen Minderheit im Sudetengau lebte, eine Million Reichsmark dem Regierungsbezirk Aussig und 500 000 dem Regierungsbezirk Karlsbad.[547] Doch schon am 7. September 1939, also unmittelbar nach Kriegsbeginn, wurden sämtliche Zuweisungen vom zuständigen Reichsinnenministerium zunächst gesperrt. Das Geld, aber auch die für die geplanten Bauten erforderlichen Arbeitskräfte und Rohstoffe wurden anderweitig benötigt.[548] Später wurden die Zahlungen, „auf das unbedingt Notwendige" beschränkt[549], wieder aufgenommen, blieben aber immer weit unter dem, was die sudetendeutschen Stellen forderten. So hatte der Regierungspräsident in Aussig für das Jahr 1941 1 112 590 Reichsmark gefordert, jedoch nur 400 000, also gut ein Drittel davon, erhalten.[550]

In einem Schreiben an das Innenministerium in Berlin beschwerte sich der Regierungspräsident in Karlsbad darüber, daß das bisher durch die ‚Grenzlandfürsorge' Geleistete „nicht im entferntesten" ausreiche, „um einen krisenfesten Wall gegen das Tschechentum, geschweige denn eine starke Ausfallstellung gegen das erneut vordringende Protektorats-Tschechentum zu schaffen". Unter Hinweis auf die angeblich gute Ausstattung von angrenzenden Protektoratsgemeinden mit Elektrizität, Gas, Schulgebäuden usw. stellte der Regierungspräsident fest, der Sudetengau sei durch die Kriegsfolgen schwerer betroffen als andere Gaue.[551] Diese Ein-

---

[545] Vgl. dazu *Braumandl:* Die Auswirkungen 172.
[546] *Ebenda* 158f. — Vgl. auch das Verzeichnis der Vorhaben zur Verwendung der Mittel im Regierungsbezirk Troppau 1939. ZA Opava, RPT, Nr. 1439.
[547] *Arndt:* „Blut und Boden"-Politik 102f.
[548] Bericht des Regierungspräsidenten in Aussig vom 10. 12. 1939. SOA Litoměřice, RPA, Kart. 30. — Schnellbrief des Regierungspräsidenten in Troppau an die Landräte seines Bezirks vom 18. 5. 1940. ZA Opava, RPT, Nr. 1437.
[549] Schreiben des RMinI vom 7. 9. 1939. BA Berlin, 15.01, Nr. 27120, Bl. 350.
[550] Schreiben des Regierungspräsidenten in Aussig an das RMinI vom 5. 6. 1941. BA Berlin, 15.01, Nr. 27121, Bl. 23f. — Aktenvermerk über Zuteilung der „Deutschtumsmittel" für das Jahr 1941. *Ebenda,* Bl. 67. — Die Gesamtsumme der im Rahmen der ‚Grenzlandfürsorge' tatsächlich in den Sudetengau geflossenen Mittel läßt sich nicht bestimmen. *Arndt:* „Blut und Boden"-Politik 105.
[551] Schreiben vom 29. 11. 1940. BA Berlin, 15.01, Nr. 27122, Bl. 123f. — Vgl. auch den Bericht des Regierungspräsidenten in Aussig vom 10. 12. 1939. SOA Litoměřice, GL NSDAP, Kart. 30.

schätzung wurde von vielen Menschen im Sudetenland geteilt und prägte die Stimmung der Bevölkerung. Allerdings hatte sich schon viel früher Enttäuschung über die wirtschaftliche und soziale Entwicklung nach dem Anschluß breit gemacht.

Anspruch und Wirklichkeit –
Die Stimmung in der Bevölkerung und ihre Rückwirkung auf Henlein

Die „Lage auf dem sozialen Gebiete im Sudetengau" sei, bemerkte der erste Vierteljahreslagebericht des SD 1939, „gekennzeichnet durch die Tatsache, daß die Lohnerhöhungen von den Preiserhöhungen, Steuern und sozialen Lasten nicht nur völlig ausgeglichen wurden, sondern darüber hinaus den ohnedies sehr niederen Lebensstandard nicht unbeträchtlich senkten. Da sich dadurch die Lage [...] selbst gegenüber der Periode der Tschechenherrschaft verschlechtert hatte, z. T. völlig unhaltbar wurde, ist die Stimmung im stetigen raschen Sinken begriffen".[552] Trotz aller erwähnten Maßnahmen zum ‚Schutz der sudetendeutschen Wirtschaft' und trotz aller zumindest scheinbaren Bemühungen seitens des Reiches, sich für die ökonomische Genesung des Sudetenlandes und seiner Bevölkerung einzusetzen, trat der vom SD konstatierte Stimmungsabfall in der Bevölkerung sogar erstaunlich schnell ein.

Nun hatte sich nämlich die von Henlein befürchtete Kluft zwischen Erwartung und Realität vor den Augen der Bevölkerung aufgetan. Der zum ‚Reichstreuhänder der Arbeit' ernannte Fritz Köllner charakterisierte die Erwartungshaltung der Arbeiterschaft mit den Worten: „Befreiung heißt für uns: die Hälfte arbeiten und Doppeltes verdienen." Die Realität sei jedoch gewesen „doppelt arbeiten [zu] müssen und nur die Hälfte mehr [zu] verdienen".[553] Und der Gauinspekteur für Nordmähren und Schlesien hielt in seinem Bericht vom 12. Juni 1939 fest, „der allgemeine Stimmungsrückschlag [habe] seine Ursachen auch darin, daß früher [...] alles, was vom tschechischen Staate ausging, von uns abgelehnt und der schärfsten Kritik unterzogen" worden sei, „während die Einrichtungen des Reiches im schönsten Licht dargestellt wurden. Es haben sich daher oftmals bei unseren Menschen falsche Bilder über die wirklichen Verhältnisse herausgebildet".[554]

Das galt auch für die sich ändernde Versorgungslage. Auf die ‚Invasion' von Kaufreisenden, die unmittelbar nach dem Münchener Abkom-

---

[552] Meldungen aus dem Reich. Bd. 2, 330. — Zu einem ganz ähnlichen Urteil gelangt auch ein Lagebericht der Sopade: Deutschland-Berichte. 1939, 23. — Vgl. auch den Lagebericht der NSDAP-Kreisleitung Bilin für April 1940. SOA Litoměřice, GL NSDAP, Kart. 2. — Zur Stimmung der Bevölkerung allgemein auch *Joza:* K některým otázkám vývoje politického smýšlení 102ff.
[553] Interview W. Bechers mit F. Köllner am 15. 3. 1983, Tonbandaufzeichnung. Sudetendeutsches Archiv, München.
[554] SOA Litoměřice, GL NSDAP, Kart. 21.

men die sudetendeutschen Gebiete aufsuchten und Verbrauchsgüter aufkauften, die im Reich nicht mehr ohne weiteres zu haben waren, wurde bereits hingewiesen. Spätestens jetzt wurde vielen Menschen klar, daß die Verhältnisse im Dritten Reich wohl doch nicht so positiv waren, wie sie angenommen hatten. Bereits wenige Wochen nach dem Anschluß wurde über die schlechte Versorgungslage geklagt.[555] „Früher konnten sie nicht genug auf den tschechischen Staat, auf die Regierung und Benesch schimpfen", berichtete im Januar 1939 besonders plastisch die Sopade, „jetzt wären sie froh, wenn sie wieder zurückkönnten [sic] zu den Sauerkraut-, Knödel- und Schweinebratentöpfen der Tschechen".[556] Den Menschen stand also nicht nur weniger Geld zur Verfügung, auch das Angebot an Verbrauchsgütern und Lebensmitteln wurde immer geringer.

Wie schnell aus all diesen Gründen die anfänglich euphorische Stimmung in der Bevölkerung umgeschlagen war, zeigen zwei Lageberichte des Regierungspräsidenten in Aussig. Während es noch im Bericht vom 8. Dezember 1938 hieß, „die Stimmung der Bevölkerung des Sudetenlandes [sei] als ganz besonders gut zu bezeichnen", wozu „in starkem Maße auch die bereits eingeleiteten allgemeinen Hilfsaktionen des Reiches" beigetragen hätten[557], stellte der Regierungspräsident am 31. Januar des folgenden Jahres, also nicht einmal zwei Monate später, fest, „die Zeit der ersten Begeisterung sei vorüber", und es habe „eine Periode der kritischen Einstellung eingesetzt, die aufmerksame Beobachtung" verdiene. Es bestehe nämlich „die Gefahr, daß hierdurch Ausgangspunkte für staatsfeindliche Bestrebungen geschaffen werden" könnten. Besonders die Lohnfrage, so wurde auch hier vermerkt, habe zu Enttäuschung geführt, da der „tatsächliche Wert des Einkommens [...] vielfach nicht einmal die Möglichkeiten der früheren Zeit" biete. „Gewissenlose Hetzer" würden „mit der Behauptung, daß seit der Angliederung an das Altreich die Lebensverhältnisse auf allen Gebieten schlechter geworden seien und daß daran neben dem Altreich und seinem wirtschaftlichen und politischen System in der Hauptsache die bisher entsandten Exponenten des Altreichs die Hauptschuld trügen, in solchen Kreisen der Bevölkerung, in denen aus anderen Gründen (z. B. zu geringe Entlohnung usw.) der Keim zur Unzufriedenheit schon gelegt ist, ein williges Ohr" finden.[558] In einer Teppichfabrik in Asch war es sogar schon zu einem kurzen Streik gekommen, um der Forderung nach Lohnerhöhung Nachdruck zu verleihen – *nach* der erwähnten Anhebung der Löhne um 15 Prozent, die als nicht ausreichend empfunden wurde. Diese für die Machthaber mißliche

---

[555] Berichte tschechischer Kreisbehörden an das Landesamt in Prag über die Lage in den abgetretenen Gebieten vom 21. 11., 1. 12. und 13. 12. 1938. SÚA Prag, MV-Pres. 1936-1940, XH 21, Kart. 1043 (Berichte vom 1. und 13. 12.) bzw. Kart. 1044 (Bericht vom 21. 11).
[556] Deutschland-Berichte. 1939, 25.
[557] SOA Litoměřice, RPA, Kart. 29.
[558] SOA Litoměřice, RPA, Kart. 30.

„Angelegenheit" wurde der Staatspolizeileitstelle Karlsbad zur Bearbeitung übergeben.[559]

Ein Vertrauensmann des damals in Berlin tätigen sudetendeutschen Alt-Nationalsozialisten Rudolf Kasper, von dem man annehmen kann, daß er dem neuen Regime grundsätzlich positiv gegenüberstand, berichtete im Juni 1939 über eine Großkundgebung der DAF in Asch: „Sie werden bestimmt in der Zeit von dem brausenden Jubel gelesen haben, woher der Berichterstatter diesen Jubel entnommen hat, ist mir ein Rätsel [...]." Bei der Eröffnung mit dem Hitler-Gruß sei „kein Mensch eingefallen", die „Ausführungen selber wurden teilnahmslos ohne nur ein einziges mal von einer Zustimmungskundgebung unterbrochen zu sein, ohne das geringste Interesse aufgenommen".[560]

Aus derselben Quelle erfuhr Kasper auch von den ersten Popularitätsverlusten, die Konrad Henlein inzwischen hatte hinnehmen müssen. Bei einem Besuch in Asch sei die Bevölkerung der Aufforderung, den Gauleiter freudig zu begrüßen, nicht nachgekommen.[561] Von ähnlichen Ereignissen wußte auch die Exil-Presse zu berichten. Eine Rede Henleins in Brüx sei abgesagt worden, weil zum festgelegten Termin nur die abkommandierte SA und die HJ erschienen seien.[562] Die hohen Lebenshaltungskosten und die niedrigen Löhne hatten dazu geführt, daß „die Stimmung sogar dem Gauleiter gegenüber sehr zurückhaltend geworden" war.[563]

Henlein war wie die Bevölkerung ‚seines' Gaues mit der wirtschaftlichen und sozialen Entwicklung nicht nur unzufrieden, weil seine Popularität darunter litt. Vielmehr mußte der Gauleiter und Reichsstatthalter bald einsehen, daß es in Berlin eine ganz andere Vorstellung davon gab, wie der Sudetengau wirtschafts- und sozialpolitisch in das Reich einzugliedern war, und daß man dieser Region eine ganz andere

---

[559] Lagebericht des Chefs der Zivilverwaltung Karlsbad vom 24. 11. 1938. BA Berlin, R 18/6080. — Vgl. auch *Svatosch:* Das Grenzgebiet 205, sowie *Joza:* K některým otázkám vývoje politického smýšlení 106f., die ebenfalls von Arbeitsniederlegungen berichten. Zu flächendeckenden Streiks scheint es jedoch nicht gekommen zu sein.
[560] Schreiben J. Pleiers an R. Kasper vom 20. 6. 1939. SÚA Prag, SdP-Erg., Kart. 29. über eine DAF-Veranstaltung, die zunächst aus Mangel an Besuchern abgesagt werden mußte und später nur durch Zwang zur Teilnahme stattfinden konnte, informierten auch die Deutschland-Berichte. 1939, 134. — Die Liste mit Berichten unterschiedlichster Art und Herkunft über die Unzufriedenheit der Bevölkerung mit den neuen wirtschaftlichen und sozialen Verhältnissen ließe sich fast beliebig erweitern.
[561] Schreiben J. Pleiers an R. Kasper vom 11. 6. 1939. SÚA Prag, SdP-Erg., Kart. 29. — Es herrsche, so Pleier an Kasper am 18. 7. 1939, „höchste auf Alarmstimmung abgestellte Unzufriedenheit bei allen Teilen und bei allen Ständen des Volkes". *Ebenda.*
[562] ‚Die Zukunft' (Paris) vom 24. 3. 1939. SÚA Prag, ZTA, Kart. 586, Nr. 501. — Vgl. auch die ‚New York Times' vom 23. 7. 1939, wo von Enttäuschung über Henlein bei gleichzeitig anhaltender Bewunderung Hitlers in der Bevölkerung die Rede ist. *Ebenda,* Nr. 505.
[563] Schreiben an R. Kasper vom 14. 8. 1939, Unterschrift unleserlich. SÚA Prag, SdP-Erg., Kart. 29.

Rolle zugedacht hatte, als es sich Henlein und mit ihm viele Sudetendeutsche ausgemalt hatten. Dieser Konflikt der Konzeptionen hatte zur raschen Ernüchterung in der Bevölkerung beigetragen. Endgültig sollte er sich jedoch erst im Krieg offenbaren. Nicht nur die Grenzlandfürsorge wurde dann eingeschränkt, auch andere nach dem Münchener Abkommen lautstark angekündigte und teilweise immerhin begonnene Maßnahmen zur Verbesserung der Infrastruktur und der sozialen Lage der Menschen im Sudetengau fanden ein abruptes Ende. Daß die geplante Autobahn während des Krieges nicht gebaut wurde, mag noch für jedermann einsichtig gewesen sein. Aber schon die Tatsache, daß sich im Wohnungssektor praktisch keine Besserung einstellte, wurde kritisch vermerkt. Bereits im Juli 1940 meldete die NSDAP-Kreisleitung von Asch kurz und bündig, was im Prinzip für den ganzen Gau zutraf: „Das Wohnungsproblem ist immer noch ungelöst und wird voraussichtlich auch während der Kriegszeit kaum eine wesentliche Förderung erfahren können."[564] Sich damit abzufinden, heißt es aber an anderer Stelle, falle schwer.[565]

Der Bedarf an Wohnungen, der 1939 mit etwa 300 000 angegeben worden war, betrug 1940 nach einer Erhebung der DAF schon 340 000. Die Wohnverhältnisse verschlechterten sich durch den Zuzug von Arbeitern verlagerter Betriebe und von Bombenflüchtlingen immer weiter: Ende 1943 hatten über 100 000 Menschen im Sudetengau nicht einmal ein eigenes Bett.[566] Die Wirkung dieser Zustände – sie werden als „haarsträubend", „katastrophal" und „unglaublich" bezeichnet – auf die Stimmung der Bevölkerung wurde in unzähligen Lageberichten der NSDAP-Kreisleiter immer wieder erwähnt.[567] Man könne wegen dieser Wirkung die Wohnungsnot, so der Regierungspräsident in Karlsbad im April 1942, „gar nicht ernst genug" nehmen.[568] Henlein war es zwar 1940 gelungen, vom allgemein verhängten Neubauverbot eine Ausnahmegenehmigung und ein „Sonderbaustoffkontingent" für seinen Gau zu erlangen.[569] Doch auch der Gauleiter mußte 1943, anläßlich des fünften Jahrestages des ‚An-

---

[564] SOA Litoměřice, GL NSDAP, Kart. 1. — Vgl. auch den Lagebericht des Regierungspräsidenten in Aussig vom 3. 10. 1940. SOA Litoměřice, RPA, Kart. 30.

[565] Lagebericht der NSDAP-Kreisleitung Bärn für Mai 1940. SOA Litoměřice, GL NSDAP, Kart. 9.

[566] Lagebericht des Bezirkswirtschaftsamtes für den Wehrbezirk IVb beim Reichsstatthalter im Sudetengau vom 14. 1. 1944 für die Monate Oktober/Dezember 1943. SOA Litoměřice, GL NSDAP, Kart. 25. — Vgl. auch *Braumandl:* Die Auswirkungen 325 ff.

[567] Zitate aus Lageberichten der NSDAP-Kreisleitungen von Saaz (April/Mai 1942), von Braunau (August 1940) und von Kaaden (vom 13. 9. 1941). SOA Litoměřice, GL NSDAP, Karts. 15, 2, 6.

[568] Lagebericht. SOA Litoměřice, GL NSDAP, Kart. 22.

[569] Geschäftsbericht der „Heimstätte Sudetenland. Treuhandstelle für Wohnungs- und Kleinsiedlungswesen G.m.b.H" für das Geschäftsjahr 1940. ZA Opava, RPT, Nr. 3808.

Probleme der Wirtschafts- und Sozialpolitik 267

schlusses', eingestehen, daß der Bau von 7 500 Wohnungen – mehr hatte man nicht geschafft – „die Wohnungsnot nicht gelindert" hatte.[570] Es blieb nur die Hoffnung auf die Nachkriegszeit: „Mit dieser Hoffnung bescheiden sich die Leute über die gegenwärtige Lage immer wieder hinweg. Sie darf unter keinen Umständen enttäuscht werden."[571]

Daß sich der schon früh spürbare Trend zur Unzufriedenheit mit den neuen Verhältnissen in Anbetracht der weiteren, oben geschilderten Entwicklung in den folgenden Jahren verstärkte, kann man sich leicht vorstellen. Der Krieg, der besonders in seiner ersten und für das Deutsche Reich erfolgreich verlaufenden Phase zwar auch im Sudetengau eine integrierende und begeisternde Wirkung hatte, konnte diese Unzufriedenheit vorübergehend überdecken[572], nie jedoch beseitigen.

Die Ambivalenz der Stimmung macht ein Lagebericht der NSDAP-Kreisleitung von Dux für Juli 1940[573], also unmittelbar nach dem deutschen Sieg über Frankreich, deutlich. „Hört man in die Bevölkerung richtig hinein", so der Kreisleiter, „dann stellt man wohl fest, daß jeder politisch reife und völkisch verantwortungsbewußte Mensch im hiesigen Kreise an den großen politischen Auseinandersetzungen tiefen Anteil nimmt und nach Möglichkeit alle kleineren Fragen zurückstellt und daß diese Menschen mit einer unbeschreiblichen Hochachtung und Verehrung zum Führer aufblicken. Gleichzeitig merkt man aber eben so deutlich, daß eine tiefe innere Verbitterung vorhanden ist." Als Gründe dafür führt der Berichterstatter die sozial- und wirtschaftspolitischen Mißstände an. Es gehe „ja doch vielen Menschen keinesfalls besser [...] als in der Tschechei". Daher gehe sogar „das Wort von der Sudetendeutschen-Kolonie" um. Ein anderer Lagebericht aus etwa derselben Zeit faßte das hier umschriebene Phänomen kurz und bündig zusammen: Die „Stimmung in politischer Hinsicht" sei „gut [...], dagegen in wirtschaftlicher äußerst gedrückt".[574]

Dabei scheint es im wesentlichen in der folgenden Zeit geblieben zu sein. Man müsse „unterscheiden zwischen der politischen und der wirt-

---

[570] *Henlein*, Konrad: Unlösbar vom Reich. Die wirtschaftliche Leistung des Sudetengaues. In: Sudetenland im Reich. Hrsg. von Karl *Viererbl*. Reichenberg 1943, 7 f., hier 8. — Auch der ‚Völkische Beobachter' stellte zum gleichen Anlaß fest, daß der „Kampf gegen das Wohnungselend [...] nach verheißungsvollen Anfangserfolgen abgebrochen werden mußte". ‚Völkischer Beobachter' (München) vom 5. 10. 1943. SÚA Prag, MZVVA, Kart. 1788.
[571] Lagebericht der NSDAP-Kreisleitung von Asch für März/April 1941. SOA Litoměřice, GL NSDAP, Kart. 1.
[572] Vgl. dazu *Joza*: K některým otázkám vývoje politického smýšlení 113 ff. — *Bartoš*, Josef: K podmínkám a problematice odboje v okupovaném pohraničí v letech 1938 až 1941 [Zu Bedingungen und Problematik des Widerstandes im besetzten Grenzgebiet in den Jahren 1938 bis 1941]. Odboj a revoluce – Zprávy 6/1 (1968) 7-19, hier 11.
[573] SOA Litoměřice, GL NSDAP, Kart. 3.
[574] Lagebericht der NSDAP-Kreisleitung Neutitschein für September 1940. SOA Litoměřice, GL NSDAP, Kart. 10.

schaftlichen Stimmung", berichtete 1942 auch die Gauleitung an die Parteikanzlei in München. Die politische Stimmung sei „vielleicht noch gerade gut, aber nicht mehr lange".[575] „Wir haben die Zeit der Unterdrükkung überlebt", lautete ein im Sudetengau um diese Zeit heimlich kursierender Witz, „wir werden auch die Zeit der Befreiung überleben."[576] Im weiteren Verlauf des Krieges scheinen sich die Menschen schließlich immer weniger für die eigentliche Sozial- und Wirtschaftspolitik interessiert zu haben; der Kampf um das tägliche Überleben trat in den Vordergrund, die „Magenfrage" wurde zum entscheidenden Stimmungsfaktor.[577]

Auch in anderen Teilen des Reiches waren Klagen über die schlechte Versorgungslage an der Tagesordnung, trat „im Bereich der sozialpolitischen Belange die Diskrepanz zwischen ursprünglichen Versprechen und Erwartungen einerseits, den tatsächlichen Leistungen des NS-Systems andererseits immer stärker in Erscheinung".[578] Doch gewinnt man bei der Lektüre der großen Menge an erhaltenen „Stimmungs- und Lageberichten" ganz unterschiedlicher Behörden, Parteiorganisationen, aber auch von Aufzeichnungen von Privatpersonen aus dem Sudetengau schnell den Eindruck, als sei die Unzufriedenheit mit den herrschenden Verhältnissen dort besonders stark gewesen.

Dieser Befund ist nicht erstaunlich, wenn man sich vergegenwärtigt, daß der Sudetengau erst knapp ein Jahr vor Ausbruch des Krieges in das schon ganz im Zeichen der Vorbereitung auf die militärische Auseinandersetzung stehende Reich eingegliedert wurde. So hatten die Menschen dort die normalen Jahre des Regimes, „die ‚guten Jahre' vor dem Krieg"[579], die von wirtschaftlichen und außenpolitischen ‚Erfolgen' geprägt waren und in denen die vielbeschworene ‚Volksgemeinschaft' zumindest ansatzweise Realität geworden war, nie erlebt.[580] Nie hatten sie zu spüren bekommen, daß das Regime wirklich – über kurzfristige propagandistische Aktionen hinaus – um die Verbesserung ihrer Lebensverhältnisse bemüht war.

Auf die zudem im Sudetengau besonders tiefe Kluft zwischen den durch die Propaganda noch beförderten Hoffnungen auf die ‚heilbringende' Kraft des Dritten Reiches und dessen Vermögen und Willen, diese Hoffnungen zu erfüllen, wurde schon mehrfach hingewiesen. Der Be-

---

[575] Fernschreiben vom 8. Januar 1942. SOA Litoměřice, GL NSDAP, Kart. 1.
[576] ‚New Yorkské Listy' [New Yorker Blätter] vom 11. 4. 1940. SÚA Prag, ZTA, Kart. 586, Nr. 501.
[577] Lagebericht der NSDAP-Kreisleitung von Gablonz vom 20. 8. 1942. SOA Litoměřice, GL NSDAP, Kart. 5. — Vgl. auch den Lagebericht des Regierungspräsidenten in Troppau vom 11. 5. 1943, tschechisch abgedruckt in: Opavsko a severní Morava 159.
[578] *Steinert,* Marlis: Hitlers Krieg und die Deutschen. In: Die Große Krise der Dreißiger Jahre. Vom Niedergang der Weltwirtschaft zum Zweiten Weltkrieg. Hrsg. von Gerhard *Schulz.* Göttingen 1985, 137-153, hier 148.
[579] *Frei:* Der Führerstaat 86.
[580] *Ebenda* 7.

Probleme der Wirtschafts- und Sozialpolitik 269

griff des ‚Mustergaus' klang nun höhnisch in den Ohren der Menschen.[581] Sie waren bereit, im Krieg Entbehrungen hinzunehmen. Dennoch waren sie enttäuscht über das, was ihnen zugemutet wurde, über das Gefühl, trotz der besonderen Umstände der Zeit, die alle Deutschen schwer trafen, besonders belastet zu sein. So wurde immer wieder auf das Lohnproblem hingewiesen, das die Bevölkerung besonders verbitterte, da sie sich gegenüber dem Altreich hier besonders benachteiligt fühlte.[582] Aber selbst da, wo Angleichungen an das Niveau des Altreichs stattfanden, berichtete der Regierungspräsident in Aussig schon im Juni 1939, sei „die Unzufriedenheit nicht gewichen, da man es nicht wahrhaben will, daß die festgestellten Löhne denen des Altreichs entsprechen". Noch immer zeigte sich, „daß viele Kreise der Bevölkerung materiell vom Anschluß mehr erwartet haben als ihnen bisher gegeben worden ist und ihnen wohl überhaupt gegeben werden kann".[583]

Im August 1940 wurden die Kreisleiter der NSDAP kurzerhand angewiesen, „daß die Erörterung von Lohnproblemen im allgemeinen zu unterbleiben" habe.[584] Dieses vielen Menschen auf den Nägeln brennende Problem ließ sich jedoch so leicht nicht aus der Welt schaffen. Im Januar 1941 meldete der Regierungspräsident in Aussig, wegen „der an das Altreich nicht angeglichenen Löhne des Sudetengaues" seien „noch viele Volksgenossen zu einer Mitarbeit in der Volksgemeinschaft schwer zu gewinnen".[585] Erst im Laufe dieses Jahres ließ das Interesse an der Lohnfrage allmählich nach. Das war zum einen durch eine gewisse Angleichung an die Verhältnisse im Altreich bedingt[586], zum anderen aber wohl

---

[581] Henlein selbst versuchte klarzustellen, was damit gemeint war: „Der Begriff Mustergau wurde falsch ausgelegt", sagte er in seiner Reichenberger Rede im November 1940 (S. 11). „Nicht wir sollen besser sein als andere, sondern lediglich die verwaltungsmäßige Gliederung und Einrichtung sollten Erprobung und Muster sein für eine spätere Reichsreform." SOA Litoměřice, GL NSDAP, Kart. 126.
[582] Lagebericht der NSDAP-Kreisleitung von Tetschen für September/Oktober 1940. SOA Litoměřice, GL NSDAP, Kart. 3. — Lagebericht des Regierungspräsidenten in Aussig vom 3. 10. 1940. *Ebenda*, RPA, Kart. 30. Dort heißt es: „In den Kreisen der Arbeiterschaft wird die immer noch offene Lohnfrage sehr lebhaft erörtert; man will nach langen Vertröstungen bald eine befriedigende Lösung [...] herbeigeführt sehen. Besonders schlecht ist die Stimmung unter den Textilarbeitern, deren Löhne untragbar geworden sind. Im Gebiet des Schatzlarer Kohlenreviers sollen sogar Stimmen laut geworden sein, die ein Streikgelüste grenzen."
[583] Lagebericht vom 7. 6. 1939. SOA Litoměřice, RPA, Kart. 30.
[584] Anordnung des Stellvertretenden Gauleiters Nr. 28/40 vom 14. 8. 1940. SOA Litoměřice, GL NSDAP, Kart. 30.
[585] Lagebericht vom 8. 1. 1941. SOA Litoměřice, RPA, Kart. 30. — Der Lagebericht der NSDAP-Kreisleitung Neutitschein für Januar 1941 informiert über ein Gerücht, wonach Baldur von Schirach zur Belegschaft eines Rüstungswerkes habe sprechen wollen, wegen über eine Stunde während Sieg-Heil-Rufe aber nicht zu Wort gekommen und unverrichteter Dinge abgereist sei. SOA Litoměřice, GL NSDAP, Kart. 10.
[586] Bericht des Reichstreuhänders der Arbeit im Sudetenland „über die sozialpolitische Lage im Wirtschaftsgebiet Sudetenland" vom 1. 7. 1941. SOA Litoměřice, GL NSDAP, Kart. 20.

auch dadurch, daß der Krieg mit dem Überfall auf die Sowjetunion eine andere Dimension bekommen hatte. Für die Menschen traten nun immer stärker andere Probleme als z. B. Tarifordnungen, nämlich vor allem das Geschehen an den Fronten, in den Vordergrund.[587] Schließlich, dies wiederum ein Grund zur Unzufriedenheit, wurde die Lohnfrage immer unwichtiger, weil es ohnehin nichts mehr zu kaufen gab.[588] Wie sehr das Regime aber an Glaubwürdigkeit verloren hatte, belegt ein Gerücht. Es zeigt, daß man diesen Zustand nicht nur als kriegsbedingt ansah. Nun habe man zwar genug Geld, aber nichts zu kaufen, wurde verbreitet. Nach dem Krieg werde es wieder genug Waren, dafür aber kein Geld geben.[589]

So wie man kaum sagen kann, daß die Sudetendeutschen 1938 den Anschluß mehrheitlich gewollt hatten, weil sie überzeugte Nationalsozialisten gewesen waren, so kann man auch aus der nun schlechten Stimmung in der Bevölkerung nicht auf eine grundsätzliche Ablehnung des Regimes schließen.[590] In beiden Situationen stand für die Mehrheit der Bevölkerung die Frage ihrer persönlichen Lebensumstände im Vordergrund.

Wieder einmal zwischen den Interessen seiner sudetendeutschen Landsleute und den Erfordernissen des kriegführenden Reiches stand Konrad Henlein. In seiner schon mehrfach zitierten Rede in Reichenberg am 23. November 1940 machte er darauf freimütig und um Verständnis werbend aufmerksam:

Nur wenige unter unseren sudetendeutschen Volksgenossen können sich ein Bild von den Schwierigkeiten machen, denen wir gegenüberstanden. War es doch mein unerschütterlicher Entschluß, auch in der neuen Lage alles zu tun, um die verheißungsvoll begonnene Entwicklung der allgemeinen Lösung unserer sozialen und wirtschaftlichen Notlage auch im Kriege unter allen Umständen weiterzuführen, zugleich aber auch jene Pflichten zu erfüllen, die unserer Wirtschaft durch den uns aufgezwungenen Krieg plötzlich und über Nacht aufgetragen worden waren.[591]

Gauinteressen und Reichsinteressen standen, wie gesehen, oft in einem scharfen Gegensatz zueinander – Henlein aber mußte die Interessen beider Seiten vertreten.

---

[587] So z. B. die Lageberichte der NSDAP-Kreisleitung von Braunau für Juni/Juli und Oktober/November 1943. SOA Litoměřice, GL NSDAP, Kart. 2. — Dennoch finden sich auch in späteren Berichten immer wieder Klagen über zu geringe Löhne. Siehe z. B. die Lageberichte des Regierungspräsidenten in Troppau vom 6. 1. 1943 und vom 10. 2. 1943, tschechisch abgedruckt in: Opavsko a severní Morava 132 bzw. 138.

[588] Lagebericht der NSDAP-Kreisleitung Bärn für September/Oktober 1943. SOA Litoměřice, GL NSDAP, Kart. 9.

[589] Schreiben des Gebietsbeauftragten der Gaupropagandaleitung für den Regierungsbezirk Troppau an das Gaupropagandaamt vom 24. 2. 1942. SOA Litoměřice, GL NSDAP, Kart. 21.

[590] Vgl. dazu z. B. Deutschland-Berichte. 1939, 135.

[591] *Henlein:* Die soziale und wirtschaftliche Lage 5. SOA Litoměřice, GL NSDAP, Kart. 126.

Es wurde gezeigt, wie Henlein sich in Berlin für die wirtschaftlichen Belange seines Gaues einsetzte. Wie in so vielen Politikbereichen war auch hier die Gefahr groß, die Grenze zwischen dem, was in Berlin als legitime Vertretung von Regionalinteressen angesehen wurde, und dem, was man als Partikularismus oder gar Separatismus hätte begreifen können, zu überschreiten. Es konnte kein Beleg für derartige Vorwürfe an Henlein persönlich in diesem Bereich gefunden werden. Offensichtlich hielt er sich immer im Rahmen des aus Sicht der Zentrale Verträglichen.[592] Die im Ausland verbreiteten Meldungen, Henlein sei verhaftet worden, weil er die schlechte Stimmung in seinem Gau nicht habe heben können[593] bzw. weil er sich in Berlin zu stark für sudetendeutsche Interessen eingesetzt habe[594], waren nicht mehr als sich hartnäckig haltende Gerüchte.[595] Sie zeigen aber, ebenso wie die Tatsache, daß Henleins engster Mitarbeiter in wirtschaftlichen Angelegenheiten, Dr. Wolfgang Richter, in Berlin als ‚Wirtschaftsseparatist' angeschwärzt worden war, wie heikel der Balanceakt war, den Henlein zu bestehen hatte.

Henleins Eintreten für sudetendeutsche Interessen konnte nicht verhindern, daß auch seine Beliebtheit in der Bevölkerung weitere Einbußen erlitt. Der an sich allseits als bescheiden bekannte ehemalige Turnlehrer mußte sich sogar mit Gerüchten auseinandersetzen, die besagten, er nutze die Umstände, um sich persönlich zu bereichern, während seine Landsleute darbten.[596] Vor allem aber wurde Henlein die Diskrepanz zwischen dem vor dem Oktober 1938 Versprochenen und dem danach Erhaltenen vorgeworfen. Informanten der tschechoslowakischen Exilregierung berichteten nach London, die Bevölkerung im Sudetenland verfluche den „Verführer", der so verlogen das „Reichs-Paradies" versprochen habe: „Henlein wird gehaßt."[597] Es läßt sich nicht feststellen, wie weit diese Ansicht verbreitet war. Sie dürfte in dieser Schärfe kaum allgemeingültig gewesen sein.

---

[592] Es sei auch darauf hingewiesen, daß gerade in wirtschaftlichen Fragen Auseinandersetzungen zwischen Berlin und den oft regionale Interessen vertretenden Gauleitern durchaus weit verbreitet waren. Siehe dazu *Hüttenberger: Die Gauleiter* 182ff. — *Ruck: Zentralismus und Regionalgewalten* 117f.

[593] So z. B. die in Chicago erscheinenden ‚News Flashes' vom 28. 9. 1942. SÚA Prag, ZTA, Kart. 475.

[594] In diesem Sinne berichtete die slowakische Ausgabe der ‚Overseas News Agency' (New York) vom 12. 9. 1942. *Ebenda.*

[595] Zwischen Februar und Oktober 1942 wurde in verschiedenen internationalen Zeitungen immer wieder berichtet, Henlein sei inhaftiert worden. SÚA Prag, ZTA, Kart. 475.

[596] „Sonderweisung" des Stellvertretenden Gauleiters vom 22. 10. 1942. SOA Litoměřice, GL NSDAP, Kart. 32.

[597] Bericht vom 23. 10. 1939. SÚA Prag, Archiv Dr. Ripka, 1-50/44, Bl. 39. — „Underground reports from Liberec [Reichenberg] reveal that Henlein is generally cursed by his own people", heißt es auch in den in New York verlegten ‚News from Czechoslovakia' vom 15. 11. 1943. SÚA Prag, ZTA, Kart. 586, Nr. 501.

Tatsächlich häuften sich aber die Vorwürfe an die Adresse Henleins. Ihm wurden nicht nur falsche Versprechungen vorgehalten, sondern er wurde teilweise von der Bevölkerung für die herrschende Misere verantwortlich gemacht. In den „Informationen für Gauamtsleiter und Kreisleiter" der Gauleitung wurde am 9. November 1940 auf „immer wieder" auftauchende Gerüchte hingewiesen, wonach „der Gauleiter irgendwelche Mittel, die ihm von Berliner Zentralstellen für den Aufbau im Sudetengau angeboten wurden, abgelehnt habe".[598] Henlein wies diese Gerüchte, wonach er von der Reichsregierung angeblich angebotenes Geld mit der Begründung ausgeschlagen habe, „das Sudetendeutschtum werde sich selbst helfen", auch öffentlich als falsch zurück. Damit lieferte er zugleich einen Beleg für ihre weite Verbreitung. Es sei im Gegenteil immer sein Bestreben gewesen, „möglichst viele Mittel für den Aufbau unserer Heimat und die Linderung ihrer Not zu erhalten".[599] Aus etwa derselben Zeit wie Henleins Reaktion auf die ihn betreffenden Gerüchte stammt auch ein geheimer Bericht über die Lage in Protektorat und Sudetengau an die tschechoslowakische Exilregierung in London. Danach ergriffen die Bewohner von Asch, die Henlein früher bei jedem Besuch in seiner Heimatstadt einen freudigen Empfang bereitet hätten, nun bei seiner Ankunft immer die Flucht, um den Gauleiter nicht grüßen zu müssen. Der früher stets umjubelte Henlein wurde nun geschnitten. „Man sagt", heißt es in dem Bericht, „wenn es in den Sudeten ein völlig freies Plebiszit gäbe, würden wenigstens 75 % der Bevölkerung für die alte Republik stimmen".[600]

In Reden und Aufsätzen, aber auch in den sogenannten ‚Amtstagen', bei denen Henlein einzelne Bürger empfing und zu ihren Problemen Stellung nahm, warb der Gauleiter bei der Bevölkerung um Verständnis für die angeblich hauptsächlich durch den Krieg bedingten Unzulänglichkeiten und für sein persönliches Ansehen. Dabei fand er teilweise einfühlsame Worte, machte auch auf Versäumnisse der Politik aufmerksam und vermittelte den Menschen das Gefühl, daß sich ihr Gauleiter in Berlin für ihre Interessen stark machte. Gleichzeitig forderte er zum

---

[598] SÚA Prag, ARP, Kart. 1208.
[599] *Henlein:* Die soziale und wirtschaftliche Lage 11. SOA Litoměřice, GL NSDAP, Kart. 126.
[600] Bericht vom 11. 11. 1940. SÚA Prag, Archiv Dr. Ripka, 1-50/45, Bl. 31. — Bei aller vorhandenen Unzufriedenheit mit den herrschenden Verhältnissen scheint diese Zahl doch sehr hoch und ist jedenfalls nicht genau zu belegen. Wenn sie hier dennoch Eingang gefunden hat, so geschah dies, um einmal zu zeigen, daß die Exilregierung in London zumindest wissen mußte – zumal es zahlreiche Berichte vergleichbaren Inhalts gab –, daß die sudetendeutsche Bevölkerung nicht bis zum Ende des Krieges begeistert hinter dem Regime stand, wie später immer wieder behauptet wurde. Es wäre lohnend, einmal zu untersuchen, welches Bild im einzelnen die Exilregierung von den Verhältnissen im Sudetengau hatte und inwieweit dieses bei der Diskussion um die ‚Lösung' der ‚Sudetendeutschen Frage' nach dem Krieg eine Rolle spielte.

Durchhalten auf und verwies die Menschen auf die Nachkriegszeit, in der alles besser werden sollte. Henlein zeichnete ein tiefschwarzes Bild der „Tschechenzeit", um daran zu erinnern, wie schlecht es den Sudetendeutschen früher gegangen sei. Er appellierte an ihre Opferbereitschaft, ihren Idealismus und ihr ‚großdeutsches' Bewußtsein.[601] „Hat damals jeder von Euch, der mit mir marschierte, danach gefragt, ob ihm dieser Weg äußere Vorteile einbringen wird?" fragte er die Menschen anläßlich des fünften Jahrestages des Anschlusses und antwortete für sie: „Nein! Wir haben für die Freiheit gekämpft."[602]

Positive Reaktionen blieben nicht aus und belegen, daß Henlein bei allen Schwierigkeiten und trotz der Kratzer, die sein Bild davongetragen hatte, noch immer Ausstrahlung auf seine Landsleute hatte und daß er sie erreichte und aufmuntern konnte. Über einen Appell Henleins vor Politischen Leitern der Partei heißt es: „Die Offenheit des Gauleiters wurde ihm hoch angerechnet." Er habe sich „dadurch einen neuen Anhang" geschaffen und Gerüchten um seine Person entgegengewirkt.[603] Der Rede Henleins vom 23. November 1940 sei in seinem Kreisgebiet „weitgehend Verständnis entgegengebracht" worden, berichtete der Kreisleiter von Tetschen[604], „klärend und beruhigend" hätten Henleins Worte gewirkt, schrieb der Generalstaatsanwalt beim Oberlandesgericht in Leitmeritz an den Reichsjustizminister.[605]

Daß derartige Urteile nicht bloß opportunistische und systemkonforme Belobigungen des Gauleiters durch die Berichterstatter waren, zeigt ein Lagebericht vom 3. Februar 1945, also unmittelbar vor Kriegsende. Dort heißt es ganz offen, der Propagandaminister Goebbels werde im Volksmund „Märchenprinz" genannt. Über seine Artikel in der Presse werde kaum noch gesprochen, und er werde wegen seiner unzutreffenden Prognosen von der Bevölkerung sogar „verurteilt". Dagegen sei ein Artikel Henleins in der ‚Zeit' vom 2. Februar „viel besprochen" worden: „Dieser Artikel war bestimmt nicht schönfärberisch. Aber er hat in unseren Leuten doch das Gefühl hervorgerufen, daß hier einmal einer von

---

[601] *Henlein*, Konrad: Unsere Verpflichtung. Gedanken zum 5. Jahrestag unserer Heimkehr. Sudetendeutsche Monatshefte, Herbstmond 1943, 173-175. — *Ders.:* Die soziale und wirtschaftliche Lage. SOA Litoměřice, GL NSDAP, Kart. 126. — Vgl. auch seine als „Sonderweisung des Gaupropagandaamtes" herausgegebene Ansprache vom 30. 9. 1943. *Ebenda.* — Siehe auch *Joza:* K některým otázkám vývoje politického smýšlení 121.
[602] „Sonderweisung des Gaupropagandaamtes", Ansprache Henleins am 30. 9. 1943. SOA Litoměřice, GL NSDAP, Kart. 126.
[603] Lagebericht der NSDAP-Kreisleitung Freudenthal für März/April 1943. SOA Litoměřice, GL NSDAP, Kart. 2.
[604] Lagebericht für November/Dezember 1940. SOA Litoměřice, GL NSDAP, Kart. 3.
[605] Lagebericht vom 22. 1. 1941. BA Dahlwitz-Hoppegarten, R 22/3376, Bl. 31. — Von positiven Reaktionen auf die ‚Amtstage' Henleins im Regierungsbezirk Troppau berichtete der dortige Regierungspräsident am 4. 8. 1942. SOA Litoměřice, GL NSDAP, Kart. 22.

uns selbst spricht, einer der uns versteht, den wir ebenfalls begreifen und der uns bei der eigenen Not zu packen weiß."[606] Noch immer war es Henlein, der die Nöte und Wünsche der Sudetendeutschen am besten ausdrückte.

Nicht zuletzt mit seinen Reden und Verlautbarungen leistete Henlein aber auch einen wichtigen Beitrag zur Stabilisierung des nationalsozialistischen Regimes in seinem Amtsbereich. Es konnte gezeigt werden, daß sich selbst Heydrich in seinem Kampf gegen Henlein im Frühjahr 1940 über dessen ‚kommunikative Fähigkeiten', wie man heute sagen würde, und seine besondere Stellung in der sudetendeutschen Öffentlichkeit im klaren war und diese als Grund dafür anführte, Henlein in seinem Amt zu belassen. Wie kein anderer war der Gauleiter, der die ‚Heim ins Reich'-Parole ausgegeben hatte, für die Folgen des ‚Anschlusses' verantwortlich zu machen und verkörperte den Gedanken: ‚mitgefangen, mitgehangen'. Zudem trug die Tatsache, daß er, der ‚Führer der Sudetendeutschen', bis zum bitteren Ende an der Spitze des Sudetengaus stand, dazu bei, zu verdecken, daß der Sudetengau in wirtschaftlicher Hinsicht vom Reich mitunter wie eine auszubeutende Kolonie behandelt wurde.[607]

---

[606] Lagebericht der NSDAP-Kreisleitung Deutsch-Gabel vom 3. 2. 1945. SOA Litoměřice, GL NSDAP, Kart. 5. — Vgl. auch das Schreiben des Leiters des Kreisgerichts der NSDAP von Zwickau an Henlein vom 7. 3. 1943 über Reaktionen auf den „Parteiappell" des Gauleiters in Deutsch-Gabel. Man habe sich über Henleins „kernige Offenheit" gefreut. *Ebenda,* Kart. 110.

[607] *Faltys:* Postavení 416. — *Svatosch,* Franz: K úloze státně monopolistického kapitalismu při přípravě hitlerovské agrese proti Československé republice a během okupace českého a moravského pohraničí až do roku 1941 [Zur Rolle des Staatsmonopol-Kapitalismus bei der Vorbereitung der Hitlerschen Aggression gegen die Tschechoslowakische Republik und während der Besatzung des böhmischen und mährischen Grenzgebietes bis zum Jahr 1941]. Odboj a revoluce – Zprávy 6/1 (1968) 20-36, hier 34.

4. ‚Germanisierungspolitik' im Spannungsfeld zwischen Sudetengau, Altreich und deutscher Protektoratsherrschaft

Die tschechische Minderheit im Sudetengau

Die Stärke der tschechischen Minderheit und ihre rechtliche Ausgangslage

Die genaue Zahl der im Reichsgau Sudetenland lebenden Tschechen zu bestimmen fällt schwer; die Angaben schwanken erheblich und belegen vor allem, daß es nicht immer leicht war, zwischen Sudetendeutschen und Tschechen eindeutig zu unterscheiden.

Nach der im Mai 1939 durchgeführten Volkszählung lebten etwa 291 000 Tschechen im Sudetengau, davon ca. 16 000 im Regierungsbezirk Karlsbad/Eger, 113 000 im Regierungsbezirk Aussig und 162 000 im Regierungsbezirk Troppau. Dies entsprach bei einer Gesamtbevölkerung von gut 2 943 000 einem prozentualen Anteil von 9,9 Prozent im Gaudurchschnitt. Am größten war danach der Anteil im Regierungsbezirk Troppau mit 20 Prozent, am geringsten im Amtsbereich des Regierungspräsidenten in Karlsbad mit 2 Prozent der Gesamtbevölkerung. Im Regierungsbezirk Aussig belief sich der entsprechende Prozentsatz auf 8,5.[608] Während hier die tschechische Bevölkerung überwiegend in der Industrie, vor allem im Bergbau beschäftigt war, arbeiteten im Regierungsbezirk Troppau die meisten Tschechen in der Landwirtschaft oder in Handel und Handwerk.[609]

Die offiziellen Angaben zur Stärke der tschechischen Bevölkerung entsprachen jedoch nicht der Realität. Darauf wiesen verschiedene Dienststellen im Gau hin. Die Volkszählung berücksichtigte nämlich nicht jene Menschen, die ‚konjunkturbedingt' – oftmals dadurch ermutigt, daß sie nahe deutsche Verwandte hatten – für die Volkszählung kurzerhand die Angabe der eigenen Volkszugehörigkeit geändert hatten. Im Abschnitt über die ‚Ergänzungswahlen zum Großdeutschen Reichstag' wurde bereits gezeigt, wie schwer es in diesen teilweise stark gemischten Landstrichen war, zu bestimmen, wer eigentlich Deutscher und wer Tscheche sei: In einer Ortschaft in der Nähe von Troppau waren 114 ‚deutsche' Stimmzettel abgegeben worden, obwohl dort nach der Volkszählung von 1930 nur sieben Deutsche lebten. Diese Schwierigkeit zeigte sich gerade auch bei der Erhebung 1939.

---

[608] Ergebnisse der Volkszählung zitiert nach *Bohmann:* Das Sudetendeutschtum 125 und 134.

[609] *Bartoš:* Okupované pohraničí 74. — Vgl. auch Meldungen aus dem Reich. Bd. 3, Nr. 28 vom 13. 12. 1939, 567f.

„Die am 17. Mai 1939 für den Regierungsbezirk Aussig durch die Volkszählung ermittelte Zahl von 112 361 Tschechen", so heißt es in einem „Bericht über die Lage der tschechischen Volksgruppe" vom 16. April 1940, „dürfte [...] der Wirklichkeit nicht entsprechen und zu niedrig sein." Vielmehr habe eine Anfang 1939 durchgeführte Erhebung der Landräte und Bürgermeister ergeben, daß mit ca. 140 000 Tschechen, also 10 Prozent der Bevölkerung, zu rechnen sei. Diese Angaben würden der Tatsache Rechnung tragen, daß sich bei der Volkszählung „sicher sehr viele Tschechen als Deutsche bekannt haben".[610] Dieser Befund traf nicht nur auf den Aussiger Regierungsbezirk, sondern auf den gesamten Gau zu. In einer Denkschrift ging SS-Standartenführer Ernst Müller, Leiter der Dienststelle des ‚Reichskommissars für die Festigung deutschen Volkstums' im mährischen Fulnek, 1943 davon aus, „daß völkisch ungefestigte Sippen und Einzelpersonen ihr Volkstumsbekenntnis konjunkturbestimmt geändert haben" und der „deutsche Volkskörper im Sudetenland [...] eine volkstumsmäßig ungefestigte Schicht von ungefähr 100 000 Köpfen in sich aufgenommen" habe.[611]

Demnach ist es realistisch, mit einer tschechischen Wohnbevölkerung im Sudetengau von etwa 400 000 Menschen zu rechnen. Diese Zahl ist ein Annäherungswert.[612] Zu bestimmten Zeitpunkten dürfte die Zahl etwas höher, zu anderen Zeitpunkten etwas geringer gewesen sein. Der prozentuale Anteil der Tschechen an der Bevölkerung schwankte nicht nur wegen des im Krieg verstärkten Zuzugs tschechischer Arbeitskräfte, sondern auch, weil viele sudetendeutsche Männer zur Wehrmacht einrückten. Bei einer Gesamtbevölkerung des Sudetengaus von knapp drei Millionen Menschen betrug der Anteil der Tschechen also etwa 13 Prozent.

Zwischen dem Deutschen Reich und der Tschechoslowakischen Republik wurden am 20. November 1938 zwei Abkommen geschlossen, um die rechtliche Stellung der jeweiligen nationalen Minderheiten zu klären. Zunächst ist hier die freilich sehr vage „Erklärung über den Schutz der beiderseitigen Volksgruppen" zu nennen, in der sich beide Regierungen bereit erklärten, sich „über die Fragen [...] des Volkstums [...] fortlaufend zu verständigen" und zu diesem Zwecke einen paritätisch besetzten „Regierungsausschuß" zu bilden, „der grundsätzliche und Einzelfragen aller Art [...] im Verhandlungswege" behandeln und lösen sollte. Die zwei Ausschußmitglieder jeder Seite wurden zwar noch bestimmt, zu

---

[610] SOA Litoměřice, RPA, Kart. 1520. — In Teplitz-Schönau z. B. habe die Volkszählung 9 966 Tschechen festgestellt (10,2 Prozent), die Erhebung der örtlichen Behörden mit Stand vom 21. 12. 1939 jedoch 11 483 (12 Prozent). Der Zuwachs wurde nicht auf Zuwanderung, sondern auf falsche Angaben bei der Volkszählung zurückgeführt.

[611] Schreiben Müllers an Henlein mit Entwurf für einen Beitrag „über die volkspolitische Arbeit im Sudetengau" für eine „Denkschrift an den Führer" vom 2. 10. 1943. ZA Opava, RKFDV, Kart. 3. — Vgl. auch *Bartoš*: Okupované pohraničí 73.

[612] Vgl. auch Meldungen aus dem Reich. Bd. 3, Nr. 28 vom 13. 12. 1939, 567.

einer gemeinsamen Sitzung kamen sie jedoch nie zusammen.[613] Die deutsche Seite hatte ohnehin nicht vorgehabt, dieses Abkommen mit Leben zu füllen. Bei einer Besprechung in der Volksdeutschen Mittelstelle Anfang Oktober 1938, bei der das Auswärtige Amt, das Reichsinnenministerium, das Reichserziehungsministerium, das Oberkommando der Wehrmacht und die SS beteiligt waren, wurde festgelegt, daß den Tschechen „keinesfalls die Stellung" eingeräumt werden sollte, die die deutsche Seite für ihre „Volksgruppe in der Tschechoslowakei" erwartete.[614]

Von größerer Bedeutung war der Vertrag über „Staatsangehörigkeits- und Optionsfragen".[615] Hier interessiert vor allem seine Bedeutung für die nach dem Münchener Abkommen in den sudetendeutschen Gebieten lebenden Tschechen. Der Vertrag bestimmte dazu, daß in den abgetretenen Gebieten lebende tschechoslowakische Staatsangehörige unter Verlust ihrer Staatsangehörigkeit diejenige des Deutschen Reiches erwarben, wenn sie „vor dem 1. Januar 1910 in dem mit dem Deutschen Reich vereinigten Gebiet geboren" waren oder wenn sie „die deutsche Staatsangehörigkeit mit dem 10. Januar 1920" – dem Inkrafttreten des Versailler Vertrages – verloren hatten bzw. wenn es sich um Kinder, Enkelkinder oder Ehefrauen solcher Personen handelte.[616]

Bis zum 10. Juli 1939 sollte die deutsche Regierung „das Verlangen stellen [können – R. G.], daß Personen nichtdeutscher Volkszugehörigkeit, die nach den Bestimmungen dieses Vertrages tschechoslowakische Staatsangehörige bleiben und seit dem 1. Januar 1910 in das mit dem Deutschen Reich vereinigte Gebiet zugezogen sind, sowie ihre die tschechoslowakische Staatsangehörigkeit besitzenden Abkömmlinge das Deutsche Reich innerhalb einer Frist von drei Monaten verlassen".[617] Außerdem wurde den „Personen nichtdeutscher Volkszugehörigkeit", die nach den Maßgaben des § 1 die deutsche Staatsangehörigkeit erwarben, die Möglichkeit gegeben, bis zum 29. März 1939 für die tschechoslowakische Staatsangehörigkeit zu optieren.[618]

Wenn auch durch die deutsche Besetzung ganz Böhmens und Mährens im März 1939 die Bedeutung des „Optionsabkommens" stark eingeschränkt wurde, so behielt doch gerade der zuletzt genannte Passus in der Folgezeit einige Bedeutung. Wie noch zu zeigen sein wird, wurde von sudetendeutscher Seite immer wieder der Versuch unternommen, die ‚Optanten', also jene Tschechen, die die deutsche Staatsbürgerschaft er-

---

[613] Text des Abkommens in: Dokumente der Deutschen Politik, Bd. 6/1, 389f. — Siehe auch *Bartoš:* Okupované pohraničí 75.
[614] Aufzeichnung des Vortragenden Legationsrats von Twardowski vom 11. 11. 1938. ADAP. Serie D. Bd 4, 125f., Zitat 126.
[615] Text des Vertrages in: Dokumente der Deutschen Politik, Bd. 6/1, 384ff.
[616] § 1. *Ebenda* 385.
[617] § 2. *Ebenda* 385f.
[618] § 3. *Ebenda* 386. — Durch eine zusätzliche Vereinbarung vom 4. 3. 1939 wurde die Optionsfrist bis zum 30. 6. 1939 verlängert.

worben, dann aber für die tschechoslowakische optiert hatten, in das Protektorat auszuweisen. Nicht ganz zu Unrecht sahen die deutschen Behörden in der Option ein „Bekenntnis zum Tschechentum" und einen „Ausdruck der Ablehnung der Besetzung".[619] Das Optionsverhalten der tschechischen Bevölkerung wurde aber auch stark durch wirtschaftliche Gründe bestimmt: So optierten im Regierungsbezirk Troppau verhältnismäßig wenig Tschechen, weil die meisten von ihnen in der Landwirtschaft tätig waren und fürchteten, sonst ihren Besitz zu verlieren.[620] Etwa 80 Prozent der Tschechen hatten hier die deutsche Staatsangehörigkeit, nur ca. 20 Prozent optierten für die ČSR bzw. das Protektorat. Im Regierungsbezirk Aussig, wo die meisten Tschechen in der Industrie oder im Bergbau arbeiteten, optierten etwa 69 Prozent.[621]

Der Fall eines Beamten der tschechoslowakischen Staatsbahn, der für die tschechoslowakische Staatsangehörigkeit optierte, weil er sonst seine Pensionsansprüche verloren hätte, zeigt aber, daß auch hier mindestens teilweise verständliche materielle Sorgen walteten.[622] Auch Zwang spielte bei der Wahrnehmung der Option eine – allerdings in ihrem Ausmaß nicht genauer zu bestimmende – Rolle.[623]

Massenvertreibungen von Tschechen nach dem Anschluß?

Die Zahl der im Sudetengau lebenden Tschechen führt zu der Frage, die Fritz Peter Habel in einem ganzen Buch zu beantworten suchte: Gab es 1938/39 Massenvertreibungen von Tschechen aus dem Sudetengebiet, die mit der Vertreibung der Sudetendeutschen nach 1945 zu vergleichen wären? Diese Frage ist bis heute politisch brisant wegen ihrer Implikationen für die Beurteilung der Vorgänge nach Kriegsende. Sie scheint zunächst berechtigt, wenn man sich folgenden Umstand vergegenwärtigt: Vor dem Anschluß hatten in den sudetendeutschen Gebieten insgesamt – also nicht nur, aber zu einem großen Teil in jenen Gebieten, aus denen der Sudetengau gebildet wurde –, ca. 780 000 Tschechen gelebt.[624] In ver-

---

[619] Bartoš: Okupované pohraničí 76.
[620] Ebenda. — Joza, Jaroslav: Česká menšina v severních Čechách v letech 1938–1941 ve světle nacistických pramenů [Die tschechische Minderheit in Nordböhmen in den Jahren 1938–1941 im Lichte nationalsozialistischer Quellen]. In: Severní Čechy a Mnichov. Sborník statí k 30. výročí Mnichova [Nordböhmen und München. Sammelband zum 30. Jahrestag von München]. Liberec 1969, 176-213, hier 180.
[621] Ebenda. — Zur Problematik der genauen Bestimmung dieser Zahlen siehe auch Bartoš: Okupované pohraničí 76 und 149.
[622] Akte Josef Herman. SÚA Prag, PMR, Karton 3671, N 1416, Nr. 8739/2128 1941.
[623] So gab der Sohn eines Optanten, der 1940 mit seiner Familie aus dem Sudetengau ausgewiesen wurde, an, man habe ihn, zusammen mit anderen Tschechen, amtlicherseits zur Option gezwungen. Akte J. M. SÚA Prag, PMR, N 1416, 41.350/9087 1940.
[624] Habel: Eine politische Legende 83. — Bartoš: Okupované pohraničí 71, führt ohne genaueren Beleg an, die Zahl der 1930 auf dem Gebiet des späteren Sudetengaus lebenden Tschechen habe etwa 578 000 betragen.

schiedenen Medien, aber auch von tschechischen Politikern, freilich nicht in der wissenschaftlichen Literatur, auch nicht in der tschechischen, wurde der Rückgang auf etwa 400 000 dahingehend interpretiert, daß hier eine umfangreiche Vertreibung tschechischer Bevölkerung stattgefunden habe. Damit wurde impliziert, die Vertreibung der Sudetendeutschen 1945/46 sei gleichsam eine Antwort auf das gewesen, was den Tschechen nach dem Oktober 1938 widerfahren sei.[625]

Habel zeigt jedoch alles in allem überzeugend, daß es wohl vorwiegend nach der Gründung der ČSR 1918 zugezogene tschechische Staatsbeamte waren, die 1938 die an das Reich abgetretenen Gebiete verließen. Dies, die Umstände ihres Abzuges sowie die Tatsache, daß es während der ganzen Dauer des Krieges eine bedeutende tschechische Minderheit in den sudetendeutschen Gebieten gab, 1945/46 aber die sudetendeutsche Bevölkerung fast vollständig aus der ČSR vertrieben wurde, lassen beide Vorgänge tatsächlich als nicht vergleichbar erscheinen.[626]

Über die Zahl der Tschechen, die nach dem Münchener Abkommen die sudetendeutschen Gebiete verließen, liegen verschiedene Angaben vor.[627] Entscheidend ist jedoch, daß ein sehr großer Teil der tschechischen Bevölkerung auch danach in den sudetendeutschen Gebieten, auch im Sudetengau, verblieb. Daher ist Habels zentraler These, man könne die Ereignisse 1938/40 nicht mit jenen 1945/46 vergleichen, zuzustimmen. Allerdings muß seiner Arbeit in wesentlichen anderen Punkten widersprochen werden. Es liegt der paradox anmutende Fall vor, daß trotz der Richtigkeit der Hauptthese in dem Buch ein insgesamt schiefes, ja falsches Bild gezeichnet wird.

---

[625] Siehe dazu *Habel:* Eine politische Legende, passim. — Beispiele aus der Publizistik *ebenda* 66. — „Unter ‚Vertreibung' ist juristisch die direkte oder indirekte Anwendung von Gewalt zu verstehen, ‚die zum Verlassen der Heimat führt'." *Nittner,* Ernst: Die Vertreibung der Sudetendeutschen und das Ende der deutschtschechischen Nachbarschaft. In: Tausend Jahre deutsch-tschechische Nachbarschaft. Daten, Namen und Fakten zur politischen, gesellschaftlichen, kulturellen und kirchlichen Entwicklung in den böhmischen Ländern. Hrsg. von *dems.* München 1988, 218-251, 200. — „Die Vertreibung vollzieht sich äußerlich als Ausweisung, Verjagung oder Flucht." Wörterbuch des Völkerrechts. Hrsg. von Hans-Jürgen *Schlochauer.* 3 Bde. Berlin 1960-1962, Bd. 3, Berlin 1962, 560.

[626] *Habel:* Eine politische Legende, v. a. 111 und 133ff.

[627] Nach Berechnungen des tschechischen Historikers Jaroslav Macek „flüchteten" nach dem Münchener Abkommen etwa 160 000 Menschen aus dem „Grenzgebiet". *Macek,* Jaroslav: Flüchtlinge aus dem Grenzgebiet im Jahre 1938. In: Češi a Němci – historická tabu. Češi a Deutsche – historische Tabus. Hrsg. von der Stiftung Bolzano und der Ackermann-Gemeinde München. Prag 1995, 139-145, hier 142. — Der SD berief sich auf Angaben des tschechischen ‚Instituts für Flüchtlingshilfe' und nannte die Zahl von 152 000 Tschechen, die das sudetendeutsche Gebiet verlassen hätten. Nach zeitgenössischen sudetendeutschen Schätzungen lag die Zahl der „zurückgezogenen Tschechen" dagegen zwischen 180 000 und 200 000. Meldungen aus dem Reich. Bd. 3, Nr. 28 vom 13. 12. 1939, 567.

Dies liegt hauptsächlich an dem vom Verfasser gewählten zeitlichen Rahmen der Untersuchung. Mit der Begründung, die Vertreibung der Sudetendeutschen nach Kriegsende habe ca. eineinhalb Jahre gedauert, wird das Schicksal der Tschechen im Sudetengau nur bis März 1940 untersucht – ebenfalls eineinhalb Jahre. Der März 1940 stellt jedoch in diesem Zusammenhang keinen sinnvollen Einschnitt dar. So wenig ein Gleichsetzen der Ereignisse nach 1938 mit denjenigen nach 1945 einer Untersuchung standhält, so abwegig ist es, die Untersuchung in beiden Fällen eben dieser Gleichheit halber jeweils auf den Zeitraum von 18 Monaten zu beschränken. Darum entgeht Habel nämlich, daß es zwischen Oktober 1938 und März 1940 zwar nicht zur „Massenvertreibung von Tschechen aus dem Sudetengebiet"[628] kam, daß aber bis 1945 *immer wieder* Tschechen vertrieben wurden und daß es Ziel der Politik im Sudetengau war, die dort lebenden Tschechen entweder möglichst schnell zu ‚germanisieren' oder von dort zu vertreiben. Systematisch wurde diese Absicht während des Krieges nicht verfolgt. Aber es wird deutlich werden, daß auch nicht nur über dieses Ziel diskutiert wurde. Es wurden zahlreiche konkrete Schritte in dieser Hinsicht unternommen.

Die genaue Zahl der gegen ihren Willen aus dem Sudetengau bzw. den sudetendeutschen Gebieten insgesamt nach Oktober 1938 vertriebenen Tschechen dürfte kaum zu ermitteln sein. Daher erscheint es nicht angemessen, einige bekanntgewordene Einzelfälle zu addieren und zu dem Ergebnis zu kommen, es seien „rd. vierzig v. a. nach 1919 zugewanderter [sic] Tschechen mit ihren Familien (oder insgesamt ca. hundertvierzig von mindestens fünfhunderttausend Zuwanderer [sic]) nach dem 1. 10. 1938 durch formale Ausweisung aus dem nunmehr dem Deutschen Reich zugehörigen Sudetengebiet entfernt" worden.[629]

Wie wenig hilfreich und um wie vieles zu niedrig diese Angabe ist, macht ein Dokument aus der Behörde des Reichsprotektors in Prag vom Frühjahr 1941 deutlich. Hier wird berichtet, „die Zahl der Ausweisungen" aus der „Grenzzone" habe „erheblich zugenommen" und läge nun schon „bei rund 400". Der Zeitpunkt, auf den diese Zunahme bezogen wird, bleibt unklar, weshalb die angegebene Ziffer nicht als Gesamtsumme aller seit Oktober 1938 bis dahin vertriebenen Tschechen verstanden werden kann. Diese muß deshalb offen bleiben. Es handele sich bei diesen u. a., so heißt es in der Niederschrift weiter, auch um „Alttschechen", also um Tschechen, die schon vor der Gründung der ČSR 1918 im Sudetengebiet gelebt hatten und „für deren Ausweisung keine Rechtsgrundlage bestand". Der Regierungspräsident in Troppau habe sogar „seinen Landräten ein Ausweisungskontingent von 3–4 Tschechen monatlich eingeräumt".[630] Zwischen dem 20. Juni und dem 17. Oktober 1939 wurden

---

[628] Aus dem Titel der Arbeit Habels: „Eine politische Legende":
[629] *Habel*: Eine politische Legende 85.
[630] „Vermerk über die Tagung der Volkstums- und Grenzpolizeireferenten beim Befehlshaber der Sicherheitspolizei am 6. Mai 1941" vom 10. 5. 1941. SÚA Prag,

allein aus Reichenberg und Umgebung 132 Tschechen „von den lokalen Behörden" aufgefordert, „das dortige Gebiet zu verlassen und sich auf das Gebiet des Protektorats zu begeben".[631]

Um zu zeigen, unter welchen Verhältnissen dies geschah und warum die Beschreibung dieser Vorgänge den Begriff ‚Vertreibung' rechtfertigt, ist ein längeres Zitat angebracht:

In der Mehrzahl der Fälle wurden diese Ausweisungsmaßnahmen in der Weise vollzogen, daß die in Betracht kommenden Personen in den Räumen der Polizeidirektion in Reichenberg gesammelt und von dort in Begleitung von Sicherheitsorganen in Kraftwagen auf die Gendarmeriestation in Turnau abtransportiert und den Organen des Protektorats übergeben wurden. In vielen Fällen wurden ihnen erst auf dieser Gendarmeriestation die entsprechenden Ausweisungsbescheide eingehändigt. Laut Angaben, welche die betreffenden Personen bei ihrer Übernahme durch die Behörden des Protektorats gemacht haben, handelt es sich fast durchwegs um Personen, die in den Gemeinden, die sie verlassen mußten, seit langer Zeit (in vielen Fällen ununterbrochen seit der Geburt) ansässig waren und dort auch angeblich heimatzuständig sind. Größtenteils wurden sie, wie sie angaben, veranlaßt, ihre Wohnorte und Beschäftigungen zu verlassen, ohne daß ihnen eine angemessene Frist zur Regelung ihrer persönlichen und Vermögensverhältnisse eingeräumt worden wäre, obzwar einige von ihnen dort auch unbewegliches Eigentum besitzen. Ihre Habseligkeiten und Vermögensstücke mußten sie größtenteils in ihren bisherigen Wohnorten zurücklassen. Durch diese Maßnahmen wurden in einigen Fällen ganze Familien betroffen. [...] Bei vielen Personen dürfte es sich nicht um Staatsangehörige des Protektorats handeln, sondern um Staatsangehörige des Deutschen Reichs, für die nach den bestehenden Bestimmungen eine Ausweisung aus dem Reichsgebiete nicht in Frage kommen kann.[632]

Die Lage der tschechischen Bevölkerung in den ersten Monaten nach dem Anschluß

Habel verkennt aber nicht nur das Wesen und die Ziele der ‚Tschechenpolitik' im Sudetengau, über die noch ausführlich zu berichten sein wird. Er berücksichtigt auch nicht gebührend die oft spontanen und unkoordinierten Ausschreitungen und Übergriffe, denen tschechische Bewohner besonders in den ersten Wochen und Monaten nach dem Münchener Abkommen ausgesetzt waren, noch bevor von einer ‚Germanisierungs*politik*' überhaupt gesprochen werden kann.

Zu den zahlreichen Verhaftungen nach dem Einmarsch der Wehrmacht vermerkt Habel etwa, „das primäre Ziel der NS-Gewalt [könne] nicht das andersnationale Tschechentum, sondern die zeitweise Neutralisierung des ideologischen Gegners, z. B. des Marxismus, in allen Natio-

---

ARP, Kart. 292. Bei 16 Kreisen im Regierungsbezirk Troppau würde dies ein monatliches Ausweisungskontingent von 48–64 Personen bedeuten.
[631] Schreiben des Ministerpräsidenten der tschechischen Protektoratsregierung an den Reichsprotektor vom 31. 1. 1940 (Abschrift). SÚA Prag, PMR, Kart. 3671, N 1416, Nr. 3247/685 1940.
[632] *Ebenda.*

nalitäten gewesen sein".[633] Das ist zwar grundsätzlich nicht falsch, aber dennoch wurden nun auch ‚Rechnungen' aus dem Volkstumskampf in der vorangegangenen Zeit beglichen. Heydrich selbst bemängelte, daß in einzelnen Meldungen über Verhaftungen in den sudetendeutschen Gebieten als auch nach Ansicht des SD-Chefs „unzulänglicher" Verhaftungsgrund einfach „Tscheche" angegeben wurde.[634]

Kurz vor oder nach dem Anschluß in das Landesinnere geflohene Tschechen wurden teilweise an der Rückkehr, wenn sie diese nach den für sie besonders unsicheren und gefährlichen ersten Wochen wieder anstrebten, gehindert. Der Kreisleiter von Mies etwa hatte seinen Ortsgruppenleitern zu diesem Zwecke folgende Anordnung gegeben: „Sollten die Tschechen zurückkommen, erklären wir, daß sie bei uns unerwünschte Gäste sind und daß der Ortsgruppenleiter für nichts garantieren kann." Dieses „Rezept" habe sich bereits „bewährt".[635] Es ist auch belegt, daß Tschechen die Rückkehr in die sudetendeutschen Gebiete verweigert wurde bzw. daß sie von dort wieder abgeschoben wurden, weil sie nach ihrer Flucht vor den einrückenden deutschen Truppen die neue Grenze angeblich unberechtigt und ohne Papiere überschritten hätten.[636]

In Nosadl z. B. wollte eine Tschechin auf ihren Hof, den sie vorübergehend verlassen hatte, zurückkehren. Der Betrieb war jedoch inzwischen vom Bürgermeister des Ortes angeblich auf Anordnung reichsdeutscher Stellen zur Bewirtschaftung übernommen worden. Als die Besitzerin nach mehrmaliger Intervention bei den Behörden den Bürgermeister persönlich zur Rückgabe aufforderte, ließ dieser sie kurzerhand von der Gendarmerie zur Grenze bringen und ihr mitteilen, „daß sie auf deutsches Gebiet nicht mehr zurückkehren dürfe".[637] Über die Häufigkeit solcher Vorfälle, bei denen es unter Ausnutzung der politischen Lage zur persönlichen Bereicherung kam, sind genaue Angaben nicht möglich. Örtlich begrenzte und gründliche Untersuchungen dazu stehen noch aus, wobei immerhin schon jetzt klar ist, daß die regionalen Unterschiede sehr groß waren. Vieles hing von den am Ort verantwortlichen Personen ab.

Ein durchaus differenziertes Bild der Lage der tschechischen Bevölkerung in den an das Reich abgetretenen Gebieten zeichnen die Berichte tschechischer Kreisbehörden an die Landesämter in Prag und Brünn, bis im März 1939 auch der Rest Böhmens und Mährens von deutschen Truppen besetzt und die Berichterstattung eingestellt wurde. Ihnen wurde auch der oben geschilderte Fall entnommen. Zum einen wird hier immer

---

[633] *Habel:* Eine politische Legende 109.
[634] Runderlaß der Gestapo, gez. Heydrich, vom 24. 12. 1938. BA Berlin, R 58/5, teilweise abgedruckt bei *Broszat:* Nationalsozialistische Konzentrationslager 79.
[635] Lagebericht vom 5. 6. 1939. SOA Litoměřice, GL NSDAP, Kart. 12.
[636] Aktenvermerk [1940]. SÚA Prag, PMR, Kart. 3671, N 1416, Nr. 33.524/7376.
[637] Bericht des Kreisamtes von Mnichovo Hradiště (Münchengrätz) vom 26. 1. 1939. SÚA Prag, MV-Pres. 1936-1940, XH 21-6, Kart. 1044. — Vgl. auch SÚA Prag, PMR, Kart. 3671, N 1418 Nr. 17.652.

wieder betont, daß sich die deutschen Behörden gegenüber den Tschechen durchaus korrekt verhielten.[638] Zum anderen ist in diesen Berichten aber wiederholt von Ausschreitungen der sudetendeutschen Bevölkerung gegen Tschechen zu lesen, die man provozierte und zum Übersiedeln in das Landesinnere drängte.[639] Hier wird deutlich, daß es nicht immer eine ‚von oben' gesteuerte Politik war, die den Tschechen das Leben in den abgetretenen Gebieten besonders in dieser frühen Phase, schwer machte: Die Begriffe ‚Volkstumskampf' und ‚Volkstumspolitik' sind nicht gleichzusetzen.

Die Sopade berichtete, in der später so genannten ‚Reichskristallnacht' am 9. November 1938 habe es nicht nur „Exzesse" gegen Juden, sondern auch gegen Tschechen gegeben. Rufe wie „Hinaus mit den Tschechen" seien „an der Tagesordnung" gewesen. „Erst die Juden, dann die Tschechen", habe eine andere Parole gelautet. In Dux, bald darauf auch in anderen Orten, hätten sich „größere Trupps junger Burschen gebildet", die herumgezogen seien und tschechisches Eigentum beschädigt hätten.[640] „Als Begründung dafür führt man an, daß die Tschechen mit den Juden zusammen gegen das Dritte Reich arbeiteten."[641] Ziel dieser „Plünderungen und [...] Zerstörungen von tschechischen und jüdischen Geschäften" war es nach Karl Hermann Franks Aussage, „die Säuberung des Gebietes von diesen Menschen [zu] erreichen".[642] In der Arbeiterschaft, so die Sopade, sei die „herrschende Auffassung", daß „Juden und Tschechen [...] fortgejagt, ihres Besitzes enteignet, aber persönlich unangetastet gelassen werden" sollten.[643]

Selbst wenn man sich der Auffassung des Berichterstatters, die *Mehrheit* der sudetendeutschen Arbeiter sei dieser Ansicht gewesen, nicht anschließen will, so gilt es doch, auch solche Stimmen und Ereignisse bei der Darstellung der Lage der tschechischen Minderheit in den sudeten-

---

[638] Vgl. z. B. Berichte des Kreisamts von Mladá Boleslav (Jungbunzlau) vom 21. 11. 1938 und vom 5. 12. 1938. SÚA Prag, MV-Pres. 1936-1940, XH 21-6, Kart. 1044. — Bericht des Kreisamtes von Mnichovské Hradiště (Münchengrätz) vom 2. 2. 1939. *Ebenda*, Kart. 1043. — Bericht des Kreisamtes von Valašské Meziříčí (Wallachisch Meseritsch) vom 6. 2. 1939. *Ebenda.* Bericht des Kreisamtes von Žamberk (Senftenberg) vom 1. 3. 1939. *Ebenda.* — Der zunächst als Regierungspräsident in Troppau eingesetzte reichsdeutsche Beamte Rüdiger forderte, „die Behandlung der Minderheiten" habe „mit der vornehmen Großzügigkeit des Siegers zu erfolgen". Gehässigkeiten sind auf jeden Fall zu unterbinden". Niederschrift über die erste Besprechung mit den Bezirkshauptmännern am 28. 10. 1938, ZA Opava, RPT, Nr. 570.

[639] Vgl. z. B. Bericht des Kreisamtes von Mladá Boleslav (Jungbunzlau) vom 5. 12. 1938. SÚA Prag, MV-Pres. 1936-1940, XH 21-6, Kart. 1044. — Vgl. auch die Berichte der Leitung der Gendarmeriestation Jičín vom 1. 3. 1939 und des Verteidigungsministeriums in Prag vom 14. 3. 1939, *ebenda*, sowie den Bericht der Polizeidirektion in České Budějovice (Budweis) vom 25. 10. 1938.

[640] Deutschland-Berichte. 1938, 1175.

[641] *Ebenda* 1196.

[642] Aussage Franks, abgedruckt in: Die Deutschen in der Tschechoslowakei 338.

[643] Deutschland-Berichte. 1939, 17.

deutschen Gebieten einzubeziehen. Die negative, ja feindliche Grundhaltung weiter Teile der deutschen Bevölkerung im Sudetengau gegenüber den Tschechen spricht aus allen Lageberichten, gleich ob sie von der Opposition (Sopade), staatlichen Stellen oder von der Partei verfaßt wurden. „Der Haß gegen das Tschechentum", so berichtete der Regierungspräsident in Aussig für die Monate März und April 1939, „hält noch unvermindert an". Daß sich hier nicht etwa vornehmlich der Haß des Berichterstatters selbst manifestiert, belegt der Hinweis auf eine Aussage ausgerechnet Hitlers, die hier affirmativ zitiert wird. Die „vom Führer wiederholt verkündete Erkenntnis, daß das deutsche und das tschechische Volk [...] eine vernünftige Art des Zusammenlebens" zu finden habe, vermöge „sich noch nicht recht durchzusetzen". Im Bericht vom 3. Juli 1942, also kurz nach dem Attentat auf Heydrich in Prag, heißt es, „der Haß und die Ablehnung aller Sudetendeutschen gegen die Tschechen aus der Zeit des selbständigen tschechoslowakischen Staates" sei „nicht zuletzt auch angesichts des vielfach provozierenden Verhaltens [der Tschechen – R.G.] auch nach der Eingliederung des Sudetenlandes in das Reich unauslöschlich".[644] Auf diese feindliche Grundhaltung nahmen die Machthaber in der Folgezeit immer wieder Bezug und rechtfertigten mit ihr angeblich erforderliche Maßnahmen gegen die tschechische Minderheit. Die Stimmung der Bevölkerung wurde so ein nicht unbedeutender Faktor der Volkstumspolitik und bestimmte nicht unwesentlich die Lage der Tschechen im Sudetengau.

‚Germanisierungspolitik' im Reichsgau Sudetenland

Parallel zu dem, was man die ‚wilde Germanisierung' nennen könnte – das beschriebene Vorgehen der deutschen Bevölkerung gegen ihr unliebsame Tschechen, die man, teilweise sogar unter Einsatz physischer Gewalt, zum Abzug ins Landesinnere drängte, deren Eigentum man beschädigte und deren Schilder, Aufschriften und Denkmäler man entfernte[645] – setzte bald nach dem Einmarsch der deutschen Wehrmacht eine Politik der ‚Germanisierung' des Sudetengaus ein. Sie wurde von Staat und Partei und nicht zuletzt auch von Konrad Henlein vorangetrieben.

Dabei kann man einen Großteil der ‚Germanisierungsmaßnahmen' nach ihrem fördernden bzw. ihrem hemmenden Charakter unterscheiden: Einerseits wurde gefördert, was deutsch, andererseits gehemmt, was tschechisch war.[646] Bei zwei Kernelementen der ‚Germanisierungs-

---

[644] SOA Litoměřice, RPA, Kart. 30.
[645] Vgl. dazu auch *Bartoš*: Okupované pohraničí 92.
[646] Daß die ‚Eindeutschung' gleichsam zwei Seiten hat, darauf hat mit Blick auf das Protektorat Petr Němec hingewiesen. *Němec, Petr*: Die Lage der deutschen Nationalität im Protektorat Böhmen und Mähren unter dem Aspekt der „Eindeutschung" dieses Gebiets. Bohemia 32 (1991) 39-59, hier 39. — Für den Sudetengau

politik' kann man diese Unterscheidung jedoch nicht vornehmen: in der Siedlungspolitik und in den Maßnahmen zur ‚Umvolkung', der Eindeutschung von Tschechen, sind fördernde und hemmende Elemente untrennbar miteinander verbunden.

Wenn auch festzustellen sein wird, daß die Tschechenpolitik aus verschiedenen Gründen wenig konsequent betrieben wurde, so stand doch das Ziel, die vollständige ‚Germanisierung' des Sudetengaus, eindeutig fest. Wiederholt wurde dies von Henlein selbst klar formuliert.

Henlein und das Ziel der ‚Germanisierung' des Sudetengaus

Henleins im November 1938 an die tschechische Minderheit gerichtete Worte müssen im Zusammenhang der damals bevorstehenden ‚Wahl' gesehen und als pure Demagogie gewertet werden. Sein Versprechen, im nationalsozialistischen Staat müsse niemand, der sich diesem Staat gegenüber loyal verhalte und seine Pflichten erfülle, sein Volkstum verleugnen[647], nehmen sich im Lichte späterer Aussagen und Taten wie blanker Hohn aus.

Die tatsächlich gültige Formel zur Behandlung des „Tschechenproblems" in der Reichenberger Gauleitung faßte der Unterstaatssekretär beim Reichsprotektor in Prag 1941 wie folgt zusammen: „Möglichst alle Tschechen heraus oder wenigstens keine Schulen. Rascheste Verdeutschung wenigstens äußerlich durch entsprechende Maßnahmen auf allen Gebieten."[648] Henleins Stellvertreter Neuburg bestätigte dies in seiner Aussage nach Kriegsende. Henlein habe „ein Zusammenleben von Deutschen und Tschechen in *einem* Raum nicht für zweckmäßig" gehalten und sei deswegen „für eine restlose Trennung der beiden Volkstümer" eingetreten.[649] Der „zu 90% deutsche Sudetengau" sollte „einen völlig deutschen Charakter erhalten".[650] Dieser „Grundsatz[e] des Gauleiters" war zumindest in der NSDAP allgemein bekannt.[651]

Am 29. Mai 1943 z. B. erklärte Henlein in Gablonz vor über 1 000 Funktionären der Partei, er habe „dem Führer versprochen, daß nach dem Kriege der Sudetengau" von ihm, Henlein, „tschechenfrei gemacht" werde. Inzwischen war klar geworden, daß die Erfordernisse der Kriegswirtschaft dem vorerst im Wege standen – man brauchte die Tschechen noch als Arbeitskräfte. Schon hier soll festgehalten werden, daß Henlein nur vom Sudetengau, nicht etwa von ganz Böhmen und Mähren sprach. Weiter wird der Gauleiter und Reichsstatthalter in dem Aktenvermerk,

---

wurde bisher die ‚fördernde' Komponente der ‚Germanisierung' von der Forschung fast überhaupt nicht berücksichtigt.

[647] *Bartoš.* Okupované pohraničí 79.
[648] Aufzeichnung von Burgsdorffs vom 2. 5. 1941. ZfdAhdS Moskau, 1488-1-18, Bl. 4.
[649] Aussage Neuburg. AMV Prag, 301-139-3, Bl. 41.
[650] *Ebenda,* Bl. 43.
[651] Lagebericht der NSDAP-Kreisleitung von Gablonz für November 1941, abgedruckt in: Die Deutschen in der Tschechoslowakei 463.

der über seine Ansprache unterrichtet, mit den groben Worten zitiert: „Ich weiß, daß die Polizei heute oft nicht stark genug ist, um gegen die Tschechen einzuschreiten, ich erkläre Euch, auf die freche tschechische Schnauze gehört die deutsche harte Faust."[652]

Bei einem Besuch im Regierungsbezirk Troppau im Sommer desselben Jahres wiederholte er seine Forderung, daß der Gau in Zukunft rein deutsch sein müsse und daß für die Tschechen deshalb dort kein Platz sei. Daß diese Äußerungen große Unruhe in die tschechische Bevölkerung, der sie nicht verborgen blieben, hineintrugen, ist kaum verwunderlich.[653]

Henleins Anteil an der Volkstumspolitik ist jedoch, bedingt durch eine äußerst schmale Quellenbasis besonders in diesem Bereich, im einzelnen schwer nachzuvollziehen. Dies mag auch darauf zurückzuführen sein, daß er für die Vernichtung ihn besonders kompromittierender Dokumente gesorgt haben dürfte. Seine Haltung zu vielen Maßnahmen der ‚Germanisierung' läßt sich kaum rekonstruieren. Eine umfassende Denkschrift Henleins zur ‚Tschechenfrage', wie sie etwa aus den Federn von Neuraths, des ersten Reichsprotektors in Böhmen und Mähren, Franks oder Heydrichs vorliegen, konnte nicht gefunden werden. Möglicherweise wurde eine solche Denkschrift auch gar nicht formuliert. Dafür sprechen die immer wieder belegten Vorwürfe unterschiedlicher Dienststellen über die mangelnde Einheitlichkeit und Planlosigkeit der ‚Tschechenpolitik' im Sudetengau.[654]

Ohne eine klare Linie im einzelnen festzulegen, behielt aber der Gauleiter und Reichsstatthalter sein Ziel, die möglichst rasche Eindeutschung des Sudetengaus, immer vor Augen. Sein Interesse an der Volkstumspolitik war außerordentlich groß. Noch im Januar 1945 ordnete er beispielsweise „die Bildung einer volkspolitischen Arbeitsgemeinschaft" im Sudetengau an, da die „volkspolitischen Fragen [...] im Verlauf des Krieges immer mehr an Bedeutung und Umfang" zunähmen.[655]

Henlein hatte aber von Anfang an die eigentliche Ausführung der Volkstumspolitik im Sudetengau weitgehend Dritten übertragen bzw. übertragen müssen. Zunächst ist hier Franz Künzel, ein langjähriger enger Mitarbeiter Henleins und Bekannter noch aus den Tagen des Kameradschaftsbundes zu nennen, der Leiter des NSDAP-Gaugrenzlandamtes wurde.[656]

---

[652] Abgedruckt bei *Fremund:* Dokumenty 35.
[653] Lagebericht des Regierungspräsidenten in Troppau vom 3. 9. 1943, tschechisch abgedruckt in: Opavsko a severní Morava 188. — „Aussiedlung von Tschechen und Ansiedlung von Deutschen: Dieser Plan findet die restlose Billigung unserer Grenzlanddeutschen", vermerkte der Kreisleiter von Gablonz in seinem Lagebericht vom 5. 10. 1943, „und hilft uns das Aviso des Gauleiters, daß der Gau wieder deutsch werden muß, mitzugestalten." SOA Litoměřice, GL NSDAP, Kart. 5.
[654] Siehe dazu unten.
[655] Anordnung Henleins K-8/45 vom 15. 1. 1945. SOA Litoměřice, GL NSDAP, Kart. 35.
[656] Zu Künzel allgemein *Arndt,* Veronika: „Ständische" Ideologie im Henleinfaschismus – das Programm Franz Künzels. Jahrbuch für Geschichte der sozialistischen Länder Europas 18/2 (1974) 199-211. — *Dies.:* Stavovská koncepce F. Künzela a fašistická agrární a národnostní politika v tzv. východních Sudetech [Die ständi-

Dieses Amt hatte den Auftrag, „die Volkstumsfragen im Gau zu steuern" und „die ehemaligen Schutzvereine [Deutscher Kulturverband, Bund der Deutschen – R. G.], die vor der Befreiung, also noch außerhalb des Reiches, den Bestand der sudetendeutschen Volksgruppe verteidigen und sicherstellen sollten, auf die Tatsache der Heimkehr ins Reich umzuformen und zu aktivieren". Zu diesem Zweck war dem Gaugrenzlandamt gegenüber dem Behördenapparat das „Anhörungsrecht und damit die Möglichkeit einer Einflußnahme" eingeräumt worden.[657] Dem Gaugrenzlandamt waren auf NSDAP-Kreisebene die Kreisgrenzlandämter nachgeordnet. Etwa bis Ende 1942 war das Gaugrenzlandamt maßgeblich für die konkrete Tschechenpolitik im Sudetengau.[658] Die von ihm aus ergangenen Weisungen tragen die Unterschrift Künzels. Inwieweit Henlein auf diese Weisungen Einfluß nahm, ließ sich nicht feststellen. Künzel vertrat auch bis zu seiner Entlassung 1942 bei den wichtigen volkstumspolitischen Besprechungen in Prag die Gauleitung Sudetenland.

Ab 1941 gewann dann die SS immer stärkeren Einfluß auf die Volkstumspolitik im Sudetengau. Henlein war am 31. Dezember 1940 von Himmler zu dessen ständigem Vertreter als Beauftragter für die Festigung deutschen Volkstums ernannt worden. Er hatte aber die damit verbundenen Aufgaben von Anfang an auf die Höheren SS- und Polizeiführer der SS-Abschnitte Elbe und Südost, von Woyrsch und von dem Bach-Zelewski, übertragen müssen. Dem Namen nach fungierten sie als Henleins Stellvertreter, in Wirklichkeit waren sie aber weit mehr als das.[659]

Von dem Bach errichtete im Regierungsbezirk Troppau, der durch seine besonders starke tschechische Minderheit ein weites Betätigungsfeld für die ‚Volkstums-Experten' der SS darstellte, eine eigene Dienststelle mit Sitz im mährischen Fulnek. Ihr Leiter wurde der SS-Standartenführer Ernst Müller, ein Sudetendeutscher, der vermutlich in den dreißiger Jahren in das Reich gegangen war und dort Karriere gemacht hatte. Im Juni 1941 wurde Müller auch zum „Leiter der Dienststelle des Beauftragten des Reichskommissars für die Festigung deutschen Volkstums mit Dienstsitz in Reichenberg" ernannt.[660] Von da führt eine Linie zur Ersetzung Künzels als Leiter des Gaugrenzlandamtes durch Müller 1942, auf deren Gründe noch näher eingegangen wird. Den entscheidenden Einfluß auf die Volkstumspolitik im Sudetengau hatte sich damit die SS ge-

sche Konzeption F. Künzels und die faschistische Agrar- und Nationalitätenpolitik in den sogenannten Ostsudeten]. Slezský sborník 73 (1975) 182-197.
[657] Schreiben Müllers an Henlein mit „Entwurf eines Beitrages über die volkspolitische Arbeit im Sudetengau" für eine „Denkschrift an den Führer" vom 2. 10. 1943. ZA Opava, RKFDV, Kart. 3.
[658] *Bartoš:* Okupované pohraničí 85 und 87.
[659] *Ebenda* 91. — Siehe auch Schreiben Henleins an Himmler vom 9. 10. 1940 sowie Anordnung Himmlers vom 6. 6. 1941, abgedruckt in: Die Deutschen in der Tschechoslowakei 427 und 445.
[660] *Bartoš:* Okupované pohraničí 91. — Schreiben Himmlers an Henlein vom 6. 6. 1941, abgedruckt in: Die Deutschen in der Tschechoslowakei 445. — Zu Müller siehe *Arndtová:* Stavovská koncepce 192.

sichert, zu der Henlein in einem denkbar schlechten Verhältnis stand. Daher erscheint er im Bereich der Volkstumspolitik – vor allem im Vergleich zu dem hier immer mehr an Bedeutung gewinnenden Frank – schließlich eher als eine „Figur".[661] Es war der Staatssekretär beim Reichsprotektor in Prag und spätere Deutsche Staatsminister für Böhmen und Mähren, der mit seiner von Hitler genehmigten Volkstumspolitik im Protektorat letztlich auch die Richtlinien auf diesem Sektor im Sudetengau bestimmte.

Kernelemente der ‚Germanisierung': Siedlungspolitik und ‚Umvolkung'

Das Ziel der vollständigen ‚Germanisierung' des Reichsgaus Sudetenland setzte voraus, daß man die dort lebenden Tschechen entweder auswies oder sonst zum Verlassen ihrer Heimat bewegte und durch Deutsche ersetzte, oder aber daß man die Tschechen zu Deutschen machte – sie ‚eindeutschte'. Beide Wege wurden beschritten.

Wie gesehen, kam es nicht zu Massenvertreibungen von Tschechen unmittelbar nach dem Anschluß. Zunächst einmal war ja auch völlig unklar, wie sich die Beziehungen zur sogenannten Rest-Tschechoslowakei entwickeln und welche Rechtsstellung die Tschechen im Sudetengau erhalten würden. Nach Errichtung des Protektorats im März 1939 hat es dann aber verstärkte Bestrebungen der Gauleitung in Reichenberg gegeben, Tschechen, besonders die sogenannten Optanten, ins Protektorat auszusiedeln.

Schon im September 1939 hatte Frank allerdings unmißverständlich klargestellt, daß „vom Standpunkt der deutschen Interessen im Protektorate das Einströmen zahlreicher Tschechen aus dem Sudetengebiet nicht erwünscht" sei, weil „dies auf die Bevölkerung des Protektorates beunruhigend wirken könnte".[662]

Die Leitlinie der Politik des Reichsprotektors und des Staatssekretärs bzw. Staatsministers lautete aber zu allen Zeiten der deutschen Herrschaft an der Moldau: im Protektorat habe vor allem Ruhe zu herrschen, damit die für das Deutsche Reich so wichtige Rüstungsproduktion der tschechischen Industrie nicht gefährdet werde. Heydrich hatte, als er im September 1941 sein Amt als Stellvertretender Reichsprotektor in Prag antrat, den Kopf schon voller Pläne für eine radikale Umgestaltung ganz Osteuropas auf rassischer Grundlage, wie sie im ‚Generalplan Ost' entworfen wurden. Doch selbst er blieb für die Dauer des Krieges pragmatisch: „Ich brauche also Ruhe im Raum", formulierte er seine Position in

---

[661] Bartoš: Okupované pohraničí 91.
[662] Aktenvermerk über „Umsiedlung von Tschechen im Sudetengau", von Frank paraphiert, vom 8. 9. 1939. SÚA Prag, ARP, Kart. 292. — Vgl. auch das Schreiben Franks an Jury vom 22. 9. 1939, das identische Formulierungen enthält. Abgedruckt in: Die Deutschen in der Tschechoslowakei 393.

der ihm eigenen Diktion, „damit [...] der tschechische Arbeiter für die deutsche Kriegsleistung hier vollgültig seine Arbeitskraft einsetzt."[663] Der Beitrag des Protektorats zur deutschen Rüstungsproduktion war in der Tat bis Kriegsende erheblich. Allein die Škoda-Werke lieferten u. a. jeden Monat 96 Haubitzen und 120 Flugabwehrkanonen. Während im Reich wegen der Bombenangriffe der Alliierten die Panzerproduktion von 1 540 Stück im Juli 1944 auf 754 Stück im Januar 1945 sank, stieg die Produktion im Protektorat von 107 auf 434 Stück.[664]

Die Einsicht, daß „die Notwendigkeit des Protektoratsbeitrages zu kriegswichtigen Leistungen [...] den Angriff gegen tschechisches Volkstum [...] auf Kriegsdauer verbietet", bestimmte daher weitgehend die Volkstumspolitik im Protektorat. Neben diesem Nahziel verlor aber Frank, der diese Politik zusammen mit von Neurath konzipierte, nie sein Fernziel aus den Augen: „die restlose Germanisierung von Raum und Menschen" in Böhmen und Mähren. Dabei ging Frank davon aus, daß aufgrund der „rassische[n] Niveaugleichheit [...] mehrere Millionen Tschechen einer echten Umvolkung zugeführt werden" könnten.[665]

Franks und Neuraths Vorschläge wurden im September 1940 von Hitler gebilligt[666] und bildeten bis Kriegsende die Leitlinie der ‚Tschechenpolitik' im Protektorat. Gleichzeitig war dadurch klar geworden, daß der Reichsprotektor und sein Staatssekretär für die „Lösung der Tschechenfrage" als Ganzes, also auch für den Sudetengau, die Führung beanspruchten. Immerhin gestand von Neurath zu, daß man bei der „Eindeutschung oder Ausscheidung" im Sudetengau „ein ganz anderes Tempo" einschlagen könne. Das „wirkliche Tschechenproblem" gebe es aber „nur im Protektorat", weswegen es „auch nur hier endgültig gelöst" wer-

---

[663] Geheime Rede Heydrichs in Prag vom 2. 10. 1941, abgedruckt in: Die Vergangenheit warnt 122ff., Zitat 129. — Vgl. auch den Erlaß von Neuraths vom 27. 6. 1941. Bei allen Erörterungen des deutsch-tschechischen Problems seien die Bedürfnisse der Rüstungswirtschaft zu berücksichtigen. SÚA Prag, 114-3-12, Bl. 18. — In Heydrichs Prager Rede taucht zwar die Bezeichnung ‚Generalplan Ost' nicht auf, sie gibt aber doch „recht genau die Grundlinien für eine etappenweise durchzusetzende deutsche Herrschaftsordnung in Osteuropa" wieder. Die „Germanisierung" Böhmens und Mährens war nicht direkter Bestandteil des ‚Generalplans Ost', wurde aber auf Anregung Himmlers im Juni 1942 mit diesem „zu einem Ganzen", zum „Generalsiedlungsplan", verbunden. Vgl. Vom Generalplan Ost zum Generalsiedlungsplan. Dokumente. Hrsg. von Czesław *Madajczyk* unter Mitarb. von Stanisław *Biernacki*, Karin *Borck*, Hans H. *Hahn*, Eligiusz *Janus*, Blanka *Meissner* und Michael G. *Müller*. München 1994 (Einzelveröffentlichung der Historischen Kommission zu Berlin 80), VI und IX. — *Kárný*, Miroslav: Generální plán východ [Der Generalplan Ost]. Československý časopis historický 25 (1977) 345-382, hier 382.

[664] *Brandes*: Nationalsozialistische Tschechenpolitik 50.

[665] Denkschrift Franks „über die Behandlung des Tschechen-Problems und die zukünftige Gestaltung des böhmisch-mährischen Raumes" vom 28. 8. 1940, abgedruckt in: Die Deutschen in der Tschechoslowakei, 417ff., Zitat 417 und 419.

[666] Bericht des Vertreters des Auswärtigen Amtes beim Reichsprotektor an das AA in Berlin vom 5. 10. 1940, abgedruckt in: Die Deutschen in der Tschechoslowakei 426. — Vgl. auch *Brandes*: Nationalsozialistische Tschechenpolitik 44.

den könne.⁶⁶⁷ Die Interessen der Gauleitung in Reichenberg hatten auch in diesem Punkt letztlich hinter die übergeordneten Interessen des Reiches im Protektorat zurückzutreten. Ganz offen, auch Henlein gegenüber, bekundete Frank seinen Führungsanspruch 1944, nachdem seine Zuständigkeit als Höherer SS- und Polizeiführer auf den Sudetengau ausgedehnt worden war. Diese Kompetenzerweiterung sei auch deshalb erfolgt, damit die „Lösung der tschechischen Frage von einer Stelle aus einheitlich für das gesamte tschechische Volkstum geplant, vorbereitet und durchgeführt werden" könne.⁶⁶⁸

Für Franks bereits 1940 formulierten und zumindest kurzfristig pragmatischen Ansatz in der Volkstumspolitik brachten jedoch nicht alle verantwortlichen Stellen im Sudetengau, auch nicht der Gauleiter, das nötige Verständnis auf. Zunächst bestand die Absicht, auch schon während des Krieges den Sudetengau ‚tschechenfrei' zu machen. Der Regierungspräsident in Aussig brachte die Forderung für seinen Bezirk auf die Formel: „[...] jeder Tscheche, der aus dem nordwestböhmischen Kohlengebiet verschwindet, [ist] als volkspolitisches Plus zu werten".⁶⁶⁹ Der Kreisleiter von Saaz berichtete im Februar 1940, sein „Bemühen" gehe „nach wie vor dahin, den Kreis möglichst bald von allen tschechischen Elementen frei zu machen".⁶⁷⁰ So kam es, daß die geforderte „Zusammenarbeit" zwischen Protektorat und Sudetengau in der Tschechenpolitik immer wieder starken Belastungen ausgesetzt war und man teilweise eher von einem „Gegeneinanderarbeiten"⁶⁷¹ sprechen muß, das zu verhindern in der Behörde des Reichsprotektors eigentlich gefordert wurde.

Henlein verfolgte 1940 das Projekt der Ausweisung zumindest aller ‚Optanten'. Die ‚Národní souručenství' (Nationale Gemeinschaft, NG), eine Art Interessenvertretung der Tschechen im Protektorat, berichtete im Sommer 1940 von Dutzenden von Familien, die aus dem Sudetengau ausgesiedelt wurden und die eines gemein hatten: Die Familienvorstände hatten für die ČSR ‚optiert'.⁶⁷²

---

⁶⁶⁷ „Aufzeichnung über die Frage der zukünftigen Gestaltung des böhmisch-mährischen Raumes", am 31. 8. 1940 an Hitler gesandt. Abgedruckt in: Die Vergangenheit warnt 59ff., Zitat 62.

⁶⁶⁸ Rede Franks über die „Reichspolitik in Böhmen und Mähren" auf der Karlsbrunner Tagung vom 27. bis 31. 3. 1944. Teilweise abgedruckt in: Die Deutschen in der Tschechoslowakei 519ff., Zitat 523. — Das Original dieser bedeutenden Rede – einschließlich der in Králs Edition ausgelassenen Teile – befindet sich im SÚA Prag unter der Signatur 110-9-5.

⁶⁶⁹ Bericht über die „Lage der tschechischen Volksgruppe" vom 1. 11. 1940. SOA Litoměřice, RPA, Kart. 30.

⁶⁷⁰ Abgedruckt in: Die Deutschen in der Tschechoslowakei 400.

⁶⁷¹ Niederschrift („Geheim!") vom 23. 4. 1940. SÚA Prag, ARP, Kart. 292.

⁶⁷² Schreiben der NG in Rakovník (Rakonitz) an das Generalsekretariat der NG in Prag vom 17. 7. 1940. SÚA Prag, PMR, Kart. 3671, N 1416, Nr. 28.178/6436 1940. In dem Brief heißt es wörtlich, „v celých desítkách" – „in ganzen Zehnern" – würden Familien ausgesiedelt.

‚Germanisierungspolitik'

Eine Anfrage Henleins beim Reichsministerium des Innern, in dem er um eine entsprechende, dieses Vorgehen legitimierende Richtlinie bat, führte aber 1941 zu einem ablehnenden Bescheid: Aus dem Optionsvertrag könne „ein Rechtsgrund für die Ausweisung der Optanten [...] nicht entnommen werden. Auch politische Gründe", so der Innenminister, „lassen es notwendig erscheinen, die Entscheidung über die von Ihnen befürwortete Umsiedlung bis auf weiteres zurückzustellen. Eine Entscheidung wird erst nach Beendigung des Krieges ergehen können".[673] Offensichtlich gab man sich damit im Sudetengau jedoch nicht zufrieden. Die Ausweisungen nahmen nämlich in einem Maße zu, das in Prag als sehr bedenklich eingestuft wurde.[674] Es wurden sogar Tschechen ausgewiesen, die die Reichsbürgerschaft besaßen, und, so wurde ausdrücklich betont, „für deren Ausweisung keine Rechtsgrundlage bestand". Der Regierungspräsident in Troppau soll sogar auf Wunsch des Gaugrenzlandamtes seinen Landräten bestimmte Kontingente zur Ausweisung von Tschechen zugewiesen haben. Der Reichsprotektor war wohl bereit, Tschechen aus dem Sudetengau aufzunehmen, die sich reichsfeindlich betätigt hätten, „doch dürfte das Verfahren keineswegs zu einer verschleierten Siedlungspolitik mißbraucht werden".[675]

Als ein Landrat im Sudetengau dann die „Aussiedlung von etwa 100 tschechischen Bauernfamilien" plante, intervenierte Heydrich bei Henlein und wies diesen darauf hin, „daß eine Abschiebung von Tschechen aus dem Sudetengau in das Protektorat nicht willkürlich oder planlos erfolgen könne, sondern, wo sie im Einzelfall tatsächlich notwendig werden sollte, nur im Einvernehmen mit ihm".[676]

Aber 1942 gab es erneute Bestrebungen des Reichsstatthalters und Gauleiters im Sudetengau, alle dort lebenden „protektoratsangehörigen Tschechen" auszuweisen. Diese „Sondermaßnahmen gegen die tschechische Minderheit" wurden jedoch wiederum vom Reichsprotektor verhindert. „Generelle Maßnahmen" brächten nämlich „die Gefahr mit sich, weitgehende Erschütterungen hervorzurufen, die keineswegs im Interesse der Erhaltung des Arbeitsfriedens [...] liegen". Deswegen habe sich der inzwischen verstorbene Heydrich „entschieden gegen eine Ausweisung von Tschechen aus dem Sudetengau in das Protektorat" ausgesprochen. Auch die Abschiebung in das Altreich sei nicht angebracht.[677]

[673] Schreiben des RMinI an den Reichsstatthalter (Abschrift) vom 21. 1. 1941. SOA Litoměřice, RPA, Kart. 70.
[674] Vgl. dazu oben.
[675] Vermerk über eine Tagung der „Volkstums- und Grenzpolizeireferenten beim Befehlshaber der Sicherheitspolizei" in Prag am 6. 5. 1941 vom 10. 5. 1941. SÚA Prag, ARP, Kart. 292.
[676] Aktenvermerk vom 27. 2. 1942. Ebenda.
[677] Schreiben des Chefs der Sicherheitspolizei und des SD in Prag an den Reichsstatthalter im Sudetengau vom 7. 7. 1942. AMV Prag, 114-283-1, Bl. 6. — Aktenvermerk des Regierungspräsidenten in Troppau vom 8. 8. 1942. ZA Opava, RPT, Nr. 1437. — Daß man im Sudetengau auch 1944 noch zwischen ‚reichsangehörigen' und ‚protektoratsangehörigen' Tschechen unterschied, wurde von den für

War den Bemühungen um eine weitreichende Lösung des ‚Tschechenproblems' im Sudetengau durch die kriegswirtschaftlichen Interessen des Reiches im Protektorat schon früh ein Riegel vorgeschoben worden, so gaben verschiedene Dienststellen im Sudetengau ihr Anliegen dennoch nicht auf. Sie bemühten sich darum, wenn schon nicht alle Optanten, so doch wenigstens kleinere Gruppen von Tschechen aus dem Sudetengau zu entfernen.

Im Frühjahr und Sommer 1940 betrieb das Gaugrenzlandamt die Ausweisung sogenannter „unliebsamer Protektoratsangehöriger". Zu Ausweisungen in großem Umfang dürfe es zwar dabei nicht kommen, die Rechtslage lasse es aber zu, „die Entfernung besonders agiler Tschechen aus dem Sudetengau" zu betreiben.[678] Das Gaugrenzlandamt bezog sich damit auf eine Weisung des Reichsinnenministeriums vom 19. März 1940, wonach „Massenausweisungen" zwar „auf alle Fälle zu unterbleiben" hatten. Aufgrund der „Grenzzonenverordnung" vom 2. September 1939 und des „Gesetzes über die Sicherung der Reichsgrenze und über Vergeltungsmaßnahmen" vom 9. März 1937 sei es aber möglich, einzelne ‚protektoratsangehörige' Tschechen auszuweisen.[679]

Im ‚Notfall' griffen Dienststellen im Sudetengau aber auch zu einem Mittel, daß sie selbst als „illegale Ausweisung" bezeichneten. Diese sollte sich auf „Ausnahmefälle beschränken und nur dann durchgeführt werden, wenn deren Grundlage lediglich die Tatsache der tschechischen Volkszugehörigkeit und der Untragbarkeit der betreffenden Person bildet." Das Verfahren sollte geheim bleiben, in keinem Lagebericht darüber geschrieben werden.[680]

Im Jahr 1941 versuchte man, alle Tschechen auszusiedeln, die ihren Wohnort im Sudetengau hatten, aber im Protektorat arbeiteten. Damit sollten auch Wohnungen freigemacht werden, die, so schrieb der Landrat in Ho-

---

die Volkstumspolitik im Protektorat zuständigen Stellen kritisiert. Niederschrift über „Besprechung über volkspolitische Fragen im Sudetengau" in Prag am 22. 6. 1944. SÚA Prag, 110-4-11, S. 3.

[678] Streng vertrauliche Weisung K-16/40 vom 7. 8. 1940. SOA Litoměřice, GL NSDAP, Kart. 30.

[679] Rundschreiben des RMinI, abgedruckt in: Die Deutschen in der Tschechoslowakei 400f., Zitat 401. — Vgl. auch *Bartoš*: Okupované pohraničí 76. — Für ein Beispiel nach diesem Verfahren siehe SÚA Prag, PMR, Kart. 3671, N 1416, 41.350/9087 1940: Der Landrat in Podersam forderte den Tschechen Josef Macak am 17. 10. 1940 auf, samt seiner Familie bis zum 3. November 1940 in das Protektorat zu übersiedeln. Falls dies nicht geschehe, werde die „zwangsweise Entfernung" veranlaßt. Macaks Grundbesitz werde „von der Deutschen Ansiedlungsgesellschaft in Zwischenbewirtschaftung übernommen". Macak gab an, für das Protektorat „optiert" zu haben, weil man ihn dazu, zusammen mit anderen Tschechen, genötigt habe. Er nahm an, daß er nun deshalb ausgewiesen werden sollte. Auf die Intervention der Familie wurde jedoch von deutscher Seite mit der nicht näher belegten Behauptung reagiert, Macak habe sich „in deutschfeindlicher Weise betätigt. [...] Es wurde ihnen daher nahegelegt, in das Protektorat, für dessen Staatsangehörigkeit sie optiert hatten, zu übersiedeln".

[680] Niederschrift über die Besprechung der Landräte im Regierungsbezirk Troppau am 18. 2. 1943. ZA Opava, RPT, Nr. 571.

henstadt, „zur Ansiedlung deutscher Volksgenossen benützt werden können". Die Aktion wurde vom Gaugrenzlandamt unterstützt[681] und führte zu einer Übereinkunft mit dem Reichsprotektor. Danach hatten sich alle in der Protektoratsverwaltung, also etwa bei Bahn und Post arbeitenden Tschechen, die außerhalb des Protektorats wohnten, bis zum 1. Oktober 1941 eine Wohnung an ihrem Dienstort zu beschaffen.[682] Dieses Zugeständnis des Reichsprotektors an die Aussiedlungspolitik im Sudetengau wurde aber ausgenutzt, um auch andere Tschechen abzuschieben. Verärgert berichtete der deutsche Oberlandrat von Mährisch-Ostrau, die Behörden des Sudetengaus hätten neben 500 Eisenbahnerfamilien auch 7 000 tschechische Arbeiterfamilien erfaßt, die im Protektorat arbeiteten und dorthin abgeschoben werden sollten. „Durch diese Maßnahme", die nicht durch die Übereinkunft zwischen Reichsprotektor und Gaugrenzlandamt gedeckt sei, „ist eine große Beunruhigung in der tschechischen Arbeiterschaft eingetreten. Hiervon werden nicht nur die Kreise betroffen, denen bisher die Aussiedlungsverfügung zugestellt wurde, sondern auch die in meinem Bezirk wohnhaften tschechischen Arbeiter. Jene sehen – leider mit einer gewissen Berechtigung – hierin einen Beweis dafür, daß auch sie nach dem Kriege umgesiedelt werden".[683]

Zentrales Anliegen der Volkstumspolitiker im Sudetengau war es jedoch, die tschechischen Bauern zu enteignen. Sie waren nämlich das „Hauptthindernis" bei der „absoluten Germanisierung".[684] Durch das gleichzeitige ‚Ansetzen' deutscher Siedler sollte Grund und Boden eingedeutscht werden. Aus- und Ansiedlung gehörten gleichermaßen zur Siedlungspolitik.

Sofort im Oktober 1938 setzten sich Henlein und Künzel dafür ein, die Bodenreform von 1919 rückgängig zu machen. Der tschechoslowakische Staat hatte mit dieser Reform nicht nur die Schwächung des Großgrundbesitzes zugunsten kleinerer Landwirte, sondern wohl auch nationalpolitische Ziele verfolgt.[685] Gewinner der Bodenreform waren daher überwiegend Tschechen gewesen, weswegen die Reform auch während der ganzen Zeit der Tschechoslowakischen Republik zwischen Deutschen und Tschechen heftig umstritten blieb.

Künzels Vorstoß in Berlin im Oktober 1938 blieb jedoch ohne Erfolg. Das von ihm für die Aufgabe der Überführung tschechischen Grundbesitzes in deutsche Hände vorgeschlagene ‚Boden- und Siedlungsamt', das Henlein direkt unterstehen und unabhängig von anderen Ämtern mit Ausnahme des Beauftragten für den Vierjahresplan sein sollte, wurde

---

[681] Weisung K-13/41 vom 12. 5. 1941. SOA Litoměřice, GL NSDAP, Kart. 31.
[682] Weisung des Gaugrenzlandamtes K-28/41, ohne Datum [1941]. *Ebenda.*
[683] Verwaltungsbericht vom 20. 9. 1941. BA Berlin, R 30/4d, Bl. 82ff.
[684] *Antoš,* Zdeněk: Blut und Boden – ke „konečnému řešení" národnostní otázky v sudetské župě [Blut und Boden – zur „Endlösung" der Nationalitätenfrage im Sudetengau]. Slezský sborník 64 (1966) 28-59, hier 29.
[685] *Hoensch:* Geschichte der Tschechoslowakei 38. — *Bartoš:* Okupované pohraničí 102.

nicht gebildet.[686] Gleichwohl gab Henlein den Auftrag, Pläne auszuarbeiten, mit der Maßgabe, die oftmals zu kleinen deutschen Höfe zu größeren „Erbhöfen" zu machen – unter Einbeziehung vorhandener „Landreserven, insbesondere des tschechischen Bodenreformbesitzes".[687] Denn nach Henleins Ansicht war der Sudetengau auch nach Errichtung des Protektorats „Land an der Grenze". Daher genüge es nicht, „allein zu erhalten, was wir im gegenwärtigen Augenblick besitzen. Wir müssen an unseren Volkstumsgrenzen den Wall unserer Bauernhöfe und unserer bäuerlichen Menschen verdichten".[688]

Henlein erhielt tatsächlich von Himmler 1940 die Zusage, daß dieser sich für die „Wiedergutmachung der tschechischen Bodenreform"[689] einsetzen würde. Und in den zuständigen Berliner Ministerien war sogar schon vor dieser Zusage ein „Gesetz zur Sicherung des deutschen Siedlungsraumes im Sudetenland und in der Ostmark" vorbereitet worden. Dessen erklärtes Ziel war es, „daß das im Sudetenland nicht ansässige und bodenstämmige, insbesondere das durch die Maßnahmen der Bodenreform eingeströmte fremde Volkstum aus dem deutschen Siedlungsraum entfernt und durch deutsches Volkstum ersetzt wird".[690]

Das Gesetz wurde aber letztlich gerade auf Betreiben des Reichskommissars für die Festigung deutschen Volkstums, Himmler, erst einmal zurückgestellt. Im Mai 1940 hatte Himmler in einem Schreiben an das Reichsinnenministerium klargemacht, daß er als RKFDV „in der Ausschaltung des tschechischen Bevölkerungsteiles im Sudetenland und in der Ostmark und in der Wiederherstellung des früheren völkischen Besitzstandes in diesem Gebiet" eine seiner „wichtigsten Aufgaben" sah. Gleichwohl könne er „es aber nicht für gut halten, diese Aufgaben über das bisher Geleistete hinaus während der Dauer des Krieges der vorgesehenen gesetzlichen Regelung und Endlösung zuzuführen". Eine weitere „Veränderung des gegenwärtigen Besitzstandes zum weiteren Nachteil des deutschen Volkstums" sei durch die bestehenden Gesetze gesichert. Weitergehende Schritte sollten aber erst einmal unterbleiben. Denn:

Jede weitere Änderung des gegenwärtigen Zustandes zum Nachteil der tschechischen Volksgruppe würde über die Grenzen des Sudetenlandes und der Ostmark hinaus Unruhe in die Bevölkerung des Protektorates tragen und zumindest vorübergehend

---

[686] Ebenda 98.
[687] Henlein in der ‚Zeit' (Reichenberg) vom 31. 10. 1940. Zitiert nach: *Arndt:* „Blut und Boden"-Politik 147.
[688] Henlein in der ‚Nationalsozialistischen Landpost' vom 14. 7. 1939. Zitiert nach: Ebenda 146.
[689] Schreiben Henleins an Himmler vom 9. 10. 1940, abgedruckt in: Die Deutschen in der Tschechoslowakei 427.
[690] Gesetzentwurf des RMinI, am 24. 6. 1939 den beteiligten Reichsministerien zugesandt. BA Berlin, R 2/25026, Bl. 1 ff.

die Arbeitsfreudigkeit in diesem bisher verhältnismäßig ruhigen und infolge seiner Struktur für die Kriegsindustrie besonders wichtigen Raum mindern."[691] Tatsächlich wurde ein Gesetz, das die Massenenteignung tschechischer Bauern zugelassen hätte, niemals erlassen.[692] Somit wurde die – in den Worten des Stabsleiters der Dienststelle des RKFDV in Fulnek, Niederführ – „Überführung fremdvölkischen Besitzes in deutsche Hand" im Sudetengau anders gehandhabt als in den besetzten Gebieten im Osten.[693] Auch hier zeigt sich, wie sehr die ‚Germanisierungspolitik' im Sudetengau von der deutschen Besatzungspolitik im Protektorat abhängig war: daß dort Ruhe herrsche, damit die Rüstungsproduktion nicht gefährdet werde, war das vorrangige Ziel deutscher Politik in *ganz* Böhmen und Mähren. Es sei daher, so befand Niederführ, „Aufgabe des Reichskommissars, trotz dieser schwierigen Lage eine Lösung zu finden". Denn der Volkstumskampf sei im Sudetengau trotz der Zurückhaltung in Berlin „genauso" zu führen wie im Osten: „Deshalb muß die gesetzliche Lücke durch die Initiative der Volkstumskämpfer ausgefüllt werden."[694] Genau das sollte in der Folgezeit geschehen.

Den Krieg und die durch ihn bedingten wirtschaftlichen Notwendigkeiten als Hinderungsgrund für die Enteignung der Tschechen anzusehen, war auch der Leiter der Dienststelle in Fulnek nicht bereit. Im Gegenteil: „Die Lösung der Frage ist gerade jetzt notwendig, weil wir in einer aktiven Zeit leben und nach Beendigung des Krieges nicht mehr das notwendige Interesse und die notwendige Zeit hierfür sein wird. Deshalb müssen wir die Aufgabe jetzt mit Schwung durchführen." Dabei berief sich Müller explizit auf den „Wunsch des Gauleiters".[695]

Schließlich wurden zahlreiche juristische Nebenwege beschritten, um zum Ziel, der Enteignung tschechischen Grundbesitzes und vor allem des sogenannten „Bodenreformbesitzes"[696], zu gelangen. Zu nennen sind hier beispielsweise die Verordnung Görings vom 12. November 1938 über den „Schutz gefährdeten landwirtschaftlichen Grundbesitzes in den sudetendeutschen Gebieten", nach welcher der Reichskommissar für die sudetendeutschen Gebiete Zwangsverwaltung über nicht ordentlich geführte Betriebe verhängen konnte.[697] In dieselbe Richtung zielte die Verordnung vom 19. Januar 1939 „über die Einsetzung und Bestätigung von

---

[691] Schreiben Himmlers (Abschrift, „Geheim") vom 9. 5. 1940. BA Berlin, R 2/25026, Bl. 124f.
[692] *Bartoš:* Okupované pohraničí 99 und 100.
[693] Vortrag Niederführs in Fulnek, vermutlich Juni 1943. ZA Opava, RKFDV, Kart. 4.
[694] *Ebenda.* — Vgl. auch *Bartoš:* Okupované pohraničí 99.
[695] Vortrag Müllers in Fulnek, vermutlich Juni 1943. ZA Opava, RKFDV, Kart. 4.
[696] Bis zum Frühjahr 1942 wurden im Regierungsbezirk Troppau 60 km^2 „Bodenreformbesitz" und 19 km^2 „Altbesitz" sowie 3 km^2 jüdischen Besitzes „übernommen". Niederschrift über die Konferenz der Landräte im Regierungsbezirk Troppau vom 6. 5. 1942. ZA Opava, RPT, Nr. 570.
[697] RGBl 1938, I, 1581.

kommissarischen Leitern in wirtschaftlichen Betrieben aller Art".[698] Daß diese Verordnungen weiten Ermessensspielraum ließen, liegt auf der Hand. Auch das nach Kriegsbeginn erlassene Reichsleistungsgesetz, das Reichserbhofgesetz und das „Gesetz über die Sicherung der Reichsgrenze und über Vergeltungsmaßnahmen" wurde für den Zweck der „Germanisierung" eingesetzt.[699] Insgesamt wurden bis zum Herbst 1943 im Sudetengau 75 000 Hektar tschechischen Grundbesitzes, rund 1 500 Höfe, in deutsche „Treuhandverwaltung" überführt.[700]

Die Furcht vor Enteignung gehörte somit zum Alltag der tschechischen Grundbesitzer. Trotz des Versuchs der zuständigen deutschen Stellen, die endgültigen Ziele der Eindeutschungspolitik geheimzuhalten, wußten die Tschechen, was ihnen spätestens nach einem für Deutschland siegreichen Krieg bevorstand: „Die Mehrheit der tschechischen Bauern ist davon überzeugt, daß sie im Falle eines deutschen Sieges Haus und Hof verlieren."[701] Aber nicht nur die Bauern hatten ein gutes Gespür für das, was ihnen drohte. Auch wenn es nicht zu Massenaussiedlungen von Optanten kam, registrierten diese aufgrund der durchgeführten begrenzten Aktionen, daß ihr Verbleib im Sudetengau äußerst ungewiß und nicht erwünscht war: Es ist bekannt, daß die Gerüchte, die im Herbst 1940 unter ihnen kursierten und die besagten, daß sie insgesamt ausgesiedelt werden sollten, nicht einer realen Grundlage entbehrten. „Die Tschechen rechnen sicher mit ihrer Aussiedlung aus dem Sudetengau", meldete der NSDAP-Kreisleiter von Neutitschein.[702] Die daraus resultierende Beunruhigung und zunehmend feindselige Haltung der Tschechen war auch der Grund, warum die ‚Bodenpolitik' im Sudetengau beim Reichsprotektor in Prag zunehmend kritisch beurteilt wurde und von Frank 1944 die „Abmeierungen" von Tschechen „in der bisherigen Form" sogar „mündlich verboten" wurden.[703]

---

[698] Verordnungsblatt für die sudetendeutschen Gebiete, 1939, 149.
[699] Zu den Einzelheiten siehe *Bartoš:* Okupované pohraničí 99f. — *Antoš:* Blut und Boden 38ff.
[700] Schreiben Müllers an Henlein vom 2. 10. 1943 mit „Entwurf eines Beitrages über die volkspolitische Arbeit im Sudetengau" für eine „Denkschrift an den Führer". ZA Opava, RKFDV, Kart. 3. — Vgl. auch *Bartoš:* Okupované pohraničí 103f. — Leider macht es der Mangel an klaren Vergleichszahlen unmöglich zu sagen, wie groß der Anteil dieser Enteignungen am gesamten tschechischen Bodenbesitz war. Einen Anhaltspunkt bietet die Zahl von 9 990 tschechischen landwirtschaftlichen Betrieben, die es einer Quelle aus dem Frühjahr 1942 zufolge allein im Regierungsbezirk Troppau gab. Niederschrift über die Konferenz der Landräte im Regierungsbezirk Troppau vom 6. 5. 1942. ZA Opava, RPT, Nr. 570.
[701] Bericht über die Lage der tschechichen Minderheit vom 2. 11. 1943, tschechisch abgedruckt in: Opavsko a severní Morava 207.
[702] Lagebericht für Januar 1941. SOA Litoměřice, GL NSDAP, Kart. 10. — Vgl. auch Bericht des Generalstaatsanwalts von Leitmeritz an das Reichsjustizministerium vom 1. 10. 1940. In: *Kozenski,* Jerzy: Berichte aus dem Sudetenland 1939–1945. Studia historica slavo-germanica 7 (1978) 85-104, hier 90.
[703] Niederschrift einer „Besprechung über volkspolitische Fragen im Sudetengau" in Prag am 22. 6. 1944. SÚA Prag, 110-4-11, S. 2 und S. 10. — Diese Einsicht gab es

,Germanisierungspolitik' 297

Das Ausmaß des durch die deutsche Unterdrückung hervorgerufenen aktiven tschechischen Widerstands im Sudetengau ist bis heute nicht ausreichend erforscht.[704] Fest steht aber, daß die überwältigende Mehrheit der Tschechen die deutsche Herrschaft in den Randgebieten Böhmens und Mährens ablehnte. Fest steht auch, daß das Regime die Tschechen insgesamt als grundsätzliche Opposition begriff. Das kommt z. B. in fast allen Lageberichten immer wieder zum Ausdruck. Stimmung und Verhalten der Tschechen wurden gründlich beobachtet. Indes, auch das machen diese Berichte deutlich, von einer ernsthaften Gefährdung des Regimes durch die Tschechen kann bis unmittelbar vor Kriegsende nicht gesprochen werden. Selbst im Protektorat kam es erst in den letzten Kriegstagen zu einem bewaffneten Aufstand. Die Voraussetzungen dafür waren im Sudetengau, wo die Tschechen in einem weitgehend deutschen Umfeld lebten, naturgemäß erheblich schlechter.

Mit den ‚Abmeierungen' und Aussiedlungen gingen Aktionen zur Ansiedlung von sogenannten ‚Volksdeutschen' im Sudetengau einher. Sie standen im Zusammenhang mit reichsweiten, vor allem von der SS vorangetriebenen Plänen. Deutsche aus Galizien, Wolhynien, Bessarabien, aber auch aus Südtirol sollten danach im Deutschen Reich angesiedelt werden und dort ‚fremdvölkische' Menschen ersetzen.[705] Alles in allem war diesen Aktionen, gemessen daran, daß von sudetendeutscher Seite 1940 die Aufnahme von 130 000 Umsiedlern angeboten worden war[706], aber kein großer Erfolg beschieden. Ihr Umfang blieb begrenzt. Bis zum 15. November 1942 wurden im gesamten Sudetengau 2 003 Bessarabien-, Buchenland- und Dobrudschadeutsche, 480 Wolhynien-, Galizien- und Narewdeutsche, 245 Südtiroler und 423 „Binnendeutsche" angesiedelt. Ungefähr bei dieser Größenordnung blieb es in der Folgezeit.[707]

freilich auch bei einzelnen Behörden im Sudetengau. Der Landrat von Hohenstadt warnte vor den Auswirkungen der „Katastrophenstimmung bei den Tschechen" und ihre Rückwirkung auf den Arbeitsfrieden. Er äußerte die Ansicht, man müsse „sich wie in jedem Kampf so auch im Volkstumskampf darüber klar sein, wann man anzugreifen und wann man zu verteidigen" habe: „Die Offensive liegt jetzt im Osten und in Afrika und hier wird auch endgültig der Volkstumskampf gegenüber den Tschechen entschieden; sobald der Krieg siegreich beendet ist und die Tschechen damit keinerlei Aussicht mehr auf einen selbständigen Staat sehen, werden sich alle anderen Fragen wesentlich leichter lösen lasen, uns also das als reife Frucht in den Schoß fallen, was wir jetzt nur unter größten Anstrengungen [...] erreichen können." Aktenvermerk vom 8. 8. 1942. ZA Opava, RPT, Nr. 1437.
[704] Macek: Zur Problematik der Geschichte 75.
[705] Bartoš: Okupované pohraničí 104. Dort weiterführende Informationen zu den einzelnen Umsiedlungsaktionen. — Vgl. auch Antoš: Blut und Boden 51ff. — Antoš, Zdeněk: Jihotyrolská otázka za druhé světové války a naše země [Die Südtiroler Frage während des Zweiten Weltkrieges und unser Land]. Slezský sborník 64 (1966) 390-398.
[706] Bartoš: Okupované pohraničí 104.
[707] Niederschrift „Stand der Umsiedlungen innerhalb des Sudetengaus", Stichtag 15. 11. 1942. ZA Opava, RKFDV, Kart. 2. — Bartoš: Okupované pohraničí 105. — Vgl. auch Müllers „Entwurf eines Beitrages über die volkspolitische Arbeit im Sudetengau" für eine „Denkschrift an den Führer" vom 2. 10. 1943: „Der Gesamt-

Daß auch Henlein in der Aufnahme sogenannter ‚Volksdeutscher' ein probates Mittel der ‚Germanisierung' sah, belegt die sogenannte ‚Schwarzmeeraktion' aus dem Frühjahr 1944. Der deutsche Rückzug an der Ostfront erforderte die Umsiedlung mehrerer tausend ‚Schwarzmeerdeutscher' in sichere Gegenden. Henlein hatte daraufhin nicht nur der Übernahme von 10 000 dieser Menschen zur Ansiedlung im Ostsudetengau zugestimmt, „sondern noch den Wunsch geäußert, weitere 5 000 für [das] Westsudetenland zu erhalten".[708] Schließlich betraf die Aktion den Sudetengau doch nicht, weil die Umzusiedelnden in den Warthegau gebracht wurden.

Neben die Siedlungspolitik mit ihren Komponenten der An- und Aussiedlung trat als langfristig entscheidende Methode der ‚Germanisierung' die sogenannte ‚Umvolkung'.

Diese wurde von dem für die entsprechenden Planungen im Sudetengau zunächst zuständigen Franz Künzel als „Übergang aus einem Volkstum in ein anderes" definiert, unter „Umvolkung der Tschechen [...] deren Eindeutschung" verstanden. Sie wurde angestrebt, sofern der „einzudeutschende" Tscheche bestimmte „Voraussetzungen" erfüllte. Ziel der „Umvolkung" war nicht nur „die Aneignung deutscher Sprachkenntnisse, die Übernahme kultureller, wirtschaftlicher oder politischer Lebensformen des deutschen Volkes, sondern das echte Hineinwachsen in das deutsche Volkstum, das Erfassen seiner seelischen Grundlagen, das Mittätigwerden [...], kurzum das wirkliche Aufgehen im deutschen Volke."[709]

Ein grundsätzliches Problem bei der Eindeutschung der Tschechen lag in der Klärung der Frage, welches die angesprochenen ‚Voraussetzungen' sein sollten, nach welchen Kriterien die Auswahl zur ‚Umvolkung' geeigneter Tschechen erfolgen sollte.

Nach Künzels Ansicht sollte die Selektion vor allem aufgrund der politischen Gesinnung erfolgen: „die rassische Beurteilung" sei zwar „eine der Voraussetzungen für die Umvolkung", stehe aber erst an zweiter Stelle. Er legte „das Schwergewicht auf das politische Verhalten vor dem Anschluß an das Reich".[710] Auch sollten die „Eindeutschungsmaßnahmen" möglichst ohne Zwang durchgeführt werden und ohnehin nicht die Masse der tschechischen Bevölkerung betreffen. Die „Volkstumsarbeit" müsse vielmehr auf „eine feste Frontbildung und Abgrenzung der beiden Volksgruppen im Raume Böhmen-Mähren [...] ausgerichtet werden".[711] Künzel forderte die Führerschaft der Sudetendeutschen in der

umfang der Ansiedlung", so heißt es hier, betrage mit Stichtag am 1. 10. 1943 „781 Herdstellen mit 2 807 Köpfen". ZA Opava, RKFDV, Kart. 3.

[708] Schreiben Müllers an Henlein vom 7. 3. 1944 (Abschrift). *Ebenda.*
[709] Geheime Weisung des Gaugrenzlandamtes Nr. 3/41g vom 8. 3. 1941. SOA Litoměřice, GL NSDAP, Kart. 127.
[710] Niederschrift über die „Tagung des rassenpolitischen Amtes Gau Sudetenland vom 7. bis 9. 2. 1942 in Prag" (Abschrift). BA Berlin, NS 19/2875, Bl. 3ff.
[711] Während *Arndt:* „Ständische" Ideologie 209, der Ansicht ist, Künzels Absicht sei es gewesen, „die überwiegende Mehrheit des tschechischen Volkes zu germanisieren", bedeuteten nach *Bartoš:* Okupované pohraničí 150, dem hier zuzustimmen ist, die Auswahlkriterien Künzels eine eher begrenzte Auswahl. — Vgl. dazu auch

‚Germanisierungspolitik'

Volkstumspolitik, da diese durch ihre reichen Erfahrungen in der vorangegangenen Zeit am besten dazu befähigt seien.[712] Künzels Vorstellungen waren zwar von völkisch-rassistischem Gedankengut beeinflußt. Insgesamt kann man ihn aber als Vertreter eines eher traditionellen Nationalismus bezeichnen. Deshalb stand er auch in einem deutlichen Gegensatz zur Konzeption der SS, wie sie sich immer stärker im Protektorat durchsetzte und die Detlef Brandes zusammenfassend mit den Worten charakterisiert: „Leitgedanke der nazistischen Tschechenpolitik war nicht der Nationalismus, sondern der Rassismus."[713] Dies galt endgültig seit der Ernennung Heydrichs zum Stellvertretenden Reichsprotektor in Prag: „Um zu übersehen, was von diesen Menschen in diesem Raum eindeutschbar ist", so Heydrich in seiner berühmten Geheim-Rede anläßlich seiner Amtsübernahme, „muß ich eine Bestandsaufnahme machen in rassisch-völkischer Beziehung".[714] Dabei war klar, daß diese rassistische Tschechenpolitik, die für das Protektorat geplant wurde, auch für den Sudetengau gelten sollte. Schon von Neurath und Frank hatten ja in ihren Denkschriften für Hitler über die Zukunft des böhmisch-mährischen Raumes, die schließlich von diesem akzeptiert worden waren, deutlich gemacht, daß sie die Tschechenfrage als Ganzes, einschließlich des Sudetengaus betrachteten. Ihre „Endlösung" müsse in Prag konzipiert werden.

Obwohl Künzel sich schließlich um „eine Synthese von Rassentheorie und ‚Grenzlandideologie'"[715] bemühte, wurde seine Politik von der SS nicht akzeptiert. Zunächst hatte dies zur Folge, daß man ihn zu volkstumspolitischen Besprechungen in Prag nicht mehr hinzuzog. Auf eine Beschwerde des Stellvertretenden Gauleiters im Sudetengau bei der dem Reichsprotektor beigeordneten Parteiverbindungsstelle darüber[716], reagierte man in Prag mit einer grundsätzlichen Stellungnahme zu Künzels Person und Politik, die deutlich macht, wie groß die Differenzen waren. Als Gründe dafür, daß Künzel nicht zu den genannten Besprechungen eingeladen wurde, wird hier zunächst seine frühere Mitgliedschaft im Kameradschaftsbund genannt, vor allem aber, daß Künzels „volkstums-

---

die Niederschrift Künzels vom 12. 12. 1940, wo es heißt, daß „eine Massengermanisation zur Lösung der Tschechenfrage nicht in Betracht" komme. SOA Litoměřice, GL NSDAP, Kart. 127.

[712] *Arndt:* „Ständische" Ideologie 207 ff. — Vgl. auch die Weisung Künzels 3/41 g vom 8. 3. 1941. SOA Litoměřice, GL NSDAP, Kart. 127. — Niederschrift über die „Tagung des rassenpolitischen Amtes Gau Sudetenland vom 7. bis 9. 2. 1942 in Prag" (Abschrift). BA Berlin, NS 19/2875, Bl. 3 ff.

[713] *Brandes,* Detlef: Die Tschechen unter deutschem Protektorat. 2 Bde. München-Wien 1969-1975, Bd. 2, 33.

[714] Rede Heydrichs in Prag am 2. 10. 1941, abgedruckt in: Die Vergangenheit warnt 122 ff., Zitat 132. — Vgl. auch *Němec:* Das tschechische Volk 444.

[715] *Arndt:* „Ständische" Ideologie 208.

[716] Schreiben an die Parteiverbindungsstelle beim Reichsprotektor vom 12. 2. 1942, abgedruckt in: Die Vergangenheit warnt 149.

politische Auffassung der hiesigen vollkommen" entgegenstehe. Heydrich sollte „entscheiden, ob grundsätzlich die Auffassung des Rasse- und Siedlungshauptamtes SS [...], nämlich, daß die Umvolkung nach rassischen Gesichtspunkten zu erfolgen hat, maßgebend ist, oder der von Gauamtsleiter Künzel vertretene Standpunkt, wonach die Umvolkung danach entschieden werden soll, ob ein Tscheche sich früher deutschfreundlich und loyal verhalten hat oder nicht". In diesem Sinne hatte Künzel zwischen der „Wiedereindeutschungs*fähigkeit*", die rassisch bedingt sei, und der „Wiedereindeutschungs*würdigkeit*", die sich aus dem Verhalten ergebe und „den letzten Maßstab für die Umvolkung angeben" sollte, unterschieden.[717]

Heydrich entschied, was kaum überrascht, gegen Künzel, der im Dezember 1942 sein Amt als Leiter des Gaugrenzlandamtes verlor. Seine Kompetenzen gingen auf den SS-Standartenführer Müller über, der nun die Volkstumspolitik im Sudetengau nach den Maßgaben der SS leiten sollte.[718]

Henlein konnte noch für eine „gebührende Anerkennung" seines alten Kameraden Künzel sorgen[719], gab aber sonst den Wünschen der SS vollkommen nach. Er zeigte sich „mit jeder vom Reichsführer-SS gewünschten Besetzung" der Stelle Künzels einverstanden.[720] Auch hier zeigte sich, wie vorsichtig und nachgiebig Henlein nach den Erfahrungen des Januar 1940 in Personalangelegenheiten geworden war.

In der wissenschaftlichen Literatur wurden zwar bisher die konzeptionellen Unterschiede zwischen Künzel und der SS durchaus gesehen, beide Programme aber letztlich doch auf eine Stufe gestellt.[721] Es ist zweifelsohne richtig, daß auch Künzel letztlich die Auslöschung des gesamten tschechischen Volkes betrieb.[722] Daher ist Bartoš zuzustimmen, wenn er feststellt, daß die Perspektive der tschechischen Nation in jedem Fall das Ende ihrer Existenz gewesen wäre. Aber Künzels Methode unterschied sich dennoch fundamental von jener der SS. Aus Sicht jedes

---

[717] Schreiben des Ständigen Vertreters des Leiters der Parteiverbindungsstelle beim Reichsprotektor, Schulte-Schomburg, an Heydrich vom 11. 3. 1942, abgedruckt in: Die Vergangenheit warnt 150f. — Vgl. auch Niederschrift Künzels vom 12. 12. 1940. SOA Litoměřice, GL NSDAP, Kart. 127.
[718] *Arndt:* „Ständische" Ideologie 210f.
[719] Schreiben des SS-Brigadeführers und Leiters des Hauptamtes für Volkstumsfragen, Cassel, an Henlein (Abschrift) vom 15. 12. 1942. ZA Opava, RKFDV Fulnek, Kart. 3.
[720] Schreiben Cassels an SS-Obersturmbannführer Brandt vom Persönlichen Stab des RFSS vom 1. 10. 1942. BA Berlin, NS 19/904, Bl. 2ff.
[721] *Bartoš:* Okupované pohraničí 85ff., bes. 86.
[722] Weisung des Gaugrenzlandamtes Nr. 3/41 („Geheim") vom 8. 3. 1941. SOA Litoměřice, GL NSDAP, Kart. 127. — Seine ‚Umvolkungs-Pläne' bezogen sich nicht nur auf den Sudetengau, sondern auch auf die Tschechen im Protektorat. Dies geht aus seinem Vortrag über die ‚Tschechenfrage' vom 17. 10. 1940 hervor. SÚA Prag, 109-4-10, teilweise abgedruckt bei *Fremund:* Dokumenty 19ff.

,Germanisierungspolitik' 301

einzelnen Tschechen hätte es einen Unterschied von Leben und Tod bedeuten können, ob nach den Maßgaben Künzels oder nach jenen der SS vorgegangen werden sollte. Der Leiter des Gaugrenzlandamtes hatte in gewisser Weise den Kern des Nationalsozialismus, den Rassismus, der mehr als Antisemitismus war[723], entweder verkannt, oder zumindest seine Anwendung auf die Tschechen abgelehnt oder nur sehr eingeschränkt befürwortet.

In Künzels Äußerungen finden sich auch keine Hinweise darauf, daß er ähnlich radikal mit den nicht ‚umvolkbaren' Tschechen umgehen wollte, wie dies etwa für Frank und Heydrich zu belegen ist.

Frank plante neben der „Umvolkung der rassisch geeigneten Tschechen" auch „die Aussiedlung von rassisch unverdaulichen Tschechen und der reichsfeindlichen Intelligenzschicht, bezw. Sonderbehandlung dieser und aller destruktiver Elemente".[724] Heydrich verwandte für dieselbe Aussage nicht einmal den furchterregenden Euphemismus ‚Sonderbehandlung': die „gutrassig Schlechtgesinnten", die für ihn gefährlichsten Tschechen, müsse man versuchen, „im Reich, in einer rein deutschen Umgebung anzusiedeln, einzudeutschen und gesinnungsmäßig zu erziehen oder, wenn das nicht geht, sie endgültig an die Wand [...] stellen".[725] In einer anderen Geheim-Rede des ‚Henkers von Prag', wie Heydrich auch genannt wurde, schlug dieser vor, die „noch nicht Eindeutschbaren [...] bei der weiteren Erschließung des Eismeer-Raumes – wo die Konzentrationslager zukünftig ideales Heimatland der 11 Millionen Juden aus Europa sein werden –" zu verwenden.[726]

Von der physischen Vernichtung oder massenhaften Aussiedlung nicht ‚umvolkbarer' Tschechen ist bei Künzel dagegen nicht die Rede. Seine Politik wäre, sofern eine Eindeutschung nicht in Frage kam, einer radikalen Benachteiligung der Tschechen, ihrer Degradierung zu ungebildeten, ‚zweitklassigen' Arbeitsmenschen gleichgekommen. Auch dies hätte das Ende jeder tschechischen Kultur, das Ende des tschechischen Volkes bedeutet. Ohne dies in Zweifel zu ziehen, sollte man aber doch die Unterschiede zur rassistisch fundierten ‚Umvolkungspolitik' nach SS-Maßgaben nicht verkennen: „Bei der vom Reichsprotektor Böhmen und Mähren [sic], SS-Obergruppenführer Heydrich, vorgesehenen Endlösung bedeutet die Einstellung des Gauamtsleiters Künzel daher eine Beschränkung und Gefährdung."[727] Die rassenpolitischen Planungen der SS waren mit den eher traditionellen Vorstellungen vom Volkstumskampf eines Franz Künzel kaum zu vergleichen.

---

[723] *Hildebrand:* Das Dritte Reich 84 und 86.
[724] „Denkschrift über die Behandlung des Tschechen-Problems und die zukünftige Gestaltung des böhmisch-mährischen Raumes" vom 28. 8. 1940, abgedruckt in: Die Deutschen in der Tschechoslowakei 417 ff., Zitat 419.
[725] Geheime Rede Heydrichs in Prag am 2. 10. 1941, abgedruckt in: Die Vergangenheit warnt 122 ff., Zitat 133.
[726] Geheime Rede Heydrichs in Prag am 4. 2. 1942, abgedruckt *ebenda* 145 ff., Zitat 147.
[727] Niederschrift über die „Tagung des rassenpolitischen Amtes Gau Sudetenland vom 7. bis 9. 2. 1942 in Prag" (Abschrift). BA Berlin, NS 19/2875, Bl. 7.

Über Henleins persönliche Einstellung zur Politik der ‚Umvolkung' sowie zu ihren verschiedenen Methoden geben die Quellen keinen eindeutigen Aufschluß. Weder aus der Tatsache, daß Henlein wie Künzel in der Tradition des Kameradschaftsbundes stand und Künzel der von Henlein ernannte Mann für Volkstumsfragen im Sudetengau war, noch aus der Tatsache, daß der Gauleiter 1942 der Absetzung des Chefs des Gaugrenzlandamtes offensichtlich ohne Widerstand zustimmte, kann man eindeutige Rückschlüsse auf Henleins Haltung zu Künzels Ansichten in dieser Angelegenheit ziehen. Wenig hilfreich erscheint auch der Hinweis auf Henleins tschechische Verwandtschaft. Dieser könnte zunächst einmal den Schluß nahelegen, Henlein habe zumindest nicht Verfechter einer an rassischen Kriterien orientierten Auswahl der ‚Umzuvolkenden' sein können.[728] Der Blick auf andere Nationalsozialisten, wie etwa Goebbels, Himmler und Hitler selbst, die fanatisch bis zum Äußersten ‚rassischen Idealbildern' nachstrebten, denen sie selbst am allerwenigsten entsprachen, läßt eine solche Interpretation jedoch als zu einfach erscheinen.

Aussagekräftiger sind die Berichte zweier Zeitzeugen, die unabhängig voneinander entstanden. Friedrich Bürger nahm im Frühjahr 1944 an der Tagung der Spitzen von Staat und Partei im Sudetengau im Badeort Karlsbrunn teil, bei der Karl Hermann Frank seine berühmte Rede über die „Reichspolitik in Böhmen und Mähren" hielt. Unter anderem führte Frank damals aus, „das rassische Bild der Tschechen" gestatte „für einen größeren Teil des tschechischen Volkes eine Assimilations- bzw. Umvolkungspolitik". Durch die „Umvolkung der rassisch geeigneten, also blutmäßig [...] erwünschten Tschechen", die „Aussiedlung von rassisch unverdaulichen Tschechen und aller destruktiven Elemente der reichsfeindlichen Intelligenzschicht" und die „Neubesiedlung dadurch freigewordenen Raumes mit frischem deutschem Blut" solle die „Regermanisierung Böhmens und Mährens erreicht werden".[729] Bürger berichtet, ohne allerdings Näheres auszuführen, Henlein habe gegen Franks Vortrag „im vertrauten Kreis schwere Bedenken" geäußert.[730]

---

[728] Henleins Vertrauter F. Bürger, zeitweise Leiter des Gauorganisationsamtes, berichtete, Henlein habe seinen „aus dem Tschechischen stammenden Großvater niemals als ein Manko empfunden". Henlein habe ihm einmal ein Foto des Großvaters gezeigt, worauf Bürger gesagt haben will, „Himmler könnte sich die Finger lecken, wenn er so aussähe". Niederschrift über ein Gespräch Bürgers mit Frau Henlein am 17. 5. 1966. BA Bayreuth, Ost-Dok. 20/75, Bl. 10.

[729] Rede Franks über die „Reichspolitik in Böhmen und Mähren" auf der Karlsbrunner Tagung vom 27. bis 31. 3. 1944. SÚA Prag, 110-9-5, teilweise abgedruckt in: Die Deutschen in der Tschechoslowakei, 519ff., Zitat 521.

[730] Das heiße Eisen Lidice. Sudetendeutsche Aktion. Mitteilungen der jungen Generation, Jan./Feb. 1958, 33-42, hier 39. — Dabei gilt es zu bedenken, daß Frank hier im wesentlichen das wiederholte, was er schon in seiner Denkschrift für Hitler 1940 ausgeführt hatte. Diese aber war Henlein bekannt; insofern dürfte er über den Inhalt der Rede Franks in Karlsbrunn zumindest nicht überrascht gewesen sein. Bürgers Zeugnis erscheint an sich aber glaubwürdig, weil er sich gleichzeitig

Von großer Bedeutung bei dem Versuch, Henleins Einstellung in dieser Frage zu rekonstruieren, ist auch die Aussage Hermann Neuburgs. Nach dieser war Henlein „ein Gegner aller Pläne, die eine sogenannte ‚Germanisierung' zum Gegenstand hatten. Er sah darin weder für das deutsche noch für das tschechische Volkstum irgendeinen Gewinn. Er war daher auch immer gegen Mischehen eingestellt und erteilte nur in ganz besonders gelagerten Fällen die im Sudetengau notwendige Genehmigung als Reichsstatthalter".[731] Tatsächlich kämpfte nicht nur Künzel nachweislich immer wieder gegen Mischehen im Sudetengau an, sondern auch Henlein selbst.[732] Dagegen vertrat man beim Reichsprotektor in Prag die Ansicht, Mischehen seien als Maßnahme der ‚Germanisierung' nicht grundsätzlich zu verurteilen.[733]

Freilich war Henlein nicht generell gegen ‚Umvolkungen'. Er konnte dies in der Praxis auch gar nicht sein, zumal Hitler 1940 grundlegend die Assimilierung der Tschechen beschlossen hatte. Es blieb danach jedoch noch unklar, wie weit diese gehen würde. Henlein scheint, wie seine Stellungnahme zur Einführung der Jugenddienstpflicht für tschechische Kinder im Sudetengau 1941 zeigt, wie Künzel eher für eine strenge ‚Auslese' und gegen eine ‚Massengermanisation' gewesen zu sein. Auch die von Künzel eingeführte und von der SS heftig kritisierte Unterscheidung zwischen ‚Eindeutschungsfähigkeit' und ‚Eindeutschungswürdigkeit' ist hier zu finden. Es gelte, so Henlein, diese bei der der „Umvolkung" dienenden Jugenddienstpflicht zu berücksichtigen.[734]

An anderer Stelle beschreibt Neuburg die Ansichten des Ständigen Vertreters des Leiters der Parteiverbindungsstelle beim Reichsprotektor, Schulte-Schomburg, der Heydrich gegenüber die Auffassung vertreten habe, so Neuburg, „nach dem Krieg müsse die gesamte tschechische Bevölkerung ‚rassisch gemustert' werden. Was ‚umvolkungsfähig' sei, solle in die deutsche Volksgruppe eingereiht werden. Wenn sich jemand hergegen [sic] weigere, müsse er erschossen werden. Alle als nicht um-

---

äußerst kritisch zur *eigenen* Vergangenheit äußert: „Es bleibt unsere Schuld, nicht opponiert zu haben, gleichgültig, was daraus geworden wäre." Es ging ihm in seinem Bericht eben darum, sich oder Henlein zu entlasten.
[731] AMV Prag, 301-139-3, Bl. 42.
[732] Weisung des Gauleiters K-6/40 („Streng vertraulich") vom 7. 8. 1940. SOA Litoměřice, GL NSDAP, Kart. 30. — Hier wurde Deutschen, die beabsichtigten, einen tschechischen Partner zu heiraten, die Aufnahme in die NSDAP versagt, ‚Parteigenossen' für diesen Fall mit einem Parteiausschlußverfahren gedroht.
[733] „Die Abschließung eines Volkstums vom anderen ist zu verhindern; kein Heiratsverbot", heißt es in einem Vermerk („Geheim!") über die „Grundsätze der Volkstumspolitik im Protektorat" vom 23. 4. 1940. SÚA Prag, ARP, Kart. 292. — Vgl. auch „Niederschrift der Besprechung über volkspolitische Fragen im Sudetengau" in Prag am 22. 6. 1944. SÚA Prag, 110-4-11, S. 4f. — *Brandes*: Die Tschechen, Bd. 2, 38.
[734] Schreiben Henleins an die Regierungspräsidenten vom 20. 5. 1942 (Abschrift). ZA Opava, RPT, Nr. 1437.

volkungsfähig bezeichneten Personen aber müssten ausgesiedelt werden." Henlein, so Neuburg, habe diese Meinung nicht geteilt.[735]

Diese Darstellung Neuburgs ist zum einen von Belang für die Haltung Henleins zur ‚Umvolkung', zum anderen aber auch, weil sie ein weiterer Beleg für die Zuverlässigkeit der Aussage Neuburgs ist. Seine Wiedergabe der Ansicht Schulte-Schomburgs entspricht nämlich fast wörtlich dem, was dieser 1942 in einem andernorts überlieferten Brief an Heydrich schrieb.[736] Neuburgs Aussage ist aus klar ersichtlichen Gründen dennoch immer gerade dann besondere Vorsicht entgegenzubringen, wenn es um Fragen geht, die die tschechische Bevölkerung berühren. Es wird aber deutlich werden, daß sich etwa seine Aussagen zu Henleins Politik gegenüber dem Protektorat durch andere Quellen bestätigen lassen, und so liegt es nahe, seinen Bericht über Henleins negative Einstellung zur ‚Umvolkung' – denn diese ist hier mit dem Begriff ‚Germanisierung' ganz offensichtlich gemeint – ernst zu nehmen.

Dafür spricht schließlich auch die Absicht Henleins, möglichst schnell möglichst viele Tschechen aus dem Sudetengau in das Protektorat auszusiedeln und dieses so zu einer Art ‚Reservat' für die Tschechen zu machen. Daß diese Politik im Widerspruch zur Eindeutschung des Protektorats stand, wurde nicht nur von Frank, sondern auch schon einmal in der historischen Forschung erkannt.[737] Denn daran, daß eine ‚Abschottung' der Tschechen in einem wenn auch nur rudimentär autonomen staatlichen Gebilde, wie es das Protektorat war, der ‚Umvolkung' abträglich war, konnte auch Henlein nicht zweifeln. Es ist nicht auszuschließen, daß er um der raschen ‚Germanisierung' seines Gaugebietes willen bereit war, die Eindeutschung des Protektorats zu erschweren, ohne sie jedoch als solches völlig abzulehnen. Es ist aber genauso möglich, daß Henlein anstelle der vollständigen ‚Germanisierung' Böhmens und Mährens *auf Dauer* ein tschechisches ‚Reservat' dort plante. Die vorhandenen Quellen lassen ein abschließendes Urteil in dieser für die Einschätzung Henleins bedeutenden Frage leider nicht zu.

Auffällig ist, daß sowohl in der Frage der Aussiedlung der Tschechen aus dem Sudetengau als auch in der Frage der ‚Umvolkung' grundlegende Meinungsunterschiede zwischen der Gauleitung in Reichenberg und der Behörde des Reichsprotektors in Prag bestanden. Die in Prag vor allem von Frank formulierte politische Linie wurde von Hitler gutgeheißen und bestimmte die ‚Tschechenpolitik' bis 1945. Die Erfordernisse des Krieges bewirkten auch hier eine Zurückstellung sudetendeutscher Interessen. Statt daß der Sudetengau ‚tschechenfrei' wurde, mußte Henlein

---

[735] AMV Prag, 301-139-4, Bl. 15.
[736] Schreiben vom 11. 3. 1942, abgedruckt in: Die Vergangenheit warnt 150f.
[737] Denkschrift Franks „über die Behandlung des Tschechen-Problems und die zukünftige Gestaltung des böhmisch-mährischen Raumes" vom 28. 8. 1940, abgedruckt in: Die Deutschen in der Tschechoslowakei 418, sowie *ebenda* 463, Anmerkung des Herausgebers Král.

sogar mit ansehen, wie die Zahl der Tschechen dort durch den Einsatz tschechischer Arbeiter kontinuierlich anstieg. Über diese Entwicklung sowie über Henleins vergebliches Bemühen, dem einen Riegel vorzuschieben, wurde weiter oben ausführlich berichtet.[738]

Zumindest kurz- und mittelfristig entsprach die Entwicklung keinesfalls dem, was Henlein und wohl auch ein großer Teil der Sudetendeutschen schnell in die Realität umgesetzt sehen wollte: eine klare Trennung von Deutschen und Tschechen.[739] Falls Henlein auch für die dauerhafte Aufrechterhaltung des Protektorats eintrat, so hätte er auch mit diesem Fernziel im Widerspruch zur Politik der Reichsführung und ihrer Repräsentanten in Prag gestanden. Denn danach sollte das Protektorat früher oder später fester Bestandteil des Deutschen Reiches werden und seinen vorläufigen Sonderstatus verlieren.

Daß der Vernichtungsfeldzug gegen das tschechische Volk nicht mit letzter Konsequenz durchgeführt wurde, daß auch aus dem Sudetengau nur ein kleiner Teil der tschechischen Bevölkerung in das Landesinnere ausgesiedelt wurde und daß die ‚Umvolkung' im Sudetengau, von einigen kleinen konkreten Aktionen abgesehen[740], im Stadium der Planung steckenblieb, lag am Verlauf des Krieges. Dieser stellte die nationalsozialistischen Machthaber erst einmal vor ganz andere Aufgaben.

Neben den beiden Kernelementen der ‚Germanisierung' gab es aber eine ganze Reihe von Maßnahmen, die zur Erreichung des gleichen Ziels beitragen sollten und schon während des Krieges zumindest teilweise in die Realität umgesetzt wurden.

‚Germanisierung' durch Förderung der Deutschen

Man hat es mit der paradox anmutenden Tatsache zu tun, daß nicht nur, wie gezeigt, Tschechen eingedeutscht werden sollten. Auch die Sudetendeutschen sollten ‚noch deutscher' werden.

---

[738] Siehe oben.

[739] Siehe unten.

[740] So wurde z. B. 1941 im Rahmen der „Umvolkungsaktion A" eine „Sichtung der 1941 aus deutschen Schulen zu entlassenden tschechischen Jugendlichen" durchgeführt und der „Einsatz der Eindeutschungsfähigen unter diesen im binnendeutschen Handel und Handwerk" bestimmt. Weisung des Gaugrenzlandamtes Nr. 5/41g vom 10. 4. 1941 („Geheim"). SOA Litoměřice, GL NSDAP, Kart. 127. — In der „Umvolkungsaktion B" wurde im selben Jahr eine „Erhebung der gemischtvölkischen Ehen im Gau Sudetenland durchgeführt", mit dem Ziel, über die zu erfolgende „planmäßige volkspolitische Betreuung" dieser Ehen „die restlose Eindeutschung [...] vor allem der ihnen entstammenden Kinder" sicherzustellen. Die Erhebungen wurden tatsächlich durchgeführt und ergaben etwa 35–40 000 Ehen zwischen deutschen und tschechischen Partnern. Inwieweit die geplante Betreuungsaktion durchgeführt wurde, konnte nicht festgestellt werden. Richtlinien des Gaugrenzlandamtes vom 29. 4. 1941. *Ebenda.*

Eine von Heydrich angeregte, im Rasse- und Siedlungshauptamt in Berlin im Oktober 1940 angefertigte Denkschrift über die „rassenpolitischen Verhältnisse" im böhmisch-mährischen Raum stellte fest, daß die „Sudetenländer [...] zu den rassisch am meisten geschwächten Landstrichen Deutschlands" gehörten: „Bei grober Schätzung der Rassenzusammenfassung [!] des Sudetengebietes einerseits ist schon rein zahlenmäßig das Rassenbild des tschechischen Volkes heute wesentlich günstiger als das der sudetendeutschen Bevölkerung."[741] Ob diese Denkschrift Henlein, Künzel oder sogar weiteren Kreisen der sudetendeutschen Bevölkerung bekannt geworden ist, ließ sich nicht feststellen.[742]

Tatsache ist aber, daß in der Öffentlichkeit verbreitete Äußerungen über die sogenannte ‚sudetische Rasse' mit Mißfallen aufgenommen wurden. Die Beschreibung dieser angeblich existierenden ‚Rasse' in Lehrbüchern und Artikeln, so berichtete der Führer des SD-Leitabschnittes Reichenberg im August 1942 Henlein, sei „von interessierten Volksgenossen [...] als eine Herabsetzung der sudetendeutschen Bevölkerung empfunden" worden, weil „sie sich zu stark im negativen bewege".[743] Der Kreisleiter von Asch hatte in einem Lagebericht im Frühjahr 1942 Beschwerde darüber geführt, daß in sudetendeutschen Berufsschulen ein Lehrbuch benutzt werde, dessen Beschreibung der Sudetendeutschen „ausgesprochen beleidigend" sei. Es sei „unerfindlich, wie in einer für das ganze Reich zugänglichen Staatsbürgerkunde heute noch der Sudetendeutsche als gutmütiger Kretin dargestellt werden" dürfe.[744]

Vielleicht waren es derartige Erfahrungen, die dazu führten, daß eine Anfang 1941 von Künzel eingeleitete Aktion zur „Änderung nichtdeutscher Namen"[745] bei der Bevölkerung auf große Resonanz stieß. Wie gesehen, fühlten sich viele Sudetendeutsche von den Deutschen aus dem Altreich herablassend als ‚Beutedeutsche' und gleichsam als ‚halbe Tschechen' behandelt. Ein Beispiel ist die Bemerkung des Oberlandrats von Jičín im Protektorat, der sagte, die „Volkskraft" der Sudetendeutschen reiche nicht aus, um die Tschechen zu assimilieren; sie seien „angekränkelt". Vielmehr seien dazu „in großer Anzahl Altreichsdeutsche, die innerlich gefestigt, politisch und rassisch einwandfrei" seien, nötig.[746]

---

[741] Auszug aus der von SS-Oberscharführer Dr. W. König-Beyer verfaßten Denkschrift, abgedruckt in: Die Vergangenheit warnt 76f.

[742] *Biman/Malíř*: Kariéra 309, sind der zwar nicht durch Dokumente zu belegenden, aber dennoch plausiblen Ansicht, daß man in Reichenberg gegen die Auswahl zur ‚Umvolkung' der Tschechen nach rassischen Kriterien gewesen sei, weil man durchaus wußte, daß es mit der ‚Reinrassigkeit' der Sudetendeutschen selbst nicht zum besten bestellt gewesen sei.

[743] Schreiben vom 29. 8. 1942. SOA Litoměřice, GL NSDAP, Kart. 107.

[744] Lagebericht für die Zeit vom 15. 2.–15. 4. 1942. SOA Litoměřice, GL NSDAP, Kart. 1.

[745] Weisung des Gaugrenzlandamtes K-4/41 vom 6. 2. 1941. SOA Litoměřice, GL NSDAP, Kart. 31.

[746] Aus einer Besprechung der Oberlandräte im Amt des Reichsprotektors am 15. 8. 1940, abgedruckt in: Die Deutschen in der Tschechoslowakei 416. — „Sudeten-

,Germanisierungspolitik' 307

In den von Künzel den ihm nachgeordneten Kreisgrenzlandämtern übermittelten Richtlinien zur Aktion heißt es, der „Grenzlanddeutsche" wisse „in der Regel Name und Volkstumszugehörigkeit zu unterscheiden. Der fremdvölkische Name ist für ihn von vornherein noch kein Grund zu einem Mißtrauen hinsichtlich der völkischen Haltung seines Trägers." Anders jedoch lägen „die Verhältnisse im Binnendeutschtum". Dort nämlich wirke „sich der fremdvölkische Klang des nichtdeutschen Namens voll aus" und verursache, „daß dem Träger dieses Namens zumindest anfänglich ein gewisses Mißtrauen hinsichtlich seiner völkischen Herkunft und Verläßlichkeit entgegengebracht" werde.[747] „Politische Erwägungen", so heißt es weiter, „lassen es als wünschenswert erscheinen, daß die Scheidung der Völker auch hinsichtlich ihrer Familiennamen durchgeführt wird. Der undeutsche Name alter deutscher Familien ist aber auch ein Schönheitsfehler, den zu beseitigen wir ebenso bemüht sein müssen, wie wir bemüht sind, die undeutschen Ortsnamen abzuschaffen, die das Bild unserer deutschen Landschaft verschandeln."

Zunächst sollten vor allem die politischen Leiter, die Führer von Partei-Gliederungen und andere herausragende Persönlichkeiten den Anfang machen.[748] Wie gesehen, ging Henlein selbst mit ‚gutem' Beispiel voran: 1941 wurde der tschechische Familienname seiner Mutter, Dvořáček bzw. Dvořáčková, wie die weibliche Form lautet, in das wenigstens etwas germanischer klingende ‚Dworaschek' umgewandelt, obwohl dies ein Verstoß gegen die Richtlinien Künzels war. „Eine bloße Deutschschreibung von Familiennamen tschechischer Herkunft", hatte dieser nämlich bestimmt, „kommt nicht in Frage. (z. B. Bureš in Buresch [...] usw.)." In solchen Fällen sei ein völlig neuer deutscher Name zu wählen.[749] Bei der Mutter des Gauleiters und Reichsstatthalters machte man offenbar eine Ausnahme.

Im Rahmen einer Erhebung wurde festgestellt, daß der Anteil tschechischer Namen unter den Sudetendeutschen „unerwartet groß" sei. Allein im Sudetengau trügen etwa 500 000 Deutsche „Namen tschechischer Herkunft", von denen die „Masse", so Künzel, zur Eindeutschung ihrer

deutsche sind minderwertige Deutsche" – so beschrieb K. H. Frank diese offenbar unter ‚Altreichsdeutschen' weitverbreitete Ansicht. Schriftliches Geständnis K. H. Franks in tschechischer Untersuchungshaft 1945, abgedruckt *ebenda* 47ff., Zitat 52.

[747] Weisung des Gaugrenzlandamtes K-4/41 vom 6. 2. 1941. SOA Litoměřice, GL NSDAP, Kart. 31. — In seinem Roman über das Protektorat „Mendelssohn auf dem Dach" schildert der tschechische Schriftsteller Jiří Weil die Gedanken eines reichsdeutschen SS-Mannes über die Verhältnisse in „den Sudeten": „Dort hatte sich alles vermischt, eine Schweinerei war das. Die Tschechen trugen deutsche Namen, und die Deutschen tschechische, aber nach dem Krieg würde das alles in Ordnung gebracht werden." Weil, Jiří: Mendelssohn auf dem Dach. Reinbek b. Hamburg 1995, 29.
[748] Weisung des Gaugrenzlandamtes K-4/41 vom 6. 2. 1941. SOA Litoměřice, GL NSDAP, Kart. 31.
[749] Weisung des Gaugrenzlandamtes K-4/41 vom 6. 2. 1941. SOA Litoměřice, GL NSDAP, Kart. 31. Hier auch detailliert die Richtlinien für die Namensänderung.

Namen bereit sei. Die betont freiwillige Aktion habe nur wegen der Überlastung der zuständigen Behörden „nicht zum vollen Erfolg gebracht werden" können und vorerst abgebrochen werden müssen, schrieb Künzel im April 1942.[750] Henlein berichtete Bormann von „Tausende[n] von Anträgen", die den Regierungspräsidenten und Landräten zur Bearbeitung vorlägen. In der „breitesten Öffentlichkeit" sei die Bereitschaft zur Namensänderung vorhanden.[751] Die Exilpresse sprach sogar von einer wahren „Namensänderungs-Epidemie", die im Sudetengebiet ausgebrochen sei.[752] Eine genaue Zahl der Antragsteller oder der tatsächlich vorgenommenen Änderungen konnte jedoch nicht ermittelt werden.

Nicht nur auf so vergleichsweise harmlosem, wenn auch überaus symbolträchtigen Gebiet wie der Eindeutschung von Familien- oder Ortsnamen[753] erfolgte das, was hier als ‚fördernde Germanisierung' bezeichnet wurde.

Im Kapitel über die Wirtschafts- und Sozialpolitik im Sudetengau wurde bereits über die sogenannte ‚Grenzlandhilfe' oder ‚-förderung' berichtet. Die Infrastruktur des ‚Grenzlandgaus' Sudetenland sollte auf diese Weise verbessert werden. Neu zu errichtende Schulen, Kindergärten, Sportanlagen und dergleichen mehr waren dazu gedacht, den deutschen Charakter der Region zu unterstreichen. Auch Gelder aus der vom Stillhaltekommissar für Organisationen durchgeführten Liquidation der Konsumgenossenschaften sollten auf Wunsch Henleins „der sudetendeutschen Wirtschaft unter Beachtung der Gesichtspunkte einer aktiven Grenzlandpolitik" zur Verfügung gestellt werden. Sie sollten z. B. zur „Unterstützung des Gaststättengewerbes in den Grenzgebieten, insbesondere zur Ausgestaltung und Übernahme aus nichtarischem bezw. nichtvolksdeutschem Besitz" verwendet werden.[754] Soweit es die Erfordernisse der Kriegswirtschaft zuließen, wurde das deutsche Gewerbe besonders unterstützt. Die Behörden wurden aufgefordert, bei der „Erteilung

---

[750] Schreiben Künzels an Henlein vom 16. 4. 1942. SOA Litoměřice, GL NSDAP, Kart. 108. — Daß die Aktion fortgesetzt wurde, wenn auch wegen des kriegsbedingten Personalmangels in der Bevölkerung nur in stark eingeschränktem Maße, belegt die Niederschrift über die Konferenz der Landräte des Regierungsbezirks Troppau vom 16. 1. 1943. ZA Opava, RPT, Nr. 571.

[751] Schreiben Henleins an Bormann vom 12. 7. 1941. SOA Litoměřice, GL NSDAP, Kart. 108. — Henlein wandte sich auf Bitte Künzels an Bormann. In der Partei-Kanzlei hatte man vor, generell und zwangsweise eine reichsweite Aktion zur Eindeutschung von Namen durchzuführen. Von diesem Plan erfuhr Künzel aber erst, nachdem die Aktion im Sudetengau angelaufen war. Künzel und Henlein wandten sich jedoch gegen die Anwendung von Zwang. *Ebenda.* — Siehe auch Schreiben Künzels an Henlein vom 9. 7. 1941. *Ebenda.*

[752] ‚Der Sozialdemokrat' (London) vom 26. 1. 1942. SÚA Prag, ZTA, Kart. 586, Nr. 504.

[753] Regeln zur Umbenennung von Ortschaften in den Weisungen OG-15/39 vom 15. 2. 1939 und OG-29/39 vom 22. 3. 1939, SOA Litoměřice, GL NSDAP, Kart. 27.

[754] Weisung des Gaugrenzlandamtes K-4/41 vom 8. 7. 1941. SOA Litoměřice, GL NSDAP, Kart. 31.

von Gewerbeberechtigungen volkstumspolitische Belange zu wahren".[755] Das bedeutete konkret, daß deutsche Bewerber bei Erteilung einer Gewerbeerlaubnis, wenn es irgend möglich war, bevorzugt behandelt werden sollten. Im Jahr 1941 wurden auch gezielt deutsche Gewerbetreibende im Grenzgebiet zum Protektorat angesiedelt.[756] Siedlungswillige sollten besonders bei der Beschaffung von Krediten durch die Behörden unterstützt werden[757], oder es sollte direkt aus einem „Aufbaufonds für den Rückerwerb tschechischen Grund und Bodens" Unterstützung „zum Zwecke des Ansatzes [...] von deutschen Handwerkern und Gewerbetreibenden" Unterstützung geleistet werden.[758]

Im selben Jahr wurde Arbeitgebern in den „volkspolitischen Gefahrenzonen", also in Gebieten mit einem hohen tschechischen Bevölkerungsanteil oder nahe der Protektoratsgrenze, an denen die Löhne niedriger waren als in rein deutschen Gebieten bzw. im Altreich, die Möglichkeit gegeben, Angestellten ein höheres, außertarifliches Gehalt zu bezahlen. Dies sollte ein Beitrag zur „wirtschaftlichen Besserstellung unserer deutschen Menschen im Grenzgebiete" sein.[759]

,Germanisierung' durch Unterdrückung der Tschechen

Die Förderung der Deutschen wurde durch die politische, kulturelle und wirtschaftliche Benachteiligung der Tschechen ergänzt. Dabei gilt es grundsätzlich zu berücksichtigen, daß die Tschechenpolitik im Sudetengau nie genau und zentral festgelegt wurde. Der Grad der Unterdrückung der Tschechen war daher bis Kriegsende regional durchaus verschieden und nicht zuletzt von den jeweiligen Behörden bzw. Parteidienststellen und ihren Leitern, vor allem den Regierungspräsidenten, Landräten und NSDAP-Kreisleitern, abhängig.[760]
„Der erste und letzte politische Akt, an dem sich auch ein Teil der tschechischen Bevölkerung im Grenzgebiet beteiligen konnte" – sofern es sich um Reichsangehörige handelte – „war die Reichstagswahl am 4. Dezember 1938."[761] Auch diese ‚Wahl' war aber schon nicht mehr frei, son-

---

[755] Weisung des Gauwirtschaftsberaters K-8/41 vom 21. 8. 1941. *Ebenda.*
[756] Weisung des Gauwirtschaftsberaters K-3/41 vom 7. 5. 1941. *Ebenda.*
[757] Weisung des Gaugrenzlandamtes K-2/41 vom 15. 1. 1941. *Ebenda.*
[758] Weisung des Gaugrenzlandamtes K-24/41 vom 20. 6. 1941. *Ebenda.*
[759] Weisung des Gaugrenzlandamtes K-11/41 vom 23. 4. 1941. *Ebenda.*
[760] Detaillierte Regionalstudien, die auch über das Kriegsende hinausgehen und der Frage nachgehen sollten, inwieweit das jeweilige Schicksal der tschechischen Bevölkerung 1938–1945 auf deren Verhalten gegenüber den Sudetendeutschen 1945/46 Einfluß nahm, stehen noch aus. Darauf, daß es in Bezirken, in denen die Behörden oder Parteidienststellen gegenüber den Tschechen eher milde waren, nach dem Krieg weniger Ausschreitungen gegen die deutsche Bevölkerung gab, deuten Erinnerungsberichte von Sudetendeutschen hin. Z. B. Bericht von H. G., o. D. BA Bayreuth, Ost-Dok. 20/19.
[761] Bartoš: Okupované pohraničí 92 f.

dern vollzog sich unter mannigfaltigem Druck des Regimes. Eine politische Repräsentation der tschechischen Bevölkerung hat es in der Folgezeit im Sudetengau nicht gegeben, nicht einmal einen Zusammenschluß ihres offen kollaborationswilligen Teiles. Die Tschechen hätten, so der Kreisleiter von Troppau, Anton Hausmann, „zu arbeiten, zu arbeiten und nochmals zu arbeiten, sonst aber still zu sein".[762] Schon allein die Tatsache, daß sich Tschechen bei Dienststellen von Partei und Staat für die Belange anderer Tschechen einsetzten, war für das Gaustabsamt der Partei Anlaß zum Einschreiten. Solche Personen hätten den Eindruck erweckt, „sie seien als Sprecher oder Vertreter des tschechischen Bevölkerungsteiles angesehen, behandelt und anerkannt worden". Die Dienststellen wurden daher angewiesen, „Tschechen, wenn überhaupt, grundsätzlich nur in eigenen Angelegenheiten zu empfangen" und „jede Intervention zugunsten Dritter" zu unterbinden.[763]

Die einzige öffentliche Funktion, die Tschechen zunächst weiter ausüben durften, war, in Ausnahmefällen, das Bürgermeisteramt in rein tschechischen Gemeinden, in denen kein Deutscher dafür zur Verfügung stand.[764] Im Laufe des Krieges kam dies häufiger vor, da viele deutsche Männer zur Wehrmacht eingerückt waren. Im Frühjahr 1942 kündigte der Regierungspräsident in Troppau an, daß es auch nötig sein werde, einzelne Amtsleiter-Posten mit Tschechen zu besetzen.[765] Tatsächlich waren 1942 Tschechen als Ortsbauernführer eingesetzt.[766]

In den Behörden, bei Bahn, Post usw., sollten ausschließlich Deutsche beschäftigt und die Tschechen verdrängt werden.[767] Bei den wichtigen Funktionen gelang dies, aber der Personalmangel bewirkte von Anfang an, vor allem aber im Krieg, zumindest auf unterer Ebene auch hier zahlreiche Ausnahmen.[768] Als im Frühjahr 1939 ein Tscheche bei der Reichsbahn in Eisenberg a. d. March, „wo seit 60 Jahren der Volkstumskampf in stärkstem Maße vor sich geht und wo die Deutschen eine Minderheit

---

[762] Lagebericht des Regierungspräsidenten in Troppau vom 2. 8. 1943. ZA Opava, RPT, Nr. 1435.
[763] Weisung des Gaustabsamtes K-20/41 vom 3. 10. 1941. SOA Litoměřice, GL NSDAP, Kart. 31.
[764] Bartoš: Okupované pohraničí 96.
[765] Lagebericht vom 2. 4. 1942, tschechisch abgedruckt in: Opavsko a severní Morava 110.
[766] Meldungen aus dem Reich. Bd. 12, Nr. 333 vom 9. 11. 1942, 4446.
[767] Bartoš: Okupované pohraničí 95. — Vgl. z. B. die Bemühungen von Krebs als Regierungspräsident in Aussig im Frühjahr 1940, noch bei den Reichselektrowerken in Aussig beschäftigte Tschechen „bald durch Deutsche zu ersetzen". „Bericht über die Lage der tschechischen Volksgruppe im Regierungsbezirk Aussig" vom 16. 4. 1940. SOA Litoměřice, RPA, Kart. 30.
[768] Belege für Tschechen bei Reichsbahn und Reichspost: Bericht des Gauinspekteurs für Nordmähren und Schlesien vom 12. 6. 1939. SOA Litoměřice, GL NSDAP, Kart. 21. — Lagebericht des Regierungspräsidenten in Aussig vom 31. 1. 1939. SOA Litoměřice, RPA, Kart. 30. — Lagebericht des Regierungspräsidenten in Troppau vom 6. 5. 1942, tschechisch abgedruckt in: Opavsko a severní Morava 124.

,Germanisierungspolitik' 311

bilden", zum Stationsvorstand ernannt wurde, führte der Leiter des Gaugrenzlandamtes heftig Beschwerde beim Gaupersonalamt wegen dieses Falls und weil die „Zahl der Tschechen in den staatlichen Unternehmen" allgemein wachse. Darüber herrsche in der „volksbewußten deutschen Arbeiterschaft [...] große Verstimmung".[769] So waren auch im Kreis Gablonz 1941 „Tschechen an bevorzugten Arbeitsplätzen" bei „verschiedenen Dienststellen des Staates und der kommunalen Behörden" eingesetzt, so im Rathaus der Stadt. Dies ist ein Fall, der belegt, daß Henlein sich auch um derartige ‚Alltäglichkeiten' der Volkstumspolitik kümmerte: Er wies seinen Gaustabsamtsleiter an, nähere Erkundigungen über die Verhältnisse in Gablonz einzuziehen – ganz offensichtlich mit der Absicht, die Tschechen aus ihren Positionen entfernen zu lassen.[770]

Allerdings mußten im Justizwesen im Einvernehmen zwischen Gauleitung und Reichsjustizministerium wegen des Mangels „an eingearbeiteten volksdeutschen nichtrichterlichen Kräften [...] alle diejenigen früheren tschechoslowakischen Justizbediensteten zur Mitarbeit herangezogen" werden, „gegen deren politische Haltung in der Zeit des Abwehrkampfes keine begründeten Bedenken zu erheben waren".[771] Man kann also feststellen, daß die beabsichtigte völlige Verdrängung der Tschechen auch aus dem Behördenapparat im Sudetengau nicht erfolgte. Allein im Regierungsbezirk Troppau waren Anfang 1944 noch 1 477 Tschechen im öffentlichen Dienst beschäftigt.[772] Hitler selbst verfügte, daß diese und andere, solange sie nicht „hoheitliche Befugnisse" ausübten oder leitende Funktionen innehatten, nicht entlassen werden mußten. Neueinstellungen von Tschechen in den öffentlichen Dienst sollten jedoch unterbleiben.[773]

Das tschechische Vereins- und Organisationswesen wurde hingegen vom ‚Stillhaltekommissar für Organisationen' fast vollständig aufgelöst. Sein Vermögen verfiel dem Reich bzw. wurde entsprechenden deutschen Vereinen zugewiesen.[774] Dort, wo einige wenige tschechische Vereine vom STIKO zugelassen wurden, kam es mitunter zur Obstruktion durch andere Behörden. Der Regierungspräsident in Aussig war der Ansicht,

---

[769] Schreiben Künzels an das Gaupersonalamt vom 21. 4. 1939. SOA Litoměřice, GL NSDAP, Kart. 199.

[770] Schreiben des Gaustabsamtsleiters an den Kreisleiter von Gablonz vom 16. 5. 1941. SOA Litoměřice, GL NSDAP, Kart. 107.

[771] Schreiben des Reichsjustizministeriums an den StdF vom 27. 8. 1940. SOA Litoměřice, GL NSDAP, Kart. 59.

[772] *Brandes:* Die Tschechen unter deutschem Protektorat, Bd. 2, 36.

[773] Rundschreiben des RMinI vom 18. 7. 1944. BA Berlin NS 19/1594.

[774] Zpověď K. H. Franka 71. Demnach wurde z. B. das Vermögen der tschechischen Sokol-Turnvereine den NS-Sportorganisationen zur Verfügung gestellt. Diese mußten allerdings teilweise auch die oft mit Hypotheken belasteten Grundstücke und Liegenschaften des Sokol übernehmen. „Bericht über die Lage der tschechischen Volksgruppe im Regierungsbezirk Aussig" vom 16. 4. 1940. SOA Litoměřice, RPA, Kart. 30.

daß im nordböhmischen Kohlenrevier „überhaupt keine tschechischen Vereine freigegeben werden" sollten, und führte Beschwerde darüber, daß der STIKO den Denkmalverein „Havlicek-Fonds" zugelassen hatte. Es sei „vom grenzpolitischen Standpunkt aus doch wohl undenkbar, daß im Deutschen Reich überhaupt noch ein Denkmal für den Tschechen Havlíček, nach dem beispielsweise auch ein tschechisches Infanterie-Regiment benannt worden war, errichtet" werde. Der Stillhaltekommissar zog daraufhin die Freistellung des Vereins zurück. Die Landräte des Regierungsbezirks Aussig sollten nach dem Willen des Regierungspräsidiums die Aufnahme der Tätigkeit der dort am 1. Juni 1939 zugelassenen tschechischen Vereine etwa dadurch behindern, daß die Genehmigung der Vorstände hinausgeschoben wurde.[775]

Insgesamt wurden im Regierungsbezirk Aussig 32 und im Regierungsbezirk Troppau 63 tschechische Vereine und Vereinigungen zunächst zugelassen.[776] Sie wurden jedoch kaum aktiv: „Das tschechische Vereinswesen ist tot", resümierte schon im Januar 1940 der Landrat in Hohenstadt[777], einem Bezirk, in dem die Tschechen mit 55 Prozent sogar

---

[775] Bericht des Regierungspräsidenten in Aussig über „die tschechiche Volksgruppe" vom 31. 7. 1939. SOA Litoměřice, RPA, Kart. 30. — Vgl. auch *Joza*: Česká menšina 185. — Bei dem erwähnten Havlíček handelt es sich vermutlich um den berühmten tschechischen Journalisten und Kritiker Karel Havlíček Borovský (1821–1856), dem folgende Worte zugeschrieben werden: „lieber die russische Knute als die deutsche Freiheit". Biographisches Lexikon zur Geschichte der böhmischen Länder. Hrsg. von Heribert *Sturm*, Ferdinand *Seibt*, Hans *Lemberg* und Helmut *Slapnicka*. München–Wien 1974ff., Bd. 1, 560.

[776] Bericht über die Lage der tschechischen Minderheit vom 10. 12. 1939. SOA Litoměřice, RPA, Kart. 30, sowie Lagebericht des Regierungspräsidenten in Troppau vom 5. 12. 1941 mit genauer Aufgliederung der 63 im Regierungsbezirk Troppau zugelassenen tschechischen Vereine nach Landkreisen und Art der Vereine. Tschechisch abgedruckt in: Opavsko a severní Morava 78f. — Vgl. auch *ebenda* 118. — Für den Regierungsbezirk Karlsbad liegen keine Zahlen vor. Angesichts der Tatsache, daß die Tschechen dort ohnehin nur etwa 2 Prozent der Bevölkerung ausmachten, kann man annehmen, daß es dort überhaupt keine tschechischen Vereine gab. Wenn im folgenden Zahlen mit Bezug zur tschechischen Bevölkerung immer nur für die Regierungsbezirke Aussig und Troppau genannt werden, so liegt das ebenfalls daran, daß die Tschechenpolitik wegen der sehr geringen Zahl der Tschechen im westlichsten Bezirk des Sudetengaus insgesamt kaum eine Rolle spielte und Vergleichszahlen nicht vorliegen. — Eine Ausnahme im Vereinswesen insgesamt bildeten – „im Interesse des Feuerschutzes" – die tschechischen Feuerwehren, die man in überwiegend tschechischen Gemeinden bestehen ließ. Man verbot ihnen aber jedes über den Dienst hinausgehende gesellschaftliche Leben. „Bericht über die Lage der tschechischen Volksgruppe im Regierungsbezirk Aussig" vom 16. 4. 1940. SOA Litoměřice, RPA, Kart. 30. — Vgl. *Bartoš*: Okupované pohraničí 95.

[777] Auszug aus dem Lagebericht des Landrats für Januar 1940. ZA Opava, RPT, Nr. 1448.

,Germanisierungspolitik' 313

die Bevölkerungsmehrheit stellten.⁷⁷⁸ Dies galt über diesen Landkreis hinaus zumindest für den gesamten Regierungsbezirk Troppau, zu dem Hohenstadt gehörte: In seinem Lagebericht für November 1941 meldete der Regierungspräsident, die vom STIKO zugelassenen tschechischen Vereine hätten keinerlei Tätigkeit enfaltet.⁷⁷⁹ Später angemeldete Neugründungen wurden nur dann zugelassen, wenn es sich um Sportvereine handelte. Dagegen kamen „kulturelle Betätigungen in Vereinen" überhaupt nicht in Frage. „Kundgebungen des Tschechentums" sollten so verhindert werden.⁷⁸⁰

Auch tschechischsprachige Zeitungen und Zeitschriften gab es im Sudetengau praktisch nicht. Nur zwischen Oktober 1938 und Juni 1940 erschienen in Neutitschein wöchentlich der unter deutscher Zensur stehende ‚Věstník české menšiny' (Anzeiger der tschechischen Minderheit) und in Troppau die Monatsschrift ,Náš nový domov' (Unsere neue Heimat).⁷⁸¹ Die Einfuhr tschechischer Zeitungen und Zeitschriften aus dem Protektorat war nur in begrenztem Maße erlaubt.⁷⁸² Jedes tschechische Presseerzeugnis wurde als (Feind-),Propaganda' begriffen, die es zu unterbinden galt – obwohl auch die tschechische Protektoratspresse gleichgeschaltet und unter deutsche Zensur gestellt worden war. Der ‚Věstník' wurde aus Mangel an Lesern bald eingestellt.⁷⁸³ Die tschechische Bevölkerung hatte ihn wohl nicht als tschechische Zeitung akzeptiert; zu sehr hatte sich die deutsche Aufsicht bemerkbar gemacht. Erst 1944 wurde wieder über die Neugründung einer tschechischsprachigen Zeitung für den Sudetengau ernsthaft nachgedacht, weil man glaubte, den Tschechen dadurch das „ganze Problem der europäischen Neuordnung" endlich nahebringen und

---

⁷⁷⁸ Bericht des Regierungspräsidenten in Troppau über die Lage der tschechischen Bevölkerung vom 5. 5. 1943, tschechisch abgedruckt in: Opavsko a severní Morava 165.

⁷⁷⁹ Lagebericht vom 5. 12. 1941, tschechisch abgedruckt *ebenda* 78f. — Vgl. auch *ebenda* 118.

⁷⁸⁰ Niederschrift über die „Besprechung über volkspolitische Fragen im Sudetengau" am 22. 6. 1944 in Prag. SÚA Prag, 110-4-11, S. 11.

⁷⁸¹ Bericht über die Lage der tschechischen Volksgruppe im Regierungsbezirk Aussig vom 16. 4. 1940. SOA Litoměřice, RPA, Kart. 30. — Protokoll der Einvernahme Franks in tschechoslowakischer Untersuchungshaft Anfang 1946, in: Die Deutschen in der Tschechoslowakei 338. — Zpověď K. H. Franka 71. — *Bartoš*: Okupované pohraničí 94f. Bartoš berichtet, ‚Náš nový domov' sei 1938 kurze Zeit vor der ‚Reichstagswahl' erschienen, macht aber keine weiteren Angaben zu dieser Zeitschrift. *Ebenda* 152. — Ein SD-Bericht zur „Lage und Stimmung der tschechischen Minderheit im Sudetengau" vom 20. 2. 1941 erwähnt die „monatlich erscheinende Zeitschrift ‚Domov'", die in den tschechischen Schulen anstatt eines tschechischen Lesebuchs eingeführt und von den Eltern abgelehnt worden sei, weil sie „im deutschen Sinne gehalten sei". Meldungen aus dem Reich. Bd. 6, Nr. 164 vom 20. 2. 1941, 2025.

⁷⁸² Zpověď K. H. Franka 71.

⁷⁸³ Bericht über „die Lage der tschechischen Volksgruppe" im Regierungsbezirk Aussig vom 1. 11. 1940. SOA Litoměřice, RPA, Kart. 30.

den Einfluß des Auslandsrundfunks eindämmen zu können.⁷⁸⁴ Das Fehlen tschechischer Presse war auch ein Ergebnis der vielfältigen Bemühungen, die tschechische Sprache im Sudetengau zu bekämpfen.

In der Auseinandersetzung zwischen Tschechen und Deutschen in den vorangegangenen Jahrzehnten hatte die ‚Sprachenfrage' einen großen Raum eingenommen. Hatten die Sudetendeutschen sich in der Zeit der Tschechoslowakischen Republik von der Prager Regierung benachteiligt gefühlt, so wurde im Sudetengau nun mit unvergleichlich härteren Methoden gegen die tschechische Sprache vorgegangen. Diese wurde weitgehend verdrängt, Deutsch zur alleinigen Amtssprache. Dabei wurde den Behörden in Gemeinden mit einem hohen Anteil tschechischer Bevölkerung immerhin ein gewisser Handlungsspielraum gelassen, der es noch zuließ, tschechisch verfaßte Eingaben zu bearbeiten, „wenn nicht nach der Person des Briefschreibers zu vermuten ist, daß eine gewollte Herausforderung vorliegt".⁷⁸⁵ Dieser Spielraum wurde auch genutzt. In manchen Behörden werde zweisprachig amtiert, in anderen nur deutsch, berichtete im April 1940 der Kreisleiter von Neutitschein. Er sah darin einen Mangel an Eindeutigkeit der Politik: „Wir können es uns auch nicht erlauben, daß in einigen Gebieten nur deutschsprachige Aufschriften sind, während in anderen Gebieten der Bürgermeister die doppelsprachige Aufschrift zuläßt."⁷⁸⁶

Trotz dieser regionalen Unterschiede⁷⁸⁷ war das Ziel der Sprachenpolitik im Sudetengau klar: „Die tschechische Sprache muß mit allen Mitteln in ihrer Bedeutung zurückgedrängt werden."⁷⁸⁸ Als dem ‚Volkstumskämpfer' Henlein zu Ohren kam, daß auf der Bahnstrecke Liebenau-Reichenberg Bekanntmachungen in tschechischer Sprache erfolgt und tschechische Ortsnamen in den Fahrplan aufgenommen worden waren, ließ er dies durch seinen Gaustabsamtsleiter überprüfen, um gegebenenfalls diese „„Gefälligkeit' den Tschechen gegenüber" beseitigen zu lassen.⁷⁸⁹

---

[784] „Niederschrift der Besprechung über volkspolitische Fragen im Sudetengau am 22. 6. 1944 in Prag". SÚA Prag, 110-4-11, S. 9 und S. 12. — Vgl. dazu auch *Antoš, Zdeněk*: Pokus o „řešení" české otázky v sudetské župě na sklonku druhé světové války [Ein Versuch zur „Lösung" der tschechischen Frage im Gau Sudetenland am Ende des Zweiten Weltkrieges]. Odboj a revoluce – Zprávy 6/2 (1968) 76-92, hier 90.

[785] Auszug aus einem Runderlaß des RMinI vom 22. 11. 1938, in: Die faschistische Okkupationspolitik 97. — Vgl. auch *Bartoš*: Okupované pohraničí 94.

[786] Lagebericht für April 1940. SOA Litoměřice, GL NSDAP, Kart. 10. — Vgl. auch den Bericht für Juni 1940. *Ebenda*.

[787] Hans Krebs scheint als Regierungspräsident in Aussig auch in dieser Hinsicht besonders unnachgiebig gewesen zu sein. Er wies Ende 1940 seine Landräte an, die 1938 „nur notdürftig übertünchten und wieder sichtbar gewordenen alten tschechischen Aufschriften zu beseitigen. Es werden überall nur noch deutsche Aufschriften in Frakturschrift geduldet." Bericht über die „Lage der tschechischen Volksgruppe" vom 1. 11. 1940. SOA Litoměřice, RPA, Kart. 30.

[788] Geheime Weisung des Gaugrenzlandamtes Nr. 3/41 g vom 8. 3. 1941. SOA Litoměřice, GL NSDAP, Kart. 127.

[789] Schreiben Lammels an den Beauftragten des Reichsverkehrsministers in Reichenberg (Abschrift) vom 16. 5. 1941. SOA Litoměřice, GL NSDAP, Kart. 107.

Dem Zwecke der Zurückdrängung der tschechischen Sprache diente auch die Schließung der meisten tschechischen Leihbüchereien. Eine eindeutige Richtlinie dazu wurde bis Kriegsende niemals erlassen.[790] Der Regierungspräsident in Aussig mußte im Dezember 1939 feststellen, daß noch immer ein tschechisches Gesetz aus dem Jahre 1919 galt, das „genaue Bestimmungen über die Errichtung von sogenannten Minderheitenbüchereien" enthielt. „Die Anwendung dieses Gesetzes", so Krebs, „würde praktisch die Errichtung von tschechischen Büchereien in allen größeren Gemeinden des Regierungsbezirks nach sich ziehen". Deshalb lehnte er es kurzerhand ab, das Gesetz anzuwenden. Tatsächlich gab es noch 245 tschechische Büchereien im Aussiger Bezirk. Sie waren jedoch nicht mehr in Betrieb.[791] Im Regierungsbezirk Troppau waren dagegen von 121 tschechischen Bibliotheken auch im November 1941 noch 40 geöffnet, vor allem (26) im Landkreis Hohenstadt, wo in 49 von 88 Gemeinden die tschechische Bevölkerung die Mehrheit stellte.[792]

Deren Muttersprache war bis Kriegsende trotz der genannten Maßnahmen im Sudetengau oft und gegen Kriegsende sogar immer häufiger und offener zu hören. Bartošs Urteil, wonach die tschechische Kultur und mit ihr die tschechische Sprache „vollständig liquidiert"[793] werden sollte, trifft zwar zu. Die von ihm an dieser Stelle aufgeführten Maßnahmen zur Erreichung dieses Zieles wurden jedoch nicht in der hier insinuierten Totalität durchgeführt, das Ziel nicht erreicht. Die mangelnde Einheitlichkeit der Tschechenpolitik lassen Bartošs apodiktische Formulierungen fragwürdig erscheinen: Je nach Ort und Zeitpunkt waren, wie schon wiederholt festgestellt wurde, die Verhältnisse höchst unterschiedlich. Jedenfalls wurde das Tschechische aus dem Sudetengau nie völlig verdrängt. Immer wieder ist in den verschiedenen Lageberichten von Beschwerden der Berichterstatter und der deutschen Bevölkerung über diesen Umstand zu lesen.[794] Tatsächlich konnten sich die Tschechen in der Regel ihrer Sprache auch in der Öffentlichkeit bedienen, ungeachtet dessen, daß dies nicht gern gesehen wurde. Wer jedoch zu offensiv von der tschechischen Sprache Gebrauch machte, begab sich in Gefahr. So wurde eine Tschechin zu drei Monaten Gefängnis verurteilt, weil sie von einem

---

[790] *Bartoš:* Okupované pohraničí 117.
[791] Bericht über die Lage der tschechischen Minderheit vom 10. 12. 1939. SOA Litoměřice, RPA, Kart. 30.
[792] Lagebericht des Regierungspräsidenten in Troppau vom 5. 11. 1941, tschechisch abgedruckt in: Opavsko a severní Morava 68. — Vgl. auch *Bartoš:* Okupované pohraničí 117.
[793] *Ebenda* 118.
[794] Es sei festzustellen, so z. B. der Kreisleiter für Brüx im Herbst 1941, daß viele Tschechen, die nach dem Anschluß deutsch gesprochen hätten, bei ihren Einkäufen oder Amtsgängen „nunmehr demonstrativ tschechisch sprechen". Lagebericht für September/Oktober 1941. SOA Litoměřice, GL NSDAP, Kart. 10. — Vgl. auch Meldungen aus dem Reich, z. B. Bd. 5, Nr. 129 vom 3. 10. 1940, 1639, sowie Bd. 6, Nr. 164 vom 20. 2. 1941, 2024.

deutschen Beamten verlangt hatte, die tschechische Sprache zu beherrschen. Die Verurteilung wurde von der sudetendeutschen Bevölkerung, die in diesem Verhalten eine Provokation sah, ausdrücklich begrüßt.[795]

Aber auch unter den Sudetendeutschen, selbst unter ‚Parteigenossen' und ‚Amtswaltern', war der Gebrauch der tschechischen Sprache der Bequemlichkeit halber nicht unüblich. Im August 1942 mußte der Stellvertretende Gauleiter allen Parteimitgliedern, die sich „ohne zwingenden Grund der tschechischen Sprache" bedienten, mit dem Parteiausschluß drohen – offensichtlich handelte es sich um ein durchaus weit verbreitetes ‚Vergehen'.[796]

Ein wichtiges Element der sprachlichen und kulturellen Zurückdrängung der Tschechen im Sudetengau war die Schulpolitik.[797] Freilich muß man auch hier vorab feststellen, daß es zu einem einheitlichen Vorgehen im ganzen Gau nicht kam. Eine klare Politik wurde nie formuliert. Theo Keil, Regierungs- und Schulrat in der Reichsstatthalterei[798], stellte rückblickend fest, „daß es trotz mehrfacher Versuche der Schulabteilung des Reichsstatthalters" nie gelungen sei, alle an der Volkstums- und Schulpolitik im Gau beteiligten Institutionen „zu einer Besprechung der Grundsatzfragen zusammenzuführen".[799] Deswegen blieben bis Kriegsende die Verhältnisse regional unterschiedlich.[800] Sie hingen auch hier wieder nicht zuletzt von den örtlichen politischen Entscheidungsträgern ab.[801] Als Regierungspräsident in Aussig steuerte Hans Krebs einen eindeutig härteren Kurs als sein Pendant Fritz Zippelius in Troppau.[802]

---

[795] Meldungen aus dem Reich. Bd. 9, Nr. 256 vom 2. 2. 1942, 3241.
[796] Anordnung Nr. 19/42 vom 6. 8. 1942. SOA Litoměřice, GL NSDAP, Kart. 28. — Vgl. auch Meldungen aus dem Reich. Bd. 6, Nr. 164 vom 20. 2. 1941, 2024. — Lagebericht des Regierungspräsidenten in Aussig vom 8. 1. 1941. SOA Litoměřice, RPA, Kart. 30.
[797] Die Schulpolitik wird hier vergleichsweise kurz abgehandelt, weil es gerade zu diesem Thema eine besonders umfangreiche Literatur gibt, auf die, auch hinsichtlich genauer Zahlen von tschechischen Schulen und Schülern im Sudetengau, verwiesen sei: *Bartoš,* Josef: České školství v Sudetech za nacistické okupace [Das tschechische Schulwesen im Sudetengebiet während der nationalsozialistischen Besatzung]. Acta Universitatis Palackianae Olomucensis, Paedagocica-psychologica 11 (1970) 251-290. — *Ders.:* Okupované pohraničí 110ff. — *Grobelný,* Anděĺín: Školská otázka v okupovaném pohraničí 1938–1945 [Die Schulfrage im besetzten Grenzgebiet 1938–1945]. Slezský sborník 73 (1975) 100-119. — *Joza:* Česká menšina 186ff. — Die deutsche Schule in den Sudetenländern. Form und Inhalt des Bildungswesens. Hrsg. von Theo *Keil.* München 1967 (Schriften der Arbeitsgemeinschaft sudetendeutscher Erzieher). — *Pallas,* Ladislav: České školství v severozápadočeské oblasti v letech 1938–1945 [Das tschechische Schulwesen im nordwestböhmischen Gebiet in den Jahren 1938–1945]. Slezský sborník 89 (1991) 181-190.
[798] *Pallas:* České školství 181.
[799] Die deutsche Schule 127f.
[800] Ebenda 128f. — *Bartoš:* Okupované pohraničí 111.
[801] *Pallas:* České školství 183.
[802] Ebenda. — *Grobelný:* Školská otázka 103. — Wie gesehen, wurde im Ostsudetenland auch die Tätigkeit tschechischer Büchereien nicht so stark eingeschränkt wie im Bezirk Aussig. Dabei gilt die hier von Grobelný aufgestellte, im allgemeinen

‚Germanisierungspolitik'   317

Es ist jedenfalls festzustellen, daß das tschechische Schulwesen im Sudetengau „schwer geschädigt" wurde.[803] Die höheren tschechischen Schulen, Gymnasien, Berufsschulen, aber auch die Lehrerbildungsstätten, wurden ebenso geschlossen wie die sogenannten Minderheitenschulen.[804] Die tschechischen Bürgerschulen (Měšťanské školy, also Haupt- bzw. Volksschulen) gingen allmählich ein. Im Schuljahr 1941/42 gab es im Regierungsbezirk Troppau noch 11 Bürgerschulen, im Aussiger Bezirk schon Anfang 1939 nur noch drei.[805] Ab 1940 durften die Bürgerschulen dann keine neuen Schüler mehr aufnehmen, mit Ende des Schuljahres 1941/42 wurden sie ganz geschlossen. Tschechische Schüler konnten danach nur noch deutsche Hauptschulen unter der Voraussetzung besuchen, daß sie als „wiedereindeutschungsfähig (wdf)" galten.[806] Kinder aus sogenannten ‚gemischtvölkischen' Ehen mußten nach einem Erlaß Henleins ab 1940 ohnehin grundsätzlich deutsche Schulen besuchen.[807] In einer „Besprechung über volkspolitische Fragen im Sudetengau" am 22. Juni 1944 heißt es resümierend: „Tschechische Schulen gibt es im Sudetengau nicht mehr. Es sind lediglich noch Volksschulen mit tschechischer Unterrichtssprache vorhanden", deren Leitung „an sich deutsch sein" sollte. Die Kriegsbedingungen machten dies jedoch unmöglich.[808]

Wie das gesamte tschechische Schulwesen standen aber auch diese Schulen „laufend unter deutscher Aufsicht und Leitung".[809] Besonders den tschechischen Lehrern, die man oft als „das Rückgrat der tschechi-

---

nicht immer von der Hand zu weisende Behauptung größerer Nachgiebigkeit von ‚Altreichsdeutschen' in Fragen der Volkstumspolitik in diesem Fall nicht: Zippelius war wie Krebs Sudetendeutscher. — Siehe in diesem Zusammenhang auch den SD-Bericht über die tschechische Minderheit vom 15. 10. 1942. AMV Prag, 114-283-1. Darin wird eine weit verbreitete Einschätzung der Tschechen wiedergegeben: „Die Deutschen sind untereinander nicht einig und die Gegensätze zwischen Sudeten- und Altreichsdeutschen können je nach Entwicklung der Dinge ausgenutzt werden. [...] Die Sudetendeutschen haben mit ihren Forderungen gegenüber den Tschechen Schiffbruch erlitten und die Altreichsdeutschen sind viel großzügiger." — K. H. Frank hatte schon im November 1938 vor der Neigung „der meisten reichsdeutschen Organe, den Tschechen gegenüber weitest entgegenzukommen", gewarnt. Bei den Reichsdeutschen ließe sich oft eine „falsche Beurteilung des tschechischen Volkscharakters" feststellen. Denkschrift Franks „über die voraussichtliche Haltung der Tschechen bei den kommenden Reichstagswahlen" an den Staatssekretär im AA vom 18. 11. 1938. PA AA Bonn, R 103851.

[803] *Macek*: Zur Problematik der Geschichte 59.
[804] *Bartoš*: Okupované pohraničí 110 und 112. — *Grobelný*: Školská otázka 101.
[805] *Bartoš*: Okupované pohraničí 111.
[806] Lagebericht des Regierungspräsidenten in Troppau vom 4. 11. 1942, abgedruckt in: Die Deutschen in der Tschechoslowakei 498f., Zitat 499. — Siehe auch *Bartoš*: Okupované pohraničí 111.
[807] Weisung des Gaugrenzlandamtes Nr. 10/41 vom 14. 7. 1941. SOA Litoměřice, GL NSDAP, Kart. 127.
[808] Niederschrift. SÚA Prag 110-4-11, S. 6. — Vgl. auch *Bartoš*: Okupované pohraničí 113. — *Macek*: Zur Problematik der Geschichte 59.
[809] Meldungen aus dem Reich. Bd. 4, Nr. 77 vom 15. 4. 1940, 1000.

schen Abwehrhaltung" einschätzte, brachten die deutschen Behörden stets großes Mißtrauen entgegen.[810] Im Zuge der geplanten vollständigen ‚Germanisierung' des Sudetengaus wären auch die tschechischen Grundschulen abgeschafft worden.

Über Henleins grundsätzliche Ansichten zur Schulpolitik unterrichtet die Aussage Neuburgs, die über diesen Bereich hinausgehend die Tschechenpolitik des Gauleiters allgemein charakterisiert: Er sei gegen das „Weiterbestehen tschechischer Schulen" gewesen, „um die Tschechen von sich aus zum Verlassen des Gebietes des Sudetengaues zu veranlassen und ins Protektorat abzuwandern, damit der [...] Sudetengau einen völlig deutschen Charakter" erhalte.[811]

Neben der geschilderten politischen und kulturellen Unterdrückung der Tschechen gab es auch Maßnahmen zur wirtschaftlichen ‚Germanisierung' des Sudetengaus. Was für alle Bereiche der Tschechenpolitik zählt, gilt hier allerdings in besonders hohem Maße: Die Erfordernisse der Kriegführung standen den ‚Volkstumspolitikern' bei der Erreichung ihrer Ziele im Wege. Von einem auch nur annähernd abgestimmten Vorgehen gegen die Tschechen im Bereich der Wirtschaft kann daher nicht gesprochen werden. Zu schnell mußten die Verantwortlichen begreifen, daß man zur Erfüllung der durch den Krieg vorgegebenen Aufgaben auf die Arbeitskraft der tschechischen Bevölkerung angewiesen war. Daß aber die Wirtschaftspolitik auch unter volkspolitischen Aspekten betrachtet wurde, konnte schon im Zusammenhang der Frage des Arbeitseinsatzes von Tschechen im Sudetengau gezeigt werden. Henlein hatte sich wiederholt in Berlin gegen den Abzug weiterer sudetendeutscher Arbeiter ins Altreich und deren Ersatz durch Tschechen gewehrt und sogar die Rückkehr sudetendeutscher Arbeiter in ihre Heimat zur Festigung des dortigen ‚Deutschtums' gefordert.[812]

Daß das Ziel der Eindeutschung des Sudetengaus auch die vollständige Verdrängung der Tschechen aus ihren wirtschaftlichen Positionen verlangte, ist unbezweifelbar, auch wenn dieses Ziel nicht eindeutig formuliert wurde. Eine Verordnung zur Ausschaltung der Tschechen aus dem wirtschaftlichen Leben, vergleichbar dem, was den Juden widerfuhr, hat es nie gegeben. Das tschechische Eigentum wurde, soweit es sich nicht um jüdisch-tschechisches Eigentum handelte, das unter die ‚Arisierung' fiel, formal unangetastet gelassen.[813]

---

[810] „Bericht über die Lage der tschechischen Volksgruppe im Regierungsbezirk Aussig" vom 16. 4. 1940. SOA Litoměřice, RPA, Kart. 30. — Der angestrebte Ersatz durch deutsche Lehrer war wegen Personalmangels nicht zu bewerkstelligen. *Ebenda.*
[811] Aussage Neuburg. AMV Prag, 301-139-3, Bl. 43. — Neuburg spricht hier sogar von einem Verbot tschechischer Schulen durch Henlein, das jedoch so eindeutig weder formuliert noch durchgesetzt wurde.
[812] Siehe oben.
[813] *Svatosch:* Das Grenzgebiet 314.

,Germanisierungspolitik' 319

Es lassen sich aber dennoch eine ganze Reihe von Maßnahmen aufzählen, mit denen die Tschechen in ihrer wirtschaftlichen Existenz getroffen werden sollten. Hier ist zunächst wiederum die Tätigkeit des Stillhaltekommissars für Organisationen zu nennen: Die noch bestehenden tschechischen Wirtschaftsorganisationen wurden vom STIKO aufgelöst bzw. in entsprechende deutsche Organisationen eingewiesen.[814]

Unmittelbar nach dem Anschluß gab es an verschiedenen Orten Entlassungen von tschechischen Arbeitern.[815] Dies war zwar keine staatliche Maßnahme[816] und auch nicht von großer Dauer, weil im Sudetengau bald Mangel an Arbeitskräften herrschte und man immer mehr Tschechen neu einstellen mußte. Die Entlassungen entsprachen aber durchaus den Vorgaben von staatlicher Seite: Neben dem Boden sei der Arbeitsplatz, so der Regierungspräsident in Aussig, die Grundlage „eines jeden Volkstums", weshalb es das Ziel sein müsse, „tschechische Arbeitsplätze [...] in deutsche Hand zu bekommen". Krebs strebte auch in Zusammenarbeit mit den Arbeitsämtern an, Tschechen aus leitenden Stellungen im Bergbau („Steiger, Obersteiger, Verwaltungsbeamte") „zu entfernen und sie mehr zu den schweren Arbeiten heranzuziehen, während in die höheren Stellen Deutsche gesetzt werden sollen".[817] Waren im Herbst 1939 noch 208 Tschechen als leitende Beamte im nordwestböhmischen Kohlebergbau beschäftigt, so waren es ein Jahr später nur noch 126.[818]

Überall im Gau wurden tschechische Jugendliche in der Freiheit ihrer Berufswahl eingeschränkt. In einem Erlaß vom 13. Juni 1940 hatte Henlein angeordnet, daß in den Zeugnissen der Schüler deutscher Schulen vermerkt werden sollte, ob die Eltern oder ein Elternteil tschechisch waren – „wodurch bewirkt wird, daß diese tschechischen Schüler bei der Berufswahl, beim Arbeitseinsatz oder bei der Aufnahme in höhere Schulen keine Aussicht auf die gleiche Behandlung wie deutsche Jugendliche

---

[814] Vgl. dazu *Bartoš*: Okupované pohraničí 106. — Lagebericht des Regierungspräsidenten in Troppau vom 6. 5. 1942, tschechisch abgedruckt in: Opavsko a severní Morava 124.

[815] *Bartoš*: Okupované pohraničí 108.

[816] Die unteren Parteidienststellen, die für zahlreiche Entlassungen verantwortlich waren, wurden vom Gauorganisationsamt am 6. 12. 1938 sogar angewiesen, „Entlassungen tschechischer Arbeiter gegenwärtig unter allen Umständen zu vermeiden [...], ausgenommen jene Fälle, in denen es sich um Personen handelt, die der neuen Staatsobrigkeit in welcher Form immer Widerstand entgegensetzen oder deren Belassung im Dienste wichtige staatliche Interessen gefährden würde". Zur gleichen Zeit war nämlich im Landesinneren zahlreichen deutschen Angestellten und Arbeitern die Kündigung ausgesprochen worden. Deren gewünschte Rücknahme sei aber „fast unmöglich", „wenn auf seiten des Sudetendeutschtums nicht strengste Disziplin gehalten" würde. Weisung des Gauorganisationsamtes OG-101/38. SOA Litoměřice, GL NSDAP, Kart. 27.

[817] Bericht über die Lage der tschechischen Minderheit vom 10. 12. 1939. SOA Litoměřice, RPA, Kart. 30.

[818] *Svatoš*: Das Grenzgebiet 320.

haben".[819] Die Arbeitsämter achteten darauf, tschechische Jugendliche gezielt in wenig ausbildungsintensive Berufe zu lenken: „Die Erziehung eines qualifizierten Nachwuchses tschechischer Herkunft wird sich auf diese Weise vermeiden lassen."[820]

Die genannten Maßnahmen lassen erkennen, in welche Richtung die Wirtschaftspolitik der Volkstumspolitiker im Sudetengau zielte. Dennoch kann man feststellen, daß die Zahl der im Sudetengau beschäftigten Tschechen trotz Henleins Widerstand kontinuierlich anstieg und daß ihre wirtschaftliche Lage im allgemeinen nicht als schlecht bezeichnet werden kann.

Grundsätzlich erhielten tschechische Arbeitnehmer die gleichen Löhne wie ihre deutschen Kollegen und, was in Kriegszeiten besonders wichtig war, im Rahmen des 1939 eingeführten Bezugskartensystems die gleichen Lebensmittel- und Gebrauchsgüterzuteilungen.[821] Bezüglich der Löhne ist zwar zu berücksichtigen, daß Tschechen eben oft nur auf Arbeitsplätzen der niedrigeren Tarifgruppen eingesetzt waren.[822] Aber andererseits waren die tschechischen Arbeitnehmer weniger durch Abgaben belastet. „Es hat bisher unter der deutschen Bevölkerung des Sudetengaues Unwillen und Kritik ausgelöst", so berichtete der Regierungspräsident in Aussig 1940, „daß die im Sudetengau arbeitenden tschechischen Volksangehörigen wirtschaftlich besser stehen als die deutschen Arbeiter, da sie keinerlei Abgaben für die Partei und die Gliederungen zu leisten haben, während bei den deutschen Arbeitern diese monatlichen Beiträge eine zusätzliche, bei dem niedrigen Lohnniveau und den hohen Preisen sehr spürbare Belastung darstellen." Eine „Sozialausgleichsabgabe" für die Tschechen, die in Erwägung gezogen worden war, lehnte die Aussiger Regierung jedoch ab, da sie „unbedingt ein Sinken der Arbeitsleistung der Tschechen zur Folge hätte, was sich gerade im nordwestböhmischen Kohlenrevier im Hinblick auf die aus wehrwirtschaftlichen Gründen geforderte Leistungssteigerung ungünstig auswirken würde." Ob die statt dessen hier geforderte „Sonderleistungszulage" für deutsche Arbeiter tatsächlich eingeführt wurde, konnte nicht festgestellt werden.[823]

---

[819] Weisung des Gaugrenzlandamtes Nr. 10/41 vom 14. 7. 1941. SOA Litoměřice, GL NSDAP, Kart. 127. — Dieser „Volkszugehörigkeitsvermerk" sollte dann unterbleiben, wenn die „Umvolkung" des Kandidaten gesichert erschien. *Ebenda.*

[820] „Bericht über die Lage der tschechischen Volksgruppe im Regierungsbezirk Aussig" vom 16. 4. 1940. SOA Litoměřice, RPA, Kart. 30.

[821] *Bartoš:* Okupované pohraničí 107 und 109. — *Svatosch:* Das Grenzgebiet 314. — Tschechen hatten auch an den Leistungen des ‚Winterhilfswerks' Anteil – allerdings nur in dem Umfang, in dem sie sich an den Sammlungen zum WHW ebenfalls beteiligten. Bericht über die „Lage der tschechischen Volksgruppe" vom 1. 11. 1940. SOA Litoměřice, RPA, Kart. 30.

[822] *Bartoš:* Okupované pohraničí 107. — *Joza:* Česká menšina 182.

[823] Bericht über die „Lage der tschechischen Volksgruppe" vom 1. 11. 1940. SOA Litoměřice, RPA, Kart. 30.

'Germanisierungspolitik' 321

Für viele Tschechen war es jedenfalls finanziell durchaus attraktiv, im Sudetengau zu arbeiten, da die Löhne hier höher waren als im Protektorat.[824] Viele Flüchtlinge von 1938 kehrten nun zurück, „weil sie hier günstige wirtschaftliche Existenzbedingungen" vorfanden.[825] So ungern sie im Sudetengau auch gesehen waren, so sehr war die dortige Wirtschaft doch auf ihre Arbeitskraft angewiesen. „Das tschechische Volkstum wird wieder mehr zur Schau getragen", so Krebs im Frühjahr 1940: „Die Tschechen erkennen nämlich, daß sie aus wirtschaftlichen Gründen zur Leistungssteigerung [...] dringend benötigt werden."[826] Für tschechische Handwerker und Gewerbetreibende bedeutete die kriegsbedingte Situation geradezu die Möglichkeit wirtschaftlicher Expansion. Weil viele deutsche Männer zur Wehrmacht einrücken mußten, zum Arbeitsdienst oder in bestimmte Betriebe der Rüstungswirtschaft, in denen man Tschechen nicht gerne einstellte, verpflichtet wurden, verloren tschechische Betriebe oftmals ihre Konkurrenten. Sie konnten deren Auftraggeber für sich gewinnen, den Umsatz steigern und sogar ihre Betriebe mit Hilfe guter Geschäftsbeziehungen in das Protektorat modernisieren.[827]

Die Herrenschneider-Innung in Brüx führte beispielsweise Klage darüber, daß alle ihr angeschlossenen Beschäftigten in der Rüstungswirtschaft Dienst tun müßten, die Kapazität der deutschen Betriebe daher ständig nachlasse, „während die tschechischen Betriebe ihre Leistung dauernd steigern".[828] Allein im Bereich der Handwerkskammer Mährisch Schönberg wurden im Rahmen einer Stillegungsaktion zwischen dem 1. Januar und dem 31. März 1941 2 227 deutsche Handwerksmeister zur Wehrmacht einberufen und deshalb 1 727 Betriebe geschlossen. Weitere 37 mußten wegen Dienstverpflichtung, einer wegen Rohstoffmangels und 22 wegen sonstiger kriegswirtschaftlicher Maßnahmen schließen.[829] Es

---

[824] Bericht über die Lage der tschechischen Minderheit vom 10. 12. 1939. *Ebenda.* — Im Regierungsbezirk Troppau etwa waren Ende 1939 die Löhne im Schnitt 10–20 Prozent höher als im benachbarten Oberlandratsbezirk Mährisch-Ostrau (Protektorat). Verwaltungsbericht des Oberlandrats von Mährisch-Ostrau für November 1939. BA Berlin, R 30/4b, Bl. 28.

[825] „Bericht über die Lage der tschechischen Volksgruppe im Regierungsbezirk Aussig" vom 5. 8. 1941. SOA Litoměřice, RPA, Kart. 30.

[826] „Bericht über die Lage der tschechischen Volksgruppe im Regierungsbezirk Aussig" vom 16. 4. 1940. *Ebenda.* — Auch der SD berichtete von einer „Hebung des Selbstbewußtseins der Tschechen"; einfache Landarbeiterstellen würden von ihnen abgelehnt, weil sie auch bessere Arbeitsplätze bekommen könnten. Meldungen aus dem Reich. Bd. 6, Nr. 155 vom 20. 1. 1941, 1919.

[827] Bericht der Handwerkskammer Reichenberg für die Zeit vom 1. 7.–30. 9. 1941. SOA Litoměřice, GL NSDAP, Kart. 20. — „Bericht über die Lage der tschechischen Volksgruppe im Regierungsbezirk Aussig" vom 16. 4. 1940. SOA Litoměřice, RPA, Kart. 30. — Vgl. auch Joza: Česká menšina 183.

[828] Bericht der Handwerkskammer Reichenberg vom 8. 4. 1941. SOA Litoměřice, GL NSDAP, Kart. 20.

[829] Bericht der Handwerkskammer Mährisch Schönberg vom 4. 1. 1941. *Ebenda.* — Für den Zeitraum vom 1. 4. bis zum 30. 6. 1941 lauteten die entsprechenden Zah-

gab zwar auch Maßnahmen zur „Auskämmung" tschechischer Handwerksbetriebe.[830] Ihr Ziel war es, Tschechen aus überbesetzten Handwerkszweigen dem deutschen Arbeitseinsatz zuzuführen.[831] Doch scheinen diese Aktionen ein geringeres Ausmaß gehabt zu haben. In gewisser Weise war man auch auf die tschechischen Betriebe angewiesen, wenn schon die deutschen geschlossen wurden.

„Den seit Jahren im schwersten Volkstumskampf stehenden Sudetendeutschen", so ein SD-Bericht, erschien es jedoch „unverständlich, wenn gerade in wirtschaftlichem Bereich – bei aller Anerkennung kriegswirtschaftlicher Notwendigkeiten – seitens der übergeordneten Stellen die deutschen Betriebe, die von sich aus eine wichtige volkstumspolitische Aufgabe zu erfüllen haben, so wenig unterstützt würden".[832] Im Oktober 1941 machte die Handwerkskammer in Mährisch Schönberg auf die Nachwuchssorgen der deutschen Handwerksbetriebe aufmerksam: „Von dem diesjährigen Schulentlassungsjahrgang stehen als Nachwuchs für das Handwerk neben etwas über 2 200 deutschen Lehrlingen über 900 Lehrlinge tschechischer Volkszugehörigkeit zur Verfügung. Die Einstellung von tschechischen Lehrlingen im sudetendeutschen Handwerk" rühre aber an „grundsätzliche Fragen von volkspolitischer Bedeutung" – auch für die Zeit nach dem Krieg.[833]

Insgesamt wird man feststellen können, daß die Situation der Tschechen im Sudetengau in materieller Hinsicht nicht schlecht war.[834] Dabei gilt es aber zu berücksichtigen, daß die geschilderte Entwicklung nicht mit dem übereinstimmte, was von deutscher Seite eigentlich angestrebt wurde, sondern allein durch die Erfordernisse der Kriegswirtschaft bestimmt war. Die Germanisierungspolitik der Gauleitung verlangte eigent-

---

len: 3 226 Einberufungen von Meistern, 2 686 Stillegungen wegen Einberufungen, 38 wegen Dienstverpflichtung, 3 wegen Rohstoffmangels, 7 aus sonstigen Gründen. Nachweisung vom 2. 7. 1941. *Ebenda*.

[830] So wurde 1942 eine Erhebung über den Bestand an gewerblichen Unternehmen durchgeführt, in der „eine außerordentlich starke Überbesetzung des tschechischen Handwerks, Handels und Gewerbes" nachgewiesen wurde. Im fast rein tschechischen Freiberg z. B. habe es bei 4 000 Einwohnern 23 Fleischergeschäfte gegeben; der Regierungspräsident in Troppau ordnete daraufhin den Arbeitseinsatz der Beschäftigten aus 17 dieser Betriebe an. Schreiben Müllers an das Stabshauptamt des RKFDV in Berlin (Abschrift) vom 29. 4. 1942. BA Berlin, R 49/3539, Bl. 14f. — Vgl. auch Schreiben Müllers an die „Amtliche deutsche Ein- und Rückwandererzentrale" in Bozen (Abschrift) vom 27. 5. 1942. *Ebenda*, Bl. 16f.

[831] Über das Ausmaß des Arbeitseinsatzes tschechischer Arbeiter aus dem Gebiet des Sudetengaus im Altreich ist wenig bekannt. Vgl. dazu *Bartoš*: Okupované pohraničí 108. — Meines Erachtens kann es sich nicht um sehr viele Personen gehandelt haben, da man ja die Tschechen als Arbeitskräfte im eigenen Gau brauchte und in immer stärkerem Maße auf ihren Zuzug aus dem Protektorat angewiesen war.

[832] Meldungen aus dem Reich. Bd. 3, Nr. 51 vom 9. 2. 1940, 742.

[833] Bericht der Handelskammer Mährisch Schönberg vom 3. 10. 1941. SOA Litoměřice, GL NSDAP, Kart. 20.

[834] Das bei *Bartoš*: Okupované pohraničí 106-109, gezeichnete Bild ist m. E. zu düster.

lich anderes, und immer wieder wurde in den verschiedenen Lageberichten Unzufriedenheit über diese Diskrepanz geäußert. Auch in der deutschen Bevölkerung wurden Beschwerden darüber laut, daß es den Tschechen wirtschaftlich gesehen sogar besser gehe als den Deutschen. Sie wurden von diesen daher als „Kriegsgewinnler" bezeichnet.[835]

Einen ganzen, zudem nicht unbeträchtlichen Teil der tschechischen Bevölkerung muß man jedoch davon ausnehmen: die Bauern. Ihre wirtschaftliche Existenz war, wie gezeigt werden konnte, durch die Siedlungspolitik schon während des Krieges in Gefahr.

Die Inkonsequenz der Germanisierungspolitik und ihre Ursachen

Es wurde schon mehrfach darauf hingewiesen, daß die Uneinheitlichkeit der Germanisierungspolitik im Sudetengau eines ihrer herausragenden Merkmale war. Einer der Gründe dafür wurde ebenfalls bereits genannt: Henlein, der als Reichsstatthalter und Gauleiter eigentlich dazu berufen gewesen wäre, formulierte offenbar nie eine klare Konzeption, bzw. ließ eine solche nie erarbeiten. So wie es im März 1939 keine klaren Vorgaben für die Tschechenpolitik im Protektorat gab[836], so war man auf den Umgang mit den Tschechen in den sudetendeutschen Gebieten zum Zeitpunkt des Anschlusses völlig unvorbereitet.

Eine Ausnahme bildet auch hier in gewisser Weise die ‚Grundplanung O. A.'[837]; die Probleme und Fragen, die diesem Schriftstück anhaften, wurden bereits besprochen. Der oder die Verfasser des Dokuments, in dem Erwägungen zur „Liquidierung der Tschechenfrage"[838] angestellt wurden, gingen davon aus, daß „das Tschechentum nicht als eigenständiges Volkstum angesehen werden" könne.[839] Hier wurde u. a. zur Bekämpfung der tschechischen Sprache, zur Abschaffung des tschechischen Schulwesens und ganz allgemein zur Zerstörung des tschechischen Nationalbewußtseins aufgerufen.[840] Zwischen den sudetendeutschen und den rein tschechisch besiedelten Gebieten wurde zwar insofern unterschieden, als daß der „deutsche Volksboden" für die einrückende Wehrmacht „eigenes Land" sein sollte, „das tschechische Volksgebiet" dagegen „Feindesland".[841] Auch wurden einige Maßnahmen speziell für die in den Sudetengebieten lebenden Tschechen erwähnt: Diese sollten dort verbleiben, unter Ausnahmerecht gestellt werden und keinerlei Möglich-

---

[835] Meldungen aus dem Reich. Bd. 12, Nr. 333 vom 9. 11. 1942, 4447. Vgl. auch *ebenda* Bd. 3, Nr. 53 vom 14. 2. 1940, 758, und Bd. 7, Nr. 192 vom 9. 6. 1941, 2388.
[836] *Brandes*: Die Tschechen, Bd. 2, 147. — *Němec*: Das tschechische Volk 430.
[837] Abgedruckt in: Die Vergangenheit warnt 27 ff.
[838] *Ebenda* 35.
[839] *Ebenda* 29.
[840] *Ebenda* bzw. 33 und 36.
[841] *Ebenda* 31.

keiten zur Ausübung kultureller oder karitativer Tätigkeiten bekommen.[842] Der Schwerpunkt der ‚Tschechenfrage' lag für den Autor jedoch im innerböhmischen bzw. -mährischen Gebiet, dessen Germanisierung seine Aufmerksamkeit vorrangig galt. Neben den hier bestehenden Problemen für die deutsche Politik erschienen die volkstumspolitischen Belange der sudetendeutschen Gebiete als nachgeordnet. Diese würden sich im Zuge der Umsetzung der ‚Grundplanung' gleichsam von selbst lösen. Insofern wurde hier die Einheit des böhmisch-mährischen Raumes vertreten. Ein konkretes ‚Aktionsprogramm' für die Tschechenpolitik im Sudetengau war die ‚Grundplanung' nicht.

Eine klare, eindeutige Linie wurde auch nach dem Anschluß niemals gefunden. In seinem 1. Vierteljahreslagebericht 1939 stellte der SD fest, daß über „die tschechische Minderheit im Sudetengebiet" ein „abschließender Überblick" nicht möglich sei, „da die Dinge noch zu sehr in der Entwicklung begriffen" seien. Auch habe das „beim Reichskommissar in Reichenberg errichtete Tschechenreferat [...] bisher kaum positive Arbeiten leisten" können.[843] Wenn man den hier gebrauchten Ausdruck ‚positive Arbeit' als Ausarbeitung einer politischen Konzeption interpretiert, so sollte es bei deren Fehlen bleiben. Immer wieder wurde dies von verschiedenen Dienststellen von Staat und Partei beklagt.[844] Noch im Sommer 1944 stellte Frank fest, daß bis dahin „noch nie Richtlinien über die Behandlung der Tschechen im Sudetengau erlassen" worden seien. Er ging noch weiter und stellte die freilich etwas übertriebene Behauptung auf: „Von einer Volkstumspolitik im Sudetengau sei [...] bisher nichts zu sehen gewesen."[845] Vor allem bis zur Errichtung des Protektorats im März 1939, aber auch noch bis zum Kriegsausbruch im September desselben Jahres, dürften außenpolitische Erwägungen ein ausschlaggebender Faktor in der Tschechenpolitik gewesen sein. Noch konnte man sich ein allzu scharfes Vorgehen gegen die Minderheit nicht erlauben.[846] Später banden die Erfordernisse des Krieges die Hände der ‚Volkstumskämpfer' und machten einen pragmatischen Umgang mit dem ‚Tschechenproblem' notwendig.

Hinzu kam das für das nationalsozialistische Regime durchaus typische Kompetenzchaos, das ein einheitliches Vorgehen behinderte. Schon im August 1939 hatte der Regierungspräsident in Karlsbad aufgrund der bis dahin gesammelten Erfahrungen festgestellt, „daß die Minderheiten-, Volkstums- und Grenzlandpolitik der verschiedenen Stellen in Partei und

---

[842] Ebenda 34.
[843] Meldungen aus dem Reich. Bd. 2, 1. Vierteljahreslagebericht 1939, 266.
[844] Z. B. Meldungen aus dem Reich. Bd. 12, Nr. 333 vom 9. 11. 1942, 4446. — Lagebericht der NSDAP-Kreisleitung Teplitz-Schönau für März 1943. SOA Litoměřice, GL NSDAP, Kart. 13.
[845] „Niederschrift der Besprechung über volkspolitische Fragen im Sudetengau am 22. 6. 1944 in Prag". SÚA Prag, 110-4-11, S. 9 und S. 10.
[846] Vgl. dazu *Bartoš*: Okupované pohraničí 79.

Staat im Interesse der Sache unbedingt einer Zusammenfassung" bedürfe.[847] In die gleiche Richtung zielte die im Frühjahr 1942, also zweieinhalb Jahre später, vom Regierungspräsidenten in Troppau erhobene Kritik. Er zählte insgesamt elf Institutionen auf, die im Sudetengau mit der „tschechischen Frage" beschäftigt seien und eine klare Linie nicht zustandekommen ließen: Neben den Behörden der allgemeinen und inneren Verwaltung, vor allem der Regierungspräsidien, waren dies in der weiteren Reihenfolge seiner Aufzählung die Gestapo, die Arbeitsämter, die Industrie- und Handelskammern, die Handwerkskammern, die NSDAP mit ihrem Gaugrenzlandamt und den nachgeordneten Kreisgrenzlandämtern, der Sicherheitsdienst, der Reichskommissar für die Festigung deutschen Volkstums, der Oberfinanzpräsident, der Volksbund für das Deutschtum im Ausland (VDA) und der Bund deutscher Osten (BDO).[848] Immer wieder kam es zu lähmenden Kompetenzstreitigkeiten und Meinungsverschiedenheiten zwischen diesen Institutionen.[849] Im Sudetengau mache, so befand der Unterstaatssekretär beim Reichsprotektor in Prag, „jeder Regierungspräsident seine eigene Tschechenpolitik".[850]

Man kann sogar noch weiter gehen und behaupten, daß jeder Landrat und jeder Kreisleiter seine eigene Tschechenpolitik betrieb. Immer wieder ist festzustellen, daß auf dieser Ebene die Initiative ergriffen und oft besonders radikal gegen die tschechische Bevölkerung vorgegangen wurde.[851] Dies ging sogar Hans Krebs, dem Regierungspräsidenten in Aussig, teilweise zu weit. Die „örtlichen Stellen" sähen „die volkspolitische Lage unter dem Blickpunkt der Verhältnisse ihrer kleinen Gemeinde" und ergriffen mitunter Maßnahmen – „so gut sie auch gemeint sind" – die der übergeordneten Volkstumspolitik widersprächen. „Sie wollen [...] am liebsten von heute auf morgen die Tschechen radikal beseitigen".[852]

---

[847] Schreiben Sebekowskys an Künzel (Abschrift) vom 17. 8. 1939. SOA Litoměřice, RPA, Kart. 70.
[848] Bericht über die tschechische Minderheit vom 29. 4. 1942, tschechisch abgedruckt in: Opavsko a severní Morava 112. — Der Regierungspräsident in Aussig nannte auch die DAF als für die Volkstumspolitik relevante Organisation. Bericht „über die Lage der tschechischen Volksgruppe" vom 1. 11. 1940. SOA Litoměřice, RPA, Kart. 30.
[849] Vgl. AMV Prag, 114-257-4, Bl. 373, zum Kompetenzstreit zwischen Gaugrenzlandamt und RKFDV; 114-132-1, Bl. 255, zum Konflikt zwischen dem RKFDV und dem Regierungspräsidenten in Aussig sowie Opavsko a severní Morava 61, zu Unklarheiten zwischen dem Regierungspräsidenten in Troppau und den Kreisleitern der NSDAP.
[850] Niederschrift von Burgsdorffs vom 2. 5. 1941. ZfdAhdS Moskau, 1488-1-18, Bl. 4.
[851] Z. B. Lagebericht des Regierungspräsidenten in Troppau vom 4. 12. 1940 über die Initiative eines Landrats zur Ansiedlung von Deutschen in einer überwiegend tschechischen Gemeinde. Tschechisch abgedruckt in: Opavsko a severní Morava 36. — Lagebericht der Kreisleitung von Mies vom 5. 6. 1939: „Wir versuchen das Tschechenelement in seiner Stärke, wie es nur geht, zu schwächen." SOA Litoměřice, GL NSDAP, Kart. 12. — Lageberichte der Kreisleitung von Neutitschein für Januar und Mai 1941. *Ebenda*, Kart. 10.
[852] Bericht über die „Lage der tschechischen Volksgruppe" vom 1. 11. 1940. SOA Litoměřice, RPA, Kart. 30.

Daß z. B. Landräte und Bürgermeister, Kreisleiter und sogar Ortsgruppenleiter in der Tschechenpolitik eine beträchtliche Rolle spielten, lag neben dem Mangel an klaren Vorgaben[853] auch in der Natur der Sache. So war es besonders in den stark ‚gemischtvölkischen' Gebieten schwer zu sagen und schon gar nicht einfach von oben zu dekretieren, wer eigentlich Deutscher, wer Tscheche sei und wer für eine Eindeutschung in Frage kam. Man war auf die intimen Kenntnisse der ‚Volkstumskämpfer' vor Ort angewiesen. Ein Erlaß des Reichsstatthalters vom 12. Juni 1941 zeigt dies exemplarisch. Er hatte bestimmt, daß die deutschen Schulen entscheiden durften, welche tschechischen Kinder sie aufnehmen wollten. Dieser Erlaß, der „für die Volkstumspolitik entscheidende Bedeutung" habe, legte „die Entscheidung über das völkische Schicksal vieler tschechischer Familien in die Hand des Leiters der deutschen Schule und des Ortsgruppenleiters der NSDAP". Deren Entscheidungsfähigkeit müsse aber erst noch geschult werden, wobei für „die Beurteilung des tschechischen Bevölkerungselementes im Reichsgau Sudetenland in rassischer Hinsicht" damals „noch keine allgemein gültigen Untersuchungsergebnisse" vorlagen. Daher sei man erst einmal auf den „gesunden Menschenverstand" der Schul- und Ortsgruppenleiter angewiesen sowie auf „ihr volks- und rassenpolitisches Fingerspitzengefühl".[854]

Schon 1941 gab es Ansätze, die Volkstumspolitik im Sudetengau organisatorisch zu straffen. Anfang 1943 führten sie zu einer weitgehenden Zusammenfassung in den Händen Ernst Müllers. Dieser übte dann, nach der Entlassung Künzels, gleichzeitig die Ämter des Leiters des Gauamtes für Volkstumsfragen und des Stabsführers der Dienststelle Henleins als Beauftragter des RKFDV aus.[855] Doch noch im Mai 1943 übermittelte der Regierungspräsident in Troppau dem Innenministerium in Berlin die Ansicht des Landrats von Hohenstadt, die „Minderheitenpolitik" im Sudetengau habe „Bankrott" gemacht, eine klare Linie sei nicht zu erkennen.[856] Noch einmal sei auch auf die Worte Franks verwiesen, der noch im Juni 1944 feststellte, daß „noch nie Richtlinien über die Behandlung der Tschechen im Sudetengau" erstellt worden seien.[857]

---

[853] Erinnerungsbericht von Dr. G. Hancke (1960), 1938-1940 Landrat in Troppau. BA Bayreuth, Ost-Dok. 21/7.

[854] Geheime Weisung des Gaugrenzlandamtes Nr. 10/41 vom 14. 7. 1941. SOA Litoměřice, GL NSDAP, Kart. 127.

[855] Siehe dazu die Anordnung Himmlers vom 6. 6. 1941, abgedruckt in: Die Deutschen in der Tschechoslowakei 445 — Schreiben Schmausers an Henlein vom 18. 5. 1942, abgedruckt *ebenda* 469 ff. — Anordnung Henleins Nr. 4/43 vom 15. 12. 1942, in: „Verordnungsblatt des Gaues Sudetenland der NSDAP", Folge 2 vom 5. 2. 1943. SOA Litoměřice, GL NSDAP, Kart. 28.

[856] Bericht über die tschechische Minderheit vom 5. 5. 1943, tschechisch abgedruckt in: Opavsko a severní Morava 165.

[857] „Niederschrift der Besprechung über volkspolitische Fragen im Sudetengau am 22. 6. 1944 in Prag". SÚA Prag, 110-4-11, S. 10.

Dabei war einer der entscheidenden Gründe dafür gerade in der Tschechenpolitik Franks zu sehen. Mit seiner Politik der ‚Vertagung' der ‚Endlösung der Tschechenfrage' auf die Nachkriegszeit – auch im Sudetengau – hatte er dazu beigetragen, daß die Verantwortlichen dort auf Schleichwegen ihrem Ziel der möglichst schnellen Germanisierung entgegengingen.

Das Verhältnis zwischen Sudetengau und Protektorat, zwischen Henlein und Frank, und die Absichten Henleins in bezug auf das Protektorat bedürfen noch einer eingehenden Untersuchung.

Henleins Politik gegenüber dem Protektorat Böhmen und Mähren

Durch die Errichtung des Protektorats Böhmen und Mähren am 16. März 1939 hatte die ‚tschechische Frage' eine völlig neue Dimension erhalten. Es ging nun nicht mehr um die Frage, was mit einer Minderheit von wenigen hunderttausend Menschen zu geschehen habe, sondern darum, welchen Status das ganze, mehr als sieben Millionen Menschen zählende tschechische Volk unter deutscher Herrschaft erhalten sollte. „Die außerhalb des Protektorates in den angrenzenden Gauen wohnenden Tschechen sind", so befand von Neurath, „gegenüber der Masse im Protektorat bedeutungslose Splitter."[858] Der Schwerpunkt des deutsch-tschechischen Problems lag nun zweifelsohne im Protektorat. Wie gezeigt, wurde die Tschechenpolitik dort schnell auch maßgebend für die Entwicklung im Sudetengau. Dabei hat die bisherige Forschung aufgrund dieser Tatsache, verbunden mit einem ohnehin größeren Interesse am Protektorat als am Sudetengau, die oben ausgeführten Unterschiede nicht hinreichend berücksichtigt. Dieser Blickwinkel hat auch zu einer Beurteilung Henleins geführt, die nicht den Tatsachen entspricht.

Ein „Wettlauf um Hitlers Gunst"[859] zwischen Henlein und Frank?

Am 18. März 1939 ernannte Hitler den Freiherrn von Neurath zum Reichsprotektor und Karl Hermann Frank zu dessen Staatssekretär. Konrad Henlein, der am 16. März vom Oberkommandierenden der dritten Armeegruppe, General Blaskowitz, zum Chef der Zivilverwaltung (CdZ) in Böhmen ernannt worden und am selben Tag im Wagen Hitlers nach Prag gefahren war[860], erhielt nach dem baldigen Ablauf seiner Tätigkeit als CdZ kein Amt in Prag. Er kehrte nach Reichenberg zurück und übte dort

---

[858] „Aufzeichnung über die Frage der zukünftigen Gestaltung des böhmisch-mährischen Raumes", am 31. 8. 1940 dem Chef der Reichskanzlei übersandt. Abgedruckt in: Die Vergangenheit warnt 59ff., Zitat 62.
[859] *Brügel:* Tschechen und Deutsche 1939–1946, 209. — Vgl. auch *Becher:* Zeitzeuge 101, der von einem „Rennen" zwischen Frank und Henlein spricht.
[860] *Brügel:* Tschechen und Deutsche 1939–1946, 209. — *Umbreit:* Deutsche Militärverwaltungen 50.

weiterhin seine Funktion als Gauleiter und Reichsstatthalter des Sudetengaus aus.

Frank entwickelte sich in der Folge immer mehr zum bestimmenden Mann in der Protektorats-Politik, besonders nach dem Tod Heydrichs im Juni 1942. Aber es dauerte noch bis zum 20. August 1943, „bis Hitler Franks politischen Führungsanspruch [...] anerkannte"[861] und ihn zum ‚Deutschen Staatsminister für Böhmen und Mähren' machte. Erst jetzt war Frank der praktisch unumstrittene Herrscher über das Protektorat, auch wenn er, was er sich gewünscht hatte, nicht selbst zum Reichsprotektor ernannt wurde.

Aus der Karriere des ehemaligen Karlsbader Buchhändlers in Prag und aus der Tatsache, daß Henlein ‚nur' Gauleiter und Reichsstatthalter im an Bevölkerung, Fläche und wirtschaftlicher Bedeutung kleineren Sudetengau blieb, hat man falsche Schlüsse gezogen. So wurde behauptet, es habe im Frühjahr 1939 einen ‚Wettlauf um Hitlers Gunst' gegeben, den Frank schließlich für sich entschieden habe. Henlein sei gleichsam ausgebootet worden und, so heißt es andernorts, bei „der Besetzung der Tschechoslowakei durch einen Mann mit rein nazistischer Vergangenheit ersetzt" worden – durch Frank.[862] Walter Brand befand, der „endgültige Triumph Franks konnte nicht deutlicher in Erscheinung treten als dadurch, daß er später den wichtigen Prager Posten erhielt, während Henlein nur die politisch völlig belanglos gewordene Rolle eines sudetendeutschen Gauleiters spielen durfte".[863]

Jedoch „abgesehen davon", wie schon ein anderer Zeitzeuge auf diese Einschätzung zu Recht erwiderte, „daß es nicht so ganz belanglos war, Gauleiter und Reichsstatthalter im Hitlerreich zu sein"[864], abgesehen auch davon, daß Henleins Parteibefugnisse auf das Protektorat erweitert wurden: Es bleibt zu fragen, ob Henlein überhaupt vorhatte, ein hohes Amt im Protektorat zu übernehmen und ob die Ernennung Franks daher tatsächlich als Henleins Zurücksetzung zu werten ist. Frank selbst gab nach dem Krieg zu Protokoll, daß er von seiner Ernennung zum Staatssekretär beim Reichsprotektor überrascht gewesen sei, sich dadurch aber keineswegs Henlein gegenüber bevorzugt gefühlt habe.[865] Diese Einschätzung war durchaus realistisch. Schließlich mußte sich im März 1939 erst noch zeigen, wieviel Macht Frank tatsächlich zukommen würde.[866] Erst im

---

[861] *Brandes:* Die Tschechen, Bd. 2, 148.
[862] *Olivová:* Kameradschaftsbund 268.
[863] *Brand:* Die sudetendeutsche Tragödie 54.
[864] Stellungnahme F. Bürgers zum Buch „Die Sudetenkrise in der internationalen Politik", undatiert. BA Bayreuth, Ost-Dok. 20/90, Bl. 25.
[865] „Meiner Ansicht nach habe ich nach dem 15. 3. 1939 keine höhere Position erhalten als Konrad Henlein." Protokoll des Verhörs mit Frank, Bd. 1, S. 10. SOA Prag, MLS Praha, LS 1527/46, Prozeß gegen Frank.
[866] Der aristokratische ehemalige deutsche Außenminister von Neurath sah in Frank einen „geschmacklosen Parvenü", den er brauchte, gleichzeitig aber verachtete. Anatomie okupační politiky XV. — Zum von Anfang an schlechten Verhältnis

Herbst 1939 konnte er die sofort nach dem Einmarsch einsetzenden „Auseinandersetzungen um die politische Generallinie" im Protektorat mit von Neurath für sich entscheiden[867], und erst im August 1943 wurde er Deutscher Staatsminister. Von Anfang an war Frank keineswegs so mächtig, wie er es später werden sollte und wie es auf den ersten Blick erscheinen mag.

Es konnte kein archivalischer Beleg für die Annahme gefunden werden, Henlein habe seine eigene Ernennung zum Staatssekretär oder gar zum Reichsprotektor in Prag betrieben. Nach der Aussage Neuburgs war es sogar Henlein selbst, der Frank das Tor nach Prag öffnete, indem er seinen Stellvertreter Hitler zum Staatssekretär vorschlug: Er habe dies getan, „weil der Führer von ihm den Vorschlag eines Mannes erwartete, der aus dem böhmisch-mährischen Raum stammte, zum anderen, weil er in dieser Ernennung eine Möglichkeit sah, etwaigen späteren Konflikten zwischen ihm und K. H. Frank aus dem Wege zu gehen".[868] Henleins Frau gab nach dem Krieg ebenfalls zu Protokoll, die Ernennung Franks durch Hitler sei auf die Initiative ihres Mannes zurückzuführen gewesen.[869]

Für Henlein hätte es zunächst auch eher einen Machtverlust bedeutet, seine Funktionen in Reichenberg zugunsten der Stelle des ‚zweiten' Mannes im Protektorat aufzugeben. Und für diejenige des ‚ersten' Mannes, also des Reichsprotektors, kam er kaum in Betracht.[870] Hitler selbst erklärte: „Nur von Neurath kam in Frage. Er gilt in der angelsächsischen Welt als vornehmer Mann. International wird seine Ernennung beruhigend wirken, weil man darin meinen Willen erkennen wird, den Tschechen nicht ihr völkisches Leben zu nehmen."[871]

Neben der Beruhigung der internationalen Lage galt es für das Deutsche Reich aber auch, die innere Situation im Protektorat möglichst rasch zu entspannen und dieses nicht zu einem Krisenherd werden zu lassen.

---

zwischen von Neurath und Frank siehe auch die Aussage von Neuraths in den Nürnberger Prozessen. Vgl. Nürnberger Prozesse. Der Prozeß gegen die Hauptkriegsverbrecher vor dem Internationalen Militärgerichtshof. Nürnberg 14. 11. 1945 – 1. 10. 1946. 42 Bde. Nürnberg 1947-1949, Bd. 16, Nürnberg 1948, 719 und 731. — Auch mit anderen von verschiedenen Dienststellen im Reich nach Prag abkommandierten höheren Beamten hatte der Staatssekretär zunächst große Probleme: „Sie versuchten, den Nichtfachmann Frank zu umgehen und auszuschalten." Anlage 9 zur Aussage Neuburg. AMV Prag, 52-37-8, Bl. 94.

[867] *Brandes:* Die Tschechen, Bd. 2, 147.
[868] Aussage Neuburg. AMV Prag, 301-139-3, Bl. 47, sowie 316-137-6, Bl. 107. — Vgl. auch die Anmerkung Bürgers dazu in Ost-Dok. 20/84, Bl. 3.
[869] *Biman/Malíř:* Kariéra 255.
[870] Allerdings gab es Gerüchte über die Ernennung Henleins zum Reichsprotektor. Viscount Halifax an Sir N. Henderson vom 15. 3. 1939. Documents on British Foreign Policy 1919-1939. Hrsg. von E. L. *Woodward* und Rohan *Butler.* 3. Serie. Bd. 4. London 1951, 272.
[871] *Speer,* Albert: Erinnerungen. Frankfurt/M.-Berlin 1993, 162. — Vgl. auch Anatomie okupační politiky XIII, sowie das auf Aussagen zahlreicher hochrangiger Zeitzeugen basierende Gutachten über die Tätigkeit Neuraths als Reichsprotektor von Prof. Dr. E. Kaufmann (Rechtsberater des Auswärtigen Amtes), 1953. BA Koblenz, Nachlaß von Neurath, Nr. 122, S. 8.

Auch in dieser Hinsicht schien von Neurath der geeignete Mann[872], bestimmt aber nicht ein Sudetendeutscher – auch und erst recht nicht Konrad Henlein. Nach dem Schock, den die Besetzung ihres ‚Rumpfstaates' durch die Wehrmacht für die Tschechen ohnehin bedeutete, wäre die Ernennung des Mannes, der in ihren Augen maßgeblich Schuld hatte an der Zerstörung der Ersten Republik, eine zusätzliche Provokation gewesen. Dies wäre der angestrebten Pazifizierung des Protektorats abträglich gewesen.[873]

Freilich hat es in der Folgezeit aufgrund der mannigfaltigen Verflechtungen von Sudetengau und Protektorat auch Spannungen und Kompetenzkonflikte zwischen Henlein und Frank gegeben. Auch wird man feststellen können, daß Frank schließlich in der Politik im böhmisch-mährischen Raum und damit auch in der Reichspolitik eine bedeutendere Rolle spielte als Henlein. Von einem Konkurrenzkampf zwischen beiden im Frühjahr 1939 zu sprechen geht aber ebenso fehl wie in dem Verbleib Henleins in Reichenberg eine gewollte Zurücksetzung des Gauleiters und Reichsstatthalters zu sehen.[874]

Henlein als für das Protektorat zuständiger Gauleiter

Neben den wirtschaftlichen Beziehungen und der tschechischen Bevölkerung beiderseits der Grenze war es vor allem die NSDAP, die Sudetengau und Protektorat miteinander verband.

Auf dem Gebiet des Protektorats lebten im März 1939 nur etwa 240 000 Deutsche.[875] Für diese geringe Anzahl von Menschen einen eigenen Parteigau zu bilden, schien nicht sinnvoll. Frank schlug daher vor, die Partei im Protektorat überhaupt nicht aufzustellen und die Kompetenzen des Reichsprotektors auch auf die normalerweise von der NSDAP kontrollierten Bereiche auszudehnen oder aber einen ‚Parteigau Protektorat' zu bilden. Diesem wollte er dann als Gauleiter in Personalunion mit seinen übrigen Funktionen vorstehen. Beides wurde jedoch abgelehnt.[876] Hitler entschied statt dessen, daß zur „Betreuung der Reichsdeutschen" im Protektorat neun Partei-Kreise gebildet werden sollten,

---

[872] Anatomie okupační politiky XIIIf.

[873] In diesem Sinne auch *Kennan*, George F.: Diplomat in Prag 1938–1940. Berichte, Briefe, Aufzeichnungen. Frankfurt/M. 1972, 108.

[874] F. Bürger erklärte, als „Gegenspieler Henleins" könne man Frank weder für die Zeit vor noch nach 1939 bezeichnen. Stellungnahme Bürgers zum Buch Rönnefarths „Die Sudetenkrise in der internationalen Politik", undatiert. BA Bayreuth, Ost-Dok. 20/90, Bl. 6.

[875] Angabe nach dem Memorandum Ernst Kundts „Vordringliche Aufgaben, Möglichkeiten und Fragen mit und in der Resttschechoslowakei", Oktober 1938, abgedruckt in: Die Deutschen in der Tschechoslowakei 359.

[876] „Charakteristik der Kreisleiter" von H. Neuburg. SÚA Prag, 123-761-3, S. 299. — Aussage Neuburg. AMV Prag, 301-139-4, Bl. 182. — Vgl. auch *Biman/Malíř*: Kariéra 318.

'Germanisierungspolitik' 331

die auf die angrenzenden Gaue Sudetenland, Niederdonau (Gauleiter Jury), Oberdonau (Gauleiter Eigruber) und Bayerische Ostmark (Gauleiter Wächtler) aufgeteilt wurden.[877]
Hitlers Stellvertreter Heß hatte zwar schon am 16. März eine Anordnung erlassen, wonach allen „Dienststellen der Partei, ihrer Gliederungen und Verbände, sowie jedem einzelnen ihrer Unterführer und Angehörigen [...] strengstens jede Einmischung in innere Angelegenheiten des Protektorates" verboten wurde.[878] Während es auf dem Gebiet der staatlichen Verwaltung eine klare Trennung zwischen den Behörden im Sudetengau bzw. der anderen angrenzenden Gaue und jenen im Protektorat gab[879], bestand aber im Bereich der Partei dennoch eine Überschneidung, die gerade bei der herausragenden Rolle der NSDAP im Dritten Reich zu Unstimmigkeiten führen mußte: Konflikte waren vorprogrammiert.

Nicht zuletzt die Aufteilung der NSDAP im Protektorat auf die umliegenden Gaue überzeugte viele Beobachter vom provisorischen Charakter des Protektorats.[880] Immer wieder kam es in der Folge zu dem, was die eifersüchtig über ihre Kompetenzen wachenden von Neurath und Frank

[877] Verfügung Hitlers Nr. 59/39 vom 21. 3. 1939, abgedruckt in: Anatomie okupační politiky 111. Vgl. auch ebenda XXIII. — Zum Gau Sudetenland kamen die Kreise Pilsen, Prag, Königgrätz, Olmütz und Mährisch-Ostrau, zum Gau Niederdonau die Kreise Brünn und Iglau, zum Gau Oberdonau der Kreis Budweis und zum Gau Bayerische Ostmark der Kreis Klattau.
[878] Anordnung Heß' vom 16. 3. 1939, abgedruckt ebenda 110. — In zwei weiteren Anordnungen Heß' (Nr. 98 und 99/39) vom 4. 5. 1939 wird dies weiter ausgeführt: „Die Dienststellen der Partei [...] nehmen auf das politische, wirtschaftliche und kulturelle Leben der Einwohner des Protektorats, soweit es sich nicht um [...] Reichsdeutsche handelt, keinerlei Einfluß. [...] Zur Wahrung der Belange des Reiches sind ausschließlich der Reichsprotektor [...] und die ihm nachgeordneten Dienststellen berufen." Anordnung Nr. 98/39, abgedruckt ebenda 112.
[879] Im Protektorat bestand neben der weitgehend machtlosen tschechischen Protektoratsregierung und den ihr nachgeordneten Verwaltungsinstanzen die Behörde des Reichsprotektors sowie ihm unterstehende deutsche ‚Oberlandräte'. Schon kurz nach der Errichtung des Protektorats hatte das Reichsinnenministerium in einem Rundschreiben die Verwaltungsbehörden der angrenzenden Gaue darauf aufmerksam gemacht, daß, trotz der Aufteilung im Bereich der Partei, der Reichsprotektor der alleinige Vertreter Hitlers und Beauftragte der Reichsregierung im Protektorat sei. Es war dementsprechend unzulässig, mit den Behörden im Protektorat, seien es tschechische oder deutsche, direkten Kontakt aufzunehmen. Brandes: Die Tschechen, Bd. 1, 32f. — Es scheint immer wieder zu kleineren Eingriffen auch der staatlichen Verwaltung aus dem Sudetengau gekommen zu sein, die vom Reichsprotektor unter Hinweis auf seine Alleinzuständigkeit sofort scharf gerügt wurden. Siehe dazu das Schreiben des Reichsstatthalters im Sudetengau an die Regierungspräsidenten vom 22. 1. 1940. OA Opava, LRT, Kart. 5, sowie das Schreiben des Reichsarbeitsministers an den Reichsstatthalter im Sudetengau vom 14. 8. 1939 (Abschrift). SOA Plzeň, pobočka Žlutice, RPK, Nr. 1800. Zu größeren Konflikten scheint es jedoch nicht gekommen zu sein.
[880] SD-Auslandsdienst-Bericht über die Lage im Protektorat Nr. 1252/39 vom 29. 4. 1939. ZfdAhdS Moskau, 500-4-476, Bl. 97.

als Eingriffe der Partei der umliegenden Gaue in das Protektorat betrachteten.[881]

Besonders tat sich dabei der Gauleiter und Reichsstatthalter von Niederdonau, Hugo Jury, hervor. Der ihm anvertraute Gau verfügte nämlich nicht über eine eigene Hauptstadt. Jurys Amtssitz war Wien, das jedoch gleichzeitig ein eigener Gau war. Jurys Bemühen war es daher, den Gau Niederdonau um die ihm einstweilen nur partei-, nicht aber verwaltungsmäßig zugeordneten mährischen Teile zu vergrößern und Brünn zu ‚seiner' Gauhauptstadt zu machen.[882] Schon im September 1939 habe der „Führer", behauptete Jury, ihm den Großteil Mährens „zur politischen Betreuung übergeben", weshalb er in Brünn eine ihm unterstehende Dienststelle zu errichten beabsichtigte.[883]

Mitte September 1939 regte von Neurath – die früheren Vorschläge Franks aufgreifend – an, einen unabhängigen Parteigau ‚Protektorat' zu bilden, um somit die Eingriffe von außen zu unterbinden. Der Vorschlag wurde von Heß jedoch abgelehnt. Statt dessen kam es Anfang 1940 zur Bildung der ‚Parteiverbindungsstelle' in Prag, die eine bessere Zusammenarbeit der Behörde des Reichsprotektors mit den vier zuständigen Gauleitungen gewährleisten sollte.[884] Zum Leiter der Verbindungsstelle ernannte Heß ausgerechnet Jury. Diese Entscheidung ist nicht nur bemerkenswert, weil es ganz offensichtlich Jury war, der seiner Ambitionen wegen in einem besonders spannungsreichen Verhältnis zum Reichsprotektor und dessen Staatssekretär stand.

Es ist vor allem interessant, daß nicht der Reichenberger Gauleiter zum Chef der Parteiverbindungsstelle ernannt wurde. Denn „an sich wäre eine Ernennung Henleins natürlicher gewesen"[885], wie Neuburg völlig zu Recht befand: immerhin waren seinem Gau allein fünf der neun Protektorats-Parteikreise zugeordnet worden, Jurys Gau dagegen nur zwei. Neuburg führte folgende Gründe für die Nichteinsetzung Henleins an: Erstens habe dieser zu diesem Zeitpunkt „schlecht im Kurs" gestanden – eine Einschätzung, die weiter oben bestätigt werden konnte. Gerade Anfang 1940 galt Henleins Stellung als „stark erschüttert". Heß und Bor-

---

[881] Vgl. dazu Anatomie okupační politiky XXIV f. — *Milotová/Kárný*: Od Neuratha k Heydrichovi 297 ff.

[882] Vgl. dazu Němec, Petr: Gauleiter Dr. Hugo Jury und sein Wirken im Protektorat Böhmen und Mähren. In: Kontakte und Konflikte. Böhmen, Mähren und Österreich: Aspekte eines Jahrtausends gemeinsamer Geschichte. Hrsg. von Thomas Winkelbauer. Horn 1993, 469-478. Němec gibt an, in seinem Beitrag „durchgehend Aussagen von Hermann Neuburg" zu verwenden (469), kennzeichnet die Zitate aber nicht eindeutig. Hier wird daher im folgenden nach der Aussage Neuburgs zitiert.

[883] *Brandes*: Die Tschechen, Bd. 2, 15.

[884] Anatomie okupační politiky XXV.

[885] Aussage Neuburg. AMV Prag, 301-139-4, Bl. 186. — Auch Frank fand in seiner Aussage den Umstand, daß nicht Henlein ernannt wurde, einer besonderen Erwähnung wert. Zpověď K. H. Franka 113.

mann hätten aber zweitens Einwände gegen Henleins Übernahme der Parteiverbindungsstelle gehabt, weil dieser „zu sehr unter dem Einfluß Franks" gestanden habe, „zumindest aber sei ihm dieser geistig stark überlegen, sodaß nach Auffassung Bormanns eine Schwächung der Stellung der Partei Frank gegenüber befürchtet werden mußte".[886] Henlein habe gegen die Tatsache, daß man ihn überging, nicht protestiert, weil er ganz allgemein „an dem Gebiet des Protektorats wenig Interesse hatte". Henlein sei, und diese Aussage Neuburgs ist besonders bemerkenswert, auch „ein Gegner aller Pläne, die Prag zur Gauhauptstadt machen wollten", gewesen: „Er wollte schlechthin mit Prag nichts zu tun haben und fuhr auch sehr ungern dorthin. Es war immer ein sehr starkes Drängen des Kreisleiters notwendig, um ihn zur Teilnahme an einer Veranstaltung in Prag oder auch in einer sonstigen Stadt des [...] Protektorats zu bewegen."[887] Eine zeitgenössische englische Beobachterin registrierte ähnliches: Henlein „does not seem to have played a prominent part in the internal affairs of the Protectorate. His visits to Prague were infrequent".[888]

Diese Aussagen stehen in einem krassen Gegensatz zur in der Forschungsliteratur wiederholt vorgebrachten Meinung, Henlein sei der wichtigste ‚Verbündete' Jurys bei den Versuchen der Partei gewesen, sich im Protektorat einzumischen, und dieses sogar aufzulösen.[889] Man wird diese Aussagen jedoch im Zusammenhang mit der Debatte um die ‚Neugliederung des böhmisch-mährischen Raumes' bestätigt finden.

Was die von Jaroslava Milotová und Miroslav Kárný angeführten Beispiele für Konflikte zwischen dem Reichsprotektor und den Gauleitern angeht[890], so kann man aus ihnen eine Absicht Henleins, seine Macht umfassend auf das Protektorat auszudehnen, bzw. dieses sogar aufzulösen, nicht ableiten. Aus dem Sudetengau scheinen vor allem Übergriffe unterer Parteidienststellen in die inneren Angelegenheiten des Protektorats erfolgt zu sein, welche die Reichenberger Gauleitung selbst zu unterbinden suchte.[891]

Es ist allerdings mindestens ein Beispiel für ein direktes Eingreifen Henleins in die inneren Angelegenheiten des Protektorats dokumentiert: Ohne vorherige Absprache mit dem Reichsprotektor hatte er im Frühjahr 1941 versucht, den Ort eines geplanten Öl-Lagers und der dazugehörigen Wohnsiedlung im Sinne seiner volkstumspolitischen Absichten von Raudnitz an der Elbe mehr in die Nähe von Theresienstadt verlegen zu las-

---

[886] Aussage Neuburg. AMV Prag, 301-139-4, Bl. 8.
[887] *Ebenda*, sowie 301-139-3, Bl. 42.
[888] *Grant Duff, Shiela*: A German Protectorate. The Czechs under Nazi Rule. London 1942 (Neuaufl. 1970), 166.
[889] Vgl. z. B. *Milotová/Kárný*: Od Neuratha k Heydrichovi 298. — Protektorátní politika Reinharda Heydricha [Die Protektoratspolitik Reinhard Heydrichs]. Hrsg. von Miroslav *Kárný* und Jaroslava *Milotová*. Praha 1991, 23.
[890] *Milotová/Kárný*: Od Neuratha k Heydrichovi 298 ff.
[891] Weisung des Gaustabsamtes vom 25. 6. 1940, K-18/40. SOA Litoměřice, GL NSDAP, Kart. 30.

sen.[892] Doch auch Milotová und Kárný stellen fest, daß derartige Streitigkeiten nicht den Rahmen des üblichen tagespolitischen Geschäfts überschritten.[893]

Zu einem dagegen wirklich ernsthaften Konflikt zwischen Reichsprotektor und NSDAP, in den auch der Gauleiter des Sudetengaus zumindest indirekt involviert war, kam es indes im Sommer 1941. Hitler hatte entschieden, daß ein mit beträchtlichen finanziellen Mitteln ausgestatteter ‚Volkstumsfonds' zur Unterstützung der deutschen Bevölkerung des Protektorats nicht mehr der Behörde des Reichsprotektors, sondern den vier Gauleitern zur Verfügung gestellt werden sollte. Hitler war der Ansicht, daß die Verbesserung der Lebensbedingungen der ‚Protektorats-Deutschen' in den Aufgabenbereich der Partei und nicht in jenen des Reichsprotektors falle.[894]

Von Neurath und Frank sahen darin einen so großen Widerspruch zum Protektorats-Erlaß Hitlers vom 16. März 1939[895] und einen derart starken Eingriff in ihre Befugnisse, daß sie der Meinung waren, das Protektorat würde dadurch überflüssig gemacht und könne aufgelöst werden.[896] Die Übertragung des Volkstumsfonds auf die umliegenden Gaue, zu der es im übrigen dann doch nicht kam[897], hätte tatsächlich die Macht der jeweiligen Gauleiter auf Kosten des Reichsprotektors gesteigert. Aber hier wiederum gilt: Alles spricht dafür, daß die Initiative dazu von Bormann ausging.[898] Nichts deutet dagegen darauf hin, Henlein habe hier die Fäden gezogen, um auf diesem Umweg doch noch die Herrschaft über das Protektorat zu gewinnen.

Karl Hermann Frank ging in seiner Aussage vor Gericht nach dem Krieg ausführlich auf die Rolle der Partei im Protektorat und die sich für ihn daraus ergebenden Schwierigkeiten ein.[899] Auch hier fällt nicht der Name Henlein, wenn von jenen Gauleitern die Rede ist, die sich nach Ansicht Franks zu sehr in seinen Machtbereich eingemischt hatten. So wird z. B. erwähnt, daß 1942 die Gauleiter Jury und Eigruber den Primat der Partei auch in der Tschechenpolitik gefordert hätten. Von Henlein ist nicht die Rede.[900] Franks Aussage deckt sich zum einen mit dem unabhängig davon entstandenen Bericht Neuburgs. Danach war es neben Jury und im „Gegensatz zu den Gauleitern Henlein und Wächtler" Eigruber,

---

[892] Von Frank paraphierter Aktenvermerk vom 22. 10. 1941, abgedruckt in: Protektorátní politika 150 ff.
[893] *Milotová/Kárný*: Od Neuratha k Heydrichovi 298.
[894] Protektorátní politika 16 f. — *Milotová/Kárný*: Od Neuratha k Heydrichovi 298 f.
[895] RGBl 1939, I, 485 ff.
[896] Protektorátní politika 17.
[897] Ebenda 24.
[898] So auch die Einschätzung Franks. Schreiben Franks an Neurath vom 21. 8. 1941, abgedruckt in: *Milotová/Kárný*: Od Neuratha k Heydrichovi 353 f. Vgl. auch ebenda 300.
[899] Zpověď K. H. Franka 112 ff.
[900] Ebenda 114.

,Germanisierungspolitik' 335

der „Ambitionen [hatte], sich mit Fragen des Protektorats mehr zu befassen, als ihm dies sein Zuständigkeitsbereich erlaubte".[901]
Zum anderen liegen drei Berichte über eine Tagung der Gauleiter Henlein, Jury und Eigruber mit den NSDAP-Kreisleitern des Protektorats, dem Ständigen Vertreter des Leiters der Parteiverbindungsstelle und Vertretern der Behörde des Reichsprotektors vom 31. Mai bis 1. Juni 1943 in Frauenberg vor, die diese Aussagen bestätigen. Während Jury und Eigruber hier offensiv die verstärkte Mitsprache der NSDAP in volkstumspolitischen Fragen im Protektorat forderten, enthielt sich, wie ein Bericht ausdrücklich vermerkt, „Gauleiter Henlein jeder Äußerung zu dieser Frage".[902] In einem zweiten Bericht wird sogar besonders auf „völlig entgegengesetzte Auffassungen" zwischen Jury und Henlein in der Tschechenpolitik hingewiesen.[903] Jury war es, so wurde ausdrücklich vermerkt, der „den Eindruck erwecken" wollte, „daß *er* der politische Führer, der R.[eichs] Pr.[otektor] nur das Exekutiv- u. Verwaltungsorgan" sei.[904] Von Henlein war in diesem Zusammenhang nicht die Rede.
Auch zwischen Frank und Henlein gab es zwar in der Tschechenpolitik Differenzen. Diese bewegten sich jedoch auf einer ganz anderen Ebene. Sie rührten nicht daher, daß Henlein die politische Führerschaft über das Protektorat in dieser Hinsicht verlangt hätte, sondern daher, daß Henlein zwischen Sudetengau und Protektorat *unterschied* und die Tschechen gegen Franks Absicht aus seinem Herrschaftsbereich möglichst schnell aussiedeln wollte.
Das Bemühen Franks, in seiner Aussage nach dem Krieg den Einfluß der Partei im Protektorat als sehr groß und für die Tschechen schädlich darzustellen, um sich selbst dadurch zu entlasten, ist offensichtlich.[905] Darüber hinaus ist aber festzuhalten, daß die weiteren Angelegenheiten, in denen nach Darstellung Franks die Partei in die Kompetenzen des Reichsprotektors bzw. des Staatsministers besonders stark eingriff, auf Initiative Bormanns und nicht auf die der für ihre Umsetzung dann verantwortlichen Gauleiter zurückzuführen waren. Es handelte sich dabei um Fragen, die vor allem gegen Ende des Krieges von Bedeutung wurden. Dazu gehörten Kompetenzen im Rahmen des totalen Kriegseinsatzes, des Stellungsbaus, des Volkssturms usw.[906]

[901] Anlage Nr. 9 zur Aussage Neuburg. AMV Prag, 52-37-8, Bl. 16.
[902] Vermerk über die Tagung vom 1. 7. 1943 („Geheime Reichssache"). SÚA Prag, 109-14-21, Bl. 2.
[903] Vermerk über die Tagung vom 15. 6. 1943. SÚA Prag, 109-14-21, Bl. 7.
[904] Handschriftlicher Vermerk am Bericht über die Tagung vom 10. 6. 1943. SÚA Prag, 109-14-21, Bl. 11. [Hervorhebung im Original].
[905] „Viele radikale Maßnahmen im Protektorat", so Frank, „die einen unseligen Einfluß auf das tschechische Volk hatten, muß man auf die Rechnung der ‚Nebenregierung' Partei setzen." Um sein Verhältnis zur Partei zu charakterisieren, berichtete Frank, Bormann habe ihn einmal einen „Feind der Partei" genannt und aus seinem Büro hinausgeworfen. Zpoveď K. H. Franka 114 bzw. 117.
[906] *Ebenda* 115 ff.

Wenn man vorsichtige Rückschlüsse aus dem Geschilderten sowie aus dem zieht, was Frank *nicht* erwähnte, so findet man hierin einen weiteren Beleg dafür, daß es nicht Henlein war, der den Reichsprotektor in seinen Befugnissen wirklich einengen und stärkeren Einfluß im Protektorat erlangen wollte.

Zu erwähnen ist in diesem Zusammenhang auch Neuburgs Aussage, wonach „Schwierigkeiten in der Zusammenarbeit"[907] zwischen Frank und Henlein erst wieder im Frühjahr 1944 entstanden. Neben den erwähnten Aufgaben der Partei im Kriegseinsatz auch im Protektorat habe das vor allem daran gelegen, daß Franks Kompetenz als Höherer SS- und Polizeiführer (HSSPF) damals auch auf den Sudetengau ausgedehnt wurde. Dabei hatte Henlein selbst Franks Einsetzung gewünscht.[908] Als HSSPF unterstand Frank zwar zunächst einmal Himmler, war aber doch auch für das Gebiet des Sudetengaus dessen Gauleiter „zugeordnet" und an dessen „*allgemeine* politische Weisungen gebunden, sofern der Reichsführer [SS – R. G.] nicht etwas anderes bestimmte". Hieraus habe sich für das Gebiet des Sudetengaus, so Neuburg, „in gewisser Hinsicht ein erneutes Unterstellungsverhältnis Franks unter Henlein" ergeben.[909] Frank habe sich aber in allen polizeilichen Angelegenheiten allein zuständig gefühlt. Dagegen habe Henlein auf Franks Unterstellung in „allen allgemeinen, politischen Fragen" gepocht und gefordert, „laufend über die sicherheitspolitische Lage unterrichtet zu werden". Dieser Forderung sei Frank nur äußerst unzureichend nachgekommen, „sodaß es oft vorkam, daß Henlein von polizeilichen Maßnahmen erst viel später oder aber überhaupt nicht erfuhr".[910]

Mit der Ernennung Franks zum HSSPF für den Sudetengau wurde auch dessen Zuständigkeit in der Tschechenpolitik des Gaus unterstrichen. Dies wurde dort nicht gern gesehen. Er habe feststellen können, berichtete der Leiter des ‚Bodenamtes' in Prag, SS-Standartenführer Fischer, „daß seitens der Gauleitung Reichenberg sehr starke Vorbehalte gegen die Regelung der Tschechenfrage im Sudetengau durch den Höhe-

---

[907] Aussage Neuburg. AMV Prag, 301-139-3, Bl. 47.
[908] Zur Einsetzung Franks siehe die Mitteilung des Gaustabsamtes M-5/44 vom 2. 3. 1944. SOA Litoměřice, GL NSDAP, Kart. 36. — Daß die Ernennung Franks auf Henleins Wunsch erfolgte, geht aus einem Schreiben Himmlers an Bormann vom 15. 2. 1944 hervor. Akten der Parteikanzlei, Fiche-Nr. 306 01077/3f. — Bei der öffentlichen Bekanntmachung dieser Maßnahme achtete Himmler darauf, Henleins Prestige aufzuwerten. Frank hatte zwei Vorschläge für eine entsprechende Pressenotiz gemacht. Himmler genehmigte jene, in der es hieß, Frank sei auf „Vorschlag" Henleins „laut Befehl des Reichsführers SS" als HSSPF eingesetzt worden. Im zweiten Vorschlag war nur der Befehl Himmlers als Grund angegeben worden. Fernschreiben Franks an Himmler vom 24. 2. 1944 und Fernschreiben des Persönlichen Stabes Himmlers an Frank vom 24. 2. 1944. BA Berlin, NS 19/942, Bl. 11f.
[909] Aussage Neuburg. AMV Prag, 301-139-3, Bl. 47 [Hervorhebung im Original]. — Zur Stellung der HSSPF zwischen den Repräsentanten der inneren Verwaltung und dem RFSS siehe *Birn*: Die Höheren SS- und Polizeiführer 13. Vgl. auch *ebenda* 106.
[910] Aussage Neuburg. AMV Prag, 301-139-4, Bl. 95f.

ren SS- und Polizeiführer bestehen und daß man zumindest eine genaue Abstimmung der Einzelheiten, wenn nicht gar die Federführung beansprucht".[911] Henlein war hier eindeutig in der Defensive. Es bietet sich daher an, statt von einer intensiven Einmischung Henleins in das Protektorat nach Art Jurys von der zunehmenden Intervention Franks in die Angelegenheiten des Sudetengaus zu sprechen. Damit läßt sich auch die ansonsten eher rätselhafte Behauptung Neuburgs verstehen, Henlein habe in Frank den „eifrigen Verfechter der These" gesehen, wonach „der ehemalige tschechoslowakische Raum zusammengehöre"[912]: Auf die Tschechenpolitik bezogen ist diese Einschätzung Neuburgs allemal zutreffend.

Damit ist bereits auf die Diskussion um die territoriale Gliederung des böhmisch-mährischen Raumes verwiesen, die ihren Höhepunkt 1940 erreichte. In verschiedener Hinsicht hatte sich die Grenzziehung des Jahres 1938 schnell als äußerst problematisch erwiesen, gerade aus sudetendeutscher Sicht. Die vielfältigen administrativen und wirtschaftlichen Probleme des Sudetengaus, die zu einem Großteil in seiner räumlichen Zerrissenheit begründet waren, hatten den Gau so manchem Beobachter nicht nur auf tschechischer Seite bald als „only a concept on paper, and not a geographical or ethnographical reality"[913] erscheinen lassen. „Der heutige Gau Sudetenland", so heißt es auch in einer Denkschrift des Gaugrenzlandamtes in Reichenberg vom 25. Juli 1940, „stellt gebietsmäßig in keiner Weise eine Einheit dar [...]". Bei der Grenzziehung 1938 habe sich gezeigt, „daß die deutsch-tschechische Volkstumsgrenze in den meisten Abschnitten landschaftlich, raumpolitisch, verkehrsmäßig und wirtschaftlich einheitliche Gebiete durchschneidet". Die daher erforderliche „Neugliederung" des Sudetengaus könne aber nur „im Zusammenhang mit der endgültigen Neuordnung des böhmisch-mährischen Raumes durchgeführt werden".[914]

Pläne zur ‚Neugliederung des böhmisch-mährischen Raumes'

Mit der Eroberung der ‚Rest-Tschechei' im März 1939 war die erste Voraussetzung für eine territoriale Neugliederung, die die Mängel des Sudetengaus hätte beheben können, geschaffen worden. Aber erst nach den militärischen Erfolgen Deutschlands im Sommer 1940 schien die passende Gelegenheit dafür gekommen. Man erwartete das Ende des Krieges. Außenpolitische Erwägungen wären bei einem Sieg des Dritten Reiches unwichtiger geworden, auf die Interessen der Tschechen hätte man in diesem Falle noch weniger Rücksicht nehmen müssen als bisher. Der Zeitpunkt, weitreichende Überlegungen für die ‚Neugliederung des böh-

---

[911] Schreiben an den Ministerialrat beim Reichsprotektor, SS-Standartenführer Gies, vom 12. 2. 1945. SÚA Prag, 110-4-11.
[912] Aussage Neuburg. AMV Prag, 301-139-3, Bl. 41.
[913] *Ripka:* Munich 271.
[914] Abgedruckt in: Die Vergangenheit warnt 51ff., Zitate 51f.

misch-mährischen Raumes' anzustellen, schien gekommen. Erste Überlegungen dazu reichten indes schon weit in die Zeit vor dem Krieg zurück: Die Probleme, welche die geographische Gestalt des Sudetengaus aufwarfen, waren derart offensichtlich, daß es sogar in „gewissen Gauen des Altreiches [...] Bestrebungen nach Zerreissung und Auflösung des Sudetengaues" gab.[915] Dem Protektorat hatte ohnehin von Anfang an der Charakter eines Provisoriums angehaftet: All diese Faktoren flossen nun in die Debatte um die Zukunft von Sudetengau und Protektorat ein.

Schon bald nach dem Münchener Abkommen kam es zu ersten Planungen für „Grenzbereinigungen".[916] Nach der Errichtung des Protektorats gab es dann Versuche, den von der Hauptmasse des Sudetengaus durch einen schmalen Streifen tschechischen Gebietes getrennten Regierungsbezirk Troppau „durch Angliederung des Glatzer Berglandes" mit dem Westen des Gaus zu verbinden. Das Glatzer Bergland gehöre, so wurde ohne Rücksicht auf die Zusammensetzung seiner Bevölkerung behauptet, „seiner gesamten Struktur und Bodengestaltung nach zum sudetendeutschen Raum". Weder den Initiator noch den genauen Zeitpunkt dieses frühen Neugliederungsversuches gibt die darüber informierende Quelle bekannt. Nur daß er *nach* der Errichtung des Protektorats unternommen wurde, läßt sich dem Dokument entnehmen.[917]

Die Probleme, welche die unpraktische Gestalt seines Gaues in vielerlei Hinsicht mit sich brachte, erkannte auch Henlein schon früh. Er setzte sich deshalb für dessen Arrondierung ein, nicht zuletzt auf Kosten eindeutig tschechischen Gebietes.

Die Initiative dazu war vom Regierungspräsidenten in Troppau ausgegangen. Zippelius schrieb, gerade einmal eine Woche nach dem deutschen Einmarsch in Prag, an seinen Duzfreund Henlein einen Brief, in dem er diesen darum bat, seinen „Einfluß dahin geltend zu machen, daß das Gebiet Mähr.[isch] Ostrau und Witkowitz zu meinem Regierungsbezirk, also zu Deinem Gau geschlagen" werde. Zur Begründung seines Ansinnens führte Zippelius an, daß es politisch nicht wünschenswert sei, daß das Protektorat eine Grenze mit Polen habe, was im Ostrauer Raum der Fall war. Zudem bilde „das ganze nordmährisch-schlesische Industriegebiet [...] mit den Kreisen des Protektorates Mähr.[isch] Ostrau, Friedek und Mistek [...] eine wirtschaftliche Einheit". Diese aber sei durch die Protektoratsgrenze zerschnitten worden. Schließlich führte Zippelius an, daß Mährisch-Ostrau „eine starke deutsche Minderheit" habe und bilanzierte seine Argumente so: „Der Raum gehört zweifellos in den Sude-

---

[915] Denkschrift „Künftige Gestaltung des Sudetengaues" vom 16. 7. 1940. SOA Litoměřice, GL NSDAP, Kart. 37.

[916] Hinweis darauf in der Denkschrift „Vorschläge für die Neugliederung des böhmisch-mährischen Raumes" vom 25. 7. 1940, abgedruckt in: Die Vergangenheit warnt 51.

[917] Denkschrift „Künftige Gestaltung des Sudetengaues" vom 16. 7. 1940. SOA Litoměřice, GL NSDAP, Kart. 37.

‚Germanisierungspolitik'

tengau und würde eine wünschenswerte Stärkung meines Bezirkes bedeuten."[918] Die von Zippelius vorgebrachten Argumente können nicht darüber hinwegtäuschen, daß die hier angedeuteten wirtschaftlichen Motive für seinen Vorschlag entscheidend waren: Der überwiegend agrarisch geprägte Regierungsbezirk Troppau hätte durch die Eingliederung Mährisch-Ostraus erheblich an ökonomischem Gewicht gewonnen.

Hitler hatte zunächst gegen die Eingliederung Mährisch-Ostraus, die auch vom Reichsinnenministerium gefordert worden war, entschieden.[919] Nach dem erfolgreichen Feldzug gegen Polen im Herbst 1939 kam jedoch erneut Bewegung in diese Angelegenheit. Henlein machte sich nun die Forderungen aus Troppau und dem Innenministerium zu eigen und setzte sich später sogar für eine noch größere Ausdehnung seines Gaus ein. Vom Oktober 1939, im Zeichen der Niederlage Polens verfaßt, datiert das Memorandum über die „Verflechtung des Gebietes Mährisch-Ostrau und Olsa (Teschen mit Auschwitz) mit dem Gau Sudetenland".[920]

„Mit der siegreichen Beendigung des polnischen Feldzuges", heißt es in dieser Denkschrift, „sind auch weite Bereiche des ehemals polnischen Staates in die Verwaltung des Großdeutschen Reiches einbezogen worden, unter denen [...] vor allem die alten schlesischen Fürstentümer Teschen und Auschwitz-Zator für den Regierungsbezirk Troppau und damit für den Reichsgau Sudeten ein besonderes Interesse beanspruchen." Henlein führte aus, warum seiner Ansicht nach das Teschener Gebiet zum Sudetengau gehöre. Volkstumspolitische Argumente standen im Vordergrund. Sodann wurde die Forderung nach der Eingliederung Teschens mit jener nach Eingliederung Mährisch-Ostraus verbunden:

Die Voraussetzung für eine auch wirtschaftlich fruchtbringende Verbindung von Teschen-Bielitz mit dem Regierungsbezirk Troppau wäre indes die Angliederung (zum mindesten wirtschaftliche) der bisher zum Protektorate Böhmen und Mähren gehörigen Gerichtsbezirke Mähr. Ostrau, Mistek, Friedeck, Frankstadt und Schles. Ostrau. [...] Diese Vereinigung [...] würde eine ideale verwaltungsmäßige und wirtschaftliche Einheit formen, sodaß Troppau genau in die Mitte des Regierungsbezirkes zu liegen käme

und dadurch „zur Lösung aller ihm gestellten nationalpolitischen und wirtschaftspolitischen Fragen des Ostsudetenraumes befähigt" würde.

Der Tatsache, daß die zum Protektorat gehörenden Gebiete, die Henlein hier für seinen Gau forderte, fast ausschließlich von Tschechen be-

---

[918] Schreiben Zippelius' an Henlein vom 23. 3. 1939. SÚA Prag, 109-12-338, Bl. 132f.
[919] Schreiben des Staatssekretärs Pfundtner an den Chef der Reichskanzlei, z. Hd. von Ministerialbürodirektor Ostertag vom 4. 4. 1939 sowie Rundschreiben des RMinI (Abschrift) vom 2. 5. 1939. BA Berlin, R 18/459.
[920] BA Berlin, R 43/II, 1324a sowie SÚA Prag, 109-4-84. Teilweise abgedruckt in: Anatomie okupační politiky 64ff. — Vgl. hierzu auch Káňa, Otakar: Těšínské intermezzo. Německé zájmy na Těšínsku, jejich prosazovatel, a konečné prosazení 1938-1939 [Das Teschener Intermezzo. Die deutschen Interessen im Teschener Gebiet, ihr Verfechter und ihre endgültige Durchsetzung 1938-1939]. Československý časopis historický 4/5 (1970) 397-410.

wohnt waren[921], scheint der Gauleiter entgegen seinem Grundsatz der Trennung von Deutschen und Tschechen keine große Aufmerksamkeit gewidmet zu haben: In diesem Fall ging für ihn die Abrundung seines Herrschaftsbereiches vor. Henleins Plan wurde jedoch ebensowenig in die Realität umgesetzt wie die vorangegangenen Vorhaben zur Arrondierung des Sudetengaus. Gemessen an den Plänen, die auch im Sudetengau auf dem Höhepunkt der kriegerischen Erfolge des Dritten Reiches 1940 geschmiedet wurden, nehmen sich diese ersten Expansionsbemühungen jedoch noch vergleichsweise bescheiden aus.

Der erste Plan zur *Aufteilung* des Protektorats, so nimmt Detlef Brandes an, sei aus dem Sudetengau gekommen. Diese Formulierung ist jedoch nicht ganz korrekt; Brandes selbst weist darauf hin, daß man sich damit auf die „Ansprüche der Gauleitung Niederdonau auf Mähren" bezog.[922] Schon im September 1939 hatte ja der Gauleiter Jury angeblich vom ‚Führer' weitgehende Versprechen in bezug auf Mähren erhalten.[923] Ganz offensichtlich auf die Absichten Jurys bezog sich auch von Neurath, als er am 9. Dezember 1939 Hitler von Bestrebungen berichtete, nach denen Böhmen und Mähren voneinander getrennt werden sollten.[924] Es war also Jury, von dem die Initiaive zur völligen Aufteilung des Protektorats eigentlich ausging.

Der erste bekannte aus dem Sudetengau stammende Teilungsplan ist eine mit „Künftige Gestaltung des Sudetengaues" überschriebene Ausarbeitung. Sie wurde am 16. Juli 1940 dem Stellvertretenden Gauleiter Donnevert zugeleitet.[925] Dieser Plan folgte also zeitlich Jurys Erwägungen nach. Eine weitere Quelle stützt die sich daraus ergebende Annahme, die Pläne aus dem Sudetengau seien eine Reaktion auf Jurys Absichten gewesen. Der damalige Stellvertretende Gauleiter des Sudetengaus, Donnevert, berichtete, er habe bei einem Vortrag bei Henlein, dessen Zeitpunkt nicht genannt wird, „diesen auf die deutlich spürbaren Bestrebungen Gauleiters Dr. Jurys zur Schaffung eines Gaues Mähren aufmerksam" gemacht und dabei festgestellt, „daß der Gau Sudetenland in seiner heutigen ausgedehnten Form vielleicht nicht bestehen bleibe". Es sei damit zu rechnen, daß die Gauleitung des Sudetengaus zu einer Stellungnahme aufgefordert würde, die „man nicht aus dem Ärmel schütteln" könne. Daher sei es „zweckmäßig, sich schon jetzt darüber Gedanken zu machen".[926]

[921] Im Oberlandratsbezirk Mährisch-Ostrau betrug der deutsche Bevölkerungsanteil Mitte 1940 gerade einmal 10 Prozent. Meldungen aus dem Reich. Bd. 5, Nr. 105 vom 15. 7. 1940, 1383.
[922] *Brandes:* Die Tschechen, Bd. 1, 127.
[923] *Ebenda,* Bd. 2, 15. — Siehe oben.
[924] Vermerk von Neuraths über die Unterredung mit Hitler, abgedruckt in: Anatomie okupační politiky 72f.
[925] SOA Litoměřice, GL NSDAP, Kart. 37.
[926] Schreiben Donneverts an Bormann vom 21. 1. 1943. BA Berlin, BDC, SSO-Akte Donnevert.

Veronika Arndt hat in ihrer Studie über Franz Künzel, der als Verfasser der Denkschrift vom 25. Juli 1940 angenommen werden kann, die Vermutung geäußert, dieses Memorandum sei aus der Furcht entstanden, daß der Sudetengau „in Gefahr schwebe, liquidiert zu werden" – also eine Reaktion auf andere Neugliederungspläne.[927] Tatsächlich hat es neben den Plänen Jurys auch die Absicht gegeben, den Regierungsbezirk Troppau Schlesien zuzuschlagen.[928]

In der Denkschrift über die „Künftige Gestaltung des Sudetengaues" vom 16. Juli 1940[929] wird nun von der Erwägung ausgegangen, daß „das Protektorat in seinem gegenwärtigen Zustand sicher nicht auf die Dauer bestehen" bleibe. Es sei daher nötig, Pläne für seine Eingliederung in das Reich und damit für „die künftige Gestaltung des Sudetengaues" anzufertigen. Dabei könne man nach mehreren Gesichtspunkten vorgehen:

I. Geographische Bodengestaltung und Verkehrsnetz.
II. Volkspolitische Aufgabe der Durchdringung des böhmisch-mährischen Raumes und Abschnürung der Tschechen.
III. Stammesmässige Zugehörigkeit der Sudetendeutschen.
IV. Gesamtdeutsche Raumgestaltung.

Unter Abwägung des Für und Wider kommt der unbekannte Verfasser, der seine Vorschläge an den Stellvertretenden Gauleiter Donnevert und nicht an Henlein adressiert hatte, zu dem Ergebnis, daß die „Neuordnung nach gesamtdeutschen Gesichtspunkten" zu wählen sei. Danach bliebe der „Gau mit seinen Protektoratskreisen [...] im wesentlichen, wie er heute ist, jedoch ohne den mährisch-schlesischen Raum". Dafür sollte der Gau durch den bis dahin zu Sachsen gehörenden Kreis Zittau und die schlesischen Kreise Glatz und Habelschwerdt ergänzt werden, der Kreis Asch dagegen an die Bayerische Ostmark und einige andere ungünstig gelegene Gemeinden an Sachsen abgetreten werden. Diese Lösung sei „die beste und am leichtesten durchführbar", auch seien „Vorstoßmöglichkeiten zur Zerreissung des tschechischen Gebietes [...] zur Genüge gegeben [...]. Gauhauptstadt bliebe Reichenberg [...]. Allerdings müßte für den Gau ein neuer Namen gefunden werden, da dann die Bezeichnung Sudeten nicht mehr" zutreffe. Mähren sollte ein eigener Gau werden. Das nicht ganz eindeutig formulierte Ziel des Autors scheint es also gewesen zu sein, den weiter von Reichenberg aus zu regierenden Gau um die böhmischen Teile des Protektorats zu erweitern, Mähren und den Regierungsbezirk Troppau ganz von ihm abzulösen und einige weitere, kleinere Grenzkorrekturen durchzuführen.

---

[927] *Arndt:* „Ständische" Ideologie 207.
[928] Schreiben des RMinI an den Chef der Reichskanzlei vom 24. 8. 1940. Akten der Parteikanzlei, Fiche-Nr. 101 00 228. — Zur „Beeinträchtigung der Souveränität des Gaues Sudetenland im Regierungsbezirk Troppau" durch die Gauleitung von Oberschlesien siehe die „Vertrauliche Information" des Stellvertretenden Gauleiters vom 7. 10. 1941. SÚA Prag, ARP, Kart. 1208.
[929] SOA Litoměřice, GL NSDAP, Kart. 37.

Deutlicher sind die vom Gaugrenzlandamt der Gauleitung Sudetenland am 25. Juli 1940 angefertigten „Vorschläge für eine Neugliederung des böhmisch-mährischen Raumes".[930] Auch sie müssen zunächst eingestehen, daß die in München gezogene Grenze ein im Grunde in vielerlei Hinsicht einheitliches Gebiet zerschnitten habe. Der Sudetengau stelle daher „in keiner Weise eine Einheit dar".[931] Eine Wiederherstellung der Grenzen von vor 1938 – freilich unter deutscher Herrschaft – sah der Verfasser jedoch als unerwünscht an: „Die Zerstörung der Fiktion von der Einheit der ‚historischen Länder' Böhmen und Mähren ist notwendig."[932] Statt dessen sollte das böhmische Gebiet des Protektorats aufgeteilt und der Großteil – einschließlich Prags! – in das sudetendeutsche Gebiet eingegliedert werden. „Seit je" zerfalle „Böhmen in seinem kulturellen Antlitz in eine nördliche und eine südliche Hälfte." Entlang dieser Grenze sollte das tschechische Siedlungsgebiet aufgeteilt werden: der Norden an den Sudetengau, der nunmehr „Gau Böhmen" heißen sollte, der Süden an die Gaue „Bayerische Ostmark" und „Oberdonau".[933] Dabei war eine Dezentralisierung des so zu schaffenden nordböhmischen Gaus vorgesehen. Neben Prag sollten Pilsen, Aussig, Reichenberg und Königgrätz eigene Verwaltungseinheiten werden, um dadurch „die nicht unbedenkliche Wirkung Prags als [...] tschechisches Siedlungszentrum" aufzuheben.[934] Für Mähren sah dieses Memorandum drei verschiedene Lösungsmöglichkeiten vor, die jedoch, wie weitere Details, hier nicht näher zu interessiern haben.

Der Gauamtsleiter Staffen, der sich auf wirtschaftlichem Gebiet als Verfechter der Einheit des böhmisch-mährischen Raumes ausgewiesen hatte, legte am 30. September 1940 ebenfalls eine Denkschrift über „Böhmisch-mährische Raumgestaltung"[935] vor. Darin setzte er sich auch auf politisch-administrativem Feld für die Zusammenfügung dessen ein, was 1938 auf Wunsch der meisten Sudetendeutschen zerrissen worden war.

In der tschechischen Forschung wurde zu Recht auf die Ironie der Geschichte hingewiesen, die darin liegt, daß nun von sudetendeutscher Seite genau das erkannt und gefordert wurde, was die tschechischen Politiker 1918 durchgesetzt hatten.[936] „Die Sudetenländer" seien laut Staffen „eine eingelebte, historische und wirtschaftsgeographische Einheit mit

---

[930] Abgedruckt in: Die Vergangenheit warnt 51ff. — Diese Denkschrift ist identisch mit dem sogenannten ‚Reichenberger Plan' über den der Vertreter des Auswärtigen Amtes beim Reichsprotektor, Ziemke, am 26. August der Wilhelmstraße berichtete und den er als „Entwurf eines Referenten" bezeichnete. Bericht Ziemkes abgedruckt in: Anatomie okupační politiky 247ff., Zitat 251.
[931] Die Vergangenheit warnt 52.
[932] *Ebenda.*
[933] *Ebenda* 54.
[934] *Ebenda* 55.
[935] Abgedruckt *ebenda* 90ff.
[936] *César:* Okupace ČSR 63.

,Germanisierungspolitik' 343

einem eigenen natürlichen Mittelpunkt: Prag."[937] Hier wird die böhmische Metropole kurzerhand zu einer ‚sudetenländischen' Stadt erklärt! Von dieser Grundüberlegung ausgehend wandte sich Staffen gegen Pläne, „den böhmisch-mährischen Raum zum Zwecke seiner vollständigen (auch blutsmäßigen) Einverleibung in den deutschen Lebensraum zu zerteilen". Er vertrat „die Ansicht, den Raum des heutigen Protektorates Böhmen und Mähren nicht nur bestehen zu lassen, sondern um die sudetendeutschen Gebiete (den Reichsgau Sudetenland und die an die Gaue Bayerische Ostmark, Oberdonau und Niederdonau gefallenen sudetendeutschen Gebiete) und Teile der Gaue Sachsen und Schlesien [...] zu vergrößern, um ein möglichst starkes deutsches Übergewicht zu schaffen". Ziel Staffens war es, „das Gebiet ganz zu erobern".[938] Die Motivation des Industriellen blieb bei allem volkstumspolitischen Vokabular vor allem wirtschaftlicher Natur: „Prag ist nicht nur Mittelpunkt des Verkehrs, sondern auch der Wirtschaft und das Protektorat ist für viele sudetendeutsche Industriezweige das Absatzgebiet. Die vertretene Auffassung liegt daher ganz im Interesse der sudetendeutschen Gebiete."[939]

Alle diese aus dem Sudetenland stammenden Vorschläge zu einer Gebietsreform haben gemeinsam, daß sie, ausgehend von der Unzweckmäßigkeit der 1938/39 gezogenen Grenzen, keinerlei Rücksicht auf tschechische Interessen nahmen und offen die ‚Germanisierung' ganz Böhmens und Mährens forderten.[940] Alle erwähnte Pläne haben aber auch gemeinsam, daß sie scheiterten. Denn sie stießen auf massiven Widerstand beim Reichsprotektor und dessen Staatssekretär. Beide hatten, vor allem als Reaktion auf die verschiedenen Projekte zur Aufteilung des Protektorats, im August 1940 ihre bereits erwähnten Denkschriften über die Zukunft des ‚böhmisch-mährischen Raumes' verfaßt und sich darin gegen derart weitreichende Umorganisationen gewandt.

Bei der Besprechung mit Hitler am 23. September 1940 konnten sie ihre Vorstellungen durchsetzen. Hitler entschied sich für die Beibehaltung des Protektorats.[941] In einer weiteren Unterredung mit Frank allein formulierte der Diktator klar den wichtigsten Grund dafür: Das Protektorat sollte vorerst bestehen bleiben, weil sonst mit Unruhen in der tschechischen Bevölkerung gerechnet werden müßte. Bormann wurde angewiesen, Jury mitzuteilen, daß Hitler auch in Mähren erst einmal keine Änderungen wünschte. „Über die künftige Gestaltung der historischen Länder Böhmen und Mähren sowie überhaupt über die Neuordnung des Reiches werde er erst nach dem Kriege endgültige Entscheidungen treffen."[942]

---

[937] Denkschrift „Böhmisch-mährische Raumgestaltung" vom 30. 9. 1940, abgedruckt in: Die Vergangenheit warnt 90 ff., Zitat 91.
[938] *Ebenda* 90 f.
[939] *Ebenda* 92.
[940] Vgl. auch *Brandes:* Die Tschechen, Bd. 1, 128 f.
[941] Vgl. hierzu *ebenda* 132 ff.
[942] Protokoll Franks über die Unterredung mit Hitler in der Reichskanzlei am 11. und 12. 10. 1940. AMV Prag, 114-339-13, Bl. 3.

Damit waren die Pläne aus den Nachbargauen vorerst, zumindest für die Dauer des Krieges, vom Tisch. Der Stellvertretende Gauleiter Donnevert machte dies am 25. Oktober dem Parteivolk im Sudetengau klar. Gleichzeitig wird deutlich, wie weit verbreitet die Gerüchte und auch die Absicht, das Protektorat aufzuteilen, damals waren.[943] Auch später hat es zwar immer wieder Gespräche über die ‚Neugliederung‘ gegeben, bis hin zu Gerüchten, das Protektorat werde „in den nächsten Tagen" aufgelöst.[944] Selbst der ‚Staffen-Plan‘ war noch nach der Entscheidung Hitlers verfaßt worden. Aber je länger der Krieg dauerte, desto deutlicher wurde es, daß einstweilen nicht mit territorialen Veränderungen zu rechnen war. Das Protektorat trug vorerst den Interessen Hitlers am besten Rechnung.[945]

Man muß berücksichtigen, daß die besprochenen Pläne aus dem Sudetengau bis zu einem bestimmten Grad eine Reaktion auf Neuordnungspläne aus anderen Gauen waren, die den Bestand des Sudetengaus selbst in Gefahr brachten. Dennoch überrascht die Tatsache, daß sudetendeutsche Politiker, die zwei Jahrzehnte innerhalb der Tschechoslowakischen Republik Autonomie für die Sudetendeutschen gefordert hatten, nun den im ‚Großdeutschen Reich‘ weitgehend wehrlosen Tschechen auch den letzten bescheidenen Rest an Autonomie verweigern wollten. Aber auch in Kenntnis der weiten Verbreitung solcher Expansions- und ‚Germanisierungspläne‘ sollte man keine verallgemeinernden Schlüsse ziehen. Es waren nicht „die Sudetendeutschen", die „auch nach dem Münchener Diktat nicht ihr Interesse am tschechischen Land (české země) verloren" hatten: „Vom Herbst 1938 an bemühten sie sich um Erlangung ihrer weiteren Ziele, d. h. um Absorption und Germanisierung des ganzen böhmisch-mährischen Raumes", heißt es in einer Publikation verallgemeinernd.[946] Man sollte gerade auch hier immer genau fragen, *wer* jeweils welche Forderung erhob.

[943] Er habe immer wieder „mit Befremden festgestellt", so Donnevert, „daß in weiten Kreisen der Partei und des Staates die unglaublichsten Gerüchte darüber umgehen, wie sich das künftige Schicksal des ehemals böhmisch-mährischen Raumes gestalten wird." „Partei und Menschentum. Unsere nationalsozialistischen Aufgaben im Sudetengaund". Rede Donneverts am 25. 10. 1940. SOA Litoměřice, pobočka Lovosice, NSDAP 1938-1945, Kart. 3. — Der Unterstaatssekretär beim Reichsprotektor, von Burgsdorff, vermerkte, daß es schwer sei, „in den Kreisen hiesiger Deutscher [...] davon zu sprechen, daß die Autonomie Böhmen und Mähren [...] eine ernstgemeinte und auf längere Zeit vorgesehene Angelegenheit ist. Überall wird man einem gewissen Augenblinzeln begegnen." Von Burgsdorff dürfte sich in dieser Äußerung aber vor allem auf die ‚Protektorats-Deutschen‘ bezogen haben. Niederschrift vom 2. 5. 1941. ZfdAhdS Moskau, 1488-1-18, Bl. 13.
[944] Schreiben von G. Klieber, dem Beauftragter der Wirtschaftskammer Sudetenland in Berlin, an F. Schreiber vom 14. 10. 1941. SOA Prag, Prozeß gegen Krebs, Bd. 3, 11, Bl. 16.
[945] Auf „Kriegsdauer und wohl darüber hinaus" werde das Protektorat erhalten bleiben, erklärte Frank im März 1944 in seiner Rede über „Reichspolitik in Böhmen und Mähren" in Bad Karlsbrunn. Abgedruckt in: Die Deutschen in der Tschechoslowakei 519ff, Zitat 520.
[946] *César: Okupace ČSR* 63.

,Germanisierungspolitik' 345

Es gab in dieser Hinsicht nämlich sowohl unter sudetendeutschen Politikern als auch in der Bevölkerung ganz unterschiedliche Meinungen. Der Regierungspräsident in Troppau berichtete über die „Ansichten der aufgeschlossenen Volksgenossen", also solchen, die sich überhaupt mit diesen Angelegenheiten beschäftigten. Sie reichten von den radikalsten Vorschlägen – die „Tschechen des Protektorats sind in die von Rußland eroberten Gebiete umzusiedeln" – bis zu gemäßigteren Ansätzen: „Das Protektorat muß sozusagen als Heimat der Tschechen erhalten bleiben", lautete einer von ihnen. „Die Tschechen sollen", so ein dritter, „mit der deutschen Führung im böhmisch-mährischen Raum ausgesöhnt, zu einer Mitarbeit herangezogen werden."[947]

Wenn es auch Sudetendeutsche gab, die für eine Aufteilung des Protektorats und damit das Ende auch der Schein-Autonomie der Tschechen eintraten, so deuten doch zahlreiche Lageberichte darauf hin, daß ein Großteil der Bevölkerung froh war, daß es 1938 zu einer – wenn auch nicht konsequenten – Trennung von deutschem und tschechischem Siedlungsgebiet gekommen war. In seinem Lagebericht für März und April 1939 berichtete der Regierungspräsident in Aussig wohl von „großer Befriedigung und lebhaftem Jubel" unter der sudetendeutschen Bevölkerung anläßlich der „restlose[n] Liquidierung des tschechoslowakischen Staates". Gleichzeitig betonte er aber auch die in der Bevölkerung verbreitete Furcht, die gerade erst erreichte Trennung könne wieder aufgehoben werden: „Ja, die Befürchtungen gehen sogar so weit, daß weite Kreise der Bevölkerung glauben, es werde nun wieder der Sudetengau mit den Ländern Böhmen und Mähren vereinigt und damit praktisch, wenn auch unter deutscher Führung, das Sudetendeutschtum wieder in ein gemischtvolkliches [!] Gebilde eingebaut werden."[948]

Auch der alte ‚Volkstumskämpfer' Hans Krebs, wahrlich kein Freund der Tschechen, war der Meinung, man sollte Sudetengau und Protektorat voneinander getrennt halten. Schon im Frühjahr 1939 wandte er sich gegen Absichten, wie sie dann später etwa von Staffen vertreten wurden, „das wirtschaftliche Schwergewicht des Sudetenlandes nach Prag zu verlagern".[949] Als im Winter 1939/40 die Aufhebung der Zollgrenze zwischen Gau und Protektorat diskutiert wurde, leitete er die Beunruhigung

---

[947] Bericht an das RMinI vom 29. 4. 1942, abgedruckt in: Die Deutschen in der Tschechoslowakei 467f.
[948] Lagebericht des Regierungspräsidenten in Aussig für März/April 1939. SOA Litoměřice, RPA, Kart. 30. — Vgl. auch den Erinnerungsbericht von J. P.: „Eine kalte Dusche wohl für alle Deutschen des Ortes bedeutete die Errichtung des Protektorates. Obwohl die Grenzziehung 1938 für den Ort verschiedene Nachteile gebracht hatte, begrüßte man doch die nunmehrige klare Trennung zwischen Deutschen und Tschechen. Nun war alles auf einmal beim alten, die Tschechen des Protektorates bewegten sich im Orte ‚wie in alter Zeit'." BA Bayreuth, Ost-Dok. 20/18.
[949] Niederschrift über die Besprechung Krebs' mit den Landräten des Regierungsbezirks Aussig vom 10. 5. 1939. SOA Litoměřice, RPA, Kart. 648.

der Bevölkerung über diese Maßnahme nicht nur an Reichsstatthalter und Reichsinnenminister weiter, sondern er teilte sie:

> So sehr diese Maßnahme aus wirtschaftlichen Gründen zu begrüßen ist, befürchte ich doch unerfreuliche Folgen volkspolitischer Natur. Die Aufhebung der Zollgrenze und der damit verbundenen Kontrolle des Personenverkehrs würde, wenn die Seßhaftmachung von Tschechen im Sudetengau nicht auf andere Weise wirksam verhindert werden kann, dazu führen, daß der ganze Volkstumskampf der letzten 20 Jahre praktisch illusorisch würde. [...] Die Aufhebung der Zollgrenze [...] würde damit unter der deutschen Herrschaft das paradoxe Ergebnis zeitigen, daß nun weit mehr Tschechen in das sudetendeutsche Gebiet kommen als dies unter der tschechischen Ära der Fall war.[950]

Henlein, das Protektorat und die ‚Neugliederungs-Diskussion'

Welche Haltung nahm nun der Gauleiter des Sudetengaus in der ‚Neugliederungsdebatte' ein? Stimmt es, daß Henlein, den ein zeitgenössischer Beobachter, der allerdings nicht zum engeren Kreis um den Gauleiter gehörte, spöttisch den „Reichenberger Gaufürsten" nannte, „absolut König von Böhmen werden" wollte?[951] Henlein sei ein „eifriger Verbündeter" Jurys hinsichtlich der Zerstückelung des Protektorates gewesen; seine Ambition, so wurde auch in der Forschung behauptet, sei es gewesen, „seinen Gau so auszuweiten, daß er aus dem provinziellen Reichenberg seine Regierung nach Prag überführen konnte".[952] Die oben genannten Denkschriften, wenngleich nicht von Henlein selbst, so doch aus seiner Gauleitung stammend, schienen dies zu belegen. Der Weg zu diesem Urteil mochte auch deshalb einladend erscheinen, weil Henlein persönlich in seinem für Hitler bestimmten Memorandum im November 1937 nicht nur die Eingliederung des Sudetenlandes, sondern des „ganzen böhmisch-mährisch-schlesischen Raumes in das Reich" gefordert hatte.[953] Auch die umstrittene ‚Grundplanung O. A.' wurde immer wieder mit

---

[950] Bericht des Regierungspräsidenten in Aussig über „die tschechische Volksgruppe" vom 10. 12. 1939. SOA Litoměřice, RPA, Kart. 30. — Vgl. auch den Lagebericht der NSDAP-Kreisleitung Sternberg für Februar 1940. *Ebenda*, GL NSDAP Kart. 13.

[951] Schreiben F. Brehms an R. Jung vom 5. 2. 1942. BA Berlin, BDC, SSO-Akte Jung. — Vgl. auch *Mastny*: The Czechs under Nazi Rule 126.

[952] *Milotová/Kárný*: Od Neuratha k Heydrichovi 298. — Protektorátní politika 23. — Vgl. auch: Das Deutsche Reich und der Zweite Weltkrieg. Hrsg. vom Militärgeschichtlichen Forschungsamt. Bd. 5: Organisation und Mobilisierung des deutschen Machtbereichs. Halbbd. 1: *Kroener*, Bernhard R./*Müller*, Rolf-Dieter/*Umbreit*, Hans: Kriegsverwaltung, Wirtschaft und personelle Ressourcen 1939–1941. Stuttgart 1988, 124. — Zuletzt wiederholten diese These, freilich ohne Beleg, worauf sie ihre Annahme stützen, *MacDonald*, Callum/*Kaplan*, Jan: Praha ve stínu hákového kříže. Pravda o německé okupaci 1939–1945 [Prag im Schatten des Hakenkreuzes. Die Wahrheit über die deutsche Okkupation 1939–1945]. Praha 1995, 56 und 68.

[953] Vgl. oben.

Henlein in Verbindung gebracht.⁹⁵⁴ Es konnte jedoch gezeigt werden, daß sie nicht das ‚Aktionsprogramm der SdP' im Sommer bzw. Herbst 1938 war und daß Henlein wohl kaum ihr Autor oder auch nur mit ihrem Inhalt einverstanden gewesen sein dürfte. Was Henleins Denkschrift an Hitler angeht, so ist die betreffende Formulierung doch wohl mehr als vage.

Wie gesehen, lag die Bildung des Protektorats, die ja auch eine Art der Eingliederung ganz Böhmens und Mährens in das Reich darstellte, auf der auch im Auswärtigen Amt als solche anerkannten offiziellen Linie des Stabes Henlein im Herbst 1938. Der mögliche Einwand, man habe damals die Lösung, wie sie dann im Protektorat verwirklicht wurde, nur deshalb angestrebt, weil eine Eingliederung des tschechischen Gebiets in das Reich ohne auch nur den Anschein tschechischer Autonomie nicht im Bereich des Vorstellbaren lag, ist nicht stichhaltig. Eine solche Lösung wurde nämlich durchaus als eine der vorhandenen Alternativen angesehen, letztlich aber abgelehnt.⁹⁵⁵

Allerdings ist nicht auszuschließen, daß Henlein in der Zwischenzeit seine Meinung geändert hatte und tatsächlich für eine Zusammenlegung von Protektorat und Sudetengau, für seinen Umzug nach Prag eintrat. Es steht fest, daß er sich für eine territoriale Arrondierung seines geographisch ungünstig geschnittenen Gaus auch auf Kosten von zum Protektorat gehörenden Gebieten einsetzte. Es spricht jedoch eine ganze Reihe von Argumenten gegen die Annahme, Henlein habe sich zum Machthaber über alle Tschechen mit Sitz auf dem Prager Hradschin aufschwingen wollen.

Wäre dies der Fall gewesen, so hätte er schon im Frühjahr 1939 darum kämpfen müssen, im gerade geschaffenen Protektorat einen führenden Posten zu erhalten. Eben dies tat er aber nicht. Auch seine Eingriffe als Gauleiter der zum Sudetengau gehörigen Parteikreise im Protektorat deuten nicht auf die Absicht hin, die Autorität des Reichsprotektors ernsthaft zu untergraben und für sich selbst in Anspruch zu nehmen. Neben den Ambitionen des immer wieder auch namentlich genannten Gauleiters von Niederdonau, Jury, bleibt Henlein als angeblicher Verfechter der Auflösung des Protektorats blaß.⁹⁵⁶ In Franks berühmtem Memorandum über die Zukunft des Protektorats vom 28. August 1940 wurden die „Bestrebungen der Gauleitung Niederdonau" ebenso deutlich erwähnt⁹⁵⁷, wie in der Niederschrift Franks über die Unterredung mit Hit-

---

⁹⁵⁴ Dolezel: Deutschland und die Rest-Tschechoslowakei 256.
⁹⁵⁵ Denkschrift „Zur Lösung der tschechischen Frage", ohne Datum, vermutlich um den 1. 10. 1938 formuliert, abgedruckt in: Die Vergangenheit warnt 40ff. — Vgl. auch oben.
⁹⁵⁶ Vgl. auch Anatomie okupační politiky XXXVIIIf.: „Die Hauptgefahr für die weitere Existenz des Protektorats kam jedoch nicht aus Reichenberg, sondern aus Wien, aus dem Gau Niederdonau, von dessen Gauleiter Hugo Jury."
⁹⁵⁷ Abgedruckt in: Die Deutschen in der Tschechoslowakei 418.

ler am 11. und 12. Oktober 1940 ausdrücklich auf Jury eingegangen wurde.[958] Henlein und seine angeblichen Ambitionen fanden hier keine Erwähnung.

Es wurde bisher auch nie berücksichtigt, daß gerade zum Zeitpunkt der ‚Neugliederungsdebatte', in der die oben erwähnten Memoranden ausgearbeitet wurden, also im Frühjahr und Sommer 1940, Henlein in einer derart geschwächten Position war, daß über seinen Rücktritt Spekulationen angestellt wurden. Von den Geschäften des Gauleiters hatte er sich so weit zurückgezogen, daß er just in diesem Moment kaum derart weitreichende Erweiterungen seiner Macht gefordert haben dürfte, wie es die Ausdehnung seines Herrschaftsbereiches auf das Protektorat gewesen wäre. Einen solchen Ehrgeiz hätte Henlein selbst unter ‚normalen' Umständen kaum an den Tag gelegt – in der Situation, in der er sich 1940 befand, ganz gewiß nicht. Henleins Schwäche aber war auch hier eine Bedingung für das Vakuum, in dem die verschiedenen Vorhaben formuliert werden konnten. Bezeichnenderweise nahm keines der drei erwähnten, aus dem Sudetengau stammenden Memoranden Bezug auf Äußerungen oder Anregungen Henleins. Sie waren auch nicht an ihn zur Vorlage bestimmt.

Vor allem aber ist der bisher unbekannte Bericht seines damaligen Stellvertreters Donnevert über die Entstehung der diversen Neugliederungspläne anzuführen. Im Zusammenhang mit der Beurlaubung Donneverts 1942 hatte Henlein gegenüber Bormann behauptet, Donnevert habe ohne sein Wissen die Erstellung von Plänen über die künftige territoriale Gestaltung des Sudetengaus in Auftrag gegeben. „Ich wußte von all dem nichts", so Henlein, „und erfuhr nur durch Zufall davon."[959] Donnevert behauptete dagegen in seiner Darstellung, er habe den Auftrag, solche Pläne zu erstellen, im Einverständnis mit Henlein erteilt. Er habe Henlein von den Bestrebungen Jurys berichtet und die Meinung zum Ausdruck gebracht, man müsse sich darauf einstellen und sich über die zukünftige Gestalt des Sudetengaus rechtzeitig Gedanken machen. Erst nach Einwilligung Henleins habe er mit verschiedenen Experten Kontakt aufgenommen zur Vorbereitung einer entsprechenden „Denkschrift". Später habe Henlein seinen Auftrag widerrufen, dann jedoch erneuert.[960] Wie immer nun der tatsächliche Ablauf der Dinge war, ob man Henleins oder Donneverts Darstellung folgt: Henlein spielte in beiden offensichtlich keine entscheidende Rolle. Entweder wurden die betreffenden Pläne nicht auf seine Initiative und ohne seine direkte Mitwirkung oder sogar ohne sein Wissen erstellt.

---

[958] AMV Prag, 114-339-13, Bl. 3.
[959] So Henlein in einem Bericht an Bormann vom 25. 12. 1942. Zitiert in einem Schreiben Donneverts an Bormann vom 21. 1. 1943, das auf Henleins Anschuldigungen eingeht. BA Berlin, BDC, SSO-Akte Donnevert.
[960] Schreiben Donneverts an Bormann vom 21. 1. 1943. *Ebenda.*

,Germanisierungspolitik' 349

Es ist damit jedoch noch nicht gesagt, daß Henlein den Inhalt der genannten Pläne ablehnte. Diese hätten ja, auch wenn sie ohne sein Zutun entstanden wären, durchaus seinen eigenen Absichten entsprechen können. Doch gibt es einige Belege, die auch gegen diese Annahme sprechen.
Zunächst ist hier ein Bericht des Oberlandrats der deutschen Protektoratsverwaltung von Mährisch-Ostrau vom September 1940 an den Unterstaatssekretär beim Reichsprotektor über eine Unterredung mit Henlein zu nennen. „Seine Auffassung", resümierte der Oberlandrat Henleins Haltung, „ist derjenigen des Reichsprotektoramtes ähnlich oder wenigstens nicht entgegengesetzt. Anscheinend herrscht hier der Gedanke vor, den Gau Sudetenland möglichst in seiner jetzigen Form zu erhalten."[961]
Diese Ansicht wird durch die Aussage Neuburgs gestützt. Danach sei Henlein „für eine restlose Trennung der beiden Volkstümer" gewesen, weil er „als Deutscher mit Deutschen zusammenleben" wollte:

Henlein war der Auffassung, das deutsche Siedlungsgebiet Böhmens und Mährens gehöre *als solches* zum Raum des Großdeutschen Reiches und müsse *ohne* das Protektorat mit dem Reich als Glied wie die übrigen Gaue des Reiches fest verbunden sein, während er für das tschechische Siedlungsgebiet nur eine losere Verbindung zum Reich als notwendig hielt. [...] Weil er ein Zusammenleben von Deutschen und Tschechen in *einem* Raum nicht für zweckmäßig hielt, war er sowohl gegen eine Wiederaufrichtung der alten Grenzen der ČSR [...] als auch gegen die Aufteilung des gesamten ehemaligen Raumes der ČSR in oder auf verschiedene Reichsgaue.

Henlein habe statt dessen „– aus Sicherheitsgründen allerdings unter deutscher Oberhoheit – Prag und das gesamte tschechische Siedlungsgebiet den Tschechen" lassen wollen; deshalb sei er auch dagegen gewesen, Prag zur „Gauhauptstadt" zu machen.[962] Es gibt sogar Indizien dafür, daß Henlein gerade 1940 den großzügigen Ausbau Reichenbergs zu einer ,wirklichen' Gauhauptstadt betrieb. Er wollte es zur „Neugestaltungsstadt" erklären lassen[963] und betrieb die Verlegung aller noch nicht in Reichenberg ansässigen Ämter der Gauleitung dorthin.[964] Auch diese Indizien für den Ausbau Reichenbergs passen nicht zu der angeblichen Absicht Henleins, nach Prag überzusiedeln.
Grundsätzlich ist – darauf wurde schon wiederholt aufmerksam gemacht – vor allem in der äußerst heiklen Angelegenheit der Tschechenpolitik, mit der die Frage der territorialen Neugliederung unmittelbar zusammenhing, ein gehöriges Maß an Mißtrauen gegenüber den Aussagen Neuburgs, die hier von zentraler Bedeutung sind, angebracht. Der

[961] Abgedruckt in: Die Vergangenheit warnt 78ff., Zitat 79.
[962] Aussage Neuburg. AMV Prag, 301-139-3, Bl. 41f. [Hervorhebungen im Original].
[963] Am 31. 10. 1940 hatte Henlein in einem Schreiben an Speer den Antrag auf „Kennzeichnung der Stadt Reichenberg als Neugestaltungsstadt" zur Stellungnahme übersandt. Schreiben Speers an Henlein (Abschrift) vom 17. 4. 1941. BA Berlin, R 3/1582.
[964] Schreiben des Stellvertretenden Gauleiters Donnevert an den Leiter des NSDAP-Gaurechtsamtes und Präsidenten des Oberlandesgerichts in Leitmeritz, David, vom 12. 7. 1940. SOA Litoměřice, Nachlaß David, Kart. 6.

Verdacht liegt nahe, der Stellvertreter Henleins bei Kriegsende habe seinen Chef und damit auch sich selbst exkulpieren wollen, indem er ihn als uninteressiert an der Zerstörung der Rest-Autonomie in Form des Protektorats darstellte. Aber Neuburgs Aussage wäre in diesem Fall allenfalls dazu geeignet gewesen, Henlein im Vergleich zu Frank als moderater in der ‚Tschechenfrage' erscheinen zu lassen, nicht jedoch als das, was seine tschechischen Befrager als ‚unschuldig' hätten verstehen können. Neuburgs Aussage, in der es weiter heißt, Henleins Absicht sei es gewesen, „die Tschechen von sich aus zum Verlassen des Gebietes des Sudetengaus zu veranlassen und ins Protektorat abzuwandern, damit der zu 90 % deutsche Sudetengau einen völlig deutschen Charakter"[965] erhalte, entspricht dem, was im Abschnitt über die ‚Germanisierung' des Sudetengaus gezeigt werden konnte. Allerdings kommt der Zwang, den Henlein zweifellos anzuwenden befürwortete, um die Tschechen zum ‚Verlassen' des Sudetengaus zu bewegen, in dieser Formulierung nicht gebührend zum Ausdruck.

Eben diese Politik Henleins ist auch ein weiterer Beleg dafür, daß er kaum eine ‚Wiedervereinigung' seines Gaugebiets mit dem Protektorat gefordert oder angestrebt haben dürfte. Henleins Ziel war es, schon während des Krieges möglichst viele Tschechen aus dem Sudetengau auszusiedeln – auch gegen den Einspruch aus Berlin und Prag. Es hätte aber keinen Sinn gemacht, einerseits die Aussiedlung von Tschechen aus dem eigenen Herrschaftsbereich zu betreiben und gleichzeitig die Zusammenlegung des Sudetengaus mit dem Protektorat oder größeren Teilen davon zu fordern. Denn damit hätte Henlein nicht nur die gerade erst ausgesiedelten Tschechen in seinen Herrschaftsbereich zurückgeholt, sondern den Anteil der tschechischen Bevölkerung in seinem Gau vervielfacht.

Sicherlich kurz- und mittelfristig, möglicherweise auch langfristig, dies mit Bestimmtheit zu sagen lassen die Quellen nicht zu, trat Henlein für die Aufrechterhaltung des Protektorats als einer Art tschechischen Reservats ein. Der Sudetengau sollte dagegen möglichst rasch ‚germanisiert' werden. Somit stand Henlein im Widerspruch zu den Plänen Jurys *und* zur von Hitler gebilligten Politik Franks im Protektorat. Auf die unterschiedlichen Ansätze Franks und Henleins verweist auch Stanislav Biman. Während Frank Vertreter einer gesamtböhmischen Konzeption, eines auf den Raum bezogenen Patriotismus gewesen sei, habe Henlein auf die Zusammenhänge des gewachsenen Raumes wenig gegeben und statt dessen einen ‚ethnischen' Patriotismus vertreten. Während Biman Franks Absichten gut belegen kann, ist seine Aussage über Henlein eher als eine Hypothese zu werten.[966] Sie kann jedoch nach dem hier Ausgeführten bestätigt werden.

---

[965] Aussage Neuburg. AMV Prag, 301-139-3, Bl. 43.
[966] *Biman,* Stanislav: Vznik tzv. německého státního ministerstva pro Čechy a Moravu [Die Entstehung des sog. Deutschen Staatsministeriums für Böhmen und Mähren]. Sborník archivních prací 18 (1968) 237-304, hier 249.

Henlein befand sich aber nicht nur im Gegensatz zur Reichspolitik im Protektorat, sondern sogar zu Plänen, die in seiner eigenen Gauleitung entwickelt wurden und die auf eine Aufteilung des Protektorats hinausliefen. Von einer einheitlichen Politik der Gauleitung des Sudetengaus bezüglich künftiger territorialer Veränderungen in Böhmen und Mähren kann man also nicht sprechen. Hier wird Henleins Führungsschwäche besonders greifbar. Er hatte sich früh für die Arrondierung des Gaugebiets eingesetzt; an der Entstehung von Plänen zur Beseitigung des Protektorats und damit des Rests an tschechischer Autonomie war er dagegen nicht oder kaum beteiligt.

Ohnehin machte der Verlauf des Krieges alle derartigen Pläne obsolet. Nicht ohne Grund fand die ‚Neugliederungsdebatte' hauptsächlich 1940 statt, als die deutsche Wehrmacht von Erfolg zu Erfolg eilte und der Sieg bevorzustehen schien. Als deutlich wurde, daß der Krieg noch lange dauern würde, traten umfassende Planungen für die Zukunft immer weiter in den Hintergrund.

Am Ende sollte zwar eine ‚Neuordnung' der Verhältnisse im böhmisch-mährischen Raum stehen. Henleins Ziel, Deutsche und Tschechen vollständig voneinander zu trennen, wurde aber auf andere Art und Weise Realität, als der ‚Führer der Sudetendeutschen' sich dies vorgestellt hatte. Die prophetischen Worte Friedrich Wilhelm Foersters sollten sich bewahrheiten: „[...] das dritte [sic] Reich wird geschlagen und zerschlagen werden und ihr eigenes Land, wenn es sich mit dem Wahn des dritten Reiches verknüpft, wird auch in dessen ganzen Fluch verstrickt und in alle Ausstoßung und Verwüstung hineingezogen werden, die dann auf alles fallen wird, was den deutschen Namen trägt".[967] Henlein selbst erlebte diese ‚Ausstoßung und Verwüstung', die in der Vertreibung der Sudetendeutschen aus ihrer Heimat gipfelte, jedoch nicht mehr.

---

[967] Schreiben Foersters an Henlein vom 11. 8. 1938. SÚA Prag, SdP, Kart. 4. — Siehe oben.

V. EPILOG:

DAS ENDE HENLEINS
UND DAS ENDE DES REICHSGAUS SUDETENLAND

Der Reichsgau Sudetenland lag lange Zeit fernab der Kampfhandlungen. Da er auch von alliierten Bomberverbänden nur schwer zu erreichen war, war er zum ‚Reichsluftschutzkeller' für Menschen und Fabriken geworden. Erst 1944 wurden die sudetendeutschen Gebiete Ziel einiger Luftangriffe, die vor allem großen Industrieanlagen wie dem Hydrierwerk in Brüx galten. Die Frontlinien näherten sich erst in den letzten Tagen des Krieges dem Gaugebiet.

Vielleicht lag es auch an dieser lange währenden trügerischen Ruhe, daß Henlein nach Aussage seiner Frau erst nach der Befreiung von Paris im August 1944 durch alliierte Truppen die Niederlage des Reiches zu befürchten begann. Selbst dann habe er aber noch weiter auf den Sieg gehofft.[1] Nach dem slowakischen Aufstand, der im Spätsommer 1944 ausbrach, wurde Henlein allerdings zunehmend nervös. In den letzten Augusttagen hatten Partisanenverbände die wichtigsten Städte der Mittelslowakei besetzt.[2]

Anfang September bat Henlein daher Bormann um eine gemeinsame Audienz mit Frank bei Hitler, um diesem über die bedrohliche Lage in Böhmen und Mähren zu berichten. Es sei nun „auch zur Partisanenbildung im Beskidengebiet des Regierungsbezirkes Troppau" gekommen. Henlein warnte vor Absichten, das Gebiet zu räumen: „Den Tschechen müßte klar gemacht werden, daß wir diesen Raum nur freigeben, wenn wir selbst untergehen und daß unserem Untergang der Untergang der Tschechen voranginge."[3] Himmler hatte für Henleins „bewegte[n] Töne[n]" in einem Fernschreiben an Frank, auf den Henlein sich berufen hatte, nur Spott übrig: „Auch wenn der Gauleiter von Oberbayern oder von Westfriesland noch von Ihnen angeregt Briefe dazu schreibt, wird die Zahl der Kompanien, die wir in der Slowakei einsetzen, um keine einzige mehr."[4] Frank mußte daraufhin den Reichsführer SS bitten, ihm

---

[1] Aussage E. Henleins in einem Gespräch mit F. Bürger am 17. 5. 1966. BA Bayreuth, Ost-Dok. 20/75, Bl. 9.
[2] *Slapnicka:* Die böhmischen Länder 104.
[3] Schreiben Henleins an Bormann (Abschrift, „Geheime Reichssache") vom 15. 9. 1944. BA Berlin, R 70/BM-11. — Vgl. auch *Bartoš:* Okupované pohraničí 124.
[4] Fernschreiben Himmlers an Frank („Geheim") vom 18. 9. 1944. BA Berlin, R 70/BM-11.

"zu glauben, daß wir hier keineswegs die Nerven verloren haben."[5]
Genau diesen Eindruck hatte vor allem Henlein hervorgerufen.

Henleins Schicksal war, so wie das der sudetendeutschen Bevölkerung insgesamt, zu diesem Zeitpunkt fester denn je an das Schicksal des Reiches gekettet. Die tschechoslowakische Exilregierung hatte sich inzwischen entschlossen, die sudetendeutsche Bevölkerung im Falle des Sieges der Alliierten mehr oder weniger vollständig zu vertreiben. Diese Absicht war dem Gauleiter in etwa bekannt, und er nutzte sie aus, um die schon seit langem von ihrem Dasein im Dritten Reich enttäuschten Menschen bei der Stange zu halten – so z. B. in seiner Rede anläßlich des 6. Jahrestages des Münchener Abkommens am 30. September 1944.[6] „Die Herren Frank und Henlein", so kommentierte das der Londoner ‚Sozialdemokrat', „fangen mit Vergnügen die Bälle auf, welche ihnen durch die Ankündigung zugespielt wurden, daß zwei Millionen Sudetendeutsche vertrieben und die restlichen 800 000 entrechtet werden sollen." Dies habe im Sudetenland „statt der bitter nötigen Auflockerung nur eine Festigung der Naziherrschaft bewirkt".[7] Ein Aufstand gegen das Regime, wie es ihn im Protektorat gab, brach im Sudetengau nicht aus. Angesichts der Tatsache, daß sich selbst die Tschechen erst am 5. Mai 1945 in einer großen Aktion gegen ihre Unterdrücker erhoben, kann dies jedoch kaum verwundern.

Mit dem Bekanntwerden der Pläne Benešs und seiner Regierung ging eine stetig wachsende Furcht vor den Tschechen im Sudetengau einher. Der tschechoslowakischen Exilregierung wurde durch ihre Informanten schon im Mai 1944 mitgeteilt, die Sudetendeutschen glaubten nicht mehr an den Sieg. Aus Furcht vor den Folgen der Niederlage seien sie nun „viel gemäßigter" in „ihrem Verhalten gegenüber den Tschechen". Bei einigen Behörden könne man sogar schon wieder tschechisch sprechen.[8]

Die Außenstelle des Reichspropagandaamtes in Reichenberg berichtete am 6. September 1944 an das Ministerium für Volksaufklärung und Propaganda[9], der „Haß gegen alles Deutsche", der bei den Tschechen unterschwellig immer vorhanden gewesen sei, trete, „je ungünstiger die militärische Situation des Reiches wird, um so erkennbarer zu Tage". Die sudetendeutsche Bevölkerung sei daher „tief beunruhigt", und besonders bei Frauen machten sich „Angstzustände" bemerkbar. Je mehr sich der Krieg den Reichsgrenzen nähere, um so stärker werde die Furcht vor einem Aufstand der Tschechen. Das lag auch daran, daß „die wehrfähigen Männer fast zur Gänze an den Fronten stehen, während die Fremdvölkischen sich aus jungen und kräftigen Jahrgängen zusammensetzen".

---

[5] Schreiben Franks an Himmler (Abschrift, „Geheime Reichssache") vom 20. 9. 1944. *Ebenda*.
[6] *Brügel:* Tschechen und Deutsche 1939–1946, 213.
[7] 5. Jahrgang, Nr. 61 vom 31. 10. 1944. AdsD Bonn, PV-Emigration, beigefügte Zeitungen/Zeitschriften.
[8] Bericht vom 8. 5. 1944. SÚA Prag, Archiv Dr. Ripka, 2-59-27, Bl. 280.
[9] BA Berlin, R 55/812.

Drohende Äußerungen von Tschechen machten die Runde[10] und führten zu der Forderung nach Bewaffnung der verbliebenen deutschen Männer. Die ersten Menschen packten die Koffer, „um sich im Falle eines Aufstandes ins Reich zu retten".[11] Der SD in Reichenberg berichtete, um die weit verbreitete pessimistische Stimmung zu kennzeichnen, folgenden Fall: „Eine gebürtige Sudetendeutsche, die sich wegen der bestehenden Luftgefahr in Leitmeritz aufhält, reiste wieder nach Dresden ab und erklärte: ‚Ich bin in Dresden viel sicherer, selbst wenn es einmal einen Luftangriff geben sollte, denn bei der gegenwärtigen Entwicklung der Tschechen habe ich als Sudetendeutsche das Empfinden, daß es hier einmal zu etwas kommen wird.'"[12] Ein „in Prag beschäftigter Reichsbeamter" und angeblicher „Kenner des tschechischen Volkscharakters" wird vom SD im selben Bericht mit diesen Worten zitiert:

Die tschechisch-nationale Entwicklung treibt gegenwärtig im Sudetengau einer viel größeren Blüte zu als im Protektorat. Im Protektorat ist der tschechische Arbeiter infolge seines geordneten Lebensstandardes ziemlich zufrieden [...]. Im Sudetengau dagegen befassen sich alle Tschechen mit umstürzlerischen Gedanken, weil sie sich unterdrückt fühlen.[13]

Die Bildung des Volkssturms, die Hitler am 25. September 1944 verfügte, wurde deshalb als mögliches „Kampfinstrument gegen etwaige tschechische Übergriffe" von Teilen der sudetendeutschen Bevölkerung besonders begrüßt.[14] Etwa 300 000 Männer wurden im Sudetengau für das letzte Aufgebot erfaßt.[15] Dem engeren Zusammenschluß der sich zunehmend bedroht fühlenden Sudetendeutschen sollte auch die ‚Deutsche Gemeinschaft' dienen. Durch Anordnung vom 27. April 1944 hatte Henlein diese Zusammenfassung der Deutschen im Sudetengau und in den dazu gehörenden NSDAP-Kreisen des Protektorats verfügt. Mitglieder waren nicht nur die ‚Parteigenossen', sondern die gesamte deutsche Bevölkerung.[16]

[10] „Bald wird die Zeit kommen, wo die Bäume auf der Straße gegen Tannwald nicht mehr reichen, um die Deutschen daran aufzuhängen" – so lautete eine der makabren Drohungen. *Ebenda*.
[11] *Ebenda*.
[12] Lagebericht für die Zeit 29. 7.– 4. 8. 1944. *Ebenda*. — Vgl. auch den Lagebericht der NSDAP-Kreisleitung von Böhmisch Leipa für September 1944, in dem von der einsetzenden Flucht von „Bombengeschädigten [...] aus Angst vor den Tschechen" berichtet wird. SOA Litoměřice, GL NSDAP, Kart. 3.
[13] SD-Lagebericht für die Zeit 29. 7.– 4. 8. 1944. BA Berlin, R 55/812.
[14] Bericht des Präsidenten des Oberlandesgerichts bzw. des Generalstaatsanwalts in Leitmeritz an das Reichsjustizministerium vom 5. 12. 1944 bzw. 27. 1. 1945. BA Dahlwitz-Hoppegarten, R 22/3376, Bl. 139f. und Bl. 143.
[15] Aussage Neuburg. AMV Prag, 301-139-1, Bl. 104.
[16] Der Mitgliedsbeitrag wurde aber erst ab dem Alter von achtzehn Jahren erhoben. Anordnung des Stellv. Gauleiters K-11/44 vom 18. 5. 1944 (Durchführungsbestimmungen zu der Anordnung Henleins). BA Berlin, R 59/55. — Vgl. auch Schreiben des Reichsschatzmeisters der NSDAP, Schwarz, an Henlein vom 12. 6. 1944. BA Berlin, Sammlung Schumacher, Ordner 308.

Der Sudetengau hatte schon in den vorangegangenen Jahren aus dem Altreich etwa 400 000 Menschen im Rahmen von Industrieverlagerungen oder Evakuierungen aufgenommen. Jetzt, im Herbst 1944, erreichten die ersten vor der Front fliehenden Menschen das Ostsudetenland. Es handelte sich um etwa 100 000 Deutsche aus der Slowakei.[17] Ungleich größere Ausmaße hatte dann die Flüchtlingswelle, die von der sowjetischen Offensive auf das Reichsgebiet im Januar 1945 ausgelöst wurde. Vor allem aus Schlesien strömten Flüchtlinge in den Sudetengau. Mitte Februar ließ die Gauleitung im Regierungsbezirk Troppau eine ‚zentrale Evakuierungsstelle' einrichten, die die Durchschleusung der Flüchtlingstrecks zu organisieren hatte, aber auch die Evakuierung der sudetendeutschen Bevölkerung in frontnahen Gebieten vorbereiten sollte.[18]

Mitte März 1945 befanden sich im Gaugebiet etwa eine Million Flüchtlinge mit 30 000 Pferden und 100 000 Rindern.[19] Der Kreis Böhmisch Leipa hatte bei etwas mehr als 60 000 Einwohnern 5 000 ‚Bombengeschädigte' und 28 000 Flüchtlinge unterzubringen.[20] Im Kreis Bilin war die Lage noch dramatischer: 35 000 Einwohner mußten hier 160 000 Flüchtlingen zumindest vorübergehend Obdach gewähren und sie versorgen.[21]

Die „unglaublichen Mitteilungen und Gerüchte", die durch die Flüchtlinge verbreitet wurden, verängstigten die Sudetendeutschen noch weiter.[22] Ahnten sie, welches Schicksal ihnen selbst bevorstand? Jedenfalls mußten sie sich nun die nichts Gutes verheißende Frage stellen, die dem Bürgermeister von Auscha schon 1941 in dem anonymen Schreiben eines offensichtlich tschechischen Verfassers aus Prag zugestellt worden war: „No Ja! Die Tschechen sind im Königreiche Böhmen und Mähren zuhause. Die Reichsdeutschen kehren wieder nach Altreich zurück. Was wird aber geschehen mit den Sudetendeutschen?"[23] Rechneten diese gegen Ende des Krieges mit dem bevorstehenden Verlust ihrer Heimat? In einem geheimen Bericht an die tschechoslowakische Exil-Regierung vom

---

[17] Dokumentation der Vertreibung der Deutschen aus Ost-Mitteleuropa. In Verbindung mit Adolf *Diestelkamp*, Rudolf *Laun*, Peter *Rassow* und Hans *Rothfels* bearb. von Theodor *Schieder*. Hrsg. vom Bundesministerium für Vertriebene, Flüchtlinge und Kriegsgeschädigte. Bd. IV/1: Die Vertreibung der deutschen Bevölkerung aus der Tschechoslowakei. Ndr. München 1984, 17 und 166 ff.
[18] *Ebenda* 17 und 21.
[19] Lagebericht des Bezirkswirtschaftsamts für den Wehrwirtschaftsbezirk IVb beim Reichsstatthalter im Sudetengau vom 15. 3. 1945. SOA Litoměřice, GL NSDAP, Kart. 25. — In Böhmen und Mähren insgesamt befanden sich etwa 1,7 Millionen deutsche Flüchtlinge, vorwiegend aus Schlesien und der Slowakei. Dokumentation der Vertreibung, Bd. IV/1, 17.
[20] Lagebericht der NSDAP-Kreisleitung Böhmisch Leipa für Januar/März 1945. SOA Litoměřice, GL NSDAP, Kart. 3.
[21] Lagebericht der NSDAP-Kreisleitung Bilin für Februar/März 1945. SOA Litoměřice, GL NSDAP, Kart. 2.
[22] Lagebericht der NSDP-Kreisleitung Friedland für Dezember 1944/Januar 1945. SOA Litoměřice, GL NSDAP, Kart. 4.
[23] Lagebericht der NSDAP-Kreisleitung von Leitmeritz für September/Oktober 1941. SOA Litoměřice, GL NSDAP, Kart. 8.

Juli 1944 heißt es: „The Sudeten Germans have lost heart. They know that one day they will have to flee to Germany."[24] Die Aussagen von Zeitzeugen, wie sie etwa in den Erinnerungsberichten der Ost-Dokumentation zu finden sind, sind dagegen eher widersprüchlich. Einerseits wird berichtet, die Flüchtlingstrecks aus dem Osten hätten die Menschen ahnen lassen, daß ihnen das gleiche Schicksal bevorstehe.[25] Andererseits heißt es, „Leute, die an das Ungeheuerliche einer Vertreibung aus der Heimat nur annähernd zu glauben wagten", seien „von den meisten als Schwarzseher ausgelacht" worden.[26] Wieder andere rechneten mit einer nur vorübergehenden Flucht[27] oder trösteten sich mit Gerüchten wie dem von der möglichen Bildung eines ‚Neu-Bayern', das wenigstens die böhmischen Bäderstädte einschließen sollte.[28]

„Der Krieg erreicht die Heimat" – so lautete die Schlagzeile des ‚Sozialdemokrat' aus London am 31. März 1945.[29] Tatsächlich wurde Ende März der weit im Osten gelegene Kreis Jägerndorf Kampfgebiet. Im April wurde Troppau von den Russen schwer bombardiert und von der deutschen Bevölkerung fast vollständig verlassen.[30] Im Westen erreichten amerikanische Truppen am 19. April das Sudetenland, am 27. April eroberten sie Eger.[31]

Die Verhältnisse wurden immer chaotischer. Nach dem verheerenden Luftangriff auf Dresden am 13. und 14. Februar 1945 wurde der sich von Osten nach Westen durch das Gaugebiet wälzende Flüchtlingsstrom von aus Sachsen nach Süden fliehenden Menschen gekreuzt.[32] Auf den von Kolonnen der Wehrmacht und Flüchtlingstrecks verstopften Straßen kam man kaum voran. Die Menschen boten eine leichte Beute für russische Tiefflieger.[33]

Die Verbindung zwischen dem westlichen und dem östlichen Teil des Gaugebiets war kaum noch aufrechtzuerhalten: Die Fernmeldeverbindungen waren praktisch zusammengebrochen. Ein Kurier benötigte damals für die etwa 450 Kilometer von Leitmeritz nach Troppau und zurück zehn Tage.[34] Ab Mitte April gab es auch zwischen Reichenberg und Berlin fast keine Verbindung mehr. Das Ende des Krieges, der Untergang

[24] Bericht vom 13. 7. 1944. SÚA Prag, Archiv Dr. Ripka, 2-59-28, Bl. 43.
[25] Bericht von J. Sch., o. D. BA Bayreuth, Ost-Dok. 20/6.
[26] Bericht von O. Z., Mai 1962. *Ebenda*, 20/5.
[27] Bericht von K. M., o. D. *Ebenda*, 20/47.
[28] Bericht von K. F., o. D., über ein im westlichen Sudetengau angeblich weit verbreitetes Gerücht. *Ebenda*, 20/23.
[29] 6. Jahrgang, Nr. 66, vom 31. 3. 1945. AdsD, Bonn, PV-Emigration, beigefügte Zeitungen/Zeitschriften.
[30] Dokumentation der Vertreibung, Bd. IV/1, 19 und 23.
[31] *Ebenda* 33.
[32] Lagebericht des Bezirkswirtschaftsamtes für den Wehrwirtschaftsbezirk IVb beim Reichsstatthalter im Sudetengau vom 15. 3. 1945. SOA Litoměřice, GL NSDAP, Kart. 25.
[33] Dokumentation der Vertreibung, Bd. IV/1, 23.
[34] Bericht des Oberlandesgerichtspräsidenten von Leitmeritz vom 15. 2. 1945, in: *Kozenski: Berichte aus dem Sudetenland* 103.

des Dritten Reiches und des Reichsgaus Sudetenland, das Ende Henleins: all dies stand nun unmittelbar bevor.

Am 30. April 1945 „erschien [...] plötzlich" der Leiter der Deutschen Arbeitsfront, Robert Ley, in Reichenberg und berichtete Henlein und seinem Stellvertreter Neuburg von der Untergangsstimmung in der Reichshauptstadt. „Sein Besuch vervollständigte den schon gewonnenen Eindruck über die völlige Ratlosigkeit der Führung." Ley teilte mit, er habe Hitler zuletzt an dessen Geburtstag, am 20. April, in Berlin gesehen: „Der Führer habe damals auf ihn einen niederschmetternden Eindruck gemacht."[35] Aber auch Henlein machte in diesen letzten Tagen „einen ziemlich apathischen Eindruck".[36] Am Abend des 1. Mai 1945 erreichte ihn die Nachricht von der Eroberung Berlins durch die Rote Armee und vom Tode Hitlers.

Wenige Tage später, am 7. Mai, machte Henlein sich auf den Weg von Reichenberg in Richtung Westen. Vorher hatte er eine letzte Besprechung mit den engsten, ihm noch verbliebenen Mitarbeitern gehabt.[37] Seine Befugnisse als Reichsstatthalter und Reichsverteidigungskommissar übertrug er seinem Stellvertreter in der staatlichen Funktion, dem Regierungspräsidenten Vogeler; er selbst müsse „sofort eine notwendige Reise antreten".[38]

Henlein wollte mit den Amerikanern verhandeln und erreichen, daß diese das Münchener Abkommen anerkannten und den gesamten Sudetengau besetzten. Große Hoffnung auf Erfolg habe er sich dabei, so Neuburg, nicht gemacht. Er sei aber der Ansicht gewesen, „daß auch das unmöglich Erscheinende [...] noch versucht werden müsse".

Über den Sender Görlitz ließ er seine Forderung nach Verbleib des Sudetenlandes beim Deutschen Reich verbreiten.[39] Im „Appell des Gauleiters in ernster Stunde", der am 8. Mai 1945 in der wohl letzten Ausgabe der Reichenberger ‚Zeit' erschien, beschwor er die Ergebnisse der Münchener Konferenz:

Für uns kann dieses Abkommen nicht nur ein Stück Papier sein! Die Staaten, die sich 1938 entschlossen haben, die Trennung des deutschen vom tschechischen Gebiet Böhmens, Mährens und Schlesiens um des Friedens willen zu verwirklichen und dazu die Billigung des tschecho-slowakischen Staates unter der Präsidentschaft Dr. Benesch's fanden, haben selbst dem Sudetenland seine Grenzen bestimmt und damit eine moralische Garantie übernommen.

Seine eigene Rolle beschrieb der Gauleiter rückblickend mit folgenden, treffenderen Worten: „Als Kind meiner Zeit, als Vollstrecker aller Wün-

---

[35] Aussage Neuburg. AMV Prag, 301-139-4, Bl. 175f.
[36] *Ebenda*, Bl. 173.
[37] *Ebenda*, Bl. 188ff.
[38] Schreiben Henleins an Vogeler vom 7. 5. 1945 (Fotokopie). SOA Litoměřice, GL NSDAP, Kart. 108.
[39] Bericht in ‚Chicago Daily Tribune' vom 7. 5. 1945. SÚA Prag, ZTA, Kart. 584, Nr. 482.

Das Ende Henleins 359

sche und Sehnsüchte, die in Euch waren, als Euer Willensträger habe ich gehandelt."[40]

Henlein schwankte in den letzten Tagen seines Lebens zwischen Hoffnungslosigkeit und trügerischem Wunschdenken. Er soll vorgehabt haben, seine früheren Kontakte zu englischen Politikern wiederaufzunehmen! Sein Sekretär Franz Bayerl sagte im Verhör mit amerikanischen Offizieren aus, Henlein habe gehofft, man werde ihn nach England reisen und z. B. mit Lord Runciman verhandeln lassen.[41] Der englische Politiker Walter Runciman, Lord-Präsident des Geheimen Königlichen Kabinettsrates, war im Frühjahr 1938 von der britischen Regierung in die Tschechoslowakei entsandt worden, um dort zwischen Tschechen und Sudetendeutschen zu vermitteln.[42] Nach fünfeinhalb Jahren Krieg, der halb Europa in Schutt und Asche gelegt und Millionen von Menschen das Leben gekostet hatte, glaubte Henlein, an seine Verhandlungen von 1938 anknüpfen zu können.

Wenn schon nicht das gesamte Sudetenland, so sollte wenigstens das Egerland oder das ‚Bäderdreieck' einen besonderen Status erhalten, so lautete eine andere Hoffnung, an die Henlein sich klammerte.[43] „Soviel Ahnungslosigkeit verblüffte", stellte Alfons Clary-Aldringen, dem Henlein kurz vor seinem Tod seinen letzten Hoffnungsschimmer vortrug, fest: „Es war doch schon alles entschieden, zu Ende."[44]

Am 9. Mai begab sich Henlein in der Nähe von Eger in amerikanische Gefangenschaft. Er hoffte nicht nur, hier eher Verständnis für die sudetendeutschen Belange zu finden, sondern auch, der tschechischen Vergeltung, mit der er rechnen mußte, zu entgehen. Als er aber kurz darauf von Eger nach Pilsen, also in Richtung Prag, gebracht wurde, so sein Sekretär, habe er den Mut verloren.[45] In der Nacht vom 9. auf den 10. Mai 1945 beging Henlein Selbstmord. Die Versuche, ihn am Leben zu halten, scheiterten. Er starb eine Stunde nachdem er sich die Pulsadern aufgeschnitten hatte.[46]

Am Ende seines kurzen Lebens – am 6. Mai 1945 war er 47 Jahre alt geworden – versuchte Henlein wie viele andere, die mit zur „deutschen

---

[40] Ein Exemplar dieses Aufrufs aus der schwer zugänglichen ‚Zeit' (Reichenberg) vom 8. 5. 1945 befindet sich in: Státní vědecká knihovna Liberec, Sammlung Henlein.
[41] Auszug aus dem ins Tschechische übersetzten Protokoll des Verhörs von Bayerl, o. D., Státní vědecká knihovna Liberec, Sammlung Henlein. — Vgl. auch Aussage Neuburg. AMV Prag, 301-139-4, Bl. 188f.
[42] *Hoensch:* Geschichte der Tschechoslowakei 81f.
[43] Mitteilung des ehemaligen Bürgermeisters von Kaaden, Dr. Karl Schmidt, den Henlein auf seinem Weg zu den Amerikanern aufsuchte, vom 16. 1. 1980. Herder-Institut Marburg, Pressearchiv, T 0301.
[44] *Clary-Aldringen:* Geschichten 254.
[45] Auszug aus dem ins Tschechische übersetzten Protokoll des Verhörs Bayerls, o. D., Státní vědecká knihovna Liberec, Sammlung Henlein.
[46] Meldung der ‚Svornost' (Chicago) vom 11. 5. 1945. SÚA Prag, ZTA, Kart. 475.

Katastrophe"⁴⁷ beigetragen hatten, seine Verantwortung zu leugnen. Die ‚New York Times' berichtete am 11. Mai, Henlein habe für die Verbrechen in Böhmen und Mähren die SS verantwortlich gemacht:

Henlein said he was constantly at cross purposes with Heinrich Himmler, head of the SS, and the Gestapo. Henlein completely disowned any connection with ‚Heydrich, the hangman' [...]. He dodged answering embarrassing questions on his conduct of Nazi affairs in Czechoslovakia and repeatedly observed – as have most captured German officials – that he was only a ‚little man' bound to carry out his orders without question.⁴⁸

Die ‚New York Daily News' übermittelten, Henlein habe die Schuld daran, daß es nicht zu einer gütlichen Einigung mit den Tschechen gekommen sei, auf Himmler geschoben.⁴⁹

Alfons Clary-Aldringen schildert die Begegnung mit dem *moriturus* wenige Tage zuvor:

Er ging im Zimmer auf und ab, offensichtlich in höchster seelischer Erregung. Plötzlich blieb er stehen, sah mich an, und nun brach ein Strom bitterster Anschuldigungen aus seinem Mund. Ich kann mich an seine Worte im einzelnen nicht mehr erinnern, der Sinn aber war dieser: ‚Ich habe das alles nie gewollt, sie haben mich getäuscht, sie haben mich erst belogen, dann haben sie mich entmachtet, sie haben meinen Namen mißbraucht, zu sagen hatte ich längst nichts mehr ...', und so noch anderes in diesem oder verwandtem Sinn. Die Szene erschütterte mich zutiefst. Es war mir deutlich, unbedingt deutlich, daß der Mann die Wahrheit sprach, so wie er sie eben erlebt hatte.⁵⁰

Hier schloß sich ein Kreis. Am Ende seiner politischen Laufbahn wiederholte Henlein, was er schon an ihrem Anfang, nach seiner ersten großen Pressekonferenz in Prag 1933, mit einem „Stoßseufzer" gesagt haben soll: „Ich habe mir das ganz anders vorgestellt!"⁵¹

Im Verlaufe der Untersuchung sollte deutlich geworden sein, daß das, was Henlein Clary-Aldringen und den amerikanischen Befragungsoffizieren sagte, nicht eines wahren Kerns entbehrte. Henlein selbst aber muß gespürt haben, daß er allen Kredit verspielt hatte. Vielleicht sah er auch ein, daß, wenn sein Name mißbraucht worden wäre, er diesen Mißbrauch mindestens zugelassen hatte. Seine politische Laufbahn war zu offensichtlich von Brüchen und Lügen geprägt, als daß er auf Gnade seiner Ankläger hoffen konnte. In Böhmisch Leipa hatte er 1934 erklärt, daß zwischen seiner Sudetendeutschen Partei bzw. Heimatfront und der NSDAP gravierende ideologische Unterschiede bestünden. Vier Jahre später wurde er Reichsstatthalter Hitlers und Gauleiter der NSDAP. In Wien behauptete er 1941 sogar öffentlich, die SHF/SdP sei von Anfang an eine nationalsozialistische Bewegung und auf den Anschluß ausgerichtet gewesen. Mit der tschechoslowakischen Regierung verhandelte er

---

⁴⁷ *Meinecke*, Friedrich: Die deutsche Katastrophe. Betrachtungen und Erinnerungen. Wiesbaden 1946.
⁴⁸ SÚA Prag, ZTA, Kart. 475.
⁴⁹ Ausgabe vom 11. 5. 1945. *Ebenda*.
⁵⁰ *Clary-Aldringen*: Geschichten 255.
⁵¹ *Fischer/Patzak/Perth*: Ihr Kampf 55.

1937 und noch 1938 über eine Autonomie der Sudetendeutschen innerhalb der ČSR. Im November 1937 aber hatte er Hitler aufgefordert, ganz Böhmen und Mähren zu annektieren und im März 1938 machte er sich endgültig zum Werkzeug des ‚Führers‘, indem er auf dessen Verlangen einging, von der Regierung in Prag immer so viel zu fordern, daß diese die Forderungen nicht erfüllen konnte. Bis Oktober 1938 kämpfte er – nicht immer unberechtigt – für die Gleichberechtigung der Sudetendeutschen in der ČSR. Nach dem Oktober 1938 wollte er ‚seinen‘ Sudetengau möglichst schnell und rücksichtslos ‚tschechenfrei‘ machen. Für die Tschechen sollte im ‚Großdeutschen Reich‘ nur eine Art Reservat in Form des Protektorats bleiben, im Sudetengau sollten sie keinerlei Minderheitenrechte haben und am besten von dort verschwinden.

Unmittelbar vor seiner Abfahrt in amerikanische Gefangenschaft hatte Henlein gesagt, daß er nicht an Selbstmord denke: „Wenn ich erschossen werden soll, dann müssen das andere tun, ich selbst werde jedenfalls nicht Hand an mich legen."[52] Auch hier hielt er nicht sein Wort. Die Verzweiflung angesichts des eigenen Scheiterns und die Furcht vor Rache werden ihm die Hand geführt haben.

Wie in vielem, so erweist sich Henlein noch in seinem Tod als Spiegel der Geschichte des Sudetengaus und der Sudetendeutschen. Sein Tod fiel mit dem Ende des Reichsgaus Sudetenland zusammen und verkündete darüber hinaus den Verlust der Heimat für die meisten Sudetendeutschen. Die von Henlein im September 1938 ausgegebene Losung ‚Heim ins Reich‘ wurde nun auf andere, schreckliche Art Realität.

---

[52] Aussage Neuburg. AMV Prag, 301-139-4, Bl. 189.

VI. ZUSAMMENFASSUNG

Maßgeblich für die Bildung des Sudetengaus 1938/39 war das Reichsinnenministerium, das die geplante Reichsreform, in deren Zuge Deutschland in Reichsgaue neu gegliedert werden sollte, voranbringen wollte. Zugleich lag diese Entwicklung auf der Linie dessen, was Konrad Henlein und die Führungsspitze der Sudetendeutschen Partei im Herbst 1938 anvisierten. Sie stand in der Tradition jener Auffassung, nach der sich die Sudetendeutschen durch ihre Auseinandersetzung mit den Tschechen vor allem seit 1918 wenn nicht ethnisch, so doch politisch zu einem ‚Stamm' entwickelt hatten. Diese Ansicht war innerhalb der äußerst heterogenen Sudetendeutschen Partei hauptsächlich von den Mitgliedern des sogenannten Kameradschaftsbundes vertreten worden. Zu diesen zählten auch Henlein und eine ganze Reihe anderer Politiker, die nach dem Anschluß an das Deutsche Reich zunächst wichtige Funktionen in den Apparaten von Verwaltung und NSDAP übernahmen. Ihrer Absicht, einen möglichst selbständigen Sudetengau innerhalb des Reiches zu schaffen, standen andere Pläne entgegen, die vorsahen, entweder mehrere Gaue zu bilden oder die sudetendeutschen Gebiete insgesamt auf umliegende Regionen des Reiches aufzuteilen, so wie es mit kleineren Teilen Südmährens und Südböhmens ohnehin geschah. Vor allem die Absicht des Reichsinnenministeriums, einen ‚Mustergau' für die Reichsreform zu bilden, führte schließlich jedoch in die andere Richtung.

Das ‚Musterhafte' des Reichsgaus Sudetenland bestand vor allem in der Dreistufigkeit seines Instanzenzuges und in der Einheit von Staat und Partei, die an der Spitze durch die Personalunion von Gauleiter und Reichsstatthalter gegeben war. Henlein nahm beide Ämter ein und besaß so nach der Gauverfassung eine starke Machtposition. Seine Stellung als Reichsstatthalter wurde im Vergleich zu seinen Amtskollegen im Altreich nicht zuletzt dadurch gestärkt, daß er durch ein umfassendes Weisungsrecht weitgehenden Einfluß auf die Sonderverwaltungen erhielt und auf dem Verordnungswege in seinem Amtsbereich Recht setzen konnte. Mehrere Reichsministerien hatten gegen diese Kompetenzerweiterung große Bedenken angemeldet, da sie die Gefahr des Partikularismus sahen. Das Innenministerium, das die Verwaltung straffen wollte und gegen Sonderinteressen einzelner Ressorts ankämpfte, setzte sich jedoch durch.

Auch wenn dies nicht beabsichtigt war, bestand so die grundsätzliche Voraussetzung für den Reichsstatthalter und Gauleiter, eine Politik zu betreiben, die auf sudetendeutsche Regionalinteressen besondere Rücksicht nahm. Dies galt vor allem dann, wenn das Amt von einer aus der Region stammenden und sich mit ihr besonders identifizierenden Person besetzt wurde. Diese Identifikation war wohl bei keinem anderen Politiker so ausgeprägt wie bei Konrad Henlein. Die Entwicklung in anderen Gauen, die ähnlich verfaßt waren wie der Sudetengau, belegt, daß es den ‚Gaufürsten' unter bestimmten Umständen durchaus möglich war, zu einer recht weitgehenden Souveränität in ihrem Bezirk zu gelangen. Ohne nähere Kenntnis der Entwicklung im Sudetengau wurde in der bisher erschienenen Forschungsliteratur teilweise der Schluß gezogen, daß dies auch dort der Fall gewesen sein müsse.

Doch neben dem ‚Sudetengaugesetz' bestimmten andere Faktoren die tatsächliche Machtstellung des Gauleiters und Reichsstatthalters. Dazu gehörte u. a. die Qualität der Kontakte zu dem in der totalitären Diktatur besonders wichtigen Polizeiapparat. Im Dritten Reich war dieser bis zur Eingliederung des Sudetenlandes schon weitgehend entstaatlicht und in den Machtbereich des Reichsführers SS Himmler geraten. Gerade zur SS, besonders zum SD, hatte Henlein aber ein überaus schlechtes Verhältnis. In den Jahren vor dem Münchener Abkommen waren er und der dem Kameradschaftsbund entstammende Flügel der SdP, dem die radikalen Nationalsozialisten in der Partei Separatismus und die Abkehr vom ‚großdeutschen Gedanken' vorwarfen, vom SD beobachtet und bekämpft worden. Nach dem Anschluß wurde Henlein, der als ‚Einiger des Sudetendeutschtums' die Gunst Hitlers genoß, in die SS aufgenommen. Das Verhältnis zwischen ihm und dieser Organisation blieb jedoch gespannt. Henlein sah sich weiter Mißtrauen ausgesetzt, da man vermutete, er hege noch immer separatistische Absichten.

Das grundlegende Problem an Henleins Stellung innerhalb des nationalsozialistischen Herrschaftsapparates wird deutlich, wenn man sich vor Augen führt, daß er als Gauleiter und Reichsstatthalter an der Schnittstelle von Interessen stand, die schwer miteinander in Einklang zu bringen waren. Er war einerseits höchster Repräsentant des Dritten Reiches in seinem Amtsbezirk und mußte als Vertreter Hitlers und der Reichsregierung die Belange der Zentralgewalt verfechten. Andererseits war er aber auch Repräsentant der Sudetendeutschen, der ihre spezifischen Interessen zu vertreten und die auch von seiner eigenen Partei geweckten Hoffnungen, die mit dem Anschluß verbunden waren, mindestens teilwiese zu erfüllen hatte.

Am Ende der Sudetenkrise hatte Henlein selbst die Losung ‚Heim ins Reich' ausgegeben. Zuvor hatten er und die SdP aber jahrelang sudetendeutsche Autonomie als ihr politisches Ziel bezeichnet und gefordert. Diese Forderung wirkte trotz der Begeisterung über den Anschluß bei der sudetendeutschen Bevölkerung wie bei der Führung der SdP nach. Man erwartete in gewisser Weise auch nun ihre Durchsetzung. Wie nach der nationalsozialistischen Machtübernahme im Reich 1933 wurde aber auch der Sudetengau gleichgeschaltet. In hohem Tempo wurden die wichtigsten Gesetze des nationalsozialistischen Deutschlands auf das eingegliederte Gebiet übertragen, wurde das gesamte Vereins- und Organisationswesen vom sogenannten ‚Stillhaltekommissar' dem NS-Regime angepaßt. Auf sudetendeutsche Traditionen wurde dabei kaum Rücksicht genommen. Schon einen Monat nach dem Einmarsch der deutschen Wehrmacht wurde die Sudetendeutsche Partei in die NSDAP eingegliedert, die im neuen Gau nach dem gleichen Muster wie im Altreich aufgebaut wurde. Gauleitung und Kreisleitungen wurden aber fast ausschließlich mit Sudetendeutschen besetzt. Mit Ausnahme einiger weniger, allerdings nicht unbedeutender Posten blieb dies bis Kriegsende so. Henleins Versuche, die gesamte Mitgliederschaft der SdP in die NSDAP zu überführen, scheiterten aber nicht zuletzt am Widerspruch Hitlers. Die Aufnahme in die NSDAP mußte individuell beantragt werden. Der Sudetengau zählte trotzdem zu den mitgliederstärksten Gauen des Dritten Reiches.

Mit der Überführung der SdP in die NSDAP war der Weg frei für die sogenannte ,Reichstags-Ergänzungswahl' vom 4. Dezember 1938. Das Regime zog alle Register der Propaganda, schreckte aber auch nicht vor Einschüchterung der Tschechen und jener Sudetendeutschen zurück, die gegen den Anschluß – denn darum ging es in diesem Plebiszit – stimmen wollten. Dies gilt es bei der Beurteilung des Abstimmungsergebnisses zu berücksichtigen. Von den Stimmberechtigten bekannten sich nach den offiziellen Angaben 98,9 Prozent zu Adolf Hitler und bestätigten den Wahlvorschlag der NSDAP. Trotz der beschriebenen ,Wahlkampf'-Methoden und obwohl die euphorische Stimmung der ersten Tage ,daheim im Reich' schnell verflogen war, da sich die wirtschaftliche und soziale Lage der Bevölkerung nicht im erhofften Maße gebessert hatte, begrüßte die überwältigende Mehrheit der Sudetendeutschen den Anschluß an das Dritte Reich und die damit verbundene Trennung von den Tschechen. Die Diktatur nahm man in Kauf. Zumindest die ,äußere' Gleichschaltung war schon Anfang Dezember 1938 weitgehend abgeschlossen.

Hinter den Kulissen, zeitlich parallel zu diesen Vorgängen, aber auch noch danach, erfolgte jedoch eine ,interne' Gleichschaltung. Der Machtkampf der verfeindeten Fraktionen innerhalb der ehemaligen Sudetendeutschen Partei setzte sich auch unter dem Deckmantel der NSDAP fort. Er verband sich mit dem grundlegenden Konflikt zwischen der von Henlein angeführten Gauleitung und Teilen des nationalsozialistischen Herrschaftsapparates um die Stellung des Sudetengaus innerhalb des Reiches.

Besonders deutlich traten die Auseinandersetzungen in der Personalpolitik zutage. Anfangs konnte sich jener Flügel der SdP durchsetzen, der lange eine Autonomie-Regelung der sudetendeutschen Frage innerhalb der ČSR und nicht den Anschluß favorisiert hatte. Henlein konnte seine personalpolitischen Vorstellungen zunächst weitgehend realisieren. Die Spitzen von Partei und Verwaltung wurden vor allem mit seinen Mitarbeitern, die großenteils dem Kameradschaftsbund entstammten, besetzt. Schon bald sahen sich aber mehrere von ihnen ersten Angriffen ausgesetzt. Sie wurden von SS und SD geführt, die traditionell eng mit den radikalen und Henlein kritisch gegenüberstehenden Kräften in der SdP um die Gruppe ,Aufbruch' zusammenarbeiteten.

Bei der Auseinandersetzung ging es nicht nur um die Besetzung von Posten. Es ging auch um die inhaltliche Fortsetzung jener Konflikte, die schon vor dem Anschluß die Geschichte der SdP bestimmt hatten. Der von Henlein repräsentierte Flügel der Partei befürwortete nun auch den Anschluß an das Reich. Henlein selbst war schon spätestens im November 1937 auf Anschluß-Kurs eingeschwenkt. Aber wie zuvor Seyss-Inquart in Österreich, so hoffte Henlein auf einen evolutionären Anschluß des Sudetenlandes, der den Sudetendeutschen möglichst viel Gestaltungsspielraum in ‚ihrem' Gau belassen würde.

Daß Henlein bemüht war, den Sudetengau zu einer in sich geschlossenen Einheit zu machen und ihm womöglich gar eine gewisse Sonderstellung innerhalb des Reiches zu verschaffen, konnte vielfach belegt werden. Während die Quellen nur vorsichtig darauf hindeuten, daß Henlein die SdP als Ganzes erhalten wollte, läßt sich besser nachweisen, daß das ‚Sudetendeutsche Freikorps' und der ‚Freiwillige Schutzdienst' als sudetendeutsche, gaueigene Organisationen bestehen bleiben sollten. Dazu kam es jedoch nicht. Allein schon die Bestrebungen in dieser Hinsicht wurden vor allem bei der SS bzw. dem SD mißtrauisch registriert, und auch Bormann verdächtigte Henlein immer wieder separatistischer Neigungen. Dieser Vorwurf ging zu weit. Aber tatsächlich stieß Henlein mit seinen Absichten mitunter an die Grenzen dessen, was das zentralistische NS-Regime als Vertretung regionaler sudetendeutscher Interessen zu akzeptieren bereit war.

Heydrichs Sicherheitsdienst sammelte Material gegen eine ganze Reihe von engen Mitarbeitern Henleins, die schließlich unter dem Vorwurf der Homosexualität verhaftet und angeklagt wurden. Nur vordergründig ging es aber um die Ahndung von ‚Verfehlungen gemäß § 175 des Strafgesetzbuches'. Hinter der ‚Säuberungsaktion' stand vielmehr die Absicht, jene Mitglieder der Gauleitung bzw. Verwaltung aus ihren Ämtern zu entfernen, die dem autonomistischen Flügel der SdP angehört hatten und die sich teilweise auch nach dem Anschluß darum bemühten, soweit wie möglich sudetendeutsche Selbstbestimmung zu erlangen. Auch Henlein persönlich sollte geschwächt werden.

Als der Gauleiter sich im Januar 1940 in einer wichtigen Personalentscheidung den Plänen Berlins widersetzte, kam es zum Eklat. Henlein hatte in diesem Fall den ihm gesteckten Rahmen der Vertretung regionaler Belange verlassen. Am 13. Januar 1940 wurde er zum ‚Stellvertreter des Führers', Heß, einbestellt, am 17. Januar mußte er seine eigenmächtige Ernennung rückgängig machen und den personalpolitischen Forderungen der Zentrale nachgeben. Ende Januar führte Henlein ein für ihn mit weitreichenden Folgen verbundenes Gespräch mit Heydrich, dem Chef der Sicherheitspolizei und des SD. Die folgenden Umbesetzungen in Verwaltung und Gauleitung und Henleins vorübergehender Rückzug aus ihr machen deutlich, daß es Heydrich darum ging, den sudetendeutschen Gauleiter gefügig zu machen und die ehemaligen Mitglieder des Kameradschaftsbundes aus ihren Ämtern zu entfernen. Einige wichtige

Posten der Gauleitung wurden auf Weisung Heydrichs nun mit ‚verläßlichen' Parteifunktionären aus dem Altreich besetzt.

Henlein wurde auch öffentlich bloßgestellt. Im ‚Völkischen Beobachter' und im ‚Schwarzen Korps' wurden die Verhaftungen in seinem Umfeld publik gemacht und er selbst damit indirekt in den Zusammenhang ‚homosexueller Verfehlungen' gebracht. In ‚informierten Kreisen' wurde mit Henleins Amtsenthebung gerechnet. Dazu kam es jedoch nicht. Henlein unterwarf sich allen Forderungen und behauptete in einer veröffentlichten Ansprache sogar, er selbst habe die Verhaftung einiger seiner Gauamtsleiter angeordnet.

Daß Henlein in seinem Amt belassen wurde, lag wohl vor allem an der Wertschätzung, die er bei Hitler genoß. Der ‚Führer' griff in die geschilderten Vorgänge nicht ein, möglicherweise wußte er nicht einmal von ihnen. Aber auch in Kreisen der SS war man sich darüber im klaren, daß Henlein hoch in der Gunst Hitlers stand und daß dieser ihn nicht entlassen würde. Die Vorgänge um Henlein 1940 sind somit auch ein Beleg für Hitlers herausragende Machtstellung im Herrschaftsgefüge des Dritten Reiches. Sie zeigen, daß die ‚Satrapenkämpfe' in den konkurrierenden Machtapparaten zwar mitunter ohne seine direkte Beteiligung ausgefochten wurden. Doch allen Beteiligten war klar, daß sie letztlich nicht gegen Hitlers Willen handeln konnten.

Henlein wurde aber auch deswegen nicht entlassen, weil er für die Sudetendeutschen, die von dem neuen Regime in vielem enttäuscht waren, noch immer eine Symbolfigur und daher ein für das Regime wichtiger Integrationsfaktor war. Zudem war Henlein nach den Ereignissen des Frühjahrs 1940 entscheidend in seinem Handlungsspielraum eingeengt und konnte nun leichter gelenkt werden. Er bemühte sich zwar weiterhin, besonders sudetendeutsche Interessen zu vertreten, zeigte sich aber fortan immer wieder in politischen und personalpolitischen Fragen schnell zu Zugeständnissen bereit.

Eine generelle Ablehnung des Nationalsozialismus durch Henlein und die Kameradschaftsbündler läßt sich aus dem Konflikt zwischen der von ihnen zunächst geprägten Gauleitung und Zentralstellen des Reiches nicht ableiten. Eine kritische Auseinandersetzung mit dem Regime fand praktisch nur in der Frage nach dem Verhältnis von Zentralismus und Regionalismus statt.

Wenn der Sudetengau, anders als etwa die Gaue Danzig-Westpreußen und Wartheland, mit denen er in der Forschungsliteratur verglichen wurde, nicht zu einem teilweise autonomen Herrschaftsbereich seines Gauleiters wurde, so lag das also auch daran, daß dieser stets um sein Amt fürchten und sich daher den Forderungen der Zentrale unterwerfen mußte. So gesehen trug ausgerechnet Henlein dazu bei, daß sudetengauspezifische Interessen nicht mit Nachdruck verfolgt und durchgesetzt werden konnten. Gerade *durch* seine *de facto* schwache Stellung war seine Person ein wichtiger Faktor der Politik im Sudetengau 1938–1945. Möglicherweise, dies bleibt allerdings ein Gedankenspiel, hätte nämlich eine stärkere, politisch geschicktere und nicht durch ihren Werdegang in den Augen zahlreicher führender NS-Funktionäre belastete sudetendeutsche Persönlichkeit in Berlin einen festeren Stand gehabt und die Belange der Region mit mehr Erfolg vertreten und durchsetzen können.

Henlein war durch die Vorgänge im Januar 1940 auch persönlich tief getroffen und überließ die Führung der Partei zunächst weitgehend dem aus dem Stab Heß entsandten Richard Donnevert, der im März 1940 zum Stellvertretenden Gauleiter ernannt wurde. Donnevert hatte den Auftrag, nach und nach alle ehemaligen Mitglieder des Kameradschaftsbundes aus ihren Funktionen zu entfernen. Dadurch und durch sein hochfahrendes Auftreten hatte er von Anfang an nur wenig Rückhalt in der Gauleitung. Nachdem Henleins größter Widersacher innerhalb des nationalsozialistischen Herrschaftsapparates, Heydrich, einem Attentat zum Opfer gefallen war, entwickelte Henlein wieder größere Aktivität. Dadurch, daß er sich 1940 angepaßt und seither unauffällig verhalten hatte, war es ihm gelungen, das Mißtrauen gegen ihn soweit zurückzudrängen, daß er 1942/43 die Abberufung Donneverts aus dem Sudetengau durchsetzen konnte. Henlein übernahm nun wieder stärker die Amtsgeschäfte des Gauleiters.

Neben der grundlegenden Auseinandersetzung um das Maß sudetendeutscher Eigenständigkeit innerhalb des Dritten Reiches gab es auch in anderen Fragen deutliche Meinungsunterschiede zwischen Berlin und Reichenberg. Das betraf gerade jene Politikbereiche, an deren Behandlung in ihrem Sinne den Sudetendeutschen aufgrund ihrer spezifischen Vorgeschichte ganz besonders gelegen war. Auch hier mußten die Sudetendeutschen zahlreiche Enttäuschungen hinnehmen.

Ihre Hoffnung, den Sudetengau mehr oder weniger allein mit einheimischem Personal verwalten zu können, wurde enttäuscht. Zahlreiche Beamte aus dem Altreich bemühten sich darum, eine Anstellung in der neu aufzubauenden Verwaltung des Sudetengaus zu erlangen – oft mit Erfolg. Besonders in den ersten Monaten überwogen die entsandten Beamten die eingesetzten Sudetendeutschen. Dies lag jedoch nicht daran, daß man in Berlin den Sudetendeutschen grundsätzlich mißtraut hätte, sondern daran, daß für den Verwaltungsaufbau zunächst nicht genug geeignetes Personal zur Verfügung stand. Nach und nach änderte sich dies. Beispielsweise waren schließlich etwa die Hälfte der Landratsämter und der höheren Beamtenposten in der Reichsstatthalterei mit Sudetendeutschen besetzt.

Wo in den Augen der zuständigen Reichsministerien geeignetes sudetendeutsches Personal vorhanden war, wurde es auch von Anfang an eingesetzt. An der Einschätzung dessen, was geeignet hieß, schieden sich jedoch die Geister. Gerade in den Sonderverwaltungen, wo es quantitativ die meisten Stellen zu besetzen gab, war ein starker Zuzug aus dem Reich zu verzeichnen. Wenn auch die in der bisher erschienenen Literatur meist geäußerte Behauptung falsch ist, der Sudetengau sei von landfremdem Personal wie eine Kolonie verwaltet worden, so muß man doch feststellen, daß sich viele Sudetendeutsche wie schon in der Zeit der Tschechoslowakischen Republik in der staatlichen Personalpolitik benachteiligt fühlten. Die aus dem Altreich entsandten Beamten trafen daher als Konkurrenten auf Ablehnung in der Bevölkerung, umso mehr, als ihr Verhalten oft als arrogant und der Mentalität der Sudetendeutschen fremd empfunden wurde. Nicht zuletzt die Debatte um den Einsatz von ‚Altreichsdeutschen' im Sudetengau führte, in Verbindung mit der Unzufriedenheit weiter Kreise z. B. mit der Wirtschafts- und Sozialpolitik, zu einer verbreiteten reichsfeindlichen Stimmung. Auch wenn es sich dabei nicht um eine grundsätzliche Ablehnung des NS-Regimes handelte, wurde dieser Stimmungsumschwung in Berlin und in der Parteizentrale in München aufmerksam beobachtet. Denn in einem dem Anspruch nach zentralistischen und einheitlichen ‚Großdeutschland' gab es keinen Platz für ein sudetendeutsches Sonderbewußtsein, wie es sich im Sudetengau ausbildete.

Ausgerechnet Henlein, der ‚Einiger des Sudetendeutschtums', der den Begriff des ‚Sudetendeutschen Stammes' bekannt gemacht und der selbst mit verschiedenen Emissären des Reiches in seinem Gau zu ringen hatte und unzufrieden war, ausgerechnet er stellte sich nun diesem Prozeß entgegen. Als *Reichs*statthalter und Gauleiter mußte er dies tun. In mehreren Reden und Appellen bemühte er sich darum, das Verhältnis zwischen ‚Altreichsdeutschen' und Sudetendeutschen zu entspannen und seine Landsleute auf den ‚großdeutschen Gedanken' einzuschwören.

Zur Desillusionierung Henleins und der Bevökerung im Sudetengau trug vor allem die sozial- und wirtschaftspolitische Entwicklung bei. Hier waren die Erwartungen besonders groß gewesen. Die Hoffnung der Sudetendeutschen, daß ein ‚Wirtschaftswunder', wie es nach 1933 scheinbar im Reich stattgefunden hatte, ihren Lebensstandard schnell anheben würde, stellte sich jedoch bald als Wunschdenken heraus. Es gab zwar zunächst einige Maßnahmen zum Schutz der sudetendeutschen Wirtschaft. Die Arbeitslosigkeit verschwand und verkehrte sich sogar bald in einen Mangel an Arbeitskräften. Aber gleichzeitig sorgten Lohn- und Preispolitik für herbe Enttäuschungen. Das Lebensniveau sank erst einmal weiter – und entsprechend die Stimmung in der Bevölkerung.

Die verantwortlichen Stellen in Berlin hatten kein Interesse daran, die angeschlagene sudetendeutsche Industrie zu sanieren. Ihnen ging es vor allem darum, das eingegliederte Gebiet optimal für die Erfordernisse der Kriegswirtschaft auszunutzen. Für die im Sudetenland vorherrschende Konsumgüterindustrie hatte das an Panzern und Kanonen interessierte Dritte Reich kaum Bedarf. Die erforderliche Umstellung der Betriebe auf die Produktion von Rüstungsgütern bzw. ihre Modernisierung und Rationalisierung kam aber nur schleppend voran. Viele Sudetendeutsche verließen auch jetzt, wie schon vor dem Anschluß, ihre Heimat und nahmen eine Arbeit im Altreich auf. Diese Entwicklung wurde nicht nur von der Gauleitung äußerst ungern gesehen, sondern auch von weiten Teilen der Bevölkerung. Zum einen drohte die dauerhafte Schädigung der industriellen Struktur, zum anderen trug das Lohngefälle zwischen Altreich, Sudetengau und Protektorat dazu bei, daß immer mehr Tschechen zur Arbeit in den Sudetengau kamen. Durch das Einrücken vieler sudetendeutscher Männer zur Wehrmacht war man dort einerseits auf die Tschechen als Arbeitskräfte angewiesen, fürchtete aber andererseits eine schleichende ‚Tschechisierung' der Region. Hatte die sudetendeutsche Wirtschaft schon schwer mit der Konkurrenz reichsdeutscher Betriebe zu kämpfen, so zeigte sich das gleiche Problem in bezug auf das Protektorat. Hier offenbarte sich in besonderem Maße der künstliche Charakter der neugeschaffenen Verwaltungseinheit: Böhmen und Mähren stellten einschließlich des Sudetenlandes auch nach dem Münchener Abkommen einen einheitlichen Wirtschaftsraum dar. Diese Einsicht fand ihren Niederschlag in verschiedenen Plänen zur territorialen Neugliederung. Zu deren Verwirklichung kam es jedoch aufgrund des Kriegsverlaufs nicht. Statt dessen mußten Gauleitung und Unternehmerschaft mit ansehen, wie das Protektorat durch seine umfangreiche Schwerindustrie für die deutsche Kriegswirtschaft besonders im Vergleich zum Sudetengau zunehmend an Bedeutung und Gewicht gewann. Henlein versuchte, in Berlin die besonderen Interessen des ‚Grenzlandgaus' Sudetenland in der Wirtschaftspolitik durchzusetzen. Große Erfolge waren ihm dabei aber nicht beschieden.

Mit Kriegsbeginn wurden auch zahlreiche lautstark angekündigte und teilweise immerhin begonnene oder genehmigte Maßnahmen zur Verbesserung der Infrastruktur abgebrochen. Trotz der Einsicht, daß der Krieg dieses Opfer verlangte, litt darunter die Glaubwürdigkeit des Regimes bei der Bevölkerung. Die Kluft zwischen Erwartungen und Versprechungen einerseits und Realität andererseits öffnete sich immer weiter. Auch Henleins Popularität ging dadurch zurück.

Schließlich waren es vor allem wirtschaftspolitische Erwägungen Berlins, die bewirkten, daß Henlein auch in der ihn wie die Bevölkerung besonders bewegenden Volkstumspolitik seine Vorstellungen nicht durchsetzen konnte.

Die Bevölkerung des Sudetengaus bestand zu etwa 13 Prozent oder 400 000 Personen aus Tschechen. Diese genossen keinerlei Minderheitenrechte. Das besonders von Henlein verfolgte Ziel der Volkstumspolitik im Gau bestand in der vollständigen ‚Germanisierung' des Sudetenlandes. Daß es unmittelbar nach dem Anschluß nicht zu Massenvertreibungen von Tschechen kam, lag nicht an besonderer Rücksicht, sondern daran, daß man zunächst unangenehme Reaktionen der Weltöffentlichkeit vermeiden wollte und das Verhältnis zur Tschecho-Slowakei noch nicht abschließend geklärt war. Gleichwohl gab es im gesamten hier behandelten Zeitraum Vertreibungen von Tschechen. Ihr Ausmaß läßt sich aber im einzelnen kaum mehr feststellen.

Nach der Errichtung des ‚Protektorats Böhmen und Mähren' wurde die Tschechenpolitik im Sudetengau immer mehr den Interessen der

Zusammenfassung 371

deutschen Besatzungsmacht in Prag untergeordnet. Wichtigstes Ziel der Reichspolitik im Protektorat war nämlich die Aufrechterhaltung von Ruhe und Ordnung, um dadurch die bedeutende tschechische Rüstungsproduktion in Gang zu halten. Hinter dieses wirtschaftliche Kalkül hatten volkstumspolitische Dogmen einstweilen zurückzutreten. Alle Versuche, möglichst viele Tschechen aus dem Gau in das Protektorat abzuschieben, scheiterten deshalb am Einspruch des Reichsprotektors bzw. seines Staatssekretärs.

Auch in der mit den Abschiebungen verbundenen Politik der Enteignung von tschechischen Bauern konnte sich die Gauleitung gegen die Behörde des Reichsprotektors, der die Unterstützung Hitlers und Himmlers hatte, nicht durchsetzen. Gleiches galt für die ‚Umvolkung'. Bei der damit gemeinten ‚Germanisierung' dafür ‚geeigneter' Tschechen wurde lange über die anzuwendenden ‚Auslesekriterien' gestritten. Der Leiter des dafür zuständigen Gaugrenzlandamtes, Franz Künzel, ein enger Vertrauter Henleins aus der Zeit des Kameradschaftsbundes, knüpfte dabei an weitgehend traditionell-nationalistische Vorstellungen an. Entscheidend sollte die sogenannte ‚Wiedereindeutschungswürdigkeit' sein, die vor allem dann gegeben war, wenn ein Tscheche sich deutschfreundlich verhalten hatte. Nur wenige Tschechen sollten danach überhaupt ‚eingedeutscht' werden. Demgegenüber stand die Konzeption der SS, die die Auswahl nach ‚rassischen' Kriterien vorsah: die sogenannte ‚Wiedereindeutschungsfähigkeit' war danach das entscheidende Kriterium. Man nahm an, daß diese bei einem Großteil der Tschechen gegeben war.

Künzel wurde 1942 von der SS aus seinem Amt gedrängt. Henlein selbst war zwar am 31. Dezember 1940 formal ständiger Vertreter des Reichskommissars für die Festigung deutschen Volkstums, Himmler, geworden, hatte aber von vornherein seine Kompetenzen an die Höheren SS- und Polizeiführer in Dresden und Breslau abtreten müssen. Auch hier zeigte sich das Mißtrauen der SS gegenüber Henlein. Die wichtigsten Ämter in der Volkstumspolitik im Sudetengau wurden nach der Entlassung Künzels von SS-Standartenführer Ernst Müller übernommen; Henlein wurde in diesem Bereich immer mehr zu einer Randfigur.

Darin ist wohl, neben der schlechten Quellenlage, auch ein Grund dafür zu sehen, daß Henleins persönliche Position in der ‚Umvolkungsfrage' nicht mit letzter Gewißheit zu bestimmen ist. Die Indizien lassen jedoch vermuten, daß er auf der Linie Künzels lag. Dafür spricht u. a. Henleins gut belegbare Absicht, die Tschechen möglichst insgesamt schon während des Krieges aus dem Sudetengau abzuschieben und aus dem Protektorat eine Art tschechisches ‚Reservat' zu machen. Die vollständige Trennung der beiden Völker und die Eindeutschung der Mehrheit der Tschechen standen aber letztlich in einem Widerspruch zueinander. Schließlich schob der Kriegsverlauf allen weitreichenden Projekten der Siedlungs- und ‚Umvolkungspolitik' einen Riegel vor. Mit zahlreichen Einzelmaßnahmen wurde die tschechische Bevölkerung jedoch schon während des Krieges politisch, kulturell und wirtschaftlich stark benachteiligt. Gleichzeitig liefen Maßnahmen zur Förderung der deutschen Bevölkerung an. Der Sudetengau sollte so zu einer rein deutschen Region gemacht werden.

Eine klare Linie für die Tschechenpolitik im Sudetengau wurde aber während des gesamten Krieges nicht formuliert. Henlein ergriff hier nicht die Initiative. Ohnehin war er abhängig von der Entwicklung im Protektorat und von den Interessen des Deutschen Reiches dort. Frank wurde Anfang 1944 als Höherer SS- und Polizeiführer auch für den Sudetengau zuständig und beanspruchte nun ganz offen die Führung der gesamten ‚Tschechenpolitik' für sich.

Das Protektorat war größer, bevölkerungsreicher und kriegswirtschaftlich wichtiger als der Sudetengau. Diese Tatsachen, Henleins vorübergehender Einsatz als Chef der Zivilverwaltung im Protektorat sowie seine spätere Zuständigkeit als Gauleiter für fünf der neun NSDAP-Kreise des Protektorats haben in der Forschung zu einer falschen Interpretation geführt. Es habe im März 1939 einen Wettkampf um die Gunst Hitlers und um die Versetzung auf den Hradschin zwischen Henlein und Frank gegeben. Frank, der später zum mächtigsten Mann im Protektorat avancierte, habe Henlein dabei aus dem Rennen geworfen, dieser sei gleichsam degradiert worden.

Henlein hatte jedoch weder im Frühjahr 1939 noch später die Ambition, seinen Regierungssitz nach Prag zu verlegen und damit auch zum Herrscher über alle Tschechen zu werden. Auch im Herbst 1938 hatte Henlein nicht, wie bisher aufgrund eines schwer einzuordnenden Dokuments angenommen wurde, die Eroberung ganz Böhmens und Mährens angestrebt. An den im Jahr 1940 von verschiedenen Dienststellen im Sudetengau verfaßten Plänen zur ‚Neugliederung des böhmisch-mährischen Raumes', die eine Aufhebung des Protektorats und damit auch des letzten Rests tschechischer Autonomie vorsahen, war Henlein ebenfalls nicht oder nur in geringem Maße beteiligt. Die Initiative zu den entsprechenden Denkschriften war vom Gauleiter von Niederdonau ausgegangen, der seinen Gau auf Kosten des Protektorats vergrößern wollte. Die daraufhin in Reichenberg erstellten und auf Jurys Pläne Bezug nehmenden Memoranden entstanden ohne Henleins direktes Zutun, möglicherweise sogar ohne sein Wissen.

Henleins Absichten gingen in eine andere Richtung. So war er schon bald nach Errichtung des Protektorats für die Arrondierung der Grenzen seines Gaus eingetreten. Eine vollständige ‚Wiedervereinigung' von Sudetengau und Protektorat lehnte er aber ab. Statt dessen vertrat er eine Politik der Trennung des ‚Lebensraumes' von Tschechen und Deutschen.

Die vorliegende Untersuchung hat gezeigt, daß die Politik im Reichsgau Sudetenland zwischen Oktober 1938 und Mai 1945 stark von Problemen bestimmt war, die ihren Ursprung in der Zeit vor dem Anschluß hatten. Die Eingliederung in das Deutsche Reich, der sofort einsetzende Gleichschaltungsprozeß und auch der Krieg änderten nichts daran, daß der Sudetengau im Dritten Reich eine in mancherlei Hinsicht besondere

Region blieb. Über den Bruch, den der 1. Oktober 1938 in vielem bedeutet, führen also zahlreiche Kontinuitätsstränge.

Zwischen der Gauleitung bzw. Reichsstatthalterei und den Zentralstellen von Staat und Partei im Dritten Reich gab es Interessengegensätze in verschiedenen Politikbereichen. In den meisten Fällen wurde dabei auf die sudetendeutschen Sonderinteressen kaum Rücksicht genommen. Die Entwicklung im Reichsgau Sudetenland ist somit eher ein Beleg für den zentralistischen Charakter des Dritten Reiches als für die These, das nationalsozialistische Deutschland sei zwar dem Anspruch nach zentralstaatlich, in der Realität aber viel föderalistischer gewesen als bisher angenommen. Gleichwohl ist deutlich geworden, welches Konfliktpotential es zwischen Region und Reich im Staat Hitlers gab und wie sehr die Beziehungen zwischen beiden Ebenen dadurch geprägt waren. So wird man kaum von einer spezifisch sudetendeutschen Ausprägung des Nationalsozialismus sprechen können, wohl aber davon, daß die Politik im Sudetengau unter nationalsozialistischer Herrschaft stark von regionalen Problemen geprägt war. Die Annahme liegt nahe, daß dies nicht nur im Sudetenland der Fall war. Bis heute sind die Gaue der NSDAP als wichtige regionale Einheiten aber nicht ausreichend erforscht. Es bleibt eine Aufgabe der Geschichtswissenschaft, der Frage nachzugehen, ob und wie sich in anderen Gauen die Gauleiter gegen den Zentralismus Berlins durchsetzen konnten und ob es dort spezifische Ausprägungen der NS-Herrschaft gab. Die vorliegende Fallstudie bestätigt jedenfalls die Annahme, daß es sehr von der Persönlichkeit der Gauleiter, von ihrem Verhältnis zu Hitler und zu anderen Spitzen des Regimes abhing, ob sie sich mit regional bestimmten Absichten gegen anderslautende Bestrebungen zentraler Dienststellen von Partei und Staat durchsetzen konnten. Erst durch einen Vergleich wird es möglich sein, abschließend zu beurteilen, wie zentralistisch das Dritte Reich tatsächlich war.

Konrad Henlein war von der Verfassung des Sudetengaus her eine entscheidende Rolle in dessen politischer Gestaltung zugeteilt worden. Wenn seine Macht letztlich aber doch als recht gering erscheint, so lag das vor allem daran, daß er mit seiner schwierigen Aufgabe an der Nahtstelle von Reichs- und Regionalinteressen überfordert war. Seinem Selbstverständnis nach war er hauptsächlich sudetendeutscher Reichsstatthalter, er mußte aber immer mehr als Reichsstatthalter im Sudetenland auftreten. Auch mit den für das Dritte Reich nicht unüblichen Machtkämpfen und Intrigen innerhalb des Herrschaftsapparates kam Henlein nicht zurecht. Hitlers Wertschätzung erhielt ihm zwar sein Amt, konnte aber nicht verhindern, daß er mit vielen anderen Größen des Regimes in Auseinandersetzungen verstrickt war, die ihn in seinem Handlungsspielraum stark einengten.

Das bisher nur schemenhafte Bild Henleins in seiner Zeit als Gauleiter und Reichsstatthalter hat deutlichere Konturen gewonnen. Henlein war nicht der fanatisch-begeisterte und machtgierige Nationalsozialist, als der er beschrieben wurde.

Auch das fast gegenteilige Bild von der vom Regime mißbrauchten sudetendeutschen Galionsfigur der Reichsführung bedarf aber der Korrektur. Es trifft zwar zu, daß Henlein von den nach Hitler mächtigsten Männern des Dritten Reiches wegen seines politischen Werdegangs vor dem Anschluß und wegen seiner als partikularistisch angesehenen Politik danach mißtrauisch beobachtet und sogar bekämpft wurde. Es trifft auch zu, daß Henlein als wichtiger Integrationsfaktor diente, der die Verbundenheit von Sudetenland und Deutschem Reich symbolisieren sollte. Und auch der politische Charakter seiner Auseinandersetzung vor allem mit SS und SD über die Gewichtung der Interessen von Region und Reich darf nicht übersehen werden. Aber eben nur in diesem Punkt stand Henlein in einem Konflikt mit dem Regime. Sonst paßte er sich ihm an.

Es ist ferner zu beachten, daß er auch nach den Vorfällen des Jahres 1940 politisch aktiv blieb, seine Ziele nicht aus den Augen verlor und versuchte, sie in die Realität umzusetzen. Dazu gehörte vor allem die ‚Germanisierung' des Sudetengaus, die er beharrlich verfolgte. Es trifft nicht zu, daß er nur noch das Regime repräsentiert und ‚Durchhaltereden' gehalten habe. Was für die Jahre seiner politischen Tätigkeit bis zum Anschluß des Sudetenlandes an das Deutsche Reich gilt, trifft aber auch für die Zeit danach zu. Henlein war seiner Aufgabe und den mit ihr verbundenen Konflikten nicht gewachsen. Es gelang ihm kaum, die Entwicklung gestalterisch zu beeinflussen. Es blieb ihm nur, sich ihrer Dynamik anzupassen.

Letztlich gleicht seine Rolle der eines ‚Anti-Helden', der von den Umständen mehr getrieben wird, als daß er sie bestimmt. In seinem Schicksal jedoch spiegelt sich besonders klar das Schicksal seiner Region und Zeit.

VII. QUELLEN- UND LITERATURVERZEICHNIS

1. Ungedruckte Quellen

Státní oblastní archiv Litoměřice [Staatliches Gebietsarchiv Leitmeritz] – **SOA Litoměřice**:
— Župní vedení NSDAP [Gauleitung NSDAP] – **GL NSDAP**
— Úřad vládního prezidenta Ústí [Behörde des Regierungspräsidenten Aussig] – **RPA**
— Bestand 112: Ergänzungen zu Úřad vládního prezidenta Ústí [Behörde des Regierungspräsidenten Aussig]
— Stillhaltekommissar für Organisationen – **STIKO**
— MLS Litoměřice: Mimořádný lidový soud Litoměřice [Außerordentliches Volksgericht Leitmeritz]
— SD Liberec [SD Reichenberg]
— Pozůstalost Herberta Davida [Nachlaß Herbert David]
— Pozůstalost Lodgmana v. Auena [Nachlaß Lodgman v. Auen]

Státní oblastní archiv v Litoměřicích se sídlem v Lovosicích [Staatliches Gebietsarchiv in Leitmeritz mit Sitz in Lobositz]:
— NSDAP Leitmeritz 1938-1945

Státní oblastní archiv Litoměřice, pobočka Most [Staatliches Gebietsarchiv Leitmeritz, Außenstelle Brüx]:
— Říšské místodržitelství [Reichsstatthalterei], Říšské místodržitelství – dodatky [Reichsstatthalterei – Ergänzungen] – **RS/RS-Erg.**
— Župní samospráva [Gauselbstverwaltung] – **GS**

Okresní archiv Opava [Kreisarchiv Troppau] – **OA Opava**:
— Landrát Opava [Landrat Troppau] – **LRT**
— Pozůstalost Eugena Weeseho [Nachlaß Eugen Weese]

Zemský Archiv Opava [Landesarchiv Troppau] – **ZA Opava**:
— Úřad vládního prezidenta v Opavě 1938–1945 [Amt des Regierungspräsidenten in Troppau 1938–1945] – **RPT**
— Zmocněnec Říšského vedoucího SS jako Říšský komisař pro upevnění Němectví – Pracovní štáb východ ve Fulneku [Beauftragter des Reichsführers SS als Reichskommissar für die Festigung des deutschen Volkstums – Arbeitsstab Ost in Fulnek] – **RKFDV**
— Vrchní finanční prezident Opava [Oberfinanzpräsident Troppau] – **OFPT**

Státní oblastní archiv Plzeň, pobočka Žlutice [Staatliches Gebietsarchiv Pilsen, Außenstelle Luditz] – **SOA Plzeň**:
— Úřad vládního prezidenta v Karlových Varech [Amt des Regierungspräsidenten in Karlsbad] – **RPK**

Archiv ministerstva vnitra Praha [Archiv des Innenministeriums Prag] – **AMV Prag**:
— *Fond 2M*
— *Fond 52*
— *Fond 114*
— *Fond 135*
— *Fond 301*
— *Fond 305*
— *Fond 316*
— *Fond 325*

Státní oblastní archiv Praha [Staatliches Gebietsarchiv Prag] – **SOA Prag**:
— *Mimořádný lidový soud Praha [Außerordentliches Volksgericht Prag]* – **MLS Prag**

Státní ústřední archiv Praha [Staatliches Zentralarchiv Prag] – **SÚA Prag**:
— *Úřad říšského protektora [Amt des Reichsprotektors]* – **ARP**
— *Úřad říšského protektora – dodatky I/II [Amt des Reichsprotektors – Ergänzungen I/II]* – **ARP-Erg**.
— *Sudetoněmecká strana [Sudetendeutsche Partei]* – **SdP**
— *Sudetoněmecká strana – dodatky [Sudetendeutsche Partei – Ergänzungen]* – **SdP-Erg**.
— *Zahraniční tiskový archiv [Auslands-Presse-Archiv]* – **ZTA**
— *Ministerstvo zahraničních věcí – výstřižkový archiv [Ministerium für auswärtige Angelegenheiten – Ausschnittsarchiv]* – **MZVVA**
— *Předsednictvo ministerské rady [Präsidium des Ministerrats]* – **PMR**
— *Presidium ministerstva vnitra 1936–1940 [Präsidium des Ministeriums des Inneren 1936–1940]* – **MV-Pres.**
— *Archiv Dr. Huberta Ripky [Archiv Dr. Hubert Ripka]*
— *Fond 109*
— *Fond 110*
— *Fond 123*

Vojenský historický ústav Praha [Militärgeschichtliches Amt Prag] – **VHÚ Prag**:
— *Fond 20*

Státní vědecká knihovna Liberec [Staatliche Wissenschaftliche Bibliothek Reichenberg]:
— *Sbírka Konrad Henlein [Sammlung Konrad Henlein]*

Bundesarchiv Berlin:
— *R 2 – Reichsfinanzministerium*
— *R 3 – Reichsministerium für Rüstung und Kriegsproduktion*
— *R 18 – Reichsministerium des Innern*
— *R 19 – Chef der Ordnungspolizei (Hauptamt Ordnungspolizei)*
— *R 30 – Deutsches Staatsministerium für Böhmen und Mähren*
— *R 41 – Reichsarbeitsministerium*
— *R 43 II – Neue Reichskanzlei*
— *R 49 – Reichskommissar für die Festigung deutschen Volkstums*
— *R 55 – Reichsministerium für Volksaufklärung und Propaganda*

Ungedruckte Quellen

— R 58 – Reichssicherheitshauptamt
— R 58 F – Hauptkommission zur Untersuchung nationalsozialistischer Verbrechen in Polen
— R 59 – Volksdeutsche Mittelstelle
— R 70 – Polizeidienststellen in eingegliederten und besetzten Gebieten
— NS 1 – Reichsschatzmeister
— NS 6 – Partei-Kanzlei
— NS 10 – Persönliche Adjutantur des Führers und Reichskanzlers
— NS 18 – Reichspropagandaleiter
— NS 19 – Persönlicher Stab Reichsführer SS
— NS 22 – Reichsorganisationsleiter
— NS 25 – Hauptamt für Kommunalpolitik
— 15.01 – Reichsministerium des Innern
— 21.01 – Reichsfinanzministerium
— 23.01 – Rechnungshof des Deutschen Reiches
— 25.01 – Deutsche Reichsbank, Volkswirtschaftliche und Statistische Abteilung
— 49.02 – Deutsches Auslandswissenschaftliches Institut
— R 50.01 – Reichsministerium für Volksaufklärung und Propaganda
— DAF/AW – Deutsche Arbeitsfront, Arbeitswissenschaftliches Institut
— Sammlung Schumacher
— Personalakten (ehem. Berlin Document Center)
— BDC Research-Division
— Nürnberger Prozesse

Bundesarchiv, Zwischenarchiv Dahlwitz-Hoppegarten:
— R 22 – Reichsjustizministerium
— Bestand ZR

Bundesarchiv Koblenz:
— Nachlaß Konstantin von Neurath
— Nachlaß Albert Hoffmann

Bundesarchiv, Lastenausgleichsarchiv Bayreuth:
— Ost-Dokumentation 20
— Ost-Dokumentation 21

Politisches Archiv des Auswärtigen Amtes, Bonn:
— Büro Staatssekretär
— Büro Unterstaatssekretär
— Inland II A/B
— Inland II g
— Inland Partei
— Pol. IV 403, 406, 407, Tschechoslowakei
— Gesandtschaft Prag
— Pol. Verschluß Tschechoslowakei

Archiv der sozialen Demokratie, Bonn:
— *PV-Emigration Sopade*
— *Seliger-Archiv*

Sudetendeutsches Archiv, München:
— *Interview W. Becher mit F. Köllner v. 3. September 1977, Tonbandaufzeichnung*
— *Interview W. Becher mit F. Köllner v. 15. März 1983, Tonbandaufzeichnung*

Herder-Institut, Marburg:
— *Pressearchiv*

Zentrum für die Aufbewahrung historisch-dokumentarischer Sammlungen, Moskau – **ZfdAhdS Moskau:**
— *Fond 500 – Reichssicherheitshauptamt*
— *Fond 501 – Gestapo Berlin*
— *Fond 514 – Vaterländische Front, Wien*
— *Fond 519 – NSDAP*
— *Fond 720 – Reichsministerium des Innern*
— *Fond 1361 – Dokumentationsmaterial deutscher Gerichtsinstitutionen*
— *Fond 1363 – Reichsministerium für Volksaufklärung und Propaganda*
— *Fond 1372 – Dokumentationsmaterial der SS-Gruppen*
— *Fond 1488 – Büro des Reichsprotektors Böhmen und Mähren*
— *Fond 1525 – „Dokumente von besonderer Bedeutung"*

Yivo Institute for Jewish Research, New York:
— *Berlin Collection (Record Group 215)*

2. Periodika

— Keesings Archiv der Gegenwart (Wien–Berlin)
— Völkischer Beobachter (München)
— Das Schwarze Korps (München)
— Sudetendeutsche Monatshefte (Reichenberg)
— Reichsgesetzblatt (Berlin)
— Schulthess' europäischer Geschichtskalender (Nördlingen–München)
— Svobodné slovo [Das freie Wort] (Prag)
— Der Sudetendeutsche. Zeitschrift für sudetendeutsche Politik, Kultur und Wirtschaft (Berlin)
— Sudeten-Jahrbuch (München)
— Sudetendeutsche Tageszeitung (Tetschen)
— Verordnungsblatt für die Sudetendeutschen Gebiete (Berlin)
— Verordnungsblatt für den Reichsgau Sudetenland (Reichenberg)
— Die neue Weltbühne. Wochenschrift für Politik, Kunst, Wirtschaft (Paris)

3. Quelleneditionen, Dokumentationen, Memoiren und zeitgenössisches Schriftgut

Akten zur deutschen auswärtigen Politik (ADAP) 1918–1945. Serie D (1937–1945). Bd. 2: Deutschland und die Tschechoslowakei (1938–1939). Baden-Baden 1950. — Bd. 4: Die Nachwirkungen von München (Oktober 1938 – März 1939). Baden-Baden 1951.

Akten der Parteikanzlei der NSDAP. Rekonstruktion eines verlorengegangenen Bestandes. Sammlung der in anderen Provenienzen überlieferten Korrespondenzen, Niederschriften von Besprechungen usw. mit dem Stellvertreter des Führers und seinem Stab bez. d. Partei-Kanzlei, ihren Ämtern, Referaten und Unterabteilungen sowie mit Heß und Bormann persönlich. Hrsg. vom Institut für Zeitgeschichte. Bearb. von Helmut *Heiber*. Teil I, 3 Bde: Regesten und Register. — Teil II, 2 Bde: Microfiches, Wien–München 1983-1985.

Anatomie okupační politiky hitlerovského Německa v „Protektorátu Čechy a Morava". Dokumenty z období říšského protektora Konstantina von Neuratha [Anatomie der Besatzungspolitik Hitler-Deutschlands im „Protektorat Böhmen und Mähren". Dokumente aus der Periode des Reichsprotektors Konstantin von Neurath]. Hrsg. von Jaroslava *Milotová* und Miroslav *Kárný*. Praha 1987 (Sborník k problematice dějin imperialismu [Sammelband zur Geschichte des Imperialismus] 21).

Anklageschrift gegen die Abgeordneten und Senatoren der Sudetendeutschen Partei. München 1962 (Dokumente und Quellen aus Böhmen und Mähren 1).

Aus dem Ersten ins Dritte Reich. Deutsches Ringen um den böhmischen Raum. Hrsg. von Rudolf *Jung*. Berlin 1939.

Aust, Hans W.: Der Anschluß der sudetendeutschen Wirtschaft. Der deutsche Volkswirt vom 7. 10. 1938, 11-13.

Becher, Walter: Zeitzeuge. Ein Lebensbericht. München 1990.

Die Befreiung der Sudetendeutschen Gebiete und die Auswirkungen des Münchener Abkommens. Monatshefte für Auswärtige Politik (1938) Nr. 5, 1083-1109.

Berger, Hanns-Hermann: Das Staatsangehörigkeitsrecht im Hinblick auf die Gebietsveränderungen im Osten des Deutschen Reiches. Unter besonderer Berücksichtigung des Staatsangehörigkeitswechsels der ehemals tschecho-slowakischen Staatsbürger nach dem Zerfall der Tschecho-Slowakischen Republik in den Jahren 1938/39 einschließlich des Staatsangehörigkeitsrechts in der Slowakei und in Ungarn. Ein Handbuch für die Sachbearbeiter bei den Staatsangehörigkeitsbehörden des Reiches. Aussig 1940.

Berkner, Kurt: Wir marschierten ins Sudetenland. Langensalza 1941.

Berndt, Alfred Ingemar: Der Marsch ins Großdeutsche Reich. („Meilensteine des Dritten Reiches", 2. Band). München 1939.

Best, Werner: Die deutsche Polizei. Darmstadt 1940.

Brand, Walter: Auf verlorenem Posten. Ein sudetendeutscher Politiker zwischen Autonomie und Anschluß. München 1985 (Veröffentlichung des Sudetendeutschen Archivs in München 21).

Ders.: Die sudetendeutsche Tragödie. Lauf bei Nürnberg 1949 (Ackermann-Schriften für Kultur, Wirtschaft und Politik 1).

Čelovský, Boris: So oder so. Řešení české otázky podle německých dokumentů 1933– 1945 [So oder so. Die Lösung der tschechischen Frage nach deutschen Dokumenten 1933–1945]. Ostrava 1995.

Češi a sudetoněmecká otázka. Dokumenty 1939–1945 [Die Tschechen und die sudetendeutsche Frage. Dokumente 1939-1945]. Hrsg. von Jitka *Vondrová.* Prag 1994.

Československo a norimberský proces. Hlavní dokumenty norimberského procesu o zločinech nacistů proti Československu [Die Tschechoslowakei und der Nürnberger Prozeß. Die wichtigsten Dokumente aus dem Nürnberger Prozeß über die Verbrechen der Nationalsozialisten gegen die Tschechoslowakei]. Praha (Ministerstvo informací) 1946.

Český Národ soudí K. H. Franka [Das tschechische Volk richtet K. H. Frank]. Praha (Ministerstvo informací) 1947.

Ciller, Alois: Deutscher Sozialismus in den Sudetenländern und der Ostmark. Hamburg 1939 (Schriften zur Geschichte der nationalsozialistischen Bewegung 1).

Clary-Aldringen, Alfons: Geschichten eines alten Österreichers. Berlin 1977.

Demuth, Siegfried: Industriepolitik im Sudetenland vor und nach dem Anschluß. Diss. Dresden 1942.

Deubner, Karl-August: Mit Henlein in die Zukunft. Der Sudetendeutsche 10 (1938) 230 f.

Ders.: Der Politiker Konrad Henlein. Schöpfer der sudetendeutschen Einheit. Bad Furth bei München–Leipzig–Wien 1938.

Deutsche Gesandtschaftsberichte aus Prag. Teil II: Vom Kabinett Beneš bis zur ersten übernationalen Regierung unter Švehla 1921–1926. Ausgewählt, eingeleitet und kommentiert von Manfred *Alexander* (im Druck) (Veröffentlichungen des Collegium Carolinum 49/2).

Deutsche Gesandtschaftsberichte aus Prag. Innenpolitik und Minderheitenprobleme in der Ersten Tschechoslowakischen Republik. Teil IV: Vom Vorabend der Machtergreifung in Deutschland bis zum Rücktritt von Präsident Masaryk 1933–1935. Ausgewählt, eingeleitet und kommentiert von Heidrun und Stephan *Dolezel.* München 1991 (Veröffentlichungen des Collegium Carolinum 49/4).

Die Deutschen in der Tschechoslowakei 1933–1947. Dokumentensammlung. Zusammengestellt, mit Vorwort und Anmerkungen versehen von Václav *Král.* Praha 1964 (Acta Occupationis Bohemiae et Moraviae).

Deutschland-Berichte der Sozialdemokratischen Partei Deutschlands (Sopade) 1934– 1940. 4. Aufl. Frankfurt/M. 1980.

Documents on British Foreign Policy 1919–1939. Hrsg. von E. L. *Woodward* und Rohan *Butler.* 3. Serie. Bd. IV. London 1951.

Dokumentation der Vertreibung der Deutschen aus Ost-Mitteleuropa. In Verbindung mit Adolf *Diestelkamp,* Rudolf *Laun,* Peter *Rassow* und Hans *Rothfels* bearb. von Theodor *Schieder.* Hrsg. vom Bundesministerium für Vertriebene, Flüchtlinge und Kriegsgeschädigte. Bde IV/1 und IV/2: Die Vertreibung der deutschen Bevölkerung aus der Tschechoslowakei. 1. Aufl. 1957. Ndr. München 1984.

Dokumente der Deutschen Politik. Hrsg. von Paul *Meier-Benneckenstein.* Bd. 6: Großdeutschland 1938. Teil 1. Bearb. von Hans *Volz.* Berlin 1939.

Dokumente zur Sudetendeutschen Frage 1916-1967. Überarb. und erg. Neuaufl. der „Dokumente zur Sudetendeutschen Frage 1918-1959". Hrsg. im Auftrag der Akkermann-Gemeinde von Ernst *Nittner.* München 1967.

Dokumenty k historii mnichovského diktátu 1937-1939 [Dokumente zur Geschichte des Münchener Diktats 1937-1939]. Praha 1979.

Ehrensberger [Otto]: Der Aufbau der Verwaltung nach dem Ostmarkgesetz und dem Sudetengaugesetz. Reichsverwaltungsblatt 60 (1939) 341-345.

Eichholz, Ludwig: Die Neugestaltung des sudetendeutschen Schulwesens. Reichenberg 1940 (Schriftenreihe der Verwaltungs-Akademie Reichenberg 3/3a).

Die faschistische Okkupationspolitik in Österreich und der Tschechoslowakei (1938-1945). Hrsg. von Helma *Kaden.* Köln 1988.

Feierabend, Ladislav: Prag – London vice-versa. Erinnerungen. Bd. 1. Bonn-Brüssel-New York 1971.

Fischer, Josef/*Patzak*, Václav/*Perth*, Vincenc: Ihr Kampf. Die wahren Ziele der Sudetendeutschen Partei. Prag 1937.

Foerster, Friedrich Wilhelm: Erlebte Weltgeschichte 1869-1953. Memoiren. Nürnberg 1953.

Foustka, Dr. Radim N.: Konrád Henlein. Neoficielní historie jeho strany [Konrad Henlein. Die inoffizielle Geschichte seiner Partei]. Praha 1937.

Frank, Ernst: Sudetenland – Deutsches Land. Erzählte Geschichte des sudetendeutschen Freiheitskampfes. 4. Aufl. Görlitz 1942.

Franzel, Emil: Gegen den Wind der Zeit. Erinnerungen eines Unbequemen. München 1983.

Fremund, Karel: Dokumenty o nacistické vyhlazovací politice [Dokumente zur nazistischen Ausrottungspolitik]. Sborník archivních prací 13 (1963), 3-45.

Frick [Wilhelm]: Über grundsätzliche Verwaltungsfragen. Deutsche Verwaltung 16 (1939) 33-40.

Ders.: Entwicklung und Aufbau der öffentlichen Verwaltung in der Ostmark und in den Sudetendeutschen Gebieten. Vortrag des Reichsministers Dr. Frick vor der Verwaltungsakademie Hamburg. Reichsverwaltungsblatt 60 (1939) 465-473.

Des Führers Wehrmacht half Großdeutschland schaffen. Berichte deutscher Soldaten von der Befreiung der Ostmark und des Sudetenlandes. Hrsg. vom Oberkommando der Wehrmacht. Berlin 1939.

Galéra, Karl Siegmar, Baron von: Sudetendeutschlands Heimkehr ins Deutsche Reich. Leipzig 1939.

Gau Sudetenland. Reichenberg 1941.

Gedye, G. E. R.: Fallen Bastions. The Central European Tragedy. London 1939.

Der Generalquartiermeister. Briefe und Tagebuchaufzeichnungen des Generalquartiermeisters des Heeres General der Artillerie Eduard Wagner. Hrsg. von Elisabeth *Wagner.* München-Wien 1963.

Grant Duff, Shiela: A German Protectorate. The Czechs under Nazi Rule. London 1942 (Neuaufl. 1970).

Das größere Reich. Eine Vortragsreihe, veranstaltet von der Verwaltungsakademie Wien. Berlin 1943.

Groscurth, Helmuth: Tagebücher eines Abwehroffiziers 1938–1940. Mit weiteren Dokumenten zur Militäropposition gegen Hitler. Hrsg. von Helmut *Krausnick* und Harold C. *Deutsch* unter Mitarb. von Hildegard von *Kotze.* Stuttgart 1970 (Quellen und Darstellungen zur Zeitgeschichte 19).

Der Großdeutsche Reichstag. IV. Wahlperiode. Beginn am 10. April 1938. Verlängert bis zum 30. Januar 1947. Neuherausgabe des Handbuchs von Ernst *Kienast.* Berlin 1943.

Hagen, Walter (= Wilhelm Höttl): Die geheime Front. Organisation, Personen und Aktionen des deutschen Geheimdienstes. Wien–Linz 1950.

Heiden, Konrad: Geschichte des Nationalsozialismus. Berlin 1932.

Helbok, Adolf/*Lehmann,* Emil, unter Mitarb. von Friedrich *Ranzi:* Heimgekehrte Grenzlande im Südosten. Ostmark, Sudetengau, Reichsprotektorat Böhmen und Mähren. Ein Handbuch. Leipzig 1939.

Hencke, Andor: Augenzeuge einer Tragödie. Diplomatenjahre in Prag 1936–1939. München 1977 (Veröffentlichung des Sudetendeutschen Archivs 11).

Konrad Henlein trat voran. Brünn [1937].

Konrad Henlein spricht. Reden zur politischen Volksbewegung der Sudetendeutschen. Hrsg. von Rudolf *Jahn.* 2. Aufl. Karlsbad–Leipzig 1937.

Henlein, Konrad: Reden und Aufsätze zur völkischen Turnbewegung 1928–1933. Hrsg. von Willi *Brandner.* Karlsbad 1934.

Ders.: Die Angliederung des Sudetenlandes. Berlin 1940 (Die Verwaltungsakademie. Handbuch für den Beamten im nationalsozialistischen Staat. 2. Aufl., Bd. 1, Gr. 2, Lfg. 20).

Ders.: Die deutschen Kulturaufgaben in der Tschechoslowakei. Karlsbad–Leipzig 1936 (Bücherei der Sudetendeutschen 1/7).

Ders.: Heim ins Reich. Reden aus den Jahren 1937 und 1938. Hrsg. von Ernst *Tscherne.* Reichenberg–Karlsbad 1939.

Ders.: Die soziale und wirtschaftliche Lage im Sudetenland. Reichenberg [1940] (NS-Schriftenreihe des Gaues Sudetenland).

Ders.: Sudetendeutschtum und gesamtdeutsche Kultur. Berlin [1936].

Ders.: The Sudeten German Minority in Czechoslovakia. International Affairs 15 (1936) 561-572.

Ders.: Das Sudetenland. In: Das größere Reich. Eine Vortragsreihe, veranstaltet von der Verwaltungsakademie Wien. Berlin 1943, 36-52.

Henlein, Konrad: Unlösbar vom Reich. Die wirtschaftliche Leistung des Sudetengaues. In: Sudetenland im Reich. Hrsg. von Karl *Viererbl.* Reichenberg 1943, 7f.

Ders.: Unsere Verpflichtung. Gedanken zum 5. Jahrestag unserer Heimkehr. Sudetendeutsche Monatshefte, Herbstmond 1943, 173-175.

Heydrichova okupační politika v dokumentech [Heydrichs Besatzungspolitik in Dokumenten]. Hrsg. von Lenka *Linhartová,* Vlasta *Měšťánková* und Jaroslava *Milotová.* Praha 1987.

Hitler. Sämtliche Aufzeichnungen 1905–1924. Hrsg. von Eberhard *Jäckel* zusammen mit Axel *Kuhn.* Stuttgart 1980.

Höller, Franz: Von der SdP zur NSDAP. Ein dokumentarischer Bildbericht. Reichenberg 1939.

Holtz, Dietrich: Der Verwaltungsaufbau in den neuen Reichsgauen. Reichsverwaltungsblatt 60 (1939), 549-551.

Hugelmann, Karl Gottfried: Die Eingliederung des Sudetenlandes. In: Idee und Ordnung des Reiches. Hrsg. von Ernst Rudolf *Huber.* Bd. 1. Hamburg 1943, 5-37.

Jahn, Rudolf: Konrad Henlein. Leben und Werk des Turnführers. Karlsbad 1938.

Jaksch, Wenzel: Europas Weg nach Potsdam. Schuld und Schicksal im Donauraum. Köln 1967.

Ders./Kolarz, Walter: Der Weg der letzten freien Deutschen. Dokumente und Berichte. London 1940.

Jesser, Franz: Volkstumskampf und Ausgleich im Herzen Europas. Erinnerungen eines sudetendeutschen Politikers, aufgezeichnet von Dr. Arthur *Herr.* Nürnberg 1983.

Jordan, Rudolf: Erlebt und erlitten. Weg eines Gauleiters von München bis Moskau. Leoni 1971.

Jung, Rudolf: Das deutsch-tschechische Problem und die gegenwärtigen Forderungen der sudetendeutschen Volksgruppe. Monatshefte für Auswärtige Politik (1938) Nr. 5, 801-812.

Ders.: Der nationale Sozialismus. Seine Grundlagen, sein Werdegang und seine Ziele. 3. Aufl. München 1922.

Die Kampagne gegen den Sprecher der Sudetendeutschen Landsmannschaft Dr. Walter Becher. Eine Dokumentation. München 1968.

Kampffmeyer, Paul: Der Nationalsozialismus und seine Gönner. Berlin 1924.

Karlgren, Antoine: Henlein, Hitler a československá tragedie [Henlein, Hitler und die tschechoslowakische Tragödie]. Praha 1945.

Kehrl, Hans: Krisenmanager im Dritten Reich. 6 Jahre Frieden – 6 Jahre Krieg. Erinnerungen. Mit kritischen Anmerkungen und einem Nachwort von Erwin *Viefhaus.* 2. Aufl. Düsseldorf 1973.

Kennan, George F.: Diplomat in Prag 1938-1940. Berichte, Briefe, Aufzeichnungen. Frankfurt/M. 1972.

Kern, Karl Richard: Heimat und Exil – von Böhmen nach Schweden. Erinnerungen und Bekenntnisse eines sudetendeutschen Sozialdemokraten. Nürnberg 1977.

Kienast, Ernst: Der Großdeutsche Reichstag 1938. Nachtrag. Berlin 1939.

Körner, Heinz: Die Wirtschaftsstruktur Südsachsens und des angrenzenden sudetendeutschen Gebietes. Diss. Leipzig 1941.

Kozenski, Jerzy: Berichte aus dem Sudetenland 1939-1945. Studia historica slavo-germanica 7 (1978) 85-104.

Krebs, Hans: Kampf in Böhmen. Berlin 1936.

Ders./Lehmann, Emil: Wir Sudetendeutsche! 2. Aufl. Berlin 1937.

Kreißl, Anton: Verwaltungsaufbau im Reichsgau Sudetenland. Reichenberg 1940 (Schriftenreihe der Verwaltungsakademie Reichenberg 1).

Kriegstagebuch des Oberkommandos der Wehrmacht (Wehrmachtführungsstab). Bd. IV: 1. Januar 1944 – 22. Mai 1945. Eingeleitet und erläutert von Percy Ernst *Schramm.* 2. Halbband. Frankfurt/M. 1961.

Lammel, Richard: Der Aufbau der NSDAP. In: Sudetenland im Reich. Hrsg. von Karl *Viererbl.* Reichenberg 1943, 39f.

Lauterbacher, Hartmann: Erlebt und mitgestaltet. Kronzeuge einer Epoche 1923-45. Zu neuen Ufern nach Kriegsende. Preußisch Oldendorf 1987.

Der Lebenswille des Sudetendeutschtums. Bericht über die Haupttagung der Sudetendeutschen Partei am 23. und 24. April 1938 in Karlsbad, mit der Rede Konrad Henleins. Leipzig–Karlsbad 1938.

Lehmann, Emil: Der Reichsgau Sudetenland. Deutsche Monatshefte 9 (1942/43) 333-386.

Leitsätze zur Wirtschaftspolitik der Sudetendeutschen Partei. Zwei wirtschaftliche Reden von Konrad Henlein und Dr. Karl Janovsky. Karlsbad/Leipzig 1938 (Bücherei der Sudetendeutschen I/10).

Malá, Irena/*Lesjuk,* Petr: Okupace československého pohraničí hitlerovským Německem po Mnichovu [Die Besetzung des tschechoslowakischen Grenzgebietes durch Hitler-Deutschland nach München]. Sborník archivních prací 9 (1959) 3-56.

Mäurer, Wilhelm: Das Sudetengaugesetz und die Gliederungs- und Organisationsbestimmungen für den Reichsgau Sudetenland. Berlin 1943 (Kommunale Schriften 95).

Mayer, Hans: Der Sudetengau in der Raumordnung. Deutsche Monatshefte 9 (1942/43) 424-443.

Meinecke, Friedrich: Die deutsche Katastrophe. Betrachtungen und Erinnerungen. Wiesbaden 1946.

Meldungen aus dem Reich. Die geheimen Lageberichte des Sicherheitsdienstes der SS 1938-1945. Hrsg. von Heinz *Boberach.* Herrsching 1984-1985.

Milotová, Jaroslava/*Kárný,* Miroslav: Od Neuratha k Heydrichovi (Na rozhraní okupační politiky hitlerovského Německa v „Protektorátu Čechy a Morava") [Von Neurath zu Heydrich (Am Scheideweg der Besatzungspolitik Hitlerdeutschlands im „Protektorat Böhmen und Mähren")]. Sborník archivních prací 39 (1989) 281-394.

Mirow: Die Überleitung der Verwaltung und der Wirtschaft in den sudetendeutschen Gebieten. Reichsverwaltungsblatt 59 (1938) 931-934.

Morrell, Sydney: I Saw the Crucifixion. London 1939.

Mühlberger, Josef: Sudetendeutscher Schicksalsweg. Ein Lese- und Quellenbuch zur Geschichte der Sudetendeutschen. Quellen – Urkunden – Dokumente – Augenzeugenberichte – Darstellungen. München 1976.

Naudé, Horst: Erlebnisse und Erkenntnisse. 2 Bde. Bd. 1: Als politischer Beamter im Protektorat Böhmen und Mähren. München 1975.

Nitschke, Richard: Sudetenland. Land – Volk – Wirtschaft. Breslau 1938 (Schriften zur Erneuerung Deutschlands 108).

Nürnberger Prozesse. Der Prozeß gegen die Hauptkriegsverbrecher vor dem Internationalen Militärgerichtshof. Nürnberg 14. 11. 1945 – 1. 10. 1946. 42 Bde. Nürnberg 1947-1949.

Opavsko a severní Morava za okupace. Z tajných zpráv okupačních úřadů z let 1940– 1943 [Das Troppauer Gebiet und Nordmähren während der Besatzung. Aus den geheimen Berichten der Besatzungsbehörden der Jahre 1940-1943]. Bearb. von Josef *Orlík.* Ostrava 1961.

Organisationshandbuch der NSDAP. 5. Aufl. München 1938.

Partei und Menschentum. Hrsg. vom Gaupropagandaamt der NSDAP Sudetenland. Reichenberg [1940].

Politické strany a Mnichov. Dokumenty. [Die politischen Parteien und München. Dokumente]. Hrsg. von Václav *Král.* Praha 1961.

Die Polizeiverwaltungsordnung für den Reichsgau Sudetenland mit einschlägigen Gesetzen, Verordnungen und Erlassen. Hrsg. von Wilhelm *Mäurer*. Berlin 1940 (Kommunale Schriften 83).

Protektorátní politika Reinharda Heydricha [Die Protektoratspolitik Reinhard Heydrichs]. Hrsg. von Miroslav *Kárný* und Jaroslava *Milotová*. Praha 1991.

Protifašistický a národně osvobozenecký boj českého a slovenského lidu 1938-1945. Edice dokumentů [Der antifaschistische und nationale Befreiungskampf des tschechischen und slowakischen Volkes 1938-1945. Dokumentenedition]. 9 Bde. Hrsg. von Růžena *Hlušičková*, Ludmila *Kubátová*, Irena *Malá* und Jaroslav *Vrbata*. Praha 1979-1988.

Ripka, Hubert: Munich: Before and After. London 1969.

Rühle, Gerd: Das Dritte Reich. Dokumentarische Darstellung des Aufbaues der Nation. Das sechste Jahr 1938. Berlin 1939.

Salomon, Ernst von: Der Fragebogen. Hamburg 1951.

Sandner, Rudolf: Geistiger Anschluß durch die Presse. In: Sudetenland im Reich. Hrsg. von Karl *Viererbl*. Reichenberg 1943, 86 f.

Schellenberg, Walter: Memoiren. Köln 1959.

Speer, Albert: Erinnerungen. Frankfurt/M.-Berlin 1993.

Stade, Ernst: Die Wirtschaft des Sudetengaues. Deutsche Monatshefte 9 (1942/43) 444-449.

Steinert, Kurt: Unter der Schöberlinie. Warnsdorf – Stadt und Land – im Kampfe um ihre Befreiung. 3. Aufl. Warnsdorf 1940.

Ein Sudetendeutscher ergibt sich nicht! Ein Buch um den sudetendeutschen nationalsozialistischen Führer Hans Krebs. Hrsg. von Hans Christoph *Kaergel*. Breslau 1938.

Sudetendeutschtum im Kampf. Ein Bericht von Arbeit und Not. Hrsg. von der Hauptleitung der Sudetendeutschen Partei, Vorsitzender Konrad Henlein. Karlsbad 1936.

Sudetenland im Reich. Hrsg. von Karl *Viererbl*. Reichenberg 1943.

Sündermann, Helmut: Die Grenzen fallen. Von der Ostmark zum Sudetenland. 3. Aufl. München 1939.

Swoboda, Ernst: Die neue Rechtsgestaltung im Sudetenland. Reichsverwaltungsblatt 60 (1939) 238-243.

Die Tagebücher von Joseph Goebbels. Sämtliche Fragmente. Hrsg. von Elke *Fröhlich* im Auftrag des Instituts für Zeitgeschichte und in Verbindung mit dem Bundesarchiv. Teil I: Aufzeichnungen 1924-1941. 4 Bde. München 1991.

Die Tagebücher von Joseph Goebbels. Im Auftrag des Instituts für Zeitgeschichte und mit Unterstützung des Staatlichen Archivdienstes Rußlands hrsg. von Elke *Fröhlich*. Teil II. Diktate 1941-1945. Bde 3-5 und 6-15. München 1993-1996.

Thiel, Fritz: Der Reichsgau Sudetenland. Reichsverwaltungsblatt 61 (1940) 701-704.

Thurich, Eckart: Schwierige Nachbarschaften. Deutsche und Polen – Deutsche und Tschechen im 20. Jahrhundert. Eine Darstellung in Dokumenten. Stuttgart-Berlin-Köln 1990.

Die Vergangenheit warnt. Dokumente über die Germanisierungs- und Austilgungspolitik der Naziokkupanten in der Tschechoslowakei. Zusammengestellt, mit Vorwort und Anmerkungen versehen von Dr. Václav *Král*. Prag 1960.

Vogeler, Friedrich: Der Aufbau der staatlichen Verwaltung. In: Sudetenland im Reich. Hrsg. von Karl *Viererbl*. Reichenberg 1943, 41-43.

Vom Generalplan Ost zum Generalsiedlungsplan. Dokumente. Hrsg. von Czesław *Madajczyk* unter Mitarb. von Stanisław *Biernacki*, Karin *Borck*, Hans H. *Hahn*, Eligiusz *Janus*, Blanka *Meissner* und Michael G. *Müller*. München 1994 (Einzelveröffentlichung der Historischen Kommission zu Berlin 80).

Wagner, Eduard: Die Besetzung der Tschechoslowakei. Politische Studien 14 (1963) 578-584.

Winkler, Erwin: Der Gau im Zahlenspiegel. In: Sudetenland im Reich. Hrsg. von Karl *Viererbl*. Reichenberg 1943, 18-25.

Wiskemann, Elizabeth: Czechs and Germans. 2. Aufl. London 1967.

Dies.: Czechs and Germans after Munich. Foreign Affairs 17 (1939) 290-304.

Witte, Eugen de: Für Heimat und Freiheit. Stuttgart 1982.

Zpověď K. H. Franka [Die Beichte K. H. Franks]. Vorwort von Karel *Vykusý*. Prag 1946.

4. Literatur

Adler, Hans Guenter: Theresienstadt 1941-1945. Das Antlitz einer Zwangsgemeinschaft. Geschichte, Soziologie, Psychologie. Tübingen 1955.

Alexander, Manfred: Phasen der Identitätsfindung der Deutschen in der Tschechoslowakei, 1918-1945. In: Nation. Nationalismus. Postnation. Hrsg. von Harm *Klueting.* Köln-Weimar-Wien 1992, 123-132.

Ders.: Die Tschechische Diskussion über die Vertreibung der Deutschen und deren Folgen. Bohemia 34 (1993) 390-409.

Amort, Čestmír: Drang nach Osten. Pangermánské plány na vyhubení slovanských národů [Drang nach Osten. Pangermanische Pläne zur Ausrottung der slawischen Völker]. Praha 1971.

„Anschluß" 1938. Eine Dokumentation. Herausgegeben vom Dokumentationsarchiv des österreichischen Widerstandes. Wien 1988.

Antoš, Zdeněk: Blut und Boden - ke „konečnému řešení" národnostní otázky v sudetské župě [Blut und Boden - zur „Endlösung" der Nationalitätenfrage im Sudetengau]. Slezský sborník 64 (1966) 28-59.

Ders.: Jihotyrolská otázka za druhé světové války a naše země [Die Südtiroler Frage während des Zweiten Weltkrieges und unser Land]. Slezský sborník 64 (1966) 390-398.

Ders.: K úloze nacistické agrární politiky na Těšínsku [Zur Rolle der nazistischen Agrarpolitik im Teschener Gebiet]. Odboj a revoluce - Zprávy 6/1 (1968) 136-156.

Ders.: Pokus o „řešení" české otázky v sudetské župě na sklonku druhé světové války [Ein Versuch zur „Lösung" der tschechischen Frage im Gau Sudetenland am Ende des Zweiten Weltkrieges]. Odboj a revoluce - Zprávy 6/2 (1968) 76-92.

Ders.: Poznámky k některým rysům nacistického režimu v odtrženém pohraničí [Anmerkungen zu einigen Zügen des nazistischen Regimes im abgetrennten Grenzgebiet]. Odboj a revoluce - Zprávy 4/2 (1966) 19-34.

Arndt, Veronika: „Blut und Boden" - Politik im „Sudetengau". Zur Agrar- und Nationalitätenpolitik der deutschen Faschisten im okkupierten Grenzland der ČSR. Phil Diss. Leipzig 1970.

Dies.: „Ständische" Ideologie im Henleinfaschismus - das Programm Franz Künzels. Jahrbuch für Geschichte der sozialistischen Länder Europas 18/2 (1974) 199-211.

Arndtová [Arndt], Veronika: K úloze a významu tzv. Ostsudetenlandu (bývalý vládní obvod Opava) v plánech německých fašistů za okupace [Zur Rolle und Bedeutung des sog. Ostsudetenlandes (ehemaliger Regierungsbezirk Troppau) in den Plänen der deutschen Faschisten während der Okkupation]. Slezský sborník 71 (1973) 271-280.

Dies.: Stavovská koncepce F. Künzela a fašistická agrární a národnostní politika v tzv. východních Sudetech [Die ständische Konzeption F. Künzels und die faschistische Agrar- und Nationalitätenpolitik in den sogenannten Ostsudeten]. Slezský sborník 73 (1975) 182-197.

Aschenbrenner, Viktor: Sudetenland. Ein Überblick über seine Geschichte. Bad Reichenhall 1959 (Schriften des Kulturwerkes der vertriebenen Deutschen 2/2).

Bajor, Frank: Gauleiter in Hamburg. Zur Person und Tätigkeit Karl Kaufmanns. Vierteljahrshefte für Zeitgeschichte 43 (1995) 267-295.

Bartoš, Josef: České školství v Sudetech za nacistické okupace [Das tschechische Schulwesen im Sudetengebiet während der nationalsozialistischen Besatzung]. Acta Universitatis Palackianae Olomucensis, Paedagocica-psychologica 11 (1970) 251-290.

Ders.: Historiografie okupovaného pohraničí českých zemí 1938-1945 [Die Historiographie des besetzten Grenzgebiets der böhmischen Länder 1938-1945]. In: Studie o sudetoněmecké otázce [Studien zur sudetendeutschen Frage]. Hrsg. von Václav *Kural* und Koll. Praha 1996, 9-22.

Ders.: K podmínkám a problematice odboje v okupovaném pohraničí v letech 1938 až 1941 [Zu Bedingungen und Problematik des Widerstandes im besetzten Grenzgebiet in den Jahren 1938 bis 1941]. Odboj a revoluce - Zprávy 6/1 (1968) 7-19.

Ders.: K zpracování historie okupovaného pohraničí 1938-1945 [Zur Bearbeitung der Geschichte des besetzten Grenzgebietes 1938-1945]. Přehled vědecké a pedagogické práce kateder marxismu-leninismu [Überblick über die wissenschaftliche und pädagogische Arbeit des Lehrstuhls für Marxismus-Leninismus]. 1966/3, 141-152.

Ders.: Národně osvobozenecké hnutí na severní Moravě 1938-1945 [Die nationale Befreiungsbewegung in Nordmähren1938-1945]. Šumperk 1965.

Ders.: Odboj proti nacistickým okupantům na severozápadní Moravě [Der Widerstand gegen die nazistischen Okkupanten in Nordwestmähren]. Šumperk 1986.

Ders.: Okupované pohraničí a české obyvatelstvo 1938-1945 [Das besetzte Grenzgebiet und die tschechische Bevölkerung 1938-1945]. Praha 1978 (Acta Universitatis Palackianae Olomucensis. Facultas philosophica. Historica 19).

Ders.: Postavení českého obyvatelstva na severní Moravě za okupace [Die Stellung der tschechischen Bevölkerung in Nordmähren während der Okkupation]. Šumperk 1969.

Becher, Walter: Der Blick aufs Ganze. Das Weltbild Othmar Spanns. Gedanken zur Jahrtausendwende. München 1985.

Ders.: In den Fängen des Dritten Reiches. Othmar Spann und Reinhard Heydrichs „Geheime Kommandosache" 1936. Beitrag zur Klarstellung eines beispiellosen Gelehrtenschicksals. München 1991.

Ders.: Der Kameradschaftsbund. Eine Mittlergruppe zwischen Jugendbewegung und verantwortlicher Politik. In: Deutsche Jugend in Böhmen 1918-1938. Hrsg. von Peter *Becher.* München 1993, 134-140.

Bechyně, Josef: Úřad vládního prezidenta v Ústí nad Labem 1938-1945 [Die Behörde des Regierungspräsidenten in Aussig 1938-1945]. Historický sborník Ústecka 1971, 118-163.

Beiträge zum deutsch-tschechischen Verhältnis im 19. und 20. Jahrhundert. Vorträge der wissenschaftlichen Tagungen des Collegium Carolinum in Nürnberg vom 14.-15. Mai 1964 und in Salzburg vom 6.-8. November 1964. München 1967 (Veröffentlichungen des Collegium Carolinum 19).

Benz, Wolfgang: Expansion und Konkurrenz. Zum Verhältnis von Regierungsapparat und NSDAP. In: Herrschaft und Gesellschaft im nationalsozialistischen Staat. Studien zur Struktur- und Mentalitätsgeschichte. Hrsg. von *dems.* Frankfurt/M. 1990, 47-62.

Ders.: Partei und Staat. Mechanismen nationalsozialistischer Herrschaft. In: Herrschaft und Gesellschaft im nationalsozialistischen Staat. Studien zur Struktur und Mentalitätsgeschichte. Hrsg. von *dems*. Frankfurt/M. 1990, 29-46.

Bethke, Susann: Die Entwicklung der tschechoslowakischen Diskussion um die Vertreibung der Deutschen. Deutsche Ostkunde 38 (1992) 95-108.

Bibliographie der Gauleiter der NSDAP. Zusammengestellt von Günter *Plum*. Als Ms. gedruckt: Institut für Zeitgeschichte. München 1970.

Biman, Stanislav: Nacistická bezpečnostní služba v Protektorátě Čechy a Morava (Vznik, organisace, činnost) [Der nationalsozialistische Sicherheitsdienst im Protektorat Böhmen und Mähren (Entstehung, Organisation, Tätigkeit)]. Sborník archivních prací 22 (1972) 297-355.

Ders.: Obraz Němců a Německa v letech 1938-1945 na odtržených územích v župě Sudety [Das Bild der Deutschen und Deutschlands in den Jahren 1938-1945 in den abgetretenen Gebieten im Sudetengau]. Ms. Praha 1996.

Ders.: Vznik tzv. německého státního ministerstva pro Čechy a Moravu [Die Entstehung des sog. Deutschen Staatsministeriums für Böhmen und Mähren]. Sborník archivních prací 18 (1968) 237-304.

Ders./*Cílek*, Roman: Der Fall Grün und das Münchener Abkommen. Dokumentarbericht. Berlin 1983.

Ders./*Malíř*, Jaroslav: Kariéra učitele tělocviku [Die Karriere eines Turnlehrers]. Ústí nad Labem 1983.

Biographisches Lexikon zur Geschichte der böhmischen Länder. Hrsg. von Heribert *Sturm*, Ferdinand *Seibt*, Hans *Lemberg* und Helmut *Slapnicka*. München-Wien 1974ff.

Birn, Ruth Bettina: Die Höheren SS- und Polizeiführer. Himmlers Vertreter im Reich und in den besetzten Gebieten. Düsseldorf 1986.

Black, Peter R.: Ernst Kaltenbrunner. Ideological Soldier of the Third Reich. Princeton/Mass. 1984.

Blaich, Fritz: Wirtschaft und Rüstung in Deutschland 1933-1939. In: Nationalsozialistische Diktatur 1933-1945. Eine Bilanz. Hrsg. von Karl Dietrich *Bracher*, Manfred *Funke* und Hans-Adolf *Jacobsen*. Bonn 1983, 285-316.

Blessing, Werner K.: Diskussionsbeitrag: Nationalsozialismus unter „regionalem Blick". In: Nationalsozialismus in der Region. Beiträge zur regionalen und lokalen Forschung und zum internationalen Vergleich. Hrsg. von Horst *Möller*, Andreas *Wirsching* und Walter *Ziegler*. München 1996 (Schriftenreihe der Vierteljahrshefte für Zeitgeschichte, Sondernr.), 47-56.

Bodensieck, Heinrich: Das Dritte Reich und die Lage der Juden in der Tschechoslowakei nach München. Vierteljahrshefte für Zeitgeschichte 9 (1961) 249-261.

Ders.: Der Plan eines „Freundschaftsvertrages" zwischen dem Reich und der Tschecho-Slowakei im Jahre 1938. Zeitschrift für Ostforschung 10 (1961) 462-476.

Ders.: Volksgruppenrecht und nationalsozialistische Außenpolitik nach dem Münchener Abkommen 1938. Zeitschrift für Ostforschung 7 (1958) 502-518.

Ders.: Zur Vorgeschichte des „Protektorats Böhmen und Mähren". Der Einfluß volksdeutscher Nationalsozialisten und reichsdeutscher Berufsdiplomaten auf Hitlers Entscheidung. Geschichte in Wissenschaft und Unterricht 19 (1968) 713-732.

Böhmert, Viktor: Die tschechoslowakische Frage in den Nürnberger Kriegsverbrecherprozessen. Bohemia-Jahrbuch 4 (1963) 300-342.

Die böhmischen Länder zwischen Ost und West. Festschrift für Karl Bosl zum 75. Geburtstag. Hrsg. von Ferdinand *Seibt.* München–Wien 1983.

Bohmann, Alfred: Bevölkerungsbewegungen in Böhmen 1847–1947 mit besonderer Berücksichtigung der Entwicklung der nationalen Verhältnisse. München 1958 (Wissenschaftliche Materialien zur Landeskunde der böhmischen Länder 3).

Ders.: Menschen und Grenzen. 4 Bde. Köln 1969-1975. Bd. 4: Bevölkerung und Nationalitäten in der Tschechoslowakei. Köln 1975.

Ders.: Das Sudetendeutschtum in Zahlen. Handbuch über den Bestand und die Entwicklung der sudetendeutschen Volksgruppe in den Jahren 1910 bis 1950. Die kulturellen, soziologischen und wirtschaftlichen Verhältnisse im Spiegel der Statistik. München 1959.

Bosl, Karl: Das Geschichtsbild der Sudetendeutschen als Integrationsproblem. Bohemia 21 (1980) 155-170.

Ders.: Sprachnation – Nationalstaat – Nationalitätenpolitik. Volkstum und Kultur. Ein Vorwort. In: Handbuch der Geschichte der böhmischen Länder. Hrsg. von *dems.* Bd. 4: Der tschechoslowakische Staat im Zeitalter der modernen Massendemokratie und Diktatur. Stuttgart 1970, VII-XIII.

Botz, Gerhard: Die Eingliederung Österreichs in das Deutsche Reich. Planung und Verwirklichung des politisch-administrativen Anschlusses (1938–1940). 3. Aufl. Wien 1988.

Boyer, Christoph: Die Vergabe von Staatsaufträgen in der ČSR in den dreißiger Jahren – ein Vehikel zur Ruinierung der sudetendeutschen Wirtschaft? In: Das Scheitern der Verständigung. Tschechen, Deutsche und Slowaken in der Ersten Republik (1918–1938). Für die deutsch-tschechische und -slowakische Historikerkommission hrsg. von Jörg K. *Hoensch* und Dušan *Kováč.* Essen 1994 (Veröffentlichungen des Instituts für Geschichte der Deutschen im östlichen Europa 2), 81-115.

Ders.: Deutsch-tschechoslowakische Wirtschaftsbeziehungen seit 1918. Alte Verbindungen – neue Ängste. In: Tschechen, Slowaken und Deutsche. Nachbarn in Europa. Bonn 1995, 154-167.

Ders./Kučera, Jaroslav: Die Deutschen in Böhmen, die Sudetendeutsche Partei und der Nationalsozialismus. In: Nationalsozialismus in der Region. Beiträge zur regionalen und lokalen Forschung und zum internationalen Vergleich. Hrsg. von Horst *Möller,* Andreas *Wirsching* und Walter *Ziegler.* München 1996 (Schriftenreihe der Vierteljahrshefte für Zeitgeschichte, Sondernr.), 273-285.

Brandes, Detlef: Nationalsozialistische Tschechenpolitik im Protektorat Böhmen und Mähren. In: Der Weg in die Katastrophe. Deutsch-tschechoslowakische Beziehungen 1938–1947. Für die deutsch-tschechische und deutsch-slowakische Historikerkommission hrsg. von *dems.* und Václav *Kural.* Essen 1994 (Veröffentlichungen des Instituts für Kultur und Geschichte der Deutschen im östlichen Europa 3), 39-56.

Ders.: Die Tschechen unter deutschem Protektorat. 2 Bde. München–Wien 1969-1975.

Ders.: Der tschechische Widerstand in den letzten Kriegsjahren. In: Das Jahr 1945 in der Tschechoslowakei. Internationale, nationale und wirtschaftlich-soziale Probleme. Hrsg. von Karl *Bosl.* München–Wien 1971 (Bad Wiesseer Tagungen des Collegium Carolinum [3]), 101-114.

Ders.: Eine verspätete tschechische Alternative zum Münchener ‚Diktat'. Edvard Beneš und die sudetendeutsche Frage 1938–1945. Vierteljahrshefte für Zeitgeschichte 42 (1994) 221-241.

Ders.: Die Zerstörung der deutsch-tschechischen Konfliktgemeinschaft 1938-1947. In: Tschechen, Slowaken und Deutsche. Nachbarn in Europa. Bonn 1995, 50-66.

Ders./Kural, Václav: Der Weg in die Katastrophe 1938-1947. Forschungsstand und - probleme. In: Der Weg in die Katastrophe. Deutsch-tschechoslowakische Beziehungen 1938-1947. Für die deutsch-tschechische und deutsch-slowakische Historikerkommission hrsg. von *dens.* Essen 1994 (Veröffentlichungen des Instituts für Kultur und Geschichte der Deutschen im östlichen Europa 3), 11-26.

Braumandl, Wolfgang: Die Auswirkungen der Wirtschafts- und Sozialpolitik des Deutschen Reiches auf die Wirtschaft im Sudetenland 1938-1945. Nürnberg 1985 (Veröffentlichung des Sudetendeutschen Archivs in München 20).

Braun, Karl: Der 4. März 1919. Zur Herausbildung sudetendeutscher Identität. Bohemia 37 (1996) 353-380.

Die braune Elite. Hrsg. von Ronald M. *Smelser* und Rainer *Zitelmann.* Darmstadt 1989.

Broszat, Martin: Der Staat Hitlers. Grundlegung und Entwicklung seiner inneren Verfassung. 13. Aufl. München 1992.

Ders.: Nationalsozialistische Konzentrationslager 1933-1945. In: *Ders./Buchheim,* Hans/*Jacobsen,* Hans-Adolf/*Krausnick,* Helmut: Anatomie des SS-Staates. 2 Bde. 5. Aufl. München 1989. Bd. 2, 11-133.

Ders.: Das Sudetendeutsche Freikorps. Vierteljahrshefte für Zeitgeschichte 9 (1961) 30-49.

Ders.: Die völkische Ideologie und der Nationalsozialismus. Deutsche Rundschau 84 (1958) 53-68.

Brügel, Johann Wolfgang: Wölfe im demokratischen Schafspelz. Ein Beitrag zur Bewältigung der Vergangenheit. Gewerkschaftliche Monatshefte 14 (1963) 202-212.

Ders.: Tschechen und Deutsche 1918-1938. München 1967.

Ders.: Tschechen und Deutsche 1939-1946. München 1974.

Brzobohatý, Jan: Okupační finanční správa v odtržených českých oblastech v letech 1938-1945 [Die Okkupations-Finanzverwaltung in den abgetrennten böhmischen Gebieten in den Jahren 1938-1945]. Sborník archivních prací 12 (1962) 68-86.

Bubeníčková, Růžena/*Helešicová,* Věra: Deset říjnových dnů roku 1938 [Zehn Oktober-Tage des Jahres 1938]. Odboj a revoluce – Zprávy 6/4 (1968) 111-187.

Buchheim, Hans: Bearbeitung des Sachgebietes „Homosexualität" durch die Gestapo. In: Gutachten des Instituts für Zeitgeschichte. Bd. 1. München 1958, 308-310.

Ders.: Mitgliedschaft bei der NSDAP. In: Gutachten des Instituts für Zeitgeschichte. Bd. 1. München 1958, 313-322.

Ders.: Rechtsstellung und Organisation des Reichskommmissars für die Festigung deutschen Volkstums. In: Gutachten des Instituts für Zeitgeschichte. Bd. 1. München 1958, 239-279.

Ders.: SS und Polizei im NS-Staat. Duisdorf 1964 (Staatspolitische Schriftenreihe 13).

Ders.: Die SS – das Herrschaftsinstrument. In: *Broszat,* Martin/*Ders./Jacobsen,* Hans-Adolf/*Krausnick,* Helmut: Anatomie des SS-Staates. 2 Bde. 5.Aufl. München 1989. Bd. 1, 14-212.

Campbell, F. Gregory: Confrontation in Central Europe. Weimar Germany and Czechoslovakia 1918-1933. Chicago 1975.

Celovsky, Boris: Das Münchener Abkommen 1938. Stuttgart 1958 (Quellen und Darstellungen zur Zeitgeschichte 3).

César, Jaroslav: Okupace ČSR a podíl sudetských Němců na okupaci [Die Besetzung der ČSR und der Anteil der Sudetendeutschen an der Besetzung]. In: Sudetští Němci a Mnichov. Materiály z konference historiků Severomoravského kraje [Die Sudetendeutschen und München. Materialien von einer Tagung der Historiker aus dem Bezirk Nordmähren]. Hrsg. von Andělín Grobelný. Ostrava 1964, 59-71.

Ders./Černý, Bohumil: Politika německých buržoazních stran v Československu v letech 1918-1939 [Die Politik der deutschen bürgerlichen Parteien in der Tschechoslowakei in den Jahren 1918-1939]. 2 Bde. Praha 1962.

Dies.: Německá iredenta a henleinovci v ČSR v letech 1930-1938 [Die deutsche Irredenta und die Henlein-Leute in der ČSR in den Jahren 1930-1938]. Československý časopis historický 10 (1962) 1-17.

Češi a Němci - historická tabu. Tschechen und Deutsche - historische Tabus. Hrsg. von der Stiftung Bolzano und der Ackermann-Gemeinde München. Prag 1995.

Češi a Němci - nová naděje? Tschechen und Deutsche - neue Hoffnung? Hrsg. von der Stiftung Bolzano. Prag 1992.

Z českých dějin. Sborník prací in memoriam Prof. Dr. Václava Husy [Aus der tschechischen Geschichte. Sammelband in memoriam Prof. Dr. Václav Husa]. Praha 1966.

Czechoslovakia 1918-88. Seventy Years from Independence. Hrsg. von H. Gordon *Skilling*. New York 1991.

Dahm, Volker: Kulturpolitischer Zentralismus und landschaftlich-lokale Kulturpflege im Dritten Reich. In: Nationalsozialismus in der Region. Beiträge zur regionalen und lokalen Forschung und zum internationalen Vergleich. Hrsg. von Horst *Möller*, Andreas *Wirsching* und Walter *Ziegler*. München 1996 (Schriftenreihe der Vierteljahrshefte für Zeitgeschichte, Sondernr.), 123-138.

Dau, Rudolf: Der Anteil deutscher Antifaschisten am nationalen Befreiungskampf des tschechischen und slowakischen Volkes (1938-1945). Diss. Potsdam 1965.

Deist, Wilhelm/*Messerschmidt*, Manfred/*Volkmann*, Hans-Erich/*Wette*, Wolfram: Ursachen und Voraussetzungen des Zweiten Weltkrieges. Frankfurt/M. 1989.

Dějiny komunistické strany Československa v datech [Geschichte der Kommunistischen Partei der Tschechoslowakei in Daten]. Praha 1984.

Dějiny zemí koruny české [Geschichte der Länder der böhmischen Krone]. Bd. 2: Od nástupu osvícenství po naši dobu [Vom Beginn der Aufklärung bis zu unserer Zeit]. 2. Aufl. Praha 1993.

Demokratie und Diktatur. Geist und Gestalt politischer Herrschaft in Deutschland und Europa. Hrsg. von Manfred *Funke*, Hans-Adolf *Jacobsen*, Hans-Helmuth *Knütter* und Hans-Peter *Schwarz*. Bonn 1987.

Deutsche Geschichte im Osten Europas. Böhmen und Mähren. Hrsg. von Friedrich *Prinz*. Berlin 1993.

Deutsche Jugend in Böhmen 1918-1938. Hrsg. von Peter *Becher*. München 1993.

Deutsche Jugendbewegung in Europa. Versuch einer Bilanz. Hrsg. von Peter *Nasarski*. Köln 1967.

Das Deutsche Reich und der Zweite Weltkrieg. Hrsg. vom Militärgeschichtlichen Forschungsamt. Bd. 5: Organisation und Mobilisierung des deutschen Machtbereichs. Halbbd. 1: *Kroener*, Bernhard R./*Müller*, Rolf-Dieter/*Umbreit*, Hans: Kriegsverwaltung, Wirtschaft und personelle Ressourcen 1939-1941. Stuttgart 1988.

Die deutsche Schule in den Sudetenländern. Form und Inhalt des Bildungswesens. Hrsg. von Theo *Keil*. München 1967 (Schriften der Arbeitsgemeinschaft sudetendeutscher Erzieher).

Der deutsche Widerstand gegen Hitler. Hrsg. von Walter *Schmitthenner* und Hans *Buchheim*. Köln-Berlin 1966.

Die Deutschen in Böhmen und Mähren. Ein historischer Rückblick. Hrsg. von Helmut *Preidel*. 2. Aufl. Gräfelfing bei München 1952.

Die deutschen Vertreibungsverluste. Bevölkerungsbilanzen für die deutschen Vertreibungsgebiete 1939/50. Stuttgart 1958.

Deutschland 1933-1945. Neue Studien zur nationalsozialistischen Herrschaft. Hrsg. von Karl Dietrich *Bracher*, Manfred *Funke* und Hans-Adolf *Jacobsen*. Bonn 1992.

Deutsch-tschechische Geschichte von „München" bis „Potsdam". Eine folgenschwere Zäsur. Hrsg. vom Institutum Bohemicum. München 1989.

Das deutsch-tschechische Verhältnis seit 1918. Hrsg. von Eugen *Lemberg* und Gotthold *Rhode*. Stuttgart-Berlin-Köln-Mainz 1969.

Deutsch-tschechoslowakische Beziehungen in Vergangenheit und Gegenwart. Hrsg. von Horst *Köpstein*. Leipzig 1964 (Wissenschaftliche Zeitschrift der Karl-Marx-Universität Leipzig. Gesellschafts- und sprachwissenschaftliche Reihe. Sonderbd. 4).

Dimension des Völkermordes. Die Zahl jüdischer Opfer des Nationalsozialismus. Hrsg. von Wolfgang *Benz*. München 1991 (Quellen und Darstellungen zur Zeitgeschichte 33).

Dolezel, Stephan: Deutschland und die Rest-Tschechoslowakei (1938-1939). Besatzungspolitische Vorstellungen vor dem deutschen Einmarsch. In: Gleichgewicht - Revision - Restauration. Die Außenpolitik der Ersten Tschechoslowakischen Republik im Europasystem der Pariser Vororteverträge. Hrsg. von Karl *Bosl*. München-Wien 1976 (Bad Wiesseer Tagungen des Collegium Carolinum [8]), 253-264.

Ders.: Grundzüge der reichsdeutschen Tschechoslowakei-Politik 1933-1939 - unter besonderer Berücksichtigung der Sudetendeutschen. In: Das Scheitern der Verständigung. Tschechen, Deutsche und Slowaken in der Ersten Republik (1918-1938). Für die deutsch-tschechische und -slowakische Historikerkommission hrsg. von Jörg K. *Hoensch* und Dušan *Kováč*. Essen 1994 (Veröffentlichungen des Instituts für Geschichte der Deutschen im östlichen Europa 2), 71-80.

Ders.: Tschechoslowakei - Nationalitätenprobleme im Kraftfeld der NS-Expansionspolitik. In: Innen- und Außenpolitik unter nationalsozialistischer Bedrohung. Hrsg. von Erhard *Forndran*, Frank *Golczewski* und Dieter *Riesenberger*. Opladen 1977, 257-276.

Düwell, Kurt: Gauleiter und Kreisleiter als regionale Gewalten des NS-Staates. In: Nationalsozialismus in der Region. Beiträge zur regionalen und lokalen Forschung und zum internationalen Vergleich. Hrsg. von Horst *Möller*, Andreas *Wirsching* und Walter *Ziegler*. München 1996 (Schriftenreihe der Vierteljahrshefte für Zeitgeschichte, Sondernr.), 161-174.

Die Erste Tschechoslowakische Republik als multinationaler Parteienstaat. Hrsg. von Karl *Bosl*. München-Wien 1979 (Bad Wiesseer Tagungen des Collegium Carolinum [9]).

Faltys, Antonín: K problematice hospodářské struktury Karlovarska na počátku nacistické okupace [Zur Problematik der wirtschaftlichen Struktur des Karlsbader Gebietes am Anfang der nazistischen Besatzung]. Minulostí západočeského kraje 1966, 63-81.

Ders.: Postavení českého pohraničí v rámci Velkoněmecké říše v letech 1938-1945 [Die Stellung des böhmischen Grenzgebietes im Rahmen des Großdeutschen Reiches 1938-1945]. Historie a vojenství 17 (1968) 386-420.

Ders.: Pozoruhodný den [Ein bemerkenswerter Tag]. Odboj a revoluce – Zprávy 4/5 (1966) 88-94.

Ders.: Die Tschechoslowakische Geschichtswissenschaft und die Geschichte der Okkupation der Grenzgebiete in den Jahren 1938–1945. In: Ostmitteleuropa im Zweiten Weltkrieg (Historiographische Fragen). Red. von Ferenc *Glatz.* Budapest 1978, 191-196.

Filip, Zdeněk: O německých antifašistech na severní Moravě v letech 1938–1945 [Über deutsche Antifaschisten in Nordmähren in den Jahren 1938–1945]. Minulostí západočeského kraje 6 (1967) 5-32.

Flucht und Vertreibung: zwischen Aufrechnung und Verdrängung. Hrsg. von Robert *Streibel.* Wien 1994.

Frajdl, Jiří: K problematice různých forem boje proti okupantům ve východních Čechách v letech 1938–1945 [Zur Problematik der verschiedenen Formen des Kampfes gegen die Okkupanten in Ostböhmen in den Jahren 1938–1945]. Východní Čechy 1964, 49-58.

Frank, Ernst: Karl Hermann Frank. Staatsminister im Protektorat. 2. Aufl. Heusenstamm 1971.

Franzel, Emil: Die Politik der Sudetendeutschen in der Tschechoslowakei 1918–1938. In: Die Deutschen in Böhmen und Mähren. Ein historischer Rückblick. Hrsg. von Helmut *Preidel.* 2. Aufl. Gräfelfing bei München 1952, 333-372.

Ders.: Sudetendeutsche Geschichte. Eine volkstümliche Darstellung. Augsburg 1958.

Ders.: Die Vertreibung. Sudetenland 1945/1946. Bad Nauheim 1967.

Frei, Norbert: Der Führerstaat. Nationalsozialistische Herrschaft 1933 bis 1945. 2. Aufl. München 1989.

Fröhlichová, Zdenka: Uchvácení severočeských dolů Göringovými závody a jejich zapojení do válečného hospodářství Německa [Das Ergreifen der nordböhmischen Gruben durch die Göringwerke und ihre Eingliederung in die Kriegswirtschaft Deutschlands]. Odboj a revoluce – Zprávy 6/1 (1968) 93-110.

Fuchs, Gerhard: Gegen Hitler und Henlein. Der solidarische Kampf tschechischer und deutscher Antifaschisten von 1933 bis 1938. Berlin 1961 (Schriftenreihe der Kommission der Historiker der DDR und der ČSSR 4).

Funke, Manfred: Starker oder schwacher Diktator? Hitlers Herrschaft und die Deutschen. Ein Essay. Düsseldorf 1989.

Gabert, Volkmar: Eine andere Folge von München: Gleichschaltung – Reichsgau – Exil – Widerstand. In: Deutsch-tschechische Geschichte von „München" bis „Potsdam". Eine folgenschwere Zäsur. Hrsg. vom Institutum Bohemicum. München 1989, 9-24.

Gleichgewicht – Revision – Restauration. Die Außenpolitik der Ersten Tschechoslowakischen Republik im Europasystem der Pariser Vororteverträge. Hrsg. von Karl *Bosl.* München-Wien 1976 (Bad Wiesseer Tagungen des Collegium Carolinum [8]).

Görner, Josef: Německá terminologie z doby nacistické okupace [Deutsche Terminologie aus der Zeit der nazistischen Besatzung]. Sborník archivních prací 15 (1965) 173-228.

Graml, Hermann: Die außenpolitischen Vorstellungen des deutschen Widerstandes. In: Der deutsche Widerstand gegen Hitler. Hrsg. von Walter *Schmitthenner* und Hans *Buchheim.* Köln-Berlin 1966, 15-72.

Ders.: Konrad Henlein. In: Neue Deutsche Biographie. Bd. 8. Berlin 1969, 532-534.

Ders.: Reichskristallnacht. Antisemitismus und Judenverfolgung im Dritten Reich. München 1988.

Ders.: Sudetendeutsche Heimatfront und NSDAP. In: Gutachten des Instituts für Zeitgeschichte. Bd. 2. Stuttgart 1966, 208-214.

Ders.: Wer bestimmte die Außenpolitik des Dritten Reiches? In: Demokratie und Diktatur. Geist und Gestalt politischer Herrschaft in Deutschland und Europa. Hrsg. von Manfred *Funke,* Hans-Adolf *Jacobsen,* Hans H. *Knütter* und Hans P. *Schwarz.* Bonn 1987, 223-236.

Grobelný, Andělín: Česká otázka roku 1942 v pojetí libereckého nacisty [Die tschechische Frage in der Auffassung eines Reichenberger Nazis]. Slezský sborník 69 (1971) 306-315.

Ders.: Školská otázka v okupovaném pohraničí 1938-1945 [Die Schulfrage im besetzten Grenzgebiet 1938-1945]. Slezský sborník 73 (1975) 100-119.

Die Große Krise der Dreißiger Jahre. Vom Niedergang der Weltwirtschaft zum Zweiten Weltkrieg. Hrsg. von Gerhard *Schulz.* Göttingen 1985.

Das große Lexikon des Dritten Reiches. Hrsg. von Christian *Zentner* und Friedemann *Bedürftig.* München 1985.

Gruchmann, Lothar: Justiz im Dritten Reich 1933-1940. Anpassung und Unterwerfung in der Ära Gürtner. München 1988.

Die „Grünen Berichte" der Sopade. Gedenkschrift für Erich Rinner (1902-1982). Hrsg. von der Friedrich-Ebert-Stiftung. Bonn 1980.

Grünwald, Leopold: Sudetendeutscher Widerstand gegen Hitler. Bd. 1: Der Kampf gegen das nationalsozialistische Regime in den sudetendeutschen Gebieten 1938- 1945. München 1978. — Bd. 2: Im Kampf für Frieden und Freiheit. München 1979. — Bd. 3: In der Fremde für die Heimat. Sudetendeutsches Exil in Ost und West. München 1982 (Veröffentlichung des Sudetendeutschen Archivs in München).

Ders.: Sudetendeutsche - Opfer und Täter. Verletzungen des Selbstbestimmungsrechts und ihre Folgen 1918-1982. 2. Aufl. Wien 1983.

Ders.: Wir haben uns selbst aus Europa vertrieben. Tschechische Selbstkritik an der Vertreibung der Sudetendeutschen. Eine Dokumentation. München 1985 (Veröffentlichung des Sudetendeutschen Archivs in München 22).

Grulich, Rudolf: Sudetendeutsche vor Hitlers Tribunal. In: Češi a Němci - historická tabu. Tschechen und Deutsche - historische Tabus. Hrsg. von der Stiftung Bolzano und der Ackermann-Gemeinde München. Prag 1995, 252-259.

Gutachten des Instituts für Zeitgeschichte. Bd. 1. München 1958. — Bd. 2. Stuttgart 1966.

Haag, John: „Knights of the Spirit": The Kameradschaftsbund. Journal of Contemporary History 8/3 (1973) 133-154.

Habel, Fritz Peter: Eine politische Legende. Die Massenvertreibung von Tschechen aus dem Sudetengebiet 1938/39. München 1996.

Ders.: Die Sudetendeutschen. Mit Beiträgen von Sigrid *Canz,* Richard W. *Eichler,* Widmar *Hader,* Horst *Kühnel,* Friedrich *Prinz,* Walli *Richter.* München 1992.

Hagspiel, Hermann: Die „Ostmark". Österreich im Großdeutschen Reich 1938-1945. Wien 1995.

Hahn, Eva: Verdrängung und Verharmlosung: Das Ende der jüdischen Bevölkerungsgruppe in den böhmischen Ländern nach ausgewählten tschechischen und sudetendeutschen Publikationen. In: Der Weg in die Katastrophe. Deutsch-tschechoslowakische Beziehungen 1938-1947. Für die deutsch-tschechische und deutsch-slowakische Historikerkommission hrsg. von Detlef *Brandes* und Václav *Kural.* Essen 1994 (Veröffentlichungen des Instituts für Kultur und Geschichte der Deutschen im östlichen Europa 3), 135-150.

Hahnová, Eva: Sudetoněmecký problém: obtížné loučení s minulostí [Das Sudetendeutsche Problem: schwerer Abschied von der Vergangenheit]. Praha 1996.

Handbuch der Geschichte der böhmischen Länder. Hrsg. von Karl *Bosl.* Bd. 3: Die böhmischen Länder im Habsburgerreich 1848-1919. Bürgerlicher Nationalismus und Ausbildung einer Industriegesellschaft. Stuttgart 1968. — Bd. 4: Der tschechoslowakische Staat im Zeitalter der modernen Massendemokratie und Diktatur. Stuttgart 1970.

Hanisch, Ernst: Der lange Schatten des Staates. Österreichische Gesellschaftsgeschichte im 20. Jahrhundert. Wien 1994.

Hasenöhrl, Adolf: Kampf, Widerstand, Verfolgung der sudetendeutschen Sozialdemokraten. Stuttgart 1983.

Hehl, Ulrich von: Nationalsozialistische Herrschaft. München 1996 (Enzyklopädie deutscher Geschichte 39).

Heineman, John L.: Hitler's First Foreign Minister. Constantin Freiherr von Neurath, Diplomat and Statesman. Berkeley-Los Angeles-London 1979.

Das heiße Eisen Lidice. Sudetendeutsche Aktion. Mitteilungen der jungen Generation, Jan./Feb. 1958, 33-42.

Herbert, Ulrich: Best. Biographische Studien über Radikalismus, Weltanschauung und Vernunft 1903-1989. Bonn 1996.

Herrschaft und Gesellschaft im nationalsozialistischen Staat. Studien zur Struktur- und Mentalitätsgeschichte. Hrsg. von Wolfgang *Benz.* Frankfurt/M. 1990.

Heumos, Peter: Flüchtlingslager, Hilfsorganisationen, Juden im Niemandsland. Zur Flüchtlings- und Emigrationspolitik in der Tschechoslowakei im Herbst 1938. Bohemia 25 (1984) 245-275.

Ders.: Die Emigration aus der Tschechoslowakei nach Westeuropa und dem Nahen Osten 1938-1945. München 1989 (Veröffentlichungen des Collegium Carolinum 63).

Hildebrand, Klaus: Deutsche Außenpolitik 1933-1945. Kalkül oder Dogma? 5. Aufl. Stuttgart-Berlin-Köln 1990.

Ders.: Das Dritte Reich. 5. Aufl. München 1995.

Hilf, Rudolf: Deutsche und Tschechen. Symbiose - Katastrophe - Neue Wege. Opladen 1995.

Hladký, Stanislav: Národní útisk české menšiny v tzv. obvodu opavského vládního prezidenta [Die nationale Unterdrückung der tschechischen Minderheit im sog. Bezirk des Troppauer Regierungspräsidenten] Vlastivědný věstník moravský 27 (1975) 141-149.

Ders.: Postavení české menšiny na severní Moravě v prvních letech okupace [Die Stellung der tschechischen Minderheit in Nordmähren in den ersten Jahren der Besatzung]. Vlastivědný věstník moravský 23 (1971) 391-407.

Höffkes, Karl: Hitlers politische Generale. Die Gauleiter des Dritten Reiches. Tübingen 1986.

Höhne, Heinz: Canaris. Patriot im Zwielicht. München 1976.

Ders.: Der Orden unter dem Totenkopf. Die Geschichte der SS. Gütersloh 1967.

Hoensch, Jörg K.: Geschichte der Tschechoslowakei. 3. Aufl. Stuttgart–Berlin–Köln 1992.

Ders.: Nationalsozialistische Europapläne im Zweiten Weltkrieg. Versuch einer Synthese. In: Mitteleuropa-Konzeptionen in der ersten Hälfte des 20. Jahrhunderts. Hrsg. von Richard Georg *Plaschka,* Horst *Haselsteiner,* Arnold *Suppan,* Anna M. *Drabek* und Brigitta *Zaar.* Wien 1995, 307-325.

Ders.: Die Politik des nationalsozialistischen Deutschen Reiches gegenüber der Tschechoslowakischen Republik 1933-1938. In: München 1938. Das Ende des alten Europa. Hrsg. von Peter *Glotz,* Karl-Heinz *Pollok,* Karl *Schwarzenberg* und John *van Nes Ziegler.* Essen 1990, 199-228.

Ders.: Revision und Expansion. Überlegungen zur Zielsetzung, Methode und Planung der Tschechoslowakei-Politik Hitlers. Bohemia-Jahrbuch 9 (1968) 208-228.

Ders.: Zum sudetendeutsch-tschechischen Verhältnis in der Ersten Republik. In: Das deutsch-tschechische Verhältnis seit 1918. Hrsg. von Eugen *Lemberg* und Gotthold *Rhode.* Stuttgart–Berlin–Köln–Mainz 1969, 21-48.

Hopfgartner, Anton: Kurt Schuschnigg. Ein Mann gegen Hitler. Graz–Wien–Köln 1989.

Horak, Willi: Die deutschen Turnverbände und das Jugendturnen in den Sudetenländern. In: Deutsche Jugendbewegung in Europa. Versuch einer Bilanz. Hrsg. von Peter *Nasarski.* Köln 1967, 147-160.

Hrabovec, Emilia: Vertreibung und Abschub. Deutsche in Mähren 1945-1947. Frankfurt/M. 1996 (Wiener Osteuropa-Studien 2).

Dies.: Die Vertreibung der Deutschen und die Tschechische Gesellschaft. In: Flucht und Vertreibung: zwischen Aufrechnung und Verdrängung. Hrsg. von Robert *Streibel.* Wien 1994, 134-157.

Hubert, Peter: Uniformierter Reichstag. Die Geschichte der Pseudo-Volksvertretung 1933-1945. Düsseldorf 1992 Uniformierter Reichstag. Die Geschichte der Pseudo-Volksvertretung 1933-1945. Düsseldorf 1992 (Beiträge zur Geschichte des Parlamentarismus und der politischen Parteien 97).

Hürten, Heinz: Deutsche Katholiken 1918-1945. Paderborn 1992.

Hüttenberger, Peter: Die Gauleiter. Studie zum Wandel des Machtgefüges in der NSDAP. Stuttgart 1969.

Iggers, Wilma: Juden zwischen Tschechen und Deutschen. Zeitschrift für Ostforschung 37 (1988) 428-441.

Innen- und Außenpolitik unter nationalsozialistischer Bedrohung. Hrsg. von Erhard *Forndran,* Frank *Golczewski* und Dieter *Riesenberger.* Opladen 1977.

Inventar archivalischer Quellen des NS-Staates. Die Überlieferung von Behörden und Einrichtungen des Reichs, der Länder und der NSDAP. Teil 2: Regionale Behörden und wissenschaftliche Hochschulen für die fünf ostdeutschen Länder, die ehemaligen preußischen Ostprovinzen und eingegliederte Gebiete in Polen, Österreich und der Tschechischen Republik mit Nachträgen zu Teil 1. Im Auftrag des Instituts für Zeitgeschichte bearb. von Heinz *Boberach.* München 1995.

Jacobsen, Hans-Adolf: Nationalsozialistische Außenpolitik 1933-1938. Frankfurt/M.–Berlin 1968.

Das Jahr 1945 in der Tschechoslowakei. Internationale, nationale und wirtschaftlich-soziale Probleme. Hrsg. von Karl *Bosl.* München–Wien 1971 (Bad Wiesseer Tagungen des Collegium Carolinum [3]).

Jaworski, Rudolf: Vorposten oder Minderheit? Der sudetendeutsche Volkstumskampf in den Beziehungen zwischen der Weimarer Republik und der ČSR. Stuttgart 1977.

Jesser, Wilhelm: „Bereitschaft", „Kameradschaft" und „Aufbruch" in den Sudetenländern. In: Deutsche Jugendbewegung in Europa. Versuch einer Bilanz. Hrsg. von Peter *Nasarski*. Köln 1967, 359-372.

The Jews of Czechoslovakia. Historical Studies and Surveys. Hrsg. von Avigdor *Dagan*. 3 Bde. Philadelphia-New York 1968-1984.

John, Michael: Südböhmen, Oberösterreich und das Dritte Reich. Der Raum Krum(m)au-Kaplitz/Český Krumlov-Kaplice als Beispiel von internem Kolonialismus. In: Kontakte und Konflikte. Böhmen, Mähren und Österreich: Aspekte eines Jahrtausends gemeinsamer Geschichte. Hrsg. von Thomas *Winkelbauer*. Waidhofen an der Thaya 1993, 447-468.

Joza, Jaroslav: Česká menšina v severních Čechách v letech 1938-1941 ve světle nacistických pramenů [Die tschechische Minderheit in Nordböhmen in den Jahren 1938-1941 im Lichte nationalsozilistischer Quellen]. In: Severní Čechy a Mnichov. Sborník statí k 30. výročí Mnichova [Nordböhmen und München. Sammelband zum 30. Jahrestag von München]. Liberec 1969, 176-213.

Ders.: K některým otázkám vývoje politického postoje německého obyvatelstva v oblasti vládního prezidenta Ústí nad Labem v letech 1938-1941 [Zu einigen Fragen der Entwicklung der politischen Haltung der deutschen Bevölkerung im Gebiet des Regierungspräsidenten von Aussig in den Jahren 1938-1941]. Odboj a revoluce - Zprávy 6/1 (1968) 111-135.

Ders.: K některým otázkám vývoje politického smýšlení německého obyvatelstva v severočeském pohraničí v letech 1938-1941 [Zu einigen Fragen der Entwicklung des politischen Denkens der deutschen Bevölkerung im nordböhmischen Grenzgebiet in den Jahren 1938-1941]. Praha 1968 (Sborník pedagogické fakulty v Ústí nad Labem. Řada dějepisná [Almanach der Pädagogischen Fakultät in Aussig, Historische Reihe]), 99-132.

Die Juden in den böhmischen Ländern. Hrsg. von Ferdinand *Seibt*. München-Wien 1983 (Bad Wiesseer Tagungen des Collegium Carolinum [11]).

Káňa, Otakar: Těšínské intermezzo. Německé zájmy na Těšínsku, jejich prosazovatel, a konečné prosazení 1938-1939 [Das Teschener Intermezzo. Die deutschen Interessen im Teschener Gebiet, ihr Verfechter und ihre endgültige Durchsetzung 1938-1939]. Československý časopis historický 4/5 (1970) 397-410.

Ders./Michňak, Josef: Ostravsko v době nacistické okupace [Das Ostrauer Gebiet in der Zeit der nationalsozialistischen Besatzung]. Ostrava 1962.

Kárný, Miroslav: Generální plán východ [Der Generalplan Ost]. Československý časopis historický 25 (1977) 345-382.

Ders.: „Konečné řešení". Genocida českých židů v německé protektorátní politice [„Endlösung". Der Genozid an den böhmischen Juden in der deutschen Protektoratspolitik]. Praha 1991.

Kershaw, Ian: Der Hitler-Mythos. Volksmeinung und Propaganda im Dritten Reich. Stuttgart 1980.

Klotz, Johannes: Die „Deutschland-Berichte" der Sopade. Aus Politik und Zeitgeschichte 36 (1986) 27-46.

Kmoníček, Josef: Příspěvek k dějinám Vrchlabska v letech 1938-1941 [Ein Beitrag zur Geschichte des Hohenelber Gebietes in den Jahren 1938-1941]. Odboj a revoluce - Zprávy 6/1 (1968) 157-169.

Kořalka, Jiří: Jak se stal německý lid v Československu kořistí fašismu (K otázce rozšíření fašistického hnutí v pohraničních oblastech Československa v letech 1933 – 1935) [Wie das deutsche Volk in der Tschechoslowakei eine Beute des Faschismus wurde (Zur Frage der Verbreitung der faschistischen Bewegung in den Grenzgebieten der Tschechoslowakei in den Jahren 1933-1935]. Československý časopis historický 3 (1955) 52-81.

Ders.: Tschechen und Deutsche im Alten Reich und in der Habsburgermonarchie. In: Tschechen, Slowaken und Deutsche. Nachbarn in Europa. Bonn 1995, 13-29.

Koutek, Jaroslav: Nacistická pátá kolona v ČSR [Die nazistische fünfte Kolonne in der ČSR]. Praha 1962.

Komjathy, Anthony Tihamer: German Minorities and the Third Reich. New York 1980.

Komu sluší omluva. Češi a sudetští Němci (Dokumenty, fakta, svědectví) [Wem eine Entschuldigung gut ansteht. Tschechen und Sudetendeutsche (Dokumente, Fakten, Zeugnisse)]. Praha 1992.

Konfliktgemeinschaft, Katastrophe, Entspannung. Skizze einer Darstellung der deutsch-tschechischen Geschichte seit dem 19. Jahrhundert. Hrsg. von der Gemeinsamen deutsch-tschechischen Historikerkommission. München 1996.

Kontakte und Konflikte. Böhmen, Mähren und Österreich: Aspekte eines Jahrtausends gemeinsamer Geschichte. Hrsg. von Thomas *Winkelbauer.* Horn 1993.

Král, Václav: Otázky hospodářského a sociálního vývoje v českých zemích v letech 1938-1945 [Fragen der wirtschaftlichen und sozialen Entwicklung in den böhmischen Ländern in den Jahren 1938-1945]. 3 Bde. Praha 1957-1959.

Ders.: Zářijové dny 1938 [Septembertage 1938]. Praha 1971.

Ders.: Zločiny proti Evropě [Verbrechen gegen Europa]. Praha 1964.

Krausnick, Helmut: Hitlers Einsatzgruppen. Die Truppen des Weltanschauungskrieges 1938-1942. Frankfurt/M. 1985.

Křen, Jan: Die Konfliktgemeinschaft. Tschechen und Deutsche 1780-1918. München 1996 (Veröffentlichungen des Collegium Carolinum 71).

Ders.: „Unsere Geschichte". In: Češi a Němci – historická tabu. Tschechen und Deutsche – historische Tabus. Hrsg. von der Stiftung Bolzano und der Ackermann-Gemeinde München. Prag 1995, 41-46.

Ders.: Die Vergangenheit bei Tschechen und Sudetendeutschen. Bohemia 34 (1993) 381-389.

Ders./Kural, Václav/*Brandes,* Detlef: Integration oder Ausgrenzung. Deutsche und Tschechen 1890-1945. Bremen 1986 (Forschungen zu Osteuropa).

Kreysa, M.: Budujeme pohraničí. Výklad předsedy osídlovacího úřadu M. Kreysy v osídlovacím výboru UNS [Wir bauen das Grenzgebiet. Vortrag des Vorsitzenden des Siedlungsamtes M. Kreysa im Siedlungsausschuß der UNS]. Praha 1946.

Kučera, Jaroslav: Die Vertreibung. Die Debatte um die Aussiedlung der deutschen Bevölkerung in der Tschechoslowakei und ihre politische Bedeutung. Österreichische Zeitschrift für Geschichtswissenschaften 3 (1992) 238-248.

Kural, Václav: Deutsche Besatzung und tschechische Reaktion 1939-1945. Ein Beitrag zur Vorgeschichte der Aussiedlung. In: *Křen,* Jan/*Ders.*/*Brandes,* Detlef: Integration oder Ausgrenzung. Deutsche und Tschechen 1890-1945. Bremen 1986 (Forschungen zu Osteuropa), 66-104.

Ders.: Konflikt místo společenství? Češi a Němci v československém státě (1918-1938) [Konflikt statt Gemeinschaft? Tschechen und Deutsche im Tschechoslowakischen Staat (1918-1938)]. Praha 1993.

Ders.: Místo společenství konflikt! Češi a Němci ve Velkoněmecké říši a cesta k odsunu (1938-1945) [Statt Gemeinschaft Konflikt! Tschechen und Deutsche im Großdeutschen Reich und der Weg zum Abschub (1938-1945)]. Praha 1994.

Ders.: Die Tschechoslowakei als Nationalstaat? Das sudetendeutsche Problem. In: Das Scheitern der Verständigung. Tschechen, Deutsche und Slowaken in der Ersten Republik (1918-1938). Für die deutsch-tschechische und -slowakische Historikerkommission hrsg. von Jörg K. *Hoensch* und Dušan *Kováč*. Essen 1994 (Veröffentlichungen des Instituts für Geschichte der Deutschen im östlichen Europa 2), 63-70.

Ders.: Zum tschechisch-deutschen Verhältnis in der tschechischen Politik 1938-1945. In: Der Weg in die Katastrophe. Deutsch-tschechoslowakische Beziehungen 1938-1947. Für die deutsch-tschechische und deutsch-slowakische Historikerkommission hrsg. von Detlef *Brandes* und *dems.* Essen 1994 (Veröffentlichungen des Instituts für Kultur und Geschichte der Deutschen im östlichen Europa 3), 93-118.

Ders.: Von Masaryks „Neuem Europa" zu den Großraumplänen Hitler-Deutschlands. In: Mitteleuropa-Konzeptionen in der ersten Hälfte des 20. Jahrhunderts. Hrsg. von Richard Georg *Plaschka,* Horst *Haselsteiner,* Arnold *Suppan,* Anna M. *Drabek* und Brigitta *Zaar.* Wien 1995, 351-357.

Kvaček, Robert: Československý rok 1938 [Das tschechoslowakische Jahr 1938]. Praha 1988.

Lang, Jochen von: Martin Bormann – Hitlers Sekretär. In: Die braune Elite. Hrsg. von Ronald M. *Smelser* und Rainer *Zitelmann.* Darmstadt 1989, 1-14.

Langhans, Daniel: Der Reichsbund der deutschen katholischen Jugend in der Tschechoslowakei (1918-1938). Bonn (Kulturstiftung der Deutschen Vertriebenen) 1990.

Laštovka, Vojtěch: Vytyčení západočeské státní hranice pomnichovské republiky [Das Ziehen der westböhmischen Staatsgrenze der nachmünchener Republik]. Minulostí západočeského kraje 7 (1970) 33-48.

Lemberg, Hans: Der deutsche Aktivismus in der Ersten Tschechoslowakischen Republik und sein letzter Versuch einer deutsch-tschechischen Verständigung. 50 Jahre seit 1937. In: Mit unbestechlichem Blick. Studien von Hans Lemberg zur Geschichte der böhmischen Länder und der Tschechoslowakei. Festgabe zu seinem 65. Geburtstag. Hrsg. von Ferdinand *Seibt,* Jörg K. *Hoensch,* Horst *Förster,* Franz *Machilek* und Michaela *Marek.* München 1998 (Veröffentlichungen des Collegium Carolinum 90), 311-324 (Erstveröffentlichung in: Letzter Versuch zum deutsch-tschechischen Ausgleich. München 1987 [Schriftenreihe der Seliger-Gemeinde]).

Ders.: Die Deutschen in der Tschechoslowakei 1918-1946: Eine „Konfliktgemeinschaft" und ihr Ende. In: Deutsche in den böhmischen Ländern. Hrsg. von Hans *Rothe.* Köln-Weimar-Wien 1993 (Studien zum Deutschtum im Osten 25/II), 87-112.

Ders.: Die Entwicklung der Pläne für die Aussiedlung der Deutschen aus der Tschechoslowakei. In: Der Weg in die Katastrophe. Deutsch-tschechoslowakische Beziehungen 1938-1947. Für die deutsch-tschechische und deutsch-slowakische Historikerkommission hrsg. von Detlef *Brandes* und Václav *Kural.* Essen 1994 (Veröffentlichungen des Instituts für Kultur und Geschichte der Deutschen im östlichen Europa 3), 77-91.

Ders.: „Ethnische Säuberung": Ein Mittel zur Lösung von Nationalitätenproblemen? Aus Politik und Zeitgeschichte 46 (1992) 27-38.

Ders.: „München 1938" und die langfristigen Folgen für das Verhältnis zwischen Tschechen und Deutschen. In: Das Scheitern der Verständigung. Tschechen, Deutsche und Slowaken in der Ersten Republik (1918-1938). Für die deutsch-tschechische und -slowakische Historikerkommission hrsg. von Jörg K. *Hoensch* und Dušan *Kováč.* Essen 1994 (Veröffentlichungen des Instituts für Geschichte der Deutschen im östlichen Europa 2), 147-162.

Ders.: Tschechen, Slowaken und Deutsche in der Tschechoslowakischen Republik 1918-1938. In: Tschechen, Slowaken und Deutsche. Nachbarn in Europa. Bonn 1995, 30-49.

Leoncini, Francesco: Die Sudetenfrage in der europäischen Politik. Von den Anfängen bis 1938. Essen 1988.

Letocha, Josef: Okupační veřejná správa 1938-1945 ve východočeském kraji [Die öffentliche Okkupations-Verwaltung 1938-1945 im ostböhmischen Gebiet]. Východní Čechy 1964, 20-45.

Ders.: Okupační správa Krkonoš a Podkrkonoší 1938-1945 [Die Okkupationsverwaltung des Riesengebirges und des Riesengebirgsvorlandes 1938-1945]. Krkonoše a Podkrkonoší. Vlastivědný sborník, muzeum Trutnov 3 (1967) 191-212.

Lexikon zur Geschichte der Parteien in Europa. Hrsg. von Frank *Wende.* Stuttgart 1981.

Litsch, Karel: K postavení říšského místodržitele v okupovaném pohraničí [Zur Stellung des Reichsstatthalters im besetzten Grenzgebiet]. Acta Universitatis Carolinae Juridica 12/1 (1965) 87-96.

Löffler, Horst: Am Scheideweg. 1918 - 1938 - 1988. Die Sudetendeutschen. Gestern, heute - und morgen? Wien 1988 (Eckhart-Schriften 105).

Longerich, Peter: Hitlers Stellvertreter. Führung der Partei und Kontrolle des Staatsapparates durch den Stab Heß und die Partei-Kanzlei Bormann. München 1992.

Loužil, Jaromír: Die nationale Identität, Heimat und Vaterland der Sudetendeutschen. In: Češi a Němci - historická tabu. Tschechen und Deutsche - historische Tabus. Hrsg. von der Stiftung Bolzano und der Ackermann-Gemeinde München. Prag 1995, 94-105.

Luh, Andreas: Der Deutsche Turnverband in der Ersten Tschechoslowakischen Republik. Vom völkischen Vereinsbetrieb zur volkspolitischen Bewegung. München 1988 (Veröffentlichungen des Collegium Carolinum 62).

Ders.: Die Deutsche Nationalsozialistische Arbeiterpartei im Sudetenland: Völkische Arbeiterpartei und faschistische Bewegung. Bohemia 32 (1991) 23-38.

Lukeš, František: Podivný mír [Der seltsame Frieden]. Praha 1968.

Luža, Radomír: Österreich und die großdeutsche Idee in der NS-Zeit. Wien-Köln-Graz 1977.

Ders.: The Transfer of the Sudeten Germans. A Study of Czech-German Relations 1933-1962. New York 1964.

MacDonald, Callum/*Kaplan,* Jan: Praha ve stínu hákového kříže. Pravda o německé okupaci 1939-1945 [Prag im Schatten des Hakenkreuzes. Die Wahrheit über die deutsche Okkupation 1939-1945]. Praha 1995.

Macek, Jaroslav: Flüchtlinge aus dem Grenzgebiet im Jahre 1938. In: Češi a Němci - historická tabu. Tschechen und Deutsche - historische Tabus. Hrsg. von der Stiftung Bolzano und der Ackermann-Gemeinde München. Prag 1995, 139-145.

Ders.: Nacistická justice v pohraničí 1938-1945 [Die nazistische Justiz im Grenzgebiet 1938-1945]. Historický sborník Ústecka 1966, 141-172.

Ders.: Okupační justice v českém pohraničí a její vývoj (1938-1945) [Die Okkupationsjustiz im böhmischen Grenzgebiet und ihre Entwicklung (1938-1945)]. Sborník archivních prací 13 (1963) 63-118.

Ders.: Zpracování dějin tzv. Sudet v severočeském kraji [Die Bearbeitung der Geschichte der sog. Sudeten im nordböhmischen Kreis]. In: Sudetští Němci a Mnichov. Materiály z konference historiků Severomoravského kraje [Die Sudetendeutschen und München. Materialien von einer Tagung der Historiker aus dem Kreis Nordmähren]. Hrsg. von Andělín *Grobelný*. Ostrava 1964, 153-161.

Ders.: Zur Problematik der Geschichte der abgetrennten Grenzgebiete, besonders des sogenannten Sudetenlandes in den Jahren 1938-1945. In: Der Weg in die Katastrophe. Deutsch-tschechoslowakische Beziehungen 1938-1947. Für die deutsch-tschechische und deutsch-slowakische Historikerkommission hrsg. von Detlef *Brandes* und Václav *Kural*. Essen 1994 (Veröffentlichungen des Instituts für Kultur und Geschichte der Deutschen im östlichen Europa 3), 39-56.

Ders./Brzobohatý, Jan: Spisová manipulace nacistické okupační správy – zásady a vývoj [Die Akten-Handhabung der nazistischen Besatzungsverwaltung – Grundsätze und Entwicklung]. Sborník archivních prací 15 (1965) 229-276.

Maier, Erich: 40 Jahre Sudetendeutscher Rechtskampf. Die Arbeit des Sudetendeutschen Rates seit 1947. München 1987.

Mainuš, František: České školství v pohraničí za nacistické okupace se zvláštním zřetelem k severní Moravě a Slezsku [Das tschechische Schulwesen im Grenzgebiet während der nazistischen Besatzung mit besonderer Berücksichtigung Nordmährens und Schlesiens]. Slezský sborník 57 (1959) 277-312.

Ders.: Nálada německého a českého obyvatelstva v roce 1945 na území ČSR ve světle situačních zpráv NSDAP [Die Stimmung der deutschen und tschechischen Bevölkerung im Jahr 1945 auf dem Gebiet der ČSR im Licht von Situationsberichten der NSDAP]. Sborník matice moravské 85 (1966) 184-194.

Maser, Werner: Das Regime. Alltag in Deutschland 1933-1945. München 1983.

Mastny, Vojtech: The Czechs under Nazi Rule. The Failure of National Resistance, 1939-1942. New York-London 1971.

Maur, Jan: K plzeňským událostem v letech 1938-1939. Jak se odrazily v plzeňském tisku [Zu den Pilsener Ereignissen in den Jahren 1938-1939. Wie sie sich in der Pilsener Presse niederschlugen]. Minulostí západočeského kraje 7 (1970) 49-63.

Meixner, Rudolf: Geschichte der Sudetendeutschen. Nürnberg 1983.

Mitteleuropa-Konzeptionen in der ersten Hälfte des 20. Jahrhunderts. Hrsg. von Richard Georg *Plaschka*, Horst *Haselsteiner*, Arnold *Suppan*, Anna M. *Drabek* und Brigitta *Zaar*. Wien 1995.

Moulis, Miloslav/*Tomášek*, Dušan: Život plný nenávisti [Ein Leben voller Haß]. Praha 1977.

Mühlberger, Josef: Zwei Völker in Böhmen. München 1973.

Müller, Klaus-Jürgen: Nationalkonservative Eliten zwischen Kooperation und Widerstand. In: Der Widerstand gegen den Nationalsozialismus. Die deutsche Gesellschaft und der Widerstand gegen Hitler. Hrsg. von Jürgen *Schmädeke* und Peter *Steinbach*. 2. Aufl. München-Zürich 1986, 24-49.

Müller-Handl, Utta: Erinnerungen als ein Ansatz für Vergangenheitsbewältigung. Bohemia 34 (1993) 410-420.

Dies.: „Die Gedanken laufen oft zurück..." Flüchtlingsfrauen erinnern sich an ihr Leben in Böhmen und Mähren und an den Neuanfang in Hessen nach 1945. Wiesbaden 1993.

München 1938. Das Ende des alten Europa. Hrsg. von Peter *Glotz*, Karl-Heinz *Pollok*, Karl *Schwarzenberg* und John *van Nes Ziegler*. Essen 1990.

Myška, Milan: Ostravsko mezi Mnichovem a 15. březnem 1939 [Das Ostrauer Gebiet zwischen München und dem 15. März 1939]. Slezský sborník 61 (1963) 257-276 und 404-423.

Ders.: Z tajných zpráv NSDAP o Těšínsku [Aus den geheimen Berichten der NSDAP über das Teschener Gebiet]. Ostrava 1964.

Nation. Nationalismus. Postnation. Hrsg. von Harm *Klueting*. Köln–Weimar–Wien 1992.

Der Nationalsozialismus. Studien zur Ideologie und Herrschaft. Hrsg. von Wolfgang *Benz*, Hans *Buchheim* und Hans *Mommsen*. Frankfurt/M. 1993.

Nationalsozialismus in der Region. Beiträge zur regionalen und lokalen Forschung und zum internationalen Vergleich. Hrsg. von Horst *Möller*, Andreas *Wirsching* und Walter *Ziegler*. München 1996 (Schriftenreihe der Vierteljahrshefte für Zeitgeschichte, Sondernr.).

Nationalsozialistische Diktatur 1933-1945. Eine Bilanz. Hrsg. von Karl Dietrich *Bracher*, Manfred *Funke* und Hans-Adolf *Jacobsen*. Bonn 1983.

Nelhiebel, Kurt: Die Henleins gestern und heute. Hintergründe und Ziele des Witikobundes. Frankfurt/M. 1962.

Neliba, Günter: Wilhelm Frick. Der Legalist des Unrechtsstaates. Eine politische Biographie. Paderborn 1992.

Němec, Petr: Gauleiter Dr. Hugo Jury und sein Wirken im Protektorat Böhmen und Mähren. In: Kontakte und Konflikte. Böhmen, Mähren und Österreich: Aspekte eines Jahrtausends gemeinsamer Geschichte. Hrsg. von Thomas *Winkelbauer*. Horn 1993, 469-478.

Ders.: Die Lage der deutschen Nationalität im Protektorat Böhmen und Mähren unter dem Aspekt der „Eindeutschung" dieses Gebiets. Bohemia 32 (1991) 39-59.

Ders.: Das tschechische Volk und die nationalsozialistische Germanisierung des Raumes. Bohemia 32 (1991) 424-425.

Neufeldt, Hans-Joachim/*Huck*, Jürgen/*Tessin*, Georg: Zur Geschichte der Ordnungspolizei 1936-1945. Bd. 3. Koblenz 1957.

Neuman, H. J.: Arthur Seyß-Inquart. Graz–Wien–Köln 1970.

Neuwirth, Hans: Der Weg der Sudetendeutschen von der Entstehung des tschechoslowakischen Staats bis zum Vertrag von München. In: Die Sudetenfrage in europäischer Sicht. Bericht über die Vorträge und Aussprachen der wissenschaftlichen Fachtagung des Collegium Carolinum in München-Grünwald am 1.-3. Juni 1959. München 1962 (Veröffentlichungen des Collegium Carolinum 12), 122-179.

Nipperdey, Thomas: 1933 und die Kontinuität der deutschen Geschichte. In: *Ders.*: Nachdenken über die deutsche Geschichte. 2. Aufl. München 1991, 225-248.

Nittner, Ernst: Hitlers Machtergreifung und die sudetendeutsche Einigungsbewegung. Bohemia 25 (1984) 333-361.

Ders.: Die Vertreibung der Sudetendeutschen und das Ende der deutsch-tschechischen Nachbarschaft. In: Tausend Jahre deutsch-tschechische Nachbarschaft. Daten, Namen und Fakten zur politischen, gesellschaftlichen, kulturellen und kirchlichen Entwicklung in den böhmischen Ländern. Hrsg. von *dems.* München 1988, 218-251.

Nolte, Ernst: Streitpunkte. Heutige und künftige Kontroversen um den Nationalsozialismus. Berlin-Frankfurt/M. 1993.

Novák, Otto: K vývoji Sudetendeutsche Partei v roce 1936 [Zur Entwicklung der Sudetendeutschen Partei im Jahr 1936]. Acta Universitatis Carolinae Philosophica et Historica 1 (1985) 25-75.

Ders.: Henleinovci proti Československu. Z historie sudetoněmeckého fašismu [Henleinleute gegen die Tschechoslowakei. Aus der Geschichte des sudetendeutschen Faschismus]. Praha 1987.

Olivová, Věra: Československé dějiny 1914-1939 [Tschechoslowakische Geschichte 1914-1939]. 2 Bde. Praha 1991.

Dies.: Kameradschaftsbund. In: Z českých dějin. Sborník prací in memoriam Prof. Dr. Václava Husy [Aus der tschechischen Geschichte. Sammelband in memoriam Prof. Dr. Václav Husa]. Praha 1966, 237-268.

Ostmitteleuropa im Zweiten Weltkrieg (Historiographische Fragen). Red. von Ferenc *Glatz.* Budapest 1978.

Osud židů v protektorátu 1939-1945 [Das Schicksal der Juden im Protektorat 1939-1945]. Hrsg. von Milena *Janišová.* Praha 1991.

Pallas, Ladislav: České školství v severozápadočeské oblasti v letech 1938-1945 [Das tschechische Schulwesen im nordwestböhmischen Gebiet in den Jahren 1938-1945]. Slezský sborník 89 (1991) 181-190.

Pátá kolona v severních Čechách. Fakta a dokumenty [Die fünfte Kolonne in Nordböhmen. Fakten und Dokumente]. Liberec 1960.

Pešek, Jiří: Tschechische Republik. Der Zugang zu den modernen Archivbeständen. Der Archivar 49 (1996) 291-297.

Pfohl, Ernst: Ortslexikon Sudetenland. Nürnberg 1987.

Plaček, Vilém: Ostravská průmyslová oblast v letech 1938-1945 [Das Ostrauer Industriegebiet in den Jahren 1938-1945]. Průmyslové oblasti 3 (1971) 8-46.

Polzer, Robert: Die sudetendeutsche Wirtschaft in der Tschechoslowakei. Kitzingen/M. 1952.

Priamus, Heinz-Jürgen: Regionale Aspekte in der Politik des nordwestfälischen Gauleiters Alfred Meyer. In: Nationalsozialismus in der Region. Beiträge zur regionalen und lokalen Forschung und zum internationalen Vergleich. Hrsg. von Horst *Möller,* Andreas *Wirsching* und Walter *Ziegler.* München 1996 (Schriftenreihe der Vierteljahrshefte für Zeitgeschichte, Sondernr.), 175-195.

Prinz, Friedrich: Geschichte Böhmens 1848-1948. Gütersloh 1988.

Ders.: Das kulturelle Leben (1867-1939) vom österreichisch-ungarischen Ausgleich bis zum Ende der Ersten Tschechoslowakischen Republik. In: Handbuch der Geschichte der böhmischen Länder. Bd. 4: Der tschechoslowakische Staat im Zeitalter der modernen Massendemokratie und Diktatur. Hrsg. von Karl *Bosl.* Stuttgart 1970, 152-299.

Procházka, Jiří: Henleinovské fašistické hnutí a spannovský klerofašismus [Die faschistische Henleinbewegung und der Spannsche Klerofaschismus]. In: Sudetští Němci a Mnichov. Materiály z konference historiků Severomoravského kraje [Die Sudetendeutschen und München. Materialien von einer Tagung der Historiker aus dem Kreis Nordmähren]. Hrsg. von Andělín *Grobelný*. Ostrava 1964, 85-92.

Procházka, Theodor, Sr.: The Second Republic: The Disintegration of Post-Munich Czechoslovakia (October 1938 – March 1939). New York 1981.

Prokešová, Nina: Česká literatura o dějinách nacistické okupace v Severomoravském kraji [Tschechische Literatur über die Geschichte der nazistischen Besatzung im nordmährischen Kreis]. Slezský sborník 65 (1967) 527-538.

Pustejovsky, Otfrid: „Sudetendeutsche Identität" als Abtrennungs- und Rechtfertigungsideologie. In: Die böhmischen Länder zwischen Ost und West. Festschrift für Karl Bosl zum 75. Geburtstag. Hrsg. von Ferdinand *Seibt*. München-Wien 1983, 307-327.

Raschhofer, Hermann: Die Sudetenfrage. München 1953.

Rebentisch, Dieter: Führerstaat und Verwaltung im Zweiten Weltkrieg. Verfassungsentwicklung und Verwaltungspolitik 1939-1945. Stuttgart 1989.

Reich, Andreas: Die deutschen Konsumgenossenschaften in der Ersten Tschechoslowakischen Republik 1918-1938. Von den Anfängen in den böhmischen Ländern bis zur Abwicklung durch die Nationalsozialisten. Diss. Marburg 1995 (im Druck).

Richter, Karel: Sudety [Die Sudeten]. Praha 1994.

Ritschl, Albrecht: Wirtschaftspolitik im Dritten Reich. Ein Überblick. In: Deutschland 1933-1945. Neue Studien zur nationalsozialistischen Herrschaft. Hrsg. von Karl Dietrich *Bracher*, Manfred *Funke* und Hans-Adolf *Jacobsen*. Bonn 1992, 118-134.

Robbins, Keith G.: Konrad Henlein, the Sudeten Question and British Foreign Policy. The Historical Journal 12 (1969) 674-697.

Rönnefarth, Helmuth K. G.: Die Sudetenkrise in der internationalen Politik. Entstehung, Verlauf, Auswirkung. 2 Bde. Wiesbaden 1961.

Rosar, Wolfgang: Deutsche Gemeinschaft. Seyss-Inquart und der Anschluß. Wien-Frankfurt/M.-Zürich 1971.

Rothkirchen, Livia: The Jews of Bohemia and Moravia: 1938-1945. In: The Jews of Czechoslovakia. Historical Studies and Surveys. Hrsg. von Avigdor *Dagan*. 3 Bde. Philadelphia-New York 1968-1984, Bd. 3, 3-74.

Ruck, Michael: Zentralismus und Regionalgewalten im Herrschaftsgefüge des NS-Staates. In: Nationalsozialismus in der Region. Beiträge zur regionalen und lokalen Forschung und zum internationalen Vergleich. Hrsg. von Horst *Möller*, Andreas *Wirsching* und Walter *Ziegler*. München 1996 (Schriftenreihe der Vierteljahrshefte für Zeitgeschichte, Sondernr.), 99-122.

Sator, Klaus: Anpassung ohne Erfolg. Die sudetendeutsche Arbeiterbewegung und der Aufstieg Hitlers und Henleins 1930-1938. Darmstadt 1996.

Das Scheitern der Verständigung. Tschechen, Deutsche und Slowaken in der Ersten Republik (1918-1938). Für die deutsch-tschechische und -slowakische Historikerkommission hrsg. von Jörg K. *Hoensch* und Dušan *Kováč*. Essen 1994 (Veröffentlichungen des Instituts für Geschichte der Deutschen im östlichen Europa 2).

Schiefer, Hans: Deutschland und die Tschechoslowakei von September 1938 bis März 1939. Diss. Göttingen 1953.

Schmidt-Hartmann, Eva: Die deutschsprachige jüdische Emigration aus der Tschechoslowakei nach Großbritannien. In: Die Juden in den böhmischen Ländern. Hrsg.

von Ferdinand *Seibt.* München-Wien 1983 (Bad Wiesseer Tagungen des Collegium Carolinum [11]), 297-311.

Dies.: Tschechen und Sudetendeutsche: Ein mühsamer Abschied von der Vergangenheit. Bohemia 34 (1993) 421-433.

Dies.: Tschechoslowakei. In: Dimension des Völkermordes. Die Zahl jüdischer Opfer des Nationalsozialismus. Hrsg. von Wolfgang *Benz.* München 1991 (Quellen und Darstellungen zur Zeitgeschichte 33), 353-379.

Schmutzer, Reinhard: Der Wahlsieg der Sudetendeutschen Partei: Die Legende von der faschistischen Bekenntniswahl. Zeitschrift für Ostforschung 41 (1992) 345-385.

Schwarzenbeck, Engelbert: Nationalsozialistische Pressepolitik und die Sudetenkrise 1938. München 1979.

Seibt, Ferdinand: Bohemica. Probleme und Literatur seit 1945. München 1970 (Historische Zeitschrift, Sonderheft 4).

Ders.: Deutschland und die Tschechen. Geschichte einer Nachbarschaft in der Mitte Europas. München-Zürich 1993.

Ders.: Unterwegs nach München. Zur Formierung nationalsozialistischer Perspektiven unter den Deutschen in der Tschechoslowakei 1930-1938. In: Der Nationalsozialismus. Studien zur Ideologie und Herrschaft. Hrsg. von Wolfgang *Benz,* Hans *Buchheim* und Hans *Mommsen.* Frankfurt/M. 1993, 133-152.

Severní Čechy a Mnichov. Sborník statí k 30. výročí Mnichova [Nordböhmen und München. Sammelband zum 30jährigen Jahrestag von München]. Liberec 1969.

Simon, Albert Karl: Rudolf Lodgman von Auen und das deutsch-tschechische Verhältnis. In: Beiträge zum deutsch-tschechischen Verhältnis im 19. und 20. Jahrhundert. Vorträge der wissenschaftlichen Tagungen des Collegium Carolinum in Nürnberg vom 14.-15. Mai 1964 und in Salzburg vom 6.-8. November 1964. München 1967 (Veröffentlichungen des Collegium Carolinum 19), 47-77.

Sládek, Oldřich: Plán ARLZ a jeho vliv na dochovanost archiválií z období nacistické okupace Československa [Der ARLZ-Plan und sein Einfluß auf die Überlieferung der Archivalien aus der Zeit der nazistischen Besatzung der Tschechoslowakei]. Sborník archivních prací 28 (1978) 356-405.

Ders.: Vliv ALRZ na dochovanost archiválií v odtržených českých oblastech [Der Einfluß von ARLZ auf die Überlieferung der Archivalien in den abgetrennten böhmischen Gebieten]. Sborník archivních prací 30 (1980) 18-58.

Ders.: Zločinná role Gestapa [Die verbrecherische Rolle der Gestapo]. Praha 1986.

Slapnicka, Harry: Oberösterreich – als es Oberdonau hieß, 1938-1945. Linz 1978.

Slapnicka, Helmut: Die böhmischen Länder und die Slowakei 1919-1945. In: Handbuch der Geschichte der böhmischen Länder. Bd. 4: Der tschechoslowakische Staat im Zeitalter der modernen Massendemokratie und Diktatur. Hrsg. von Karl *Bosl.* Stuttgart 1970, 1-150.

Smelser, Ronald M.: At the Limits of a Mass Movement: The Case of the Sudeten German Party 1933-1938. Bohemia 17 (1976) 240-276.

Ders.: Auslandsdeutschtum vor der Wahl – Kollaboration und Widerstand am Beispiel Albrecht Haushofers. In: Der Widerstand gegen den Nationalsozialismus. Die deutsche Gesellschaft und der Widerstand gegen Hitler. Hrsg. von Jürgen *Schmädeke* und Peter *Steinbach.* 2. Aufl. München-Zürich 1986, 763-776.

Ders.: The Betrayal of a Myth: National Socialism and the Financing of Middle Class Socialism in the Sudetenland. Central European History 5 (1972) 256-277.

Ders.: Castles on the Landscape: Czech-German Relations. In: Czechoslovakia 1918-88. Seventy Years from Independence. Hrsg. von H. Gordon *Skilling.* New York 1991, 82-104.

Ders.: Die Henleinpartei. Eine Deutung. In: Die Erste Tschechoslowakische Republik als multinationaler Parteienstaat. Hrsg. von Karl *Bosl.* München-Wien 1979 (Bad Wiesseer Tagungen des Collegium Carolinum [9]), 187-201.

Ders.: Hitler and the DNSAP. Between Democracy and Gleichschaltung. Bohemia 20 (1979) 137-155.

Ders.: Nazis without Hitler: The DNSAP and the First Czechoslovak Republic. East Central Europe 4 (1977) 1-19.

Ders.: Reich National Socialist and Sudeten German Party Elites: A Collective Biographical Approach. Zeitschrift für Ostforschung 23 (1974) 639-660.

Ders.: Das Sudetenproblem und das Dritte Reich 1933-1938. Von der Volkstumspolitik zur nationalsozialistischen Außenpolitik. München-Wien 1980 (Veröffentlichungen des Collegium Carolinum 36).

Steinert, Marlis: Hitlers Krieg und die Deutschen. Stimmung und Haltung der deutschen Bevölkerung im Zweiten Weltkrieg. Wien 1970.

Dies.: Hitlers Krieg und die Deutschen. In: Die Große Krise der Dreißiger Jahre. Vom Niedergang der Weltwirtschaft zum Zweiten Weltkrieg. Hrsg. von Gerhard *Schulz.* Göttigen 1985, 137-153.

Stöver, Bernd: Loyalität statt Widerstand. Die sozialistischen Exilberichte und ihr Bild vom Dritten Reich. Vierteljahrshefte für Zeitgeschichte 43 (1995) 438-448.

Ders.: Volksgemeinschaft im Dritten Reich. Die Konsensbereitschaft der Deutschen aus der Sicht sozialistischer Exilberichte. Düsseldorf 1993.

Streitle, Peter: Die Rolle Kurt von Schuschniggs im österreichischen Abwehrkampf gegen den Nationalsozialismus (1934-1936). München 1988.

Studie o sudetoněmecké otázce [Studien zur sudetendeutschen Frage]. Hrsg. von Václav *Kural* und Koll. Praha 1996.

Sturm, Heribert: Eger. Geschichte einer Reichsstadt. Augsburg 1951.

Die sudetendeutsche Frage. Entstehung, Entwicklung und Lösungsversuche 1918-1973. Mainz o. J.

Die Sudetendeutschen in Nordböhmen. Situation nach 1918, Vertreibung in die Sowjetische Besatzungszone und Ankunft in Sachsen 1945/46. Hrsg. von Manfred *Jahn.* Dresden 1993.

Sudetendeutsches Turnertum. Hrsg. von Rudolf *Jahn.* 2 Bde. Frankfurt/M. 1957-1958.

Sudetendeutschtum gestern und heute. Hrsg. von Heinrich *Kuhn.* München 1986.

Die Sudetenfrage in europäischer Sicht. Bericht über die Vorträge und Aussprachen der wissenschaftlichen Fachtagung des Collegium Carolinum in München-Grünwald am 1.-3. Juni 1959. München 1962 (Veröffentlichungen des Collegium Carolinum 12).

Sudetští Němci a Mnichov. Materiály z konference historiků Severomoravského kraje [Die Sudetendeutschen und München. Materialien von einer Tagung der Historiker aus dem Bezirk Nordmähren]. Hrsg. von Anděelín *Grobelný.* Ostrava 1964.

Svatosch, Franz: Das Grenzgebiet unter dem Hakenkreuz. Die sozialökonomischen Veränderungen Nord- und Nordwestböhmens während der ersten Phasen der hitlerfaschistischen Okkupation (Oktober 1938 bis Mitte 1942). Diss. Potsdam 1969.

Ders.: K úloze státně monopolistického kapitalismu při přípravě hitlerovské agrese proti Československé republice a během okupace českého a moravského pohraničí až do roku 1941 [Zur Rolle des Staatsmonopol-Kapitalismus bei der Vorbereitung der Hitlerschen Aggression gegen die Tschechoslowakische Republik und während der Besatzung des böhmischen und mährischen Grenzgebietes bis zum Jahr 1941]. Odboj a revoluce – Zprávy 6/1 (1968) 20-36.

Ders.: Zum Untergang der böhmisch-deutschen Bourgeoisie. Jahrbuch für Geschichte der sozialistischen Länder Europas 15/2 (1971) 83-98.

Tausend Jahre deutsch-tschechische Nachbarschaft. Daten, Namen und Fakten zur politischen, gesellschaftlichen, kulturellen und kirchlichen Entwicklung in den böhmischen Ländern. Hrsg. von Ernst *Nittner.* München 1988.

Tessin, Georg: Die Stäbe und Truppeneinheiten der Ordnungspolizei. In: *Neufeldt,* Hans-Joachim/*Huck,* Jürgen/*Ders.:* Zur Geschichte der Ordnungspolizei 1936-1945. Teil 2. Koblenz 1957.

Thamer, Hans-Ulrich: Verführung und Gewalt. Deutschland 1933-1945. Berlin 1986.

Theisinger, Hugo: Die Sudetendeutschen. Herkunft. Die Zeit unter Konrad Henlein und Adolf Hitler. Vertreibung. Buchloe 1987.

Tisíc let česko-německých vztahů. Data, jména a fakta k politickému, kulturnímu a církevnímu vývoji v českých zemích. [Tausend Jahre tschechisch-deutscher Beziehungen. Daten, Namen und Fakten zur politischen, kulturellen und kirchlichen Entwicklung in den böhmischen Ländern]. Hrsg. von Franz *Bauer.* Praha 1995.

Troppau. Schlesische Hauptstadt zwischen Völkern und Grenzen. Hrsg. von Ernst *Schremmer.* Berlin-Bonn 1984.

Tschechen, Slowaken und Deutsche. Nachbarn in Europa. Bonn 1995.

Tvarůžek, Břetislav: Okupace Čech a Moravy a vojenská správa (15. březen – 15. duben 1939) [Die Besetzung Böhmens und Mährens und die Militärverwaltung (15. März – 15. April 1939)]. Historie a vojenství 41 (1992) 30-65.

Umbreit, Hans: Deutsche Militärverwaltungen 1938/39. Die militärische Besetzung der Tschechoslowakei und Polens. Stuttgart 1977.

Mit unbestechlichem Blick. Studien von Hans Lemberg zur Geschichte der böhmischen Länder und der Tschechoslowakei. Festgabe zu seinem 65. Geburtstag. Hrsg. von Ferdinand *Seibt,* Jörg K. *Hoensch,* Horst *Förster,* Franz *Machilek* und Michaela *Marek.* München 1998 (Veröffentlichungen des Collegium Carolinum 90).

Voigt, Gerda: Faschistische „Neuordnungspläne" im Zeichen der „Umvolkung". Der Anteil der deutschen Universität in Prag an der faschistischen „Volkstumspolitik" in der okkupierten ČSR (1939-1945). Diss. Leipzig 1973.

Volkmann, Hans-Erich: Die NS-Wirtschaft in Vorbereitung des Krieges. In: *Deist,* Wilhelm/*Messerschmidt,* Manfred/*Ders./Wette,* Wolfram: Ursachen und Voraussetzungen des Zweiten Weltkrieges. Frankfurt/M. 1989, 211-435.

Vrbata, Jaroslav: Některé rysy vývoje politické správy v tzv. župě sudetské v letech 1938-1945 [Einige Züge der Entwicklung der politischen Verwaltung im sog. Sudetengau in den Jahren 1938-1945]. Archivní časopis 10 (1960) 70-76.

Ders.: Přehled vývoje veřejné správy v odtržených českých oblastech v letech 1938-1945 [Überblick über die Entwicklung der öffentlichen Verwaltung in den abgetrennten böhmischen Gebieten in den Jahren 1938-1945]. Sborník archivních prací 12 (1962) 45-67.

Der Weg in die Katastrophe. Deutsch-tschechoslowakische Beziehungen 1938-1947. Für die deutsch-tschechische und deutsch-slowakische Historikerkommission hrsg. von Detlef *Brandes* und Václav *Kural*. Essen 1994 (Veröffentlichungen des Instituts für Kultur und Geschichte der Deutschen im östlichen Europa 3).

Weil, Jiří: Mendelssohn auf dem Dach. Reinbek b. Hamburg 1995.

Whiteside, Andrew Gladding: Austrian National Socialism before 1918. The Hague 1962.

Der Widerstand gegen den Nationalsozialismus. Die deutsche Gesellschaft und der Widerstand gegen Hitler. Hrsg. von Jürgen *Schmädeke* und Peter *Steinbach.* 2. Aufl. München-Zürich 1986.

Wir Sudetendeutschen. Hrsg. von Wilhelm *Pleyer.* Salzburg 1949.

Wirsching, Andreas: Nationalsozialismus in der Region. Tendenzen der Forschung und methodische Probleme. In: Nationalsozialismus in der Region. Beiträge zur regionalen und lokalen Forschung und zum internationalen Vergleich. Hrsg. von Horst *Möller,* dems. und Walter *Ziegler.* München 1996 (Schriftenreihe der Vierteljahrshefte für Zeitgeschichte, Sondernr.), 25-46.

Wlaschek, Rudolf M.: Zur Geschichte der Juden in Nordostböhmen. Unter besonderer Berücksichtigung des südlichen Riesengebirgsvorlandes. Marburg/Lahn 1987.

Ders.: Juden in Böhmen. Beiträge zur Geschichte des europäischen Judentums im 19. und 20. Jahrhundert. München 1990 (Veröffentlichungen des Collegium Carolinum 66).

Wörterbuch des Völkerrechts. Hrsg. von Hans-Jürgen *Schlochauer.* 3 Bde. Berlin 1960-1962.

Wolfgramm, Ernst: Über die Anfänge des Henleinfaschismus. In: Deutsch-tschechoslowakische Beziehungen in Vergangenheit und Gegenwart. Hrsg. von Horst *Köpstein.* Leipzig 1964 (Wissenschaftliche Zeitschrift der Karl-Marx-Universität Leipzig. Gesellschafts- und sprachwissenschaftliche Reihe. Sonderbd. 4), 122-132.

Záloha, Jiří: Der Bezirk Český Krumlov (Böhmisch Krumau) am Ende des Jahres 1938. In: Kontakte und Konflikte. Böhmen, Mähren und Österreich: Aspekte eines Jahrtausends gemeinsamer Geschichte. Hrsg. von Thomas *Winkelbauer.* Waidhofen an der Thaya 1993, 441-446.

Zasche, Richard: Konrad Henlein. Ein Lebensbild. Ein Beitrag zur Geschichte der Sudetendeutschen. Neugablonz 1983.

Ziegler, Walter: Gaue und Gauleiter im Dritten Reich. In: Nationalsozialismus in der Region. Beiträge zur regionalen und lokalen Forschung und zum internationalen Vergleich. Hrsg. von Horst *Möller,* Andreas *Wirsching* und *dems.* München 1996 (Schriftenreihe der Vierteljahrshefte für Zeitgeschichte, Sondernr.), 139-159.

Ders.: Die nationalsozialistischen Gauleiter in Bayern. Ein Beitrag zur Geschichte Bayerns im Dritten Reich. Zeitschrift für bayerische Landesgeschichte 58 (1995), 427-460.

Ders.: Die Verhältnisse im bayerischen Sudetenland im Jahr 1940 nach Regensburger SD-Berichten. Bohemia-Jahrbuch 15 (1974) 285-344.

Zweig, Stefan: Joseph Fouché. Bildnis eines politischen Menschen. Frankfurt/M. 1995.

PERSONENREGISTER

Das Register erfaßt auch die in den Anmerkungen zitierten Quellen.

Adam, Karl-Richard 148
Arndt, Veronika 17, 18, 341

Bach-Zelewski, Erich von dem 287
Bachmann, Friedrich 218
Bartoš, Josef 3, 17, 18, 21, 86, 300, 315
Bayerl, Franz 359
Becher, Walter 10, 93, 171, 172, 184, 185, 199, 200, 207, 247, 263
Beck, Ludwig 201
Beneš, Edvard 7, 40, 74, 84, 163, 229, 264, 354, 358
Best, Werner 110, 114, 151, 186
Biman, Stanislav 8, 84, 85, 159, 199, 350
Birke, Hubert Hermann 122, 240
Blaskowitz, Johannes 327
Bormann, Martin 94, 113, 114, 131, 132, 150, 158, 173, 180, 182, 186-191, 195-199, 253, 308, 332-336, 340, 343, 348, 353, 366
Bosl, Karl 59
Bouhler, Philipp 146
Bracht, Werner 214, 215, 222
Branczik, W. 63
Brand, Walter 9, 11, 22, 23, 27, 32, 33, 38, 39, 41, 44, 46-49, 52-54, 147, 149, 150, 152-154, 165, 166, 168, 169, 171, 173, 176, 178, 193, 328
Brandes, Detlef 299, 340

Brandner, Willi 160, 247
Brandt, Rudolf 300
Brauchitsch, Walther von 226
Braumandl, Wolfgang 4, 5, 252
Brehm, Friedrich 68, 75, 187, 346
Broszat, Martin 159
Brügel, Johann Wolfgang 4, 86, 90, 176, 209, 215
Bürckel, Josef 153, 180, 204
Bürger, Friedrich (Fritz) 15, 22, 23, 84, 89, 115, 146, 150, 154, 159, 169, 171, 184-186, 188, 191, 302, 328-330, 353
Burgsdorff, Kurt von 285, 325, 344

Canaris, Wilhelm 34, 145, 148
Cassel 300
Chamberlain, Arthur Neville 1, 98
Clary-Aldringen, Alfons von 198, 199, 359, 360
Craushaar, Harry von 215

Daluege, Kurt 141
David, Herbert 212, 220-223, 349
Dehnen, Agnes 168
Dellbrügge, Hans 149, 217, 218
Detzel, Franz 189
Dolezel, Stephan 89
Dollfuß, Engelbert 31, 32
Donnevert, Richard 131, 173, 182, 183, 185-192, 194-196, 198-200,

253, 340, 341, 344, 348, 349, 368
Drábek, Jaroslav 86
Dvořáček, Hedwig
s. Henlein, Hedwig

Ehrensberger, Otto 98
Eichholz, Karl 103
Eigruber, August 331, 334, 335
Elleder, Raimund 186, 187, 200
Erler, Ferdinand 164, 165, 167, 168, 172, 181, 182, 254

Fichte, Johann Gottlieb 31
Fischer, Ferdinand 336
Foerster, Friedrich Wilhelm 232, 233, 351
Forster, Albert 112, 113, 196
Fouché, Joseph 113
Frank, Karl Hermann 23, 32, 38, 49, 53-56, 63, 70, 72, 83-86, 88, 89, 92, 116, 129, 130, 137, 139, 142, 146, 149, 150, 152, 161, 162, 165, 167, 171, 173, 175, 184, 197, 252, 283, 286, 288-290, 296, 299, 301, 302, 304, 307, 313, 317, 324, 326-337, 343, 355, 347, 350, 353, 354, 372
Franzel, Emil 5, 6
Frick, Wilhelm 52, 83, 96, 97, 99, 103, 104, 106, 136, 146, 148, 152, 157, 210, 214, 217
Friedrich, Albin 165

Gabert, Volkmar 207
Gies, Robert 337
Glaas, Rupert 165, 168, 169, 171
Goebbels, Joseph 45, 55, 66, 138, 140, 146, 152, 211, 273, 302
Göring, Hermann 44, 52, 153, 232, 244, 245, 295
Graml, Hermann 9, 113

Grässler 151
Greiser, Arthur 112, 113, 196
Groscurth, Helmuth 34, 62, 64, 70, 115, 145, 148, 151, 152, 154, 161, 164
Grünwald, Leopold 4, 5, 74
Gürtner, Franz 212

Habel, Fritz Peter 6, 17, 278-281
Hagen, Walter 202
Hagspiel, Hermann 67, 142, 233
Halifax, Edward Frederick Lindley Wood, Viscount 329
Hancke, Gerhard 326
Haushofer, Albrecht 201
Haushofer, Karl 34
Hausmann, Anton 189, 310
Havlíček, Karel 312
Heinrich, Walter 32, 52, 169, 192
Henderson, Sir Nevile 329
Henlein, Emma 84, 302, 329
Henlein, Hedwig 43
Henlein, Konrad passim
Henlein, Konrad d. Ä. 43
Herff, Maximilian von 115, 195
Heß, Rudolf 55, 122, 123, 129, 130, 132, 135, 138, 157, 168, 173, 183, 242, 331, 332, 366, 368
Heyden-Rynsch, Bernd Otto von der 92, 157, 158
Heydrich, Reinhard 44, 53, 73, 110, 114, 115, 132, 145, 150, 151, 153, 163, 166, 167, 171-173, 179-181, 183-185, 187, 188, 190, 199, 200, 202, 274, 282, 284, 286, 288, 289, 291, 299, 300, 301, 303, 304, 306, 328, 360, 366-368
Hilgenreiner, Karl 59
Himmler, Heinrich 44, 108-110, 113-115, 150-152, 162, 165, 166,

168, 170, 171, 179, 180, 182, 190, 192, 194, 195, 197, 200, 214, 287, 289, 294, 295, 302, 326, 336, 353, 354, 360, 364, 371
Hitler, Adolf 3, 7, 11, 12, 15, 25, 28-30, 33, 38, 40, 44, 45, 49, 50, 51, 54-56, 58, 60, 66-68, 70, 82-84, 89, 96-98, 100, 101, 104, 105, 111-114, 117, 118, 125, 126, 129, 130, 132-134, 136-138, 140, 147, 148, 151, 152, 159, 160, 162, 172, 176, 179, 180, 182, 183, 187, 195-198, 200-203, 211, 221, 226, 227, 232, 237, 240, 255, 265, 284, 288-290, 299, 302-304, 311, 327-331, 334, 339, 340, 343, 344, 346, 347, 350, 353, 355, 358, 360, 361, 364, 365, 367, 371-374
Hodina, Franz 63
Hodža, Milan 8, 57, 238
Hoffmann, Albert 122, 123, 130, 133, 258
Höller, Franz 150
Hoßbach, Friedrich 56
Hubert, Peter 9, 112
Hüttenberger, Peter 13, 114

Jacobi, Walter 27, 52, 166
Jahn, Rudolf 115, 159, 169, 171, 184, 185
Jaksch, Wenzel 69
Jander, Alfred 173
Jesser, Franz 14
Jonak, Gustav 194
Jost, Heinz 114, 155, 162
Jung, Rudolf 16, 28-30, 34, 38, 48, 52, 92, 93, 132, 133, 146, 148, 149, 152, 175, 181, 182, 184, 186, 187, 346
Jury, Hugo 288, 331-335, 337, 340, 341, 343, 346-348, 350, 372

Kallina, Othmar 193
Karg, Max 193
Kárný, Miroslav 333, 334
Kasper, Rudolf 152, 153, 164-169, 172, 179, 181, 182, 203, 254, 265
Kaufmann, Erich 329
Kehrl, Hans 238
Keil, Theo 316
Kempfenhausen 213
Kessel, Albrecht von 82, 92, 157, 159
Kirpal, Irene 58, 202
Klieber, Guido 63, 344
Klos, Karl 218
Knapp, Robert 109, 185, 188, 190-192, 194
Knirsch, Hans 28, 37, 38
Knöchel, Gustav 58
Koch 166
Koch, Erich 112
Koch, Walter 34, 35, 39, 42, 237
Köllner, Friedrich (Fritz) 9, 22, 32, 86, 92, 149, 150, 154, 165, 171-173, 180, 181, 184-186, 199, 200, 240, 247, 263
König-Beyer, Walter 306
Král, Václav 2, 3, 23, 24, 88, 290
Krautzberger, Franz 151, 164
Krebs, Hans 28, 30, 34, 39, 45, 48, 52, 55, 86, 88, 92, 93, 132, 133, 146-149, 152, 153, 157, 169, 171, 181, 182, 184, 185, 188, 192-195, 197, 200, 208, 216, 258, 310, 314-317, 319, 321, 325, 345
Kreibich, Karl 259
Kreißl, Anton 39, 150, 153, 171, 181, 192-194, 216, 218
Křen, Jan 7, 9, 16
Kuhn, Heinrich 27
Kundt, Ernst 32, 46, 91, 92, 330

Künzel, Franz 115, 122, 159, 169, 171, 184, 185, 247, 286-288, 293, 298-303, 306-308, 311, 325, 326, 341, 371
Kural, Václav 18, 41, 88, 208

Lammel, Richard 150, 167, 171, 186, 191, 192, 314
Lammers, Hans Heinrich 96, 123, 126, 152
Lauterbacher, Hartmann 111, 164, 168, 170
Leeb, Wilhelm Ritter von 61
Leffler, Paul 116, 165, 167, 168, 178, 197, 224
Lemberg, Hans 6, 39
Ley, Robert 181, 358
Lodgman von Auen, Rudolf 36-38, 40, 59, 154-156, 234
Ludwig, Christian 185
Luh, Andreas 26, 31, 32, 34, 161, 198, 199

Macek, Jaroslav 3, 5, 16, 24, 127, 279
Malíř, Jaroslav 8, 84, 85, 146, 159, 199
Männel, Erhard 189, 191, 192
Manner, Richard 217, 218
Martin, Benno 115
Masaryk, Tomáš G. 35, 44, 208
Mastny, Vojtech 88
May, Franz 191
Meier, Hans 177
Mayer-Exner, Karl 122
Meuer, Hans 219
Milotová, Jaroslava 333, 334
Müller, Ernst 276, 287, 288, 295-298, 300, 322, 326, 371
Müller, Karl 215
Mussolini, Benito 45

Neuburg, Hermann 22, 44, 49, 82, 102, 103, 107-109, 115, 116, 120-124, 130-132, 135, 138, 147, 148, 158, 164-166, 173, 179, 180, 182, 185-189, 192, 194-198, 203, 205, 214-216, 222, 229, 251-253, 258, 285, 303, 304, 318, 329, 330, 332-337, 349, 350, 358
Neurath, Konstantin Freiherr von 18, 286, 289, 299, 327-330, 332-334, 340
Neuwirth, Hans 9, 32, 45, 46, 90, 91, 93, 166
Niederführ 295
Nipperdey, Thomas 7, 8

Oberlik, Gustav 146, 150, 165, 167, 171, 175, 213, 219
Orlík, Josef 23
Oster, Hans 115, 151
Ostertag, Rudolf 339

Palatzky, Josef 153
Penzel, Erika 167
Peroutka, Ferdinand 76
Peschka, M. 122
Peters, Gustav 15, 49
Pfundtner, Hans 213, 214, 339
Planitz, Ferdinand von der 215
Plato 31
Pleier, Josef 203, 265
Prager, Günther 27, 164-168

Raschka, Herbert 122
Rebentisch, Dieter 96, 106, 112, 113, 196
Rehnelt, Willi 160
Reichenau, Walter von 66
Reinecke, Hermann 188
Reinhardt, Fritz 104
Reminger 161

Personenregister

Revertera, Peter 202
Richter, Viktor 167, 169, 179
Richter, Walter 146
Richter, Wolfgang 84, 122, 240, 244, 252, 253, 271
Richterkreuz 220
Ripka, Hubert 67, 163, 271, 272
Röhm, Ernst 166
Rosche, Alfred 40
Rosenberg, Alfred 34, 59
Roth, Ludwig 218
Rüdiger, Hans 238
Runciman, Walter, Lord 359
Rust, Bernhard 138
Rutha, Heinrich (Heinz) 32, 45, 47, 48, 54, 152, 153, 169, 171, 173-176, 178, 184, 192, 193

Salomon, Ernst von 32, 42, 44
Schaurek 155, 162
Schicketanz, Rudolf 84, 85, 212-215
Schieszl, Josef 49
Schirach, Baldur von 151, 164, 167, 180, 269
Schlögl, Heinrich 218
Schmauser, Ernst-Heinrich 115, 326
Schmelzle, Herbert 186
Schmidt, Karl 359
Schönfeldt, Jobst von 210, 215
Schreiber, Franz 344
Schulte-Schomburg, Gustav Adolf 300, 303, 304
Schuschnigg, Kurt von 32, 201, 202
Schwarz, Franz Xaver 133, 135
Schwerin von Krosigk, Ludwig Johann Graf 13
Sebekowsky, Wilhelm 32, 39, 46, 86, 92, 149, 151, 154, 171-173, 215, 325

Seiboth, Franz 167, 168
Seibt, Ferdinand 33, 142
Seldte, Franz 250
Seyss-Inquart, Arthur 202, 366
Simon, Gustav 183
Smelser, Ronald M. 10, 11, 26, 31, 34, 47, 49, 52, 54, 56, 193
Spann, Othmar 31-33, 41, 42, 49, 52, 53, 151, 153, 155, 165, 169, 178, 201
Speer, Albert 183, 349
Staffen, Rudolf 258, 259, 342-345
Stein, Hans von 212
Steinacher, Hans 34, 35, 55
Stuckart, Wilhelm 96-98, 104, 149, 209, 214
Suchy, Josef 32, 165, 168, 169, 171, 193
Svatosch, Franz 252
Syrup, Friedrich 249

Tins, Benno 186
Tscherne, Ernst 49
Tschörner, Paul 186
Turner, Harald 77, 210
Twardowski, Fritz von 277

Urbanski, Otto von 227

Vogel, Adam 218
Vogeler, Friedrich 214, 215, 358

Wächtler, Fritz 66, 331, 334
Wallenstein, Albrecht Wenzel Eusebius von 234
Wangenheim, von 156
Weese, Eugen 37, 175, 176
Weibezahn, Fritz 174
Wenzel, Rudolf 149
Willich, Fritz 187
Wiskemann, Elizabeth 44, 69

Woermann, Ernst 84, 85, 90, 98, 214
Woyrsch, Udo von 115, 149, 162, 180, 181, 186, 190, 192, 194, 195, 197, 287

Ziegler, Walter 13
Ziemke, Kurt 342
Zippelius, Fritz 32, 149, 215, 216, 316, 317, 338, 339
Zoglmann, Siegfried 167, 168
Zweig, Stefan 113

ORTSREGISTER

mit Ortnamenkonkordanz

Das Register erfaßt auch die in den Anmerkungen zitierten Quellen.

Arnsberg 214
Aš s. Asch
Asch (Aš) 43, 66, 86, 214, 217, 218, 254, 264-267, 272, 306, 341
Asinara 43
Auscha (Úštěk) 356
Auschwitz (Oświęcim) 339
Aussig (Ústí nad Labem) 22, 64, 76, 78, 79, 82, 101, 122, 128, 138, 140, 148, 162, 192, 215, 216, 218, 223, 224, 243, 248, 255, 258, 259, 262, 264, 266, 269, 275, 276, 278, 284, 290, 310-321, 325, 342, 345, 346

Bärn (Moravský Beroun) 71, 248, 266, 270
Berlin 14, 19, 20, 22, 28, 34, 39, 40, 62, 63, 71, 77, 83, 88, 92, 93, 95, 98, 103, 110, 112, 114, 130, 132, 137, 149, 152-154, 164, 165, 167, 171, 176, 178, 182-184, 188, 196, 204, 207, 210, 211, 213, 217, 218, 226, 228, 230, 232, 236, 237, 244-246, 249, 253, 254, 257, 261, 262, 265, 271, 272, 289, 293-295, 306, 318, 322, 326, 350, 357, 358, 366, 368-370, 373
Bielica s. Bielitz
Bielitz (Bielica) 339
Bilin (Bílina) 65, 263, 356
Bílina s. Bilin
Bílovec s. Wagstadt

Bischofteinitz (Horšovský Týn) 218
Bochum 228
Bodenbach (Podmokly) 169
Böhmisch Kamnitz (Česká Kamenice) 228
Böhmisch Leipa (Česká Lípa) 32, 38, 40, 46, 58, 79, 168, 169, 220, 355, 356, 360
Bolzano s. Bozen
Bonn 17, 22
Bor s. Haida
Bozen (Bolzano) 322
Branná s. Goldenstein
Braunau (Broumov) 220, 266, 270
Breslau (Wrocław) 109, 115, 371
Březno s. Priesen
Brno s. Brünn
Broumov s. Braunau
Brünn (Brno) 62, 91, 141, 142, 260, 282, 331, 332
Bruntál s. Freudenthal
Brüx (Most) 21, 79, 242, 252, 265, 315, 321, 353
Budweis (České Budějovice) 63, 283, 331
Bystrzyca Kłodzka s. Habelschwerdt

Česká Kamenice s. Böhmisch Kamnitz
Česká Lípa s. Böhmisch Leipa

České Budějovice s. Busweis
Český Těšín s. Teschen
Cheb s. Eger
Chomutov s. Komotau

Dachau 72
Danzig (Gdańsk) 112, 113, 196, 367
Dauba (Dubá) 79
Děčín s. Tetschen
Deutsch-Gabel (Jablonné v Podještědí) 79, 228, 274
Dolní Životice s. Schönstein
Dortmund 227
Dresden 109, 115, 156, 165, 168, 169, 171, 172, 176-178, 180, 190, 191, 197, 355, 357, 371
Dubá d. Dauba
Duchcov s. Dux
Dux (Duchcov) 230, 242, 267, 283

Eger (Cheb) 64, 66, 67, 70, 72, 82, 193, 212, 239, 242, 246, 275, 357, 359
Eisenberg an der March (Ruda nad Moravou) 310
Elbogen (Loket) 218

Frankstadt (Nový Malín) 339
Františkovy Lázně s. Franzensbad
Franzensbad (Františkovy Lázně) 75
Frauenberg (Hluboká) 335
Freiberg (Příbor) 322
Freudenthal (Bruntál) 68, 156, 157, 273
Friedek (Frýdek) 338, 339
Friedland (Frýdlant) 71, 356
Frýdek s. Friedek
Frýdlant s. Friedland
Fulnek 276, 287, 295

Gablonz (Jablonec nad Nisou) 43, 65, 73, 79, 138, 146, 246, 260, 268, 285, 286, 311
Gastorf (Hošťka) 65, 68
Gdańsk s. Danzig
Glatz (Kłodzko) 338, 341
Gleiwitz (Gliwica) 225
Gliwica s. Gleiwitz
Goldenstein (Branná) 70, 71
Görkau (Jirkov) 71
Görlitz (Zgorzelec) 358
Graslitz (Kraslice) 229
Grulich (Králíky) 67

Habelschwerdt (Bystrzyca Kłodzka) 341
Haida (Bor) 249
Hamburg 83, 97
Hermannseifen (Rudník) 65
Hlubočky s. Hombok
Hluboká s. Frauenberg
Hodkovice nad Mohelkou s. Liebenau
Hof 66
Hohenelbe (Vrchlabí) 65, 139, 174, 230
Hohenstadt (Zábřeh) 67, 292, 297, 312, 313, 315, 326
Hombok (Hlubočky) 248
Horšovský Týn s. Bischofteinitz
Hošťka s. Gastorf
Hradec Králové s. Königgrätz

Iglau (Jihlava) 331

Jablonec nad Nisou s. Gablonz
Jablonné v Podještědí s. Deutsch-Gabel
Jägerndorf (Krnov) 71, 357
Jičin (Jičín) 283, 306

Ortsregister

Jihlava s. Iglau
Jirkov s. Görkau
Jungbunzlau (Mladá Boleslav) 283

Kaaden (Kadaň) 266, 359
Kadaň s. Kaaden
Karlova Studánka s. Karlsbrunn, Bad
Karlovy Vary s. Karlsbad
Karlsbad (Karlovy Vary) 22, 25, 56, 58, 59, 64, 70, 72-78, 82, 101, 110, 132, 140, 149, 151, 156, 171, 172, 210, 215, 218, 221-223, 229, 232, 242, 262, 265, 266, 275, 312, 324, 328
Karlsbrunn, Bad (Karlova Studánka) 290, 302, 344
Klatovy s. Klattau
Klattau (Klatovy) 331
Kłodzko s. Glatz
Koblenz 22
Komotau (Chomutov) 78, 148
Königgrätz (Hradec Králové) 331, 342
Kopřivnice s. Nesselsdorf
Köstelwald (Kotlina) 67
Kostenblatt (Kostomlaty) 65
Kostomlaty s. Kostenblatt
Kotlina s. Köstelwald
Králíky s. Grulich
Kraslice s. Graslitz
Krnov s. Jägerndorf

Landskron (Lanškroun) 65
Lanškroun s. Landskron
Leitmeritz (Litoměřice) 21, 22, 65, 66, 68, 79, 80, 127, 212, 218, 223, 228, 273, 296, 349, 355, 356, 357
Liberec s. Reichenberg

Liebau (zu Kynšperk) 71
Liebenau (Hodkovice nad Mohelkou) 314
Litoměřice s. Leitmeritz
Litovel s. Littau
Littau (Litovel) 141
Loket s. Elbogen
London 54, 67, 163, 232, 271, 272, 354, 357

Maffersdorf (Vratislavice nad Nisou) 43
Mährisch-Ostrau (Moravská Ostrava) 62, 141, 293, 321, 331, 338, 339, 340, 349
Mährisch Schönberg (Šumperk) 71, 102, 321, 322
Mährisch Trübau (Moravská Třebová) 63
Mariánské Lázně s. Marienbad
Marienbad (Mariánské Lázně) 127, 147, 224
Markt Türnau (Městečko Trnávka) 63
Meronitz (Měrunice) 65
Měrunice s. Meronitz
Městečko Trnávka s. Markt Türnau
Mies (Stříbro) 65, 282, 325
Milkendorf (Milotice nad Opavou) 68
Milotice nad Opavou s. Milkendorf
Mistek (Místek) 338, 339
Mladá Boleslav s. Jungbunzlau
Mnichovo Hradiště s. Münchengrätz
Moravská Ostrava s. Mährisch-Ostrau
Moravská Třebová s. Mährisch Trübau
Moravský Beroun s. Bärn
Moskau 23

Most s. *Ústí nad Labem*
Mühlbach (Pomezí nad Ohří) 67
München 1-3, 6, 8, 10, 14-17, 19, 22, 25, 32, 56, 57, 59-61, 66, 67, 70, 75, 76, 81, 82, 84, 85, 89, 91, 92, 98, 100, 118, 127, 128, 139, 182, 184, 188, 196, 198, 210, 238, 239, 242, 253, 256, 258, 263, 266, 268, 277, 279, 281, 338, 342, 344, 354, 358, 364, 369, 370
Münchengrätz (Mnichovo Hradiště) 282, 283

Neisse (Nysa) 225
Nejdek s. *Neudek*
Nesselsdorf (Kopřivnice) 153
Neudek (Nejdek) 224
Neutitschein (Nový Jičín) 65, 79, 125, 127, 179, 226, 228, 267, 269, 296, 313, 314, 325
Neuwiese 171
New York 184, 208
Nosadl (Nosálov) 282
Nosálov s. *Nosadl*
Nový Jičín s. *Neutitschein*
Nový Malín s. *Frankstadt*
Nürnberg 8, 83, 109, 115, 203, 329
Nysa s. *Neisse*

Olmütz (Olomouc) 62, 331
Olomouc s. *Olmütz*
Opava s. *Troppau*
Opole s. *Oppeln*
Oppeln (Opole) 157
Oświęcim s. *Auschwitz*

Paris 37, 77, 78, 166, 230, 353
Pilsen (Plzeň) 63, 260, 331, 342, 359

Plan (Planá) 161
Planá s. *Plan*
Plzeň s. *Pilsen*
Podbořany s. *Podersam*
Podersam (Podbořany) 292
Podmokly s. *Bodenbach*
Pomezí nad Ohří s. *Mühlbach*
Posen (Poznań) 196
Potsdam 22
Poznań s. *Posen*
Prag (Praha) 18, 22, 27, 34, 36-39, 42, 46, 49, 50, 52, 56, 59, 64-68, 76, 77, 81, 83, 87, 91, 98, 103, 141, 149, 166, 171, 185, 197, 206, 208, 212, 215, 237, 242, 258-260, 264, 280, 282-285, 28-292, 296, 298, 299, 301, 303-305, 314, 324-329, 331-333, 336, 338, 342, 343, 345-347, 349, 350, 355, 356, 359, 360, 361, 371, 372
Praha s. *Prag*
Preßnitz (Přísečnice) 67
Příbor s. *Freiberg*
Priesen (Březno) 66
Přísečnice s. *Preßnitz*

Radkov s. *Ratkau*
Rakonitz (Rakovník) 290
Rakovník s. *Rakonitz*
Rakschitz (Rakšice) 141
Rakšice s. *Rakschitz*
Ratkau (Radkov) 222, 223
Raudnitz (Roudnice) 333
Reichenberg (Liberec) 19, 20, 32, 36, 40, 43, 64, 65, 70, 71, 73, 78, 82, 91, 102, 106, 108-110, 116, 124-126, 129, 135, 136, 138, 139, 154, 158, 165-170, 172, 178, 181, 186, 189, 190, 192, 196, 197, 201, 204,

208, 213, 214, 216, 217, 226,
236, 239, 240, 242-245, 248,
250, 258, 260, 269-271, 281,
285, 287, 288, 290, 304, 306,
314, 321, 324, 327, 329, 330,
332, 333, 336, 337, 341, 342,
346, 349, 354, 355, 357, 358,
368, 372
Rokytnice s. Rokytnitz
Rokytnitz (Rokytnice) 257
Römerstadt (Rýmařov) 218
Roudnice s. Raudnitz
Ruda nad Moravou s. Eisenberg an der March
Rudník s. Hermannseifen
Rumburg (Rumburk) 40, 107, 162, 181, 186, 249
Rumburk s. Rumburg
Rýmařov s. Römerstadt

Saaz (Žatec) 43, 44, 116, 242, 247, 255, 266, 290
Schatzlar (Žacléř) 269
Schlesisch-Ostrau (Slezská Ostrava) 339
Schönstein (Dolní Životice) 141
Sedlnice s. Sedlnitz
Sedlnitz (Sedlnice) 65, 66
Senftenberg (Žamberk) 283
Slezská Ostrava s. Schlesisch-Ostrau
Sternberg (Šternberk) 225, 346
Šternberk s. Sternberg
Stettin (Szczecin) 215
Stříbro s. Mies
Šumperk s. Mährisch Schönberg
Szczecin s. Stettin

Tannwald (Tanvald) 355
Tanvald s. Tannwald
Teplice s. Teplitz

Teplice-Šanov s. Teplitz-Schönau
Teplitz (Teplice) 242
Teplitz-Schönau (Teplice-Šanov) 54, 160, 276, 324
Terezín s. Theresienstadt
Teschen (Český Těšín) 339
Tetschen (Děčín) 147, 168, 220, 226, 228, 249, 269, 273
Theresienstadt (Terezín) 79, 80, 333
Trautenau (Trutnov) 219
Třebnice s. Trebnitz
Trebnitz (Třebnice) 62
Troppau (Opava) 22, 23, 64, 71, 76, 79, 82, 89, 91, 94, 95, 101, 102, 110, 122, 127, 133, 140, 141, 149, 156, 169, 175, 189, 194, 210, 215, 216, 219-222, 224, 225, 227, 228, 232, 238, 246, 249, 256, 259, 262, 268, 270, 273, 275, 278, 280, 281, 283, 286, 287, 291, 292, 295, 296, 308, 310-313, 315-317, 319, 321, 322, 325, 326, 338, 339, 341, 345, 353, 356, 357
Trpist (Trpísty) 65
Trpísty s. Trpist
Trutnov s. Trautenau
Turnau (Turnov) 281
Turnov s. Turnau

Úštěk s. Auscha
Ústí nad Labem s. Aussig

Valašské Meziříčí s. Wallachisch-Meseritsch
Varnsdorf s. Warnsdorf
Versailles 60, 183, 277
Vítkovice s. Witkowitz
Vratislavice nad Nisou s. Maffersdorf
Vrchlabí s. Hohenelbe

Wagstadt (Bílovec) 125
Wallachisch-Meseritsch (Valašské Meziříčí) 141, 283
Warnsdorf (Varnsdorf) 78
Wien 26, 31, 32, 49, 53, 81, 134, 174, 180, 200, 332, 360
Wildenau 66
Witkowitz (Vítkovice) 338
Wrocław s. Breslau

Zábřeh s. Hohenstadt
Žacléř s. Schatzlar
Žamberk s. Senftenberg
Žatec s. Saaz
Zgorzelec s. Görlitz
Zittau 341
Zwickau 274

ABKÜRZUNGSVERZEICHNIS*

AA	Auswärtiges Amt
ADAP	Akten zur deutschen auswärtigen Politik
AdsD	Archiv der sozialen Demokratie
AMV	Archiv ministersva vnitra [Archiv des Innenministeriums]
BA	Bundesarchiv
BdO	Befehlshaber der Ordnungspolizei
DAF	Deutsche Arbeitsfront
DNB	Deutsches Nachrichtenbüro
DNP	Deutsche Nationalpartei
DNSAP	Deutsche Nationalsozialistische Arbeiterpartei
DSAP	Deutsche Sozialdemokratische Arbeiterpartei
DTV	Deutscher Turnverband
FS	Freiwilliger Schutzdienst
HSSPF	Höherer SS- und Polizeiführer
HJ	Hitlerjugend
IdO	Inspekteur der Ordnungspolizei
KB	Kameradschaftsbund
KdF	Kraft durch Freude
NG	Nationale Gemeinschaft [Národní souručenství]
NSDAP	Nationalsozialistische Deutsche Arbeiterpartei
NSV	Nationalsozialistische Volkswohlfahrt
OA	Okresní archiv [Kreisarchiv]
OPG	Oberstes Parteigericht
PA	Politisches Archiv
PK	Parteikanzlei
RGBl	Reichsgesetzblatt
RJF	Reichsjugendführung
RKFDV	Reichskommissar für die Festigung deutschen Volkstums
RMinI	Reichsministerium/Reichsminister des Innern
RVBl	Reichsverwaltungsblatt

*Für die Abkürzungen der einzelnen Archivbestände siehe Quellenverzeichnis.

SA	Sturmabteilung
SdP	Sudetendeutsche Partei
SHF	Sudetendeutsche Heimatfront
SD	Sicherheitsdienst
SOA	Státní oblastní archiv [Staatliches Gebietsarchiv]
Sopade	Sozialdemokratische Partei Deutschlands
SS	Schutzstaffel
SSO	SS-Offizier
StdF	Stellvertreter des Führers
STIKO	Stillhaltekommissar für Organisationen
SÚA	Státní ústřední archiv [Staatliches Zentralarchiv]
VDA	Verein/Volksbund für das Deutschtum im Ausland
VO	Verordnung
WHW	Winterhilfswerk
ZA	Zemský Archiv [Landesarchiv]
ZfdAhdS	Zentrum für die Aufbewahrung historisch-dokumentarischer Sammlungen

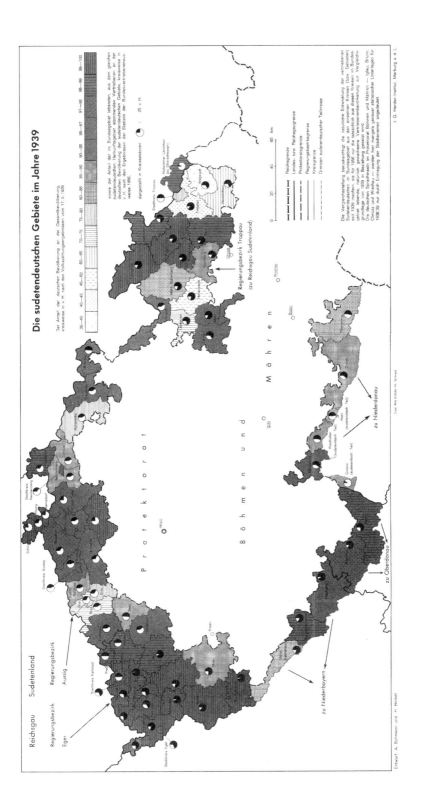